[제 2 판]

나홀로 소송 도우미

형사소송절차실무

– 이론·사례·서식·해설 –

김 덕 원 저

진 원 사

제2판 머 리 말

이 책은 제2판으로, 일반 형사사건을 중심으로 소년 및 가정보호사건, 특별소송절차(재심, 즉결심판 등), 국민참여재판절차 등을 포함한 상세한 이론과 함께 실무에 필요한 다양한 사례와 서식의 예를 유형별로 정리한 형사소송절차의 지침서이다.

특히 법학을 전공하는 학생들에게도 이론과 실무를 병행하여 실무를 쉽게 습득할 수 있도록 하였고, 일반인들에게도 법률전문가의 도움 없이 쉽게 다가갈 수 있도록 여러 유형의 고소장 및 탄원서 등의 사례를 다수 수록하였다.

위와 같이 이 책이 개정된 형사소송법에 따른 형사소송절차의 실무에 맞는 이론과 다양한 사례 및 서식 등을 풍부히 수록하였으므로, 이를 잘 활용한다면 법률실무에 상당히 도움이 될 것이다.

끝으로 이 책을 출간하기까지 수고를 해주신 진원사 양진수 사장님을 비롯한 편집부 직원 여러분께 깊은 감사를 드린다.

2018. 12.

김 덕 원 드림

머 리 말

현대사회의 급격한 변화와 과학기술의 발달로 인하여 범죄유형도 점차 전문화, 지능화, 조직화 되어 가고 있다.

인터넷 발달과 함께 날로 증가되고 있는 사이버 범죄의 경우만 보더라도 갈수록 지능화 되어 수사기관이 최첨단 과학적인 수사 장비를 동원하여 수사하여도 범죄 수사에는 일정한 한계가 있는 것이 현실이다.

이처럼 시대적 변화에 부응하고 범죄로 인한 피해자를 보호하기 위한 제도의 하나로써 형사소송법이 2007년 6월 2일 대폭 개정되어 2008년 1월 1일부터 시행되고 있다.

개정된 형사소송법은 새로 도입된 국민참여재판 절차인 '국민의 형사재판 참여에 관한 법률'과 재정신청범위의 확대, 공판절차의 변경 등을 포함한 형사소송법이 대폭 개정되어 시행되고 있다. 이로써 개정된 형사실무를 다루기 위해서는 이에 걸맞은 실무서가 필요함은 당연하다 할 것이다.

이러한 사정을 잘 알고 있는 저자는 법률사무에 종사하는 사무원들과 소송관여자 및 일반인들에게도 실질적인 도움을 주기 위하여 이 책을 발간하게 되었다.

이 책의 구성을 보면 일반 형사사건을 중심으로 소년 및 가정보호사건, 특별소송절차(재심, 즉결심판 등), 국민참여재판절차 등을 포함한 상세한 이론과 함께 실무에 필요한 다양한 사례와 서식의 예를 유형별로 정리하여 체계적이면서 심도있게 다룬 실무서이다.

특히 법학을 공부하는 학생들에게도 이론과 실무를 병행하여 실무를 쉽게 습득할 수 있도록 하였고, 일반인들에게도 법률전문가의 도움 없이 쉽게 다가갈 수 있도록 여러 유형의 고소장 및 탄원서 등의 사례를 다수 수록하였다.

위와 같이 신 형사소송에 맞는 이론과 다양한 사례 및 서식 등을 풍부히 수록하였으므로, 이를 잘 활용한다면 법률실무에 상당히 도움이 될 것이다.

끝으로 본서를 출간하기까지 적극적인 관심과 도움을 주신 진원사 양진수 사장님을 비롯한 편집부 직원 여러분께 깊은 감사를 드린다.

2012. 12.

김 덕 원 드림

법령약어표

〈법　률〉

- 형사소송법 ………………………………………………… 형소법
- 치료감호법 ………………………………………………… 치감
- 가정폭력범죄의 처벌 등에 관한 특례법 ……………… 특례법
- 국민의 형사재판 참여에 관한 법률 …………………… 국민형참법
- 즉결심판에 관한 절차법 ………………………………… 즉심법
- 소송촉진 등에 관한 특례법 ……………………………… 소촉법

〈규　칙〉

- 형사소송규칙 ……………………………………………… 형소규
- 국민의 형사재판 참여에 관한 규칙 …………………… 국민형참규

〈시행령〉

- 치료감호법 시행령 ……………………………………… 치감령

목 차

제1편 총 론 / 1

제1장 형사소송 총설 ········· 3

제1절 형사소송의 의의 ········· 3

제2절 형사소송법의 목적과 이념 ········· 3

제3절 형사소송법의 성격 ········· 4

1. 공 법 ········· 4
2. 사법법 ········· 4
3. 절차법 ········· 5

제4절 형사소송법의 적용범위 ········· 5

1. 사물에 관한 효력 ········· 5
2. 사람에 관한 효력 ········· 5
3. 토지에 관한 효력 ········· 5
4. 시(時)에 관한 효력 ········· 6

제5절 형사소송법과 형사소송규칙과의 관계 ········· 6

제6절 형사소송 사무처리의 준칙 ········· 6

제2장 법 원 ········· 8

제1절 법원의 의의와 구성 ········· 8

1. 의 의 ········· 8
2. 조직법상 의미의 법원 ········· 8
3. 소송법상 의미의 법원 ········· 9
4. 법 관 ········· 10
5. 법원직원 ········· 11

제2절 법원의 관할 ········· 11

1. 관할의 의의 ········· 11

2. 관할의 종류 11
3. 관련사건의 병합·분리신청 15
4. 관할의 이전신청 17
[서식 1] 병합심리신청서(1)(토지관할의 경우) 18
[서식 2] 병합심리신청서(2)(심급이 같으나 법원을 달리하는 경우) 19
[서식 3] 병합심리신청서(3) 20
[서식 4] 병합심리신청서(4) 21
[서식 5] 관할이전신청서 22
[서식 6] 이송신청서(1) 22
[서식 7] 이송신청서(2) 23
[서식 8] 관할지정서(검사가 신청하는 경우) 24

제3절 법관 등의 제척 · 기피 · 회피 25
1. 제 척 25
2. 기 피 26
3. 기피신청에 대한 재판 27
4. 회 피 28
[서식 9] 법관제척신청서 28
[서식 10] 기피신청서(1) 29
[서식 11] 기피신청서(2) 30
[서식 12] 항고장(1)(기피신청기각) 31
[서식 13] 항고장(2)(기피신청기각) 32

제3장 소송관계자(소송행위의 대리와 보조) 33

제1절 검사와 검찰제도 33
1. 검사의 의의 33
2. 검 찰 청 33

제2절 피 고 인 34
1. 의 의 34
2. 피고인의 특정 34
3. 피고인의 소송능력 및 특별대리인 36
[서식 14] 특별대리인선임청구서(이해관계인이 청구하는 경우) 38
[서식 15] 보조인선임신고서(1) 39

[서식 16] 보조인선임신고서(2)(벌금형에서 대리출석한 경우) 40

제4장 변 호 사 41

제1절 사선변호인 41

1. 의 의 41
2. 선 임 41
3. 선임의 효력 42
4. 사임, 해임, 자격상실 등 42

[서식 17] 변호인선임신고서(1) 43
[서식 18] 변호인선임신고서(2) 44
[서식 19] 변호인선임신고서(3) 45
[서식 20] 무인증명신청서 46
[서식 21] 담당변호사지정신청서 47
[서식 22] 대표변호인지정신청서 48
[서식 23] 변호인사임신고서 49
[서식 24] 접수증명원 49
[서식 25] 확인서(변호인 사임) 50
[서식 26] 변호인해임신고서 51
[서식 27] 접견신청서(1) 51
[서식 28] 접견신청서(2) 52

제2절 특별변호인 53

1. 의의 및 선임할 수 있는 경우 53
2. 선임의 허가 53
3. 선 임 53

[서식 29] 특별변호인선임허가신청서 54
[서식 30] 특별대리인선임허가신청서 55
[서식 31] 특별변호인선임신고서 56

제3절 국선변호인 57

1. 의 의 57
2. 자 격 57
3. 국선변호인의 수 58
4. 선정사유 58

5. 선정을 위한 고지 및 선정 ········· 61
6. 선정취소 및 사임 ········· 62
[서식 32] 국선변호인선정청구서(1) ········· 63
[서식 33] 국선변호인선정청구서(2) ········· 64
[서식 34] 국선변호인선임신고 ········· 65

제5장 공판의 재판 ········· 66

제1절 총 설 ········· 66
1. 재판의 의의 ········· 66
2. 재판의 종류 ········· 66
3. 각 종국재판의 사유 ········· 67
4. 재판의 선고 · 고지 ········· 71
5. 재판서의 경정 ········· 72
[서식 35] 공소기각결정신청서 ········· 73

제2절 재 판 서 ········· 74
1. 재판서의 방식 ········· 74
2. 재판의 선고와 고지의 방법 ········· 75
3. 피고인에 대한 판결등본 송부 ········· 75
4. 집행용 판결등본 송부 완결기록의 인계 ········· 77
5. 재판일부확정통보 ········· 78
6. 판결의 공시 ········· 78
7. 재판서의 등 · 초본 작성, 청구 교부 ········· 79
[서식 36] 판결등본송달신청서 ········· 79
[서식 37] 판결등본교부신청서 ········· 80

제6장 소송서류 ········· 81

제1절 총 설 ········· 81
1. 의 의 ········· 81
2. 공무원이 작성하는 서류 ········· 81
3. 공무원이 아닌 자가 작성하는 서류 ········· 82
4. 별지 등 다른 서면의 서류작성 ········· 82

제2절 조 서 ········ 83
1. 의 의 ········ 83
2. 공판조서 ········ 83
3. 속기 · 녹음 · 영상녹화 ········ 86
4. 공판 외의 조서 ········ 87
5. 구술신청조서 ········ 88

제7장 송 달 ········ 89

제1절 의 의 ········ 89

제2절 송달장소의 신고 및 송달방법 ········ 89

제3절 공시송달 ········ 90
[서식 38] 공판조서낭독청구서 ········ 90
[서식 39] 공판조서녹취허가청구서 ········ 91
[서식 40] 공판조서등본교부신청서 ········ 91
[서식 41] 공판조서열람청구서 ········ 92
[서식 42] 송달영수인선임신고서 ········ 93
[서식 43] 송달영수인선정신고서 ········ 93
[서식 44] 주거신고서 ········ 94
[서식 45] 주소보정서 ········ 95

제8장 기 간 ········ 96

제1절 의 의 ········ 96

제2절 기간의 계산 ········ 96

제3절 법정기간 ········ 96

제4절 법정기간의 연장 ········ 97

제9장 인신구속제도 ········ 98

제1절 체포와 구속 ········ 98
1. 체포제도 ········ 98
2. 구속제도 ········ 101

[서식 46] 피의자심문신청서 ········· 105
[서식 47] 피의자에 대한 심문사항(보험사기) ········· 106
[서식 48] 구속영장청구서 등본교부신청서 ········· 111
[서식 49] 접견신청서 ········· 112

제2절 적부심과 보석 ········· 113

1. 체포 · 구속의 적부심사 ········· 113
[서식 50] 구속적부심사청구서(1)(합의된 교통사고) ········· 116
[서식 51] 구속적부심사청구서(2)(절도) ········· 119
[서식 52] 구속적부심사청구서(3)(절도) ········· 121
[서식 53] 구속적부심사청구서(4) ········· 123
[서식 54] 보석보증금환부청구서 ········· 124
[서식 55] 위임장(구속적부심보증금 · 출급수령행위) ········· 126
[서식 56] 구속적부심사청구취하서 ········· 127

2. 보 석 ········· 127
[서식 57] 보석허가청구서(1) ········· 133
[서식 58] 재산관계진술서 ········· 137
[서식 59] 보석허가청구서(2) ········· 138
[서식 60] 보석허가청구서(3) ········· 140
[서식 61] 보석허가청구서(4) ········· 141
[서식 62] 보석허가청구서(5) ········· 144
[서식 63] 보석허가청구서(6) ········· 147
[서식 64] 보석허가청구서(7) ········· 149
[서식 65] 보석허가청구서(8) ········· 150
[서식 66] 서약서(1)(보석허가시) ········· 152
[서식 67] 서약서(2)(보석허가시) ········· 153
[서식 68] 약정서(보석허가시) ········· 154
[서식 69] 보증서(보석허가시) ········· 155
[서식 70] 출석보증서(보석허가시) ········· 156
[서식 71] 보석허가에 대한 신원보증서 ········· 157
[서식 72] 보석지정조건변경신청서 ········· 157
[서식 73] 보석보증금납입방법변경신청 ········· 158
[서식 74] 보석조건변경신청서(1) ········· 159
[서식 75] 보석조건변경신청서(2) ········· 160

[서식 76] 보석허가결정에 대한 결정경정신청서 ········ 161
[서식 77] 접수증명원(보석허가관련서류) ········ 162
[서식 78] 보석증거자료제출 ········ 162
[서식 79] 보석참고자료 ········ 163
[서식 80] 보석보증금환부청구서 ········ 164
[서식 81] 위임장(보석보증금 · 출급수령행위) ········ 165
[서식 82] 보석보증금몰수청구서 ········ 166
[서식 83] 항고장(1)(보석허가청구기각) ········ 167
[서식 84] 항고장(2)(보석허가청구기각) ········ 168

제3절 기타 구속과 관련한 실무상 문제 ········ 168

1. 법원의 구속기간 및 갱신 ········ 168
2. 구속의 취소 ········ 169
3. 구속집행정지 ········ 170

[서식 85] 병상일지조회신청서 ········ 171
[서식 86] 병상조회신청서(1) ········ 172
[서식 87] 병상조회신청서(2) ········ 173
[서식 88] 구속집행정지신청서(1) ········ 174
[서식 89] 구속집행정지신청서(2) ········ 176
[서식 90] 구속집행정지신청서(3) ········ 177
[서식 91] 구속집행정지신청서(4) ········ 178
[서식 92] 구속집행정지신청서(5) ········ 180
[서식 93] 구속집행정지연장신청에 대한 소명보충 ········ 181

4. 피의자의 구속과 관련하여 ········ 181

[서식 94] 접견금지해제청구서 ········ 183
[서식 95] 접견허가원 ········ 184
[서식 96] 구속취소청구서(1) ········ 184
[서식 97] 구속취소청구서(2) ········ 185
[서식 98] 구속취소청구서(3) ········ 186
[서식 99] 확인서(미란다원칙 고지사실의 확인) ········ 187
[서식 100] 제한주거변경허가신청서 ········ 188
[서식 101] 여행허가신청서 ········ 189
[서식 102] 확약서(여행허가시) ········ 190
[서식 103] 보증서(여행허가시) ········ 190

제10장 압수 · 수색영장 ………… 192

제1절 압수, 수색의 의의 ………… 192

제2절 압수, 수색영장의 종류 ………… 192

제3절 압수, 수색영장의 청구 ………… 193

[서식 104] 압수물가환부신청서(1) ………… 193
[서식 105] 압수물가환부청구서(2) ………… 194
[서식 106] 압수물가환부청구서(3) ………… 194
[서식 107] 위임장(가환부용) ………… 195

제11장 검 증 ………… 196

제1절 총 설 ………… 196

1. 검증의 의의 ………… 196
2. 검증의 대상 ………… 196
3. 검증의 주체 ………… 196
4. 검증의 성질 ………… 196

제2절 검증의 절차 ………… 197

1. 검증에 필요한 처분 ………… 197
2. 신체검사 ………… 197

제12장 제1회 공판기일 전의 증인신문 ………… 198

제1절 의 의 ………… 198

제2절 요 건 ………… 198

제3절 청 구 ………… 199

1. 청구권자 ………… 199
2. 청구의 방식 ………… 199

제4절 증인신문 여부의 결정 및 증인신문의 실시 ………… 200

1. 결 정 ………… 200
2. 실 시 ………… 200
3. 신문 종료 후의 사무 ………… 201

[서식 108] 증인신청서 ………… 201

[서식 109] 증인신문사항 ······ 202
[서식 110] 증인반대신문사항 ······ 203
[서식 111] 증인거부사유서 ······ 204
[서식 112] 직무상비밀의 사실신고서 ······ 204
[서식 113] 증인신문조서 등본교부신청서(1) ······ 205
[서식 114] 증인신문조서 등본교부신청서(2) ······ 206

제13장 감 정 ······ 207

제1절 감정의 의의 ······ 207

제2절 감정의 절차 ······ 207

제3절 법원 외의 감정, 감정유치 ······ 208

제4절 감정인의 처분권 ······ 208

제5절 감정인에 관한 비용 ······ 209

[서식 115] 신체감정 및 검진신청서 ······ 209
[서식 116] 필적등감정신청서 ······ 210
[서식 117] 검증 및 감정신청서 ······ 211
[서식 118] 감정신청서 ······ 212
[서식 119] 정신감정신청서 ······ 213

제14장 증거보전 ······ 214

제1절 의 의 ······ 214

제2절 청구권자, 청구방식 ······ 214

제3절 증거보전처분 ······ 214

제4절 증거보전의 실시 ······ 215

제5절 증거의 이용 ······ 215

제6절 서류 · 증거물의 열람 · 등사권 ······ 216

[서식 120] 증거보전청구서(1) ······ 216
[서식 121] 증거보전청구서(2) ······ 217
[서식 122] 증거보전기록 열람 · 등사청구서 ······ 218
[서식 123] 수사기록 열람 · 등사 허용명령신청서(1) ······ 218

[서식 124] 수사기록 열람 · 등사 허용명령신청서(2) ········· 220

제15장 소송비용 ········· 221

제1절 소송비용의 범위 ········· 221

제2절 소송비용부담 ········· 221

제3절 소송비용부담의 절차 ········· 222

1. 종국재판으로 소송절차가 종료되는 경우에 피고인에게 소송비용을 부담시키려는 경우 ········· 222
2. 종국재판으로 소송절차가 종료되는 경우에 제3자에게 소송비용을 부담시키려는 경우 ········· 222
3. 소송절차가 종국재판에 의하지 않고 종료되는 경우 ········· 222
4. 소송비용 산정 ········· 223
5. 소송비용재판의 집행 ········· 223

제2편 제1심의 절차 / 225

제1장 수 사 ········· 227

제1절 수사의 의의와 구조 ········· 227

1. 수사의 개념 ········· 227
2. 수사기관 ········· 228
3. 검사와 사법경찰관리와의 관계 ········· 228
4. 수사의 조건 ········· 229
5. 수사의 필요성 ········· 230
6. 수사의 개시 ········· 230

제2절 고 소 ········· 230

1. 고소의 의의 ········· 230
2. 고소권자 ········· 231
3. 고소의 방식 ········· 232
4. 친고죄의 고소기간 ········· 232

5. 고소의 효력(고소불가분의 원칙) ······ 233
6. 고소의 취소 및 포기 ······ 234

제3절 고 발 ······ 235

1. 고발의 의의 ······ 235
2. 고발의 의무 ······ 235
3. 고발의 제한 ······ 235
[서식(고소장) 125] 표준서식 ······ 236
[서식(고소장) 126] 강간죄(폭행협박 후 성교) ······ 240
[서식(고소장) 127] 강간치상죄(배달나온 다방종업원을 상대로) ······ 242
[서식(고소장) 128] 강제집행면탈죄(허위매매계약) ······ 243
[서식(고소장) 129] 강제집행면탈죄(주식 허위양도) ······ 245
[서식(고소장) 130] 강제추행죄(폭행 후 추행) ······ 246
[서식(고소장) 131] 공갈죄(정교사실을 미끼로 금품갈취) ······ 248
[서식(고소장) 132] 공갈죄(접대부고용 기화로 금품갈취) ······ 251
[서식(고소장) 133] 공무상비밀표시무효죄(압류표시의 효용을 해함) ······ 252
[서식(고소장) 134] 권리행사방해죄(공장기계 등 은닉) ······ 253
[서식(고소장) 135] 명예훼손죄(차량 방화범이라고 적시) ······ 256
[서식(고소장) 136] 명예훼손죄(회사의 공금 횡령) ······ 258
[서식(고소장) 137] 모욕죄(물품대금 외상거절로 인함) ······ 259
[서식(고소장) 138] 모욕죄(주점에 술을 마시던 중) ······ 261
[서식(고소장) 139] 무고죄(임대차계약서 다시 작성) ······ 262
[서식(고소장) 140] 무고죄(사문서 위조 및 동행사) ······ 263
[서식(고소장) 141] 미성년자 등에 대한 간음죄(등록금을 이용 간음) ······ 264
[서식(고소장) 142] 미성년자에 대한 추행죄 등(집안에 혼자 있음을 알고 추행) ······ 266
[서식(고소장) 143] 배임죄(계돈 미지급) ······ 268
[서식(고소장) 144] 배임죄(부동산 이중매매) ······ 270
[서식(고소장) 145] 부당이득죄(매매가격 속임) ······ 272
[서식(고소장) 146] 부동산강제집행효용침해죄(폭행 등의 방법 동원) ······ 273
[서식(고소장) 147] 부동산중개업법위반(매매대금 착복) ······ 275
[서식(고소장) 148] 부정수표단속법위반죄(예금부족 및 무거래) ······ 276
[서식(고소장) 149] 비밀침해죄(편지 개봉) ······ 277
[서식(고소장) 150] 사기죄(취직시켜주겠다고 거짓말) ······ 278
[서식(고소장) 151] 사기죄(임대보증금 편취) ······ 282

[서식(고소장) 152] 사기죄(신용카드사용 변제능력 등 없음) ··· 284
[서식(고소장) 153] 사기죄(유흥주점업자로부터 선불금 명목으로 편취) ··· 285
[서식(고소장) 154] 사기죄(공사대금 편취) ··· 286
[서식(고소장) 155] 사기죄(식당에서 음식대금 편취) ··· 287
[서식(고소장) 156] 사기죄(번호계 계주가 계금 편취) ··· 288
[서식(고소장) 157] 사기죄(차용금 편취) ··· 290
[서식(고소장) 158] 사문서부정행사죄 등(카드습득 부정사용) ··· 292
[서식(고소장) 159] 사문서위조 및 동 행사죄(차용증서 위조, 행사) ··· 293
[서식(고소장) 160] 사문서위조 등(남의 인장 불법조각하여 사용) ··· 294
[서식(고소장) 161] 상해죄(컴퓨터 외상대금 관계로 상해) ··· 295
[서식(고소장) 162] 손괴의 죄(월세금 독촉하자 무선전화기 파손) ··· 296
[서식(고소장) 163] 손괴의 죄(통행문제로 승용차 훼손) ··· 299
[서식(고소장) 164] 신용훼손죄(의류제조업에 많은 수익을 올리자) ··· 300
[서식(고소장) 165] 알선수뢰죄(토지거래허가계약 청탁) ··· 301
[서식(고소장) 166] 야간주거침입절도(현금 및 약속어음 절취) ··· 302
[서식(고소장) 167] 업무방해죄(호프집에서 여종업원 동석요구에 불응하자 행패) ··· 304
[서식(고소장) 168] 업무방해죄(숙녀복매장 차임 연체하자 영업방해) ··· 306
[서식(고소장) 169] 업무상 배임죄(은행직원 부당대출) ··· 307
[서식(고소장) 170] 업무상 비밀누설죄(의사가 환자 병명 누설) ··· 309
[서식(고소장) 171] 업무상 위력 등에 의한 간음죄(공장장이 여공 간음) ··· 310
[서식(고소장) 172] 업무상 횡령죄(가전제품 할부금 횡령) ··· 312
[서식(고소장) 173] 업무상 횡령죄(불륜관계 위자료 명목으로 횡령) ··· 313
[서식(고소장) 174] 위증죄(소매치기 목격 허위진술) ··· 315
[서식(고소장) 175] 위증죄(부품납품 관계 허위 진술) ··· 316
[서식(고소장) 176] 유가증권 변조 등(인장도용하여 당좌수표 변조) ··· 318
[서식(고소장) 177] 장물보관죄(절취한 금반지 보관) ··· 319
[서식(고소장) 178] 장물알선죄(절취한 손목시계 알선) ··· 320
[서식(고소장) 179] 장물운반죄(절취한 TV 운반) ··· 321
[서식(고소장) 180] 장물취득죄(절취한 금반지 취득) ··· 322
[서식(고소장) 181] 점유강취죄(무쏘승용차 강취) ··· 323
[서식(고소장) 182] 점유이탈물횡령죄(거스름돈 반환거절) ··· 325
[서식(고소장) 183] 절도죄(상가에서 신발절취) ··· 326
[서식(고소장) 184] 절도죄(건축자재 등 절취) ··· 328
[서식(고소장) 185] 절도 및 업무방해죄(무용복 등 절취, 도주) ··· 330

[서식(고소장) 186] 주거침입죄(절도 목적) ··· 331
[서식(고소장) 187] 준강간죄(술을 먹이고 항거불능 상태에서 간음) ··· 332
[서식(고소장) 188] 준강간죄(깊은 잠에 빠져 있는 상태에서 간음) ··· 334
[서식(고소장) 189] 준강제추행죄(기 치료를 이용하여 추행) ··· 335
[서식(고소장) 190] 준강제추행죄(술에 취해 항거불능 상태에서 간음) ··· 337
[서식(고소장) 191] 준사기죄(의사능력 없는 미성년자에게 접근 부동산 착취) ··· 338
[서식(고소장) 192] 준사기죄(식당종업원 취업시킨 후 급료 편취) ··· 340
[서식(고소장) 193] 증거인멸의 죄(조사 중인 것을 알고 메모수첩 소각) ··· 341
[서식(고소장) 194] 직권남용죄(공무원이 마을사람들을 동원 청소 강요) ··· 343
[서식(고소장) 195] 직권남용죄(경찰관이 불법체포) ··· 344
[서식(고소장) 196] 직무유기죄(경찰관이 범죄현장 일탈) ··· 346
[서식(고소장) 197] 출판물 등에 의한 명예훼손죄(월간지에 교수채용비리 적시) ··· 347
[서식(고소장) 198] 출판물 등에 의한 명예훼손죄(연구원들이 개발한 기술 비방) ··· 349
[서식(고소장) 199] 컴퓨터 등 사용사기죄(인터넷을 이용 타인의 카드로 물품 거래) ··· 350
[서식(고소장) 200] 컴퓨터 등 사용사기죄(인터넷뱅크를 이용 금원 편취) ··· 352
[서식(고소장) 201] 퇴거불응죄(교회출입금지 의결절차 불응) ··· 353
[서식(고소장) 202] 특수절도죄(드라이버를 이용하여 현금, 수표절취) ··· 355
[서식(고소장) 203] 특수주거침입죄(흉기를 보이며 퇴거불응) ··· 356
[서식(고소장) 204] 특수협박죄(흉기로 협박하며 채무 독촉) ··· 357
[서식(고소장) 205] 편의시설부정사용죄(고객이 커피자판기 훼손) ··· 359
[서식(고소장) 206] 폭행죄(애인이 폭행) ··· 360
[서식(고소장) 207] 폭행죄(음식점에서 손님이 종업원에게 행패) ··· 361
[서식(고소장) 208] 폭행가혹행위죄(경찰관이 피의자를 폭행) ··· 362
[서식(고소장) 209] 폭행치상죄(건물소유주가 임차인을 폭행) ··· 364
[서식(고소장) 210] 피의사실공표죄(회사 기밀사실 언론에 발표) ··· 365
[서식(고소장) 211] 학대죄(봉제공장 사장이 근로자를 폭행) ··· 367
[서식(고소장) 212] 협박죄(무전취식협의로 체포되자 원한으로 협박) ··· 368
[서식(고소장) 213] 협박죄(임차기간 도래 전에 인도요구하며 협박) ··· 370
[서식(고소장) 214] 횡령죄(약속어음을 할인하여 유흥비로 소비) ··· 371
[서식(고소장) 215] 횡령죄(다이아몬드 반환 거절) ··· 375
[서식(고소장) 216] 횡령죄(보관시킨 물품 제3자에게 매각하고 대금 반환하지 않음) ··· 376
[서식(고소장) 217] 횡령 및 배임죄(문중 종토보상금 반환 거절) ··· 377
[서식(고발장) 218] 낙태죄(수감생활 등의 이유로 낙태) ··· 380
[서식(고발장) 219] 도박죄(모텔에서 수십 회에 걸쳐 고스톱) ··· 381

[서식(고발장) 220] 수뢰죄(자녀 채용미끼로 수뢰) …… 383
[서식 221] 고소위임장 …… 384
[서식 222] 고소취소장 …… 385
[서식 223] 합의서(1)(교통사고) …… 386
[서식 224] 합의서(2)(폭행) …… 387
[서식 225] 합의서(3)(상해) …… 388
[서식 226] 고소인지정신청서 …… 389
[서식 227] 출국금지의뢰신청서 …… 389
[서식 228] 위임장(고소대리) …… 390
[서식 229] 고소(고발)장 접수증명서 …… 391
[서식 230] 진정 · 내사사건 처분결과증명서 …… 392
[서식 231] 사건처분결과증명서 …… 393
[서식 232] 기소(참고인)중지사건 공소시효 완성증명서 …… 394
[서식 233] 사실증명원 …… 395
[서식 234] 항고장 접수증명서 …… 396
[서식 235] 항고기각증명원 …… 397
[서식 236] 범죄신고자등구조금지급신청서 …… 398
[서식 237] 구조금지급청구서 …… 398
[서식 238] 압수증명서 …… 399
[서식 239] 수가환부신청서 …… 400
[서식 240] 압수물열람 · 등사신청서 …… 401
[서식 241] 수색증명서 …… 402
[서식 242] 벌과금납부증명서 …… 403
[서식 243] 징수금 일부납부 · 납부연기신청서 …… 404
[서식 244] 체포 · 구속영장등본교부신청서 …… 405
[서식 245] 예납금 · 가납금 환부청구서 및 영수증 …… 406
[서식 246] 형사재판확정증명원 …… 407
[서식 247] 사건기록 열람(등사)신청서 …… 408
[서식 248] 재판서 · 조서 등(초)본 교부청구서 …… 409
[서식 249] 보상금지급신청서 …… 410
[서식 250] 형사보상금지급청구서 …… 411
[서식 251] 장해구조금지급신청서 …… 412
[서식 252] 구조금지급신청서 …… 413
[서식 253] 가구조금지급신청서 …… 414

[서식 254] 유족구조금지급신청서 ······ 415
[서식 255] 피의자보상청구서 ······ 416

제4절 자 수 ······ 417

1. 자수의 의의 ······ 417
2. 자수의 방법 ······ 417
[서식 256] 자수서(1) ······ 418
[서식 257] 자수서(2) ······ 419

제5절 임의수사와 강제수사 ······ 419

1. 의 의 ······ 419
2. 임의수사의 방법 ······ 420
3. 강제수사 ······ 421
4. 수사과정의 기록 ······ 421
[서식 258] 신원보증서 ······ 421
[서식 259] 신병인수서 ······ 422
[서식 260] 압수물환부(가환부)수령증 ······ 423
[서식 261] 위임장(기록의 열람 등사권한 등) ······ 423
[서식 262] 피의자에 대한 변소서 ······ 424

제6절 검사의 사건처리 ······ 426

1. 공소제기 ······ 426
2. 불기소처분 ······ 426
3. 기소유예 ······ 426
4. 기소중지 ······ 426
5. 타관송치 ······ 427
6. 불기소처분에 대한 불복 ······ 427
[서식 263] 항고장(1)(불기소처분에 대한 불복) ······ 428
[서식 264] 항고장(2)(불기소처분에 대한 불복) ······ 429
[서식 265] 재항고장(항고기각결정에 대한 불복) ······ 430
[서식 266] 추완항고장 ······ 431
[서식 267] 수사재기신청서(1)(기소중지에 대한) ······ 432
[서식 268] 수사재기신청서(2) ······ 433

제7절 가정보호사건의 처리 ······ 434

1. 서 론 ······ 434

2. 관 할 ········ 435
3. 신고의무 및 응급조치 ········ 435
4. 임시조치 ········ 436
5. 조 사 ········ 437
6. 심 리 ········ 438
7. 종국결정 ········ 439
8. 기 타 ········ 443

제2장 공 소 ········ 446

제1절 공소 및 공소권 ········ 446
1. 공소의 의의 ········ 446
2. 공소권의 이론 ········ 446

제2절 공소의 제기 ········ 448
1. 국가소추주의 ········ 448
2. 기소편의주의 ········ 449
3. 공소의 취소 ········ 449

제3절 공소제기의 절차 ········ 450
1. 공소시효의 의의 ········ 450
2. 공소시효의 기간 ········ 450
3. 공소시효의 정지 ········ 451
4. 공소제기의 방식 ········ 452
5. 공소제기의 효과 ········ 454
[서식 269] 의견서(1) ········ 456
[서식 270] 의견서(2)(공소사실을 다투는 경우) ········ 459
[서식 271] 의견서(3) ········ 463
[서식 272] 공소장변경 허가신청에 대한 의견서 ········ 467
[서식 273] 재판기록 열람 · 복사/출력 · 복제 신청서 ········ 469
[서식 274] 기소(참고인)중지사건 공소시효 완성증명원 ········ 470

제4절 재정신청제도 ········ 472
1. 의 의 ········ 472
2. 재정신청 ········ 472
3. 고등법원의 처리 ········ 475

4. 비용의 부담 ······ 475
[서식 275] 재정신청서(1) ······ 476
[서식 276] 재정신청서(2) ······ 477
[서식 277] 재정신청서(3) ······ 478

제3장 공 판 ······ 482

제1절 공판절차 ······ 482
1. 공판절차의 의의 ······ 482
2. 공판절차의 기본원칙 ······ 482

제2절 공판의 대상 및 범위 ······ 484
1. 심판의 범위 ······ 484
2. 공소장의 변경 ······ 484
3. 공소장변경의 절차 ······ 485

제3절 공판준비의 절차 ······ 486
1. 공판준비의 의의 ······ 486
2. 공판기일 전의 절차 ······ 486
[서식 278] 공판기일변경신청서(1) ······ 489
[서식 279] 공판기일변경신청서(2) ······ 490
[서식 280] 공판기일변경신청서(3) ······ 490
[서식 281] 공판시각변경신청서 ······ 491
[서식 282] 사실조회신청서(1) ······ 492
[서식 283] 사실조회신청서(2) ······ 493
[서식 284] 사실조회신청서(3) ······ 494
[서식 285] 병상일지조회신청서 ······ 495
[서식 286] 문서송부촉탁신청서(1) ······ 495
[서식 287] 문서송부촉탁신청서(2) ······ 496
[서식 288] 문서송부촉탁신청서(3) ······ 497
[서식 289] 금융거래자료 제출명령신청서 ······ 498
[서식 290] 변호인의견서 ······ 499

제4절 공판기일의 절차 ······ 500
1. 공판정의 구성 ······ 500
2. 피고인의 출석 ······ 501

3. 변호인의 출석 ······ 503
4. 법원경위 ······ 503
5. 소송지휘 ······ 503
6. 당사자의 권리 ······ 504
[서식 291] 불출석사유신고서(1)(교통사고) ······ 504
[서식 292] 불출석사유신고서(2)(질병) ······ 505

제5절 공판심리의 순서 ······ 506

1. 공판의 순서 ······ 506
2. 인정신문 ······ 506
3. 검사의 모두진술 ······ 506
4. 피고인의 모두진술 ······ 507
5. 증거조사 ······ 508
6. 조사에 관한 의견진술(증거인부) ······ 509
7. 변 론 ······ 509
8. 판 결 ······ 510
9. 공판조서 ······ 510
[서식 293] 피고인에 대한 반대심문사항 ······ 511
[서식 294] 피고인에 대한 추가 심문사항 ······ 512
[서식 295] 증인진술서 ······ 513
[서식 296] 증인신청서(1) ······ 515
[서식 297] 증거신청서(2) ······ 516
[서식 298] 증인에 대한 심문사항(1) ······ 516
[서식 299] 증인에 대한 심문사항(2) ······ 517
[서식 300] 증거조사에 대한 이의신청서 ······ 518
[서식 301] 증거설명서 ······ 519
[서식 302] 증거에 대한 의견서(1) ······ 519
[서식 303] 증거에 대한 의견서(2)(증거인부) ······ 521
[서식 304] 증거에 대한 의견서(3) ······ 522
[서식 305] 증거인부서(1) ······ 523
[서식 306] 증거인부서(2) ······ 524
[서식 307] 증거제출서(1) ······ 525
[서식 308] 증거제출서(2) ······ 526
[서식 309] 증거목록 ······ 527

[서식 310] 증인소환 및 구인신청서 ……… 527
[서식 311] 증언거부사유서(1) ……… 528
[서식 312] 증언거부사유서(2) ……… 529
[서식 313] 증인주소보정서 ……… 530
[서식 314] 직무상비밀사실신고서 ……… 531
[서식 315] 피해자의 법정진술신청서 ……… 531
[서식 316] 변론요지서(1) ……… 532
[서식 317] 변론요지서(2)(범죄사실인정, 불구속피고인) ……… 534
[서식 318] 변론요지서(3)(통신비밀보호법위반) ……… 536
[서식 319] 변론요지서(4)(강도) ……… 537
[서식 320] 변론요지서(5)(업무방해) ……… 538

제6절 공판심리의 특칙 ……… 540

1. 공판절차의 정지 ……… 540
2. 공판절차의 갱신 ……… 542
3. 변론의 재개, 병합, 분리 ……… 542

[서식 321] 공판절차정지신청서 ……… 543
[서식 322] 변론병합신청서(1) ……… 543
[서식 323] 변론병합신청서(2) ……… 544
[서식 324] 변론분리신청서(1) ……… 545
[서식 325] 변론분리신청서(2) ……… 546
[서식 326] 변론분리신청서(3) ……… 546
[서식 327] 변론재개신청서(1) ……… 547
[서식 328] 변론재개신청서(2) ……… 547
[서식 329] 변론재개신청서(3) ……… 548
[서식 330] 변론재개신청서(4) ……… 549
[서식 331] 소송계속증명원 ……… 549
[서식 332] 참고자료제출(1) ……… 550
[서식 333] 참고자료제출(2) ……… 551
[서식 334] 선고기일연기신청서 ……… 552

제7절 간이공판절차 ……… 553

1. 간이공판절차의 의의 ……… 553
2. 간이공판절차의 요건 ……… 553
3. 간이공판절차의 특칙 ……… 554

제8절 공판의 재판 ··· 555
1. 재판의 의의 ··· 555
2. 형식재판 ··· 555
3. 유죄판결 ··· 558
4. 종국판결의 효과 ··· 558
제9절 국민참여재판 ··· 559
1. 의 의 ··· 559
2. 대상사건 및 관할 ··· 560
3. 배 심 원 ··· 561
4. 참여재판의 순서 ··· 563
5. 평의 · 평결 및 양형에 관한 토의 ··· 564
6. 배심원 등의 보호를 위한 조치 ··· 565

제4장 재판의 효력 ··· 568
제1절 재판의 확정 ··· 568
1. 재판확정의 의의 ··· 568
2. 재판의 확정력 ··· 568
3. 재판의 구속력 ··· 568
4. 일사부재리의 효력 ··· 569
5. 확정력의 배제 ··· 569
[서식 335] 판결확정증명원 ··· 570
제2절 소송비용 ··· 570
1. 의 의 ··· 570
2. 소송비용의 부담자 ··· 571
3. 소송비용부담의 절차 ··· 571

제3편 상 소 / 573

제1장 총 설 ··· 575

제1절 상소제도 ······ 575
1. 상소제도의 의의 ······ 575
2. 상소제도의 필요성 ······ 575
3. 상소의 종류 ······ 575
4. 상소권자 ······ 576
5. 상소와 피고인보호의 특칙 ······ 576

제2절 상소의 제기 ······ 577
1. 상소제기의 방법 및 기간 ······ 577
2. 상소의 범위 ······ 578
3. 상소심의 심리범위 ······ 578

제3절 상소권의 회복절차 ······ 578
1. 상소권의 회복청구 ······ 578
2. 상소권 회복청구의 심리 ······ 579
[서식 336] 상소권회복청구서(1) ······ 580
[서식 337] 상소권회복청구서(2) ······ 581

제4절 상소의 포기 · 취하 ······ 582
1. 상소의 포기 ······ 582
2. 상소의 취하 ······ 583
[서식 338] 항소(상고)포기서(1) ······ 583
[서식 339] 항소(상고)포기서(2) ······ 584
[서식 340] 항소(상고)권포기동의서 ······ 585
[서식 341] 항소권포기동의서 ······ 585
[서식 342] 상소권포기동의서 ······ 586
[서식 343] 항소(상고)취하서 ······ 587
[서식 344] 미성년자의 항소(상고)취하서 ······ 588
[서식 345] 항고(상고)절차속행신청서 ······ 588

제2장 항 소 ······ 590

제1절 항소의 개념 ······ 590
1. 항소의 의의 ······ 590
2. 항소심의 관할 · 기간 ······ 590

3. 원심법원의 기각결정 …… 590
[서식 346] 항소장(1) …… 591
[서식 347] 항소장(2) …… 592

제2절 항소법원의 절차 …… 592

1. 소송기록 접수와 통지 …… 592
2. 항소기각의 결정 …… 593
3. 항소이유서 · 답변서 제출 …… 594
[서식 348] 항소이유서(1)(양형부당) …… 595
[서식 349] 항소이유서(2)(사실오인 등) …… 597
[서식 350] 항소이유서(3) …… 598
[서식 351] 항소이유서(4) …… 600
[서식 352] 항소보충이유서 …… 601
[서식 353] 항소이유보충서 …… 602
[서식 354] 답 변 서 …… 606

제3절 항소심의 공판절차 …… 607

1. 피고인 출석 및 완화 …… 607
2. 인정신문 …… 607
3. 무변론의 재판 …… 608
4. 사실조사 …… 608
5. 증거조사 …… 608
6. 최종진술 …… 609
7. 항소심의 특칙 …… 609

제4절 항소심의 재판 …… 609

1. 재판의 방법 …… 609
2. 항소기각판결 …… 610
3. 원심판결의 파기판결 …… 610
[서식 355] 공소기각결정신청서 …… 611

제5절 파기환송사건의 처리 …… 612

1. 파기환송사건의 성격 …… 612
2. 공판절차 …… 612

제3장 상 소 ······ 614

제1절 상고에 관한 절차 ······ 614

1. 상고의 의의 ······ 614
2. 상고심의 구조 ······ 614
3. 상고제기의 절차 ······ 614
4. 상고법원의 조치 ······ 615
5. 상고기각의 결정 ······ 615

[서식 356] 상 고 장 ······ 616
[서식 357] 상고이유서(1)(절도) ······ 617
[서식 358] 상고이유서(2)(강제추행) ······ 619
[서식 359] 상고이유서(3)(특가법위반) ······ 621
[서식 360] 보충상고이유서 ······ 622

제2절 상고심 공판절차 ······ 624

1. 상고심 공판의 방법 ······ 624
2. 판결의 선고 ······ 624
3. 판결의 정정 ······ 625

[서식 361] 판결정정신청서(1) ······ 625
[서식 362] 판결정정신청서(2) ······ 626
[서식 363] 재판서경정신청서 ······ 627

제3절 비약상고 ······ 628

[서식 364] 비약상고장(1) ······ 628
[서식 365] 비약상고장(2) ······ 629

제4장 항 고 ······ 630

제1절 총 설 ······ 630

1. 항고의 의의 ······ 630
2. 항고의 종류 ······ 630

[서식 366] 즉시항고장(1)(보석허가청구 기각) ······ 632
[서식 367] 즉시항고장(2)(상소권회복청구 기각) ······ 633
[서식 368] 즉시항고장(3)(상소권회복청구 기각) ······ 634
[서식 369] 항고장(기피신청기각결정에 대한) ······ 635
[서식 370] 재항고장(1)(항고기각결정) ······ 636

[서식 371] 재항고장(2) ······ 637
[서식 372] 준항소장(가환부처분) ······ 638

제2절 항고에 대한 원심법원의 절차 ······ 639
1. 항고의 제기 ······ 639
2. 원심법원의 항고기각결정 ······ 640
3. 원심법원의 경정 및 집행정지결정 ······ 640

제3절 항고법원의 절차 ······ 640
1. 부적법한 항고의 기각결정 ······ 640
2. 항고법원의 집행정지결정 ······ 640
3. 심 리 ······ 641
4. 재 판 ······ 641

제4절 준항고에 관한 절차 ······ 641
1. 관할법원 ······ 641
2. 준항고 제기방법 ······ 641
3. 불복방법 ······ 642

제4편 특별소송절차 / 643

제1장 재 심 ······ 645

제1절 재심의 의의와 기능 ······ 645
1. 재심의 의의 ······ 645
2. 재심의 기능 ······ 645

제2절 재심의 사유 ······ 645
1. 유죄확정판결에 대한 재심 ······ 645
2. 유죄확정판결에 대한 재심의 사유 ······ 646
3. 유죄판결에 대한 상소를 기각한 확정판결의 재심 ······ 646
4. 유죄판결에 대한 상소를 기각한 확정판결의 재심의 사유 ······ 647

제3절 재심의 청구 ······ 647
1. 청구권자 ······ 647

2. 재심의 관할 ······ 648
3. 청구기간 ······ 648
4. 청구의 방식 ······ 648
5. 청구의 취하 ······ 648
[서식 373] 재심청구서(1) ······ 648
[서식 374] 재심청구서(2) ······ 650
[서식 375] 재심청구취하서(1) ······ 651
[서식 376] 재심청구취하서(2) ······ 652

제4절 재심청구에 대한 심판 ······ 653
1. 재심청구에 대한 심리(사실조사) ······ 653
2. 당사자의 의견청취 ······ 653
3. 재심청구에 대한 재판 ······ 653
4. 재심의 심판 ······ 654

제2장 비상상고 ······ 656

제1절 비상상고의 의의와 절차 ······ 656
1. 의 의 ······ 656
2. 관 할 ······ 656
3. 비상상고의 대상 및 이유 ······ 656
4. 비상상고의 방식과 시기 ······ 657
5. 비상상고의 심리 ······ 657

제2절 비상상고에 대한 판결 ······ 657
1. 기각판결 ······ 657
2. 파기의 판결 ······ 657
3. 판결의 효력 ······ 658
[서식 377] 비상상고장 ······ 658

제3장 약식절차 ······ 659

제1절 약식절차의 의의와 청구방식 ······ 659
1. 의 의 ······ 659
2. 청구방식 ······ 659

제2절 약식명령청구사건의 처리 ········ 660
1. 사실조사 ········ 660
2. 공판절차회부 ········ 660
3. 약식명령의 고지, 효력 ········ 661

제3절 정식재판청구 ········ 661
1. 의 의 ········ 661
2. 청구권자 ········ 661
3. 청구의 기간, 방식, 통지 ········ 662
4. 정식재판의 개시 ········ 662
5. 정식재판 청구의 취하 ········ 662
6. 정식재판청구기각결정 ········ 662
[서식 378] 정식재판청구서 ········ 663
[서식 379] 정식재판청구권 회복청구서(1) ········ 664
[서식 380] 정식재판청구권 회복청구서(2) ········ 665
[서식 381] 정식재판청구권 회복청구서(3) ········ 667
[서식 382] 정식재판청구취하서 ········ 668

제4장 기타 구제절차 ········ 669

제1절 재판의 해석에 관한 의의신청 ········ 669
1. 의 의 ········ 669
2. 신청권자 ········ 669
3. 재 판 ········ 669
[서식 383] 의의신청서 ········ 670

제2절 재판의 집행에 관한 이의신청 ········ 670
1. 의 의 ········ 670
2. 신청권자 ········ 671
3. 재 판 ········ 671
[서식 384] 재판집행에 대한 이의신청서 ········ 671

제3절 소송비용의 집행면제신청 ········ 672
1. 의 의 ········ 672
2. 신청권자 ········ 673

3. 재 판 ········· 673

제5장 즉결심판 ········· 674

제1절 즉결심판절차의 의의, 청구 ········· 674

1. 의 의 ········· 674
2. 즉결심판청구 ········· 674
3. 즉결심판의 심리 ········· 675
4. 즉결심판의 선고 ········· 675
5. 즉결심판의 효력 ········· 676
6. 정식재판의 청구절차 ········· 676
7. 형의 집행 ········· 677
8. 유치명령에 대한 준항고 ········· 677

[서식 385] 불출석심판청구서(즉결심판) ········· 678
[서식 386] 정식재판청구서(즉결심판결정에 대한) ········· 679
[서식 387] 준항고장(1)(즉결심판불복) ········· 679
[서식 388] 준항고장(2)(즉결심판불복) ········· 681

제5편 재판의 집행 / 683

제1장 총 설 ········· 685

제1절 재판집행의 의의 · 시기 · 지휘 ········· 685

1. 의 의 ········· 685
2. 재판의 집행시기 ········· 685
3. 재판집행의 지휘 ········· 686

제2절 형의 집행 ········· 686

1. 의 의 ········· 686
2. 사형의 집행 ········· 686
3. 자유형의 집행 ········· 687
4. 사형, 자유형을 집행하기 위한 소환 ········· 688
5. 자격형의 집행 ········· 689

6. 재산형 등의 집행 ······ 689

제2장 형 집행의 부수적 처분 ······ 690

제1절 상고제기의 구금일수의 산입 ······ 690

1. 구금일수산입 ······ 690
2. 몰수물의 처분 ······ 690
3. 위조, 변조물의 처분 ······ 691
4. 환부불능압수물의 처분 ······ 691
5. 가납집행의 조정 ······ 691
6. 노역장유치의 집행 ······ 691

제3장 형의 소멸 ······ 692

제1절 형의 실효 ······ 692

1. 의 의 ······ 692
2. 청 구 ······ 692
   [서식 389] 형의 실효선고신청서 ······ 692

제2절 복 권 ······ 693

1. 의 의 ······ 693
2. 청 구 ······ 694
   [서식 390] 복권신청서 ······ 694
   [서식 391] 재판기록 열람 · 복사/출력 · 복제 신청서 ······ 695
   [서식 392] 재판기록 열람 · 복사/출력 · 복제 신청권 위임장 ······ 696
   [서식 393] 출국가능사실 확인신청서 ······ 697
   [서식 394] 위임장(검찰민원서류신청, 교부위임) ······ 698
   [서식 395] 기록환부신청서(원본환부) ······ 699
   [서식 396] 금전공탁서(변제 등) ······ 699
   [서식 397] 위임장(금전 공탁서) ······ 701
   [서식 398] 금전공탁서(형사사건용) ······ 702
   [서식 399] 금전공탁통지서(형사사건용) ······ 704
   [서식 400] 위임장(금전공탁통지서) ······ 705
   [서식 401] 접수증명원 ······ 706

제6편 소년사건 / 707

제1장 총 설 709
제1절 소년보호사건의 목적 709
제2절 보호처분의 성격 709

제2장 법 원 710
제1절 소년법원 710
1. 관 할 710
2. 이 송 710
제2절 항고 및 재항고 법원 711
1. 관할 가정법원 또는 지방법원 본원 합의부 711
2. 대 법 원 711
[서식 402] 이송신청서 711

제3장 소년보호의 대상 713
제1절 비행소년 713
1. 의 의 713
2. 대 상 713
제2절 비행소년의 종류 713
1. 범죄소년 713
2. 촉법소년 713
3. 우범소년 714

제4장 소년보호의 관계기관 및 관계인 715
제1절 총 설 715
제2절 종 류 715
1. 검 사 715
2. 법 원 715

3. 경찰서장 ………………………………………………………… 716
4. 소년분류심사원 ………………………………………………… 716
5. 소 년 원 ………………………………………………………… 716
6. 보 호 자 ………………………………………………………… 716
7. 보 조 인 ………………………………………………………… 717
[서식 403] 보조인선임신고서(1) ……………………………………… 719
[서식 404] 보조인선임신고서(2) ……………………………………… 720
[서식 405] 보조인신고서 ……………………………………………… 720

제5장 보호소년의 송치 ……………………………………………… 722

제1절 사건의 송치 …………………………………………………… 722
1. 의 의 ……………………………………………………………… 722
2. 경찰서장의 송치 ………………………………………………… 722
3. 검사의 송치 ……………………………………………………… 722
4. 법원의 송치 ……………………………………………………… 723
5. 통 고 ……………………………………………………………… 723

제2절 소년보호사건의 접수 ………………………………………… 723

제6장 보호소년의 신병에 관한 절차 ………………………………… 725

제1절 보호소년에 대한 구속영장의 효력 …………………………… 725
1. 의 의 ……………………………………………………………… 725
2. 검사가 송치하는 사건 …………………………………………… 725
3. 법원이 송치하는 사건 …………………………………………… 725

제2절 감호에 관한 임시조치(가위탁) ………………………………… 726
1. 의 의 ……………………………………………………………… 726
2. 요 건 ……………………………………………………………… 727
3. 임시조치의 시기 · 내용 ………………………………………… 727
4. 임시조치 결정의 집행 …………………………………………… 728
5. 임시조치의 취소, 변경, 불복 …………………………………… 728
[서식 406] 위탁변경신청서(1) ………………………………………… 729
[서식 407] 위탁변경신청서(2) ………………………………………… 730

[서식 408] 위탁변경신청서(3) ········· 732
[서식 409] 위탁변경신청서(4) ········· 733

제7장 소년보호사건의 조사와 심리 ········· 735

제1절 조 사 ········· 735
1. 조사의 의의 ········· 735
2. 조사명령 ········· 735
3. 조사의 대상과 조사사항 ········· 736

제2절 심 리 ········· 737
1. 심리의 의의 ········· 737
2. 심리의 개시결정 ········· 737
3. 심리의 관계인 소환통지 ········· 737
4. 심리의 개정 ········· 738
5. 진술거부권의 고지 ········· 739
6. 비행사실의 고지 및 변명 청취 ········· 739
7. 항 고 권 ········· 740
8. 증거의 조사 ········· 740
[서식 410] 보조인의견서 ········· 740
[서식 411] 변론요지서 ········· 742
[서식 412] 심리기일변경신청서 ········· 744
[서식 413] 주소변경신고서 ········· 744

제8장 종국결정 ········· 746

제1절 총 설 ········· 746
1. 결정의 의의 및 종류 ········· 746
2. 결정서의 작성 및 고지 ········· 746

제2절 심리불개시결정 ········· 747
1. 의의 및 요건 ········· 747
2. 결정방식 및 효력 ········· 747

제3절 불처분결정 ········· 748
1. 의의 및 요건 ········· 748

2. 형식적 불처분 ······ 748
3. 실질적 불처분 ······ 748

제4절 검사에의 송치결정 ······ 749
1. 의의 및 요건 ······ 749
2. 결정방식 및 효력 ······ 749

제5절 법원으로의 이송결정 ······ 750
1. 의의 및 요건 ······ 750
2. 결정방식 및 고지 ······ 750
3. 이송절차 ······ 750

제6절 보호처분의 결정 ······ 751
1. 의의 및 요건 ······ 751
2. 결정의 고지 및 효력 ······ 751
3. 보호처분의 내용 ······ 752
4. 보호처분의 기간 ······ 752
5. 보호소년의 인도 ······ 753
6. 보호처분의 취소 · 변경 ······ 753
7. 취소 변경의 방법 및 고지 ······ 754
8. 보호소년의 장래신상 ······ 754
[서식 414] 인우보증서 ······ 755
[서식 415] 처분결정등본교부신청서 ······ 756

제9장 항 고 ······ 757

제1절 총 설 ······ 757

제2절 항고대상 ······ 757

제3절 항고권자, 기간, 이유 ······ 757

제4절 항고절차 ······ 758
1. 항고의 제기 ······ 758
2. 항고의 취하 ······ 758
[서식 416] 항고장(소년원에 송치) ······ 759

제5절 항고법원의 심판 ······ 760

1. 심리의 대상 ········· 760
2. 항고의 재판 ········· 760

제6절 재 항 고 ········· 761

제10장 소년형사사건의 절차 ········· 762

제1절 총 설 ········· 762

제2절 절차상의 특칙 ········· 762
1. 소년의 구속 및 수용 ········· 762
2. 공판의 심리방법, 조사의 위촉 ········· 762
3. 처분상의 특칙 ········· 763

제3절 행형에 관한 특칙 ········· 764
1. 성인으로부터 분리 ········· 764
2. 보호처분과 형의 집행 ········· 764
3. 가 석 방 ········· 764
4. 자격에 관한 법령의 적용 ········· 765

제4절 벌칙 절차 ········· 765
1. 보도금지 ········· 765
2. 연령의 허위진술 ········· 765
3. 조회응답 ········· 765
4. 소환의 불응 ········· 766

부 록 / 767

1. 법원사건부호표 ········· 769

2. 형법 죄명별 공소시효 일람표 ········· 773

3. 탄원서 작성방법과 각종 사례 ········· 783
[사례 1] 업무상과실과 수뢰 및 배임혐의로 구속된 직장상사에 대한 선처 호소 ········· 785
[사례 2] 업무상 횡령죄에 대한 부당성 주장 ········· 786
[사례 3] 운전 중 특수공무집행방해치사에 대한 선처 호소 ········· 788

[사례 4] 폭행 등 사건 피의자인 아들이 환자이므로 어머니가 보석허가요청 …… 789
[사례 5] 남편을 상해 치상한 베트남 이주여성에 대한 구명 요청 …… 791
[사례 6] 아파트 하자보수관계로 변호사법 위반에 대한 선처 호소 …… 793
[사례 7] 보험 사기로 구속된 남편에 대한 부인의 선처 호소 …… 794
[사례 8] 판사에게 구속된 자식을 선처 호소 …… 796
[사례 9] 어머니가 구속된 아들 선처 호소 …… 797
[사례 10] 교통사고를 낸 동생에 대한 석방촉구 …… 799
[사례 11] 아버지가 아들의 석방촉구 …… 801
[사례 12] 음주교통사고에 대하여 피해자가 선처 호소 …… 803
[사례 13] 처가 구속된 남편을 석방해 달라고 호소 …… 804
[사례 14] 강제추행 공갈 및 금품 갈취를 한 피의자가 용서를 구함 …… 806
[사례 15] 공금횡령 등으로 구속된 직장상사에 대하여 직원이 선처를 호소 …… 807
[사례 16] 노래연습장에서 주류판매로 인한 영업정지처분의 선처 호소 …… 809
[사례 17] 단란주점에서 청소년고용으로 인한 영업허가취소의 선처 호소 …… 811
[사례 18] 부득이한 사유로 음주운전을 하여 면허취소가 된데 대한 선처 호소 …… 812
[사례 19] 공무집행방해죄로 구속된 직장동료의 석방을 호소 …… 814
[사례 20] 특수절도를 한 소년에 대한 선처 호소 …… 815
[사례 21] 차용금 사기사건의 경우, 피해자가 선처 호소 …… 818
[사례 22] 토지분할경계측정의 방해로 인하여 업무방해죄로 구속 …… 820
[사례 23] 동생의 폭행사건에 대하여 형이 선처 호소 …… 821
[사례 24] 분위기에 이끌려 도박한 경우 …… 823
[사례 25] 여자친구가 남자친구의 죄에 대하여 형기를 감면 호소 …… 824
[사례 26] 교통사고를 낸 형에 대한 선처 호소 …… 825
[사례 27] 강제추행으로 인한 상해의 경우, 피해자가 선처 호소 …… 827
[사례 28] 거주자 우선주차 구민 피해 …… 828
[사례 29] 무고사건의 경우 …… 830
[사례 30] 행인의 지갑을 훔친 경우 …… 831

▣ 서식색인 …… 833

제 1 편

총 론

제1장 형사소송 총설 / 3
제2장 법 원 / 8
제3장 소송관계자(소송행위의 대리와 보조) / 33
제4장 변 호 사 / 41
제5장 공판의 재판 / 66
제6장 소송서류 / 81
제7장 송 달 / 89
제8장 기 간 / 96
제9장 인신구속제도 / 98
제10장 압수 · 압수영장 / 192
제11장 검 증 / 196
제12장 제1회 공판기일 전의 증인신문 / 198
제13장 감 정 / 207
제14장 증거보전 / 214
제15장 소송비용 / 221

| 제1장 형사소송 총설 |

제1절 형사소송의 의의

형사소송이란, 형법을 구체적인 사건에 적용하여 이에 대한 형사제재와 응징을 과하기 위하여는 일정한 절차를 필요로 하는데 이러한 절차를 형사절차라 하며, 이러한 형사절차 중에서 수사와 형의 집행을 제외한 공소의 제기로부터 판결의 선고에 이르기까지 통상의 공판절차를 협의의 형사소송이라고 한다. 일반적으로 소송이란 대립하는 당사자의 공격과 방어를 통해 심리가 진행되고, 이에 대하여 법원이 제3자의 입장에서 판단하는 절차구조를 말한다.

수사나 형의 집행 단계에서도 이러한 대립당사자의 구도가 잠재해 있기는 하지만, 검사와 피고인 및 변호인의 대립당사자로서의 역할이 본격화되는 것은 공소제기 후 법정에서 쌍방의 공방이 이루어지면서 판결이 선고되어 확정될 때까지이므로, 공판절차를 중심으로 한 형사소송은 형사절차의 핵심이라 할 것이다.

제2절 형사소송법의 목적과 이념

민사소송이 당사자처분권주의와 변론주의에 입각하여 당사자가 구하는 범위 내에서의 진실을 찾아가는 과정이라면, 형사소송은 법원이 사실관계에 대한 당사자의 주장에 구애되지 않고 실체적 진실의 발견을 추구하는 절차라는 점에서 큰 차이가 있다.

그러나 법치주의와 적법절차의 원칙에 의하여 뒷받침되지 않는 실체적 진실 발견은 진정한 형사소송의 목적이 될 수 없다. 실체적 진실 발견만을 강조할 경우, 국민의 인권을 침해할 위험이 있기 때문이다.

따라서 실체적 진실 발견은 어떤 희생을 치르더라도 달성해야 할 형사소송의 유일하고도 궁극적인 목적이 될 수는 없는 것이고, 법치주의와 적법절차에 다른 실체적 진실 발견을 통해서만 진정한 사법정의가 구현될 수 있다고 할 것이다.

형사소송은 실체적 진실 발견과 법치주의 및 적법절차로 대표되는 인권보장이라는 두 가지 이념을 동시에 추구할 때에 사법정의라고 하는 그 목적의 제대로 된 모습으로 구현할 수 있는 것이다.

제3절 형사소송법의 성격

1. 공 법

공법과 사법을 구별하는 것은 로마법 이래의 것으로서 그 구별기준에 대하여는 이론적으로 여러 견해가 있으나 어느 견해에 의하더라도 형사소송법은 범죄인에 대한 국가의 사법작용의 행사방법을 규정하고 있는 공법에 속한다 할 것이다.

2. 사 법 법

형사소송법은 국가의 사법작용의 행사방법을 규정하고 있는 법률이므로 사법법에 속하며, 입법과 행정법에 대립한다. 행정법은 합목적성을 원리로 하고 있음에 반하여 사법법인 형사소송법은 법적 안정성의 유지를 그 원리로 한다. 다만, 수사단계에 있어서는 경찰법과 인접하고, 소송조직의 면에 있어서는 사법행정법과 인접하며, 형의 집행단계에서는 행형법과 가깝다.

사법법을 민사법과 형사법으로 나눌 수 있는데, 형사소송법은 형사법에 속한다. 민사법은 개인과 개인 사이의 평균적 정의의 실현을 목적으로 함에 반하여, 형사법은 국가와 개인 사이의 배분적 정의의 실현을 목적으로 한다. 따라서 민사소송법에 있어서와 같이 당사자주의에 철저할 수는 없으며, 또한 정치적 색체가 강하게 나타나는 이유도 형사소송의 규정을 헌법 등의 법률에 두기 때문이다.

3. 절 차 법

형사법 가운데 형법은 실체법임에 반하여 형사소송법은 절차법이다. 즉, 형법은 무엇이 범죄이고, 이에 대하여 어떠한 형벌을 과하는가 하는 실체를 규정하고 있음에 반하여 형사소송법은 범죄와 형벌을 확정하는 절차를 규정하고 있다. 따라서 형사소송법은 주법(主法)으로서 형법이 규정한 사항이 구체적으로 발생하였을 때 형벌권을 실현하는 절차를 규정한 법률이므로 형법에 대한 조법(助法) 또는 기술법(技術法)이라고도 한다.

제4절 형사소송법의 적용범위

1. 사물에 관한 효력

우리나라의 법원에 재판권이 있는 모든 형사사건에 적용된다. 다만 여기서는 형사사건에 국한하므로, 징계사건이나 질서벌인 과태료를 부과하는 사건은 징계절차나 또는 질서위반행위규제법에서 정한 절차에 의한다.

2. 사람에 관한 효력

대한민국의 영역 안에 있는 사람은 우리 형사소송법의 적용을 받는다. 다만 내국인이라고 하더라도 대통령은 내란이나 외환의 죄를 범하지 않고는 재직 중에 형사상의 소추를 받지 않으며, 국회위원은 회기 중에는 면책특권과 불체포 특권에 의하여 제약을 받는다. 그리고 외국인의 경우 치외법원을 적용받는 경우는 그 적용이 배제된다.

3. 토지에 관한 효력

형사소송법은 대한민국의 영역 내에서 발생한 소송행위에 대해서만 적용한다. 그리고 국제법상 치외법원이 인정되는 구역은 형사소송법이 적용되지 않는다고 봄이 지배적이다.

4. 시(時)에 관한 효력

개정 형사소송법은 그 시행 당시 수사 중이거나 법원에 계속 중인 사건에도 적용된다. 다만, 이 법 시행 전에 종전의 규정에 따라 행한 행위의 효력에는 영향을 미치지 아니한다(2007. 6. 1. 형사소송법 부칙 제2조).

제5절 형사소송법과 형사소송규칙과의 관계

우리나라의 헌법상 형사소송절차는 국회가 제정하는 법률과 대법원이 정하는 규칙의 양자에 의하여 정하여 질 것을 요구하고 있는데 일반적으로 형사소송법은 형사소송절차의 기본적 구조나 피고인 등 소송관계자의 중요한 이행에 관한 기본적인 법률로서 정해져 있는 것이고 형사소송절차 중 형사소송규칙은 법률에서 위임한 사항과 기술적 · 세부적인 사항을 기본적으로 대법원규칙으로 정하고 있는 것이다.

제6절 형사소송 사무처리의 준칙

대법원은 법원의 내부규율과 사무처리에 관한 사항을 규칙의 형식으로 제정할 수 있고 법원사무의 능률적이고 통일적인 사무처리를 위하여 사무의 분담 · 처리방법 · 처리절차 등의 법원의 내부적인 사항에 관한 것을 사무처리절차라고 하는데 소송절차 그 자체와는 구별되어 있다.

형사소송에 관한 사무처리절차를 정하고 있는 다수의 대법원규칙이 제정되어 있고 또한 대법원은 사무처리에 관한 준칙을 예규 등의 형식으로서 정하고 있고 사법행정상 상급법원관청이 하급법원관청에 대한 감독권 발동의 한 형식으로서 예규, 통첩, 훈령, 질의회답 등 여러 가지 형태로 시달하고 있다.

따라서 이러한 재판사무처리에 관한 예규를 따로 모아서 수록한 송무예규집 등이 편찬되어 있으니 이를 참고하면 형사소송실무를 처리함에 있어 많은 도움이 될 것이다.

제2장 법 원

제1절 법원의 의의와 구성

1. 의 의

법원은 사법권을 행사하는 국가기관을 말하며 사법권에는 법관에 의하여 행사되는 심판권뿐만 아니라 사법행정권과 사법입법원(규칙제정권)이 포함된다. 심판권이라 함은 일체의 법률상의 쟁송에 대하여 판단을 내리는 권한을 말한다. 사법행정권이라 함은 이 심판권의 수행을 위하여 필요한 인적 · 물적 지원 또는 재판제도의 운영 · 관리에 필요한 일체의 행정작용에 관한 권한을 말한다. 사법입법권이라 함은 대법원이 법률에 저촉되지 아니하는 범위 안에서 소송에 관한 절차, 법원의 내부 규율과 사무처리에 관한 규칙을 제정할 수 있는 권한을 말한다.

법원에는 조직법상 또는 국법상 의미의 법원과 소송법상 의미의 법원으로 나누어 설명할 수 있을 것이다.

2. 조직법상 의미의 법원

사법행정상 의미에서의 법원을 말한다. 조직법상 의미의 법원은 광의의 법원으로 재판기관뿐만 아니라 법원직원을 포함은 통일체로서 사법행정권의 주체 내지 그 행사 단위인 관청을 말한다. 조직법상 의미의 법원은 최고 법원인 대법원과 각급 법원으로 조직되고, 대법원 이외의 각급 법원은 고등법원 · 특허법원 · 지방법원 · 가정법원 · 행정법원으로 분류된다. 그리고 지방법원 및 가정법원 사무의 일부를 처리하기 위하여 그 관할 구역 내에 지원과 가정지원, 시 · 군법원 및 등기소를 둘 수 있다(법원조직법 3조 1항, 2항).

3. 소송법상 의미의 법원

가. 총 설

소송법상 의미의 법원은 개개의 사건에 대하여 실제로 재판을 하는 재판기관으로서의 법원을 말한다. 이와 같이 개개의 소송사건에 관하여 재판권을 행사하는 법원 즉 합의부, 또는 단독판사를 소송법상 의미의 법원이라고 하며, 이는 법관으로 구성된다.

나. 합의제와 단독제

재판기관은 한 사람의 법관으로 구성하는 경우와 여러 사람의 법관으로 구성하는 경우가 있는데, 전자를 단독제, 후자를 합의제라고 한다. 대법원과 고등법원은 합의제를 채택하고 있고, 지방법원은 단독제를 원칙으로 하면서 합의제를 병용하고 있다(법원조직법 7조 4항, 32조).

대법원은 원칙적으로 대법관 전원의 3분의 2 이상으로 구성되는 합의체로서 구성되나, 대법관 3인 이상으로 구성되는 부에서 먼저 심리하여 의견이 일치한 때에는 일정한 경우를 제외하고는 그 부에서 재판할 수 있다(법원조직법 7조 1항). 지방법원과 가정법원 및 행정법원의 합의부와 고등법원 및 특허법원 재판부는 어느 경우나 3인의 법관으로 구성된다(법원조직법 7조 3항, 5항).

다. 재판장 · 수명법관 · 수탁판사 · 수임판사

(1) 재 판 장

합의부에서는 그 구성원 중 1인이 재판장이 되며 재판장 이외의 법관을 합의부원(배석판사)이라고 한다. 재판장은 합의부에 속한 부장판사가 되지만(법원조직법 27조 2항, 3항, 30조 2항), 특별한 사정이 있어 부장판사가 아닌 판사 3인으로 합의부를 구성한 경우에는 그 중 한 사람이 재판장이 된다. 법조경력이 5년 미만은 판사는 재판장이 될 수 없다. 재판장은 합의부의 장으로서 소송지휘권, 법정경찰권 등을 행사하나, 재판의 합의에 있어서는 다른 법관과 동일한 권한을 가질 뿐이다(법원조직법 66조).

(2) 수명법관

합의부로부터 특정한 소송행위에 관하여 명을 받은 합의부의 구성원을 수명법관이라고 한다. 수명법관의 행위에 관하여 법원 또는 재판장과 동일한 권한이 인정되는 경우가 있다.

(3) 수탁판사

수서법원으로부터 특정한 소송행위를 하도록 촉탁받은 다른 법원의 판사를 수탁판사라고 한다.

수탁판사로부터 전촉을 받은 판사도 수탁판사이다. 수탁판사는 수소법원의 구성원이 아니라는 점에서 수명법관과 다르다. 수탁판사가 촉탁을 받은 소송행위에 관하여 수탁판사에게 수소법원 또는 재판장과 동일한 권한이 인정되는 경우가 있다.

(4) 수임판사

수서법원과는 독립하여 소송법상의 권한을 행사할 수 있는 개개의 법관을 강학상 수임판사라고 하기도 한다. 예컨대 수사기관에 대하여 각종의 영장을 발부받아 하는 판사, 증거보전절차를 행하는 판사, 또는 제1회 공판기일 전 증인신문을 행사하는 판사가 이에 해당한다.

4. 법 관

사법권은 법관으로 구성된 법원에 속한다(헌법 101조 1항). 법원조직법은 대법원에 대법관을 둔다고 규정하는 한편(법원조직법 4조 1항), 대법원장과 대법관이 아닌 법관을 판사로 한다고 규정하고 있으므로(법원조직법 5조 1항), '법관'이라 함은 대법원장, 대법관 및 판사를 총칭하는 말이다.

대법원장과 대법관 및 판사의 임명자격은 법률로 정해져 있다(법원조직법 42조). 대법원장은 국회의 동의를 얻어 대통령이 임명하고, 대법관은 대법원장의 제청으로 국회의 동의를 얻어 대통령이 임명하며, 판사는 인사위원회의 심의를 거치고 대법관회의의 동의를 얻어 대법원장이 임명한다.

법관은 국가공무원법상으로 경력직 공무원 중 특정직 공무원으로 분류된다.

5. 법원직원

법원조직법에 따르면 '법원공무원'이라는 용어는 법관 및 법원직원을 모두 포함하는 말이다. 그러나 주요 대법원규칙(법원공무원규칙, 법관 및 법원공무원 수당 등에 관한 규칙, 법원공무원 정원에 관한 규칙 등)이나 일반 용례(법원공무원교육원 등)에서 법원공무원이란 '법원직원'만을 의미라는 말로 널리 사용되고 있다.

제2절 법원의 관할

1. 관할의 의의

관할이란 여러 종류 및 다수의 법원 간에 재판권 행사의 분배를 정하는 것, 즉 특정 법원의 특정 사건을 재판할 수 있는 권한을 말한다. 이는 한 법원 내에서 특정 사건을 처리할 법관을 정하는 사무분담 또는 사건배당의 문제와는 구별하여야 한다.

관할에는 사물관할, 토지관할 및 심급관할이 있다. 사물관할과 토지관할은 제1심 법원간의 재판권 분배에 관한 것이고, 심급관할은 상소절차에 있어서의 재판권 분배에 관한 것이다.

2. 관할의 종류

가. 사물관할

법원조직법은 지방법원 및 그 지원의 심판권을 원칙적으로 단독판사가 행사하도록 하면서 예외적으로 법원조직법 32조 1항 각 호에서 정한 사건에 대하여는 합의부가 심판하도록 규정하고 있다. 이와 같이 지방법원 단독판사와 합의부 사이에서 제1심 소송사건의 분담을 정한 것을 사물관할이라

한다.

(1) 합의부의 사물관할

지방법원 및 그 지원의 합의부는 다음 사건을 제1심으로 심판한다(법원조직법 제32조 제1항).

(가) 사형 · 무기 또는 단기 1년 이상의 징역이나 금고에 해당하는 사건 (법원조직법 32조 3호 본문)

1) 법정형이 중한 사건은 그 처리에 있어서도 신중을 기하자는 의미에서 합의부의 관할로 정한 것이다. 법정형에 단기 1년 이상의 징역이 규정되어 있다면, 설령 벌금형이 선택형으로 규정되어 있더라도 합의부 관할이 된다. '3년 이하의 징역', '10년 이하의 징역'의 형식으로 규정된 사건은 단기가 1년 미만이므로 모두 단독판사 관할이 된다.

2) 다만, 이 원칙에 대하여는 예외가 있고(법원조직법 32조 1항 3호 단서), 이는 법정형에 관계없이 단독판사의 관할이 된다.

① 형법 제331조(특수절도 : 1년 이상 10년 이하의 징역), 형법 제332조(상습범, 다만 특수절도의 상습범에 한한다)와 그 각 미수죄에 해당하는 사건

② 폭력행위등처벌에관한법률 제2조 제1항(일정한 폭력성 범죄의 상습범 : 범죄 유형별로 1년 이상의 유기징역 내지 3년 이상의 유기징역), 제3항(일정한 전력자에 의한 위 범죄의 누범 : 범죄 유형별로 1항과 같음), 제3조 제1항(위 범죄의 단체 · 다중범 또는 흉기소지범 : 2조 1항 각 호의 예에 따라 처벌), 제6조(위 각 범죄의 미수범), 제9조(폭력범죄에 대한 사법경찰관리의 직무유기 : 1년 이상의 유기징역)에 해당하는 사건

③ 병역법 위반 사건

④ 특정범죄가중처벌등에관한법률 제5조의3 제1항(교통사고 후 도주범 : 치사는 무기 또는 5년 이상의 징역, 치상은 1년 이상의 유기징역), 제5조의4 제1항(절도 · 야간주거침입절도 · 특수절도의 상습범 및 그 미수범 : 무기 또는 3년 이상의 징역), 제4항(장물취득의 상습범 : 무기 또는 3년 이상의 징역), 제5항(일정한 전력자에 의한 각종 강 · 절도와 장물취득 또는 그 미수죄를 누범으로 처벌할 경우, 다만 제1항 · 제4항에 해당하는 죄에 한한다)의 사건

⑤ 보건범죄단속에관한특별조치법 : 제5조(영리를 목적으로 한 부정의료행위 : 무기 또는 2년 이상의 징역)의 사건

⑥ 부정수표단속법위반 : 제5조(수표의 위조 또는 변조 : 1년 이상의 유기징역)

⑦ 도로교통법 제147조의 2 제1항(3회 이상 음주운전 및 음주측정거부 : 1년 이상 3년 이하의 징역이나 500만원 이상 1천만원 이하의 벌금), 제2항 제1호(혈중 알콜농도 0.2퍼센트 이상의 음주운전 : 1년 이상 3년 이하의 징역이나 500만원 이상 1천만원 이하의 벌금)의 사건

3) 한편 위 ① 내지 ⑦의 죄를 목적으로 하는 형법 제114조 제1항의 범죄단체조직은 ① 내지 ⑦의 사건과 마찬가지로 단독판사 관할이 된다.

(나) 위 (가)항의 사건과 동시에 심판할 공범사건(4호)

이는 뒤에서 보는 관련사건에 해당하므로(형소법 11조 2호) 형사소송법 제9조 나 제10조에 의하여 당연히 합의부가 병합관할하거나 병합심리할 수 있을 것이나, 법원조직법은 따로 이를 합의부관할로 명시하고 있다.

(다) 지방법원 판사에 대한 제척 · 기피사건(5호)

제척사유(형소법 17조)가 있으면 법관은 직무집행으로부터 당연이 제외되므로, 형사에서는 민사에서와 달리 제척사건의 관할 문제는 발생하지 아니한다(민소 42조 참조). 회피사건은 합의부관할에 속한다(형소법 24조 3항, 21조).

(라) 법률에 의하여 지방법원 합의부의 권한에 속하는 사건(6호)

이에 해당하는 예로서는 치료감호사건(치감 3조 2항) 및 선거법 및 그 공범에 관한 사건(공선 269조)을 들 수 있다.

(마) 합의부에서 심판할 것으로 합의부가 결정한 사건(재정합의사건 : 1호)

합의부의 심판범위에 포함되지 않는 사건이라도 합의부에서 심판할 것으로 합의부(재정결정부)가 결정한 사건은 합의사건이 된다(법원조직법 32조 1항 1호).

제1심 단독사건 중에서 ① 선례나 관례가 없는 사건 또는 판례가 서로 엇갈리는 사건, ② 사실관계나 쟁점이 복잡한 사건, ③ 사회에 미치는

영향이 중대한 사건, ④ 동일 유형의 사건이 여러 재판부에 흩어져 통일적이고 시범적인 처리가 필요한 사건, ⑤ 전문지식이 필요한 사건, ⑥ 그 밖에 사건의 성격상 합의체로 심판하는 것이 적절한 사건에 대하여는 재정합의결정을 받을 수 있다.

(2) 단독판사의 사물관할

우리 법제상 제1심 법원으로서 지방법원 및 그 지원의 심판은 단독판사에 의함을 원칙으로 하고 있으므로, 법률이 단순히 지방법원의 관할에 속한다고 규정한 경우는 원칙적으로 단독판사가 심판하게 된다. 따라서 앞에서 열거한 합의부 심판사건 이외의 모든 사건은 단독판사가 심판하게 된다.

나. 토지관할

토지관할이란 사건의 지역적 관련에 의하여 지역적으로 병립된 동종 법원 특히 제1심 법원(지방법원 지원을 포함한다) 간의 관할의 분배를 의미한다. 각급법원의설치와관할구역에관한법률은 그 법에 의해 설치된 각급법원의 권한행사 구역으로서의 관할구역을 정하고 있는데, 그 관할구역 내에 범죄지, 피고인의 주소 · 거소 · 현재지가 존재하는 사건에 대하여는 그 법원이 토지관할권을 갖게 된다(형소법 4조 1항).

다. 심급관할

심급관할이란 상소제도와의 관계상 하급법원의 재판에 대하여 불복 · 상소가 있는 경우에 이를 심판할 상급법원을 정하는 관할을 말한다. 서울, 대전, 대구, 부산, 광주 등 다섯 곳에 고등법원이 설치되어 있는데, 다만 춘천지방법원 관내 합의부에서 판결한 제1심 사건에 대한 항소심은 춘천지방법원에 설치된 서울고등법원 춘천재판부에서, 청주지방법원 관내 합의부에서 판결한 제1심 사건에 대한 항소심은 청주지방법원에 설치된 대전고등법원 청주재판부에서, 창원지방법원 관내 합의부에서 판결한 제1심 사건에 대한 항소심은 창원지방법원에 설치된 부산고등법원 창원재판부에서, 전주지방법원 관내 합의부에서 판결한 제1심 사건에 대한 항소심은 전주지방법원에 설치된 광주고등법원 전주재판부에서, 제주지방법원 합의부에서 판결한 제1심 사건에 대한 항소심은 제주지방법원에 설치된 광주고등법원 제주재판부에서 각 관할한다.

춘천지방법원 강릉지원의 경우 예외적으로 본원이 아님에도 그 합의부가 강릉지원과 속초지원 단독판사가 판결한 사건에 대한 항소심을 관할한다.

3. 관련사건의 병합 · 분리신청

가. 사물관할의 경우

(1) 병합관할의 원칙

사물관할을 달리하는 여러 개의 사건이 관련사건에 해당하는 때, 예컨대, 갑이 범한 살인죄(합의부 심판사건)와 그 갑이 은닉한 을의 범인은닉죄(단독판사 심판사건)가 있는 때에는 합의부가 그 두 사건을 병합관할한다(형소법 9조). 따라서 검사는 그 두 사건을 병합하여 1건으로 기소함으로써 한꺼번에 합의부가 심판하도록 할 수 있다.

(2) 병합심리결정

(가) 위 (1)에 의하여 합의부가 병합할 수 있는 관련사건이 각각 다른 법원에 기소됨으로써 시기를 달리하여 동일 법원 또는 별개의(즉 토지관할을 달리하는) 동급 법원에 따로따로 기소됨으로써 각각 합의부와 단독판사에게 계속된 때에는 합의부는 결정으로 단독판사에 속한 사건을 병합하여 심리할 수 있다(형소법 10조, 형소규 4조 1항). 이 병합심리결정은 합의부의 재량에 의하여 직권으로 하는 것이며 검사나 피고인의 신청을 기다려서 하는 것이 아니므로, 이 결정을 구하는 내용의 신청이 있다 하더라도 합의부의 직권발동을 촉구하는 의미밖에는 없다.

(나) 합의부에서 어떤 경위로든(피고인의 진술, 검사의 신청 등에 의하여) 관련사건이 단독판사에 계속되어 있는 사실을 안 때에는 별다른 절차 없이 직권으로 위 병합심리결정을 할 수 있다. 다만 합의부에서는 그 사실을 모르

고 있고 단독판사 쪽에서 먼저 그 사실을 알게 된 경우에는 합의부 쪽에 그 사실을 알려 병합심리 여부를 정하도록 할 필요가 있다. 이에 관하여 형사소송규칙은 단독판사가 그 심리 중인 사건과 관련된 사건이 합의부에 계속된 사실을 알게 된 때에는 즉시 합의부의 재판장에게 그 사실을 통지하도록 하고 있다(형소규 4조 2항).

(다) 한편 병합심리결정은 법정에서 구술로 고지하고 공판조서에 기재하는 것이 보통이지만 서면으로 할 수도 있다.

(3) 분리이송

위 (1)에 의하여 병합기소되거나 추가기소되어 합의부에 계속된 관련사건 중 본래 합의부에 관할에 속하지 않는 사건은 합의부가 재량에 따라 직권에 의한 결정으로 관할 단독판사에게 이송할 수 있다(형소법 9조 단서). 그러나 이러한 이송결정의 예는 실무상 극히 드물다.

나. 토지관할의 경우

(1) 병합관할의 원칙

토지관할을 달리하는 여러 개의 사건이 관련사건에 해당하는 때에는 그 중 어느 한 사건에 관하여 관할이 있는 법원이 다른 사건까지 병합하여 관할할 수 있다. 따라서 검사는 그 여러 사건을 어느 법원에도 한꺼번에 기소할 수 있게 된다.

법원이 병합할 수 있는 관련사건이 각각 다른 법원에 기소됨으로써 따로따로 계속된 때에는 그 각 법원에 공통되는 직근상급법원이 검사 또는 피고인의 신청에 의하여 결정으로 그 중 어느 한 법원으로 하여금 병합심리하게 할 수 있다(형소법 6조). 이 결정은 직권으로 할 수는 없고 신청이 있는 때에만 하게 된다.

신청은 반드시 서면에 의하여야 하며, 그 서면에 병합심리가 필요한 사유에 기재하여 공통되는 직근상급법원에 제출한다(형소규 2조 1항). 검사의 신청서에는 피고인의 수에 해당하는 부본을, 피고인의 신청서에는 1통의 부본을 각 첨부하여야 하고(같은 조 2항), 신청을 받은 법원에서는 전자의 부본을 각 피고인에게, 후자의 부본을 검사에게 각각 송달함과 아울러 각 사건계속법원에 신청이 접수되었다는 취지를 통지하여야 한다.
법원은 결정등본을 신청인과 상대방 및 각 사건계속법원에 송달하여야 한다.

(2) 분리이송

위 (1)에 의하여 병합기소되어 어느 한 법원에 계속된 관련사건 중 병합심리를 할 필요가 없다고 인정되는 부분은 직권에 의한 결정으로 이를 분리하여 본래의 관할법원에 이송할 수 있다(형소법 7조). 그러나 실례는 극히 드물다.

4. 관할의 이전신청

어느 사건의 관할법원이 ① 법률상의 이유 또는 특별한 사정으로 재판을 할 수 없거나 ② 범죄의 성질, 지방의 민심, 소송의 상황, 기타의 사정으로 재판의 공평을 유지하기 어려운 염려가 있는 때 그 사건의 관할법원을 다른 법원으로 옮기는 것을 관할의 이전이라 한다(형소법 15조).
관할의 이전은 검사 또는 피고인의 신청에 의하여 직근상급법원에서 결정한다. 법문상 검사의 신청은 의무적으로 되어 있음에 반하여 피고인의 신청은 권리로 규정되어 있다.
신청인이 신청 내용에서 이전을 희망하는 법원을 특정적으로나 개괄적으로 지적하고 있는 경우(예컨대 대전지방법원 합의부 사건에 관하여 부산지방법원으로의 이전을 원하고 있는 경우)에 그 이전 희망법원과 사건 계속법원에 공통하는 직근상급법원이어야 하는지, 아니면 이를 고려치 않고 사건 계속법원의 직근상급법원이면 되는지에 대하여 견해의 대립이 있을 수 있다(앞의 예에서 전설에 의하면 대법원이 될 것이고, 후설에 의하면 대전고등법원이 될 것이다). 법문이 '직근상급법원'이라고만 하고 있어 후설에 따르는 것이 타당할 것이다. 이때의 직근상급법원도 형사소송법 제6조에서의 그것과 같은 의미라고 할 것이다.

관할이전의 신청은 사유를 기재한 신청서를 직근상급법원에 직접 제출하여야 하며(형소법 16조 1항), 이때에는 상대방의 수(검사 신청 시에는 피고인 · 피의자의 수, 피고인 신청 시에는 1)에 상응하는 부본을 첨부해야 한다. 이 부본은 지체 없이 상대방에게 송달하여야 하며, 송달을 받은 상대방은 3일 내에 의견서를 제출할 수 있다.

공소제기 후의 사건에 관하여 신청이 있을 때는 사건계속법원에도 신청사실이 통지되어야 하는데, 검사 신청의 경우에는 검사가 스스로 위의 통지를 하고 피고인 신청의 경우에는 신청을 받은 법원이 위의 통지를 한다. 이 통지를 받은 법원은 급속을 요하는 경우가 아닌 한 결정이 있기까지 소송절차를 정지하여야 한다.

※ 관할에 관한 결정에 대하여 항고할 수 있는지의 여부

관할의 수정 또는 경합에 관련된 이상의 각 결정에 대하여는 특히 즉시항고를 할 수 있는 경우 외에는 항고를 하지 못하는바(형소법 403조 1항), 즉시항고를 허용하는 규정이 전혀 없으므로 결국 이상의 결정에 대하여는 불복이 허용되지 않는다. 따라서 결정에 이유를 기재할 필요가 없다(형소법 39조 단서).

[서식 1] **병합심리신청서(1) (토지관할의 경우)**

병 합 심 리 신 청

사 건	20○○고단○○○○ 사기
피 고 인	○ ○ ○
주민등록번호	000000-0000000
주 소	○○시 ○○구 ○○로 ○○(○○동)

위 피고사건과 토지관할을 달리하는 관련사건인 부산지방법원 20○○고단○○○절도 피고사건이 각 재판 계속 중에 있는바, 피고인은 연고가 전혀 없는 부산에까지 왕래하여야 하는 등의 공판기일에 출석에 많은 어려움이 있으므로 형사소송법 제6조에 등에 의하여 피고인의 주소지 관할인 귀원에 병합심리하여 주시기 바랍니다.

첨 부 서 류

1. 주민등록등(초)본 1통

20○○. ○. ○.

위 피고인의 변호인 변호사 ○ ○ ○ (인)

○○지방법원 귀중

[서식 2] 병합심리신청서(2) (심급이 같으나 법원을 달리하는 경우)

병 합 심 리 신 청

사 건 20○○고단○○○○ 사기

피 고 인 홍 길 동

귀원에 재판 계속중인 위 피고사건에 대한 상해치사 등 피고사건은 현재 서울중앙지방법원 항소심에 재판 중인 피고인에 대한 사기피고사건과 피고인 및 피고인의 변호인이 동일하므로 신속한 재판 등 피고인의 이익을 위하여 동 사건을 귀원 사건과 병합하여 심리하여 주시기 바랍니다.

다 음

1. 병합할 사건의 표시

사 건 : 서울중앙지방법원(항소 제3부) 20○○노 4746호

사 건 명 : 사기

피 고 인 : 홍 길 동

20○○. ○. ○.

위 피고인의 변호인 변호사 ○ ○ ○ (인)

서울고등법원 귀중

【주】

심급은 같으나 법원을 달리하는 경우는 상급법원에 병합심리신청을 하고, 하급법원에도 상급법원에 병합심리할 사건이 계속중에 있는 사실을 같은 병합심리신청 서류로서 고지함이 바람직하다.

[서식 3] 병합심리신청서(3)

병 합 심 리 신 청

사 건 20○○고단○○○○ 절도

피 고 인 홍 길 동

위 피고인의 귀원 20○○고단 ○○○○ 절도사건은, 귀원 형사 제8단독 20○○고단 2345 특수절도 피의사건(피고인 김갑동 외 2)과 관련사건이므로 변론을 병합할 수 있도록 사건을 병합처리하여 주시기 바랍니다.

20○○. ○. ○.

위 피고인 홍 길 동 (인)

○○지방법원 형사 제3단독 귀중

【접수방법 및 유의사항】

1. 같은 법원 내의 수개의 사건을 병합심리신청할 수 있으며, 위 사례는 가담의 정도가 약한 피고인이 사건변호인이 선임되어 진행되는 관련사건이므로 병합신청하는 예이다.
2. 신청서 1부를 신청하는 피고인 재판부에 제출한다.

[서식 4] 병합심리신청서(4)

병 합 심 리 신 청

사 건 서울중앙지방법원 20○○고정 ○○○○ 절도
수원지방법원 20○○고정 ○○○ 특수폭행

피 고 인 홍 길 동

위 피고인에 대한 토지관할을 달리하는 관련사건이 수원지방법원 형사 제3단독(20○○고정 ○○○ 특수폭행)과 서울중앙지방법원 형사 제8단독(20○○고정 ○○○○ 절도)에 각각 계속 중인바, 피고인은 주거지가 서울이며 수원은 아무런 연고가 없어 단순히 재판을 받기 위하여 원거리를 왕래하여야 하는 불편이 있으므로 형사소송법 제6조에 의하여 신청하오니 서울중앙지방법원 형사 제8단독에서 병합심리할 것을 결정하여 주시기 바랍니다.

첨 부 서 류

1. 주민등록등(초)본 1통

20○○. ○. ○.

위 피고인 홍 길 동 (인)

○○고등법원 형사과 귀중

【접수방법 및 유의사항】

1. 위 사건은 법원을 달리하는 2개의 벌금사건에 대한 정식재판진행을 2곳으로 정하여 달라는 신청이다.
2. 관련사건의 직급상급법원에 해당하는 고등법원 또는 대법원에 신청서 2부를 제출한다.
3. 위 신청에 따른 직근상급법원의 병합여부결정서가 각 계속법원에 송달되어 처리된다.

[서식 5] 관할이전신청서

관 할 이 전 신 청 서

피 고 인 ○ ○ ○
○○시 ○○구 ○○로 ○○(○○동)

위 피고인에 대한 ○○지방법원 20○○고합 ○○○호 강간사건은 ○○지방에서 크게 물의를 일으켰던 사건으로 이 지방의 민심으로 보아 재판의 공평을 유지하기 어려울 우려가 있으므로, 이 사건의 재판관할을 피고인의 주거지 관할인 ○○지방법원으로 이전하여 주시기 바랍니다.

20○○. ○. ○.

위 피고인 ○ ○ ○ (인)

○○고등법원 귀중

【접수방법 및 유의사항】

1. 관할이전은 검사 또는 피고인의 신청에 의하며, 피고인의 신청은 공소제기 이후에 가능하다.
2. 위 신청은 관할법원이 법률상의 이유 또는 특별한 사정으로 재판권을 행할 수 없을 때 또는 범죄의 성질, 지방의 민심, 소송의 상황 기타 사정으로 재판의 공평을 유지하기 어려운 때에 신청한다.

[서식 6] 이송신청서(1)

이 송 신 청 서

사 건 20○○고단○○○○호 교통사고처리특례법위반 등

피 고 인 ○ ○ ○

피고인은 현재 서울동부지방법원 20○○고단 ○○○○호 폭력행위등처벌에관한 법률위반 등으로 형사 1단독에서 공판 계류중이므로, 위 사건을 본 사건과 병합하여 재판을 받을 수 있도록 피고인의 주소지를 관할하는 서울동부지방법원 형사 1단독으로 이송하여 주시기 바랍니다.

20○○. ○. ○.

위 피고인의 형사보조인 ○ ○ ○ (인)

수원지방법원 성남지원 형사3단독 귀중

【접수방법 및 유의사항】

1. 공판진행 법원은 피고인이 그 관할구역 내에 현재지로 거주하지 않는 경우 특별한 사정이 있으면 직권으로 사건을 피고인의 현재지를 관할하는 동급법원으로 이송시킬 수 있는데(당사자에게는 이송신청권 없음), 위 신청은 법원의 직권발동 촉구의 의미로 해석된다.
2. 신청서 1부를 이송을 시킬 법원에 제출한다.

[서식 7] 이송신청서(2)

이 송 신 청 서

사 건 20○○고단○○○○ 사기

피 고 인 ○ ○ ○

위 피고사건은 부득이한 사정으로 현재 피고인의 주소지가 전주로 이사하였을 뿐만 아니라 이번에 피고인이 교통사고를 당하였는바, 전주에서 귀원으로 재판에 계속 출석하는 것이 현실적으로 어려움이 있고, 사건의 내용으로 보아 장기간 다투어야 하는 관계로 소송경제를 위하여 사건을 피고인의 주소지 관할법원인 전주지방법원으로 이송하여 주시기 바랍니다.

첨 부 서 류

1. 진단서 1통

1. 주민등록등본 1통

20○○. ○. ○.

위 피고인의 변호인 변호사 ○ ○ ○ (인)

○○지방법원 귀중

【접수방법 및 유의사항】

1. 관련사건 관할에 의하여 병합심리된 경우에 이송하는 경우와 판결에 의하여 파기로 인한 이송이 있으며, 일반법원과 군사법원사이의 이송이 있고, 사건을 소년부로 송치하는 이송이 있다.
2. 사건의 이송은 관할권이 있는 법원으로만 가능하다.

[서식 8] 관할지정서 (검사가 신청하는 경우)

관 할 지 정 신 청

사 건 20○○고단○○○○ 사기

피 고 인 ○ ○ ○

위 사건은 관할구역을 정한 행정구역이 불분명하여 그 관할을 지정할 수 없으므로 관할지정하는 결정을 하여 주시기 바랍니다.

20○○. ○. ○.

위 신청인 ○○지방검찰청 검사 ○ ○ ○ (인)

○○지방법원 귀중

【접수방법】

관할지정신청은 검사가 신청하며 제1심 법원에 공통되는 직급 상급법원에 제출하고, 피고인의 수에 따른 부본을 첨부한다.

제3절 법관 등의 제척 · 기피 · 회피

1. 제 척

제척이란 구체적인 사건의 심판에 있어서 법관이 불공평한 재판을 할 우려가 현저한 것으로 법률에 유형적으로 규정되어 있는 사유에 해당하는 때에 그 법관을 직무집행에서 배제시키는 제도이다. 기피나 회피와 제도의 취지를 같이하지만, 제척의 효과가 법률의 규정에 의하여 당연히 발생한다는 점에서 당사자 또는 법관 스스로의 신청이 있을 때에 재판에 의하여 법관이 직무집행에서 배제되는 기피 · 회피와 구별된다.

제척의 원인은 형사소송법 제17조에 유형화하여 규정하고 있으며, 이에 해당하는 것은 ① 법관이 피해자인 때, ② 법관이 피고인 또는 피해자의 친족 또는 친족관계가 있었던 자인 때, ③ 법관이 피고인 또는 피해자의 법정대리인, 후견감독인인 때, ④ 법관이 사건에 관하여 증인, 감정인, 피해자의 대리인이 된 때, ⑤ 법관이 사건에 관하여 피고인의 대리인, 변호인, 보조인으로 된 때, ⑥ 법관이 사건에 관하여 검사 또는 사법경찰관의 직무를 행한 때, ⑦ 법관이 사건에 관하여 전심재판 또는 그 기초되는 조사, 심리에 관여한 때에는 각 제척의 원인이 된다.

위 7호는 실무상 "전심관여"라고 줄여 부르기도 하는데, 제척사유로서 가장 많이 문제되는 경우이다.

여기에서 "전심"이란 상소에 의하여 불복이 신청된 재판을 말하며, 그 재판은 종국재판을 의미한다. 종국재판인 이상 판결이든 결정이든 불문한다.

약식절차와 정식재판절차는 동일한 심급이므로, 약식명령의 청구를 심사한 법관이 정식의 제1심 공판절차에 관여하더라도 위 7호 소정의 제척사유인 전심관여에 해당하지 않는다. 반면 약식명령의 청구를 심사한 법관이 그 정식재판절차의 항소심 공판절차에 관여한 경우는 전심관여에 해당하여 제척사유가 된다.

한편, 상급법원에서 사건이 파기환송된 경우 환송 전의 재판에 관여한 법관은 이에 해당되지 않는다고 함이 판례(대법원 1971. 12. 28. 선고 71도1208 판결)이나,

실무에서는 그 법관에게 환송사건이 배당되지 않도록 하는 것이 관례이다.
제척사유에 해당하는 법관은 당연히 직무집행에서 배제된다. 제척사유 있는 법관은 스스로 회피해야 하고, 당사자도 기피신청을 할 수 있다. 제척사유 있는 법관이 재판에 관여한 때에는 상소이유가 된다.
따라서 사건배당을 할 때 위의 사유에 해당하는 법관 등이 있음을 안 때에는 그 법관 등에게 그 사건이 배당되지 아니하도록 유의하여야 한다.

2. 기 피

기피라 함은 위의 제척사유가 있음에도 불구하고 법관이 심판에 관여하고 있는 경우 또는 제척원인은 없지만 그 밖의 사유로 법관이 불공평한 재판을 할 염려가 있는 경우에 당사자의 신청에 의하여 그 법관을 직무집행으로부터 제외시키는 제도이다. 법원사무관 등과 통역인에게도 준용된다.
"불공정한 재판을 할 염려가 있을 때"란 당사자가 불공평한 재판이 될지도 모른다고 추측할 만한 주관적인 사정이 있는 때를 말하는 것이 아니라, 통상인의 판단으로서 법관과 사건과의 관계상 불공평한 재판을 할 것이라는 의혹을 갖는 것이 합리적이라고 인정할 만한 객관적인 사정이 있는 때를 가리킨다(대법원 2001. 3. 21.자 2001모 2 결정).
기피신청권자는 검사 또는 피고인이며, 변호인은 피고인의 명시적인 의사에 반하지 않는 때에 한하여 신청권이 있다.
기피신청절차는 합의부의 법관에 대한 기피는 그 합의부에 대하여 해야 하고, 수명법관·수탁판사나 단독판사에 대한 기피는 당해 법관에 대하여 하여야 하며, 법원사무관 등과 통역인에 대한 기피는 기피당한 자에 대하여 신청할 것이 아니라 합의부의 법관의 경우를 준용하여 기피당한 자의 소속 법관에 대하여 신청하여야 한다.
기피신청을 함에 있어서는 기피의 원인이 되는 사실을 구체적으로 명시하여야 하고(형소규 9조 1항), 아울러 신청일로부터 3일 내에 서면으로 소명을 하여야 한다(형소법 19조 2항).
기피신청이, ① 신청의 대상을 잘못 정한 경우(형소법 19조 1항, 예컨대 수명법관에 대한 기피신청을 소속 합의부에 대하여 한 경우), ② 3일 내에 서면에 의한 소명을 제출하지 않은 경우(형소법 19조 2항), ③ 기피의 원인된 사실을 구체적으로 명시하지 않은 경우(형소규 9조 1항)에는 이른바 간이기각결정을 할 수 있다. 이 간이기각결정은 신청을 받은 법원(합의부, 수명법관, 수탁판사, 단독판사) 이 스스로 이를 한다. 법원사무관 등 및 통역인이 기피당한 경우에는 그의 소속법관(합의부에 참여하는 때에는 합의부, 수명법관 · 수탁판사 · 단독판사의 사무에 참여하는 때에는 그 판사)이 이를 한다.

간이기각결정을 하지 않은 경우에는 당해 기피당한 법관(합의부 구성원이더라도 합의부가 아니고 법관 개인이다)의 의견서를 제출하여야 한다. 법원사무관 등이나 통역인의 경우도 마찬가지이다.

기피 당한 법관이나 법원사무관 등 통역인이 의견서에서 신청이 이유 있음을 자인한 때에는 기피결정이 있는 것으로 간주되므로 이 경우에는 기피신청에 대한 결정을 할 필요가 없고, 기피신청사건은 그것으로 종국된다. 따라서 당해 법관 등은 직무집행으로부터 제척되며, 사건을 다른 법관에게 배당하여야 한다.

3. 기피신청에 대한 재판

기피당한 법관 등이 소속된 법원의 합의부가 담당하며, 기피당한 법관 자신은 이에 관여하지 못한다. 법관 3인이 있는 지원에서 1인 이상 기피신청을 받은 경우 등 합의부 구성이 불가능한 때에는 직근상급법원(조직법상의 의미)이 담당하게 된다.

법원사무관 등이나 통역인의 경우에는 그의 소속 법원이 담당하는 것으로 규정되어, 위 합의부 심판 원칙의 준용이 배제된다. 따라서 법원조직법의 규정에 따라 단독판사가 재판함이 원칙이고, 예외적으로 합의부가 심판할 것을 스스로 결정한 때에는 합의부가 재판할 수 있게 된다. 다만, 합의부에 참여하는 법원사무관 등의 경우에는 간이기각결정과의 균형상 합의부가 재판하는 것이 바람직하다 할 것이며, 신청에 이유 있으면 제척의 결정을 하고 이유 없으면 기각결정을 한다.

위 제척결정에 대하여는 누구도 불복할 수 없는 반면, 기각결정에 대하여는 신청인이 즉시항고를 할 수 있다.

4. 회 피

회피라 함은 위의 기피사유가 있다고 생각되는 법관이 스스로 당해 사건의 직무집행으로부터 물러서는 제도이다.

통상의 경우 법관이 기피사유가 있다고 생각하면 사건배당주관자에게 재배당을 요구하여 재배당을 받거나 인사권자에게 다른 법관의 직무대리 발령을 건의하여 그 직무대리 법관에게 그 사건을 담당시킴으로써 그 직무집행에서 물러서는 것이 보통이다. 이러한 처리는 편리한 방편이기도 하나 일반적 준칙에 의하여 담당 법원이 일단 정해진 경우에는 법규에 정한 사유와 절차에 의해서만 교체될 수 있는 것이고, 임의로 교체되어서는 아니 된다. 그것은 재판부 스스로가 직무에서 배제되기를 희망하는 경우에도 마찬가지이다. 법관 등의 사무분담 및 사건배당에 관한 예규(재형 2003-4) 제14조가 재배당의 사유를 엄격히 제한하고 있고, 배당된 사건을 처리함에 현저히 곤란한 사유가 있어 재판장이 재배당을 요구하고자 할 때에는 그 사유를 기재한 서면으로 재배당 요구를 하게 하는 등 절차적 통제를 가하고 있는 것도 이 때문이다.

회피는 소속 법원에 회피신청서를 제출하여 서면으로 신청하며, 이에 대한 재판은 합의부가 처리한다(형소법 24조 3항, 21조).

[서식 9] 법관제척신청서

법 관 제 척 신 청

사 건 20○○고합○○○ 사기

신청인(피고인) ○ ○ ○

위 사건에 관하여 다음과 같이 법관 제척신청을 합니다.

다 음

신청인은 위 사건의 항소인으로서 이 사건의 심리 중에 있는 법관 중 판사 ○○○은 본건 전심인 ○○지방법원 20○○고단 ○○○○호 사기 피고사건에 관여한 형사소송법 제17조 제7호에 해당되므로 본 제척신청을 합니다.

20○○. ○. ○.

위 신청인의 변호인 변호사 ○ ○ ○ (인)

○○고등법원 귀중

[서식 10] 기피신청서(1)

기 피 신 청

사 건 20○○초기○○○ 법관기피

신청인(피고인) ○ ○ ○ (또는 ○○검찰청 검사)

위 피고인에 대한 20○○고합 ○○○호 살인 피고사건에 대하여 법관의 불공정한 재판을 할 염려가 있는 등의 사유가 있으므로 판사 ○○○(서울중앙지방법원 사무관 ○○○)을 위 사건의 직무집행으로부터 제척하여 주시기 바랍니다.

20○○. ○. ○.

위 신청인 ○ ○ ○ (인)

서울중앙지방법원 귀중

【접수방법 및 유의사항】

1. 신청권자는 검사와 피고인이다.

2. 서면 또는 법정에서 구두로 할 수 있다.
3. 기피신청은 대상 판사를 대상으로 하는 것이며 소속법원합의부에서 재판한다.
4. 기피사유는 3일 이내에 소명하여야 하고 기각결정에 대하여는 3일 이내 즉시항고할 수 있고, 이유 있다는 결정에 대하여는 항고하지 못한다.

[서식 11] 기피신청서(2)

기 피 신 청

사　　　건　　20○○고합○○○○　사기

신청인(피고인) ○　○　○

위 사건에 관하여 피고인은 다음과 같은 사유로 판사 ○○○(또는 법원사무관 ○○○)를 기피합니다.

다　　음

형사소송법 제17조 소정의 해당사실 판사 ○○○(또는 법원사무관 ○○○)는 이 건 피해자와 ○○학교 동창관계로서 절친한 사이이며 가족 간에도 자주 왕래하는 사이여서 피고인에 대한 불공정한 재판을 할 염려가 있으므로 이 신청이 이르렀습니다.

첨 부 서 류

1. 사실확인서　　　　1통

20○○. ○. ○.

위 피고인의 변호인 변호사　○　○　○　(인)

○○지방법원　귀중

[서식 12] 항고장(1) (기피신청기각)

항 고 장

사 건 20○○초기 ○○○○ 기피신청

항고인(피고인) ○ ○ ○

위 공갈피고사건에 관하여 20○○. ○. ○. ○○지방법원 형사 제○부에서 행한 항고인 항고인의 기피신청에 대하여 기각결정을 한 바 있으나 항고인은 이에 불복이므로 다음과 같은 이유로 항고를 제기합니다.

항 고 이 유

1. 원 결정은 항고인의 기피신청에 관하여 이유 없다 하여 기각결정을 한바 있으나 이는 사실에 대한 조사의 미진에서 온 사실판단의 잘못이라 하겠습니다. 즉, 이 건 기피신청의 이유인 사실은 진실한 것으로 이에 대한 입증은 물론 물증, 서증 등이 있어 그 진실성이 충분히 보장된 것임에도 불구하고 이에 대한 조사를 전혀 하지 아니하였는가 하면 전혀 항고인의 의사를 무시한 일방적이고도 피상적인 것입니다.

2. 따라서 이러한 조사방법을 근거로 한 원결정의 사실판단은 전혀 진실을 외면한 결정이라 할 것이므로 이와 같이 부당한 원결정의 취소를 구하기 위하여 본 항고에 이르렀습니다.

20○○. ○. ○.

위 항고인 ○ ○ ○ (인)

○○고등법원 귀중

【접수방법 및 유의사항】

1. 신청권자는 검사와 피고인 및 변호인이다.
2. 기피신청기각결정에 대하여는 즉시항고를 할 수 있다.
3. 기간은 3일 이내이며, 기피사유는 신청할 날로부터 3일 이내에 제출하여야 한다.

[서식 13] 항고장(2) (기피신청기각)

항 고 장

사 건 20○○초기 ○○○호 기피신청

항고인(피고인) ○ ○ ○
○○시 ○○구 ○○로 ○○(○○동)

피고인 ○○○에 대한 사기사건에 관하여 20○○. ○. ○. ○○지방법원(형사○○부)에서 행한 항고인 신청의 기피신청에 대한 기각결정에 대하여 불복이므로 다음과 같은 이유로 항고합니다.

항 고 이 유

1. 원 결정은 항고인의 기피신청이 아무런 이유 없다 하여 기각하였으나 이는 사실에 대한 조사의 불철저에서 오는 사실판단의 잘못이라 하겠습니다. 즉 이 건 기피신청의 이유인 사실은 신청인이 제출한 증거들에 의하여 충분히 인정되는 것임에도 이에 대한 조사를 제대로 하지 아니하고 성급하게 이유 없다는 결론에 이른 것입니다.

2. 따라서 이러한 조사방법을 근거로 한 원결정의 사실판단은 전혀 진실을 외면한 결론이라 하겠으므로, 이와 같이 부당한 원결정의 취소를 구하고자 이 항고에 이르렀습니다.

20○○. ○. ○.

위 항고인 ○ ○ ○ (인)

○○고등법원 귀중

제3장 소송관계자(소송행위의 대리와 보조)

제1절 검사와 검찰제도

1. 검사의 의의

검사란 검찰권을 행사하는 국가기관이다. 검찰청법 제4조 제1항은 검사의 직무를 ① 범죄수사 · 공소제기와 그 유지에 필요한 사항, ② 범죄수사에 관한 사법경찰관리의 지휘 · 감독, ③ 법원에 대한 법령의 정당한 적용의 청구, ④ 재판집행의 지휘 · 감독, ⑤ 국가를 당사자 또는 참가인으로 한 소송과 행정소송의 수행 또는 그 수행에 관한 지휘 · 감독, ⑥ 다른 법령에 의하여 그 권한에 속하는 사항 등으로 규정하고 있다.

2. 검 찰 청

검사의 사무를 통할하는 관서로서 법무부장관 소속 하에 검찰청을 둔다. 검찰청에는 대검찰청 · 고등검찰청 · 지방검찰청이 있다.
대검찰청은 대법원에, 고등검찰청은 고등법원에, 지방검찰청은 지방법원지원 및 가정지원에 대응하여 각각 설치하고, 지방법원 지원이 설치된 지역에는 이에 대응하여 지방검찰청 지청을 둘 수 있으며, 대검찰청의 위치와 대검찰청 이외의 각급 검찰청 및 지청의 명칭과 위치는 "대검찰청의위치와각급검찰청의명칭및위치에관한규정"에 정하여져 있다.
검사는 그 직급상 검찰총장과 검사로 구분되어 있다. 검찰청은 검사 이외에 각급 검찰청의 사무국장에 보직되어 소관사무를 처리하고 소속 공무원을 지휘 · 감독하는 관리관 · 검찰이사관 · 검찰부이사관, 검찰사무에 있어서 검사를 보좌하고 그 지휘를 받아 범죄수사를 행하고 검찰행정사무에 종사하는 검찰수사서기관 · 검찰사무관 · 수사사무관 · 마약수사사무관 · 검찰주사 · 마약수사주사 · 검찰주사보 · 마약수사주사보, 이들을 보좌하는 검찰서기 ·

마약수사서기 · 검찰서기보 · 마약수사서기보 등으로 이루어져 있다.

검찰총장은 사법연수원장이 요청하면 사법연수생으로 하여금 일정 기간 지방검찰청 또는 지청 검사의 직무를 대리할 것을 명할 수 있고, 필요하다고 인정하면 검찰수사서기관, 검찰사무관, 수사사무관, 또는 마약수사사무관으로 하여금 지방검찰청 또는 지청 검사의 직무를 대리하게 할 수 있다.

제2절 피 고 인

1. 의 의

피고인이란 검사에 의하여 형사책임을 져야 할 자로 공소가 제기된 자를 말한다. 피고인은 공소가 제기된 자를 의미한다는 점에서 공소제기 전에 수사기관에 의하여 수사의 대상으로 되어 있는 피의자와 구별되며, 유죄판결이 확정된 수형자와도 구별된다. 공소가 제기된 자이면 족하고 진범인가의 여부, 당사자능력 및 소송능력의 유무, 그리고 공소제기가 유효한 것인지 여부는 문제가 되지 않는다. 1건에 여러 명의 피고인이 있을 때에는 '공동피고인'이라고 총칭한다.

피고인은 형사재판에 있어 공소권의 주체인 검사에 대하여 방어권의 주체로서 당사자의 지위를 갖는 동시에 그 진술이 증거방법이 되기도 하는 등 다중적인 지위를 갖고 있다.

2. 피고인의 특정

피고인의 표시는 공소제기 효력이 미치는 인적 범위를 확정하는데 있어서 반드시 필요한 것이므로 검사는 공소장을 제출함에 있어서 피고인의 성명 기타 피고인을 특정할 수 있는 사항을 기재하여야 한다. 따라서 통상의 경우에는 공소장에 기재되어 있는 자가 피고인이 된다.

성명모용의 경우에 관하여, 피의자가 다른 사람의 성명을 모용한 탓으로 공소장에 피모용자가 피고인으로 표시되었다 하더라도 이는 표시상의 착오일 뿐이고 검사는 모용자에 대하여 공소를 제기한 것이므로 모용자가 피고인이 되고 피모용자에게 공소의 효력이 미친다고는 할 수 없다.

따라서 검사는 공소장의 인적 사항의 기재를 정정하여 피고인의 표시를 바로 잡아야 할 것인데, 그 정정은 피고인의 표시상의 착오를 정정하는 것이지 공소장을 변경하는 것은 아니므로 법원의 허가를 받을 필요가 없다.

검사가 공소장의 피고인 표시를 정정하여 모용관계를 바로잡지 아니한 경우에는 외형상 피모용자 명의로 공소가 제기된 것으로 되어 있어 공소제기의 방식이 형사소송법 제254조의 규정에 위반하여 무효라 할 것이므로, 법원은 형사소송법 제327조 제2호를 적용하여 공소기각의 판결을 선고하여야 한다.

검사가 피고인의 표시를 바로잡은 경우에는 처음부터 모용자에 대한 공소의 제기가 있었던 것은 아니므로 법원은 모용자에 대하여 심리하고 재판을 하면 될 것이지 원칙적으로는 피모용자에 대하여 심판할 것은 아니다.

그러나 피모용자가 약식명령을 송달받고 이에 대하여 정식재판의 청구를 하여 피모용자를 상대로 심리를 하는 과정에서 성명모용 사실이 밝혀지고 검사가 공소장을 정정하는 등 사실상의 소송계속이 발생하여 형식상 또는 외관상 피고인의 지위를 갖게 된 경우에는 법원으로서는 피모용자에게 적법한 공소제기가 없었음을 밝혀주는 의미에서 형사소송법 제327조 제2호를 유추적용하여 공소기각의 판결을 함으로써 피모용자의 불안정한 지위를 명확히 해소해 주어야 한다. 이 경우 진정한 피고인인 모용자에게는 아직 약식명령의 송달이 없었다고 할 것이므로, 검사는 공소장에 기재된 피고인 표시를 정정하고, 법원은 이에 따라 약식명령의 피고인 표시를 정정하여 본래의 약식명령과 함께 이 경정결정을 모용자인 피고인에게 송달하면 이때야 비로소 위 약식명령은 적법한 송달이 있다고 볼 것이고, 이에 대하여 소정의 기간 내에 정식재판의 청구가 없으면 이 약식명령은 확정된다(위 97도2215 판결 및 92도2554 판결).

위의 경우와 달리 만약 검사가 피모용자를 피고인이라고 계속 주장하는 경우에는 피모용자를 피고인으로 보고 무죄의 판결을 하여야 할 것이다.

공소장에는 갑이 피고인으로 기재되어 있음에도 불구하고 을이 출석하여 재판을 받는 위장출석의 경우에는 갑은 실질적 피고인, 을은 검사가 지정한 피고인 이외의 자가 소송에 관여한 형식적 피고인이 된다.

형식적 피고인에 대해서는 공소제기가 없으므로 절차에서 배제시키고 실질적 피고인에 대해서 다시 절차를 진행하여야 함은 당연하다.

다만 형식적 피고인을 절차에서 배제시키는 방법은 절차진행의 단계에 따라 차이가 있다.

인정신문단계에서는 형식적 피고인을 퇴정시켜 소송절차에서 배제하고 실질적 피고인을 소환하여 다시 절차를 진행하면 된다. 이 경우에는 실질적 심리가 행하여지지 않았으므로 형식적 피고인에 대해서 공소기각의 결정을 할 필요가 없다.

인정신문단계를 넘어서 실체적 심리가 개시된 후에 위장출석의 사실이 판명된 경우에는 형식적 피고인에 대해 사실상의 소송계속이 발생하였으므로, 형사소송법 제327조 제2호를 유추적용하여 공소기각의 판결로써 형식적 피고인에 대한 사실상의 소송계속을 종결시키고 실질적 피고인에 대하여 공소제기 이후의 절차를 다시 진행하여야 한다.

형식적 피고인에 대해서 실체판결이 선고된 후에 형식적 피고인인 사실이 판명된 경우에는 상소에 의해서 그 실체판결을 시정하여야 한다. 상소심에서는 형사소송법 제327조 제2호를 유추적용해서 공소기각의 판결을 하여야 한다. 형식적 피고인에 대한 실체판결의 효력은 실질적 피고인에 대해서 미치지 않으므로 법원은 공소제기 이후의 제1심 절차를 다시 진행하여야 한다.

3. 피고인의 소송능력 및 특별대리인

가. 소송능력

형사소송에서의 소송능력이란 피고인으로서 유효하게 소송행위를 할 수 있는 능력, 즉 의사능력을 기초로 한 소송행위능력을 말한다. 피고인의 소송행위가 유효하기 위해서는 피고인이 자기를 방어할 수 있는 능력이 있어야 한다. 따라서 소송능력은 피고인이 자기의 소송상의 지위와 이해관계를 이해하고 이에 따라 방어행위를 할 수 있는 의사능력을 의미한다.

그러나 형사소송에서는 개별적인 행위(예컨대, 고소나 선서 등)을 할 수 있는 소송행위능력의 문제는 별론으로 하고, 민사소송에서의 소송능력과 같이 소송상의 행위를 할 수 있는 일반적인 자격은 크게 문제가 되지 않는다. 형사소송에서는 피고인 또는 피의자가 소송행위의 의미를 이해하고 자신의 권리를 지킬 수 있는 능력만 있으면 연령 등 객관적 기준과는 관계없이 소송을 수행할 수 있기 때문이다. 이러한 능력은 민법상의 의사능력 또는 형법 제10조 제1항의 능력에 해당하는 개념이라 할 수 있는데, 이를 강학상 소송능력이라고 하는 것이 보통이다. 이러한 소송능력은 변론능력이라고 하기도 하나, 소송능력이 있는 피고인이라 할지라도 상고심에서는 변론능력이 없는 점에 비추어 볼 때 이른 서로 구별되어야 할 것이다.
소송능력이 없는 자연인이 한 소송행위는 무효이다. 따라서 피고인이 계속적으로 소송능력이 없는 상태에 있을 때에는 절차를 진행시킬 수 없으므로 공판절차를 정지하여야 한다. 즉 피고인이 사물의 변별 또는 의사의 결정을 할 능력이 없는 상태에 있는 때에는 법원은 검사와 변호인의 의견을 들어서 결정으로 그 상태가 계속하는 기간 공판절차를 정지하여야 한다(형소법 306조 1항).
피고사건에 대하여 무죄 · 면소 · 형의 면제 · 공소기각의 재판을 할 것이 명백한 때에는 피고인에게 소송능력이 없는 경우에도 피고인의 출정 없이 재판을 할 수 있다(형소법 306조 4항).
형법 제9조 내지 제11조의 적용을 받지 않는 범죄사건에 관하여 피고인 또는 피의자가 의사능력이 없는 때에는 그 법정대리인이 소송행위를 대리한다(형소법 26조). 그 예로서는 담배사업법 제31조(다만 벌금형에 처할 경우에 한한다) 등을 들 수 있다.
법인 기타 단체는 의사능력이 없으므로 소송능력은 없다. 따라서 법인이 피고인인 때에는 그 대표자가 소송행위를 대표한다(형소법 27조 1항). 수인이 공동하여 법인을 대표하는 경우에도 소송행위에 관하여는 각자가 대표한다(형소법 27조 2항).

나. 특별대리인

형법 제9조 내지 제11조의 적용을 받지 않는 범죄사건에 관하여 의사능력이 없는 피고인에게 법정대리인이 없거나 법인인 피고인에게 대표자가 없는 때에는 법원은 직권 또는 검사의 청구에 의하여 특별대리인을 선임하여야 한다.

피고인 및 피의자의 특별대리인으로 선임된 특별대리인은 피고인이나 피의자를 위한 법정대리인 또는 대표자가 생길 때까지 임무를 행한다. 피의자의 특별대리인은 공소제기 후에도 계속하여 임무를 행할 수 있다고 해석할 것이다(변호인, 보조인의 경우를 유추함).

[서식 14] **특별대리인선임청구서(이해관계인이 청구하는 경우)**

특별대리인선임청구

사 건 20○○고단○○○○ 사기

피 고 인 ○○산업주식회사

위 사건의 피고인의 회사는 법인인바, 소송행위를 대표할 대표자가 없으므로 동 피고인에 대한 특별대리인을 선임하여 주시기 바랍니다.

20○○. ○. ○.

위 청구인 ○ ○ ○ (인)

이해관계 : 피고인 회사의 상무이사

서울중앙지방법원 귀중

【주】

1. 형법 제9조 내지 제11조의 규정의 적용을 받지 아니한 범죄사건의 피고인이 소송능력(의사능력) 없는 경우에 법정대리인 없거나 법인인 피고인에게 대표자가 없는 때에는 법원은 직권 또는 검사의 청구에 의하여 특별대리인을 선임하여야 한다(형소법 28조 1항 · 26조).

2. 검사의 특별대리인 선임청구는 서면 또는 구술로 할 수 있다(형소규 176조).
3. 특별대리인은 피고인 또는 피의자를 대리 또는 대표하여 소송행위를 할 자가 있을 때까지 소송행위를 대리한다(형소법 28조 2항).

[서식 15] 보조인선임신고서(1)

보 조 인 선 임 신 고

사 건 20○○고단○○○○ 사기

피 고 인 ○ ○ ○

신 고 인 ○ ○ ○ (전화 :)

○○시 ○○구 ○○로 ○○(○○동)

위 사건에 관하여 신고인은 피고인의 처로서 보조인이 되고자 하므로 형사소송법 제29조에 의하여 신고합니다.

소 명 서 류

1. 가족관계증명서 1통
1. 주민등록등본 1통

20○○. ○. ○.

위 신고인 ○ ○ ○ (인)

서울중앙지방법원 귀중

【접수방법 및 유의사항】

1. 보조인선임신고서 1부를 사건 진행중인 검찰청 민원실 또는 법원 형사과에 제출한다.
2. 보조인의 선임은 허가사항이 아니므로 법정대리인, 배우자, 직계혈족, 형제자매가 보조인신고서를 접수한 이후 바로 효력이 있다.
3. 보조인은 수사단계에서 피의자와 동행을 한다거나, 피의자가 구속 또는 기소되었을 때는 법원에 구속적부심청구, 보석청구, 재판기록열람등사신청, 변론요지서의 제출을 할 수 있고, 법정에서는 피고인 신문을 진행할 수도 있다.

[서식 16] 보조인선임신고서(2) (벌금형에서 대리출석한 경우)

보 조 인 선 임 신 고

사　　건　　20○○고단○○○○ 사기

피 고 인　　○　○　○

위 사건에 관하여 피고인은 당뇨 등으로 시골에서 요양하고 있는 중이며, 병세의 악화로 신체여건상 공판정에 설 수도 없는 상태인바(진단서 기제출되었음), 피고인의 피의사실에 관하여 피고인의 처 ○○○는 피고인의 업무를 잘 알고 있으므로 아래와 보조인으로 선임신고합니다.

소 명 서 류

1. 가족관계증명서　　　　　　1통
   (또는 주민등록등본)

20○○. ○. ○.

위 신고인(피고인의 처) ○　○　○ (인)
○○시 ○○구 ○○로 ○○(○○동)

서울중앙지방법원　귀중

【접수방법 및 유의사항】

1. 보조인선임신고서 1부를 사건 진행중인 검찰청 민원실 또는 법원 형사과에 제출한다.
2. 보조인의 선임은 허가사항이 아니므로 법정대리인, 배우자, 직계혈족, 형제자매가 보조인신고서를 접수한 이후 바로 효력이 있다.

| 제4장 변 호 사 |

제1절 사선변호인

1. 의 의

사선변호인이란 국선변호인에 대응하는 개념이고, 광의에 있어서는 특별변호인을 포함하는 것이지만 협의로는 선임권자가 선임한 변호사의 자격이 있는 변호인을 말한다.

2. 선 임

선임이란 선임권자가 피고인 또는 피의자의 사건에 관하여 변호사 또는 법무법인을 변호인으로 선임하고 그 사건을 담당하는 법원 또는 수사기관에 일정한 방식으로 신고하는 소송행위를 말한다.

선임권자는 피고인 또는 피의자, 법정대리인(배우자, 직계친족, 형제자매)이고, 피선임자는 변호사(대한변호사협회에 등록을 마친 자에 한함) 또는 법무부장관의 인가를 받은 법무법인이다.

선임은 선임권자와 변호인이 연명날인한 서면을 제출함으로써 한다. 피고인·피의자 외의 위 선임권자가 선임신고서면을 제출할 때에는 선임권자의 신분 즉 피고인 또는 피의자와의 친족관계를 소명하는 서면을 첨부하여 제출하여야 한다. 위 서면은 선임권자와 변호인의 기명날인이 있으면 충분하고 서명을 요하는 것은 아니므로 자서(自署)할 수 없을 때에도 타인이 대신 기명을 하면 되지 그 타인이 대서의 사유를 기재하고 기명날인 또는 서면을 할 필요까지는 없다. 인장이 없어 지장을 찍은 경우에는 본인의 지장임을 증명한다는 증명문구를 기재하는 것이 관례이나 이에 관한 명문의 근거는 없다(따라서 그것이 누락된 때 지장이 찍혔다고 하여 접수를 거부하거나 이를 요구할 수는 없다).

3. 선임의 효력

가. 객관적 범위

형사소송은 하나하나의 사건을 단위로 하여 성립하기 때문에 변호인 선임의 효력도 하나의 사건을 단위로 하여 그 전부에 미치고, 그 외에는 미치지 않는 것이 원칙이다. 다만 선임행위(선임신고서)에서 특별한 제한(예 : 구속적부심청구에 국한)을 가한 때에는 그 제한 내에서만 선임의 효력이 있게 된다. 한편 하나의 사건에 관하여 한 변호인 선임은 동일 법원의 동일 피고인에 대하여 병합된 다른 사건에 관하여도 효력이 미친다. 기소의 순서를 묻지 않는다. 그러나 피고인이나 변호인이 이와 다른 의사표시를 한 때에는 그러하지 아니하다.

나. 시간의 범위

공소제기 전, 즉 수사 단계에서 한 변호인 선임의 효력은 제1심에 있어서도 그 효력이 있다. 따라서 공소제기 전에 변호인이 선임된 경우에는 공소장에 그 변호인 선임신고서를 첨부하여야 한다.

또 변호인 선임은 심급마다 이를 하여야 한다. 다시 말하면 변호인 선임의 효력은 그 심급의 종료시까지 계속된다. 변호인은 상소권이 있으므로 상소장은 제출할 수 있으나, 그 후의 소송행위에 관하여는 새로운 선임을 필요로 한다.

그러나 환송에 의하여 원래의 심급으로 돌아가는 경우에는 파기환송 전의 원심에서 있었던 변호인 선임이 환송 후에도 효력을 갖게 되고, 이송의 경우에도 마찬가지이다.

4. 사임, 해임, 자격상실 등

가. 사임이란 변호인이 스스로 변호인의 지위에서 물러서는 것을 말하고, 해임이란 변호인 선임권자가 그 선임을 철회하고 장래에 향하여 변호인의 자격을 잃게 하는 것을 말하며, 모두 법원에 대하여 행하는 소송행위이고 명문의

규정은 없으나 유효하다가 해석되고 있다. 또 그 방식은 선임의 경우에 준하여 서면으로만 할 수 있다고 해석된다.

나. 자격상실이란 광의로는 위의 해임, 사임 등을 포함하나 협의로는 변호사법상의 변호사명부 등록취소에 의하여 변호사가 직무수행의 자격을 잃는 것을 의미한다.

대한변호사협회는 ① 변호사가 사망한 때, ② 변호사의 자격이 없거나 결격사유에 해당하는 때, ③ 폐업을 위한 변호사 자신의 등록취소신청이 있는 때, ④ 법무부장관의 등록취소명령이 있는 경우에는 변호사의 등록을 취소하여야 한다.

한편 변호사에 대하여 징계가 이루어지는 경우가 있는데, 징계처분 중 영구제명이 된 경우는 위 ②의 결격사유(변호사법 5조 7호)에 해당되고, 제명이 되어 5년이 경과하지 아니한 자도 위 ②의 결격사유(변호사업 5조 4호)에 해당한다. 정직(3년 이하)의 징계처분이 있는 경우에는 그 정직기간 동안 변호사 직무를 수행할 수 없으나, 과태료나 견책의 경우는 변호사 자격이나 직무수행에는 영향이 없다.

또 변호사가 공소제기되거나 징계절차가 개시되어 그 재판이나 징계결정의 결과 등록취소 · 영구제명 또는 제명에 이르게 될 가능성이 매우 크고 그대로 두면 장차 의뢰인 또는 공공의 이익을 해할 구체적인 위험성이 있는 경우에는 법무부장관은 법무부징계위원회에 대하여 당해 변호사의 업무정지에 관한 결정을 청구할 수 있고, 법무부징계위원회의 결정에 따라 당해 변호사에 대하여 업무정지를 명할 수 있다(같은 법 102조).

[서식 17] 변호인선임신고서(1)

변 호 인 선 임 신 고

사　　　건　　20○○고단○○○○ 사기

피고인(피의자)　　○　○　○

위 사건에 관하여 변호사 ○○○을 변호인으로 선임하고 연서하여 이에 신고합니다.

20○○. ○. ○.

위 신고인 ○ ○ ○ (피고인 ○○○의 모)

위 본인의 무인임을 증명함. 교도 ○ ○ ○ (인)

위 피고인의 변호인 변호사 ○ ○ ○ (인)
○○시 ○○구 ○○로 ○○(○○동)

서울중앙지방법원 귀중

【접수방법】

1. 구속된 피고인이 자신이 변호인을 선임한 경우의 '선임계' 사례이다. 통상 구치소를 접견한 변호인이 구치소 접견당사담당자에게 무인증명신청서와 함께 선임계를 제출하면, 담당은 피고인으로부터 선임계에 무인날인을 받고 무인증명을 하여준다.
2. 형사사건이 선임권자는 피고인(피의자) 그 자신, 법정대리인, 배우자, 직계친족, 형제자매이며, 피고인 외의 선임권자 선임계는 관계를 소명하는 가족관계증명서, 주민등록등본 등을 첨부한다.
3. 공판진행 중인 법원 형사과(또는 수사중인 수사관서) 접수실에 선임계 1부를 제출한다.

[서식 18] 변호인선임신고서(2)

변 호 인 선 임 신 고

사　　건　　20○○형 제○○○호 사기

피 의 자　　홍 길 동

위 사건에 관하여 변호사 ○○○을 변호인으로 선임하고 연서하여 이에 신고합니다.

20○○. ○. ○.

선임인 홍 길 동 (무인)

위 본인의 무인임을 증명함. 경장 ○ ○ ○ (인)

위 변호인 변호사 ○ ○ ○ (인)
○○시 ○○구 ○○로 ○○(○○동)
전화 000-000-0000

○○지방법원 귀중

【접수방법 및 유의사항】

1. 변호인선임신고서는 변호사가 변호를 하기 위하여 수사기관 또는 법원에 제출하는 것으로 변호사회를 경유하도록 하고 있으며, 경유증표를 발급받아 이를 변호인선임신고서에 첨부하여 제출하여야 한다.
2. 구속피고인(피의자)인 경우는 유치장 또는 구치소에서 피고인의 서명하게 무인을 찍어 선임신고를 작성하고, 이때 접견신청서와 무인증명서를 함께 준비하여야 한다.
3. 피고인이 아닌 선임권자가 위임을 하였을 때는 증명하는 서류인 주민등록등본 또는 가족관계증명서 등을 첨부하여야 한다.
4. 선임의 효력 : 원심의 변호인은 상소권이 있으며(형소법 341조 1항), 파기환송 후에도 효력이 있고(형소법 158조), 추가로 기소되어 병합심리되는 다른 사건에도 선임의 효력이 미친다(형소규 13조).

[서식 19] 변호인선임신고서(3)

변 호 인 선 임 신 고 서

사 건 번 호	20○○고단 호
사 건 명	사 기
피고인 (피의자)	○ ○ ○

위 사건에 관하여 ○○시 ○○구 ○○로 ○○(○○동) 변호사 ○○○를 변호인으로 선임하였으므로 신고합니다.

첨 부 서 류	1. 2.

20○○. ○. ○.

선임인 성 명 : ○ ○ ○ (무인)
주 소 : ○○시 ○○구 ○○로 ○○(○○동)
관 계 : 피고인의 처

본인의 무인임을 증명함. 교도 ○ ○ ○

변호사 ○ ○ ○ (인)
○○시 ○○구 ○○로 ○○(○○동)
전화 : 000-000-0000
팩스 : 000-000-0000

○○지방법원 귀중

[서식 20] 무인증명신청서

무 인 증 명 신 청

사 건 20○○고단○○○○ 사기
피고인(피의자) ○ ○ ○

위 사건에 관하여 별지 변호인 선임서에 찍힌 무인이 피고인(피의자) 본인의 무인임을 증명하여 주시기 바랍니다.

20○○. ○. ○.

위 피고인(피의자)의 변호인 변호사 ○ ○ ○ (인)

○○시 ○○구 ○○로 ○○(○○동)

○○구치소 귀중

【접수방법 및 유의사항】

1. 신청서 1부를 선임계와 함께 제출한다.
2. 비용 : 없음
3. 구속된 피고인 본인으로부터 무인을 찍는 방식으로 "선임계'를 받는 경우 피고인에게는 확인할 수 있는 신분증이 없으므로, 무인이 피고인의 것이라는 구치소 담당자의 확인이 필요하다. 이를 구하기 위하여 제출하는 신청이다.

[서식 21] 담당변호사지정신청서

담 당 변 호 사 지 정 서

사　　건	20○○고단○○○○호
당 사 자	사　기

위 사건에 관하여 법무법인 ○○○○ 는 피고의 소송대리인으로서 변호사법 제50조 제1항에 의거하여 그 업무를 담당할 변호사를 다음과 같이 지정합니다.

담당변호사	담당변호사 ○　○　○

20○○. ○. ○.

법무법인 ○ ○ ○ (인)

대표변호사 ○　○　○
주소 : ○○시 ○○구 ○○로 ○○(○○동)
전화 : 000-000-0000
팩스 : 000-000-0000

ㅇㅇ지방법원 귀중

【접수방법 및 유의사항】

1. 법무법인의 경우 선임신고서에 첨부하는 서류이다.
2. 법무법인은 법인명의로 업무를 수행하면 그 업무를 담당할 변호사를 지정하여야 한다(변호사법 50조).

[서식 22] 대표변호인지정신청서

대표변호인지정신청

사 건 20ㅇㅇ고단ㅇㅇㅇㅇ 사기

피고인(피의자) ㅇ ㅇ ㅇ

위 사건은 피고인의 다수의 변호인으로 인하여 재판의 지연을 초래하므로 재판의 지연 등을 방지하고 다음 변호인을 대표변호인으로 선임받고자 합니다.

다 음

변호사 ㅇ ㅇ ㅇ

ㅇㅇ시 ㅇㅇ구 ㅇㅇ로 ㅇㅇ(ㅇㅇ동)

20ㅇㅇ. ㅇ. ㅇ.

위 피고인 ㅇ ㅇ ㅇ (인)

ㅇㅇ지방법원 귀중

【접수방법 및 유의사항】

1. 수인의 변호인이 있는 때에는 재판장은 직권 또는 피고인·피의자 또는 변호인의 신청에 의하여 대표변호인을 지정할 수 있고 그 지정을 철회 또는 변경할 수 있다.
2. 대표변호인은 3인을 초과할 수 없다

3. 통지 또는 서류의 송달은 변호인 전원에 대하여 효력이 있다.

[서식 23] 변호인사임신고서

변 호 인 사 임 신 고

사　　　　　건　　20○○고단○○○○ 사기

피고인(또는 피의자)　　○ ○ ○

위 사건에 관하여 변호인은 사정에 의하여 사임하였기에 이에 사임신고서를 제출합니다.

20○○. ○. ○.

위 피고인(피의자)의 변호인 변호사 ○ ○ ○ (인)

○○지방법원 귀중

【접수방법】

변호인사임신고서를 제출할 때에는 반드시 접수증명원 2부와 함께 제출하여 그중 1부를 증명받아 변호사회에 신고하여야 한다.

[서식 24] 접수증명원

접 수 증 명 원

사　　　　　건　　20○○고단○○○○ 사기

피고인(또는 피의자)　　○ ○ ○

위 피고인에 대한 20○○고단○○○○ 사기 피고사건에 대하여 변호인사임신고서가 20○○. ○. ○. 귀원에 접수되었음을 증명하여 주시기 바랍니다.

20○○. ○. ○.

위 피고인(피의자)의 변호인 변호사 ○ ○ ○ (인)

○○지방법원 귀중

【접수방법】

변호인사임신고서를 제출할 때에는 반드시 접수증명원 2부와 함께 제출하여 그중 1부를 증명받아 변호사회에 신고하여야 한다.

[서식 25] **확인서 (변호인 사임)**

확 인 서

사 건 20○○형 제○○○○호 교통사고처리특례법위반

피 의 자 ○ ○ ○

위 피의자에 대한 20○○형 제○○○○호 교통사고처리특례법위반 피의사건에 관하여 변호인사임신고서가 20○○. ○. ○ . 귀청에 접수되었음을 확인합니다.

20○○. ○. ○.

○○지방검찰청 검찰주사 ○ ○ ○ (인)

【접수방법 및 유의사항】

검찰청(또는 경찰서)의 경우 접수증명원 제도가 잘 갖추어 있지 아니하므로 확인서를 작성 제출하여 받아둠으로써 서류의 분실에 대한 분쟁을 방지할 수 있다.

[서식 26] 변호인해임신고서

변 호 인 해 임 신 고

사　　건　　20○○고단○○○○　절도 등

피 고 인　　○　○　○

위 사건에 관하여 피고인은 사정에 의하여 다음 변호인을 해임하였기에 이에 해임 신고서를 제출합니다.

다　　　　음

변호사 ○　○　○
○○시 ○○구 ○○로 ○○(○○동)

20○○. ○. ○.

위 피고인 ○　○　○ (인)

○○지방법원 귀중

[서식 27] 접견신청서(1)

접 견 신 청 서

수용번호	피고인(피의자)	사건명	선임별	접견목적

위와 같이 접견하고자 합니다.

20○○. ○. ○.

위 피고인의 변호인 변호사 ○ ○ ○ (인)
○○시 ○○구 ○○로 ○○(○○동)
전 화 : 000-000-0000
팩 스 : 000-000-0000

○○구치소장(경찰서장) 귀중

【접수방법 및 유의사항】

1. 피의자 및 피고인을 접견하고자 하는 변호인은 접견신청서를 작성하여 구치소에 제출하여야 접견할 수 있다.
2. 구치소 방문 전에 미리 피의자와 사건명, 접견목적 및 접견일 등을 팩스 등으로 알려 접견으로 인한 시간을 절약할 수 있다.
3. 경찰서에는 즉시 접견이 가능하므로 팩스를 이용하지 않고 있다.

[서식 28] **접견신청서(2)**

접 견 신 청 서

생년월일	성 명	사 건 명	사건번호	국 · 사선	선임여부	희망시간

위 사람을 접견하고자 합니다.

희망시간및일시 : 20○○년 월 일 요일 시경부터
주 소 :
연 락 처 :

소속법률사무소 :

20○○. ○. ○.

변호인 변호사 ○ ○ ○ (인)

○○구치소장 귀하

제2절 특별변호인

1. 의의 및 선임할 수 있는 경우

특별변호인이란 변호사 아닌 사람으로서 변호인으로 선임된 사선변호인을 말한다. 특별변호인은 대법원을 제외한 법원에서만 선임할 수 있으며, 사건의 경중에 따른 제한은 없으나 특별한 사정의 존재를 필요로 한다. 특별한 사정으로는 외국변호사의 변론을 허용하는 경우 등을 생각해 볼수 있겠으나 실무상 인정되는 예는 찾기 어렵다.

2. 선임의 허가

특별변호인을 선임함에는 미리 법원의 허가가 필요하다. 이 허가의 신청은 변호인 선임권자가 할 수 있다.
피선임자의 자격에는 제한이 없으나, 피고인의 소송활동 전반을 보조하고 그 방어권을 보호할 수 있는 자일 필요가 있다.

3. 선 임

선임허가결정이 있는 후에 협의의 사선변호인과 마찬가지로 특별변호인 선임신고서를 제출함으로써 특별변호인 선임이 효력이 생긴다.

기타 선임의 효력, 사임 · 해임 등의 사항은 사선변호인의 경우와 동일하다. 또, 특별변호인 선임허가결정은 상당한 이유가 있는 경우 언제든지 취소할 수가 있다. 예컨대 특별변호인의 선임을 허가한 후에 변호사를 변호인으로 선임하거나 특별한 변호인이 변호인으로 부적당하다고 인정되는 경우에는 특별변호인의 선임허가를 취소하여야 한다.

[서식 29] **특별변호인선임허가신청서**

특별변호인 선임허가신청

사 건 20○○고단○○○○ 사기

피 고 인 ○ ○ ○

위 사건의 특별변호인으로 다음의 사람을 선임하고자 하오니 허가하여 주시기 바랍니다.

다 음

성 명 ○ ○ ○

주 소 ○○시 ○○구 ○○로 ○○(○○동)

20○○. ○. ○.

위 피고인 ○ ○ ○ (인)

○○지방법원 귀중

【접수방법 및 유의사항】

1. 신청서 1부를 사건 진행중인 법원 형사과에 제출한다.
2. 인지 등 비용 없음.
3. 선임허가결정(또는 선임채택)되면 선임계를 제출한다.

4. 변호인은 변호사 중에서 선임하여야 한다. 단, 대법원 이외의 법원은 특별한 사정이 있으면 변호사 아닌 자를 변호인으로 선임함을 허가할 수 있다(형소법 31조). 그러나 실무에서는 특별변호인은 신청하는 경우가 거의 없다.

[서식 30] 특별대리인선임허가신청서

특별대리인 선임허가신청

사　　건　　20○○고단 ○○○○　폐기물관리법위반

피 고 인　　1. 주식회사 ○○건설
　　　　　　2. ○　○　○

위 사건에 관하여 업무담당자로서 사건의 실체를 잘 알고 있을 뿐만 아니라 법무관계의 소견이 풍부한 다음의 자를 본 피고인들을 위한 특별대리인으로 선임코자 하오니 허가하여 주시기 바랍니다.

다　　음

성　　명 : ○　○　○
주　　소 : ○○시 ○○구 ○○로 ○○(○○동)

첨 부 서 류

1. 이력서　　　　　　　　　　1통

20○○. ○. ○.

위 피고인 1. 주식회사 ○○건설
　　　　　　대표이사 ○ ○ ○ (인)

　　　　　2. ○　○　○ (인)

○○지방법원 귀중

【접수방법】

1. 신청서 1부를 사건진행중인 법원 형사과에 제출한다.
2. 인지 등 비용 없음.
3. 선임허가결정(또는 선임채택)되면 선임계를 제출한다.

[서식 31] **특별변호인선임신고서**

특별변호인선임신고서

사　　　건　　20○○고합 ○○○호　사기

피고인(피의자)　　○　○　○

귀원 20○○고합 ○○○호 사기 사건에 관하여 ○○○를 특별변호인으로 선임을 허가받았으므로 위 사람과 연서하여 신고합니다.

첨 부 서 류

1. 허가결정정본　　　　　　　　1통
1. 가족관계증명서　　　　　　　1통

20○○. ○. ○.

선임인 피고인의 부　○　○　○ (인)
○○시 ○○로 ○○(○○동)

위 특별변호인　○　○　○ (인)
○○시 ○○로 ○○(○○동)

○○지방법원　귀중

【접수방법】

특별변호인선임허가가 결정되면 특별변호인선임신고서를 법원에 제출하여야 한다.

제3절 국선변호인

1. 의 의

법원에 의하여 선정된 변호인을 국선변호인이라고 한다. 경제적 빈곤 등의 사유로 사선변호인을 선임할 수 없는 자에 대하여 국가가 변호인을 선정하여 소송활동을 보완하게 함으로써 피고인 또는 피의자의 변호권을 실질적으로 보장하기 위한 것이다.

2. 자 격

국선변호인은 법원의 관할구역 내에 사무소를 둔 변호사, 그 관할구역 안에서 근무하는 "공익법무관에관한법률"에 의한 공익법무관(법무부와 그 소속기관 및 각급 검찰청에서 근무하는 공익법무관을 제외한다. 이하 '공익법무관'이라 한다) 또는 그 관할구 안에서 수습중인 사법연수생 중에서 이를 선정한다. 법원의 관할구역 안에 위와 같은 변호사, 공익법무관 또는 사법연수생이 없거나 기타 부득이한 때에는 인접한 관할구역 내에 사무소를 둔 변호사, 그 관할구역 안에서 근무하는 공익법무관 또는 그 관할구역 안에서 수습중인 사법연수생 중에서 이를 선정할 수 있다.

만약 인접한 법원의 관할구역 안에도 위 변호사, 공익법무관 또는 사법연수생이 없거나 기타 부득이한 때에는 법원의 관할구역 안에서 거주하는 변호사 아닌 자 중에서 이를 선정할 수 있다(같은 조 2, 3항).

그러나 각급 법원은 원칙적으로 관내에 사무소를 둔 변호사 중에서 국선변호인을 선임하고 공익법무관을 국선변호인으로 선정하지 않도록 한다. 다만 관할구역 안에 사무소를 둔 변호사 중 국선변호를 담당할 변호사를 지정하기 어려운 사정이 있고, 공익법무관을 국선변호인으로 선정하더라도 변호 업무의 공정성과 독립성을 보장할 수 있는 경우에는 공익법무관을 국선변호인으로 선정할 수 있다{국선변호에관한예규(재형2002-10) 11조}.

3. 국선변호인의 수

국선변호인은 피고인 또는 피의자마다 1명을 선정한다. 다만, 사건의 특수성에 비추어 필요하다고 인정한 때에는 1명의 피고인 또는 피의자에게 여러 명의 국선변호인을 선정할 수 있다(형소규 15조 1항).

피고인 또는 피의자 여러 명 사이에 이해가 상반되지 아니할 때에는 그 여러 명의 피고인 또는 피의자를 위하여 동일한 국선변호인을 선정할 수 있다(형소규 15조 2항).

4. 선정사유

가. 형사소송법 제33조 제1항 제1호 내지 제5호의 사유가 있는 때

피고인이 구속된 때, 피고인이 미성년자일 때, 피고인이 70세 이상인 때, 피고인이 농아자인 때, 피고인이 심신장애의 의심이 있는 때 사선변호인이 없으면 법원이 직권으로 변호인을 선정하여야 한다. 이 경우 사선변호인 또는 선정된 국선변호인이 출석하지 아니한 때에도 법원은 직권으로 변호인을 선정하여야 한다(형소법 283조).

나. 사형, 무기 또는 단기 3년 이상의 징역이나 금고에 해당하는 사건의 경우(형소법 33조 1항 6호)

위의 형은 법정형에 의하여 해당 여부를 가리게 되는데, 주의할 점은 유기징역 또는 유기금고의 단기가 3년을 하회하더라도(예 : 1년 이상, 2년 이상 등) 사형이나 무기징역, 무기금고가 함께 규정되어 있으면 필요적 변호사건이 된다는 점이다(예 : '보건범죄단속에관한특별조치법' 5조 위반사건 등). 이러한 사건에 변호인이 출석하지 아니한 때에는 법원이 직권으로 변호인을 선정하여야 한다(형소법 283조).

다. 피고인이 빈곤 그 밖의 사유로 변호인을 선임할 수 없을 때

피고인이 빈곤 그 밖의 사유로 변호인을 선임할 수 없는 경우에 피고인의 청구가 있는 때에는 법원은 변호인을 선정하여야 한다(형소법 33조 2항). 이 경우 피고인은 '빈곤 그 밖의 사유'에 대한 소명자료를 제출하여야 하지만, 기록에 의하여 그 사유가 소명되었다고 인정될 때에는 그러하지 아니하다(형소규 17조의2). 국선변호인 제도의 활성화를 통하여 실질적으로 피고인의 방어권을 보장하기 위해서는 위 사유에 대한 소명을 엄격히 요구할 것은 아니고, 피고인이 제출한 청구서의 기재내용과 공소장의 기재 사항 기타 소명자료 등을 검토하여 피고인의 가정형편 기타 제반사정에 비추어 사선변호인을 선임하기 어렵다고 인정되거나, 약식명령에 대한 정식재판청구절차를 제외한 공판절차에서 피고인이 별건으로 구속되어 있거나 다른 형사사건에서 유죄로 확정되어 수형 중인 때에는 특별한 사정이 없는 한 지체없이 국선변호인을 선정한다(국선변호인에관한예규 6조 1항, 7조 1항, 8조 1항). 이 경우 변호인이 출석하지 아니한 때에는 법원이 직권으로 변호인을 선정하여야 한다(형소법 283조).

라. 피고인의 권리보호를 위하여 필요하다고 인정하는 때

법원은 피고인의 연령 · 지능 및 교육 정도 등을 참작하여 권리보호를 위하여 필요하다고 인정하는 때에는 피고인의 명시적 의사에 반하지 아니하는 범위 안에서 변호인을 선정하여야 한다(형소법 33조 3항). 이 경우 변호인이 출석하지 아니한 때에는 법원이 직권으로 변호인을 선정하여야 한다(형소법 283조).

마. 공판준비기일의 경우

재판장은 효율적이고 집중적인 심리를 위하여 사건을 공판준비절차에 부칠 수 있는데(형소법 266조의5 1항), 공판준비기일에는 검사 및 변호인이 출석하여야 한다(형소법 266조의8 1항). 공판준비기일이 지정된 사건에 관하여 변호인이 없는 때에 법원은 지체 없이 직권으로 국선변호인을 선정하고, 피고인 및 변호인에게 그 뜻을 고지하여야 하며(형소법 266조의8 4항, 형소규 123조의11 1항), 공판준비기일이 지정된 후에 변호인이 없게 된 때에도 마찬가지이다(형소규 123조의11 2항).

바. 재심사건의 경우

재심개시의 결정이 확정된 사건에 있어서, ① 사망자 또는 회복할 수 없는 심신장애자를 위하여 재심의 청구가 있는 때, ② 유죄의 신고를 받은 자가 재심의 판결 전에 사망하거나 회복할 수 없는 심신장애자로 된 때에 재심청구자가 변호인을 선임하지 아니한 경우 재판장은 직권으로 변호인을 선임하여야 한다(형소법 438조 4항).

사. 치료감호청구사건의 경우

치료감호법 제15조 제2항은 같은 법 제2조 제1항 각 호, 즉 "형법 제10조 1항의 규정에 의하여 벌할 수 없거나 동조 제2항의 규정에 의하여 형이 감경되는 심신장애자로서 금고 이상의 형에 해당하는 죄를 범한 자", "마약 · 향정신성의약품 · 대마, 그 밖에 남용되거나 해독을 끼칠 우려가 있는 물질이나 알코올을 식음 · 섭취 · 흡입 · 흡연 또는 주입받는 습벽이 있거나 그에 중독된 자로서 금고 이상의 형에 해당하는 죄를 지은 자,", "소아성기호증, 성적가학증 등 성적 성벽이 있는 정신성적 장애자로서 금고 이상의 형에 해당하는 성폭력범죄를 지은 자"의 치료감호청구사건에 관하여 형사소송법 제282조와 제283조를 준용하고 있다. 따라서 이러한 치료감호청구사건에 있어서는 변호인 없이 개정하지 못하며, 변호인이 출석하지 않은 때에는 직권으로 변호인을 선정하여야 한다.

아. 군사법원법이 적용되는 사건의 경우

군사법원사건에 관하여 피고인에게 변호인이 없는 때에는 군사법원은 직권으로 변호인을 선정하여야 한다(군사법원법 62조 1항). 이 조항은 군사법원사건의 상고심인 대법원에서도 적용된다.

자. 구속영장 청구의 경우

구속영장 청구에 따라 피의자심문을 할 경우 심문할 피의자에게 변호인이 없는 때에는 지방법원 판사는 직권으로 변호인을 선정하여야 한다(형소법

201조의2 8항 전문). 형사소송법 제201조의2는 체포된 피의자에게 대하여 필요적으로 피의자를 심문하여야 한다고 규정하고 있고(같은 조 1항), 미체포 피의자에 대하여도 피의자가 도망하는 등의 사유로 심문할 수 없을 때를 제외하고는 심문하도록 규정하고 있다(같은 조 2항). 결국 구속영장이 청구된 대부분의 사건의 경우 피의자를 심문하여야 할 것이고, 이 경우 피의자에게 변호인이 없는 때는 직권으로 변호인을 선정하여야 할 것이다.

차. 체포 · 구속적부심사 청구의 경우

체포 · 구속적부심사가 청구된 피의자에게 변호인이 없는 경우에는 형사소송법 제33조의 국선변호인에 관한 규정이 준용된다(형소법 214조의2 10항). 구속영장 청구의 경우와는 달리 피의자에 대한 심문 여부와 무관하게 필요적 국선사건이다.

따라서 형사소송법 제214조의2 제3항 각 호에서 규정하고 있는 신문 없이 결정으로 체포 · 구속적부심사 청구를 기각할 수 있는 경우에 해당하더라도 법원은 국선변호인을 선정하여야 한다(형소규 16조 1항). 왜냐하면 변호인을 통하여 형사소송법 제214조의2 제3항에 해당하는지 여부를 다툴 수 있게 할 필요성이 있을 뿐만 아니라, 법은 체포 · 구속적부심사 청구의 경우 피의자를 심문하는지 여부에 따라 국선변호인 선정의 필요 여부를 달리 규정하고 있지 않기 때문이다.

5. 선정을 위한 고지 및 선정

가. 재판장은 공소제기가 있는 때에는 변호인 없는 피고인에게, ① 형사소송법 제33조 제1항 제1호 내지 제6호의 어느 하나에 해당하는 때에는 변호인 없이 개정할 수 없는 취지와 피고인 스스로 변호인을 선임하지 아니할 경우에는 법원이 국선변호인을 선정하게 된다는 취지, ② 형사소송법 제33조 제2항에 해당하는 때에는 법원에 대하여 국선변호인의 선정을 청구할 수 있다는 취지, ③ 형사소송법 제33조 제3항에 해당하는 때에는 법원에 대하여 국선변호인의 선정을 희망하지 아니한다는 의사를 표시할 수 있다는

취지를 서면으로 고지하여야 한다(형소규 17조 1, 2항).

변호인이 선임되어 있지 아니하고 국선변호인 선정 청구가 없는 피고인 또는 구속 피고인에게는 공소장부본 송달과 동시에 국선변호인 선정을 위한 고지를 한다.

나. 항소법원 및 상고법원은 상소기록 접수시까지 피고인이 형사소송법 제33조 제1항에 해당하지 아니하고 변호인이 선임되어 있지 않으며 국선변호인 선정청구가 없는 때에는 피고인에게 소송기록접수통지와 동시에 소정 양식의 고지서에 의하여 국선변호인 선정에 관한 고지를 한다.

공소제기가 있은 후 변호인이 없게 된 때에도 국선변호인의 선정을 위한 고지를 하여야 한다(형소규 17조 4항).

6. 선정취소 및 사임

가. 선정취소란 선정권자인 법원이 장래에 향하여 선정의 효력을 상실시키는 것을 말하는바, 취소의 사유에는 필요적 취소사유와 임의적 취소사유가 있다.

필요적 취소사유는 ① 사선변호인이 선임된 때, ② 국선변호인이 자격상실 또는 사무소이전 등으로 피선정자격을 상실한 때, ③ 법원 또는 지방법원 판사가 국선변호인의 사임을 허가한 때이고, 임의적 취소사유는 ① 국선변호인이 그 직무를 성실히 수행하지 아니하는 때, ② 피고인 또는 피의자의 국선변호인 변경신청이 상당하다고 인정하는 때, ③ 그 밖에 국선변호인의 선정을 취소할 상당한 이유가 있는 때와 ④ 선정된 국선변호인이 기일에 출석하지 아니하거나 퇴정하여 재정 중인 다른 변호사, 공익법무관 또는 사법연수생을 선정한 때이다.

선정취소결정은 위 사건변호인이 선임된 때를 제외하고는 보통 다른 국선변호인의 신규 선정결정과 동시에 하는 것이 보통이고, 이 결정등본을 신·구 변호인과 피고인 또는 피의자에게 송달하여 고지한다.

나. 사임이란 국선변호인이 스스로 국선변호인의 지위에서 물러서는 것을 말한다. 국선변호인이 사임하기 위해서는 사선변호인의 경우와는 달리 일정한

사유가 있어야 할 뿐 아니라 법원의 허가가 필요하다. 법원의 사임을 허가한 후에는 반드시 국선변호인 선정을 취소하여야 하고, 또 다른 국선변호인을 신규로 선정하여야 하므로 결국 3개의 결정이 있어야 하는데 1개의 결정으로 하면 된다. 이 등본도 신·구변호인과 피고인에게 송달하도록 되어 있다.

[서식 32] 국선변호인선정청구서(1)

국선변호인 선정청구

사 건 20○○고단○○○○ 사기

피 고 인 ○ ○ ○

위 사건에 관하여 피고인은 경제사정상 변호인을 선임할 여력이 없음으로 본 피고인을 위한 변호인을 선임할 수가 없으므로 귀원에서 국선변호인을 선정하여 주시기 바랍니다.

20○○. ○. ○.

위 피고인 ○ ○ ○ (인)

○○지방법원 귀중

【접수방법】

신청서 1부를 공판진행중인 법원 형사과에 제출한다.

[서식 33] 국선변호인선정청구서(2)

재판부	제 2 형사부	재판장	허	부

국 선 변 호 인 선 정 청 구 서

사건번호	20○○고합 ○○○	죄 명	사 기	
피 고 인 (피의자)	성 명	홍 길 동	직 업	운전기사
	주민등록번호	000000-0000000		
☑ 구 속 / □ 불구속	주 거	○○시 ○○구 ○○로 ○○(○○동)		

국선변호인 선정에 대한 고지를 틀림없이 받았음을 확인합니다.
국선변호인 선정에 관한 의견은 다음과 같습니다. (해당란에 ☑ 표시)

□ 국선변호인 선정을 청구합니다	□ 빈곤 (생활보호대상자 등)
	☑ 기타 사유 (현재의 가정형편상 개인적으로 사선변호인을 선임하기 어려움)
	(※기타 참고할 만한 사항이 있으면 기재 하십시오.) 운전기사였던 남편의 구속으로 생계가 막막합니다.
□ 국선변호인 선정을 청구하지 않습니다	□ 사건변호인을 선임하였거나 선임할 예정임
	□ 국선변호는 원하지 아니함

20○○. ○. ○.

피의자 이몽룡의 처 성 춘 향 (인)

○○지방법원 제3형사부 귀중

첨부서류 (소명자료)	□ 없음 ☑ 있음 : 주민등록등본

[서식 34] 국선변호인선임신고

국선변호인선임신고

사　　　건　　20○○고단○○○○ 사기

피고인(피의자)　　○　○　○

위 사건에 관하여 피고인은 변호사 ○○○를 국선변호인으로 선정하였으므로 연서하여 이에 신고합니다.

20○○. ○. ○.

위 피고인 ○　○　○ (인)

국선변호인 변호사 ○　○　○ (인)
○○시 ○○구 ○○로 ○○(○○동)

○○지방법원 귀중

【접수방법】

실무는 법원이 변호사회가 제공한 자료를 토대로 피고인이 원하면 국선변호인을 선정하고 변호사는 법원에 국선변호인선임신고를 한다.

제5장 공판의 재판

제1절 총 설

1. 재판의 의의

재판이란 사건에 법령을 적용하여 이를 공권적으로 해결하는 법원의 의사표시를 말한다. 이는 고유한 의미에서의 재판의 정의이고, 이보다 광의로 법원 또는 법관의 의사표시적 소송행위 일체를 가리키는 경우도 있다. 어느 의미에서든 법원 · 법관의 행위이기 때문에 법원사무관 등이나 검사의 소송행위와 구별될 뿐 아니라 의사표시적 소송행위이기 때문에 법원 · 법관의 사실적 소송행위(증거조사 등)와도 구별된다.

한편 '공판의 재판'이란 피고사건에 관한 당해 법원의 최종적 결론을 선언하는 내용의 재판을 의미한다. 공판의 재판을 하기 전에 합의부의 경우에는 심판의 합의를 하여야 하는데, 이는 비공개로 진행된다.

2. 재판의 종류

가. 판결, 결정, 명령

판결과 결정은 법원이 행하는 재판이고, 명령은 법관(재판장, 수명법관, 수탁판사)이 행하는 재판이다. 다만, 수명법관, 수탁판사의 직무집행에 관하여 법원의 직무를 행할 수 있도록 되어 있는 경우에는 수명법관, 수탁판사도 결정을 할 수 있다.

법원이 행하는 재판 중 판결과 결정은 법의 규정에 따라 사유가 구별되는바, 종국재판은 원칙적으로 판결사항으로 되고 종국 전 재판은 결정사항이다(다만, 공소기각결정은 종국재판이다).

판결은 법률에 다른 규정이 없으면 구두변론에 의하여야 하고, 판결에 이유를 명시하여야 한다. 이에 대하여 결정 · 명령은 구두변론에 의하지 않을 수 있고, 상소할 수 없는 결정 · 명령인 때에는 이유를 명시할 필요가 없으며, 적당한 방법으로 고지하면 된다.

또 불복의 방법에 있어서도 판결에 대하여는 항소 또는 상고이고, 결정에 대하여는 항고(즉시항고, 재항고 포함)이며, 명령에 대하여는 명문이 있을 경우에 한하여 준항고가 가능할 뿐이다. 다만, 증거조사에 관한 결정이나 재판장의 처분(명령)에 대하여는 법령위반이 있는 경우에 이의신청만이 가능하다.

나. 종국재판, 종국 전의 재판

종국재판이란 당해 피고사건의 소송을 그 심급에서 종료시키는 재판을 말하고, 종국 전의 재판이란 피고사건의 소송을 계속하여 진행시키기 위하여 절차상의 문제를 해결하는 재판을 말한다. 한편 이송결정은 이론상은 종국 전의 재판이지만 실무상으로는 당해 수소법원에서의 소송절차가 종결된다는 점에서 종국재판과 유사하다.

다. 실체재판, 형식재판

종국재판은 다시 실체재판과 형식재판의 두 가지로 나눌 수 있는데, 실체재판이란 피고사건의 실체 즉 범죄의 성부, 형벌권의 존부를 판단하는 재판이고, 형식재판이란 피고사건의 실체에 대하여 판단하지 않고 절차상 이유로써 사건을 종결시키는 재판이다. 유죄판결과 무죄판결이 전자에 속하고, 공소기각의 판결과 결정, 관할위반의 판결, 면소판결이 후자에 속한다.

3. 각 종국재판의 사유

가. 유죄판결

유죄판결은 범죄의 증명이 있는 때에 선고하는 판결이다. 범죄의 증명이 있다 함은 법원이 공소범죄사실의 존재에 관하여 심증을 형성한 것을 말한다. 유죄판결의 판결이유에는 범죄사실, 증거의 요지와 법령의 적용을 명시하고, 법률상 범죄의 성립을 조각하는 사유 또는 형의 법률상 가중, 감면의 이유 되는 사실의 진술이 있는 때에는 이에 대한 판단을 명시하여야 한다. 유죄판결에는 형 선고의 판결, 형 면제의 판결, 선고유예의 판결이 있으며, 그 내용은 다음과 같다.

(1) 형 선고의 판결

범죄의 증명이 있는 때에는 형의 면제 또는 선고유예의 경우 이외에는 형 선고의 판결을 하여야 하며, 형의 집행유예, 노역장의 유치기간 형의 선고와의 노역장유치기간은 형의 선고의 판결과 동시에 선고하여야 한다.

(2) 선고유예의 판결

자격정지 이상의 형을 받은 전과가 전혀 없는 자에 대하여 1년 이하의 징역, 금고, 자격정지 또는 벌금의 선고를 할 경우에 양형의 기준사항을 참작하여 개전의 정상이 현저할 때에는 판결로써 형의 선고를 유예할 수 있다. 선고유예판결의 주문은 '피고인에 대한 형의 선고를 유예한다'로만 표시하면 되지만, 이유에서는 나중에 선고유예의 실효로 형을 선고할 경우에 대비하여 유예한 형 및 부수처분을 명시해 놓아야 한다.

(3) 형 면제의 판결

형을 면제할 수 있는 경우에 관하여는 각 형벌법규에 따로 규정되어 있다. 예컨대 과잉방어, 과잉긴급피난, 과잉자구행위, 중지범, 친족간의 재산범죄, 자수나 자복 및 국가보안법위반죄 등이다. 형 면제의 주문은 '피고인에 대한 형을 면제한다'로 되며, 후술 선고유예의 경우와 달리 나중에 면제형을 다시 선고하는 경우는 없으므로 면제할 형의 종류나 양을 판결에 기재할 필요도 없다.

나. 무죄판결

피고사건이 범죄로 되지 않거나 범죄의 증명이 없는 때에는 판결로 무죄를 선고하여야 한다.

범죄로 되지 않는다 함은 공소사실은 인정되나 법률상의 이유로 범죄가 성립하지 않거나 위법성조각사유 또는 책임조각사유가 있는 경우를 가리킨다.
범죄의 증명이 없다 함은 공소사실의 부존재가 적극적으로 입증된 경우는 물론이고 공소사실의 존재에 대하여 법원이 충분한 심증을 얻지 못한 경우를 가리킨다.

다. 면소의 판결

① 동일사건에 대하여 이미 확정판결(유죄, 무죄, 면소판결에 한하며, 약식명령, 즉결심판, 통고처분에 의한 범칙금 납부를 포함한다)이 있었던 때, ② 사면(일반사면에 한함)이 있는 때, ③ 공소시효가 완성되었을 때, ④ 범죄 후에 법령의 개정·폐지로 형이 폐지되었을 때에는 각각 판결로써 면소를 선고하여야 한다(형소법 326조).
면소판결은 형식재판이면서도 기판력이 발생한다는 점에 특색이 있다.

라. 공소기각의 판결

① 피고인에 대하여 재판권이 없을 때, ② 공소제기의 절차가 법률규정에 위반하여 무효인 때, ③ 이중기소인 때, ④ 공소취소 후 다른 중요한 증거를 발견하지 않고서도 재기소를 한 때, ⑤ 친고죄의 고소취소, ⑥ 반의사불벌죄에서 피해자의 처벌 불희망 등의 사유가 있으면, 각각 판결로서 공소기각을 선고하여야 한다.

마. 공소기각의 결정

① 공소가 취소되었을 때, ② 피고인이 사망하거나 또는 피고인인 법인이 존속하지 아니하게 된 때, ③ 동일 사건이 수 개의 법원에 이중 계속되어 어느 한 법원이 심판하게 되었을 때, 나머지 법원의 경우, ④ 공소사실이 진실하다 하더라도 범죄가 될 만한 사실이 포함되지 아니한 때에는, 공소기각의 결정을 하여야 한다.

바. 관할위반의 판결

사건이 수소법원의 관할에 속하지 아니할 때에는 판결로써 관할위반의 선고를 하여야 한다.

원래 관할은 법원의 직권조사사항이므로 사물관할, 심급관할 등을 법원이 조사하여 사물관할, 심급관할 등을 법원이 조사하여 사물관할, 심급관할이 없으면 관할위반의 판결을 하고, 토지관할이 없으면 피고인이 피고사건에 대한 진술하기 전에 관할위반의 신청을 한 때에 한하여 관할위반의 판결을 하게 된다. 관할위반의 판결이 선고되더라도 구속영장의 효력은 상실되지 않으며, 관할법원에 재기소하는 데에도 아무런 지장이 없다.

다만 실제에 있어서는 공고권자인 검사가 심급관할에 위배한 기소를 하는 경우(공소장을 고등법원에 제출하는 경우 등)는 거의 상정하기 어렵고, 토지관할 역시 현재지 관할이 인정되는 이상, 토지관할 위반 자체가 드물뿐더러 피고인이 이를 다투지 않는 것이 보통이기 때문에 문제된 경우는 별로 없다.

문제는 사물관할 위반의 경우인데, 이 경우 중에서도 동일 법원(조직법상 의미) 내의 합의부와 단독판사 사이라면 법원에서 사건배당을 잘못한 것에 불과하므로(검사가 공소장에 공소장 수리 법원을 표시함에 있어서 '○○법원'으로만 표시할 뿐 합의, 단독의 구분은 하지 않기 때문이다), 재배당에 의하여 시정할 일이지 관할위반의 판결을 할 경우는 아니다. 그러므로 단독사건이 합의부로 잘못 배당된 경우나 합의부 사건이 단독판사에게 배당된 경우에는 재배당 요청을 하는 것이 실무례이다(이미 상당 부분 심리가 진행되었더라도 재배당할 수밖에 없는데, 물론 그 때까지의 소송행위는 그 효력에 영향이 없다).

그러나 단독판사의 관할사건이 공소장 변경에 의하여 합의부 관할로 변경된 경우(예컨대, 상해에서 상해치사로, 과실치사를 살인으로 변경한 경우)에는 사건배당의 착오에 의한 것은 아니므로, 단독판사는 관할권이 있는 합의부로 이송결정을 하여야 할 것이다.

한편, 법원은 공소가 제기된 사건에 대하여 군사법원이 재판권을 가지게 되었거나 재판권을 가졌음이 판명된 때에는 결정으로 사건을 재판권이 있는 같은 심급의 군사법원으로 이송한다. 이 경우에 이송 전에 행한 소송행위는 이송 후에도 그 효력에 영향이 없다(형소법 16조의2).

4. 재판의 선고 · 고지

가. 의 의

선고란 공판정에서 재판의 내용을 구술로 선언하는 행위이고, 고지란 선고 외의 적당한 방법으로 재판의 내용을 관계인에게 알려주는 행위이다. 따라서 후자가 전자에 비하여 훨씬 간이한 방식이라 할 수 있으므로, 형사소송법은 재판 중 가장 중요한 유형인 판결에 대하여는 반드시 선고를 거쳐 공표하도록 하고, 그 밖의 결정 · 명령에 대하여는 극소수의 예외(공판의 비공개결정은 선고하여야 한다)를 제외하고는 고지에 의하여 공표하도록 하고 있다. 고지의 방식은 재판서 등본의 송달 기타 적당한 방식에 의하면 된다.

나. 판결의 선고기일, 방식

판결의 선고는 반드시 공개하여야 하며, 공개정지사유가 있어 심리를 비공개로 한 경우라도 판결선고기일에는 공개를 정지해서는 안 된다.

변론을 종결한 기일에 판결을 선고함이 원칙이다. 특별한 사정이 있는 때에는 따로 선고기일을 지정할 수 있지만, 그 선고기일은 변론종결 후 14일 이내로 지정되어야 한다. 특히, 친고죄나 반의사불벌죄 등의 경우에 고소취하서나 합의서 등이 제출되었을 때에는 가능한 한 빠른 시일 내에 피고인을 석방하여야 할 것이고, 약식명령에 대하여 양형부당을 이유로 정식재판을 청구한 경우에는 피고인이 다시 법정에 출석하는 번거로움을 덜어주기 위하여 즉일선고를 함이 바람직하다.

판결선고기일에는 필요적 변호사건의 경우에도 변호인의 출석을 요하지 않으며 검사의 출석 없이 개정할 수 있는 점 이외에는 보통의 공판기일과 대체로 동일하다. 그러므로 피고인의 출석은 원칙적으로 필요하나, 불출석 개정이 가능한 경우에는 불출석 그대로 판결을 선고할 수 있다.

판결을 선고함에는 재판장이 판결서에 의하여 주문을 낭독하고, 이유의 요지를 설명하여야 한다. 필요한 때에는 피고인에게 적절한 훈계를 할 수 있다. 특히 유죄판결을 선고할 때에는 양형이유를 자세히 설명하여야 하며, 양형기준, 양형조건들과 선례들을 들어 상당성을 설명하고, 필요하면 법률의 내용과 규정의 취지를 설명함이 바람직하다.

5. 재판서의 경정

재판의 외부적 성립, 즉 선고 또는 고지 후 명백한 오류를 발견한 경우에 이를 시정할 수 있는가가 경정의 문제이다.

형사소송에서는 민사소송의 경우와는 달리 원칙적으로 판결선고시에 피고인 출석을 요하고, 상소기간도 선고일로부터 기산되는 등 민사소송의 경우에 비하여 공개주의, 구술주의, 공판중심주의가 훨씬 선명한 형태로 규정되어 있으므로, 경정의 문제를 고찰함에 있어서도 민사판결 경정의 경우와 달리 재판의 경정과 재판서의 경정의 문제를 구별하여야 할 것이다.

판결은 공판정에서 선고된 바에 따라 효력이 생기는 것이 원칙이라 할 것이고, 판결 선고의 중요성(민사에 비하여)에 비추어보면, 공판정에서 선고된 내용 중 판결의 실체에 관계되는 부분(전형적인 것은 주문임)에 관하여는 설령 진의대로 선고되지 않았다 하더라도(예컨대 징역 5년을 선고할 의사였는데 6년으로 잘못 선고한 경우 등) 선고된 내용대로 효력이 생길 뿐이므로, 원칙적으로 선고절차 종료 후에 선고 내용을 진의에 따라 경정함은 허용되지 않는다고 본다. 물론 선고 종료 전(주문 낭독, 이유 설명, 훈계, 상소권 고지 등을 모두 마치기 전)에 정정할 수는 있다고 보나 이는 경정이라고 할 것도 없는 것이다.

판결의 선고나 결정의 고지는 진의대로 되었는데, 재판서에는 어떤 사정으로 오기가 있는 경우에는 경정이 가능하다.

먼저 사건번호, 사건명, 피고인의 인적사항, 검사, 변호인 표시 등은 판결의 실질적 내용을 구성하는 것이 아니므로 기록 중의 표시에 의하여 오기임이 분명하면 경정결정을 할 수 있다고 할 것이다.

주문은 재판의 실질적 내용을 구성하는 것이므로 함부로 경정을 인정할 수는 없으나, 재판서 자체에 의하여 오기임이 분명하고 법원의 진의의 내용 역시 객관적으로 분명한 경우(예컨대 주문에는 형종의 표시 없이 '1년'에 처한다고 표시되었으나 이유에서는 '금고 1년'에 처한다는 기재가 있는 경우)에는 경정을 인정하는 것이 옳을 것이고, 나아가 선고 내용과 다른 주문의 판결서가 작성된 경우(예컨대 집행유예의 선고를 하였는데, 타자 과정에서 누락되어 실형의 주문이 기재된 경우)에도 재판결과 통지부나 판결초고에 의하여 선고 내용이 명백히 확인되는 이상 경정을 인정하는 것이 옳을 것이다. 또 이유도 주문과 마찬가지로 보면 될 것이다. 이상의 어느 경우는 단순한 오자, 탈자 등의 경정을 할 수 있음은 물론이다. 상소심에서도 원심 판결의 분명한 잘못은 경정할 수 있다.

경정결정은 직권 또는 검사, 피고인, 변호인의 신청에 의하여 한다.

경정결정은 판결서의 원본과 등본에 덧붙여 적어야 한다. 그러나 실제로는 덧붙여 적을 만한 여백이 없는 경우가 많으므로 덧붙여 적는 예는 거의 없으며, 따라서 경정신청서를 작성하는 것이 실무의 관례이며, 그 등본을 판결등본을 송달받은 자에게 송달하게 된다.

경정결정에 대하여는 즉시항고를 할 수 있다. 경정신청을 기각한 결정에 대하여는 불복할 수 없다고 해석된다. 경정결정이 있었다 하더라도 판결에 대하여 상소가 제기된 때에는 즉시항고를 할 수 없다.

[서식 35] 공소기각결정신청서

공소기각결정신청

사　건　20○○노○○○○ 무고

피 고 인　○ ○ ○

위 사건에 관하여 피고인은 20○○. ○. ○. 00:00경 ○○시 ○○구 ○○동 ○○○ 안전교통도로신설 공사장 공터에서 전신소각상태(분신자살)로 사망하였는바, 위 피고인에 대한 이 사건의 공소를 기각하는 결정(형사소송법 제328조)을 하여 주시기 바랍니다.

입 증 서 류

1. 사체검안서　1통

20○○. ○. ○.

위 피고인의 변호인 변호사 ○ ○ ○ (인)

○○지방법원 귀중

제2절 재 판 서

1. 재판서의 방식

재판은 법관이 작성한 재판서에 의하여야 한다. 다만 판결 이외의 재판, 즉 결정이나 명령을 함에는 재판서를 작성하지 아니하고 조서에만 기재하여 할 수 있다.

재판을 받는 사람의 표시로서 성명, 연령, 직업, 주거를 재판서에 기재하고, 법인인 때에는 그 명칭과 사무소를 기재한다. 다만 피고인의 연령 대신 주민등록번호를 괄호 안에 기재하고, 주민등록번호를 알 수 없는 때에는 성명 다음의 괄호 안에 한자성명을 병기한 후 생년월일을 기재한다. 괄호 다음에 " , "를 한 후 직업을 기재한다. 이어 주거와 등록기준지를 기재한다.

이와 같은 인적사항의 기재는 모든 재판서를 통하여 빠짐없이 행하여지지는 않고 있다. 예컨대 국선변호인선정결정에서는 피고인과 변호인의 성명만이 기재되고, 변론의 재개 · 분리 · 병합결정이나 공판기일변경명령처럼 소송지휘상 행하는 절차상의 재판에 관한 재판서에는 피고인의 성명(여러 명일 때는 ○○○ 외 ○인)만을 기재하고 있다.

주문이란 대상이 되는 사항에 관하여 법원의 의사표시 중 결론에 해당하는 것을 말하고, 이유란 주문에 이른 법률상 · 사실상의 근거를 말한다.

주문의 기재는 모든 재판서에 있어서 필수불가결한 것이나, 이유는 상소가 허용되지 않는 결정 · 명령에 있어서는 기재하지 않아도 된다.

판결서에는 위와 같은 재판서 일반의 기재사항 외에 기소한 검사와 공판에 관여한 검사의 관직, 성명과 변호인의 성명을 기재할 것이 요구된다. 기소한 검사와 공판에 관여한 검사가 같은 경우에는 검사의 성명을 기재한 다음 괄호하고 그 안에 "기소, 공판"이라고 기재하고, 기소한 검사와 공판에 관여한 검사가 다른 경우에는 기소한 검사의 성명을 기재한 다음 괄호안고 그 안에 "기소", 괄호 다음에 공판에 관여한 검사의 성명을 기재한 다음 다시 괄호하고 그 안에 "공판"이라고 기재한다.

유죄 판결의 이유는 형사소송법 제323조 제1항이 정하는 범죄될 사실, 증거의 요지와 법령의 적용 등 3개항으로 나뉘고 같은 조 제2항이 정하는 법률상 범죄의 성립을 조각하는 이유 또는 형의 가중·감면의 이유되는 사실의 진술이 있는 때에는 이를 피고인 또는 변호인의 주장에 대한 판단으로 하여 판결 이유의 적절한 부분에 기재할 수 있다. 나아가 여기에는 해당되지 않더라도 변론 중에 중요하게 다투어졌던 쟁점에 대하여도 당사자(검사·피고인 또는 변호인)의 주장에 대한 판단으로 기재하고 있는 경우가 많다. 양형기준을 벗어난 판결을 하는 경우 또는 그 밖에 양형이유의 기재가 필요하다고 인정되는 경우에는 유죄 판결서의 가장 마지막 부분에 양형이유를 기재하는 것이 관행이다.

2. 재판의 선고와 고지의 방법

판결을 선고하는 때에는 판결서 원본에 의함이 원칙이나, 변론을 종결한 기일에 판결을 선고할 때에는 판결의 선고 후에 판결서를 작성할 수 있는데, 이 경우에는 판결 선고 후 5일 내에 판결서를 작성하여야 한다.

유죄판결을 선고할 때에는 피고인에게 상소기간과 상소법원을 알려 주어야 한다(형소법 제324조는 형선고의 판결 시에만 하도록 규정하고 있으나 형면제나 선고유예 판결 시에도 이를 알려주는 것이 옳다).

3. 피고인에 대한 판결등본 송부

판결 선고 당시 구속되어 있는 피고인에 대하여 실형이 선고된 경우에는 피고인의 신청에 관계없이 판결등본을 송달한다. 피고인이 당해 사건에서는 불구속이지만 별건으로 구속되어 수감 중인 경우 또는 실형선고를 받음과 동시에 법정구속되거나 보석 또는 구속집행정지결정이 취소된 경우에도 같다.

그 외, 불구속 기소된 피고인, 약식명령, 즉결심판에 대하여 정식재판을 청구하거나 약식기소되었다가 통상회부된 피고인, 구속되었다가 보석 · 구속취소 · 구속집행정지결정 등으로 석방된 피고인, 구속 기소되었다가 형사소송법 제331조의 규정에 의하여 구속영장의 효력이 상실된 피고인 등과 같이 신체가 구금되어 있지 않는 피고인의 경우에는 피고인이 판결문 송달을 신청한 경우에 한하여 판결등본을 송달한다.

판결등본의 송달을 신청하고자 하는 피고인은 선고일로부터 7일 이내에 송달신청서를 작성하여 법원에 제출하여야 한다. 재판장은 신체가 구금되어 있지 않은 피고인에 대한 판결을 선고함에 있어 피고인의 신청이 있는 경우에만 판결등본을 송달하고, 신청을 원하는 경우에는 신청서를 작성 · 제출하여야 한다는 취지를 고지하여야 한다.

피고인의 변호인, 특별대리인, 보조인, 법정대리인, 배우자, 직계혈족, 형제자매도 판결등본의 송부를 신청할 수 있고, 고소인, 고소대리인, 고발인, 피해자, 피해자의 변호사, 배상신청인 대리인도 그 청구하는 사유를 소명하여 판결등본의 송부를 신청할 수 있다.

신체가 구금되어 있는 피고인에 대한 판결등본은 교부송달할 수 있고, 신체가 구금되어 있지 않은 피고인에 대한 판결등본은 교부송달하거나 신청서에 기재된 주소지로 발송송달할 수 있다.

상고심에서 판결을 선고한 때에는 모든 피고인에게 선고일로부터 14일 이내에 판결등본을 송달하여야 한다. 이때 판결등본이 송달불능된 경우에는 공시송달로 한다. 상소심에서 결정등본이 송달불능된 경우에도 같다.

무죄, 면소, 공고기각의 판결이 확정된 때에는 확정 당시 기록이 있는 법원은 재판서 등본과 확정증명서를 작성하여 피고인에게 송부하는 동시에 형사보상청구를 할 수 있다는 취지도 고지한다. 다만 피고인에게 재판서 등본을 이미 송달한 경우에는 재판서 등본 송달을 생략할 수 있다.

4. 집행용 판결등본 송부 완결기록의 인계

검사의 집행지휘를 요하는 재판은 그 재판의 선고 또는 고지일로부터 10일 이내에 그 재판서의 등본 또는 초본(또는 재판을 기재한 조서의 등 · 초본)을 검사에게 송부하여야 한다. 검사의 집행지휘에는 그 재판서 등본 또는 초본이 필요하기 때문이다.

집행지휘를 요하는 재판의 전형적인 것은 형을 선고(집행유예 제외)한 확정판결(형의 집행지휘를 요함)과 보석, 구속취소, 구속집행정지, 보석취소, 구속집행정지취소 등의 결정(석방 또는 재수감에 관하여 집행지휘를 요함)이다.

미확정판결(상소기간 중 또는 상속제기 후의 원심판결)은 집행지휘의 대상이 되지 않으며, 확정판결이더라도 무죄, 집행유예, 선고유예, 면소, 공소기각 등의 판결 역시 검사의 집행이란 있을 수 없다(다만, 몰수, 추징 등 부가형이 있을 때에는 집행이 필요하다).

구속 피고인에 대하여 무죄, 집행유예 등의 판결이 선고되면 선고 당일에 검사가 피고인의 석방지휘를 하게 되나, 이는 그 선고된 판결 자체의 집행지휘가 아니라 구속영장의 실효에 따른 석방지휘에 불과하므로 위 법조에 의한 판결등본 송부와 관련이 없다.

한편 법원재판사무처리규칙은 형사사건 또는 치료감호사건이 완결된 경우 담임 법원사무관 등은 지체 없이 사건기록과 재판서를 대응 검찰청에 송부하도록 규정하고 있다.

여기서 완결이라 함은 확정의 의미이며, 확정된 형사 및 치료감호사건기록과 재판서 원본은 법원에 보존하지 아니하고 대응 검찰청으로 인계하도록 한 취지이다.

이상과 같이 완결기록(판결원본 포함)은 지체 없이 검찰청에 인계하여야 하며, 판결의 등본은 3일 내에 송부하여야 하므로, 만약 완결기록을 판결선고일로부터 3일 내에 인계할 수 있다면 양자를 한꺼번에 인계 및 송부하면 될 것이나, 완결기록의 인계와 판결 등본의 송부를 함께 하여야 하는 것은 아니므로 3일 내에 완결기록의 인계가 어렵다고 하여 집행용 등본의 송부까지 늦추어서는 아니 된다. 그렇지 않으면 형 집행지휘가 불가능하게 되거나 변칙적으로 하게 되기 때문이다.

5. 재판일부확정통보

형집행의 정확과 신속을 기하기 위하여 다음과 같이 1건 수명의 피고인 중 일부 피고인에 관하여서만 형이 확정되었을 경우에는 소정 양식에 의하여 검찰청에 재판의 일부 확정통보를 하여야 한다.

① 1건 수명의 형사사건 중 일부 피고인은 상소하고, 일부 피고인은 형이 확정되었을 때, 피고인이 여러 명인 사건을 검사가 정식기소와 약식명령청구로 나누어 기소하였을 경우에도 마찬가지이다. ② 분리 심리되어 일부 피고인은 재판 계속 중이고, 일부 피고인은 형이 확정되었을 때, ③ 약식사건 중 일부 피고인은 정식재판을 청구하고, 일부 피고인은 형이 확정되었을 때, ④ 1건 수명의 형사사건 중 일부 피고인은 구공판, 일부 피고인은 구약식된 사건에서 약식명령이 확정되었을 때

집행이 필요한 형이 확정된 경우에 한하므로 무죄, 면소, 공소기각 등의 재판이 확정된 경우에는 통보할 필요가 없고, 집행유예나 선고유예가 확정된 경우에도 이미 재판결과통지에 의하여 석방지휘가 이루어지고 있으므로 다시 통보할 필요가 없다.

그 통보(통보서의 송부)는 그 형의 확정 직후에 하여야 한다.

6. 판결의 공시

형법 제58조 제2항은 피고사건에 대하여 무죄 또는 면소의 판결을 선고할 때에는 판결공시의 취지를 선고할 수 있도록 규정하고 있는바, 이 판결공시의 사무처리절차는 판결공시절차에 관한 지침(재형 83-3)에 상세히 규정되어 있다.

판결공시선고의 방식은 무죄판결시에 피고인의 명예회복을 위하여 필요하다고 인정되는 경우에는 주문 뒤에 '피고인에 대한 판결의 요지를 공시한다'고 표시하고 판결주문과 함께 이를 선고하게 되어 있다. 다만 피고인의 의사확

인이 필요하다고 인정되는 경우에는 적당한 방법으로 하되, 선고기일에 출석한 피고인에게 무죄의 주문을 낭독한 다음 의견을 물어 판결공시의 선고 여부를 결정할 수 있다.

판결공시를 하는 법원은 공시하기로 한 판결이 제1심에서 확정된 때에는 판결확정일로부터 2주일 이내에, 상급심법원에서 확정된 때에는 상급심법원으로부터 송부서를 받은 날로부터 2주일 이내에 이를 공시한다. 판결의 공시는, 판결공시를 하는 법원의 본원소재지에서 발간되는 일반 일간신문의 광고란에 판결요지를 1회 게재하고, 대법원 인터넷홈페이지를 통하여 공고하는 방법에 의함을 원칙으로 한다.

7. 재판서의 등 · 초본 작성, 청구 교부

법관이 작성한 재판서 또는 재판을 기재한 조서의 등본이나 초본은 원본에 의하여 작성함이 원칙이고, 부득이한 경우에는 등본에 의하여도 작성할 수 있으며, 피고인 및 소송관계인은 등 · 초본 교부비용을 납부하고, 재판서 또는 재판을 기재한 조서의 등본이나 초본의 교부를 청구할 수 있다.

[서식 36] 판결등본송달신청서

판결등본 송달신청서

사건번호	20○○노○○○○	죄 명	무 고
피 고 인	성 명	홍 길 동	
	주민등록번호	000000-0000000	
	송달받을 주소	○○시 ○○구 ○○로 ○○(○○동)	

위 사건 판결등본의 송달을 신청합니다.

20○○. ○. ○.

피고인 홍 길 동 (인)

○○지방법원 귀중

【접수방법 및 유의사항】

1. 판결선고 받은 당일 법정에서 송달신청서를 제출하거나 선고받은 7일 이내에 신청할 수 있다.
2. 신청서 1부를 제출한다.
3. 인지 등 비용 없음.
4. 이후는 판결등본교부신청서(인지 1,000원)에 의해 발급받을 수 있다.

[서식 37] **판결등본교부신청서**

판결등본교부신청

사 건 20○○고단○○○○ 사기

피 고 인 ○ ○ ○

위 사건에 관하여 피고인은 20○○. ○. ○. 선고한 판결문 등본 1통을 교부하여 주시기 바랍니다.

20○○. ○. ○.

위 피고인의 변호인 변호사 ○ ○ ○ (인)

○○지방법원 귀중

| 제6장 소 송 서 류 |

제1절 총 설

1. 의 의

소송서류란 피고사건 또는 피의사건에 관하여 작성되는 모든 서류를 말하는데, 이는 그 작성자에 따라 공무원이 작성하는 서류와 비공무원이 작성하는 서류로 나눌 수 있고, 또 기재 내용에 따라 의사표시의 문서(공소장, 상소장 등)와 보고서 문서(각종 조서 등)로 나눌 수도 있다.

소송서류는 공판의 개정 전에는 공익상 필요 기타 상당한 이유가 없으면 공개하지 못한다(형소법 47조).

2. 공무원이 작성하는 서류

공무원이 작성하는 서류에는 법률의 다른 규정이 없는 한 작성 연월일과 소속 공무소를 기재한 후 기명날인 또는 서명날인하고 간인하거나 이에 준하는 조치를 하여야 한다.

소속공무소의 기재는 작성 공무원의 직무집행관할과 관련하여 의미가 있다.

소속 공무소가 법원인 경우 그 법원이 합의부인 때에는 관서로서의 법원표시 외에 그 부의 명칭도 함께 표시하고 있다.

서명이란 자기의 성명을 자필하는 것을 말한다. 먹지를 사용하여 여러 장에 한꺼번에 성명을 기재하는 것도 서명으로서 유효하지만, 한 장에만 자필한 다음 복사기계로 복사하는 것은 타인도 할 수 있는 것이기 때문에 서명으로서 효력이 없다.

날인에 사용하는 인장은 원칙적으로 사인이다. 법원사무관 등에 대해서는 직인이 마련되어 있으나, 법원사무관 등이 자기의 이름으로 법원 외부에 대하여 발급하는 문서(각종 등 · 초본, 사실증명서 등)의 문서 외에는 직인을 사용할 수 있는 경우가 없다.

간인이란 하나의 서류가 여러 장의 종이로 구성되거나 여러 개의 서류를 연접하는 경우에 그 철계의 진정을 확증하기 위하여 그 철한 곳 또는 연접한 곳에 하나의 인장을 겹쳐 찍는 것을 말한다. 간인에 사용되는 인장은 서명날인에 사용한 인장과 동일한 것이어야 한다. 간인은 문서의 우측 상단부의 적당한 위치에 한다.

공무원이 서류를 작성함에는 글자를 변개하지 못한다. 변개라 함은 지우개로 지우거나 면도날로 긁거나 수정액 등의 약품을 사용하거나 「6」에 가필하여 「8」로 고치는 식으로, 고친 사실을 알 수 없게 글자를 고치는 것을 말한다. 글자를 삽입 · 삭제하거나 난 외 기재를 할 때에는 그 기재한 곳에 날인하고, 그 글자의 수를 기재하여야 하며, 삭제한 부분을 알아 볼 수 있도록 자체를 남겨야 한다.

3. 공무원이 아닌 자가 작성하는 서류

공무원 아닌 자가 작성하는 서류에는 연월일을 기재하고 기명날인하여야 하고, 다만 진술자는 조서에 서명날인하여야 하고, 증인의 선서서, 피의자신문조서에는 기명날인 또는 서명을 하여야 한다.

인장이 없으면 지장(무인)을 찍는다. 지장은 오른손 엄지손가락을 사용하는 것이 관례이며, 지문을 알아 볼 수 있도록 선명하고 크게 찍어야 하며, 오른손 엄지를 사용할 수 없는 사정이 있어 다른 손가락을 사용한 경우에는 관계 공무원이 지장 증명을 작성함에 있어서 이를 밝혀 두는 것이 바람직하다. 예컨대 '위 사람의 자인(우수 제2지)임을 확인함'의 방식이다.

4. 별지 등 다른 서면의 서류작성

문서의 작성에 있어서 본지의 기재란이 협소하여 기재하기 부적당한 경우라든가 별지의 기재를 다른 문서에도 이용하기 위하여 별지를 다수 작성하는 경우 등에는 별지를 이용하는 것이 능률적이다. 이 경우에는 본지의 해당란에 [별지와 같음] 또는 [별지 일람표 기재와 같음]이라 기재하고 별지에도 [별지] 또는 [일람표]라고 명시한 후 간인을 행함으로서 그 서류가 일체성 · 단일성을 명확히 해 두어야 한다.

문서의 작성에 있어서 다른 독립문서를 이용하는 경우가 있는데, 그 하나는 그 독립문서 자체를 새로 작성하는 문서에 첨부(편철 및 간인)하여 일체화된 문서를 만드는 경우이고, 다른 하나는 이른바 인용의 경우이다.

인용이란 독립문서는 객관적으로 독립된 상태로 두고 그 기재 내용만을 차용하는 것을 말한다.

법령이 인용을 허용하는 경우로서는 상소심 판결서에 원심 판결서의 사실과 증거의 기재를 인용하는 경우와 조서에 서면, 사진 기타 법원이 적당하다고 인정한 것을 소송기록에 첨부하여 인용하는 경우가 있고, 또 공판조서에 속기록 또는 녹취서를 인용할 수 있는 경우가 있다.

제2절 조 서

1. 의 의

형사소송에 있어 조서란 소송절차의 진행 경과와 내용을 공증하기 위하여 소송법상의 기관이 작성하는 피고인신문조서, 공판조서, 감정 · 통역인 신문조서, 검증조서, 압수수색조서, 심문조서 등의 공문서를 말한다.

조서에는 수사기관이 작성하는 조서와 법원에서 작성하는 조서 두 가지가 있다.

2. 공판조서

공판조서란 공판기일의 소송절차가 법정의 방식에 따라 적법하게 행하여졌는지 여부를 인증하기 위하여 법원사무관 등이 공판기일의 소송절차의 경과를 기술하는 조서를 말한다. 공판기일의 소송절차로서 공판조서에 기재된 것은 그 조서만으로 증명하며, 다른 반대자료에 의한 반증이 허용되지 않는 절대적인 증명력이 있다.

공판조서에는 당해 공판에 참여한 법원사무관 등이 작성한다. 두 명 이상의 법원사무관 등이 동시에 참여한 때는 공동으로 작성하여 기명날인 또는 서명하여야 한다. 또 한 사건의 동일 공판기일에 두 명 이상의 법원사무관 등이 순차로 교대하여 참여한 때에는 각자 자기가 참여한 부분을 분담하여 기재하되 교대한 사실과 시기를 조서에 명시하고 전원이 기명날인 또는 서명하여야 한다. 다만, 이때 작성된 조서에 대한 간인은 그중 한 사람이 하여도 무방하다.

공판조서는 기본 되는 공판조서(이하 "기본조서"라고 한다) 외에 증인 등의 신문조서와 증거목록 등 세 부분으로 구성된다. 조서 열람의 편의를 위하여 증인신문조서, 감정인신문조서, 통역인신문조서, 번역인신문조서는 공판조서의 일부로서 각 진술자마다 별지 조서를 작성하여야 하므로 그 부분의 기재는 기본조서로부터 분리된다. 또 형사공판조서 중 증거조사부분의 목록화에 관한 예규(재형 2003-2)에 따라 서증의 제출, 의견진술, 증거조사 등 부분과 서증 아닌 증거의 신청, 채부, 증거조사, 기일지정 및 시행기일 등의 내용이 목록화되어 기본조서로부터 분리된다.

이 중 증인 등의 신문조서는 각 기일의 기본조서에 첨부하여 간인을 하고 기본조서에는 "출석한 증인(또는 감정인, 통역인, 번역인) 별지와 같이 신문"라고 기재하여 일체성을 부여하며, 증거목록은 기록의 첫 부분에 철하여 일괄 기재하고(따라서 기본조서와의 간인은 불가능하다), 기본조서에는 "증거 관계 별지와 같음"이라 기재하여 일체성을 부여하고 있다.

공판조서의 기재요건은 다음과 같다.

가. 형식적 기재사항

- 공판을 행한 일시와 법원(1호)
- 법관, 검사, 법원사무관 등의 관직, 성명(2호) 및 검사의 출석 여부
- 피고인, 대리인, 대표자, 변호인, 보조인, 통역인의 성명(3호) 및 그들의 출석 여부(피고인에 관하여는 4호)
- 공개의 여부와 공개를 금한 때에는 그 이유(5호)

- 사건번호와 사건명
- 공판기일의 회수
- 신문 예정된 증인, 감정인, 번역인의 성명 및 출석 여부를 기재하도록 되어 있으며,

나. 실질적 기재사항

- 공소사실의 진술 또는 공소장 변경서면의 낭독(6호)
- 피고인에게 그 권리를 보호함에 필요한 진술의 기회를 준 사실과 그 진술한 사실(7호)
- 피고인, 증인, 감정인, 통역인 또는 번역인의 진술 및 선서(피고인 제외)하지 아니한 때에는 그 사유(8호, 형소법 48조 2항)
- 증거조사를 한 때에는 증거될 서류, 증거물과 증거조사의 방법(9호)
- 공판정에서 행한 검증 또는 압수(8호)
- 변론의 요지(11호)
- 재판장이 기재를 명한 사항 또는 소송관계인의 청구에 의하여 기재를 허가된 사항(12호)
- 피고인 또는 변호인에게 최종 진술할 기회를 준 사실과 그 진술한 사실(13호)
- 판결 기타의 재판을 선고 또는 고지한 사실(14호)을 기재하도록 규정되어 있다.

공판조서는 법원사무관 등이 공판조서를 작성하여 그 조서 말미에 기명날인 또는 서명한 다음 그 기재의 정확성을 인증하기 위하여 재판장이 기명날인 또는 서명을 받는 것을 말한다. 따라서 작성과 정리와는 별개의 개념이며, 공판조서가 작성되었다 하더라도 아직 정리되지 않는 단계에서는 소송관계인의 열람 · 복사 신청이 있어도 법원은 이에 응할 수 없다.
공판조서의 정리는 조서의 말미에 작성자인 법원사무관 등이 기명날인 또는 서명한 다음 재판장이 그 다음 줄에 기명날인 또는 서명함으로서 행한다. 재판장이 기명날인 또는 서명할 수 없는 때에는 다른 법관이 그 사유를 부기하고 기명날인 또는 서명하며, 법관 전원(단독판사의 경우 포함)이 기명날

인 또는 서명할 수 없는 때에는 작성자인 법원사무관 등이 그 사유를 부기하고 기명날인 또는 서명한다. 법원사무관 등이 기명날인 또는 서명할 수 없는 때에는 재판장 또는 다른 법관이 그 사유를 부기하고 기명날인 또는 서명한다.

공판조서의 정리는 각 공판기일 후 신속히 마쳐야 하며, 다음 회의 공판기일에 있어서는 전회의 공판심리에 관한 주요사항의 요지를 조서에 의하여 고지하여야 하므로 원칙적으로 다음 공판기일까지는 정리를 하여야 할 것이나, 다음 회의 공판기일까지 전회의 공판조서가 정리되지 아니한 때에는 조서에 의하지 아니하고 고지할 수 있다.

공판조서에 피고인, 증인, 감정인, 통역인, 번역인의 진술을 기재한 경우에는 공판 외에서의 절차에 관한 조서의 경우와 달리, 진술자에게 반드시 읽어주거나 열람하게 하여 기재내용의 정확 여부를 묻거나 진술자의 간인 및 서명날인을 받을 필요는 없다.

단지 그 진술자의 청구가 있는 때에 한하여 그 진술 기재 부분을 읽어주면 되고, 이를 들은 진술자가 증감 · 변경의 청구를 한 때에는 그 청구 내용을 공판조서에 기재하여야 한다.

다음 회의 공판기일에는 재판장의 전회 공판심리에 관한 주요사항의 요지를 조서에 의하여 고지하여야 하는데, 다음 회의 공판기일까지 전회의 공판조서가 정리되지 아니한 때에는 조서에 의하지 아니하고 고지할 수 있다.

이 경우 검사 · 피고인 또는 변호인은 공판조서의 기재에 대하여 변경을 청구하거나 이의를 제기할 수 있으며, 이러한 변경청구나 이의제기 시에는 그 취지와 이에 대한 재판상의 의견을 기재한 조서를 당해 공판조서에 첨부하여야 한다.

3. 속기 · 녹음 · 영상녹화

법원은 검사 · 피고인 또는 변호인의 신청이 있는 때에는 특별한 사정이 없는 한 공판정에서의 심리의 전부 또는 일부를 속기사로 하여금 속기하게 하거나 녹음장치 또는 영상녹화장치를 사용하여 녹음 또는 영상녹화(녹음이 포함된 것을 말한다. 이하 같다)하여야 한다. 법원은 필요하다고 인정하는 때에는 직권으로 이를 명할 수 있다.

속기나 녹음 또는 영상녹화의 신청은 공판기일 1주일 전까지 하여야 하지만, 지정된 공판기일부터 1주일이 남지 않는 시점에서 공판기일 지정의 통지가 있는 경우에는 통지받은 다음날까지 신청할 수 있다.

속기가 녹음 또는 영상녹화의 신청이 있음에도 불구하고 특별한 사정이 있는 경우에는 이를 시행하지 않거나 신청하는 것과 다른 방법으로 속기, 녹음 또는 영상녹화를 할 수 있도록 하되, 재판장이 공판기일에 그 취지를 고지하도록 하였다.

속기나 녹음 또는 영상녹화를 할 수 없는 '특별한 사정'이 있는지 여부의 판단은 법원에 맡겨져 있고 당사자가 신청한 방법에 반드시 구속되는 것은 아니다. 따라서 법원은 당사자의 신청이 있는 경우 이를 허용하지 아니할 특별한 사정이 없는 한 속기나 녹음 또는 영상녹화의 방법 중 가장 유효적절한 방법을 선택할 수 있다.

4. 공판 외의 조서

공판 외의 절차에 관한 조서에는 ① 공판 외에서의 피고인, 증인, 감정인, 통역인, 번역인에 대한 신문 결과를 기재하는 각종 신문조서와, ② 공판 외에서의 검증, 압수 · 수색결과를 기재하는 조서, ③ 결정 · 명령을 위한 사실조사로서 심문을 행한 경우 그 결과를 기재하는 심문조서 등 세 종류로 나눌 수 있다.

이들 조서의 작성방식은 위에서 설명한 공판조서와 대개 유사하나, 공판절차에 관한 조서가 아니라는 점에서 약간의 차이가 있다. 그 차이는 첫째는 형식적 기재사항에 관한 것이고, 그 둘째는 신문조서에 있어서 공판조서보다 훨씬 강력한 정확성 확보절차가 마련되어 있다는 것이다.

조서에 기재할 사항은 사건번호와 사건명을 기재하고 절차를 주재한 법관(영장에 의한 압수 · 수색의 경우는 제외)과 법원사무관 등의 관직 · 성명을 기재하며, 조서의 작성 연월일을 기재하고 재판장 또는 법관(압수 · 수색의 경우는 제외)과 법원사무관 등이 기명날인 또는 서명하여야 함은 공판조서의 경우와 동일하다. 그 외 공판조서와 다른 점은 다음과 같다.

① 조사 또는 처분(즉 신문이나 검증, 압수, 수색 등)을 행한 연월일시와 장소를 기재하여야 한다.

② 참여자의 성명을 기재한다. 여기서 참여자란 함은 법원사무관 등을 가리키는 것이 아니라, 검사 · 피고인 또는 변호인 중 당해 신문 또는 검증, 압수 · 수색에 참여한 다른 자 또는 검증, 압수 · 수색에 참여한 다른 자를 가리키는 것이다.

공판조서에 있어서는 검사 · 피고인 또는 변호인 등의 성명을 기재하고 그 출석 여부를 명시하여야 하는 것과 달리, 공판 외의 조서에 있어서는 실제 참여(출석)한 자만을 기재하면 되고, 참여하지 않은 자는 기재할 필요가 없다.

5. 구술신청조서

법원 또는 판사에 대한 신청 기타의 진술은 법이나 규칙에 특별한 규정이 없는 한 구술로도 할 수 있는데, 이 구술신청 등이 있으면 법원사무관 등이 이를 접수하여 그 취지를 조서에 기재하고 기명날인하여야 한다.

| 제7장 송 달 |

제1절 의 의

소송상의 서류내용을 법정의 방식에 따라서 당사자인 피고인, 대리인, 대표자, 변호인 또는 보조인 등 이해관계인에게 통지하여 수사 및 공판절차에 있어 그 취지 등을 알려주기 위한 목적으로 하여 재판권의 한 작용으로서 행하여지는 명령적 및 공증적 행위를 말한다.

제2절 송달장소의 신고 및 송달방법

형사소송에 있어 피고인 및 대리인, 대표자 및 변호인 및 보조인은 수사기관의 수사절차에서 이미 송달받을 주소를 신고하고 있다.
그러나 피고인, 대리인, 대표자, 변호인 또는 보조인이 법률소재지에 서류의 송달을 받을 수 있는 주거 또는 사무소를 두지 아니한 때에는 법원소재지에 주거 또는 사무소가 있는 자를 송달영수인으로 선임하여 연명한 서면으로 신고하도록 규정되어 있다.
송달영수인은 송달에 관하여 본인으로 간주하고 그 주거 또는 사무소는 본인의 주거 또는 사무소로 간주하며, 송달영수인의 선임은 같은 지역에 있는 각 심급 법원에 대하여 효력이 있다.
다만, 이 규정은 신체구속을 당한 자에게 적용하지 아니한다.
주거, 사무소 또는 송달영수인의 선임을 신고하여야 할 자가 그 신청을 하지 아니하는 때에는 법원의 서기관 또는 서기는 서류를 우편에 부치거나 기타 적당한 방법에 의하여 송달할 수 있고, 서류를 우편에 부친 경우에는 도달된 것으로 간주한다.
검사에 대한 송달은 서류를 소속검찰청에 송부하여야 한다.

제3절 공시송달

피고인의 주거, 사무소와 현재지를 알 수 없는 때에는 공시송달을 할 수 있다. 피고인이 재판권을 미치지 아니하는 장소에 있는 경우에 다른 방법으로 송달할 수 없는 경우에도 위와 같다.

공시송달은 대법원규칙이 정하는 바에 의하여 법원이 명한 때에 한하여 할 수 있으며, 법원사무관 등이 송달할 서류를 보관하고 그 사유를 법원게시장에 공시하여야 한다.

법원은 전항의 사유를 관보나 신문지상에 공고할 것을 명할 수 있으며, 최초의 공시송달은 공시를 한 날로부터 2주일이 경과하면 그 효력이 생긴다. 다만, 제2회의 공시송달은 5일을 경과하면 그 효력이 있다.

[서식 38] 공판조서낭독청구서

공판조서낭독청구

사 건 20○○고합○○○○ 강도상해

피 고 인 ○ ○ ○

위 사건에 관하여 피고인은 차회 공판의 변론준비를 하고자 하나 문맹자인 관계로 조서를 읽지 못하므로 다음 조서에 대한 낭독을 하여 주시기 바랍니다.

다 음

증인 ○○○의 신문조서(20○○. ○. ○.자 신문)

20○○. ○. ○.

위 청구인(피고인) ○ ○ ○ (인)

○○지방법원 귀중

[서식 39] 공판조서녹취허가청구서

공판조서녹취허가청구

사 건 20○○고단○○○호 사기

피 고 인 ○ ○ ○

위 사건에 관하여 증인 ○○○의 신문에 있어서 그 내용을 전부 속기자(또는 녹음장치의 사용)로 하여금 필기(녹취)하도록 허가하여 주시기 바랍니다.

20○○. ○. ○.

위 피고인 ○ ○ ○ (인)

○○지방법원 귀중

[서식 40] 공판조서등본교부신청서

공판조서등본교부신청

사 건 20○○고합○○○호 명예훼손

피 고 인 ○ ○ ○

위 사건에 관하여 피고인은 다음 번 공판에 참고하고자 하오니 아래 공판조서의 등본을 신청하오니 교부하여 주시기 바랍니다.

아　　　래

1. 제2회 공판조서(20○○. ○. ○.)

20○○. ○. ○.

위 피고인 ○ ○ ○ (인)

○○지방법원 귀중

[서식 41] 공판조서열람청구서

공 판 조 서 열 람 청 구

사　　건　　20○○고단○○○호 강도상해

피 고 인　　○ ○ ○

위 사건에 관하여 피고인은(또는 피고인의 변호인은) 다음 번 공판의 변론준비를 위하여 공판조서의 열람을 청구합니다.

20○○. ○. ○.

위 피고인 ○ ○ ○ (인)

○○지방법원 귀중

[서식 42] 송달영수인선임신고서

송달영수인선임신고

사　　건　　20○○고단○○○○　사기

피 고 인　　○　○　○

위 사건에 관하여 다음 사람을 송달영수인으로 선임하였으므로 신고합니다.

다　　　음

송달영수인　성　명 : ○　○　○
　　　　　　주　거 : ○○시 ○○구 ○○로 ○○(○○동)

20○○.　○.　○.

위 피고인의 변호인 변호사　○　○　○　(인)

○○지방법원　귀중

[서식 43] 송달영수인선정신고서

송달영수인선정신고서

사　　건　　20○○고합○○○호　사기

피 고 인　　○　○　○

위 사건에 관하여 다음 사람을 송달영수인으로 선임하였으므로 신고합니다.

다　　　음

송 달 장 소 : ○○시 ○○구 ○○로 ○○(○○동)

송달영수인 : ○ ○ ○

20○○. ○. ○.

위 피 고 인 ○ ○ ○ (인)
송달영수인 ○ ○ ○ (인)

○○지방법원 귀중

[서식 44] 주거신고서

주 거 신 고

사 건 20○○고단○○○○ 사기
피 고 인 ○ ○ ○

위 사건에 관하여 피고인은 공판에 관한 서류송달을 받기 위하여 다음과 같이 주거를 신고합니다.

다 음

주 거 : ○○시 ○○구 ○○로 ○○(○○동)

20○○. ○. ○.

위 피고인 ○ ○ ○ (인)

○○지방법원 귀중

[서식 45] 주소보정서

주 소 보 정 서

사　　건　　20○○고단○○○호 상해

피 고 인　　○　○　○

위 사건에 관하여 피고인의 주소가 변경되었기에 아래와 같이 보정합니다.

아　　래

변경된 주소 : ○○시 ○○구 ○○로 ○○(○○동)

첨 부 서 류

1. 주민등록초본　　　　1통

20○○. ○. ○.

피고인 ○　○　○ (인)

○○법원 ○○지원 귀중

제8장 기 간

제1절 의 의

기간이란 어느 시점에서 다른 시점까지 계속되는 시간의 흐름을 나타내는 것으로서 특정 시점을 가리키는 기일과는 구별된다.

제2절 기간의 계산

형사소송법상 기간의 계산에 관하여는 시로써 계산하는 것은 즉시부터 기산하고, 일, 월 또는 년으로서 계산하는 것은 초일을 산입하지 아니하나 시효와 구속기간의 초일은 시간을 계산함이 없이 1일로 산정하고, 년 또는 월로써 정한 기간은 역수에 따라 산정하며, 기간의 말일이 공휴일에 해당하는 날은 기간에 산입하지 아니하나, 다만 시효와 구속의 기간에 관하여서는 예외로 한다.

형법상 시효나 형기 등의 기간이 있으며, 그 기간의 계산은 연 또는 월로서 정한 기간은 역수에 의하여 계산하는데 역수에 의한 계산은 중간의 일, 시, 분, 초를 정산하지 아니하고, 월, 년을 단위로 하여 계산함을 말한다.

이 방법에 의할 경우 평년, 윤년, 월의 대 · 소에 의한 차이가 있다.

제3절 법정기간

소송법상 기간에는 법정기간과 재정기간이 있는데 법정기간은 기간의 길이가 법률에 의해 정해져 있는 것이고, 재정기간은 재판에 의해 정해진 것이다. 법정기간은 또 불변기간과 통상기간으로 분류되며, 통상기간이 법원이 재량으로 기간을 신장, 단축할 수 있는데 비해 불변기간은 법원이 임의로 신축할 수 없다.
단, 불변기간에 대한 법원은 주소 또는 거소가 원거리에 있는 자를 위해 부가기간을 정할 수 있고, 당사자가 그 책임 없는 사유로 인해 불변기간을 준수할 수 없었던 경우에는 그 사유가 없어진 후 2주일 내에 해태된 소송행위를 추완할 수 있다.

제4절 법정기간의 연장

법정기간은 소송행위를 한 자는 주거 또는 사무소의 소재지와 법원 또는 검찰청 소재지와의 거리에 따라 해 · 육로 30km마다 1일을 가한다.
그 거리의 전부 또는 잔여가 30km 미만일 지라도 10km 이상이면 1일을 가하며, 외국 또는 특히 교통이 불편한 지역에 있는 자를 위하여 대법원규칙으로 위와 같은 규정에도 불구하고 적당한 기간을 정할 수 있다.

| 제9장 인신구속제도 |

제1절 체포와 구속

1. 체포제도

가. 의 의

체포는 수사단계에서 죄를 범하였다고 의심할 만한 상당한 이유가 있는 피의자를 단기간 수사관서 등에 인치하는 제도이다. 특정인의 신체의 자유를 억압하는 강제처분이라는 점에서는 구속과 같으나, 그 기간이 48시간 이내(형소법 200조의2 5항, 200조의4 1항, 213조의2)로서 비교적 단기간이라는 점, 요건이 비교적 완화되어 있다는 점, 영장에 의하지 아니한 체포가 가능하다는 점 및 영장실질심사제도의 적용이 없는 점에서 구속과 구별된다. 다만, 체포기간은 구속기간에 산입한다(형소법 203조의2).

체포는 형사소송법상 체포영장에 의한 체포, 긴급체포, 현행범인 체포의 세 가지로 구분되며 요건이나 영장의 요부 등에서 서로 다르다.

나. 체포영장에 의한 체포

(1) 피의자가 죄를 범하였다고 의심한 말한 상당한 이유가 있고, 정당한 이유 없이 검사 또는 사법경찰관의 출석요구(형소법 200조)에 응하지 아니하거나 응하지 아니할 우려가 있는 때에는, 판사로부터 체포영장을 발부받아 피의자를 체포할 수 있고, 48시간 이내에 구속영장을 청구하지 아니하는 경우에는 즉시 석방한다(형소법 200조의2 1항, 5항).

(2) 죄를 범하였다고 의심할 만한 상당한 이유가 있을 것

특정한 범죄의 존재 및 그 범죄와 특정 피의자를 연결할 수 있는 객관적이고 합리적인 혐의가 존재하는 것을 말한다. 아직 수사단계인 점을 고려하면 유죄판결을 할 수 있는 정도라거나 공소를 제기할 수 있는 정도에까지 이를

필요는 없으나, 증거자료가 뒷받침되는 객관적 · 합리적인 것이어야 한다. 구속사유인 도망이나 증거인멸의 우려까지 있어야 하는 것은 아니다.

(3) 정당한 이유 없이 검사 또는 사법경찰관의 출석요구에 응하지 아니하거나 응하지 아니할 우려가 있을 것

피의자의 1회만의 출석요구 불응을 가지고 체포사유가 있다고 판단하여서는 아니 되고, 이 경우에도 정당한 이유 없이 출석요구에 불응하였는지 여부를 구체적 사건에 따라 여러 가지 종합적으로 고려하여 판단하여야 한다.

다액 50만원 이하의 벌금, 구류 또는 과료에 해당하는 사건은 피의자가 일정한 주거가 없거나 정당한 이유 없이 출석요구에 응하지 아니한 경우에 한한다(형소법 200조의2 1항 단서).

(4) 검사의 체포영장 청구를 받은 판사는 상당하다고 인정할 때에는 체포영장을 발부하여야 하여, 이때 피의자에 대한 신문을 요하지 아니하고, 형사소송규칙 제24조의 규정에 따라 필요한 사실의 조사를 하는 경우에도 체포영장청구사건의 신속성과 밀행성에 반하지 아니하는 범위 내에서 하여야 한다(구속예규 13조). 체포의 사유가 인정되더라도 명백히 체포의 필요가 인정되지 아니하는 경우에는 체포영장의 청구를 기각하여야 한다(형소법 200조의 2 2항 단서). 판사는 형사소송규칙 제96조2에 따라 체포의 필요를 판단함에 있어서는 피의자의 연령, 신분, 직업, 경력, 가족상황, 교우관계, 질병, 방랑성, 주벽, 전과, 집행유예기간 중인 여부, 자수 및 합의 여부 등 개인적인 사정 내지 정상과 범죄의 경중, 태양, 동기, 횟수, 수법, 규모, 결과 등 형법 제51조가 정한 양형조건 등 제반 사정을 종합적으로 고려하여야 한다(구속예규 16조 1항).

(5) 일반적으로 영장의 유효기간은 7일이나(형소규 178조), 지명수배자에 대한 체포영장의 유효기간은 원칙적으로 공소시효만료일까지로 정하되 상당한 이유가 있는 경우에는 그 보다 짧은 기간으로 정할 수 있다(구속예규 18조 1항).

(6) 체포영장의 청구가 있는 경우 청구서의 방식에 현저히 위배되어 검사에게

그 보정을 요구하였으나 상당한 시간 내에 그 보정을 하지 아니하거나 보정에도 불구하고 흠이 치유되지 아니한 경우, 체포의 사유에 대한 소명이 부족한 경우, 체포의 사유에 대한 소명이 충분하여도 명백히 체포의 필요가 인정되지 아니한 경우, 체포를 함에 있어 다른 법률에 정한 동의가 있어야 하는데 그 동의안이 부결된 경우 및 수사기관이 체포영장 청구 이전에 피의자를 동행하였는데, 그 동행을 요구한 시간, 장소, 방법 및 동행의 필요성, 동행 후의 조사시간, 거절하고 돌아올 수 있는 상태에 있었는지 여부 등 제반 사정을 종합하여 고려할 때 피의자가 이미 사실상 체포의 상태에 있다고 인정되는 경우 등에는 그 청구를 기각하여야 할 것이다.

(7) 체포한 피의자를 구속하고자 할 때에는 체포한 때로부터 48시간 이내에 구속영장을 청구하여야 하며, 그 기간 내에 구속영장을 청구하지 아니한 때에는 피의자를 즉시 석방하여야 한다(형소법 200조의2 5항).

다. 긴급체포

(1) 피의자가 사형 · 무기 또는 장기 3년 이상의 징역이나 금고에 해당하는 죄를 범하였다고 의심할 만한 상당한 이유가 있고 증거인멸의 염려가 있거나 도망 또는 도망의 우려가 있는 경우 긴급을 요하여 지방법원 판사의 체포영장을 발부받을 수 없는 때에는 영장 없이 피의자를 체포할 수 있다(형소법 200조의3 1항). 긴급체포의 요건을 갖추었는지 여부는 사후에 밝혀진 사정을 기초로 판단하는 것이 아니라 체포 당시의 상황을 기초로 판단하여야 한다.

(2) 수사기관이 피의자를 긴급체포한 경우에는 즉시 긴급체포서를 작성하여야 하고(형소법 200조의3 3항), 사법경찰관이 긴급체포를 한 경우에는 즉시 검사의 승인을 받아야 한다(형소법 200의3 2항). 수사기관이 피의자를 긴급체포한 경우에 그 피의자를 구속하고자 할 때에는 지체 없이 구속영장을 청구하여야 하고, 체포한 때부터 48시간 이내에 구속영장을 청구하지 아니하거나 발부받지 못한 경우에는 즉시 석방하여야 한다(형소법 200조의4 1항, 2항). 긴급체포되었으나 구속영장을 청구하지 아니하거나 구속영장을 발부받지 못하여 석방된 자는 영장 없이는 동일한 범죄사실에 관하여 다시 체포하지

못한다(형소법 200조의4 3항).

(3) 수사기관이 긴급체포한 피의자를 구속영장을 청구하지 아니하고 석방한 경우에는 검사가 30일 이내에 서면으로 ① 긴급체포 후 석방된 자의 인적 사항 ② 긴급체포의 일시·장소와 긴급체포하게 된 구체적 이유 ③ 석방의 일시·장소 및 사유 ④ 긴급체포 및 석방한 검사 또는 사법경찰관의 성명 등을 법원에 통지하여야 하고, 이 경우 긴급체포서의 사본을 첨부하여야 한다(형소법 200조의4 4항). 사법경찰관이 긴급체포한 피의자에 대하여 구속영장을 신청하지 아니하고 석방한 경우에는 즉시 검사에게 보고하여야 한다(형소법 200조의4 6항).

라. 현행범인 체포

(1) 범죄의 실행 중이거나 실행의 즉후인 현행범인은 누구든지 영장 없이 체포할 수 있다(형소법 211조, 212조). 현행범인으로 체포된 피의자를 구속하고자 할 때에는 체포한 때부터 48시간 이내에 구속영장을 청구하여야 하며, 그 기간 내에 구속영장을 청구하지 아니하거나 발부받지 못한 때에는 피의자를 즉시 석방하여야 함은 체포영장 및 긴급체포의 경우와 같다.

(2) 범인으로 호칭되어 추적되고 있는 자, 장물이나 범죄에 사용하였다고 인정함에 충분한 흉기 기타 물건을 소지하고 있는 자, 신체 또는 의복류에 현저한 증적이 있는 자, 누구임을 물음에 도망하려 하는 자는 현행범인으로 간주한다(형소법 211조 2항).

(3) 다액 50만원 이하의 벌금, 구류 또는 과료에 해당하는 죄의 현행범인에 대하여는 범인의 주거가 분명하지 아니한 때에 한하여 현행범인으로 체포할 수 있다(형소법 214조).

2. 구속제도

가. 의 의

구속이란 구인과 구금을 포함한다(형소법 69조). 구인이란 특정인을 강제력에 의하여 특정장소로 데려가는 것을 말하고, 구금이란 특정인을 강제력에 의하여 특정장소에 머물러 있게 하고 그의 의사에 따른 장소적 이동을 금하는 것을 말한다.

따라서 구속영장은 그 용도에 따라 구인영장과 구금영장으로 나누어 볼 수 있고, 구금영장으로는 구인을 할 수 있으나 구인영장으로는 피의자를 구금할 수 없다.

나. 구속영장실질심사

(1) 담당법관

구속영장청구에 대한 심사는 지방법원 또는 지원의 장이 정하는 전담법관(영장전담판사)이 담당한다(형소규 96조의5). 이러한 영장전담판사는 경력이 풍부한 판사 중에서 1인 이상 지정되어야 하고, 영장전담판사의 사무분담기간은 특별할 사정이 없는 한 6개월 이상으로 하나, 구속영장청구사건의 수, 판사의 수 및 사무분담상의 곤란 등으로 인하여 지정할 수 없는 경우에는 이를 지정하지 아니할 수 있다(구속예규 6조).

(2) 필요적 심문

체포된 피의자에 대하여 구속영장을 청구받은 판사는 지체 없이 피의자를 심문하여야 한다(형소법 201조의2 1항). 미체포 피의자의 경우에도 피의자가 도망하는 등의 사유로 심문할 수 없는 경우 외에는 심문을 하여야 한다(형소법 201조의12 2항).

(3) 국선변호인의 선정

심문할 피의자에게 변호인에게 변호인이 없는 때에는 직권으로 국선변호인을 선정하여야 하고, 이 경우 국선변호인의 선정은 피의자에 대한 구속영장청구가 기각되어 효력이 소멸한 경우를 제외하고는 제1심까지 효력이 있다(형소법 201조의2 8항). 또한 국선변호인의 사정 그 밖의 사유로 국선변호인 선정결정이 취소되어 국선변호인이 없게 된 때에는 직권으로 국선변호인을 다시 선정할 수 있다(형소법 201조의2 9항).

(4) 심문기일의 지정

체포된 피의자에 대한 심문은 특별한 사정이 없는 한 구속영장이 청구된 날의 다음날까지 이루어져야 한다(형소법 201조의2 1항 후문). 다만, 심문기일을 지정함에 있어 심문의 준비와 호송에 소요되는 시간, 변호인의 소명자료 열람 및 피의자 접견에 소요되는 시간을 충분히 고려하여야 한다(구속예규 27조 2항).

(5) 심문장소의 지정

피의자심문은 대기실이 부속된 법정, 심문실 또는 판사실에서 한다. 다만, 피의자가 출석을 거부한다는 취지 및 사유를 기재한 서면이 제출된 경우 또는 공동피의자가 여러 명인 경우 등 필요하다고 인정하는 때에는 법원의 장의 허가를 얻어 법원 외의 장소에서 피의자심문을 할 수 있다(형소규 96조의15, 구속예규 43조).

(6) 심문기일 및 심문장소의 통지

판사는 체포된 피의자에 대하여는 구속영장의 청구를 받은 즉시, 미체포 피의자에 대하여는 피의자를 인치한 후 즉시 검사, 피의자 및 변호인에게 심문기일과 장소를 통지하여야 한다(형소법 201조의2 3항).

(7) 심문절차

판사는 피의자심문을 함에 있어 공범의 분리심문 기타 수사상의 비밀보호를 위하여 필요한 조치를 하여야 하므로(형소법 201조의2 5항), 피의자에 대한 심문절차는 비공개를 원칙으로 하고, 다만 상당하다고 인정하는 경우에는 피의자의 친족, 피해자 등 이해관계인의 방청을 허가할 수 있다(형소규 96조의14). 따라서 판사는 심문장소에 공범 기타 다른 피의자가 재정 또는 재실하게 하여서는 아니 된다. 다만 여러 명의 피의자를 함께 심문하여도 수사기밀이 누설될 염려가 없는 등 필요하다고 인정하는 때에는 그러하지 아니하다(구속예규 344조 1항).

판사는 먼저 일체의 진술을 하지 아니하거나 개개의 질문에 대하여 진술을 거부할 수 있으며, 이익되는 사실을 진술할 수 있음을 알려 준 다음, 인정심문을 하고 나서 피의자에게 구속영장청구서에 기재된 범죄사실의 요지를 고지하고 구속 여부를 판단하기 위하여 필요한 사항에 관하여 신속하고 간결하게 심문하여야 하며, 다만 증거인멸 또는 도망의 염려를 판단하기 위하여 필요한 때에는 피의자의 경력, 가족관계나 교우관계 등 개인적인 사항에 관하여 심문할 수 있다(형소규 96조의16 2항). 또한, 판사는 필요하다고 인정하는 때에는 심문장소에 출석한 피해자 그 밖의 제3자를 심문할 수 있다(형소규 96조의16 5항).

검사와 변호인은 판사의 심문이 끝난 후 의견을 진술할 수 있고, 필요한 경우에는 판사의 심문 도중에도 판사의 허가를 얻어 의견을 진술할 수 있다(형소규 96조의16 3항). 피의자의 법정대리인, 배우자, 직계친족, 형제자매나 가족, 동거인 또는 고용주는 판사의 허가를 얻어 사건에 관한 의견을 진술할 수 있다(형소규 96조의16 6항).

(8) 구속기간 불산입

피의자심문을 하는 경우 법원이 구속영장청구서 · 수사관계서류 및 증거물을 접수한 날부터 구속영장을 발부하여 검찰청에 반환한 날까지의 기간을 수사기관의 구속기간에 산입하지 아니한다(형소법 201조의2 7항). 따라서 체포된 피의자에 대하여 피의자신문을 한 경우 법원사무관 등은 구속영장에 구속영장청구서 등을 접수한 시각과 반환한 시각을 기재하여야 한다(형소규 96조의18 본문). 미체포 피의자의 경우에는 구인된 때로부터 구속기간이 진행되므로(형소법 203조의2) 구속영장청구서 등을 접수한 시각은 아무런 의미가 없어 피의자심문을 한 경우 구속영장에 그 접수 시각은 기재하지 않고 반환 시각을 기재한다(형소규 96조의18 단서).

(9) 미체포 피의자에 대한 구인영장이 집행불능이 된 경우

구인영장이 집행불능이 되어 반환된 경우에 ① 피의자가 도망하는 등 사유로 심문할 수 없다고 인정되는 때에는 다시 구인영장을 발부하지 않고 곧바로 구속영장 발부 여부를 결정하여야 하고, ② 피의자가 도망하였는지 여부 등이 명확하게 밝혀지지 아니한 때에는 유효기간이 7일로 된 구인영장을 다시 발부한다(구속예규 41조 1항, 2항). 다만, 구인영장이 집행불능으로 반환된 경우라도 피의자의 출석 없이 검사 또는 변호인 기타 이해관계인의 의견을 들을 필요가 있다고 인정할 때에는 심문기일을 지정하여 피의자의 출석 없이 심문절차를 진행할 수 있다(구속예규 41조 3항).

[서식 46] 피의자심문신청서

<table>
<tr><td colspan="4" rowspan="2">피 의 자 심 문 신 청 서</td><td>판 사</td></tr>
<tr><td></td></tr>
<tr><td rowspan="3">피 의 자</td><td>성 명</td><td>김 일 남</td><td>성 별</td><td>☑남 ㅁ여</td></tr>
<tr><td>주민등록번호</td><td colspan="3">000000-0000000</td></tr>
<tr><td>주 거</td><td colspan="3">○○시 ○○구 ○○로 ○○(○○동)</td></tr>
<tr><td>죄 명</td><td colspan="4">특수절도</td></tr>
<tr><td>체포관서</td><td colspan="4">○○경찰서</td></tr>
<tr><td rowspan="4">신 청 인</td><td>성 명</td><td colspan="3">김 갑 동</td></tr>
<tr><td>피의자와의 관계</td><td colspan="3">피의자의 부</td></tr>
<tr><td>주 거</td><td colspan="3">○○시 ○○구 ○○로 ○○(○○동)</td></tr>
<tr><td>전화번호</td><td colspan="3">000-000-0000</td></tr>
<tr><td colspan="5">형사소송법 제201조의2 제1항의 규정에 따라 위 피의자에 대하여 판사의 심문을 신청합니다.

20○○. ○. ○.

신청인 홍 길 동 (인)

○○지방법원 귀중</td></tr>
<tr><td>첨부서류</td><td colspan="4">1. 주민등록등본</td></tr>
</table>

*처 리	신분관계확인	☑ 소명자료 첨부 □ 보정요구 : □ 신분증으로 확인 (확인자 : (인))
	접수 당시 영장청구 여부	□ 청구 (진행번호:) □ 발부 · 기각 후 신청 □ 미청구 (수사기록의 소재 :)

【주】

1. 주민등록번호나 죄명 등을 모르면 기재하지 아니하여도 된다.
2. * 표시 부분은 법원 접수담당자가 기재하는 난이므로 신청인은 기재하지 마시오.

[서식 47] 피의자에 대한 심문사항 (보험사기)

피의자 홍길동에 대한 심문사항

1. 피의자는 ○○시 ○○구 ○○로 ○○ 103동 508호(○○동, ○○아파트)에서 처와 12살 된 딸과 10살 된 아들과 함께 살고 있지요
2. 피의자는 ○○고등학교를 졸업하였으며 현재 개인택시운송사업을 3년 2개월간 해오고 있지요.
3. 피의자는 20○○. ○.에야 자동차 할부를 완납할 수 있었으므로 이전에는 저축이나 보험가입을 할 경제적 여유가 없었지요.
4. 피의자는 20○○. ○. ○. 김갑동이가 운전하는 차량에 상피의자 이○○, 같은 박○○, 같은 최○○과 함께 타고 경기도 용주골에서 술을 먹고 돌아오는 중에 경기도 ○○면 ○○리 방호벽 앞에서 추돌사고가 있었지요.
5. 피의자는 위 사건 당일 비번이었으므로 같은 비번이었던 상피의자들과 10:00경에 만나 경기도 ○○장면으로 놀러갔다가 용주골에서 술을 마시고 16:00경 돌아오던 중이었지요.
6. 추돌사고가 발생한 지점은 도로 폭이 좁아 차량 2대가 동시에 교행할 수 없는 곳이었는데 피의자가 탄 차량의 반대차선에서 덤프트럭이 마주 오는 바람에 김갑동이가 갑자기 차를 세웠고 이로 인하여 뒤따라오던 차량과 추돌하게 되었던 것이지요.

7. 추돌한 차량은 보닛까지 찌그러질 정도로 심하게 망가졌고 피의자 및 상피의자들 역시 심한 충격을 받았지요.

8. 누군가가 경찰에 교통사고를 신고하였는지 사고 후 경찰순찰차와 견인차가 와서 현장을 정리하였지요.

9. 피의자는 교통사고 후 서울 ○○병원에 입원하였고 현대해상, 대한생명보험, 동부화재보험으로부터 보험금 2천만원을 실제 수령하였지요.

10. 피의자는 ○○리의 추돌사고로 입원하고 보험금 수령하였지만 이 사고는 꾸민 거짓사고가 아니지요.

11. 피의자는 본건 조사를 위한 경찰의 출석요구에 순순히 응하였고 앞으로도 수사기관이나 법원의 출석요구에 잘 따를 것을 맹세하지요.

12. 피의자는 오래전 특수절도로 기소유예처분을 받은 것과 교통사고를 일으켜 공소권 없음 처분을 받은 것 이외 다른 범죄전력은 없지요.

13. 기타 신문사항

【접수방법 및 유의사항】

1. 신문사항은 4부를 작성하여 신문기일 법정에서 제출한다.
2. 변호인이 있다면 변호인이 심문하겠지만, 그 외 형사보조인, 실질심사청구인도 판사의 허가를 얻어 심문할 수 있다.
3. 심문사항은 작성시 간인 및 날인하지 않는다.

다. 구속의 사유 및 필요성

(1) 형사소송법이 정한 구속사유는 먼저 피의자 또는 피고인이 죄를 범하였다고 의심할 만한 상당한 이유가 있어야 하고, 다음에 ① 일정한 주거가 없을 때, ② 증거를 인멸할 염려가 있는 때, ③ 도망하거나 도망할 염려가 있는 때 중 어느 하나의 사유를 충족하여야 한다(형소법 70조 1항, 201조 1항 본문). 다만, 다액 50만원 이하의 벌금, 구류 또는 과료에 해당하는 사건에 관하여는 일정한 주거가 없는 때에만 구속할 수 있다(형소법 70조 3항, 201조 2항 단서). 위 각 사유를 포괄하여 광의의 구속사유라고 하고, 그중 범죄혐의를 협의의 구속사유라고 한다. 위 구속사유를 심사함에 있어서 범죄의 중대성, 재범

의 위험성, 피해자 및 중요 참고인 등에 대한 위해 우려 등을 고려하여야 한다(형소법 70조 2항, 209조).

(2) 죄를 범하였다고 의심할 만한 상당한 이유가 있을 것

이는 유죄판결의 경우처럼 고도의 증명을 요하는 것은 아니지만 피의자에게 무죄추정의 원칙을 깨뜨릴 수 있을 정도로 충분한 범죄혐의를 일단 수긍할 수 있을 고도의 개연성과 구체적 소명자료가 존재함을 의미한다. 한편, 구속사유로서의 범죄혐의는 체포영장에 의한 체포보다 그 증명의 정도가 한 단계 높을 것을 요구하는데, 그 이유는 구속이 체포보다 장기간 인신을 구속하기 때문이다.

(3) 일정한 주거가 없을 것

주거부정 여부는 주거의 종류(자택, 여관, 기숙사 등), 거주기간, 주민등록의 유무 등 주거 자체의 안정성, 피의자의 지위, 직업, 가족관계 등 생활의 안정성 등을 종합하여 판단한다. 주거 미상도 이에 포함된다. 이를 구속사유로 하는 이유는 주거가 부정한 피의자는 소재불명이 될 가능성이 강하게 추정되기 때문이다.

(4) 증거인멸의 염려가 있을 것

증거인멸의 염려란 피의자 등이 범죄의 증거에 대하여 부정한 변경이나 간섭 등의 영향을 가하여 수사의 진행을 혼란시키고, 나아가 법원의 종국적 판단을 그르칠 구체적 개연성이 존재하는 경우를 말한다.

증거인멸의 염려에 대한 판단은 ① 인멸의 대상이 되는 증거가 존재하는지 여부, ② 그 증거가 범죄사실의 입증에 결정적으로 영향을 주는지 여부, ③ 피의자 측에 의하여 그 증거를 인멸하는 것이 물리적·사회적으로 가능한지 여부, ④ 피의자 측이 피해자 등 증인에 대하여 어느 정도의 압력이나 영향력을 행사할 수 있는지 여부 등의 요소를 종합적으로 고려하여 판단한다(구속예규 48조).

증거인멸의 대상과의 관계에서 정상이나 범정에 관한 사실 또는 범정의 기초가 되는 사실이라도 기소 유무나 양형에 상당한 영향을 미칠 수 있는 한 증거인멸의 대상이 되는 사실에 포함된다.

객관적인 증거인멸의 가능성과 실효성은 증거의 양과 성질, 피의자의 진술태도 등을 고려하여 판단하여야 하고, 주관적인 증거인멸의 의도는 피의자의 진술태도에 의하여 결정될 것이다.

(5) 도망 또는 도망할 염려가 있을 것

이는 피의자가 종전 생활의 중심지에서 이탈하여 그 소재가 불분명하게 되어 수사기관 및 법원에서 그를 소환 또는 구인하는 것이 불가능하게 되었거나 그러할 염려가 있는 때를 말한다. 구속사유 중 3분의 2 이상을 차지한다. 도망 또는 도망할 염려를 구속사유로 규정한 취지는 피의자가 수사절차 및 형사재판절차의 출석과 형의 집행 등을 회피할 목적으로 도망 또는 도망할 염려가 있는 때에는 그를 구속함으로써 신병을 확보할 필요가 있기 때문이다.

도망할 염려를 판단함에 있어 일반적으로 생활의 불안정, 처벌을 모면할 목적, 기타 사유 등 세 가지 요소에 의한 소재불명이 될 가능성을 판단의 기준으로 한다.

구속예규에 의하면 구속사유 중 도망할 염려는 다음 각 항의 요소를 종합적으로 고려하여 판단한다(구속예규 49조).

(가) 범죄사실에 관한 사정

① 범죄의 경중, 태향, 동기 횟수, 수법, 규모, 결과 등

② 자수 여부

(나) 피의자의 개인적인 사정

① 직업이 쉽게 포기할 수 있는 것인지 여부

② 경력, 범죄경력, 범죄에 의존하지 아니하고도 생계를 유지하였는지 등 그동안의 생계수단의 변천

③ 약물복용이나 음주의 경력, 피의자의 도망을 억제할 만한 치료 중인 질병이 있는지 또는 출산을 앞두고 있는지 여부

④ 다른 곳 특히 외국과의 연결점이 있는지 여부, 여권의 소지 여부 및 여행 특히 해외여행의 빈도

(다) 피의자의 가족관계

① 가족 간의 결속력
② 가족 중에 보호자가 있는지 여부
③ 배우자 또는 나이가 어리거나 학생인 자녀가 있는지 여부
④ 연로한 부모와 함께 거주하거나 부모를 부양하고 있는지 여부
⑤ 피의자에 대한 가족들의 의존 정도
⑥ 가족들이 피의자에게 양심에 호소하는 권고나 충고를 하여 피의자를 선행으로 이끌만한 능력과 의사가 있는지 여부

(라) 피의자의 사회적 환경

① 피의자의 지역사회에서 거주기간 및 지역사회에서의 정착성의 정도
② 피의자 가족의 지역사회와의 유대의 정도
③ 교우 등 지원자가 있는지 여부

판사는 증거인멸의 염려가 있는 경우와 마찬가지로 구속영장의 해당란에 구속사유를 표시하여야 하고, 다만 필요한 경우에는 도망할 염려가 있다고 인정하는 주된 요소를 간략하게 기재할 수 있다(구속예규 50조).

(6) 구속의 필요성

구속의 사유를 충족하더라도 구속이 피의자에게 가져올 고통, 불이익 및 폐해와 국가형벌권의 적정한 행사를 위하여 피의자를 구속하지 않으면 안 되는 적극적 필요성을 비교형량하여 전자가 후자보다 현저히 커서 피의자를 구속할 필요성이 없다고 판단되는 경우에는 구속영장을 기각하여야 한다.

구속의 필요성 유무를 판단할 때 참작하여야 할 사정으로는 기소할 가치 및 가능성이 있는 사건인지 여부, 피의자에 대한 구속이 합의를 유도하기 위한 것 등 본래 목적의 일탈 여부, 별건구속 여부, 구속으로 인한 피의자의 개인적 고통 등을 열거할 수 있다.

(7) 구속영장 청구를 기각하여야 하는 경우

구속영장 청구를 기각하여야 하는 경우의 예로는 ① 청구서의 방식에 현저

히 위배되어 검사에게 그 보정을 명하였으나 상당한 시간 내에 그 보정을 하지 아니하거나 보정에도 불구하고 흠이 치유되지 아니한 경우, ② 구속의 사유에 대한 소명이 부족한 경우, ③ 구속을 함에 있어서 다른 법률에 정한 동의가 있어야 하는데 그 동의안이 부결된 경우, ④ 현행범인체포나 긴급체포 등 체포가 위법한 경우, ⑤ 체포일시로부터 48시간이 경과하여 구속영장이 청구된 경우 등을 들 수 있다.

라. 신속한 구속영장 발부 여부 결정

판사는 미체포 피의자가 법원에 인치된 때로부터 24시간 이내에 피의자심문을 하고 구금영장 발부 여부를 결정하여야 한다(구속예규 39조 1항). 피의자에 대하여 피의자심문을 한 경우에 구속영장 발부 여부의 결정은 피의자심문을 종료한 때로부터 지체 없이 하여야 한다(구속예규 52조).

[서식 48] 구속영장청구서 등본교부신청서

구속영장청구서 등본교부청구서

영장번호　20○○ 영　　호

사 건 명　사기

피 의 자　○ ○ ○

청 구 인　○ ○ ○

피의자와의 관계　피의자의 처

귀원에서 20○○년　월　일 접수하고 20○○년　월　일 발부한 구속영장의 청구서 등본교부를 청구합니다.

20○○. ○. ○.

청구인 ○ ○ ○ (인)

위 서류를 틀림없이 영수하였음.

20○○. ○. ○.

영수인 ○ ○ ○ (인)

○○지방법원 귀중

【접수방법 및 유의사항】

1. 구속된 경우, 구속의 사유를 알려면 위 구속영장청구서등본(영장등본)을 발부받으면 알 수 있다.
2. 구속영장이 검사에 의해 법원에 청구된 시점부터 구속영장등본을 발부받을 수 있다.
3. 통상 구속영장이 발부된 경우 피의자가 지정하는 가족에게 송달을 해주지만 필요한 경우 위 영장등본교부신청서 1통을 형사과 "영장계"에 제출하여 발부받는다.
4. 변호인은 선임계 사본을 첨부하여 위 교부신청을 할 수 있다.

[서식 49] 접견신청서

접 견 신 청

접견희망시각 : 14:30

수용번호	피고인 · 피의자	사건명	선임별	접견목적
	홍 길 동 (000000-0000000)	사기	사선	사건수임으로 인한 접견
5003	김 갑 동	절도	사선	변론준비

위와 같이 접견하고자 합니다.

20○○. ○. ○.

위 피의자(피고인)의 변호인 변호사 ○ ○ ○ (인)

○○구치소 귀중

【접수방법】

1. 접견 30분 전에 전에 미리 팩스 등으로 구치소 번호인접견실에 접견신청을 한 후 접견하고 있다.
2. 수용번호는 구치소 '면접과'에 연락하여 수용자(피의자)의 성명과 주민등록번호를 알려주면 조회 후 고지해주므로 이를 접견신청서에 지재한다. 수용번호를 모를 경우 주민등록번호만을 기재하여도 된다.

제2절 적부심과 보석

1. 체포 · 구속의 적부심사

가. 의 의

체포 또는 구속의 적부심사는 수사기관에 의한 피의자의 체포나 구속이 적법한지 여부와 그 계속의 필요 여부를 법원이 심사하여 부적법 · 부당한 경우에는 피의자를 석방하는 제도이다. 수사단계에 있는 피의자의 구속이 적법한지 여부를 심사하는 제도라는 점에서 구속기소된 피고인의 석방 여부를 결정하는 보석과 구별되고, 법원의 결정에 의하여 석방되는 제도라는 점에서 검사가 구속을 취소하여 피의자를 석방하는 경우와도 구별된다.

나. 청구 및 심문

(1) 체포(체포영장에 의한 체포, 긴급체포, 현행범인 체포)되거나 구속된 피의자 본인은 물론 그 변호인, 법정대리인, 배우자, 직계친족, 형제자매, 가족이나 동거인 또는 고용주도 청구권이 있다(형소법 214조의2 1항).

(2) 영장을 발부한 법관은 원칙적으로 적부심사 청구에 관한 재판에 관여하지 못한다(형소법 214조의2 12항). 구속영장적부심사 청구사건은 재정합의결정을 거쳐 합의부가 담당하도록 할 수 있고, 다만 구속영장을 발부한 판사를 제외하고 합의부를 구성할 수 없는 법원에서는 단독판사가 담당한다(보석등예규 21조 1항). 체포적부심사 청구사건은 단독판사가 담당한다(보석등예규 21조 2항). 체포 · 구속적부심의 심문기일이 일과시간 이외의 시간으로 지정된

경우 당직법관이 처리할 수 있다(보석등예규 21조 3항).

(3) 적부심사의 청구를 받은 법원은 청구서가 접수된 때부터 48시간 이내에 심문하여야 하고(형소법 214조의2 4항), 이를 위하여 지체 없이 청구인, 변호인, 검사 및 피의자를 구금하고 있는 관서의 장에게 심문기일과 장소를 통지하여야 한다(형소규 104조 1항).

(4) 체포 또는 구속된 피의자에게 변호인이 없는 때에는 형사소송법 제33조의 국선변호인에 관한 규정이 준용된다(형소법 214조의2 10항). 따라서 심문할 피의자에게 변호인이 없는 때에는 지체 없이 국선변호인을 선정하고, 피의자 및 변호인에게 그 뜻을 고지하여야 한다(형소규 16조 1항). 심문 여부와 관계없이 필요적 국선사건에 해당하므로, 심문 없이 기각결정을 하는 경우(형소법 214조의2 3항)에도 국선변호인의 선정이 필요하다.

(5) 심문절차는 공판절차가 아니므로 법정에서 행할 필요가 없고 심문실이나 판사실 기타 적당한 장소에서 한다. 또 피의자만 출석하면 바로 심문을 개시할 수 있으며 검사, 변호인, 청구인의 출석이 필요한 것도 아니다. 필요적 변호에 관한 형사소송법 제282조, 제283조가 준용되지 아니하므로 피의자가 같은 법 제33조에 해당하는 경우에도 사전에 국선변호인을 선정하였다면 그로써 족하며, 그 국선변호인이 출석하지 않았다고 해서 심문을 할 수 없거나 다른 국선변호인을 선정하여야 하는 것은 아니다. 검사, 변호인, 청구인은 피의자를 심문할 수 없고, 법원의 심문이 끝난 후 의견을 진술할 수 있으며(형소법 214조의2 9항), 다만, 필요한 경우에는 판사의 심문 도중에도 판사의 허가를 얻어 의견을 진술할 수 있다(형소규 105조 1항).

(6) 체포 · 구속적부심사가 청구사건은 체포 · 구속의 적법 여부와 체포 · 구속 계속의 필요 여부가 우선 판단기준이 되며, 적부심사시까지 변경된 사정도 고려하여 판단하여야 한다(보석등예규 19조 1항).

다. 결정 등

(1) 결정은 심문절차가 종료된 때부터 24시간 이내에 하여야 하는데(형소규 106

조), 피의자의 석방을 명하거나 청구를 기각하는 외에 구속된 피의자에 한하여 피의자의 출석을 보증할 만한 보증금의 납입을 조건으로 석방을 명할 수도 있다(형소법 214조의2 5항).

(2) 위 보증금 납입 조건부 피의자 석방제도를 '기소전 보석제도'라고 하는데 이는 보석제도의 취지를 기소전 단계까지 확대한 것으로 1995. 7. 형사소송법의 개정으로 도입되었다. 다만, 피의자에게 ① 죄증을 인멸할 염려가 있다고 믿을 만한 충분한 이유가 있는 때 ② 피해자, 당해 사건의 재판에 필요한 사실을 알고 있다고 인정되는 자 또는 그 친족의 생명 · 신체나 재산에 해를 가하거나 가할 염려가 있다고 믿을 만한 충분한 이유가 있는 때는 제외된다(형소법 214조의2 5항 단서). 기소전 보석결정시 주거 제한, 법원 또는 검사가 지정하는 일시 · 장소에 출석할 의무, 기타 적당한 조건을 부가할 수 있다(형소법 214조의2 6항).

보증금 납부 조건부 피의자 석방제도는 법문상 구속된 피의자에 대하여만 인정되고 체포된 피의자에 대해서는 인정되지 않는다. 체포 또는 구속의 적부심사에 관한 법원의 결정에 대하여는 항고가 허용되지 아니하지만(형소법 214조의2 8항), 보증금 납입 조건부 석방결정에 대하여는 형사소송법 제402조에 의하여 항고할 수 있다.

(3) 법원이 수사관계서류와 증거물을 접수한 때부터 결정 후 검찰청에 반환된 때까지의 기간은 체포기간 또는 구속기간에 산입되지 아니하므로(형소법 214조의2 13항), 법원사무관 등은 체포영장, 긴급체포서, 현행법인체포서 또는 구속영장의 여백에 그 접수일자(체포적부심의 경우는 접수일자)를 기재한 후 날인하여야 한다(보석등예규 26조). 체포적부심의 경우에는 시간단위로 불산입하여야 하고, 구속적부심의 경우는 영장실질심사의 예에 따라 불산입한다.

(4) 체포적부심에 대한 결정이 있기 전에 구속영장을 청구한 경우에는 체포적부심 담당 재판부는 구속영장 청구사건을 담당하는 판사에게 체포적부심사건을 송부하여 구속영장 청구사건 담당판사가 함께 결정하도록 한다(보석등예규 28조).

(5) 체포 또는 구속의 적부심에 대한 결정이 있기 전에 기소가 된 경우(이른바 전격기소)에도 적부심 재판부는 체포 또는 구속의 적부심사를 계속하여 석방 여부를 결정하여야 한다(형소법 214조의2 4항, 5항).

(6) 적부심사에 의하여 석방된 피의자에 대하여는 재체포 또는 재구속이 제한된다(형소법 214조의3).

[서식 50] 구속적부심사청구서(1) (합의된 교통사고)

구속적부심사청구서

사　　건　　20○○형 제○○○○호　도로교통법위반

피 의 자　　김　○　성 (000000-0000000)
　　　　　　○○시 ○○구 ○○로 ○○(○○동)

청 구 인　　방　○　영 (000000-0000000)
　　　　　　○○시 ○○구 ○○로 ○○(○○동)
　　　　　　관　계 : 피의자의 처
　　　　　　전　화 : 00-000-0000

피의자는 위 피의사건으로 귀원에서 20○○. ○. ○. 발부한 구속영장에 의하여 현재 ○○구치소에 구속수감중인바, 피의자의 처는 구속적부심사청구를 하오니 심리하시고 피의자의 석방을 허가하여 주시기 바랍니다.

청 구 취 지

피의자 김○성의 석방을 명한다.

단, 보석보증금은 피의자의 처 방○영{000000-0000000, ○○시 ○○구 ○○로 ○○(○○동)}이가 제출하는 보석보증보험증권 첨부의 보증서로서 갈음함을 허가한다.

라는 결정을 구합니다.

청 구 이 유

1. 이 사건 교통사고 경위

피의자는 20○○. ○. ○. 구속되어 현재 ○○구치소에 수감 중인바, 본건 교통사고 지점은 도로가 구부러진 곳으로서 피의자는 당시 중앙선을 약간 침범한 상태에서 운전하다가 갑자기 나타나는 피해자 운전의 오토바이를 발견하지 못하고 어쩔 수 없이 교통사고를 내게 된 것입니다. 물론 커브 지점에서 중앙선을 침범하고 진행하면 사고의 위험성이 매우 크고, 그렇게 하면 안 됩니다. 그러나 상당수 운전자들은 커브지점에서 중앙선을 약간 침범하여 운전을 하는 것도 사실입니다.

2. 자 백

피의자는 수사단개시단계부터 현재까지 위 범죄사실에 관하여 순순히 자백을 하였습니다.

3. 사정변경

피의자가 운전하던 차량은 종합보험(동부화재보험)에 가입되어 있습니다. 또한 피의자는 종합보험에 가입하였지만 다시 구속 후 피해자 측과 원만하게 합의를 하였습니다.

4. 가족관계

피의자는 피의자의 주거지에서 아버지(62세), 어머니(57세)와 함께 3인이 살고 있습니다. 피의자가 돈을 벌어서 부모를 부양하고 있으며, 그 생활정도는 극빈한 수준을 벗어나지 못하고 있는 실정인바, 피의자가 구속됨으로 인하여 피의자의 수입에 생계를 의존하고 있던 가족의 생계가 막연히 지경에 이르렀습니다.

5. 반성하고 있습니다.

피의자는 본건 교통사고를 초래한 것에 대하여 깊이 반성하고 있으며, 추후 다시는 이러한 일이 발생하지 않을 것임을 명세하고 있습니다.

6. 전과관계

피의자는 여태까지 살아오면서 한 번도 잘못을 저지른 적이 없어 전과가 없습니다.

7. 도주 및 증거인멸의 우려 유무

가. 피의자는 이미 범죄사실에 대하여 순순히 자백을 한 바 있어 증거인멸의 여지가 없습니다.

나. 피의자는 노부모를 부양하고 있고, 또한 위와 같이 피해자 측과 합의를 한 바 있으므로 도주를 한다는 것은 상상조차 할 수 없습니다.

8. **결 론**

이상과 같은 사정을 참작하시어 피의자가 하루빨리 귀가하여 자유로운 몸으로서 가족을 돌보고 자신의 남은 삶에도 최선을 다할 수 있도록 청구취지와 같이 피의자를 석방하여 주시기 바랍니다.

첨 부 서 류

1. 구속영장 사본	1통
1. 종합보험가입증서	1통
1. 합의서	1통
1. 주민등록등본	1통

20○○. ○. ○.

위 피의자의 처 방 ○ 영 (인)

○○지방법원 귀중

【접수방법 및 유의사항】

1. 구속적부심사청구서 1부(첨부서류 포함)와 부본 1부(첨부서류 미포함), 도합 2부를 작성하여 관할 형사법원 "적부심 담당" 창구에 제출한다.
2. 첨부서류란에는 소명자료(합의서 등)와 주민등록등본, 가족관계증명서, 재직증명서 등을 첨부한다.
3. 청구서는 피고인의 인적사항, 청구하는 취지와 원인을 기재하고 증거인멸, 도주염려가 없는 것을 중심으로 구속의 부당성을 지적한다.

[서식 51] 구속적부심사청구서(2) (절도)

구속적부심사청구서

사　　건　　20○○형 제○○○○호　절도

피 의 자　　○　　○　　○ (000000-0000000)
주　　거 : ○○시 ○○구 ○○로 ○○(○○동)
구속장소 : ○○구치소 수감 중

피의자는 위 피의사건으로 귀원에서 20○○. ○. ○. 발부한 구속영장에 의하여 현재 ○○구치소에 구속수감중인바, 위 피의자의 변호인은 다음과 같은 사유로 구속적부심사청구를 하오니 심사하시어 청구취지와 같은 결정을 하여 주시기 바랍니다.

청　구　취　지

피의자 ○○○에 대한 석방을 명한다.
라는 결정을 구합니다.

청　구　이　유

1. 피의자에 대한 범죄사실은 구속영장 기재와 같으나, 피의자에게는 청구취지와 같은 결정을 할 만한 다음과 같은 상당한 이유들이 있습니다.

가. 범행의 동기
피의자는 17세로서 고등학교 2학년에 재학 중인 자로 아직 인격적으로 미성숙한 나이에 오토바이 운전에 대한 호기심으로 이 사건 범행에 이른 것이고,

나. 사안의 경미
피의자가 절취한 오토바이는 시가 약 ○○○만원 상당의 이 사건은 사안이 비교적 경미하며,

다. 합　의
피의자는 구속 이후 피해자에게 오토바이에 대한 모든 손해를 배상하고 피해자와 합의하여 피해자도 이제 피의자의 처벌을 원하지 않으며,

라. 미성년자임
피의자는 현재 17세로서 ○○고등학교 2학년에 재학 중이며,

마. 피의자는 ○○시 ○○구 ○○로 ○○(○○동)에서 부모형제와 함께 거주하고 있는 자로 주거가 일정하고, 이 사건 범행을 모두 자백하고 있으며, 수사과정에서 증거도 충분히 수집되었으므로 증거를 인멸한 우려가 없고, 피해자와 합의하였으므로 도주의 우려도 없으며,

바. 초 범

피의자는 이 사건 범행 이외에 달리 아무런 전과가 없고,

사. 개전의 정

피의자는 이 사건 범행 후 구속 수감되어 있으면서 잘못을 깊이 뉘우치고 앞으로는 어떠한 범행도 저지르지 않고 학업에만 충실하겠다고 굳게 다짐하고 있습니다.

재판장님!

피의자에게는 이상과 같은 정상을 참작할 만한 사유가 있고, 특히 구속 이후 피해자와 합의하는 등 사정변경도 있사오니, 형사소송법의 기본원칙에 따라 불구속 수사토록 청구취지와 같은 결정을 하여 주시길 바라와 이 건 청구에 이른 것입니다.

만약 보증금납입조건부 석방결정을 할 경우로서 보석보증보험증권 첨부의 보증서로 갈음하도록 허가하시는 경우에는 피의자의 부 ○○○(주소 : ○○시 ○○구 ○○로 ○○(○○동), 주민등록번호 : 000000-0000000)이 제출하는 보석보험증권 첨부의 보증서로 갈음하도록 하여 주시기 바랍니다.

첨 부 서 류

1. 구속영장 사본 1통
1. 합의서 1통
1. 재학증명서 1통
1. 주민등록등본 1통
1. 변호사선임계 1통

20○○. ○. ○.

피의자의 변호인 변호사 ○ ○ ○ (인)

○○지방법원 귀중

[서식 52] 구속적부심사청구서(3) (절도)

구속적부심사청구서

사 건 20○○형 제○○○○호 절도

피 의 자 ○ ○ ○ (000000-0000000)
구속장소 : ○○구치소 수감 중

피의자는 위 피의사건으로 귀원에서 20○○. ○. ○. 발부한 구속영장에 의하여 현재 ○○구치소에 수감중인바, 위 피의자의 변호인은 다음과 같은 사유로 구속적부심사청구를 하오니 심사하시어 청구취지와 같은 결정을 하여 주시기 바랍니다.

청 구 취 지

피의자 ○○○에 대한 석방을 명한다.
라는 결정을 구합니다.

청 구 이 유

1. 피의자에 대한 범죄사실은 구속영장 기재와 같으나, 피의자에게는 청구취지와 같은 결정을 할 만한 다음과 같은 상당한 이유들이 있습니다.

가. 범행의 동기
피의자는 20○○. ○. ○.부터 20○○. ○. ○.까지 ○○시 ○○구 ○○로 ○○(○○동) 소재 피해자가 운영하는 ○○의류점에서 종업원으로 종사하면서 바지 ○장을 절취하였는바,

나. 사안의 경미
이 사건은 피해액이 약 ○○만원 정도로써 사안이 비교적 경미하고,

다. 사정변경(합의)
피의자는 구속 이후 피해자에게 손해배상하고 피해자와 합의하여, 피해자도 이제 피의자의 처벌을 원치 않고 있어 구속 이후 사정변경이 있으며(합의서 참조),

라. 가 장
피의자는 20○○. ○. ○. 결혼하여 현재 ○살 된 어린 자식이 있고(가족관계증명서 참조),

마. 피의자는 ○○시 ○○구 ○○로 ○○(○○동)에서 처자식을 거느리고 거주하고 있는 자로 주거가 일정하고 이 사건 범행을 자백하고 있으며, 수사과정에서 증거도 충분히 수집되었으므로 증거를 인멸할 우려가 없고, 피해자와 합의하였으므로 도주의 우려가 없으며,

바. 개전의 정

피의자는 이 사건 범행을 깊이 뉘우치고 앞으로는 어떠한 범행도 저지르지 않고 이번 일을 거울삼아 성실히 생활하겠다고 굳게 다짐하고 있습니다.

재판장님!

피의자에게는 이상과 같은 정상을 참작할 만한 사유가 있고, 특히 구속 이후 피해자와 합의하는 등 사정변경도 있으며, 집안의 가장으로 이제 겨우 ○살 된 어린 자식을 돌보아야 할 딱한 처지에 있는 사정을 감안하시어 형사소송법상의 기본원칙상 불구속 수사토록 청구취지와 같은 결정을 하여 주시기 바랍니다.

첨 부 서 류

1. 구속영장 사본 1통
1. 합의서 1통
1. 재학증명서 1통
1. 주민등록등본 1통
1. 가족관계증명서 1통
1. 변호사선임계 1통

20○○. ○. ○.

피의자의 변호인 변호사 ○ ○ ○ (인)

○○지방법원 귀중

[서식 53] 구속적부심사청구서(4)

구속적부심사청구서

피 의 자 ○ ○ ○ (000000-0000000)
주 소 : ○○시 ○○구 ○○로 ○○(○○동)
구속장소 : 현재 ○○경찰서 유치장 수감 중

위 피의자에 대한 폭력행위등처벌에관한법률위반 사건에 관하여 귀원에서 20○○. ○. ○. 발부한 구속영장에 의하여 ○○경찰서 유치장에 수감 중인바, 피의자의 처 ○○○는 아래와 같이 구속영장의 적부에 대한 심사를 청구하오니 심리하시어 청구취지와 같이 결정하여 주시기 바랍니다.

청 구 취 지

피의자 ○○○의 석방을 명한다.
라는 결정을 바랍니다.

청 구 이 유

1. 피의자 ○○○의 범죄내용은 구속영장 기재와 범죄사실과 같으며, 피의자가 그와 같은 범죄를 저지르게 된 이유는 피의자들과 피해자들은 아는 사이였는데, 20○○. ○. ○. 00:00경 ○○시 ○○구 ○○로 ○○(○○동) 소재 ○○다방 앞 노상에서 피의자 ○○○과 피해자가 옥신각신하는 것을 피의자 ○○○가 이를 저지하다가 피해자에게 상처를 입히게 된 것입니다.

2. 그 후 피의자는 사회에 불의를 끼친 점에 대하여 크게 반성하고 있으므로 피의자 측에서는 피해자를 찾아가 피의자의 뜻을 전달하고 위 폭행사건에 대하여 깊이 사과를 함과 동시에 치료비로 금 2,300,000원을 지급함으로써 20○○. ○. ○. 쌍방 간에 원만한 합의가 성립되었습니다.

3. 피의자는 도주의 염려가 없으며 범죄사실을 모두 인정하고 아무런 전과가 없을 뿐만 아니라 증거인멸의 염려가 없으므로 피의자를 굳이 구속하지 않고서 조사하여도 조사에 아무런 지장을 주지 않을 것입니다.

4. 피의자는 주소지에게 처, 그리고 2녀(3살, 5살)와 같이 결혼생활을 하다가 구속되는

바람에 피의자인 신청인은 무슨 일을 어떻게 해야 할지 영문을 모르고 있습니다. 피의자의 수입으로 생활비와 딸의 양육비를 조달하다가 피의자가 구속되는 바람에 지금 당장 생계를 연명할 수가 없고, 또한 피의자의 처 신청인은 결혼하지 5년이 되는 주부로서 이 건으로 말미암아 많은 고통을 받아 거리를 방황한 나머지 세상 모두 두렵기만 합니다.

그러나 피의자는 현재 사회에 누를 끼진 점에 대하여 크게 반성하고 있고 또한 초범자이오니 죄질로 보아서는 마땅히 용납되지 않을 것이나 한 번만 용서하시어 석방의 은전을 베풀어 피의자의 가족을 보살펴 주시고자 이 적부심사를 청구하는 바입니다.

첨 부 서 류

1. 구속영장 등본 1통
1. 합의서 1통
1. 가족관계증명서 1통
1. 주민등록등본 1통

20○○. ○. ○.

위 신청인(피의자 처) ○ ○ ○ (인)

○○지방법원 귀중

[서식 54] 보석보증금환부청구서

<table>
<tr><td colspan="6" rowspan="2">보석보증금환부청구서</td><td colspan="2">처리기간</td></tr>
<tr><td colspan="2">즉 시</td></tr>
<tr><td rowspan="3">청구인</td><td rowspan="2">성 명</td><td rowspan="2">이 미 녀</td><td rowspan="2">주민등록
번 호</td><td rowspan="2" colspan="2">000000-0000000</td><td>전 화</td><td>(00) 000-0000</td></tr>
<tr><td>팩 스</td><td>( )</td></tr>
<tr><td>주 소</td><td colspan="4">○○시 ○○구 ○○로 ○○(○○동)</td><td>사건과의 관계</td><td>피고인의 처</td></tr>
<tr><td colspan="2">사건번호</td><td colspan="2">20○○형 제○○○○호</td><td rowspan="2">죄 명</td><td colspan="3" rowspan="2">도로교통법위반</td></tr>
<tr><td colspan="2">법원번호</td><td colspan="2">20○○고단 ○○○○호</td></tr>
</table>

<table>
<tr><td colspan="2">피 고 인</td><td>김 갑 동</td><td>납입인</td><td>이 미 녀</td><td>납입일</td><td colspan="2">20○○. ○. ○.</td></tr>
<tr><td rowspan="4">환
부
사
유</td><td>선 고</td><td colspan="5">20○○. ○. ○. ○○지방법원</td><td>확인인</td></tr>
<tr><td>형명형기</td><td colspan="5"></td><td rowspan="3"></td></tr>
<tr><td>확 정</td><td colspan="5">20○○. ○. ○.</td></tr>
<tr><td>기 타</td><td colspan="5"></td></tr>
<tr><td colspan="2">청구금액</td><td colspan="6">보증금 5,000,000원</td></tr>
<tr><td colspan="2" rowspan="3">환 부 금
수령방법</td><td rowspan="3">① 직접
수령</td><td rowspan="3">② 은 행
무통장입금</td><td>은 행 명</td><td colspan="2"></td><td rowspan="3">③ 우편환금</td></tr>
<tr><td>구좌번호</td><td colspan="2"></td></tr>
<tr><td>예 금 주</td><td colspan="2"></td></tr>
</table>

형사소송법 제104조에 의하여 보석보증금의 환부를 청구합니다.

20○○. ○. ○.

<table>
<tr><td colspan="4">대리인이 신청할 때</td></tr>
<tr><td>주 소</td><td colspan="3"></td></tr>
<tr><td>주민등록번호</td><td></td><td>관 계</td><td></td></tr>
</table>

청구인(신청인) 서 ○ 순 (인)

<table>
<tr><td>수수료 : 없음</td><td colspan="4">처 리 과 정</td></tr>
<tr><td rowspan="6">구비서류
1. 납입인청구시 : 영수증
2. 대리인의 직접수령 청구시
: 위임장, 인감증명서 각 1통(은행 무통장 입금신청서는 통장사본)</td><td>접수일시</td><td></td><td>입(송)금일시</td><td></td></tr>
<tr><td>결재일시</td><td></td><td>입(송)금금액</td><td></td></tr>
<tr><td>인계일시</td><td></td><td>수 수 료</td><td></td></tr>
<tr><td>통지일시</td><td></td><td>통 지 일 시</td><td></td></tr>
<tr><td>환부일시</td><td></td><td>완 결 일 시</td><td></td></tr>
<tr><td></td><td></td><td></td><td></td></tr>
</table>

결재	담당	주무	과장

○○지방검찰청 검사장 귀하

【접수방법 및 유의사항】

1. 납입인 본인이 찾을 때에는 영수증, 신분증, 도장만 있으면 된다.
2. 변호인이 납입하였을 때에는 통상 사무직원이 찾게 되는데 이 경우, 변호사의 위임장, 변호사의 인감증명서, 변호인사용도장, 영수증, 사무원증복사, 통장입금시 통장사본 등이 필요하다.
3. 선고 후 결과가 공판사무과에 도착하는 선고 2일 후면 공판사무과에서 찾을 수 있다.

[서식 55] **위임장(구속적부심보증금 · 출급수령행위)**

위 임 장

홍 길 동
(000000-0000000)
○○시 ○○구 ○○로 ○○(○○동)
전화 : 000-000-0000

위 사람을 대리인으로 정하고 다음 사항의 권한을 위임한다.

다 음

1. 20○○형 제○○○호 도로교통법위반 피의자 김갑동에 대한 20○○. ○. ○. 납입한 구속적부심보증금 5,000,000원의 출급 · 수령행위
1. 이에 부수하는 행위 일체

20○○. ○. ○.

위임인 이 미 녀 (인)

○○지방검찰청 귀중

【접수방법】

1. 보석보증금환부청구인은 적부심대상 피의자가 아니라 보석보증금 납입인이다. 따라서 위임인은 납입인이다.
2. 위임장에는 납입인의 인감날인과 인감증명서 1통을 첨부한다.

[서식 56] 구속적부심사청구취하서

구속적부심사청구취하서

사　　건　　20○○고단○○○호　폭력행위등처벌에관한법률위반

피 고 인　　○　○　○

위 사람에 대한 구속적부심사청구에 대하여 청구인은 사정에 의하여 동 청구를 취하합니다.

20○○. ○. ○.

신청인 ○　○　○ (인)

○○법원 ○○지원 귀중

2. 보　석

가. 보석제도 운영의 기본방향

보석이란 법원이 보증금의 납부 또는 다른 적당한 조건을 붙여 구속의 집행을 해제하는 재판 및 그 집행을 말한다. 피고인이 도망하거나 지정된 조건을 위반할 경우에 보석을 취소하고 보증금을 몰취하거나 과태료 또는 감치에 처할 수 있다는 등의 심리적 강제를 가하여, 심판절차에의 출석 및 나중에 형벌의 집행단계에서의 신체확보를 기하고자 하는 제도이다.

과거에는 필요적 보석의 경우에도 보석 제외사유의 유무보다는 사안의 경중을 따져 예상되는 재판결과에 따라 보석의 허부를 결정하여 왔으나, 현재 실무는 불구속 재판을 원칙을 확립하기 위하여 피고인에 대하여 필요적 보석의 제외사유가 있는지 여부를 심리하여 제외사유가 없는 한 보석을 허가하고 직권보석도 적극적으로 활용하도록 하고 있다(보석등예규 3호).

나. 보석의 청구

보석의 청구권자는 피고인, 변호인, 법정대리인, 배우자, 직계친족, 형제자매, 가족, 동거인, 또는 고용주이다(형소법 94조). 이는 체포·구속적부심사의 청구권자와 동일하다(형소법 214조의2 1항). 보석청구서에는 사건번호, 구속된 피고인의 성명·주민등록번호 등·주거, 청구의 취지 및 청구의 이유, 청구인의 성명 및 구속된 피고인과의 관계 등을 기재하여야 한다(형소규 53조 1항).

다. 의견 등의 제출

보석의 청구인은 적합한 보석조건에 관한 의견을 밝히고 이에 관한 소명자료를 낼 수 있다(형소규 53조의2 1항). 또한, 보석의 청구인은 보석조건을 결정함에 있어 형사소송법 제99조 제2항에 따른 이행가능한 조건인지 여부를 판단하기 위하여 필요한 범위 내에서 피고인(피고인이 미성년자인 경우에는 그 법정대리인)의 자격 또는 자산 정도에 관한 서면을 제출하여야 하고(형소규 53조의2 2항), 보석청구서를 접수한 법원사무관 등은 청구인이 위 서면을 제출하지 아니한 경우에 진술서를 작성하여 제출하게 한다(보석등예규 5조 3항). 청구인이 제출한 소명자료나 진술서가 허위임이 판명된 경우 법원은 보석을 불허하거나 보석의 조건을 변경할 수 있다(보석등예규 5조 4항).

라. 보석의 재판

(1) 검사의 의견

재판장은 보석에 관한 결정을 하기 전에 검사에게 의견을 물어야 한다(형소법 97조 1항). 검사는 위 의견요청에 대하여 지체 없이 의견을 표명하여야 하고(형소법 97조 3항), 의견표명시에는 의견서를 제출함과 아울러 소송서류 및 증거물이 법원에 제출되기 전이라면 그 소송서류 등도 함께 제출하여야 하는데, 특별한 사정이 없는 한 의견요청을 받은 날의 다음날까지 의견서와 소송서류 등을 제출하여야 한다(형소규 54조 1항). 보석에 대한 의견 요청을 받은 검사는 보석허가가 상당하지 아니하다는 의견일 때에는 그 사유를 명시하여야 하고(형소규 54조 2항), 보석허가가 상당하다는 의견일 때에는 보석조건에 대하여 의견을 나타낼 수 있다(형소규 54조 3항).

(2) 보석의 심리

법원을 보석에 관한 심리를 진행함에 있어 필요적 보석의 제외사유 유무 및 보석조건에 집중하여야 하며, 필요한 경우 피고인 외에 제3자를 심문하거나 의료기간 등에 피고인의 건강상태 등에 관한 감정을 명할 수 있다(보석등예규 7조 1항, 3항).

심문기일을 정한 후에는 즉시 검사, 변호인 보석청구인 및 피고인을 구금하고 있는 관서의 장에게 심문기일과 장소를 통지하여야 하고, 피고인을 구금하고 있는 관서의 장은 위 심문기일에 피고인을 출석시켜야 한다(형소규 54조의2 2항).

피고인, 변호인, 보석청구인은 피고인에게 유리한 자료를 낼 수 있고(형소규 54조의2 4항), 검사, 변호인, 보석청구인은 심문기일에 출석하여 의견을 진술할 수 있다(형소규 54조의2 5항).

법원은 피고인, 변호인 또는 보석청구인에게 보석조건을 결정함에 있어 필요한 자료의 제출을 요구할 수 있다(형소규 54조의2 6항).

(3) 보석허부의 결정

법원은 특별한 사정이 없는 한 보석의 청구를 받은 날은 날부터 7일 이내에 그에 관한 결정을 하여야 한다(형소규 55조). 보석허가결정이 있으면, 법원사무관 등은 기록에 의하여 확인되는 친족 등 관계인에게 즉시 전화, 모사전송, 전자우편, 휴대전화 문자전송 그 밖에 적당한 방법으로 그 결정사실을 통지하여야 한다(보석등예규 2조 1항).

보석을 허가하지 아니하는 결정을 하는 때에는 결정이유에 형사소송법 제95조 각 호 중 어느 사유에 해당하는지를 명시하여야 한다(형소규 55조의2).

마. 보석의 조건

(1) 종전에는 보석을 허가하는 경우 보증금 납입을 본래적인 조건으로 부과하

고 이에 덧붙여 주거제한이나 그 밖에 적당한 조건을 추가로 정하였다. 그러나 보증금을 주된 조건으로 하는 종전 보석제도는 보증금을 납입할 자격이 없는 사람에게는 보석을 통한 석방기회가 부여되기 어렵고, 이를 시정하기 위하여 보증금의 액수를 낮추거나 보석보험증권의 제출을 허가할 경우 출석담보 기능이 현저히 떨어져 석방제도로서의 역할을 제대로 하지 못한다는 지적이 있었다. 이에 현행 형사소송법은 제98조를 개정하여 보석조건을 다양화시켜 비금전적 보증조건을 가능하게 하였다.
무자력자의 석방기회를 확대하고, 개별 사안의 특성과 피고인이 처해 있는 구체적 사정에 가장 적합한 보석조건을 정할 수 있게 함으로써 보석제도가 실질적으로 피고인의 출석을 담보하면서 불구속 재판의 원칙을 구현하는 제도로 자리잡을 수 있게 되었다.

(2) 법원은 보석을 허가하는 경우에는 필요하고 상당한 범위 안에서 형사소송법 제98조 각 호의 조건 중 하나 이상의 조건을 정하여야 한다. 구속의 목적이 증거인멸 및 도주의 방지에 있으므로 구속에 갈음하는 보석의 조건은 위와 같은 목적을 달성하기 위한 실효성 있는 수단이 되어야 함과 아울러 그와 같은 목적을 달성하기 위한 범위를 벗어나지 않아야 한다. 구체적으로 법원은 형사소송법 제98조의 보석조건을 정함에 있어서, 범죄의 성질 및 죄상, 증거의 증명력, 피고인의 전과 · 성격 · 환경 및 자산, 피해자에 대한 배상 등 범행 후의 정황에 관련된 사항을 고려하여야 하고, 피고인의 자력 또는 자산 정도로는 이행할 수 없는 조건을 정할 수 없다(형소법 99조).

(3) 형사소송법 제98조가 각 호가 정하고 있는 보석조건은 ① 법원이 지정하는 일시 · 장소에 출석하고 증거를 인멸하지 아니하겠다는 서약서를 제출할 것(제1호), ② 법원이 정하는 보증금 상당의 금액을 납입할 것을 약속하는 약정서를 제출할 것(제2호), ③ 법원이 지정하는 장소로 주거를 제한하고 이를 변경할 필요가 있는 경우에는 법원의 허가를 받는 등 도주를 방지하기 위하여 행하는 조치를 수인할 것(제3호), ④ 피해자, 당해 사건의 재판에 필요한 사실을 알고 있다고 인정되는 자 또는 그 친족의 생명 · 신체 · 재산에 해를 가하는 행위를 하지 아니하고 주거 · 직장 등 그 주변에 접근하지 아니

할 것(제4호), ⑤ 피고인 외의 자가 작성한 출석보증서를 제출할 것(제5호), ⑥ 법원의 허가 없이 외국으로 출국하지 아니할 것을 서약할 것(제6호), ⑦ 법원이 지정하는 방법으로 피해자의 권리회복에 필요한 금원을 공탁하거나 그에 상당한 담보를 제공할 것(제7호), ⑧ 피고인 또는 법원이 지정하는 자가 보증금을 납입하거나 담보를 제공할 것(제8호), ⑨ 그 밖에 피고인의 출석을 보증하기 위하여 법원이 정하는 적당한 조건을 이행할 것(제9호)이다.

(4) 위의 여러 보석조건 중 제8호의 보석조건은 전형적인 보석조건으로서 현행 형사소송법은 보증금 납입 외에 담보제공을 추가함으로서 질권이나 저당권 등 다양한 방법으로 담보제공을 할 수 있게 되었다.

바. 보석의 집행

(1) 보석조건의 이행과 보석 집행

보석허가결정의 집행은 재판의 집행이므로 재판집행의 일반원칙에 따라 검사가 그 집행을 지휘한다(형소법 460조). 제98조 제1호(본인 서약서)·제2호(보증금 약정서)·제5호(출석보증서)·제7호(피해 공탁 및 담보제공) 및 제8호(보증금 및 담보제공)의 조건은 이를 이행한 후가 아니면 보석허가결정을 집행하지 못하며, 법원은 필요하다고 인정하는 때에는 다른 조건에 관하여도 그 이행 이후 보석허가결정을 집행하도록 정할 수 있다(형소법 100조 1항).

(2) 보증금의 대납 등

법원은 보석청구자 이외의 자에게 보증금의 납입을 허가할 수 있다(형소법 100조 2항). 또한, 법원은 앞서 본 바와 같이 유가증권 또는 피고인 외의 자가 제출한 보증서로써 보증금에 갈음함을 허가할 수 있는데(형소법 100조 3항), 위 보증서에는 보증금액을 언제든지 납입할 것을 기재하여야 한다(형소법 100조 4항).

(3) 관공서 등에 대한 조치청구

법원은 보석허가결정을 할 때 형사소송법 제98조의 보석조건이 피고인의 출석을 실질적으로 담보할 수 있도록 필요한 조치를 강구하여야 할 필요가 있으므로, 보석허가결정에 따라 석방된 피고인이 보석조건을 준수하는데 필요한 범위 안에서 관공서나 그 밖의 공사단체에 대하여 적절한 조치를 취할 것을 요구할 수 있다(형소법 100조 5항).

구체적으로 법원은 형사소송법 제98조 제3호의 보석조건 준수 여부를 감독하기 위하여 피고인의 주거지를 관할하는 경찰서장에게 피고인이 주거제한을 준수하고 있는지 여부 등에 관하여 조사할 것을 요구하는 등 보석조건의 준수를 위하여 적절한 조치를 취할 것을 요구할 수 있고(형소규 55조의3 1항), 같은 법 제98조 제6호의 보석조건을 정한 때에는, 출입국사무를 관리하는 관서의 장에서 피고인에 대한 출국을 금지하는 조치를 취할 것을 요구할 수 있다(형소규 55조의3 2항).

그 외에도 법원은 주거를 병원으로 제한하여 보석을 허가한 경우 필요하다고 인정하는 때에는 그 병원에 피고인에 대한 진료경과, 현재의 건강상태, 예후 등을 조회할 수 있고, 이 경우 일정한 기간마다 주기적으로 보고할 것을 명할 수 있다. 법원은 경찰서, 동사무소 등에 피고인의 주거 변경 여부, 기타 필요한 사항을 조회하는 등의 방법으로 보석조건의 이행 여부 또는 보석취소사유의 유무에 관하여 사실을 조사 · 확인할 수 있다(보석등예규 13조).

보석조건 준수에 필요한 조치를 요구받은 관공서 그 밖의 공사단체의 장은 그 조치의 내용과 경과 등을 법원에 통지하여야 한다(형소규 55조의3, 3항).

사. 보석조건의 변경 및 보석의 취소

(1) 보석허가결정 후 법원은 직권 또는 형사소송법 제94조에 규정된 자(보석청구권자)의 신청에 따라 결정으로 보속조건을 변경하거나 일정기간 동안 당해 조건의 이행을 유예할 수 있다(형소법 102조 1항).

(2) 법원은 ① 피고인이 도망한 때, ② 도망하거나 죄증을 인멸한 염려가 있다고 믿을 만한 충분한 이유가 있는 때, ③ 소환을 받고 정당한 사유 없이 출석하지 아니한 때, ④ 피해자, 당해 사건의 재판에 필요한 사실을 알고

있다고 인정되는 자 또는 그 친족의 생명 · 신체 · 재산에 해를 가하거나 가할 염려가 있다고 믿을 만한 충분한 이유가 있는 때, ⑤ 법원이 정한 조건을 위반한 때 중 어느 하나에 해당하는 경우에는 직권 또는 검사의 청구에 따라 보석을 취소할 수 있다(형소법 102조 2항). 법원은 보석을 취소하는 때에는 직권 또는 검사의 청구에 따라 결정으로 보증금 또는 담보의 전부 또는 일부를 몰취할 수 있다(형소법 103조 1항).

아. 보석조건 위반에 따른 과태료 및 감치

종전과 달리 현행 형사소송법에서는 피고인이 정당한 이유 없이 보석조건을 위한 경우에 결정으로 피고인에 대하여 1천만원 이하의 과태료를 부과하거나 20일 이내의 감치에 처할 수 있다(형소법 102조 3항). 이 제재는 보석취소 여부와 상관없이 할 수 있다.

[서식 57] 보석허가청구서(1)

보 석 허 가 청 구 서

사 건 20○○고단○○○○ 장물알선

피 고 인 이 몽 룡 (000000-0000000)
○○시 ○○구 ○○로 ○○(○○동)
등록기준지 : ○○시 ○○구 ○○로 ○○(○○동)

위 사건에 관하여 피고인의 처는 다음과 같은 이유로 보석의 허가를 청구하오니 심리하시어 청구취지와 같이 결정하여 주시기 바랍니다.

청 구 취 지

피고인 이몽룡에 대한 보석을 허가한다.

단, 보석보증금은 피고인의 처 성춘향{000000-0000000, ○○시 ○○구 ○○로 ○○(○○동)}이 제출하는 보석보증보험증권 첨부의 보증서로서 갈음함을 허가한다.

라는 결정을 구합니다.

청 구 이 유

본 청구인은 피고인의 처로서, 존경하는 재판장님께 남편의 잘못에 대하여 대신 용서를 구하오며, 다만 피고인이 저희 가정의 사랑하는 딸의 아버지로서 사랑하는 남편으로서 자리를 지켜온 점과 다음 아래의 점을 감안하시어 석방의 은전을 베풀어 주시기를 간청 드립니다.

1. 보석의 요건

피고인은 본건 공소사실에 관하여 모두 인정하고 있고, 경찰 및 검찰에서 충분한 조사가 되어 있으며, 지난 10. 22. 구속된 지 2개월이 경과하여 충분한 죄의 대가를 치렀다고 보여지며, 이 사건에 관하여 더 이상 죄증 인멸의 우려가 없을 뿐 아니라, 현재 위 주소지에서 처와 고등학교 3학년생인 딸과 함께 거주하고 있는 등 주거가 일정하여 도주의 우려가 없습니다.

2. 사건 경위

이 사건 피고인이 장물알선죄로 기소된 사건의 발단은, 피고인이 지난 20○○. 8월경부터 고향선배인 상피고인 이○근이 운영하는 ○○시 ○○구 ○○로 ○○(○○동) 소재의 중고가전제품을 판매하는 고창냉동(대표 이○근)에 나가 일을 배우고 있던 중 20○○. 9. 28. 14:00경 상피고인 정○옥이 중고가전 가게에 찾아와 벽산아파트 상가주차장에서 주웠다며 수표 5,900만원권 1매, 500만원권 1매, 100만원 2매, 10만원권 7매, 현금 30만원, 미화 100불짜리 4장 등을 건네준 바 있습니다.

피고인은 위 수표 등을 맡아 가지고 있던 중 당시 중고가전 가게에 함께 있던 고향후배인 기○만이 "자신이 잘 알고 지내는 사람에게 환전해 올 수 있을 것 같다"고 말하길래 이○근에게 전화를 걸어 그러한 취지로 말하여 동의를 구한 후 "그렇게 하라"고 말하여 당일 15:00경 기○만이 상피고인 김○식에게 위 수표금 중 수표 5,900만원권 1매, 500만원권 1매, 100만원 2매 도합 6,600만원을 건네주고, 후에 김○식이 환전하면 다시 추가로 받기로 하고 일단 600만원을 받아온 것입니다.

이 600만원 중 가게 주인이자 고향선배인 이○근에게 400만원을 주고, 피고인이 100만원을 취하고 기○만이 100만원을 취한 것입니다.

이상과 같이 피고인이 정○옥으로부터 수표 등이 든 가방을 받아 기○만으로 하여금 처분되도록 한 것은 잘못된 점이나, 사실 수표는 아주 오래전에 발행된 것(20○○. 2.경)으로 수표의 유통기간을 생각할 때 뭔가 문제 있는 수표라는 생각을 하고 쉽게 처분하도록 한 것입니다.

3. 피고인의 정상

가. 피고인은 전북 고창 산골마을에서 자라 지금은 고인이지만 당시 교회 목사이신 부친과 장한 어머니 상을 수상한바 있는 모친(현 고창에서 기거중) 사이에서 4남 1녀 중 셋째로 태어나 그곳에서 고등학교를 졸업한 후 사관생으로 군에 입대하여 장교로 군복무하던 중 20○○년 현재의 처 성춘향을 만나 결혼을 한 후 딸 이슬(당 10세, 고교 3년생)을 두었고 11년간 군생활을 한 후 20○○년경에 대위로 전역하였습니다.

나. 피고인은 군복무중 어려서 목회를 하신 부친과 신앙심 두터운 모친의 영향을 받아 올바르게 자란 성품인지 거의 매년 표창장을 수여받았습니다.

피고인은 군 전역 후 세상물정을 몰라 퇴직금을 사업자금으로 썼다가 곧 실패하고, 다만 군에서 애완견을 다뤄본 경험을 살려 잠시 애견센타를 운영한 바도 없지만, 사업 형편이 좋지 않아 문 닫고는 이후 막노동판에서 일을 하며 가족을 부양하여 왔습니다.

그러다가 최근 20○○. 8.경 주위 아는 분의 소개로 고향선배인 피고인 이○근을 알게 되었고, 나중에 중고가전제품 판매업을 해볼 목적으로 이○근 아래서 일을 배우던 차에 이 건 일이 벌어진 것입니다.

다. 피고인은 비록 세상물정을 몰라 손해보기는 하지만 가정에서는 사랑받는 남편이요, 자상한 아빠였습니다. 청구인 가족은 구리시 교문동에 있는 ○○교회(담임목사 안○종)에 다니며 단란한 가정생활을 하여 왔습니다.

딸 슬이는 고등학교(○○여자고) 내내 공부를 잘하여 우등상을 줄곧 타며 도 장학생으로도 선발이 되었고 명문대학 예능계열학과 진학을 꿈꾸며 준비해왔는데, 지난 10. 22.경 아빠의 구속으로 인하여 충격을 받고 12. 4. 치러진 수능고사에서 실력에 훨씬 못 미치는 점수를 받은 일이 생겼습니다. 또 유치원에서 지금까지 아이 평생에 지각이라는 것을 모르다가 난생 처음으로 지각이며 결석까지 하는 일이 벌어졌습니다.

라. 그간 집이 없던 설움에서 벗어나 그간 모아둔 3,000만원을 가지고 금년 10. 1. ○○시 ○○구 ○○로 ○○(○○동) 다세대주택 지층 20평짜리(지하 1층 101호)를 은행으로부터 5,700만원을 대출받아 금 9,600만원에 지하방 집을 구입한 것인데, 내 집에 들어가기도 전에 이 건 사고가 발생한 것입니다.

마. 공 탁

피고인이 본건으로 취득한 돈은 기○만으로부터 받은 100만원뿐입니다. 피고인이 비록 기○만으로부터 장물알선의 대가로 받은 돈이나 결국 피해자의 돈이므로, 이 금액상당을 피해자에게 반환해 주는 것이 옳다고 생각하고 100만원을 공탁하였습니다.

4. 결 어

피고인은 기○만으로부터 100만원을 받기는 하였지만, 처음부터 적극적으로 장물을 취득하려고 처분을 알선할 생각이 아니었던 점, 피고인이 본건으로 취한 돈이 100만원에 불과하여 액수가 경미하고 이를 공탁한 점, 피고인이 자신의 잘못을 뉘우치고 있는 점, 가족이 애타게 피고인의 석방을 고대하며 제자리로 돌아와 주기를 바라는 점 등 이상 제반사정을 참작하시어 피고인을 석방하여 주시기를 간청 드립니다.

석방 후에는 고향에 계신 모친을 뵙고 용서를 구한 후 본래의 신앙인 자세로 돌아가 한 치의 흐트러짐 없이 바르게 살도록 내조하겠습니다.

첨 부 서 류

1. 주민등록등본	1통
1. 탄원서	1통
1. 표창장	3통
1. 등기부등본	1통
1. 변제공탁서	1통
1, 회수제한신고서	1통

20○○. ○. ○.

위 피고인의 처 성 춘 향 (인)

○○지방법원 귀중

【접수방법 및 유의사항】

1. 보석청구의 1부(참고자료 첨부)와 부본 1부(참고자료 미첨, 검사에게 보낼 것임)를 작성하여 관할 형사재판부에 제출한다.
2. 보증인의 자격에는 제한이 없다. 실무상 배우자, 직계친족, 형제자매, 변호인 등이 보증을 선다.

3. 피고인이 인적사항, 청구하는 취지와 원인을 기재하고, 증거인멸, 도주염려가 없는 것을 중심으로 구속의 부당성을 지적한다. 첨부서류란에는 청구이유에 관한 소명자료(합의서, 재직증명서, 사실확인서, 탄원서 등)와 청구인의 주민등록등본 또는 가족관계증명서 등을 첨부한다.
4. 보석허가결정이 내린 경우의 처리방법
   가. 보석허가 결정이 나면 바로 해당 재판부에 가서 보석허가결정문을 받는다.
   나. 기소 후의 보석결정은 보석금납입에 갈음하여 보증보험증권으로도 제출하도록 허가하고 있으므로 이 경우 위 보석허가결정문(사본)을 지참하고 서울보증보험(대리점)을 방문하여 증권을 발급받는다.
   만일 청구인(보증인)이 금융신용관리대상자(구, 신용불량자)로 등록이 되어 있다면 증권발급이 불가하므로 보석허가 청구시 신용관리대상자인지 여부를 미리 확인하여 청구인을 정하여야 할 것이다.
   다. 발부받은 보증보험증권(또는 보석금)을 검찰청(주로 공판과)에 제출하면(보석보증금이 현금인 경우는 검찰청 징수계에 제출), 통보를 받은 검사는 석방지휘를 하고 이에 피고인은 당일 오후 늦게 석방되는 것이 일반적이다.
   라. 검찰청에 갈 때는 ① 보석보증보험증권 또는 현금공탁서, ② 보석결정에 따라서는 서약서가 필요 ③ 보증인의 보증서 및 신분증 사본을 갖추어야 한다.

[서식 58] 재산관계진술서

재 산 관 계 진 술 서

사건번호	20○○고단 ○○○○ 장물알선	
피 고 인	성 명	이 몽 룡
	직 업	중고가전판매업
	주민등록번호	000000-0000000
	주 소	○○도 ○○시 ○○로 ○○(○○동)
동 산 기 타	현 금	없음
	예 금	없음
	기 타	없음
부 동 산	부동산소유권	○○시 ○○구 ○○로 ○○(○○동) 다세대주택 지하 1층 101호
		시가총액 : 1억원(대출금 5,700만원)

	전세금, 보증금	
재산총액		4,300만원
월 수 입	금 액	없음
	내 역	현재는 중고가전판매업소가 폐쇄하여 특별한 수입은 없는 상태임

본인은 양심에 따라 사실대로 이 진술서를 작성하여 제출합니다.

20○○. ○. ○.

피고인의 처 이 명 자 (인)

【접수방법 및 유의사항】

1. 위 진술서는 보석허가청구서에 반드시 첨부하여야 한다.
2. 법원에서는 진술서를 토대로 보석금을 현금으로 할지 보증보험증권으로 할지 또는 현금을 얼마로 하여야 할지 등을 판단한다.
3. 보석청구서를 접수한 경우 법원사무관은 보석청구인이 형사소송규칙 제53조의2에서 규정한 피고인의 자력 또는 자산정도에 관한 서면을 제출하지 아니한 경우에 위 재산관계진술서의 제출을 명할 수 있는데 이 경우 이를 작성하여 보정토록 한다.
4. 보석의 청구인은 보석결정을 결정함에 형사소송법 제99조 제2항에 따른 이행 가능한 조건인지 여부를 판단하기 위하여 필요한 범위 내에서 피고인(피고인이 미성년자인 경우에는 그 법정대리인 등)의 자력 또는 자산 정도에 관한 서면을 제출하여야 한다.

[서식 59] 보석허가청구서(2)

보 석 허 가 청 구 서

사 건 20○○고단○○○호 폭력행위등처벌에관한법률위반 등

피 고 인 ○ ○ ○ (000000-0000000)

○○시 ○○구 ○○로 ○○(○○동)

등록기준지 : ○○시 ○○구 ○○로 ○○(○○동)

직 업 : 회 사 원

위 사건에 관하여 피고인의 변호인은 다음과 같은 이유로 보석의 허가를 청구하오니 심리하시어 청구취지와 같이 결정하여 주시기 바랍니다.

청 구 취 지

1. 피고인 ○○○에 대한 보석을 허가한다.
2. 보석보증금은 피고인의 처 박○○(주소 : ○○도 ○○군 ○○면 ○○로 ○○)이 제출하는 보증보험증권 첨부의 보증서로 갈음할 수 있다.

라는 결정을 구합니다.

청 구 이 유

1. 피고인에 대한 공소사실은 공소장 기재와 같고,

2. 피고인은 도주할 염려가 없습니다.
   피고인은 주거가 일정하고 ○○주식회사에서 자기비피괴검사기능사로 재직중이고 처와 자녀 1명이 있는 가장입니다. 한편, 피고인의 신원을 보증하기 위하여 신원보증인 2명이 신원보증을 한 바 있습니다.

3. 피고인은 증거인멸의 우려가 없습니다.
   공소단계에서 검사가 피고인에 대한 증거를 모두 확보하고 있고, 피고인이 모두 범행을 자백하고 있으므로 증거인멸의 우려가 없습니다.

4. 개전의 정 및 정상참작사유에 관하여
   피고인은 본 건 범행에 관하여 깊이 뉘우치고 있으며 피해자들과 원만히 형사부분 합의를 하였고 피해자들도 피고인의 처벌을 원하지 않고 있습니다.

5. 이와 같은 여러 가지 사정을 참작하시어 피고인으로 하여금 불구속상태에서 재판을 받을 수 있도록 보석을 허가하여 주시기 바랍니다.

6. 피고인은 경제적 여유가 없으므로 피고인의 처 ○○○가 보석보증보험증권을 첨부한 보증서를 제출하여 보증금에 갈음하도록 허가하여 주시기 바랍니다.

첨 부 서 류

1. 신원보증서 1통
1. 주민등록등본 3통
   (청구인의 것, 신원보증인 2명의 것)

1. 합의서 사본 2통
1. 재직증명서 사본 1통
1. 재산관계진술서 1통
1. 피고인진술서 1통
1. 변호인선임신고서 1통

20○○. ○. ○.

위 피고인의 변호인 변호사 ○ ○ ○ (인)

○○지방법원 귀중

[서식 60] 보석허가청구서(3)

보 석 허 가 청 구 서

사 건 20○○고단○○○호 폭행

피 고 인 ○ ○ ○ (000000-0000000)
○○시 ○○구 ○○로 ○○(○○동)
등록기준지 : ○○시 ○○구 ○○로 ○○(○○동)
직 업 : 회 사 원

위 사건에 관하여 피고인의 처는 다음과 같은 이유로 보석의 허가를 청구하오니 심리하시어 청구취지와 같이 결정하여 주시기 바랍니다.

청 구 취 지

피고인 ○○○에 대한 보석을 허가한다.
라는 결정을 구합니다.

청 구 원 인

1. 피고인은 공소사실을 모두 자백하고 주거가 일정하여 도주의 우려가 없을 뿐만

아니라 죄증을 인멸할 염려가 없는 등, 형사소송법이 정한 필요적 보석의 요건을 모두 갖추고 있습니다.

2. 피고인은 초범이고 피해자에게 용서를 빌고 원만히 합의하였으며, 그동안의 구금생활을 통하여 깊이 반성하고 있습니다. 이러한 점들을 참작하시어 피고인으로 하여금 불구속상태에서 재판을 받을 수 있도록 보석을 허가하여 주시기 바랍니다.

3. 보석보증금은 신청인이 보증보험회사와 체결한 보증보험증권으로 대체할 수 있도록 하여 주시기 바랍니다.

첨 부 서 류

1. 가족관계증명서 1통
1. 주민등록등본 1통
1. 합의서 1통

20○○. ○. ○.

위 피고인의 처 ○ ○ ○ (인)

○○지방법원 귀중

[서식 61] 보석허가청구서(4)

보 석 허 가 청 구 서

사 건 20○○고단○○○호 교통사고처리특례법위반

피 고 인 ○ ○ ○ (000000-0000000)
○○시 ○○구 ○○로 ○○(○○동)
등록기준지 : ○○시 ○○구 ○○로 ○○(○○동)
직 업 : 회 사 원

위 사건에 관하여 피고인의 변호인은 아래와 같은 이유로 보석을 청구합니다.

청 구 취 지

피고인 ○○○에 대한 보석을 허가한다.
라는 결정을 구합니다.

청 구 이 유

1. 피고인은 형사소송법 제95조에 규정된 필요적 보석의 예외사유, 즉, 사형, 무기, 또는 10년 이상의 징역에 해당하는 범죄를 범하지 아니하였으며, 또한 피고인은 모든 범죄사실을 시인하고 있을 뿐만 아니라 이에 대하여 충분한 조사가 완료되어 증거인멸의 우려가 없습니다. 더구나 피고인은 1남 3녀를 둔 가정의 세대주로서 주거가 분명하여 도주의 우려도 없습니다.

2. 피고인의 이 사건 범죄사실은 피고인의 고의에 의한 것이 아니고, 작은 과실에서 비롯하여 악천후 속에서 이처럼 큰 결과를 가져온 것입니다. 사고 발생일인 20○○. ○. ○. 12:30경 갑자기 쏟아진 우천으로 인하여 도로가 미끄러웠을 뿐만 아니라, 전방의 시야마저 확보되지 못한 상황이었습니다. 당시 피고인은 앞서가던 봉고승합차의 뒤를 따라 진행하고 있었는데, 앞서가던 승합차가 왕복 2차선의 좁은 교량 상에서 갑자기 급제동을 하는 것을 보고 추돌을 피하기 위하여 피고인도 순간적으로 급제동 조치를 취하였던 것입니다. 도로가 미끄러운 상태에서의 급제동이 위험한 것은 익히 알고 있었으나, 앞서가던 차량과의 추돌을 방지하기 위해서는 불가피한 것이었습니다. 이러한 순간적인 과실이 화근이 되어 차가 빗길에 미끄러지면서 오른쪽 다리난간을 충격하고는 바로 중앙선을 침범하여 피해자들이 타고 있던 승용차가 피고인 운전의 화물차의 측면을 들이받았던 것입니다. 더구나 당시 폭우로 인하여 반대방향에서 오던 피해차량을 발견하지 못한 것이 원인이 되기도 하였습니다. 이러한 사고 당시의 정황을 잘 살펴주시기 바랍니다.

3. 또한 피고인은 피해자의 유가족에게 피고인의 사정이 허락하는 최대한의 성의를 들여 그 유가족들 및 피해자 이○○와 원만히 합의하였고, 이에 피해자 이○○, 전○○의 유가족 및 위 이○○도 피고인의 관대한 처벌을 탄원하고 있습니다.

4. 한편 피고인 ○○○는 단 한 번의 전과도 없는 초범입니다. 즉, 피고인은 아버지를 전장에서 잃은 국가유공자의 자녀(전몰군경유족)로서, 가난 속에서 어렵게 성장하였습니다. 그러나 피고인은 그 어려운 환경 속에서도 성실히 성장하여 그동안 단 한 번의 처벌도 받은 사실이 없습니다.

5. 피고인 ○○○는 현재 1남 3녀의 자녀를 둔 한 가정의 가장입니다. 지난 22년간 피고인은 ○○시 ○○구 ○○로 ○○(○○동)에 소재한 주식회사 ○○에서 근속하였고, 위 회사의 소유주가 바뀌면서 20○○. ○. ○. 현재의 근무지인 ○○제재소로 직장을 바꾸게 되었습니다. 위 ○○제재소의 운전기사로 근무하면서 ○○○원이 조금 넘지 않은 급여를 가지고 1남 3녀를 양육하는 등 근근이 가계를 이끌어 왔고, 큰 딸은 출가도 시켰습니다. 그런데 이제 이 사건으로 인하여 피해자들에게 속죄하기 위하여 그동안 피고인이 모은 재산의 대부분을 지급하였을 뿐만 아니라, 더구나 이제는 피고인의 구속이 장기화되면서 나머지 가족들의 생계마저 위협받는 상황이 되었습니다.

6. 경위야 어떻든 피고인 ○○○는 지난 40여일의 긴 구속기간 동안 자신의 잘못을 깊이 뉘우치고 있을 뿐만 아니라, 다시는 자신의 생업인 운전업무에 있어서 작은 실수도 저지르지 않겠다고 다짐하고 있습니다.
이상과 같은 사실을 참작하여 상당한 보석보증금과 기타 적당한 조건을 붙여 보석을 허가하여 주시기 바랍니다.

첨 부 서 류

1. 합의서	1통
1. 탄원서	1통
1. 탄원인명부	1통
1. 국가유공자증명서	1통
1. 변호인선임신고서	1통

20○○. ○. ○.

위 피고인의 변호인 변호사 ○ ○ ○ (인)

○○지방법원 귀중

[서식 62] 보석허가청구서(5)

보 석 허 가 청 구 서

사 건 20○○고단○○○호 절도 등

피 고 인 ○ ○ ○ (000000-0000000)
○○시 ○○구 ○○로 ○○(○○동)
등록기준지 : ○○시 ○○구 ○○로 ○○(○○동)
직 업 : 회 사 원

위 사건에 관하여 피고인의 변호인은 다음과 같은 이유로 보석을 청구하오니 허가하여 주시기 바랍니다.

청 구 취 지

1. 피고인 ○○○에 대한 보석을 허가한다.
2. 보석보증금은 피고인의 처 박○○(주소 : ○○도 ○○군 ○○면 ○○로 ○○)이 제출하는 보증보험증권 첨부의 보증서로 갈음할 수 있다.

라는 결정을 구합니다.

청 구 이 유

1. 공소사실의 요지

피고인에 대한 이 사건 공소사실의 요지는, 피고인은 20○○. ○. ○. 15:00경 ○○도 ○○군 ○○읍 ○○ 소재 국유지 내에 위치한 ○○남도 문화재자료 제75호인 "○○○ 최선생 신도비" 보호책 설치공사를 하던 중 지표면으로부터 40㎝ 지점에 매장되어 있던 국가 소유의 금동보살입상 1점, 금동불좌상 1점, 아미타여래입상 1점, 관음보살좌상 1점, 여래좌상 1점 등 총 5점의 불상을 꺼내어 가 절취한 것이다.라는 것입니다.

2. 이 사건의 경위

피고인은 이 건 당시 ○○건설주식회사에서 화물차 운전일을 하며 위 보호책 설치공사를 하고 있었습니다. 피고인은 위 보호책 설치공사의 기초공사 과정에서 땅속에 매장되어 있던 위 물건 5점을 발견하였습니다. 이에 피고인은 물욕을 이기지 못하고 이 건에 이르게 된 것입니다.

3. 정상에 관한 주장

가. 자백과 반성

(1) 피고인은 이 사건 범행 후 자신의 잘못을 깊이 뉘우치며 수사기관 및 법정에서 이 건 공소사실에 대한 기초사실을 모두 인정하고 있습니다.

(2) 더욱이, 피고인은 고향 문화재를 절취한 자신의 행동에 대해 양심의 가책을 느끼고 그 다음 날 2점을 군 문화체육과에 신고하였습니다. 또한 양심의 가책을 이기지 못하고 위 범행 얼마 후 피고인이 태어나고 자란 고향을 떠나 타향에서 지내기까지 하였습니다.

나. 불법의 경미성

(1) 피고인의 행위는 우연히 땅 속에 묻혀있던 물건을 발견하고 순간적인 물욕을 이기지 못하고 이를 가져가고 그중 2점을 매도하려 했던 것뿐입니다.

(2) 피고인은 위 물건의 매도과정에 대해 전혀 아는 바가 없었고 매수가격, 수수, 매수자 결정 등에 전혀 관여한 바 없습니다.

(3) 피고인은 위 매도로 금 ○○○원을 수수하고 그중 ○○○원은 위 김○○에게 돌려주었습니다. 피고인이 실제로 이득을 취한 금원은 ○○○뿐이며 이도 채무변제, 조그만 구멍가게 인수계약금 등 생활비조로 사용하였습니다.

다. 동기의 참작성

(1) 피고인은 자신이 운영하던 카센터가 망한 후 막노동, 화물차 운전 등의 일을 하며 처와 초등학교에 다니는 두 자녀를 부양하고 있었던 가장입니다. 그나마 일거리가 많지 않아 피고인의 가정은 경제적으로 매우 어려운 상황이었습니다.

(2) 피고인의 가정은 조석을 잇기가 어려울 정도로 빈한하여 기초생활수급대상자로 지정되어 있을 정도입니다. 피고인이 이 건에 이르게 된 것도 자녀들의 양육비 문제로 얼마간의 빚을 진 피고인이 매일 이를 걱정하던 중 이 건 물건들을 발견하고 순간적으로 욕심이 생겼기 때문이었습니다.

(3) 피고인의 구속으로 인해 피고인의 가정은 현재 피고인의 처가 일당을 받고 하우스에서 노동일을 하며 자녀들을 부양하고 있는 형편입니다.

4. 보석사유에 관한 주장

가. 피고인의 전과 및 예외사유 해당 여부

피고인은 이 사건 범죄를 저지르기 이전에는 철없던 10대 시절 집행유예를 선고받은 이외에는 특별한 전과가 없고, 형사소송법 제95조 제1호에 규정한 필요적 보석의 예외사유, 즉 사형, 무기 또는 10년이 넘는 징역형이나 금고형에 해당하는 범죄를 저지르지 아니하였습니다.

나. 피고인은 주거가 분명하며 도주할 염려가 없습니다.

피고인은 ○○도 ○○군 ○○면 ○○로 ○○에서 처 및 두 자녀와 거주하며 생활하고 있어 도주할 염려는 없습니다.

다. 피고인은 증거를 인멸할 우려도 없습니다.

피고인은 이미 수사기관 및 법정에서 자신의 범행사실을 있는 사실대로 모두 시인하였으므로 피고인이 증거를 인멸할 우려가 전혀 없습니다.

5. 결 론

이상과 같은 사정 및 기타 기록에 현출된 제반 사정을 참작하시어 피고인의 행위에 대한 선처를 통하여 그동안 성실하게 살아온 피고인이 다시 사회로 복귀하여 한 가정의 가장으로서 처자식을 부양하고 생업에 종사할 수 있도록, 이번에 한하여 적당한 보증의 제공을 조건으로 하여 보석을 허가하여 주시기를 부탁드립니다.

6. 보석보증보험증권 첨부의 보증서제출허가신청

피고인은 현재 국민기초생활보장수급대상자로 지정될 정도로 빈한한 형편이어서 경제적 여유가 없으므로, 피고인의 처 박○○가 보석보증보험증권을 첨부한 보증서를 제출하여 보증금에 갈음하도록 허가하여 주시기 바랍니다.

첨 부 서 류

1. 탄원서(피고인의 처) 1통
1. 주민등록등본 1통
1. 재산관계진술서 1통
1. 지방세세목별 과세증명서 1통
1. 국민기초생활 수급대상자 증명서 1통
1. 변호인선임신고서 1통

20○○. ○. ○.

위 피고인의 변호인 변호사 ○ ○ ○ (인)

○○지방법원 귀중

[서식 63] 보석허가청구서(6)

보 석 허 가 청 구 서

사 건 20○○고단○○○○ 도로교통법위반

피 고 인 ○ ○ ○ (000000-0000000)
등록기준지 : ○○시 ○○구 ○○로 ○○(○○동)
주 거 : ○○시 ○○구 ○○로 ○○(○○동)
현 재 : ○○교도소 수감 중

위 피고인에 대한 도로교통법위반 피고사건에 관하여 피고인의 변호인은 다음과 같은 이유로 보석을 청구하오니 청구취지와 같이 결정하여 주시기 바랍니다.

청 구 취 지

피고인 ○○○에 대한 보석을 허가한다.

단, 보석보증금은 ○○시 ○○구 ○○로 ○○(○○동) 피고인의 처 ○○○가 제출하는 보석보증보험증권 첨부의 보증서로 갈음할 수 있다.

라는 결정을 구합니다.

청 구 원 인

피고인에 대한 공소사실은 공소장 기재 사실과 같은바,

1. 피고인은 도망할 염려가 없습니다.
   피고인은 일정한 직업이 있고, 주거가 명확하여 처자식을 부양하여야 하는 가장으로서 가정환경으로 보아 도망할 염려는 전혀 없습니다.

2. 피고인은 죄증을 인멸한 염려가 없습니다.
   본건 공소사실에 대한 증거는 이미 기소단계에서 검사에 의하여 모두 수집 보전되어 있고, 피고인 또한 사실 그대로를 진술하고 있으므로 증거를 인멸할 필요조차 느끼지 않고 있습니다.

3. 피고인에게는 아래와 같이 정상을 참작할 만한 특별한 사정이 있습니다.
   가. 피고인은 ○○시 ○○구 ○○동에서 가난한 집안의 아들로 태어나 가정형편이

어려워 ○○중학교를 중퇴하였으며, 그 후 계속해서 화물자동차 운전을 해왔습니다.

피고인은 20○○년 교통사고로 운전면허증이 취소되었으나, 가족들의 생계가 막연하여 다시 운전을 하다 이 건 사고를 야기하였습니다.

피고인은 이 건 사고 직전 처가 가출한 것에 상심한 나머지 소주를 약간 마신 것이 이 건 사고의 원인이 되었습니다.

피고인은 현재까지 구금되어 있는 동안 자신의 잘못을 깊이 참회하고 앞으로는 성실하게 살아갈 것을 맹세하고 있습니다.

나. 피고인은 현재 가출했던 처가 돌아와서 아이들 둘을 돌보면서 피고인이 출감하기만을 학수고대하고 있으며, 또한 가족들의 생계조차 막연한 실정입니다.

다. 피고인은 이 건으로 인해 구속됨으로서 자신의 생활을 깊이 반성하고 새사람이 태어날 것을 맹세하고 있으며, 앞으로 가족과 함께 착실히 살아가려고 하고 있으므로 재범의 우려는 전혀 없습니다.

4. 이상의 여러 사유를 종합하건대 피고인이 자신의 잘못을 깊이 뉘우치고 반성하고 있으며 다시는 법을 어기는 일은 하지 않을 것을 맹세하고 있으므로 피고인이 조속히 석방되어 생업에 종사할 수 있도록 보석의 은전을 베풀어 주심이 상당하다 할 것이므로, 보석을 허가하심에는 상당한 보증금, 기타 적당한 조건을 붙여 청구취지와 같은 결정을 하여 주시기 바랍니다.

5. 피고인의 보석보증금은 피고인의 모 ○○○(○○시 ○○구 ○○로 ○○(○○동))이 보석보험증권 첨부의 보증서로 갈음하여 제출하고자 하오니 허가하여 주시기 바랍니다.

첨 부 서 류

1. 가족관계증명서 1통
1. 주민등록등본(피고인) 1통
1. 합의서 1통
1. 인감증명서 1통
1. 변호인선임신고서 1통

20○○. ○. ○.

위 피고인의 변호인 변호사 ○ ○ ○ (인)

○○지방법원 귀중

[서식 64] 보석허가청구서(7)

보 석 허 가 청 구 서

사 건 20○○고단 ○○○호 사기

피 고 인 ○ ○ ○ (000000-0000000)
등록기준지 : ○○시 ○○구 ○○로 ○○(○○동)
주 소 : ○○시 ○○구 ○○로 ○○(○○동)
현 재 : ○○구치소 수감 중

위 피고인에 대한 사기 피고사건에 관하여 피고인의 변호인은 다음과 같은 이유로 보석을 청구하오니 청구취지와 같이 결정하여 주시기 바랍니다.

청 구 취 지

피고인 ○○○에 대한 보석을 허가한다.
라는 결정을 구합니다.

청 구 이 유

1. 이 건 공소사실의 요지는,
피고인은 20○○. ○. ○.경 주식회사 ○○○○ 공장에 기계납품계약을 체결한 사실이 없음에도 불구하고 피해자 ○○○에게 허위로 만든 주식회사 ○○○○ 명의의 부식납품계약서 1매를 제시하면서 납품계약을 체결한 사실이 있는 것처럼 위 피해자를 기망하여 위 피해자로부터 같은 해 ○. ○. ○○은행 온라인으로 현금 500만원을 교부받은 것을 비롯하여 총 1,600만원을 교부 받아 이를 편취한 것이라고 함에 있습니다.

2. 그러나 피고인은 자신이 주식회사 ○○○○ ○○공장 공장장 ○○○과 안면이 있는 것을 기계 도매업을 하는 위 피해자가 알고 위 공장에 기계를 납품할 수

있도록 하여 달라고 요청하여, 위 피해자가 2,000만원을, 피고인이 2,500만원을 각 투자하기로 하는 내용의 기계납품동업계약을 체결하였으나 3개월이 지나도 위 피해자가 보증금 2,000만원을 주지 않아 동업계약을 상호해약하기로 한 다음, 위 피해자로부터 교부 받은 1,500만원을 반환한 것입니다.

따라서 피고인에게 처음부터 위 피해자를 속여 돈을 편취할 의사가 있었던 것은 아닙니다.

3. 가사 피고인의 범죄가 인정된다고 하더라도 피고인은 위 피해자로부터 교부 받은 돈을 모두 반환하여 피해 회복되었고, 또한 이 건 범행을 깊이 뉘우치고 있을 뿐만 아니라 한 가족의 가장인 점 등의 여러 정상을 참작하시어 도주의 염려가 없는 피고인에 대하여 불구속으로 재판을 받을 수 있도록 보석을 허가하여 주시기 바랍니다.

20○○. ○. ○.

위 피고인의 변호인 변호사 ○ ○ ○ (인)

○○지방법원 ○○지원 귀중

[서식 65] 보석허가청구서(8)

보 석 허 가 청 구 서

사 건 20○○노○○○○호 교통사고처리특례법위반

피 고 인 ○ ○ ○ (000000-0000000)

등록기준지 : ○○시 ○○구 ○○로 ○○(○○동)

주 소 : ○○시 ○○구 ○○로 ○○(○○동)

현 재 : ○○구치소 수감 중

귀원에 재판계속 중인 피고인(항소인)에 대한 교통사고처리특례법위반사건에 관하여 아래와 같이 피고인의 보석을 청구하오니 청구취지와 같이 결정하여 주시기 바랍니다.

청 구 취 지

피고인 ○○○의 보석을 허가한다.
라는 결정을 구합니다.

청 구 이 유

1. 피고인의 형사소송법 제95조에 규정한 필요적 보석의 예외사유, 즉 사형, 무기 또는 10년이 넘는 징역형에 해당하는 범죄를 저지르지 아니하였으며, 피고인은 원심에 이르기까지 그 범죄사실을 모두 시인하고 피해자와 원만히 합의하였을 뿐만 아니라 그의 직업과 주거가 일정하므로 증거를 인멸하거나 도주할 염려가 없다 할 것입니다.

2. **이 사건 사고의 경우에 관하여**
피고인이 덤프트럭을 운전 중 소정의 제한 속도를 다소 위반한 것은 사실이나 사고 지점은 삼거리로서 경춘국도의 편도 2차선의 도로이고 우측으로 마석에서 나오는 좁은 도로가 있어 삼거리인 점과 신호체계가 있는 것은 사실이나 직진선이 우선도로이고, 피고인이 삼거리 약 100m 전방에서 직진신호를 보고 진행 중 삼거리 임박지점에서 신호가 변경된 것으로 보여지는바, 그렇다면 골목에서 좌회전하던 피해차량 등은 좌측 국도상의 직진차량에 우선 양보하여야 함에도 불구하고 만연히 좌회전한 과실도 없지 않습니다.

3. **사고 후의 정황**
피고인은 사고 후 적절한 조치를 하였음은 물론 피해자 가족과 원만히 합의하여 피해자 측은 원심전후 피고인의 선처를 바라는 진정을 하고 있고 피고인 또한 깊이 뉘우치고 있습니다.

4. **피고인의 정상**
피고인은 지금까지 처벌받은 전과가 전혀 없으며 그간의 구금생활을 통하여 깊이 반성하고 있고 피고인은 직원 2명을 두고 건강식품대리점을 경영하면서 부모와 동생 3명을 부양하고 있으므로 피고인의 구속이 장기화될 경우 대리점의 경영 및 가족들의 부양에 치명적인 타격을 받게 될 지경입니다.
이상의 여러 점을 참작하면 피고인에 대하여 석방의 조치로 자기 권익보호와 부당한 혐의의 해명을 위한 기회를 주어야 할 것이며 만의 하나 유죄의 심증이 이뤄진다고 하여도 과연 실형 등의 응징이 필요 없는 이 건에서 형사소송의 이념

달성을 위해 피고인의 보석이 선행되어야 한다고 생각되어 이 건 청구에 이르게 된 것입니다.

5. **보석보증금**
피고인에 대한 보석보증금은 피고인의 처 윤○○(주소 : ○○시 ○○구 ○○로 ○○(○○동))가 제출하는 보석보증보험증권 첨부의 보증서를 제출하는 것으로 허가하여 주시기 바랍니다.

첨 부 서 류

1. 주민등록등본 3통
(청구인의 것, 신원보증인 2명의 것)
1. 합의서 사본 2통
1. 가족관계증명서사본 1통
1. 재산관계진술서 1통
1. 피고인진술서 1통
1. 청구서부본 1통

20○○. ○. ○.

위 피고인의 대리인 모 ○ ○ ○ (인)

○○지방법원 귀중

[서식 66] 서약서(1) (보석허가시)

서 약 서

사 건 20○○고단○○○○ 사기
피 고 인 ○ ○ ○

피고인은 법원이 지정하는 일시와 장소에 반드시 출석하고, 보석기간 동안 위 사건과 관련한 일체의 증거를 인멸하지 않을 것을 서약합니다.

20○○. ○. ○.

위 서약인(피고인) ○ ○ ○ (무인)
○○시 ○○구 ○○로 ○○(○○동)
연락처 : 000-000-0000

○○지방법원 귀중

【유의사항】

1. 법원은 보석허가시 위 서약서의 제출을 조건으로 할 수 있다.
2. 연락처란에는 자택전화번호와 휴대전화번호를 모두 기재하여야 하고, 필요한 경우에는 그 밖에 피고인에게 연락할 수 있는 연락처를 기재한다.
3. 정당한 이유 없이 위 보석조건을 위반 경우에는 법원의 결정으로 보석을 취소하거나 피고인에 대하여 1천만원 이하의 과태료 부과 또는 20일 내의 감치를 명할 수 있다.

[서식 67] 서약서(2) (보석허가시)

서 약 서

사 건 20○○고단○○○○ 사기

피 고 인 ○ ○ ○

피고인은 보석기간 중 법원의 허가 없이 외국으로 출국하지 아니할 것을 서약합니다.

20○○. ○. ○.

위 서약인(피고인) ○ ○ ○ (무인)
○○시 ○○구 ○○로 ○○(○○동)
연락처 : 000-000-0000

○○지방법원 귀중

[서식 68] 약정서(보석허가시)

약 정 서

사 건 20○○고단○○○○ 사기

피 고 인 ○ ○ ○

보 증 금 오백만원정 (금 5,000,000원정)

피고인은 법원이 명하는 경우 법원이 정한 위 보증금 상당의 금액을 납부할 것을 약정합니다.

20○○. ○. ○.

위 피고인 ○ ○ ○ (무인)
○○시 ○○구 ○○로 ○○(○○동)
연락처 : 000-000-0000

○○지방법원 귀중

【유의사항】

1. 법원은 보석허가시 위 약정서의 제출을 조건으로 할 수 있다.
2. 연락처란에는 자택전화번호와 휴대전화번호를 모두 기재하여야 하고, 필요한 경우에는 그 밖에 피고인에게 연락할 수 있는 연락처를 기재한다.

[서식 69] 보증서(보석허가시)

보 증 서

사 건 20○○고단○○○○ 사기

피 고 인 ○ ○ ○

보 증 금 오백만원정(금 5,000,000원정)

위 금액은 위 사람에 대한 20○○고합○○○○ 사기피고사건의 20○○. ○. ○.자 보석 허가결정에서 정한 보석보증금으로서 본인이 제출하는 보석보증보험증권 첨부의 보증서로 갈음함을 허가받은 금액입니다.

위 금액은 언제든지 법원의 명령에 따라 본인이 납부할 것을 서약하며, 법원의 보증금납부명령 또는 몰수결정이 있는 때에는 별첨 보석보증보험증권에 의하여 국가가 직접 이를 징수함에 아무런 이의가 없음을 확약하여 이 보증서를 제출합니다.

첨 부 서 류

1. 보석보증보험증권 1통

20○○. ○. ○.

보증인 성 명 : ○ ○ ○ (인)
주민등록번호 : 000000-0000000
주 소 : ○○시 ○○구 ○○로 ○○(○○동)
관 계 : 피고인의 누나

○○지방법원 귀중

【유의사항】

법원은 보석허가시 위 보증서의 제출을 조건으로 할 수 있다.

[서식 70] **출석보증서** (보석허가시)

출 석 보 증 서

사　　건　　20○○고단○○○○　사기

피 고 인　　김　갑　동

보증인은 피고인이 법원이 지정하는 일시와 장소에 출석하는 것을 보증하고, 만약 피고인이 출석하지 않을 때에는 형사소송법이 정한 제재를 받는데 이의가 없음을 확인합니다.

출석보증인 : 이 미 녀
피고인과의 관계 : 배우자(처)
주민등록번호 : 000000-0000000
주　　　　소 : ○○시 ○○구 ○○로 ○○(○○동)
연　락　처 : 000-000-0000

20○○. ○. ○.

출석보증인 이 미 녀 (인)

○○지방법원 귀중

【유의사항】

1. 법원은 위 보증서의 제출을 조건으로 할 수 있다.
2. 석방된 피고인이 정당한 이유 없이 기일에 불출석하는 경우에는 법원의 결정으로 보증인에 대하여 500만원 이하의 과태료가 부과될 수 있다.
3. 연락처란에는 자택전화번호와 휴대전화번호를 모두 기재하여야 하고, 필요한 경우에는 그 밖에 보증인에게 연락할 수 있는 연락처를 기재한다.

[서식 71] 보석허가에 대한 신원보증서

보석허가에 대한 신원보증서

사 건 ○○고합○○ 사기 피고사건

피 고 인 ○ ○ ○ (000000-0000000)
○○시 ○○구 ○○로 ○○(○○동)

위 사람은 사기 피고 사건으로 현재 ○○구치소에 수감중인바, 귀원에서 보석이 된 후 언제든지 출석에 응하여 재판진행에 지장을 주지 않도록 신원을 보증하겠습니다.

20○○. ○. ○.

보증인 ○ ○ ○ (인)

○○지방법원 귀중

[서식 72] 보석지정조건변경신청서

보석지정조건변경신청

사 건 20○○고단○○○○ 사기

피 고 인 ○ ○ ○

위 사건에 관하여 피고인은 다음과 같이 보석지정조건변경신청을 합니다.

다 음

피고인은 보석결정 이후 그 지정조건에 따라 현재까지 ○○의료원에 입원치료중인바 위 병원에서는 직원들이 파업 중이라 적절한 입원 치료가 어려울 뿐만 아니라 인력 때문에 다인실에 입원이 불가능하고 특실에만 입원이 가능하므로 20○○. 1. 11.부터 같은 해 2. 22.까지 입원치료비만도 본인부담금 기준으로 900만원 가까이 소요되는 사정이므로 위 파업이 끝날 때까지 통원치료가 가능하도록 보석지정조건 변경을 신청합니다.

첨 부 서 류

1. 주민등록등본 1통
1. 신문기사 1통
1. 입원중간계산서 1통

20○○. ○. ○.

위 피고인 ○ ○ ○ (인)

○○지방법원 귀중

【접수방법】

1. 신청서 1부를 공판진행 재판부에 제출한다.
2. 비용 : 없음
3. 실무상 제한주거변경허가신청서, 여행허가신청서라는 서식으로 제출하기도 한다.

[서식 73] 보석보증금납입방법변경신청

보석보증금납입방법변경신청

사 건 20○○고단○○○호 사기

피 고 인 ○ ○ ○

위 피고 사건에 관하여 귀원의 20○○. ○. ○.자 보석보증금 금 ○○○원으로 하는 보석허가결정이 있었는바, 피고인은 현재 국민기초생활보장수급자로 가정형편상 동 보증금의 납입이 곤란하므로 동 납입방법을 보석보증보험증권을 첨부한 보증서 제출로 갈음할 수 있도록 변경하여 주시기 바랍니다.

20○○. ○. ○.

위 신청인 피고인 ○ ○ ○ (인)

○○지방법원 귀중

【접수방법】

1. 신청서 1부를 공판진행 재판부에 제출한다.
2. 비용 : 없음

[서식 74] 보석조건변경신청서(1)

보 석 조 건 변 경 신 청

사 건 20○○고단○○○○ 사기

피 고 인 ○ ○ ○

위 사건에 관하여 피고인은 현재 보석중인바, 다음과 같은 이유로 보석조건을 변경신청하오니 변경하여 주시기 바랍니다.

다 음

피고인은 현재 ○○병원에 입원 중에 있는바, 동 법원은 경제적 사정으로 부적당하여 같은 주거지로 보석조건의 변경을 결정하여 주시기 바랍니다.

주거제한지 : ○○시 ○○구 ○○로 ○○(○○동)

20○○. ○. ○.

위 피고인의 변호인 변호사 ○ ○ ○ (인)

ㅇㅇ지방법원 귀중

【접수방법】

1. 신청서 1부를 공판진행 재판부에 제출한다.
2. 비용 : 없음

[서식 75] 보석조건변경신청서(2)

보석조건변경신청서

사 건 20ㅇㅇ고단ㅇㅇㅇ호 절도

피 고 인 ㅇ ㅇ ㅇ

위 피고인은 전 주소지인 ㅇㅇ시 ㅇㅇ구 ㅇㅇ로 ㅇㅇ(ㅇㅇ동)로 주거를 제한하는 조건으로 보석되어 있는바, 이번에 피고인의 거주지를 전거할 예정이므로, 아래 주거지로 주거제한의 보석조건변경을 허가하여 주시기 바랍니다.

변경할 주거제한지
주 소 : ㅇㅇ시 ㅇㅇ구 ㅇㅇ로 ㅇㅇ(ㅇㅇ동)

20ㅇㅇ. ㅇ. ㅇ.

위 신청인 피고인 ㅇ ㅇ ㅇ (인)

ㅇㅇ지방법원 ㅇㅇ지원 귀중

【접수방법】

1. 신청서 1부를 공판진행 재판부에 제출한다.
2. 비용 : 없음

[서식 76] 보석허가결정에 대한 결정경정신청서

보석허가결정에 대한 결정경정신청

사 건 20○○초보 ○○○ 보석

피 고 인 ○ ○ ○ (000000-0000000)

주 거 : ○○시 ○○구 ○○로 ○○(○○동)

등록기준지 : ○○시 ○○구 ○○로 ○○(○○동)

신 청 취 지

피고인에 대한 ○○지방법원 20○○초보 ○○○ 보석허가 결정 중 "피고인의 변호인 ○○○이 제출하는"을 "피고인의 친구인 ○○○(000000-0000000, 주소 : ○○시 ○○구 ○○로 ○○(○○동))이 제출하는"으로 경정한다.

라는 결정을 구합니다.

신 청 이 유

피고인의 변호인은 보석허가 신청서에서 "만약 보석을 허가하면서 보석보험증권 첨부의 보증서로 갈음하도록 허가하는 경우에는 피고인의 친구인 ○○○(000000-0000000, 주소 : ○○시 ○○구 ○○로 ○○(○○동))이 제출하는 보석보험증권 첨부의 보증서로 갈음하도록 하여 주시기 바랍니다"라고 신청하였는데, 보석허가 결정의 주문에는 "피고인의 변호인 ○○○이 제출하는"으로 기재되었는바, 이는 명백한 오류이므로 신청취지와 같이 경정결정하여 주시기 바랍니다.

20○○. ○. ○.

위 피고인의 변호인 변호사 ○ ○ ○ (인)

○○지방법원 귀중

[서식 77] **접수증명원(보석허가관련서류)**

접 수 증 명 원

사　　건　　20○○고단○○○○　특정범죄가중처벌법위반(뇌물)

피 고 인　　○　○　○

위 사건에 관하여 보석허가청구보충서와 보석증거자료제출서가 귀원에 20○○. ○. ○. 접수되었음을 증명하여 주시기 바랍니다.

20○○.　○.　○.

위 피고인의 변호인 변호사　○　○　○ (인)

○○지방법원　귀중

【접수방법 및 유의사항】

1. 법원 형사접수계에 2부를 제출한다.
2. 보석에 관한 서류는 신청사건이므로 본안의 기록과 분리되어 있어서 접수한 서류의 분실염려 때문에 접수증명원을 발급받아 놓은 경우가 있다.

[서식 78] **보석증거자료제출**

보 석 증 거 자 료 제 출

사　　건　　20○○고단○○○○　사기

피 고 인　　○　○　○

위 피고인에 대한 보석증거자료를 다음과 같이 제출합니다.

다 음

1. 증 제6호의 1 사실조회에 대한 회신요청
1. 증 제6호의 2 사실조회에 대한 답변

20○○. ○. ○.

위 피고인의 변호인 변호사 ○ ○ ○ (인)

○○지방법원 귀중

【접수방법 및 유의사항】

보석허가청구서와 본안사건인 수사기록 및 공판기록이 따로 철해져 있으므로 보석허가청구를 한 때에는 증거자료 및 첨부서류를 제출한 때 보석기록에 철해달라는 취지로 "보석증거자료"라는 제목으로 제출하여야 한다.

[서식 79] 보석참고자료

보 석 참 고 자 료

사 건 20○○노○○○○ 사기

피 고 인 ○ ○ ○

위 피고인에 대한 사기 피고사건에 관하여 아래와 같이 보석참고자료를 제출합니다.

다 음

1. 참고자료 1호 탄원서
1. 참고자료 2호 합의서

20○○. ○. ○.

위 피고인의 변호인 변호사 ○ ○ ○ (인)

○○고등법원 귀중

[서식 80] 보석보증금환부청구서

<table>
<tr><td colspan="8" rowspan="2">보석보증금환부청구서</td><td>처리기간</td></tr>
<tr><td>즉 시</td></tr>
<tr><td rowspan="3">청구인</td><td rowspan="2">성 명</td><td rowspan="2">이 미 녀</td><td rowspan="2">주민등록 번 호</td><td rowspan="2" colspan="2">000000-0000000</td><td>전 화</td><td colspan="2">(00) 000-0000</td></tr>
<tr><td>팩 스</td><td colspan="2">( )</td></tr>
<tr><td>주 소</td><td colspan="4">○○시 ○○구 ○○로 ○○(○○동)</td><td>사건과의 관계</td><td colspan="2">피고인의 처</td></tr>
<tr><td colspan="2">사건번호</td><td colspan="3">20○○형 제○○○호</td><td rowspan="2">죄 명</td><td colspan="3" rowspan="2">사기죄</td></tr>
<tr><td colspan="2">법원번호</td><td colspan="3">20○○고단 ○○○○호</td></tr>
<tr><td colspan="2">피 고 인</td><td>김 갑 동</td><td colspan="2">납입인</td><td>이 미 녀</td><td>납입일</td><td colspan="2">20○○. ○. ○.</td></tr>
<tr><td rowspan="4">환부사유</td><td>선 고</td><td colspan="6">20○○. ○. ○. ○○지방법원</td><td>확인인</td></tr>
<tr><td>형명형기</td><td colspan="6"></td><td rowspan="3"></td></tr>
<tr><td>확 정</td><td colspan="6">20○○. ○. ○.</td></tr>
<tr><td>기 타</td><td colspan="6"></td></tr>
<tr><td colspan="2">청구금액</td><td colspan="7">보증금 5,000,000원</td></tr>
<tr><td colspan="2" rowspan="3">환 부 금 수령방법</td><td rowspan="3">① 직접 수령</td><td rowspan="3">② 은 행 무통장입금</td><td>은 행 명</td><td colspan="3"></td><td rowspan="3">③ 우편환급</td></tr>
<tr><td>구좌번호</td><td colspan="3"></td></tr>
<tr><td>예 금 주</td><td colspan="3"></td></tr>
</table>

형사소송법 제104조에 의하여 보석보증금의 환부를 청구합니다.

20○○. ○. ○.

<table>
<tr><td colspan="4">대리인이 신청할 때</td></tr>
<tr><td>주 소</td><td colspan="3">○○시 ○○구 ○○로 ○○(○○동)</td></tr>
<tr><td>주민등록번호</td><td>000000-0000000</td><td>관 계</td><td>지인</td></tr>
</table>

청구인(신청인) 대리인 홍 길 동 (인)

<table>
<tr><td>수수료 : 없음</td><td colspan="4">처 리 과 정</td></tr>
<tr><td rowspan="6">구비서류
1. 납입인청구시 : 영수증
2. 대리인의 직접수령 청구시 : 위임장, 인감증명서 각 1통 (은행 무통장 입금신청서는 통장사본)</td><td>접수일시</td><td></td><td>입(송)금일시</td><td></td></tr>
<tr><td>결재일시</td><td></td><td>입(송)금금액</td><td></td></tr>
<tr><td>인계일시</td><td></td><td>수 수 료</td><td></td></tr>
<tr><td>통지일시</td><td></td><td>통 지 일 시</td><td></td></tr>
<tr><td>환부일시</td><td></td><td>완 결 일 시</td><td></td></tr>
<tr><td></td><td></td><td></td><td></td></tr>
</table>

결재	담당	주무	과장

○○지방검찰청 검사장 귀하

【접수방법 및 유의사항】

1. 납입인 본인이 찾을 때에는 영수증, 신분증, 도장만 있으면 된다.
2. 변호인이 납입하였을 때에는 통상 사무직원이 찾게 되는데 이 경우, 변호사의 위임장, 변호사의 인감증명서, 변호인사용도장, 영수증, 사무원증복사, 통장입금시 통장사본 등이 필요하다.
3. 선고 후 결과가 공판사무과에 도착하는 선고 2일 후면 공판사무과에서 찾을 수 있다.

[서식 81] **위임장(보석보증금 · 출급수령행위)**

위 임 장

홍 길 동
(000000-0000000)
○○시 ○○구 ○○로 ○○(○○동)
전화 : 000-000-0000

위 사람을 대리인으로 정하고 다음사랑의 권한을 위임한다.

다 음

1. 20○○형 제○○○호 사기사건 피고인 김갑동에 대한 20○○. ○. ○. 납입한 보석보증금 5,000,000원(보관번호 : 000-0000호)의 출급 · 수령행위
1. 이에 부수하는 행위 일체

20○○. ○. ○.

위임인 이 미 녀 (인)

○○지방검찰청 귀중

【접수방법】

1. 보석보증금환부청구인은 보석대상 피의자가 아니라 보석보증금 납입인이다. 따라서 위임인은 납입인이다.
2. 위임장에는 납입인의 인감날인과 인감증명서 1통을 첨부한다.

[서식 82] 보석보증금몰수청구서

보석보증금몰수청구서

사 건 20○○노○○○○ 사기

피 고 인 ○ ○ ○

위 피고인에 대한 형의 집행을 위하여 소환을 하였으나 정당한 이유 없이 출석하지 아니하므로 형사소송법 제103조에 의하여 보증금 500만원 전부를 몰수한다는 결정을 하여 주시기 바랍니다.

20○○. ○. ○.

청구인 검사 ○ ○ ○ (인)

○○지방법원 귀중

[서식 83] 항고장(1) (보석허가청구기각)

항 고 장

사 건 20○○고단○○○○ 사기

피고인(항고인) ○ ○ ○

위 사건에 관하여 ○○지방법원이 20○○. ○. ○. 피고인(항고인)의 보석허가청구를 기각하였는바, 동 결정에 불복하여 다음과 같은 이유로 항고를 제기하오니 항고취지와 같은 결정을 하여 주시기 바랍니다.

항 고 취 지

원심법원의 20○○. ○. ○.자 보석청구기각 결정을 취소하고 피고인 ○○○의 보석을 허가한다.
라는 결정을 구합니다.

항 고 이 유

1. 피고인(항고인)은 ○○지방법원 20○○고단○○○○호 사기 피고사건으로 재판 계속 있는바, 위 피고인(항고인)이 20○○. ○. ○. 동 법원에 보석허가를 청구를 하였으나 20○○. ○. ○.자에 기각한다는 결정을 받은 바 있습니다.

2. 그러나 이 사건은 피해자와 합의가 이루어져 피해가 모두 회복되었고, 또한 피고인은 초범으로서 주거가 일정하여 도주의 우려가 없고, 증거를 인멸할 염려도 전혀 없는 등으로 보면 법률상 당연히 보석을 허가하여야 함에도 불구하고 이를 기각하였음은 심히 부당하다고 판단되어 이의 시정을 구하고자 이에 항고를 제기하는 바입니다.

20○○. ○. ○.

위 피고인(항고인)의 변호인 변호사 ○ ○ ○ (인)

○○지방법원 귀중

[서식 84] 항고장(2) (보석허가청구기각)

항 고 장

사 건 20○○고단○○○○ 횡령

피 고 인 ○ ○ ○

위 사건에 관하여 피고인은 20○○. ○. ○. 귀원의 구속영장에 의하여 구속되어 현재 ○○구치소에 수감중에 있는바, 그 구속의 사유가 소멸되었으므로 구속을 취소하여 주시기 바랍니다.

20○○. ○. ○.

위 피고인의 변호인 변호사 ○ ○ ○ (인)

○○지방법원 귀중

제3절 기타 구속과 관련한 실무상 문제

1. 법원의 구속기간 및 갱신

가. 구속기간은 2개월로 한다(형소법 92조 1항). 특히 구속을 계속할 필요가 있는 경우에는 심급마다 2개월 단위로 2차에 한하여 결정으로 갱신할 수 있으며, 상소심은 피고인 또는 변호인이 신청한 증거의 조사, 상소이유를 보충하는

서면의 제출 등으로 추가 필요한 부득이한 경우에는 3차에 한하여 갱신할 수 있다(형소법 92조 2항).

나. 현실적으로 구속하지 않은 일수, 예컨대 도망 중의 기간, 보석, 구속집행정지, 감정유치기간 중의 일수는 당연히 제외된다. 이 경우 도망 또는 석방일과 수감일은 각각 구속기간의 1일로 계산되나 양자가 같은 날인 때에는 물론 1일만을 산입하여야 한다.

또 기피신청에 의한 소송절차의 정지기간(형소법 22조), 공소장의 변경에 따른 공판절차 정지기간(형소법 298조 4항), 심신상실 또는 질병으로 인한 공판절차 정지기간(형소법 306조 1항, 2항) 및 공소제기 전의 체포 · 구인 · 구금 기간은 구속기간에 산입하지 아니한다(형소법 92조 3항). 공소제기 전의 체포 · 구인 · 구금 기간은 구속기간에 산입하지 아니하므로 공소제기 전부터 구속 상태에 있었더라도 구속기간은 공소제기일부터 기산한다.

갱신절차 없이 구속기간을 지나쳐 버리면 구속영장의 효력이 상실되고 피고인은 당연히 석방된다.

2. 구속의 취소

가. 구속의 사유가 없거나 소멸된 때에는 법원은 직권 또는 검사, 피고인, 변호인 등의 청구에 의하여 결정으로 구속을 취소하여야 한다(형소법 93조). 구속영장의 효력이 상실된다는 점에서 보석이나 구속집행정지와 다르다.

나. 피고인만이 상고하여 상고가 기각되더라도 제1심과 항소심 판결선고 전의 구금일수만으로 본형 형기 전부에 산입하고도 남은 경우 피고인을 구속할 사유는 소멸되었다고 할 수 있다. 가사 피고인이 현재 집행유예기간 중에 있어 집행유예가 실효될 운명에 있다고 하더라도 마찬가지다. 피고인과 검사가 상고하였으나 검사의 상고가 받아들여지리라고 보기 어렵고 피고인의 상고가 기각되더라도 제1심과 항소심 판결선고 전의 구금일수만으로는 본형 형기를 초과할 것이 명백한 때에는 구속할 사유는 역시 소멸되었다고 할 수 있다. 가사 피고인이 현재 집행유예기간 중에 있어 집행유예가 실효될

운명에 있다고 하더라도 마찬가지다.

다. 형사소송법 제93조에 따른 구속취소의 청구가 있는 경우 법원은 체포 · 구속적부심과 보석청구사건과 마찬가지로 신속하게 처리하여야 한다(보석등예규 1조 1항).

3. 구속집행정지

가. 법원은 상당한 이유가 있는 때에는 결정으로 구속된 피고인을 친족 · 보호단체 기타 적당한 자에게 부탁하거나 피고인의 주거를 제한하여 구속의 집행을 정지할 수 있다(형소법 101조).

구속집행정지는 주거제한 등 조건부로 석방한다는 점, 구속영장의 집행이 정지된다는 점에서 보석과 같고 직권에 의하여 한다는 점에서 보석과 구별된다.

나. 구속집행정지는 중병, 출산, 가족의 장례참석 등 긴급하게 피고인을 석방할 필요가 있는 경우에 한다. 구속집행정지된 피고인은 수사기관의 시찰대상이 되지만 이것만으로 피고인의 도망을 막기에는 부족하고, 또한 피고인이 도망할 염려가 있는 경우에는 구속집행정지 취소사유가 되므로, 구속집행정지 여부를 결정함에 있어서는 친족에게 부탁 또는 주거제한 등의 조치에도 불구하고 피고인이 도망할 염려가 있는지 여부를 신중히 판단하여야 한다(보석등예규 16조).

다. 구속집행정지도 보석의 경우와 마찬가지도 검사의 의견을 물어야 하고(형소법 101조 2항) 구체적인 절차는 대체로 동일하다.

법원은 구속집행정지 사유에 따라 적기에 정지 여부를 결정하되, 중증통보와 같이 급속을 요하는 경우에는 첨부된 진단서 등을 토대로 가급적 신속하게 결정하고, 중병 등을 이유로 구속집행정지결정을 하는 경우에는 종합병원 등 적당한 병원으로 주거를 제한할 수 있다. 한편, 그 기간은 사유에 따라 필요 최소한으로 정하되, 중병 등을 이유로 하는 경우에도 가급적 1개월을 넘지 않도록 한다(보석등예규 17조).

[서식 85] 병상일지조회신청서

병 상 일 지 조 회 신 청

사　　건　　20○○노○○○○ 사기

피 고 인　　○　○　○ (000000-0000000)
○○시 ○○구 ○○로 ○○(○○동)

수감장소　　○○교도소

수감번호　　0000번

위 피고인의 변호인은 피고인의 건강이 극히 악화되어 아래와 같이 병상일지 조회를 신청합니다.

아　　　래

1. 조회사항 : 피고인에 대한 현재까지의 병상 상환 및 향후 의료상의 필요조치 사항을 알고자 함
2. 별첨사항 : 의사소견서

※ 위 소견서를 "우편 또는 팩스"로 보내 주시기 바랍니다.

20○○. ○. ○.

위 피고인의 변호인 변호사 ○　○　○ (인)

○○교도소장 귀하

【접수방법】

이 병상일지 조회신청을 통하여 병상상태를 확인해주는 의사소견서 내지 회신서를 팩스·우편·방문을 통하여 확보할 수 있다.

[서식 86] 병상조회신청서(1)

병 상 조 회 신 청

수 신 ○○구치소
참 조 보건의료과
주 소 ○○시 ○○구 ○○로 ○○(○○동)
제 목 병상조회신청

아래 사람은 ○○지방법원에서 ○○죄로 재판 중이며, 현재 ○○구치소에서 수감되어 있는바, 구속집행정지신청을 위하여 필요하오니 아래 조회내용에 대하여 회신하여 주시기 바랍니다.

다 음

1. 대상자

가. 성 명 : ○ ○ ○
나. 주민등록번호 : 000000-0000000
다. 수용자번호 : 제0000번

2. 조회내용

가. 수용년월일
나. 병명
다. 피고인이 구금생활을 감당할 수 있는지 여부
라. 향후 예상되는 후유증(발병 가능한 질병 및 증세)과 원인
마. 구금생활이 계속되는 경우 현재 증상으로 보아 그 병상이 악화되거나 합병증이 발생할 가능성이 있는 여부
아. 기타 필요한 사항

20○○. ○. ○.

피고인의 변호인 변호사 ○ ○ ○ (인)

○○구치소 귀중

【접수방법】

이 병상일지 조회신청을 통하여 병상상태를 확인해주는 의사소견서 내지 회신서를 팩스 · 우편 · 방문을 통하여 확보할 수 있다.

[서식 87] **병상조회신청서(2)**

병 상 조 회 신 청

수　　신　　○○구치소

참　　조　　보건의료과

주　　소　　○○시 ○○구 ○○로 ○○(○○동)

제　　목　　병상조회신청

아래 사람은 ○○지방법원에서 ○○죄로 재판 중이며, 현재 ○○구치소에서 수감되어 있는바, 구속집행정지신청을 위하여 필요하오니 아래 조회내용에 대하여 회신하여 주시기 바랍니다.

다　　　음

1. 대 상 자

가. 성　　　명 : ○　○　○

나. 주민등록번호 : 000000-0000000

다. 수 용 자 번 호 : 제0000번

2. 조회내용

가. 수용년월일

나. 병명

다. 외진한 병력이 있는지 여부 및 있다면 그 사유

라. 향후 예상되는 후유증(발병 가능한 질병 및 증세)과 원인

마. 향후 또는 현시점에서 수술적 치료가 필요한지 여부, 중대성 및 시급성, 방치할 경우 예상되는 문제점

바. '마'와 관련하여(구속집행을 정지할 정도의) 외부 병원 치료가 필요한지 여부

사. 구치소 내 보건의료과에서 현재 피고인의 병세에 어떤 조치를 취하고 있는지,

구치소 내 시설이나 인력으로 피고인의 병세를 악화시킬 우려는 없는지
아. 기타 필요한 사항

20○○. ○. ○.

피고인의 변호인 변호사 ○ ○ ○ (인)

○○구치소 귀중

【접수방법】

이 병상일지 조회신청을 통하여 병상상태를 확인해주는 의사소견서 내지 회신서를 팩스 · 우편 · 방문을 통하여 확보할 수 있다.

[서식 88] 구속집행정지신청서(1)

구속집행정지신청

사　　건　　20○○고단○○○○ 상해

피 고 인　　○ ○ ○ (000000-0000000)
　　　　　　○○시 ○○구 ○○로 ○○(○○동)

위 피고인은 20○○. ○. ○. 구속되어 현재 ○○구치소에서 수감 중에 있는바, 피고인의 처는 다음과 같은 이유로 구속집행정지신청을 하오니 신청취지와 같이 결정하여 주시기 바랍니다.

신 청 취 지

피고인에 대한 구속집행을 정지한다.
피고인의 주거를 ~~로 제한한다.
라는 결정을 구합니다.

다 음

신 청 이 유

1. ○○구치소장이 발송한 피고인에 대한 통보 진단서에 의하면 피고인은 당뇨합병증으로 시력과 신장이 안 좋은 상태로 현재의 구금생활을 감내할 수 없다고 합니다.

2. 피고인은 구금 전 식이요법과 함께 저혈당강하 약제를 복용하였던바, 신체적으로 감내하기 힘든 구금 시설 속에서 최근 당뇨합병증세가 급격히 온 만큼 시급한 치료를 위하여 구금 외의 일반 대학병원에서 수술을 받을 수 있기를 원합니다.

3. 따라서 위 피고인에 대하여 병원에서 수술을 받을 수 있도록 피고인에 대한 구속을 집행정지하여 주시기 바랍니다.

첨 부 서 류

1. 진단서 1통

20○○. ○. ○.

위 피고인의 처 ○ ○ ○ (인)

○○지방법원 귀중

【접수방법 및 유의사항】

1. 구속집행정지는 법원의 직권에 의해서만 할 수 있다. 따라서 당사자의 신청은 법원의 직권을 발동을 촉구하는 의미밖에 없다.
2. 법원은 상당한 이유가 있는 때에는 결정으로 피고인에 대한 구속의 집행을 정지할 수 있다(형소법 101조 1항).
3. 구속집행정지는 보증금 납입을 조건으로 하지 않는다는 점에서 보석과 구별되고, 기간이 만료되면 별도의 결정 없이 구속영장의 효력이 부활된다는 점에서 구속취소와 구별된다.
4. 법원이 구속집행정지의 결정을 함에는 급속을 요하는 경우를 제외하고는 검사의 의견을 물어야 하며(형소법 101조 2항), 피고인에 대한 구속집행정지결정에 대해서는 검사의 즉시항고가 허용된다(형소법 102조 3항).
5. 집행정지신청서 1부(참고자료 첨부)와 부본 1부(참고자료 미첨)를 작성하여 담당 형사재판부에 제출한다.
6. 구속피고인을 석방하는 방법으로는 보석제도만 있는 것이 아니다. 즉 중병, 근친관혼상제,

중요한 시험 등이 있는 피고인을 위하여 구속집행정지허가신청서를 제출하여 필요에 따라 석방해 줄 수 있다.

[서식 89] 구속집행정지신청서(2)

구 속 집 행 정 지 신 청

사 건 20○○고단○○○호 무고

피 고 인 ○ ○ ○

위 피고인은 20○○. ○. ○. 구속되어 현재 ○○구치소에서 수감 중에 있는바, 피고인의 변호인은 다음과 같은 이유로 구속집행정지신청을 하오니 신청취지와 같이 결정하여 주시기 바랍니다.

신 청 취 지

피고인에 대한 구속집행을 정지한다.

피고인의 주거를 ~ ~ 로 제한한다.

라는 결정을 구합니다.

다 음

신 청 이 유

1. 피고인은 20○○년에 당한 교통사고로 인하여, 오른팔 수술을 받았으나, 1년 전부터 수술 받은 부위에 고정된 금속판이 노출이 되어, 그 증세가 심해지다가, 지금으로서는 시급히 금속판 제거수술 등의 조치를 받아야 하는 상태입니다.

2. 본 변호인이 구치소에 있는 피고인을 접견하여 본 결과, 금속판이 15㎝ 이상 피부 밖으로 노출이 된 상태이며, 그 부위에 있는 피부는 곪거나, 썩어 들어가는 증세까지 보여, 자칫 수술 등의 외과적 조치를 하지 않는다면, 팔을 절단하여야 할지도 모르는 상황입니다.

3. 피고인도 노출부위가 점점 커가면서, 통증으로 숙면을 취할 수가 없고, 오른팔의 마비증세까지 와서 더 이상 지금의 상태로는 구치소 생활을 할 수가 없음을 호소

하고 있습니다.

4. 이상의 이유로 피고인에 대한 구속집행을 정지하여, 피고인으로 하여금 적절한 의료적 조치를 받을 수 있도록 하여 주시기를 바랍니다.

첨 부 서 류

1. 진료의견서 1통

20○○. ○. ○.

위 피고인의 변호인 변호사 ○ ○ ○ (인)

○○지방법원 귀중

[서식 90] 구속집행정지신청서(3)

구 속 집 행 정 지 신 청

사 건 20○○고단○○○호 사기

피 고 인 ○ ○ ○

위 피고인은 20○○. ○. ○. 구속되어 현재 ○○구치소에서 수감 중에 있는바, 피고인의 변호인은 다음과 같은 이유로 구속집행정지신청을 하오니 신청취지와 같이 결정하여 주시기 바랍니다.

신 청 취 지

피고인에 대한 구속집행을 정지한다.

피고인의 주거를 ~ ~ 로 제한한다.

라는 결정을 구합니다.

신 청 이 유

1. 피고인은 오래전부터 간경화증세를 보이고 있어서 병원에 매일 치료하러 다니다가 급기야는 1년 전에 입원하여 수술을 하기도 했습니다. 수술 이후 증세가 나아지기는 했으나 담당의사의 소견에 의하면 신경을 쓰거나 환경이 급격히 바뀌면 증세가 다시 악화될 것이라고 하였습니다.

2. 피고인이 20○○. ○. ○. 구속된 이후 구치소생활에 적응하지 못하여 급격히 건강이 나빠지고 있고 특히 간경화증세가 수술하기 이전만큼 다시 악화되어 그대로 놔두면 생명이 위험한 상태에 있습니다.

3. 따라서 위와 같은 사실로 인하여 위 피고인에 대한 구속집행을 정지하여 주시기 바랍니다.

첨 부 서 류

1. 진단서 1통
1. 병상조회신청에 대한 회신 1통

20○○. ○. ○.

위 피고인의 변호인 변호사 ○ ○ ○ (인)

○○지방법원 귀중

[서식 91] 구속집행정지신청서(4)

구 속 집 행 정 지 신 청

사 건 20○○고단○○○호 사기

피 고 인 ○ ○ ○

위 피고인은 20○○. ○. ○. 구속되어 현재 ○○구치소에서 수감 중에 있는바,

피고인의 변호인은 다음과 같은 이유로 구속집행정지신청을 하오니 신청취지와 같이 결정하여 주시기 바랍니다.

신 청 취 지

피고인에 대한 구속집행을 정지한다.
피고인의 주거를 ~ ~ 로 제한한다.
라는 결정을 구합니다.

신 청 이 유

1. 피고인의 아버지는 평소 당뇨 및 뇌졸중의 병을 앓고 고생하여 오던 중 그 지병이 악화되어 20○○. ○. ○. ○○시 ○○구 ○○로 ○○(○○동)에서 사망하였습니다.
2. 피고인은 장남으로서 장기결정, 장례절차, 장례비용 마련 및 지출, 조문객들을 맞이하기 위해 아버지의 장례식에 반드시 필요한 사람입니다.
3. 따라서 피고인으로 하여금 장례식을 치를 수 있도록 1주일 정도만 구속집행을 정지하여 주시기 바랍니다.

첨 부 서 류

1. 사망진단서 1통
1. 제적등본 1통
1. 가족관계증명원 1통

20○○. ○. ○.

위 피고인의 변호인 변호사 ○ ○ ○ (인)

○○지방법원 귀중

[서식 92] 구속집행정지신청서(5)

구 속 집 행 정 지 신 청

사　　건　　20○○고단○○○호　사기

피 고 인　　○　○　○

위 피고인은 20○○. ○. ○. 구속되어 현재 ○○구치소에서 수감 중에 있는바, 피고인의 변호인은 다음과 같은 이유로 구속집행정지신청을 하오니 신청취지와 같이 결정하여 주시기 바랍니다.

신 청 취 지

피고인에 대한 구속집행을 정지한다.
피고인의 주거를 ~ ~ 로 제한한다.
라는 결정을 구합니다.

신 청 이 유

1. 피고인은 신청외 ○○○와 약 3년간 사귀어 오던 중 20○○. ○. ○. 결혼식을 거행하기로 이미 날짜까지 정하여 친지 및 지인들에게도 모두 청첩을 하여 둔 상태이며, 결혼식 장소인 ○○시 ○○동 소재 ○○예식장과 이미 계약을 하여 둔 상태입니다.
2. 그런데 불행하게도 20○○. ○. ○. 피고인이 갑자기 구속되었습니다.
3. 따라서 피고인으로 하여금 예정된 결혼식을 치를 수 있도록 1주일 정도만 구속집행을 정지하여 주시기 바랍니다.

첨 부 서 류

1. 청첩장　　　　1통
1. 예식장 사용계약서　　　　1통
1. 출석보증서 및 인감증명서　　　　1통
1. 탄원서　　　　1통

20○○. ○. ○.

위 피고인의 변호인 변호사 ○ ○ ○ (인)

○○지방법원 귀중

[서식 93] 구속집행정지연장신청에 대한 소명보충

구속집행정지연장신청에 대한 소명보충

사 건 20○○고단○○○○ 상해

피 고 인 ○ ○ ○

위 피고인은 지병으로 앓고 있는 심근경색증으로 치료 중이었으나 20○○. ○. ○. 갑자기 쓰러져 별첨 입원확인서와 같이 ○○병원에 입원가료중입니다.

향후 환자의 상태는 정밀검사를 통하여 알 수 있다고 합니다.

이에 구속집행정지연장신청에 대한 소명보충으로 입원확인서를 제출합니다.

첨 부 서 류

1. 입원확인서 1통

20○○. ○. ○.

위 피고인의 변호인 변호사 ○ ○ ○ (인)

○○지방법원 귀중

4. 피의자의 구속과 관련하여

가. 구속기간 및 연장

(1) 검사와 사법경찰관의 구속기간은 각각 10일이다(형소법 202조, 203조). 다만,

검사는 수사를 계속함에 상당한 이유가 인정되는 때에는 법원의 허가를 받아 1차에 한하여 10일을 초과하지 아니하는 한도에서 구속기간을 연장할 수 있다(형소법 205조). 피의자를 체포 또는 구인한 때는 체포 또는 구인한 날부터 기산하고(형소법 203조의2), 검사가 사법경찰관으로부터 피의자를 인치받은 때에는 인치받은 날부터 기산한다.

구속기간 연장신청이 있는 경우 연장신청서에 연장의 필요를 인정할 수 있는 자료(형소법 205조 2항)가 첨부되지 아니한 경우에는 그 자료를 첨부하게 한 후 연장 여부를 결정하여야 한다(구속예규 55조).

수사를 계속함에 상당한 이유가 있다고 인정하는 사유로는 피의자, 범죄사실, 관계자 및 증거물이 다수인 때, 계산이 복잡할 때, 중요한 참고인이 질병 또는 여행 중일 때, 감정이 완료되지 아니하여 수사가 마무리 되지 않았을 때, 여죄에 대한 수사가 마무리되지 아니하여 처분을 할 수 없을 때 등을 들 수 있다. 검사의 사건 폭주에 기한 것이라거나 구속기간연장신청서에 단순히 '계속 수사하기 위하여'라고 기재하는 것은 상당한 이유의 개진이라 볼 수 없다.

(2) 국가보안법 제19조는, 국가보안법 제3조 내지 제10조 위반의 피의자에 대하여 예외적으로 구속기간 연장의 한도를 넓혀서 지방법원 판사로 하여금 사법경찰관에 대하여는 10일간의 구속기간을 1차 연장허가 할 수 있게 하고 검사에 대하여는 2차에 걸쳐 연장할 수 있게 규정함으로써, 결국 국가보안법 제3조 내지 제10조 위반으로 구속된 피의자는 사법경찰관에 의하여 20일, 검사에 의하여 30일 합계 50일을 구속할 수 있게 되어 있으나, 국가보안법 제19조의 규정 중 구속기간연장을 제7조 및 제10조 소정의 범죄에 대하여 적용하도록 한 부분에 대하여는 헌법재판소가 위헌결정을 하였다.

나. 별건구속의 문제

수사기관이 몰래 수사하려고 하는 중대한 범죄(본건)에 대하려는 구속의 요건이 구비되지 못하기 때문에(예컨대, 범죄의 객관적 혐의에 대한 소명부족) 전적으로 본건의 조사를 위하여 본건과 관계가 없는 경미한 범죄(별건)에 대한 구속을 하는 것을 말한다. 별건구속은 별건을 기준으로 할 때에는 구속이 적법하다. 별건구속의 적법성 여부에 대하여는 학설이 갈리며, 위법성에 의하면 이는 영장주의를 잠탈한 것이므로 별건구속 중의 본건에 대한 자백은 위법수집증거 배제법칙에 의하여 그 증거능력을 부정하여야 한다는 견해도 있다.

그러나 위법한 별건구속인지 여부는 수사기관의 주관적 의도로 따라 판단하여야 하는데 법관으로서는 수사기관의 주관적 의도를 판단하기가 매우 어렵고, 범인이 구속된 상황에서 다른 범죄에 대한 수사를 받았다 하여 그 수사가 자체가 위법하다고 할 것인지 의문이 있다. 따라서 별건구속이 위법이라고 하더라도 이는 영장주의에 대한 탈법을 막아보자는 선언적 의미에 그치고, 더 나아가 별건구속 중의 자백에 대하여 변호인의 접견교통권을 침해하거나 진술거부권을 고지하지 아니하고 획득한 자백처럼 위법하다고 하여 증거능력을 배제하기는 어렵다고 할 것이다.

[서식 94] 접견금지해제청구서

접견금지해제청구

사　　건　　20○○고단○○○○　사기

피 고 인　　○　○　○

위 사건에 관하여 피고인은 현재 ○○구치소에 수감 중에 있는바, 귀원의 20○○. ○. ○.자 접견금지결정은 그 이유가 소멸되었으므로 해제하여 주시기 바랍니다.

20○○.　○.　○.

위 피고인의 변호인 변호사 ○　○　○ (인)

○○지방법원 귀중

【접수방법 및 유의사항】

1. 변호인의 접견을 제한하는 조치를 취한 후에 그 제한조치를 한 원인이 소멸되면 변호인이 즉시 위 서류를 작성하여야 한다.
2. 접견금지는 주로 검사의 청구에 의하여 판사가 결정한다. 따라서 해제청구는 반대로 변호인이 판사에게 청구한다.

[서식 95] 접견허가원

접 견 허 가 원

사　　건　　20○○고단○○○○　사기

피 고 인　　○　○　○

위 사건에 관하여 피고인은 현재 ○○구치소에 수감 중에 있는바, 다음과 같은 이유로 접견을 하고자 하오니 허가하여 주시기 바랍니다.

다　　음

피해자와의 합의문제 의논 및 출산한 아기의 이름짓기 등의 내용을 의논하고자 함.

20○○. ○. ○.

위 피고인의 변호인 변호사 ○ ○ ○ (인)

○○지방법원(또는 서울지방검찰청) 귀중

[서식 96] 구속취소청구서(1)

구 속 취 소 청 구

사　　건　　20○○고단○○○○　절도

피 고 인 ○ ○ ○

위 피고인은 위 사건에 관하여 20○○. ○. ○. 귀원의 구속영장에 의하여 구속되어 현재 ○○구치소에 수감 중에 있는바, 구속의 사유가 소멸되었으므로 구속을 취소하여 주시기 바랍니다.

20○○. ○. ○.

위 피고인의 변호인 변호사 ○ ○ ○ (인)

○○지방법원 귀중

【접수방법 및 유의사항】

1. 구속취소청구서는 피고인의 석방 방법으로 보석허가청구와 구속집행정지허가신청, 그 다음으로 있는 방법이다.
2. 실제적으로는 거의 청구사유가 없지만 죄를 범했다고 의심할 만한 사유가 없어진 경우 등이 생기면 즉시 법원에 청구할 수 있다
3. 구속의 사유가 없거나 소멸된 때에는 법원은 직권 또는 검사, 피고인, 변호인의 청구에 의하여 결정으로 구속을 취소하여야 한다(형소법 93조).

[서식 97] 구속취소청구서(2)

구 속 취 소 청 구

사 건 20○○도○○○○ 상해

피 고 인 ○ ○ ○ (000000-0000000)
등록기준지 : ○○시 ○○구 ○○로 ○○(○○동)
주 소 : ○○시 ○○구 ○○로 ○○(○○동)

위 사건에 관하여 피고인은 20○○. ○. ○. 구속되어 현재 ○○구치소에 수감 중에 있는바, 피고인의 변호인은 다음과 같이 구속취소신청을 합니다.

청 구 취 지

피고인에 대한 구속을 취소한다.
라는 결정을 구합니다.

청 구 원 인

1. 저는 20○○. ○. ○. 상해죄로 20○○. ○. ○.자로 입건되어 20○○. ○. ○. ○○구치소에 입소하여 20○○. ○. ○. ○○지방법원 ○○지원으로부터 징역 6월(1심 통상 85일) 선고받고 20○○. ○. ○. 항소하였습니다.

2. 1심 통상과 현재 항소기간 중에 있어서 20○○. ○. ○.자로 형량에 대한 만기일이 되므로 구속취소청구를 하오니 허가결정을 하여 주시기 바랍니다.

20○○. ○. ○.

위 피고인 성명 ○ ○ ○ (무인)

위 본인의 무인임을 증명함. 교도 ○ ○ ○ (인)

○○지방법원 항소제6부 귀중

[서식 98] 구속취소청구서(3)

구 속 취 소 청 구

사 건 20○○도○○○○ 특수절도

피 고 인 ○ ○ ○ (000000-0000000)
○○시 ○○구 ○○로 ○○(○○동)

위 사건에 관하여 피고인은 20○○. ○. ○. 구속되어 현재 ○○구치소에 수감 중에 있는바, 피고인의 변호인은 다음과 같이 구속취소신청을 합니다.

청 구 취 지

피고인에 대한 구속을 취소한다.
라는 결정을 구합니다.

청 구 원 인

1. 피고인은 20○○. ○. ○. 특수절도 사건으로 구속되어 20○○. ○. ○. ○○구치소에 수감되었고, ○○지방법원에서 20○○. ○. ○. 징역 10월(미결구금일수 ○○○일)을 선고받고, 20○○. ○. ○. 항소를 하였으나, 20○○. ○. ○. 항소기각되어, 같은 해 상고를 하였습니다.

2. 피고인은 현재 상고심 재판 중이며 20○○. ○. ○.자로 구금일자가 10개월이 됩니다.

3. 따라서 그때까지의 구금일수만으로도 하급심에서 선고한 형기에 전부 산입될 수 있으므로 구속취소청구를 하오니 허가결정을 하여 주시기 바랍니다.

20○○. ○. ○.

위 피고인의 변호인 변호사 ○ ○ ○ (인)

대 법 원 ○부 귀중

[서식 99] 확인서(미란다원칙 고지사실의 확인)

확 인 서

성 명 ○ ○ ○
주민등록번호 000000-0000000
주 소 ○○시 ○○구 ○○로 ○○(○○동)

본인은 20○○. ○. ○. 00:00경 ○○시 ○○구 ○○로 ○○(○○동) 소재 주거지

에서 현행범으로 체포(긴급구속)되면서 경찰관으로부터 범죄사실의 요지, 체포(긴급구속)의 이유, 변호인을 선임할 수 있음을 고지받고 변명의 기회를 주어졌음을 확인합니다.

20○○. ○. ○.

확인자 ○ ○ ○ (인)

○○지방검찰청 귀중 (○○경찰서장 귀하)

[서식 100] 제한주거변경허가신청서

재판부	제 형사부(단독)

제한주거변경허가신청서

사 건		피고인 성명	
변경의 이유			
현 주 거			
신주거(전화)			

위와 같이 제한주거의 변경을 허가하여 주시기를 바랍니다.

20○○. ○. ○.

위 원인 ○ ○ ○ (인)

○○지방법원 귀중

위 변경을 허가한다.

20○○. ○. ○.

재판장 판 사 ○ ○ ○ (인)
판 사 ○ ○ ○ (인)
판 사 ○ ○ ○ (인)

위 날짜에 피고인, ○○검찰청에게 통지하였습니다.

법원사무관 ○ ○ ○ (인)

[서식 101] 여행허가신청서

여 행 허 가 신 청

사 건 20○○고단○○○○ 사기

피 고 인 ○ ○ ○

여행의목적 별지기재와 같음

행 선 지 중국

여 행 기 간 20○○. ○. ○.부터 20○○. ○. ○.까지

위와 같이 여행하고자 하오니 허가하여 주시기 바랍니다.

20○○. ○. ○.

위 피고인의 변호인 변호사 ○ ○ ○ (인)

○○지방법원 귀중

(공 란)

【접수방법 및 유의사항】

1. 재판의 계류 중인 불구속피고인이 사업상 등의 사유로 해외를 여행하여야 할 때에는 반드시 여행허가를 받아야 한다.
2. 통상 결정문이 2~3일이 지나면 나온다.
3. 위 여행허가신청서와 함께 확약서와 보증서를 제출하면 좋다.

[서식 102] **확약서**(여행허가시)

확 약 서

사 건 20○○고단○○○○ 사기

피 고 인 ○ ○ ○

위 사건에 관하여 피고인은 부득이 하게 위 여행신청서의 여행의 목적과 같이 20○○. ○. ○.부터 20○○. ○. ○.까지 중국으로 출장을 가게 되었는바, 위 기간까지만 여행을 하고 다음 재판기일에 틀림없이 출석할 것임을 확약합니다.

20○○. ○. ○.

위 피고인 ○ ○ ○ (인)

○○지방법원 귀중

[서식 103] **보증서**(여행허가시)

보 증 서

사 건 20○○고단○○○○ 사기

피 고 인 ○ ○ ○

위 사건에 관하여 피고인의 변호인은 피고인이 부득이 하게 위 여행신청서의 여행의 목적과 같이 20○○. ○. ○.부터 20○○. ○. ○.까지 중국으로 출장을 가게 되었는바, 여행을 허가해 주시면 위 기간까지만 여행을 하고 다음 재판기일에 틀림없이 출석하게 할 것임을 보증합니다.

20○○. ○. ○.

위 피고인의 변호인 ○ ○ ○ (인)

○○지방법원 귀중

| 제10장 압수·수색영장 |

제1절 압수, 수색의 의의

압수, 수색은 증거물과 몰수물 등을 수집, 보전할 목적으로 하는 대물적 강제처분에 속한다.

'압수'란 유체물(다만, 전산정보와 같은 무형물도 압수의 대상이 될 수 있는 경우가 있다)에 대한 점유의 취득 및 그 점유의 계속을 내용으로 하는 강제처분을 말하고, '수색'이란 물건 또는 사람을 발견하기 위하여 사람의 신체나 물건 또는 주거 기타 장소에 대하여 행하는 강제처분(즉 어느 장소나 사람의 몸을 강제로 뒤지는 것)을 말한다.

수소법원이 행하는 압수는 좁은 의미의 압수, 제출명령, 임의제출물 등의 압수 등 세 가지 형태로 행해지지만, 수사기관이 행하는 압수에서는 제출명령의 형태는 인정되지 않고 좁은 의미의 압수와 임의제출물 등의 압수 등 두 가지의 형태로만 행하여진다.

제2절 압수, 수색영장의 종류

검사의 청구에 의하여 법원이 발부하는 압수, 수색영장에는 영장의 발부시기에 따라 압수·수색의 시행 전에 미리 발부되는 통상의 영장(사전영장)과 영장 없이 압수·수색을 시행한 후에 발부되는 영장(사후영장)으로 구별할 수 있다. 다만, 영장 없이 압수·수색을 한 모든 경우에 항상 사후의 영장이 필요한 것이 아니고, ① 피의자를 체포하는 현장에서 압수한 물건을 계속 압수할 필요가 있는 경우, ② 범행 도중 또는 범행 직후의 범죄 장소에서 압수·수색을 한 경우, ③ 긴급체포된 피의자의 소유·소지·보관물을 압수하였는데 압수를 계속할 필요가 있는 경우에 한하여 사후영장이 필요하다.

제3절 압수, 수색영장의 청구

수사기사기관 중 검사만이 서면으로 관할지방법원 판사에게 청구할 수 있다. 청구서에는 일정한 사항을 기재하고 피의사실의 요지를 따로 기재한 서면 1통을 첨부하며, 범죄의 혐의가 인정되는 자료와 압수수색의 필요를 인정할 수 있는 자료 등을 함께 제출하여야 한다.

[서식 104] 압수물가환부신청서(1)

압수물가환부신청서

사　　건　　20○○고합○○○호　절도

피 고 인　　○　○　○

위 사람에 대한 절도사건에 관하여 압수된 다음의 물건은 가정에서 꼭 필요로 하는 물건이니 가환부하여 주시기 바랍니다.

다　　　음

1. 냉장고　　1대
1. 세탁기　　1대

20○○. ○. ○.

청구인 ○　○　○ (인)
○○시 ○○구 ○○로 ○○(○○동)

○○지방법원　귀중

[서식 105] 압수물가환부청구서(2)

압수물가환부청구

사 건 20○○고단○○○○ 절도

피 고 인 ○ ○ ○

위 사건에 관하여 증거물로 압수된 아래 물건에 대하여 소유자인 청구인이 계속 사용하여야 할 물건이오니 사진촬영, 검증 등 원형보존조치를 취하시고 속히 가환부하여 주시기 바랍니다.

아 래

1. 시 계 2점
1. 금 고 1대

20○○. ○. ○.

위 피고인의 변호인 변호사 ○ ○ ○ (인)

○○지방법원 귀중

[서식 106] 압수물가환부청구서(3)

압수물가환부청구

사 건 20○○형 제○○○○호 절도

피 의 자 ○ ○ ○

위 사건에 관하여 증거로 귀청에 압수 중인 별지 물건은 본인이 선량한 관리자의 주의로서 보관하고 일체의 처분행위를 하지 않으며, 필요시 언제라도 다시 제출하겠으니 본인에게 가환부하여 주시기 바랍니다.

20○○. ○. ○.

청구인(피의자의 처) ○ ○ ○ (인)

○○지방검찰청 귀중

[서식 107] **위임장**(가환부용)

위 임 장

수임인 ○ ○ ○
(000000-0000000)
○○시 ○○구 ○○로 ○○(○○동)

위 사람에게 ○○지방검찰청 20○○형 제○○○호(1심 : ○○지방법원 20○○고합 ○○○호, 2심 ○○고등법원 20○○노 ○○○호) 상해 등 사건과 관련하여 압수된 압수물에 대한 환부청구권 등 일체행위에 대하여 위임합니다.

첨 부 서 류

1. 차용증서 1통

20○○. ○. ○.

위임인 ○ ○ ○ (인)
(000000-0000000)
○○시 ○○구 ○○로 ○○(○○동)

○○지방검찰청 귀중

제11장 검 증

제1절 총 설

1. 검증의 의의

법원은 사실을 발견함에 있어 필요한 경우 검증을 할 수 있다.
즉 검증이라 함은 오관(시각, 청각, 취각, 미각, 촉각)의 작용에 의하여 물건, 신체 또는 장소의 존재, 형태, 성질, 형상 등을 실험, 관찰하여 인식하는 강제처분을 말한다.

2. 검증의 대상

검증의 목적물(검증물)에 대하여는 아무런 제한이 없으며, 오관의 작용에 의하여 실험, 인식할 수 있는 물건이면 되며, 유체물 · 무체물의 구별이 없고, 또 생물 · 무생물 · 동산 · 부동산을 불문하고 모두 검증의 대상이 될 수 있다. 장소 · 물건 · 서류는 물론 사람의 신체나 사체도 검증의 대상이 되고, 신체의 내부도 검증의 대상이 될 수 있다.

3. 검증의 주체

검증에는 법원이 하는 검증, 수명법관 · 수탁판사가 하는 검증, 수사기관이 하는 검증이 있다. 형사소송법은 법원이 하는 검증을 원칙으로 하고, 기타의 검증에는 법원의 검증에 관한 규정을 준용한다.

4. 검증의 성질

검증에 있어서는 검중물의 권리자의 권리를 배제하여야 할 경우가 많고, 증거물에 대한 권리자는 이 검증처분을 수인할 의무를 부담하여야 한다. 따라서 검증은 대물적 강제처분의 성격을 지니고 있다고 하겠으나, 법원 또는 법관이 검증을 행하는 경우에는 압수, 수색과는 달리 법원 또는 법관이 스스로 직접 오관의 작용에 의하여 행하기 때문에 영장이 없더라도 동일한 보장이 인정되므로 법률상 영장을 필요로 하지 아니한다. 이에 반하여 수사기관이 검증을 행하는 경우에는 영장주의의 요청에 기하여 원칙적으로 법관의 영장을 필요로 한다.

제2절 검증의 절차

1. 검증에 필요한 처분

검증을 함에는 신체의 검사, 사체의 해부, 분묘의 발굴, 물건의 파괴 기타 필요한 처분을 할 수 있다. '필요한 처분'에는 특별한 제한은 없으나 당해 검증의 목적상 필요한 최소한도의 처분에 그쳐야 한다고 본다. 사체의 해부 또는 분묘의 발굴을 하는 때에는 예를 잃지 아니하도록 주의하고 미리 유족에게 통지하여야 한다.

2. 신체검사

신체검사는 특수한 검증의 형태로 행해지는 것이 보통이나 감정의 성격을 띠고 있는 것도 있다. 신체검사 중 피의자의 지문을 채취하거나 신체의 특징 등을 확인하는 것은 검증에 해당하고, 혈액검사나 방사선 촬영 등은 감정에 해당한다.

신체검사 중 특히 체내 검사가 문제가 되는데 음주운전 혐의자의 혈중알코올 농도를 측정하기 위한 강제채혈이나 마약사범의 소변검사를 위한 강제채뇨가 대표적인 예이다. 증거보전의 필요성이 인정되고, 달리 증거를 수집 · 보전할 방법이 없으며, 전문가의 채취라는 방법의 상당성이 인정될 때 이러한 강제처분이 가능하다는 견해가 유력하다.

| 제12장 제1회 공판기일 전의 증인신문 |

제1절 의 의

증인이란 법원 또는 법관에게 자기가 실제 체험한 사실을 진술하는 제3자를 말하고, 증인으로부터 그 체험사실을 진술을 듣는 절차를 증인신문이라 한다. 원래 증인신문은 수소법원의 증거조사의 일환으로 행해지는 것이 일반적이고, 수사기관에서는 피의자 아닌 제3자가 출석을 요구하여 그 진술을 들을 수 있으나(형소법 221조), 이는 강제력을 사용할 수 없는 것이기 때문에(임의수사의 원칙), 형사소송법은 검사가 일정한 경우에 법원에 대하여 그 제3자의 신문을 청구할 수 있는 제도를 두고 있는데, 이것이 제1회 공판기일 전의 증인신문제도이다.

피의자 아닌 참고인에게는 출석의무와 진술의무가 없다는 점을 고려하여 수사기관이 수사절차에서 증인신문의 방법으로 범죄수사에 필요한 참고인의 진술을 확보할 수 있는 수단을 마련해 준 것이 이 제도의 취지이다. 그리고 그 성질은 검사의 신청에 의한 증거보전의 한 가지로 이해되고 있다.

이 증인신문결과를 거재한 증인신문조서는 형사소송법 제311조가 정한 조서에 해당한다.

제2절 요 건

제1회 공판기일 전의 증인신문은 범죄의 수사에 없어서는 아니 될 사실을 안다고 명백히 인정되는 자가 출석 또는 진술을 거부한 경우에 한하여 허용된다(형소법 221조의2 1항). "범죄의 수사에 없어서는 아니 될 사실"이란 범죄의 성립 여부에 관한 사실과 정상에 관한 사실로서 기소 · 불기소 여부 결정 및 양형에 영향을 미치는 사실도 포함한다. 검사는 참고인의 출석거부 또는 진술거부에 정당한 이유가 없다는 점 혹은 정당한 이유가 있더라도 수사상의 필요성이 보다 우월하다는 점을 소명하여야 할 것이다. 참고인으로서 임의로 진술한 자가 공판기일에 전의 진술과 다른 진술을 할 염려가 있고 그 진술이 범죄의 증명에 필요불가결하다는 이유로는 이 제도를 활용할 수 없다 이를 허용하게 되면, 법정에서의 대면 진술 과정에서 증인의 태도 등에 기초한 충실한 심증형성을 통해 증거가치판단의 진실성을 담보할 수 있는 법관의 합리적이고 공정한 자유심증을 방해한 채 오로지 범인필벌의 요구만을 앞세워 과잉된 입법수단으로 증거수집과 증거조사를 허용함으로써 헌법상 보장된 법관의 독립성을 침해할 우려가 있어 적법절차의 원칙 및 공정한 재판을 받을 권리에 위배되기 때문이다.

시기적으로 제1회 공판기일 전에만 할 수 있으므로 반드시 수사단계에서만 할 수 있는 것이 아니고 공소제기 후에도 제1회 공판기일 전이면 가능하다. 여기서 제1회 공판기일이란 적어도 검사의 모두진술(형소법 285조)이 있은 기일을 말하며, 개정 후 연기된 경우는 비록 인정신문을 했더라도 이에 포함되지 않는다고 해석된다. 제1회 공판기일 전에 청구가 있었다고 해도 그 결정 전에 공판기일이 열린 경우에는 수소법원에 의한 증거조사가 가능하게 되므로 허용할 필요가 없을 것이다. 항소심, 파기항소심, 재심사건에는 적용이 없다(대법원 1984. 3. 29.자 84모15 결정 참조).

제3절 청 구

1. 청구권자

검사만이 청구권을 가지며 사법경찰관은 청구권이 없다.

2. 청구의 방식

서면(증인신문청구서)에 의하여야 하며(형소법 221조의2 3항), 그 서면에는 ① 증인의 성명, 직업 및 주거, ② 피의자 또는 피고인의 성명, ③ 죄명 및 범죄사실의 요지, ④ 증명할 사실, ⑤ 신문사항, ⑥ 증인신문청구의 요건이 되는 사실, ⑦ 피의자 또는 피고인에게 변호인이 있는 때에는 그 성명 등을 기재하여야 한다(형소규 111조 1항). 또한 서면으로 그 청구사유(위 기재사항 중 ⑥)를 소명하여야 하는데, 보통은 수사기록을 함께 제출하는 것이 실무관행이다.

제4절 증인신문 여부의 결정 및 증인신문의 실시

1. 결 정

담당판사는 먼저 청구가 요건에 해당하지 않는다고 인정하면 기각결정을 하여 검사에게만 고지하고, 요건에 해당한다고 인정하면 증인신문기일을 정하는 등 신문에 필요한 절차를 진행하면 된다. 검사의 증인신문청구가 요건을 갖추지 못하여 기각하는 경우가 아닌 이상 법관은 증인신문을 행할 의무가 있다고 해석되기 때문이다. 그리고 증인신문기일 통지서에 검사의 청구에 따라 증인신문을 하기로 하였다는 취지가 포함되기 때문에 굳이 별도의 결정을 할 필요도 없다.

청구기각결정에 대하여는 즉시항고를 허용하는 규정이 없는데다가 형사소송법 제402조가 말하는 법원은 수소법원만을 가리킨다.

2. 실 시

청구를 받은 담당 법관은 증인신문에 관하여 법원 또는 재판장과 동일한 권한이 있다(형소법 221조의2 34항). 따라서 증인자격, 증인의 소환, 불출석시 제재, 증인의 선서, 증인신문의 방식, 증인의 여비 등이 그대로 적용될 수 있을 것이다.

판사는 증인신문의 청구에 따라 증인신문기일을 정한 때에는 피고인 · 피의자 또는 변호인에게 신문기일과 장소 및 증인신문에 참여할 수 있다는 취지를 통지하여 증인신문에 참여할 수 있도록 한다(형소법 221조의2 5항, 형소규 112

조). 이 규정은 통지받은 피의자, 피고인 또는 변호인의 출석을 증인신문의 요건으로 한다는 의미는 아니다.

증인의 소환, 구인, 증언거부, 과태료 및 감치, 선서, 신문방식, 조서 작성 방식 등은 모두 수소법원이 공판기일 외에서 행하는 증인신문의 경우와 동일하다.

3. 신문 종료 후의 사무

신문이 종료되면 신속히 조서를 정리한 후 지체 없이 이를 일건기록과 함께 검사에게 송부하여야 한다(형소법 221조의2 6항). 본안사건이 이미 기소되어 계속 중인 경우에도 본안기록에 첨철할 것이 아니라 검사에게 송부하여야 한다. 검사가 나중에 본안의 공판절차에서 수사기록 등과 함께 증거로 제출할 것이기 때문이다.

[서식 108] 증인신청서

증 인 신 청

사 건 20○○고단○○○○ 폭력행위등처벌에관한법률위반

피 고 인 홍 길 동

위 사건에 관하여 위 피고인의 변호인은 피고인의 이익을 위하여 다음과 같이 증인을 신청합니다.

다 음

1. 증인의 성 명 : 이 ○ ○ (000000-0000000)
   주 소 : ○○시 ○○구 ○○로 ○○(○○동)
   연락처 : 000-000-0000

1. 증인신문사항 : 별지 기재와 같음

20○○. ○. ○.

위 피고인의 변호인 변호사 ○ ○ ○ (인)

○○지방법원 귀중

【접수방법】

1. 신청서 1부를 공판진행 법원 형사과 접수계에 제출한다. 증인 채택을 이미 받은 경우라면 신문사항 4부를 첨부하여 제출한다.
2. 위 신청서에 따라 법원은 증인소환장을 늦어도 기일 24시간 전에 송달시킨다.
3. 증인이 수취인 불명으로 불출석하는 경우에는 소재 탐지신청을 한다.

[서식 109] 증인신문사항

20○○고단 ○○○○

증인 이○○에 대한 신문사항

1. 증인은 20○○년 6월 20일 밤 10:20경 ○○노래방 앞에서 피고인과 ○○○이 다투고 있는 현장을 지켜보아 사실을 잘 알고 있지요.
2. 사건 당시 주위 현장을 지켜보던 동네사람들은 얼마나 있었나요.
3. 당시 피고인이 뒷짐을 진 채로 때릴 테면 때리라고 버티고 섰고 이에 ○○○이 갖은 욕설을 하며 피고인의 옷 남방을 잡아당기다가 옷이 찢어지면서 뒤로 넘어지는 것을 본 일이 있지요
4. 이 일로 인해 오히려 피고인이 남방은 물론 옷 속까지 찢기고 가슴부위까지 할퀴었지요.
5. 당시 ○○○은 굉장히 흥분하여 이리저리 뛰면서 갖은 욕설을 하며 본인의 몸과 머리를 벽에 마구 부딪히며 상처를 내는 것을 본 적이 있지요.
6. 평소 ○○○은 주로 폭행을 일삼으며 오히려 피해자를 가해자로 둔갑시키는 일에 대한 여러 피해자들이 있지요.

7. 기타 사항

【접수방법】

1. 신문사항 작성시 간인, 날인을 하지 않는다.
2. 신문사항 4부를 증인신문기일 전에 미리 제출한다.

[서식 110] 증인반대신문사항

20○○고단 ○○○○

증인 이○○에 대한 반대신문사항

1. 증인은 20○○년 ○월 ○일부터 20○○년 ○월 ○일까지 주식회사 ○○ 피고인이 대표이사로 있는 주식회사 ○○의 직원이었는가요.
2. 20○○년 ○월 ○일경 피고의 회사를 퇴직하고 주식회사 ○○○○의 직원이 되었는가요.
3. 주식회사 ○○○○은 주식회사 ○○에 물건을 납품하는 회사인가요.
4. 주식회사 ○○은 독립적인 법인인데, 주식회사 ○○○○은 대리점인가요.
5. 증인은 납품가격을 싸게 해주는 대가로 피고인에게 대가를 요구한 적이 있는가요.
6. 증인은 주식회사 ○○○○의 직원으로서 그곳에서 급료를 받지요.
7. 주식회사 ○○○○은 주식회사 ○○에 대하여 대리점 계약을 해제할 수 있는 권한이 있지요.
8. 주식회사 ○○○○은 주식회사 ○○에 대하여 대리점 취소를 하였지요.
9. 증인은 그 취소에 관여를 하였는가요.
10. 그 결과 증인은 주식회사 ○○○○에서 퇴사할 뻔 했지요.
11. 기타 사항

[서식 111] 증인거부사유서

증 인 거 부 사 유

사 건 20○○고단○○○○ 무고

피 고 인 ○ ○ ○

위 사건에 관하여 귀원으로부터 증인으로 채택되어 소환을 받았는바, 본인은 주소지에게 의료업을 하면서 피고인을 치료한 사실이 있고, 동 치료를 통하여 알게 된 사실은 비밀에 관한 것이므로 이러한 내용의 사실에 대하여는 증언을 거부하고자 합니다.

소 명 자 료

1. 진료기록 사본 1통

20○○. ○. ○.

위 증인 ○ ○ ○ (인)

○○지방법원 귀중

[서식 112] 직무상비밀의 사실신고서

직무상비밀의 사실신고

사 건 20○○고합○○○○ 살인

피 고 인 ○ ○ ○

위 사건에 관하여 본인은 20○○. ○. ○. 00:00 증인으로 출석하라는 소환장을 받았는바, 본인이 증언하여야 할 사항은 공무원의 신분으로 그 맡은 직무에 관하여 알게 된 사실로서 이는 직무상의 비밀에 해당하는 사항이므로 형사소송법 제147조 제1항에 의하여 신고합니다.

20○○. ○. ○.

위 신고인(증인) ○ ○ ○ (인)

○○지방법원 귀중

[서식 113] 증인신문조서 등본교부신청서(1)

증인신문조서 등본교부신청서

사　　건　　20○○고단○○○호 사기

피 고 인　　○ ○ ○

위 사람에 대한 귀원 20○○고단○○○호 ○○사건에 관하여, 증인 ○○○에 대한 신문조서 1통을 교부하여 주시기 바랍니다.

20○○. ○. ○.

위 피고인 ○ ○ ○ (인)

○○지방법원 귀중

[서식 114] 증인신문조서 등본교부신청서(2)

증인신문조서 등본교부청구

사 건 20○○고단○○○호 절도

피 고 인 ○ ○ ○

증 인 ○ ○ ○

위 사건에서 증인으로 진술한 본인에 대한 증인신문조서 등본 1통을 형사소송규칙 제84조의2에 의해 교부하여 주시기 바랍니다.

20○○. ○. ○.

위 증인 ○ ○ ○ (인)

○○지방법원 귀중

| 제13장 감 정 |

제1절 감정의 의의

감정이라 함은 법원 또는 수사시관이 재판상 또는 수사상 필요한 실험칙 등에 관한 전문지식·경험 등의 부족을 보충할 목적으로 그 지시하는 사항에 관하여 제3자로 하여금 조사를 마치고 실험칙 또는 이를 적용하여 얻은 구체적 사실판단 등을 보고하게 하는 것을 말하며 감정 자체는 강제처분이 아니라 임의조사에 속한다.

수사기관은 수사상 필요한 경우 감정을 위촉할 수 있는데, 그 단계에서는 법원이 관여하지 아니한다. 수사기관으로부터 감정의 위촉을 받은 자도 실무상 감정인이라 부르고 있으나, 이는 선서의 의무도 없고 허위감정을 하여도 허위감정죄에도 해당하지 않으며 그 절차에 있어서 당사자에 의한 반대신문의 기회도 주어지지 않는 점 등에서 법원의 명에 의한 감정인과는 큰 차이가 있다. 그리하여 강학상 이를 '감정수탁자' 또는 '감정수촉자'라 부르기도 하고 형사소송법 제221조의 4 도 '감정의 위촉을 받은 자'라는 표현을 쓰고 있으나 이 책에서는 편의상 '감정인'이라 부르기로 한다.

제2절 감정의 절차

법원은 학식, 경험 있는 자에게 감정을 명할 수 있다.

여기서 '학식, 경험 있는 자'란 특별한 학식, 경험이 있는 자를 의미하고 감정을 명할 사항도 특별한 학식, 경험에 속하여야 한다는 것을 의미한다.

감정인에게는 감정 전에 선서를 하게 하여야 한다.

선서를 하지 않고 한 감정은 무효이고, 따라서 증거능력은 인정되지 아니한다.

제3절 법원 외의 감정, 감정유치

법원은 필요할 때에는 감정인으로 하여금 법원 외에서 감정하게 할 수 있다. 이 경우에는 감정을 요하는 물건을 감정인에게 교부할 수 있다.

피고인의 정신 또는 신체에 관한 감정이 필요한 때에는 법원은 기간을 정하여 병원 기타 적당한 장소에 피고인을 유치하게 할 수 있다.

감정유치를 함에는 구속영장에 준하는 감정유치장을 발부하여야 하고, 감정유치장에는 피고인의 성명, 주민등록번호 등, 직업, 주거, 죄명, 범죄사실의 요지, 유치할 장소, 유치기간, 감정의 목적 및 유효기간과 그 기간 경과 후에는 집행에 착수하지 못하고 영장을 반환하여야 한다는 취지를 기재하고, 재판장이나 수명법관이 서명날인하여야 한다. 감정유치를 함에 있어서 필요한 때에는 법원은 직권 또는 병원 기타 수용시설의 관리자의 신청에 의하여 사법경찰관리에게 피고인의 간수를 명할 수 있다. 신청은 간수를 필요로 하는 사유를 명시하여 서면으로 하여야 한다.

법원은 필요한 때에는 유치기간을 연장하거나 단축할 수 있고, 이는 결정으로 정한다.

제4절 감정인의 처분권

감정인은 감정을 위하여 필요한 때에는 타인의 의사에 반하여 그 주거, 가옥, 건조물, 항공기, 자동차, 선박 내에 들어가거나, 신체의 검사, 사체의 해부, 분묘의 발굴, 물건을 파괴를 할 수 있다.

한편, 감정유치권 피의자라도 감정을 위해 신체내부검사 등 별도의 강제처분이 필요한 때에는 법원의 허가장이 필요하는데, 이 허가장에는 피고인의 성명, 죄명, 감정인의 성명과 직업, 허가하는 처분의 내용, 유효기간과 이를 경과하면 허가된 처분에 착수하지 못하며 허가장을 반환하여야 한다는 취지를 기재하고 재판장 또는 수명법관이 서명날인하여야 한다.

감정인은 이러한 처분을 받는 자에게 허가장을 제시하여야 한다. 이와 같이 허가장을 필요로 하는 것은 영장주의의 요청에 기하여 인권을 보호하려는 것이다. 그러나 감정인이 공판정에서 이러한 처분을 행하는 경우에는 이를 적용하지 아니하며, 그 이유는 공판정에서 감정을 행하는 경우에는 법원의 면전이고, 직접적이므로 허가장 기타의 요건은 불필요하기 때문이다.
감정인은 감정에 관하여 필요한 경우에는 재판장의 허가를 얻어 소송서류와 증거물을 열람 또는 등사하고, 피고인 또는 증인의 신문에 참여할 수 있다. 또 감정인은 피고인 또는 증인의 심문을 구하거나 재판장의 허가를 얻어 직접 발문할 수 있다.

제5절 감정인에 관한 비용

감정인은 법률이 정한 바에 의하여 여비, 일방, 숙박료 외에 감정료와 체당금의 변상을 청구할 수 있다. 감정은 증인의 증언과는 달라서 특별한 학식, 경험을 기초로 하고 있고, 감정을 하기 위하여는 특별한 기능, 노력을 필요로 하므로 감정인에 대하여는 여비 등 외에 일정한 보수를 주고 있는 것이다.

[서식 115] 신체감정 및 검진신청서

신체감정 및 검진신청

사 건 20○○고합○○○○ 강간치상 등

피 고 인 ○ ○ ○

위 사건에 관하여 다음과 같이 신체감정 및 검진을 신청하오니 감정인 ○○○로 하여금 감정하도록 촉탁하여 주시기 바랍니다.

다 음

1. 검증 및 검진대상자의 인적사항

성 명 : ○ ○ ○

주민등록번호 : 000000-0000000
주 소 : ○○시 ○○구 ○○로 ○○(○○동)

2. 감정 및 검진하여야 할 사항
(1) 처녀막 파열의 여부
(2) 파열되었다면 그 원인 및 수상일
(3) 기타 필요사항

20○○. ○. ○.

위 피해자의 변호인 변호사 ○ ○ ○ (인)

○○지방법원 귀중

[서식 116] 필적등감정신청서

필 적 등 감 정 신 청

사 건 20○○도○○○○호 사문서위조등
피 고 인 ○ ○ ○

위 사건에 대한 ○○사실을 입증하기 위하여 다음과 같이 필적 등에 관하여 감정을 신청합니다.

다 음

1. 필적감정 하여야 할 사항
2. 기 타

20○○. ○. ○.

위 피고인의 변호인 변호사 ○ ○ ○ (인)

○○지방법원 귀중

[서식 117] 검증 및 감정신청서

검 증 및 감 정 신 청

사 건 20○○고단○○○○ 사기 등

피 고 인 ○ ○ ○

위 사건에 관하여 피고인의 변호인을 피고인을 위하여 다음과 같이 검증 및 감정을 신청합니다.

다 음

1. **검증 및 감정의 대상**
   녹음테이프 및 피해자 ○○○의 음성

2. **검증 및 감정할 사항**
   가. 피고인이 피고인과 피해자 사이의 대화내용을 기록한 녹취서와 녹음테이프의 녹음내용이 동일한지 여부
   나. 녹음테이프의 음성이 피해자의 음성인지 여부

3. **입증취지**
   피고인이 피해자에게 차용금을 변제한 사실

20○○. ○. ○.

위 피고인의 변호인 변호사 ○ ○ ○ (인)

○○지방법원 귀중

[서식 118] 감정신청서

감 정 신 청

사 건 20○○고단○○○○ 무고 등

피 고 인 ○ ○ ○

위 사건에 관하여 피고인의 변호인을 피고인을 위하여 다음과 같이 감정을 신청합니다.

다 음

1. 감정의 대상

가. 고소장에 첨부된 부동산매매계약서 및 위임장

나. 피고인의 인감증명서

2. 감정할 사항

가. 고소장에 첨부된 부동산매매계약서의 매도인란과 위임장의 위임인란의 각 인영이 피고인의 인감증명서의 인영과 일치한지 여부

나. 부동산매매계약서의 매도인란의 서명과 위임장의 서명이 각 피고인의 필적인지 여부

3. 입증취지

고소장에 첨부된 부동산매매계약서 및 위임장은 위조된 것입니다.

따라서 피고인이 고소인을 사문서 위조 및 동 행사로 고소한 것은 무고가 아닙니다.

20○○. ○. ○.

위 피고인의 변호인 변호사 ○ ○ ○ (인)

○○지방법원 귀중

[서식 119] 정신감정신청서

정 신 감 정 신 청

사 건 20○○고합○○○○ 살인

피 고 인 ○ ○ ○

위 사건에 관하여 피고인의 변호인을 피고인을 위하여 다음과 같이 정신감정을 신청합니다.

다 음

1. 감정의 대상

피고인 ○ ○ ○ (000000-0000000)

2. 감정할 사항

가. 피고인의 병명과 발병원인

나. 이 사건 범행 당시 피고인이 사물을 변별하거나 의사를 결정할 능력이 있거나, 상실 또는 미약하였는지의 여부

다. 피고인의 병명이 이 사건 영향에 미쳤는지 여부

3. 입증취지

피고인의 심신상실 또는 미약상태에서의 범행이므로 책임이 없거나 형이 감경되어야 할 것임

20○○. ○. ○.

위 피고인의 변호인 변호사 ○ ○ ○ (인)

○○지방법원 귀중

제14장 증거보전

제1절 의 의

증거보전이란 장차 공판에서 사용될 증거가 멸실되거나 사용하기 곤란하게 될 사정이 있는 경우에 당사자의 청구에 따라 법관이 공판 전에 그 증거를 수집, 보전하여 두는 제도를 말한다.

증인신문 외에 압수, 수색, 검증, 감정까지 폭넓게 인정된다는 점에서 검사의 청구에 의한 증인신문제도와 구별되며, 증거보전의 방법으로 피의자신문 또는 피고인신문을 청구할 수 없는 반면, 압수 · 수색도 할 수 있다는 점과 수소법원이 아닌 판사의 권한에 속한다는 점에서 제1회 공판기일 전의 증거조사와 구별된다.

제2절 청구권자, 청구방식

- 검사, 피고인 피의자 또는 변호인에 한정되며, 사법경찰관이나 수사개시(이른바 형사입근) 이전의 자에게는 청구권이 없다.
- 청구는 일정한 사항을 기재한 서면(증거보전신청서)으로 하여야 하고, 또는 증거보전의 필요성에 대한 소명자료를 제출하여야 한다.

제3절 증거보전처분

제1회 공판기일 전에 다음 지역을 관할하는 지방법원 판사에게 청구한다.

- 압수 : 압수할 물건의 소재지
- 수객 또는 검증 : 수색 또는 검증할 장소, 신체 또는 물건의 소재지
- 증인신문 : 증인의 주거지 또는 현재지

• 감정 : 감정대상의 소재지, 현재지 또는 감정함에 편리한 장소

증거보전처분을 할 지방법원 판사는 예단배제의 원칙과의 관계상 사건담당 재판부의 판사가 아닌 다른 판사가 담당함이 원칙이다.

제4절 증거보전의 실시

담당판사는 먼저 청구가 요건에 해당하지 않는다고 인정하면 기각결정을 하여 청구인에게 고지하여야 하나, 요건에 해당한다고 인정하면 바로 청구권 처분을 하면 된다. 청구를 기각한 결정에 대하여는 3일 이내에 항고를 할 수 있다(형소법 184조 4항).

청구를 받은 법관은 보전처분의 각 절차에 관하여 법원 또는 재판장과 동일한 권한이 있다. 따라서 형사소송법과 형사소송규칙 중 수소법원의 압수, 수색, 검증, 증인신문 및 감정에 관한 규정이 전면적으로 준용되어 이 규정에 따라 처리한다.

따라서 영장이 필요하면 영장을 발부하여 시행하고, 당사자 등의 참여권 등도 수소법원의 처분의 경우와 마찬가지로 그 인정 여부를 정하여야 한다.

제5절 증거의 이용

증거보전에 의하여 수집된 증거를 본안(공판사건)에 이용할 것인지의 여부는 당사자(청구인 또는 그 상대방)의 의사에 달려 있다. 이를 이용하고자 할 때에는 수소법원에 그 증거 및 기록의 송부촉탁신청을 하여 현출시켜서 제출하면 될 것이다. 수소법원이 증거 및 기록을 송부받은 때에는 기록은 본안 기록에 첨철하고 압수물은 새로 자체의 보관절차를 취한다.

만약 증거보전만 시행되고 본안이 기소되지 아니하였거나 기소 후 당사자가 송부촉탁을 하지 아니한 채 본안이 종결되었다면, 다음과 같이 증거 및 증거보전기록을 처리하면 될 것이다.

첫째, 기소되지 않았다면 증거보전을 담당한 법원에서 공소시효 완성 때까지 보관하고 있다가 공소시효 완성 후 검찰청에 기록을 인계하여야 하고, 압수물 역시 공소시효 완성 후에 판사가 환부절차를 취하여야 한다. 공소시효 완성 전이라도 기소하지 않기로 하는 검사의 결정이 확정되었다면 위의 절차를 취하는 것이 상당하다.

둘째, 기소되었으나 당사자가 송부촉탁신청을 하지 아니한 채로 본안이 종결되었다면 그 사실이 확인되는 즉시 기록은 검찰청에 인계하고 압수물 역시 환부절차를 취하여야 한다. 기소 여부 또는 본안의 종결 여부를 확인하기 위해서는 구두 또는 서면으로 검찰청이나 청구인에게 조회해 볼 필요가 있다.

제6절 서류 · 증거물의 열람 · 등사권

검사, 피고인, 피의자 또는 변호인은 판사의 허가를 얻어 증거보전에 관한 서류와 증거물을 열람 또는 등사할 수 있다.

피고인, 피의자에게 변호인이 없는 때에도 독립한 열람권과 등사권이 인정되는 공판조서의 열람의 경우와는 다르다.

[서식 120] 증거보전청구서(1)

증 거 보 전 청 구

사　　건　　20○○고단○○○○　절도

피 고 인　　○　○　○

위 사건에 관하여 피고인의 공소사실에 대한 무죄사실을 증명할 다음의 증거를 미리 보전하지 아니하면 그 증거를 사용하기 곤란한 사정이 있으므로 증거의 보전을 청구합니다.

다 음

1. 증명할 사실 :
2. 보전할 증거 및 보전할 방법 :
3. 증거보전의 이유 :
4. 기타 사항 :

20○○. ○. ○.

위 피고인의 변호인 변호사 ○ ○ ○ (인)

○○지방법원 귀중

【접수방법】

증거보전청구는 압수한 물건의 소재지, 수색 또는 검색할 장소, 신체 또는 물건의 소재지, 증인의 주거지 또는 현재지, 감정대상의 소재지 또는 현재지를 관할하는 지방법원 판사에게 하여야 한다(형소규 91조).

[서식 121] 증거보전청구서(2)

증 거 보 전 청 구

사 건 20○○고단○○○○ 살인

피 고 인 ○ ○ ○

위 사건에 관하여 피고인은 다음과 같이 증거의 보전을 청구합니다.

다 음

1. 증거의 보전을 필요로 하는 사유 :
2. 증거를 보전할 방법 :
3. 사건의 개요 :
4. 증명할 사실 :

20○○. ○. ○.

위 청구인(피고인) ○ ○ ○ (인)

○○지방법원 귀중

[서식 122] 증거보전기록 열람 · 등사청구서

증거보전기록 열람 · 등사청구서

사 건 20○○고단○○○○ 절도

피 고 인 ○ ○ ○

위 사건에 관하여 보전된 증거기록에 대하여 열람 및 지정한 부분의 기록을 등사하여 주시기 바랍니다.

등사할 부분 : 별지 기재와 같음

20○○. ○. ○.

위 피고인의 변호인 변호사 ○ ○ ○ (인)

○○지방법원 귀중

[서식 123] 수사기록 열람 · 등사 허용명령신청서(1)

수사기록 열람 · 등사 허용명령신청

사 건 20○○고단○○○○ 사기

피 고 인 ○ ○ ○

1. 위 사건에 관하여 피고인의 변호인은 20○○. ○. ○. 위 사건에 관한 수사기록(20○○년형 제○○○호)을 보관하고 있는 ○○지방검찰청 수사기록 열람 · 등사신청을 하였으나, 검사는 같은 달 ○. 증인 보호의 필요성을 이유로 수사기록 중 목록 피해자에 대한 진술조서 및 고소장에 대한 등사를 제한하였습니다.

2. 그런데 검사는 수사기록 중 목록은 형사소송법 제266조의3 제5항에 의거 열람 또는 등사를 거부할 수 없고, 고소장이나 진술조서에 대하여는 피해자 인적사항이나 연락처 등이 기재된 부분만 가리고 열람 또는 등사를 허용할 수 있는 방법이 있는데도 진술부분에 대해서까지 제한을 함으로써 피고인의 방어권 행사에 중대한 제한을 초래하였습니다. 즉 피고인은 고소인의 진술을 알 수 없으므로 고소인 진술의 신빙성, 모순점 기타 피고인의 방어에 필요한 사항을 준비할 수 없게 되었습니다.

3. 따라서 피고인의 변호인은 피고인의 방어권 보장을 위하여 형사소송법 제266조의4 제1항에 의하여 수사기록 목록, 고소장 및 진술조서에 대한 열람, 등사를 허용하여 주실 것을 신청하오니, 형사소송법 제266조의4 제2항에 의하여 검사에게 열람 · 등사 허용명령을 하여 주실 것을 신청합니다.

첨 부 서 류

1. 열람 · 등사 제한통지서 사본 1통

20○○. ○. ○.

위 피고인의 변호인 변호사 ○ ○ ○ (인)

○○지방법원 귀중

[서식 124] 수사기록 열람 · 등사 허용명령신청서(2)

수사기록 열람 · 등사 허용명령신청

사 건 20○○고단○○○○ 사기

피 고 인 ○ ○ ○

1. 위 사건에 관하여 피고인의 변호인은 20○○. ○. ○. 위 사건에 관한 수사기록(20○○년형 제○○○호)을 보관하고 있는 ○○지방검찰청 수사기록 열람 · 등사신청을 하였으나, 검사는 신청일로부터 48시간이 지난 현재까지 열람 · 등사의 거부 또는 범위제한에 대하여 아무런 통지를 하지 않고 있습니다.

2. 이에 피고인의 변호인은 피고인의 방어권 보장을 위하여 형사소송법 제266조의3 제4항에 의하여 위 사건 수사기록에 대한 열람 · 등사를 허용하여 주실 것을 신청하오니, 형사소송법 제266조의3 제2항에 의하여 검사에게 열람 · 등사 허용명령을 하여 주실 것을 신청합니다.

20○○. ○. ○.

위 피고인의 변호인 변호사 ○ ○ ○ (인)

○○지방법원 귀중

| 제15장 소송비용 |

제1절 소송비용의 범위

소송비용이란 형사소송에 관하여 지출된 비용으로서 형사소송비용등에관한 법률에 규정되어 있다. 즉, 공판에서 소환한 증인 · 통역인과 감정인의 일당 · 여비 · 숙박료와 보수, 감정인 · 통역인 · 번역인의 특별요금, 법원이 선임한 국선변호인의 일당 · 여비 · 숙박료, 무죄나 면소판결의 공시를 위하여 관보와 신문지에 공고한 비용 등이다.

제2절 소송비용부담

소송비용은 모두 국가가 이를 부담하는 것을 원칙으로 하나 각 심급에서 소송절차가 종료하는 경우 일정한 조건하에 피고인 또는 기타의 자에게 부담하게 할 수도 있다.

형의 선고를 하는(집행유예의 경우 포함)때에는 피고인에게 소송비용의 전부 또는 일부를 부담하게 하여야 한다. 다만 피고인의 경제적 사정으로 소송비용을 납부할 수 없는 때에는 그러하지 아니하다.

피고인의 부담능력 여부를 불문하고 소송비용부담의 재판이 행하여진 사례가 적은 것 같으나, 소송비용액이 다액이고 피고인의 자력이 있다면 필요적으로 소송비용을 피고인에게 부담하도록 명하여야 할 것이다.

형의 선고를 하지 않을 때라도(무죄, 선고유예 등) 피고인의 귀책사유로 발생된 비용(피고인 불출석으로 증인 여비가 이중 지출된 때 등)은 피고인에게 부담시킬 수 있다.

공범인 피고인에 대하여는 연대 부담하게 할 수 있으며, 한편 검사만이 상소하였다가 기각되거나 취하한 경우에는 그 상소부분의 소송비용은 피고인에게 부담시킬 수 없다.

고소 또는 고발에 의하여 공소를 제기한 사건에 관하여 피고인이 무죄 또는 면소의 판결을 받은 경우에, 고소인 또는 고발인에게 고의나 중과실이 있는 때에는 그 자에게 소송비용의 전부 또는 일부를 부담케 할 수 있다.
검사 아닌 자가 상소를 한 경우에 그 상소가 기각되거나 취하된 때에는 그 자에게 그 소송비용을 부담케 할 수 있다.
한편, 법원은 소환장을 송달받은 증인이 정당한 사유 없이 출석하지 아니한 때에는 결정으로 당해 불출석으로 인한 소송비용을 증인이 부담하도록 명할 수 있다.

제3절 소송비용부담의 절차

1. 종국재판으로 소송절차가 종료되는 경우에 피고인에게 소송비용을 부담시키려는 경우

피고인에게 소송비용을 부담하게 하는 때에는 직권으로 재판하여야 한다. 불복은 본안의 종국재판에 대한 상소와 함께만 상소할 수 있다.

2. 종국재판으로 소송절차가 종료되는 경우에 제3자에게 소송비용을 부담시키려는 경우

제3자에게 소송비용을 부담하게 하는 때에는 직권으로 별도의 결정에 의하여 부담의 재판을 하여야 한다. 즉 종국재판의 주문에서 선고하는 것이 아니라 따로 결정을 하여야 한다. 이 결정에 대하여는 즉시항고할 수 있다.

3. 소송절차가 종국재판에 의하지 않고 종료되는 경우

종국재판에 의하지 아니하고 소송절차가 종료되는 경우(상소의 취하 등)를 말한다.
이 경우 소송비용을 피고인에게 부담시키든 제3자에게 부담시키든 언제나 직권으로 독립한 결정을 해야 한다. 이 결정에 대하여는 즉시항고를 할 수 있다.

4. 소송비용 산정

소송비용의 부담액에 관하여는 법원은 소송비용의 액을 산정하여 표시하거나 추상적으로 부담자 및 부담부분(비율 또는 항목)만을 정할 수도 있는데, 후자의 경우에는 집행을 지휘하는 검사가 그 금액을 산정한다. 다만, 소송비용의 부담을 명하는 재판서에 그 금액을 표시하지 아니한 때에는, 법원사무관 등은 소송비용명세서를 작성하여 기록표지 다음에 철하여야 한다. 하급심에서 하지 아니한 소송비용부담의 재판을 상소심에서 한 때에는 상소심 법원사무관 등이 하급심 소송비용명세서를 작성하여 하급심 기록표지 다음에 철한다.

5. 소송비용재판의 집행

소송비용부담 재판의 집행도 통상의 재판의 집행과 마찬가지로 검사가 집행한다. 검사는 소송비용부담의 재판을 집행하기 위하여 필요한 조사를 할 수 있고, 조사에 관하여는 공무소 기타 공사단체에 조회하여 필요한 사항의 보고를 요구할 수 있다.

검사의 집행명령은 집행력 있는 집행권원과 동일한 효력이 있다. 소송비용부담의 재판의 집행에는 민사집행법의 집행에 관한 규정을 준용하지만, 집행 전에 재판의 송달을 요하지 아니한다.

그 외, 소송비용부담의 재판은 국세징수법에 따른 국세체납처분의 예에 따라 집행할 수도 있다. 즉, 집행담당 공무원은 개개의 경우 필요에 따라 집행의 신속성, 효율성을 고려하여 민사집행법상의 강제집행절차와 국세징수법상의 체납처분절차 중 1개를 택일하여 활용할 수 있는 것이다.

제2편

제1심의 절차

제1장 수 사 / 227

제2장 공 소 / 446

제3장 공 판 / 482

제4장 재판의 효력 / 568

| 제1장 수 사 |

제1절 수사의 의의와 구조

1. 수사의 개념

수사라 함은 공소제기 여부의 결정과 제기된 공소의 유지를 위한 준비로서 범죄사실을 조사하고 범인과 증거를 발견 · 수집하는 수사기관(검사 또는 사법경찰관)의 활동을 말한다.

이 경우 임의수사를 원칙으로 하에도 불구하고 실효성 있는 수사를 위하여 어느 정도의 강제력의 행사는 부득이한 것으로 이해된다. 그러나 이러한 강제력의 행사에는 인권침해 및 그 남용의 우려가 크기 때문에 강제처분법정주의 · 영장주의 · 무죄추정 등의 법치국가적 요청과 피의자의 인권보장 및 수사비례성의 원칙이 특히 강조되고 있다.

형사소송법은 "강제처분은 이 법률에 특별한 규정이 있는 경우에 한하여 필요한 최소한도의 범위 안에서만 하여야 한다."규정하고, "피의자에 대한 수사는 불구속상태에서 함을 원칙으로 한다."고 규정하고 있다. 특히 불구속수사의 원칙은 신체의 자유를 규정한 헌법 제12조와 무죄추정의 원칙을 규정한 헌법 제27조의 정신에 비추어 당연하게 해석외어 온 일반원칙을 입법화한 것으로서 큰 의의가 있다.

법률이 규정한 강제처분에는 체포, 구속, 압수 · 수색 · 검증, 증인신문, 감정유치 · 감정에 필요한 처분, 통신제한조치 및 통신시설 확인자료 제공요청의 허가 등이 있다. 이러한 강제처분은 특히 예외적인 경우를 제외하고는 법관이 발부한 영장(체포, 구속, 압수 · 수색 · 검증 · 감정유치 등) 또는 허가서(통신제한조치 등)에 의하거나 법관의 직접 관여에 의한다(영장실질심문, 제1회 공판기일 전 증인신문).

2. 수사기관

수사기관이란 법규상 범죄의 수사를 할 수 있는 권한이 인정되어 있는 자를 말한다. 현행법상 인정되어 있는 수사기관으로서는 검사 및 사법경찰관리가 있다.

사법경찰관은 수사관 · 경무관 · 총경 · 경감 · 경위로서 검사의 지휘를 받아 수사를 하여야 한다. 경사 · 순경은 사법경찰리로서 검사 또는 사법경찰관의 지휘를 받아 수사의 보조를 하여야 한다(형소법 196조).

이 밖에 특별사법경찰관리로서 산림, 해사, 전매, 세무, 군수사기관 기타 특별한 사항에 관하여 사법경찰관리의 직무를 행할 자와 그 직무의 범위를 법률로서 정하도록 하고 있다(형소법 197조).

사법경찰관리는 각 소속관서의 관할구역 내에서 직무를 행하도록 되어 있으며, 다만 관할구역 내의 사건과 관련성이 있는 사실을 발견하기 위하여 필요한 경우에는 관할구역 외에서도 직무를 행할 수 있다. 그러나 사법경찰관리가 관할구역 외에서 수사를 하거나 관할구역 외의 사법경찰관리의 촉탁을 받아 수사할 때에는 관할지방검찰청 검사장 또는 지청장에게 보고하고 수사를 하도록 규정하고 있다.

3. 검사와 사법경찰관리와의 관계

범죄수사를 함에 있어서 검사와 사법경찰관리와의 관계는 사법경찰관리를 제1차적 수사기관으로 하여 사법경찰관리가 범죄수사의 주도권을 가지며, 검사는 수사기관으로서 보충적으로 제2차적 수사의 성격을 지니고 공소권 행사를 주된 업무로 함으로써 상호 협조관계에 있다 할 것이며 또한 검사는 범죄수사에 있어서 주재자로서 사법경찰관리에 대한 지휘 · 감독권을 기지고 있어 양자는 상명하복의 관계에 있다.

현행 우리나라 형사소송법은 소송절차에 있어서 검사에게 수사기관의 주재자로서의 지위를 인정하고 있다. 즉, 형사소송법 제195조에 “검사는 범죄의 혐의가 있다고 사료하는 때에는 범인, 범죄사실과 증거를 수사하여야 한다” 라고 규정하여 검사의 범죄수사의 주체인 성격을 명확히 인정하고 있다. 다만, 검사 이외의 수사기관으로서 사법경찰관이 있으나, 이들은 검사의 지휘를 받아 수사를 하여야 한다. 특히 검찰청법에서는 검사에게 수사에 관한 사법경찰관리의 지휘·감독권을 인정하고 또 사법경찰관리는 범죄수사에 있어서 소관검사의 직무상 발한 명령에 복종하여야 한다고 규정하고 있어 사법경찰관리가 관할구역 외에서 범죄를 수사함에는 관할지방검찰청 검사장 또는 지청장에게 이를 보고하여야 하며, 각종 영장은 검사에게 신청하여 판사로부터 발부받아야 한다. 특히 검사 이외의 사법경찰관리가 작성한 피의자 신문조서의 증거능력은 검사가 작성한 것보다 제한되어 있다. 또 사법경찰관리에 대한 검사의 지휘·명령권을 실질적으로 보장하기 위하여 서장이 아닌 경정 이하의 사법경찰관리가 직무집행에 관하여 부당한 행위를 하는 경우에는 지방검찰청 검사장은 당해 사건의 수사중지를 명하고 임면권자에게 그 교체임용을 요구할 수 있으며, 이 요구가 있는 경우에는 임면권자는 정당한 이유를 제시하지 않는 한 교체임용의 요구에 응하도록 되어 있다.

따라서 검사는 수사기관의 주재자로서 스스로 범죄를 수사할 수 있을 뿐만 아니라 범죄수사에 있어서 사법경찰관리에 대한 지휘·감독권까지 가지고 있고, 이러한 것은 사법적 성격을 가지는 검사가 직접 수사를 지휘·감독함으로써 피의자의 인권의 옹호를 기하는데 그 취지가 있다.

4. 수사의 조건

현행 형사소송법 제199조는 "수사에 관하여는 그 목적을 달성하기 위하여 필요한 조사를 할 수 있다. 단, 강제처분은 이 법률에 특별한 규정이 있는 경우에 한하며, 필요한 최소한의 범위 안에서만 하여야 한다"고 규정하고 있는데 이는 수사권 발동과 수사실행의 조건으로서 수사절차의 개시와 집행 및 수사유지에 필요한 조건을 의미함과 아울러 수사는 그 목적 달성을 위하여 최소한도의 범위 내에서만 인정되고 무제한적인 재량권 행사와 수사권 발동과 행사에 제한과 방지를 하기 위한 것이다.

수사의 조건을 위반하여 행한 위법수사는 개별적으로 명령에 따른 제한을 받게 됨은 물론이고 이에 기하여 수집한 증거는 위법수집증거로서 증거능력을 인정받지 못함은 물론, 경우에 따라서는 직권남용죄를 구성할 수도 있다.

5. 수사의 필요성

수사는 목적을 달성하기 위하여 필요한 경우에만 할 수 있다. 이러한 수사의 필요성은 강제수사 및 임의수사에서도 그 조건이 되며 피의자를 신문할 때에는 중복신문을 금지하고 구체적 사실에 근거를 둔 주관적 범죄혐의가 수사의 조건이 된다.

검사 또는 사법경찰관은 수사가 필요한 때에는 피의자의 출석을 요구하여 진술을 들을 수 있다(형소법 200조).

6. 수사의 개시

수사기관은 범죄의 혐의가 있다고 판단될 때에는 언제든지 수사를 개시할 수 있다. 수사는 수사기관의 주관적 혐의에 기하여 개시되며 그 혐의를 가지게 된 원인의 여하는 묻지 아니한다. 이러한 원인을 수사개시의 단서라고 한다.

현행 형사소송법은 수사개시의 단서로서 현행범, 고소, 고발, 자수 및 변사자의 검시 등을 규정하고 있으나 반드시 이에 한하지 않고, 불심검문 또는 직무질문, 세간의 풍평, 피해자의 신고, 피해자 이외의 자의 신고, 신문기사의 열람, 수사기관의 인지 등 그 원인의 여하는 불문하고 범죄혐의가 있다고 사료되면 언제든지 수사를 할 수 있다.

제2절 고 소

1. 고소의 의의

고소는 범죄의 피해자 기타의 신고권자가 수사기관에 대하여 범죄사실을 신고하여 범인의 소추를 구하는 법률행위적 소송행위의 의사표시를 말한다.

따라서 고소는 고소권자에 의하여 제기되어져야 하고 수사기관에 대한 것이어야 한다. 그러나 법원에 대하여 진술서를 제출하거나 피고인의 처벌을 바란다고 증언하는 것은 고소가 아니다.

고소는 범죄사실의 신고이므로 범인이 누구인가를 적시할 필요는 없으나, 범죄사실은 어느 정도 고소인의 의사가 구체적으로 어떤 범죄사실을 지정하여 범인의 처벌을 구하고 있는가를 특정할 수 있는 정도이면 족하며 고소인이 범행의 일시 · 장소 · 방법이나 죄명까지 상세히 지적하는 것까지는 요하지 않는다. 고소는 소추를 구하는 의사표시라야 하므로 단순한 피해계, 피해전말서의 제출만으로는 고소라고 할 수 없다.

고소는 수사개시의 단서로 되며 친고죄의 경우에 소송조건으로 된다. 따라서 친고죄의 경우 고소가 없을 경우에는 검사는 공소를 제기할 수 없다.

2. 고소권자

범죄로 인한 피해자는 고소를 제기할 수 있는데(형소법 223조) 현행 형사소송법상 고소할 수 있는 고소권자는 피해자 본인이며 자기 또는 배우자의 직계존속을 고소하지 못한다(형소법 224조).

피해자란 직접적 피해자만을 의미하고 범죄로 인하여 간접적으로 피해를 받은 자는 포함되지 아니한다.

고소권은 피해자의 일신에 존속하고 이를 상속 · 양도하는 것은 허용되지 아니하나, 특허권 · 저작권 등과 같이 범죄로 인한 침해가 계속적인 경우에는 이전에 따라 그 이전 전의 침해에 대한 고소권도 이전된다고 본다.

피해자의 법정대리인은 독립하여 고소할 수 있다(형소법 225조 1항). 여기에서 법정대리인은 미성년자의 친권자 · 후견인 또는 법인의 대표자 등 법률상 대리권을 갖는 자를 말하며 법정대리인은 독립하여 피해자 본인의 명시 또는 묵시의 의사에 불구하고 고소를 제기할 수 있다.

피해자가 사망한 때에는 그 배우자, 직계친족 또는 형제자매는 고소할 수 있다. 단, 피해자의 명시한 의사에 반하지 못한다(형소법 225조 2항).

피해자의 법정대리인이 피의자이거나, 법정대리인의 친족이 피의자인 때에는 피해자의 친족은 독립하여 고소할 수 있다(형소법 226조). 피해자의 생모가 피고인의 그 딸에 대한 강제추행 등 범죄사실에 대하여 고소한 경우, 즉 미성년자인 피해자의 법정대리인을 고소한 경우가 여기에 해당한다.

사망한 자의 명예를 훼손한 범죄에 대하여는 그 친족 또는 자손은 고소할 수 있다(형소법 227조).

친고죄에 대하여 고소할 자가 없는 경우에 이해관계인의 신청이 있으면 검사는 10일 이내에 고소할 수 있는 자를 지정하여야 한다(형소법 228조). 다만, 검사의 지정을 받은 고소인이 고소를 제기할 때에는 그 지정받은 사실을 소명하는 서면을 제출하여야 한다.

3. 고소의 방식

고소는 서면 또는 구술로써 검사 또는 사법경찰관에게 하여야 한다. 검사 또는 사법경찰관이 구술에 의한 고소를 받은 때에는 조서를 작성하여야 하고 사법경찰관이 고소를 받은 때에는 신속히 조사하여 관계서류와 증거물을 검사에게 송부하여야 한다.

고소는 대리인으로 하여금 하게 할 수 있다.

고소는 수사개시의 단서에 불과하므로 소송의 진행에 영향을 미치지 않는 한 조건을 붙이는 것도 허용된다 할 것이나 친고죄의 경우에는 동시에 소송조건으로 되므로 고소의 의사를 좌우하는 조건부 고소는 허용되지 않는다 할 것이다.

4. 친고죄의 고소기간

친고죄에 대하여는 범인을 알게 된 날로부터 6월을 경과하면 고소하지 못한다. 단, 고소할 수 없는 불가항력의 사유가 있을 때에는 그 사유가 없어진 날로부터 기산한다(형소법 230조 1항).

이와 같이 친고죄의 고소기간에 제한을 두는 취지는 친고죄에 있어서 고소는 고소조건이므로 고소권자가 고소권을 행사하지 않는 한, 공소를 제기할 것인가의 여부는 전혀 불확정한 상태로 되므로 이러한 상태를 오랫동안 계속하는 것은 형사사법의 발동을 오랫동안 사인의 의사에 맡기에 된다는 폐단을 없애기 위한 것이다.

고소에 있어서 '범인을 알게 된 날'이란 범인을 특정할 수 있을 정도로 알게 된 날을 의미하며 반드시 그 성명까지 알 필요는 없다. 또 범죄사실을 알게 된 것만으로써는 고소기간은 진행되지 아니한다. 그러나 범인을 아는 것은 고소권발생의 요건이 아니므로 범인을 알기 전에도 유효한 고소를 할 수 있다. 또 여기에 범인은 정범, 교사범, 종범의 여하를 불문하고 수인의 공범이 있는 경우에는 그 1인만을 알아도 된다.

고소할 수 있는 자가 수인인 경우에는 각 고소권자에 대하여 개별로 '범인을 알게 된 날'을 결정하고 그중 1인에 대한 기간의 해태는 타인의 고소에 영향이 없다(형소법 231조).

5. 고소의 효력(고소불가분의 원칙)

고소의 효력은 불가분이다. 이를 고소불가분의 원칙이라고 한다. 그리고 고소불가분의 원칙은 친고죄의 고소에 관하여서만 문제로 된다.

고소불가분의 원칙의 내용은 객관적 불가분의 원칙과 주관적 불가분의 원칙으로 나누어지나, 형사소송법은 특히 주관적 불가분의 원칙에 관하여서만 규정하고 객관적 불가분의 원칙에 관하여는 이론에 맡기고 있다.

우선 객관적인 불가분의 원칙을 보면 고소는 범죄사실의 신고이고 특정한 범인을 대상으로 하지 아니하므로 1개의 범죄의 일부에 대한 고소 또는 그 취소가 있는 경우에는 그 효력은 당연히 그 범죄사실의 전부에 대하여 미친다. 이를 고소의 객관적 불가분의 원칙이라고 한다. 이 원칙은 고소의 대상인 범죄사실의 단일성에 기한 것이고 공소제기의 효력, 판결의 기판력 등의 단위도 범죄사실을 단위로 하여 불가분적으로 고찰해야 하므로 소추를 구하는 의사표시인 고소의 대상도 역시 불가분적으로 취급되어야 한다는 소송법의 합목적성의 요구에 기인한 것이다.

고소의 객관적 불가분의 원칙은 단순일죄에 대하여는 예외 없이 적용되므로 강간의 수단인 폭행, 협박에 대한 고소의 효력은 강간에 대하여도 미치며 강간에 대하여 고소가 없을 때에는 그 일부를 구성하는 폭행 · 협박만을 분리하여 기소할 수는 없는 것이다.

다음으로 주관적 불가분의 원칙을 보면 친고죄의 공범 중 1인 또는 수인에 대한 고소 또는 그 취소의 경우는 다른 공범자에 대하여도 효력이 있고 이를 고소의 주관적 불가분의 원칙이라고 한다.

고소의 주관적 불가분의 원칙은 절대적 친고죄에 관하여는 그대로 타당하나, 친족 간의 범행의 경우와 같이 범인과 피해자 사이에 일정한 신분관계가 있는 경우에 한하여 친고죄로 되는 상대적 친고죄에 관하여는 고소의 효력은 신분관계가 있는 자만을 기준으로 하여 결정한다.

6. 고소의 취소 및 포기

고소는 제1심 판결선고 전까지 취소할 수 있다(형소법 232조 1항). 고소와 취소는 제1심 판결 후까지는 형사사법권의 발동이 사인의 의사에 좌우되지 않도록 하려는 취지에서 인정한 것이며, 고소의 취소도 대리인으로 하여금 하게 할 수 있고 고소의 취소의 방식은 고소의 방식에 관한 규정을 준용한다. 고소를 취소한 자는 다시 고소하지 못하며(형소법 232조 2항) 고소의 취소에 관하여도 고소불가분의 원칙이 적용되므로 친고죄의 공범 중 그 1인 또는 수인에 대하여 한 고소의 취소는 다른 공범자에 대하여도 그 효력이 발생하고(형소법 233조), 또 범죄사실의 일부에 관하여 고소를 취소하면 그 범죄사실 전체에 관하여 그 취소의 효력이 발생한다. 따라서 이런 경우에는 다른 공범자 또는 범죄사실의 다른 부분에 관하여도 고소를 할 수 없게 됨을 유의하여야 한다.

고소권의 포기는 친고죄의 고소기간 내에 있어서 장차 고소권을 행사하지 아니한다는 의사표시를 말하나 종래의 판례와 통설은 고소권의 포기를 인정하지 않고 있다. 그 이유는 친고죄의 고소는 소송조건이고 고소권은 국가와 피해자 등과의 사이에 존재하는 공법상의 권리이므로 사적 처분은 허용되지 아니한다는 것이다. 그러나 법률이 고소의 취소를 인정하고 있는 이상 그 취지를 유추하여 고소권의 포기를 인정하더라도 아무런 문제가 없을 뿐만 아니라, 오히려 공소를 제기할 것인가 여부의 불안정한 상태가 고소기간의 경과를 기다리지 않고서 확정된다는 실익이 있다고 생각되므로 고소권의 포기도 유효하다고 보는 것이 타당할 것이다.

제3절 고 발

1. 고발의 의의

고발은 범인 및 고소권자 이외의 제3자가 수사기관에 대하여 범죄사실을 신고하여 범인의 소추를 구하는 의사표시이며 고발도 일반적으로 수사개시의 단서에 불과하나 예외로서 소송조건으로 되는 경우가 있다. 예컨대 관세범이나 조세범에 관한 사건은 세관장 및 세무서장의 고발이 없는 한 검사는 공소를 제기할 수 없고 일반 피해자가 고소 · 고발을 제기하면 적법한 고소권이 없는 것으로 결정할 수밖에 없다.

2. 고발의 의무

어느 누구나 범죄가 있다고 사료되는 때에는 고발할 수 있으며, 공무원은 그 직무를 행함에 있어 범죄가 있다고 사료되는 때에는 고발하여야 한다(형소법 234조). 그러나 수사기관인 검사 또는 사법경찰관리는 범죄가 있다고 생각되는 때에는 스스로 수사에 착수하여야 하기 때문에 고발의 의무는 없다.

3. 고발의 제한

고발도 고소와 같이 자기 또는 배우자의 직계존속을 고발하지 못한다(형소법 235조). 고발과 그 취소의 방법의 절차는 고소의 경우와 같으며, 다만, 고발에는 대리고발 · 대리취소를 인정하지 않고 있다. 또한 고발은 그 기간의 제한이 없고 취소 후에도 다시 고발할 수 있다.

[서식(고소장) 125] 표준서식

고 소 장

(고소장 기재사항 중 *표시된 항목은 반드시 기재하여야 합니다.)

1. 고소인

성 명 (상호 · 대표자)	홍 길 동	주민등록번호 (법인등록번호)	000000-0000000
주 소 (주사무소소재지)	○○시 ○○로 ○○(○○동) (현거주지) ○○시 ○○로 ○○(○○동)		
직 업	회사원	사무실 주소	○○시 ○○동 ○○(○○동)
전 화	(휴대폰) 010-1234-5678 (자 택) 02-123-3456 (사무실) 02-234-5678		
이 메 일	hong@naver.com		
대리인에 의한 고소	□ 법정대리인 (성명 : , 연락처) □ 고소대리인 (성명 : 변호사 , 연락처)		

※ 고소인이 법인 또는 단체인 경우에는 상호 또는 단체명, 대표자, 법인등록번호(또는 사업자등록번호), 주된 사무소의 소재지, 전화 등 연락처를 기재해야 하며, 법인의 경우에는 법인등기부등본이 첨부되어야 합니다.

※ 미성년자의 친권자 등 법정대리인이 고소하는 경우 및 변호사에 의한 고소대리의 경우 법정대리인 관계, 변호사 선임을 증명할 수 있는 서류를 첨부하시기 바랍니다.

2. 피고소인

성 명	○ ○ ○	주민등록번호	000000-0000000
주 소	○○시 ○○로 ○○(○○동) (현거주지) ○○시 ○○로 ○○(○○동)		
직 업	무직	사무실 주소	
전 화	(휴대폰) 010-3456-1234 (자 택) 02-345-6789 (사무실)		
이 메 일	abc@hanmail.net		
기타사항	고소인과의 관계 : 거래상대방으로서 친 · 인척관계는 없음		

※ 기타사항에는 고소인과의 관계 및 피고소인의 인적사항과 연락처를 정확히 알 수 없을 경우 피고소인의 성별, 특징적 외모, 인상착의 등을 구체적으로 기재하시기 바랍니다.

3. 고소취지

고소인은 피고소인을 ○○죄로 고소하오니 처벌하여 주시기 바랍니다.

4. 범죄사실

※ 범죄사실은 형법 등 처벌법규에 해당하는 사실에 대하여 일시, 장소, 범행방법, 결과 등을 구체적으로 특정하여 기재해야 하며, 고소인이 알고 있는 지식과 경험, 증거에 의해 사실로 인정되는 내용을 기재하여야 합니다.

5. 고소이유

※ 고소이유에는 피고소인의 범행 경위 및 정황, 고소를 하게 된 동기와 사유 등 범죄사실을 뒷받침하는 내용을 간략, 명료하게 기재해야 합니다.

6. 증거자료 (✓ 해당란에 체크하여 주시기 바랍니다)

□ 고소인은 고소인의 진술 외에 제출할 증거가 없습니다.

□ 고소인은 고소인의 진술 외에 제출할 증거가 있습니다.

☞ 제출할 증거의 세부내역은 별지를 작성하여 첨부합니다.

7. 관련사건의 수사 및 재판 여부 (✓ 해당란에 체크하여 주시기 바랍니다)

① 중복 고소 여부	본 고소장과 같은 내용의 고소장을 다른 검찰청 또는 경찰서에 제출하거나 제출하였던 사실이 있습니다 □ / 없습니다 □
② 관련 형사사건 수사 유무	본 고소장에 기재된 범죄사실과 관련된 사건 또는 공범에 대하여 검찰청이나 경찰서에서 수사 중에 있습니다 □ / 수사 중에 있지 않습니다 □
③ 관련 민사소송 유무	본 고소장에 기재된 범죄사실과 관련된 사건에 대하여 법원에서 민사소송 중에 있습니다 □ / 민사소송 중에 있지 않습니다 □

기타사항

※ ①, ②항은 반드시 표시하여야 하며, 만일 본 고소내용과 동일한 사건 또는 관련 형사사건이 수사·재판 중이라면 어느 검찰청, 경찰서에서 수사 중인지, 어느 법원에서 재판 중인지 아는 범위에서 기타사항 난에 기재하여야 합니다.

8. 기 타

본 고소장에 기재한 내용은 고소인이 알고 있는 지식과 경험을 바탕으로 모두 사실대로 작성하였으며, 만일 허위사실을 고소하였을 때에는 형법 제156조 무고죄로 처벌받을 것임을 서약합니다.

20○○. ○. ○.*

고소인 (인)*

제출인 (인)

※ 고소장 제출일을 기재하여야 하며, 고소인 난에는 고소인이 직접 자필로 서명 날(무)인 해야 합니다. 또한 법정대리인이나 변호사에 의한 고소대리의 경우에는 제출인을 기재하여야 합니다.

○○지방검찰청 귀중

※ 고소장은 가까운 경찰서에 제출하셔도 되며, 경찰서 제출시에는 '○○경찰서 귀중'으로 작성하시기 바랍니다.

[별 지] 증거자료 세부 목록

(범죄사실 입증을 위해 제출하려는 증거에 대하여 아래 각 증거별로 해당란을 구체적으로 작성해 주시기 바랍니다)

1. 인적증거 (목격자, 기타 참고인 등)

성 명		주민등록번호	-	
주 소	자택 : 직장 :		직 업	
전 화	(휴대폰) (자 택) (사무실)			

입증하려는 내 용	○○○ 고소인의 친구이면, 피고소인이 고소인에게 금 ○○○원을 주면 ○○을 싸게 구입해주겠다고는 말을 20○○. ○. ○. 고소인과 같이 들었음

※ 참고인의 인적사항과 연락처를 정확히 알 수 없으면 참고인을 특정할 수 있도록 성별, 외모 등을 '입증하려는 내용'란에 아는 대로 기재하시기 바랍니다.

2. 증거서류 (진술서, 차용증, 금융거래내역서, 진단서 등)

순번	증 거	작성자	제 출 유 무
1			□ 접수시 제출 □ 수사 중 제출
2			□ 접수시 제출 □ 수사 중 제출
3			□ 접수시 제출 □ 수사 중 제출
4			□ 접수시 제출 □ 수사 중 제출
5			□ 접수시 제출 □ 수사 중 제출

※ 증거란에 각 증거서류를 개별적으로 기재하고, 제출 유무란에는 고소장 접수시 제출하는지 또는 수사 중 제출할 예정인지 표시하시기 바랍니다.

3. 증 거 물

순번	증 거	소유자	제 출 유 무
1			□ 접수시 제출 □ 수사 중 제출
2			□ 접수시 제출 □ 수사 중 제출
3			□ 접수시 제출 □ 수사 중 제출
4			□ 접수시 제출 □ 수사 중 제출
5			□ 접수시 제출 □ 수사 중 제출

※ 증거란에 각 증거물을 개별적으로 기재하고, 소유자란에는 고소장 제출시 누가 소유하고 있는지, 제출 유무란에는 고소장 접수시 제출하는지 또는 수사 중 제출할 예정인지 표시하시기 바랍니다.

4. 기타 증거

[서식(고소장) 126] 강간죄(폭행협박 후 성교)

고 소 장

고 소 인 ○ ○ ○ (000000-0000000)
○○시 ○○구 ○○로 ○○(○○동)
(전화번호 : 000-0000)

피고소인 ○ ○ ○ (000000-0000000)
○○시 ○○구 ○○로 ○○(○○동)
(전화번호 : 000-0000)

고 소 취 지

피고소인에 대하여 강간죄로 고소하오니 처벌하여 주시기 바랍니다.

고 소 사 실

1. 피고소인은 ○○시 ○○구 ○○로 ○○(○○동)에 사는 자인데 20○○. ○. ○. 01:30경에 ○○시 ○○구 ○○로 ○○(○○동)에 위치한 고소인의 집에서 잠을 자고 있는 고소인을 폭행, 협박하여 강제로 ○회 성교를 하였습니다.
당시 고소인은 고소인의 방에서 깊은 잠에 빠져 있었는데 고소인의 방의 열린 창문을 통하여 침입한 피고소인이 갑자기 놀라 잠에서 깨어난 고소인의 입을 손으로 틀어막은 후 가만히 있지 않으면 죽여 버리겠다고 협박하고 이에 반항하는 고소인의 목을 조르고 얼굴을 주먹으로 수회 강타한 후 강제로 자신의 성기를 고소인의 질내에 삽입하여 고소인을 강간한 것입니다.

2. 위와 같은 사실을 들어 피고소인을 고소하오니 철저히 조사하시어 엄벌하여 주시기 바랍니다.

소 명 방 법

1. 진단서 1통
조사시 자세히 진술하겠습니다.

20○○. ○. ○.

위 고소인 ○ ○ ○ (인)

○○경찰서장 귀하

【주】

1. 강간이란 폭행이나 협박에 의해 상대방의 반항을 곤란하게 하고 간음하는 것을 말하며, 여기서 감음이란 남자의 성기를 여자의 성기 속에 삽입하는 것을 말한다. 행위자가 실행에 착수 전에 상대방이 동의하면(화간) 구성요건해당성이 조각되며, 실행의 착수 후에 동의하면 강간미수가 된다(2001. 8. 24. '여성폭력종합방지 대책안'에 따라 부부간의 강간죄도 성립한다).
2. 과거에는 여러 견해가 있었으나 현재는 남성의 성기가 여자의 성기 속에 들어가는 순간에 기수가 된다는 이론이 없다(삽입설).
3. 범인을 알게 된 날로부터 6개월을 경과하면 고소할 수 없다.
4. 미성년자의 고소장에는 친권자가 서명 · 날인해야 한다. 이때 계부모는 친권자가 될 수 없다.
5. 고소가 없는 경우 간간에 관계없이 따로 폭행죄나 협박죄로 기소할 수 없다.
6. 13세 미만의 여아를 폭행 · 협박하여 강간해서 처녀막 파열상을 입힌 경우 강간치상으로 의율해야 한다. 13세 미만의 부녀자를 폭행 · 협박하여 강간한 경우는 미성년자의제강간죄가 성립한다.
7. 11세의 어린 피해자를 과자 사준다고 꼬셔서 방으로 데리고 가 피해자의 옷을 벗겨 추행한 경우 미성년자의 강제추행이지 미성년자간음추행이 아님.

【판 례】

1. 강간죄가 성립하려면 가해자의 폭행 · 협박은 피해자의 항거를 불가능하게 하거나 현저히 곤란하게 할 정도의 것이어야 하고, 그 폭행 · 협박이 피해자의 항거를 불가능하게 하거나 현저히 곤란하게 할 정도의 것이었는지 여부는 그 폭행 · 협박의 내용과 정도는 물론, 유형력을 행사하게 된 경위, 피해자와의 관계, 성교 당시와 그 후의 정황 등 모든 사정을 종합하여 판단하여야 한다(대법원 2007. 1. 25. 선고 2006도5979 판결).
2. 폭행 또는 협박으로 부녀를 강간한 경우에는 강간죄만 성립하고, 그것과 별도로 강간의 수단으로 사용된 폭행 · 협박이 형법상의 폭행죄나 협박죄 또는 폭력행위등처벌에관한법률위반의 죄를 구성한다고는 볼 수 없으며, 강간죄와 이들 각 죄는 이른바 법조경합의 관계일 뿐이다(대법원 2002. 5. 16. 선고 2002도51 판결).

[서식(고소장) 127] 강간치상죄(배달나온 다방종업원을 상대로)

고 소 장

고 소 인 ○ ○ ○ (000000-0000000)
○○시 ○○구 ○○로 ○○(○○동)
(전화번호 : 000-0000)

피고소인 ○ ○ ○ (000000-0000000)
○○시 ○○구 ○○로 ○○(○○동)
(전화번호 : 000-0000)

피고소인을 상대로 강간치상죄로 고소하오니 처벌하여 주시기 바랍니다.

고 소 사 실

1. 피고소인은 20○○. ○. ○. 22:40경 ○○시 ○○구 ○○로 ○○(○○동)에 위치한 피고소인의 집에서 전화로 고소인 경영의 ○○다방으로 차 주문을 한 후 그 주문을 받고 배달을 나온 고소인을 보고 손으로 고소인을 밀쳐 그곳 방바닥에 눕힌 다음 하의와 속옷을 벗기고 "말을 듣지 않으면 죽여 버린다"고 말하면서 그 옆에 있는 각목으로 고소인의 머리를 때려 고소인의 반항을 억압한 후 강간하려 하였으나 때마침 고소인을 찾으러 온 위 다방 종업원인 고소외 ○○○에게 발각되어 강간은 당하지 아니하였으나 이로 인하여 고소인으로 하여금 약 ○주간의 치료를 요하는 두피 좌상 등의 상해를 입게 한 사실이 있습니다.

2. 위와 같은 사실을 들어 피고소인을 고소하오니 철저히 조사하시어 엄벌하여 주시기 바랍니다.

첨 부 서 류

1. 상해진단서 1통
조사시 자세히 진술하겠습니다.

20○○. ○. ○.

위 고소인 ○ ○ ○ (인)

○○경찰서장 귀하

[서식(고소장) 128] 강제집행면탈죄(허위매매계약)

고 소 장

고 소 인 ○ ○ ○ (000000-0000000)
○○시 ○○구 ○○로 ○○(○○동)
(전화번호 : 000-0000)

피고소인 ○ ○ ○ (000000-0000000)
○○시 ○○구 ○○로 ○○(○○동)
(전화번호 : 000-0000)

고 소 취 지

피고소인에 대하여 강제집행면탈죄로 고소하오니 처벌하여 주시기 바랍니다.

고 소 사 실

1. 피고소인은 ○○산업의 영업상무직에 있는 자로서, 고소인으로부터 ○○만원을 차용한 사실이 있으나 그 변제기일에 채무를 변제하지 않아 고소인이 강제집행을 하려고 준비에 착수하자, 피고소인은 이것을 면하기 위하여 등기명의이전에 의한 부동산의 허위양도를 하기로 마음먹고 20○○. ○. ○. 피고소인의 사촌인 고소외 ○○○에게 부탁하여 강제집행을 당할 우려가 있는 피고소인 소유의 ○○시 ○○로 ○○(○○동)번지에 있는 콘크리트조 2층 주택 1동, 면적 ○○m^2에 관하여 피고소인 소유명의를 고소외 ○○○에게 이전할 것을 승낙받아 동인에게 위 주택을 매도하는 내용의 허위매도증서를 작성하고, 같은 해 ○. ○. 그 사실을 모르는 법무사 ○○○로 하여금 위 부동산의 매매에 기인한 소유권이전등기신청의 관계서류를 작성, 같은 동 ○○번지에 있는 ○○지방법원 ○○등기소 담당직원에게 제출하게 하고 같은 날 위 등기소 담당공무원으로 하여금 그 내용의 권리를 등기하게 하여 위 부동산을 허위 양도한 것입니다.

2. 따라서 위와 같은 사실로 피고소인을 고소하오니 철저히 조사하시어 처벌하여 주시기 바랍니다.

입 증 방 법

조사시 자세히 진술하겠습니다.

20○○. ○. ○.

위 고소인 ○ ○ ○ (인)

○○경찰서장 귀하

【주】

1. 이 죄에 있어서의 강제집행은 민사소송법에 의한 강제집행 또는 동법을 준용하는 가압류 · 가처분 등의 집행을 말한다. 따라서 벌금 · 과료 · 몰수 등의 재판의 집행은 물론 국세징수법에 의한 체납처분도 여기의 강제집행에는 해당하지 않는다.
2. 은닉 · 손괴 · 허위 양도 또는 허위의 채무부담으로 채권자를 해하는 것이다.

【판 례】

1. 강제집행면탈죄는 위험범으로서 강제집행을 당할 구체적인 위험이 있는 상태에서 재산을 은닉, 손괴, 허위양도 또는 허위의 채무를 부담하면 바로 성립하는 것이고 반드시 채권자를 해하는 결과가 야기되거나 이로 인하여 행위자가 어떤 이득을 취하여야 범죄가 성립하는 것은 아니다(대법원 1994. 10. 14. 선고 94도2956 판결).
2. 형법 제327조에 규정된 강제집행면탈죄에 있어서의 '재산의 은닉'이라 함은 강제집행을 실시하는 자에 대하여 재산의 발견을 불능 또는 곤란케 하는 것을 말하는 것으로서, 재산의 소재를 불명케 하는 경우는 물론 그 소유관계를 불명하게 하는 경우도 포함하나, 재산의 소유관계를 불명하게 하는 데 반드시 공부상의 소유자 명의를 변경하거나 폐업 신고 후 다른 사람 명의로 새로 사업자 등록을 할 것까지 요하는 것은 아니고, 강제집행면탈죄의 성립에 있어서는 채권자가 현실적으로 실제로 손해를 입을 것을 요하는 것은 아니라 채권자가 손해를 입을 위험성만 있으면 족하다.
   사업장의 유체동산에 대한 강제집행을 면탈할 목적으로 사업자 등록의 사업자명의를 변경함이 없이 사업장에서 사용하는 금전등록기의 사업자 이름만을 변경한 경우, 강제집행면탈죄에 있어서 '재산의 은닉'에 해당한다(대법원 2003. 10. 9. 선고 2003도 3387 판결).
3. 강제집행면탈죄에 있어서 재산에는 동산 · 부동산뿐만 아니라 재산적 가치가 있어 민사집행

법에 의한 강제집행 또는 보전처분이 가능한 특허 내지 실용신안 등을 받을 수 있는 권리도 포함된다(대법원 2001. 11. 27. 선고 2001도4759 판결).

4. 강제집행면탈의 한 행위유형인 '재산의 은닉'이라 함은 재산의 소유관계를 불명하게 하는 행위를 포함하는 것으로서, 피고인이 자신의 채권담보의 목적으로 채무자 소유의 선박들에 관하여 가등기를 경료하여 두었다가 채무자와 공모하여 위 선박들을 가압류한 다른 채권자들의 강제집행을 불가능하게 할 목적으로 정확한 청산절차도 거치지 않은 채 의제자백판결을 통하여 선순위 가등기권자인 피고인 앞으로 본등기를 경료함과 동시에 가등기 이후에 경료된 가압류등기 등을 모두 직권말소하게 하였음은 소유관계를 불명하게 하는 방법에 의한 '재산의 은닉'에 해당한다(대법원 2000. 7. 28. 선고 98도4558 판결).
5. 피고인이 장래에 발생할 특정의 조건부채권을 담보하기 위한 방편으로 위 부동산에 대하여 근저당권을 설정한 것이라면 특별한 사정이 없는 한 이는 장래 발생할 진실한 채무를 담보하기 위한 것으로서, 피고인의 위 행위를 가리켜 강제집행면탈죄 소정의 "허위의 채무를 부담"하는 경우에 해당한다고 할 수 없다(대법원 1996. 10. 25. 선고 96도1531 판결).

[서식(고소장) 129] 강제집행면탈죄(주식 허위양도)

고 소 장

고 소 인 ○ ○ ○ (000000-0000000)
○○시 ○○구 ○○로 ○○(○○동)
(전화번호 : 000-0000)

피고소인 ○ ○ ○ (000000-0000000)
○○시 ○○구 ○○로 ○○(○○동)
(전화번호 : 000-0000)

고 소 취 지

피고소인을 강제집행면탈죄로 고소하오니 처벌하여 주시기 바랍니다.

고 소 사 실

1. 피고소인은 20○○년부터 건축업을 목적으로 ○○건설 주식회사를 설립하여 이 회사 대표이사로 있는 자로서 지급능력이 없으면서 거액의 어음을 고소인에게

남발하였고,
위 피고소인은 약속어음의 지불기일이 되자 고소인 등이 피고소인의 재산에 압류 등 강제처분을 할 것을 우려한 나머지 자기 소유재산인 ○○건설 주식회사를 허위로 양도하는 등 고소인의 강제집행을 면할 것을 기도하고 ○○건설 주식회사 대표 ○○○와 공모하여 20○○. ○. ○. 위 ○○건설 주식회사 주식 13,000주를 금 6,000만원으로 평가하여 그중 7,000주를 대금 3,500만원에 매도하였음에도 불구하고 주식 전체를 위 ○○건설 주식회사 대표 ○○○에게 매도한 것처럼 서류를 만들고 내용적으로 전 주식의 70%만 피고인에게 양도한다는 비밀합의서를 만든 다음 그 일체에 필요한 서류를 교부하여 주었습니다.

2. 그 후 20○○. ○. ○. ○○시 ○○로 ○○(○○동)에 위치한 ○○빌딩 ○호에서 피고소인 ○○○은 동 회사 주식 13,000주를 ○○○에게 양도하는 이사회를 개최 만장일치로 승낙한 것처럼 의사회의사록도 만들었고 13,000주를 ○○○에게 완전히 배서하여 줌으로써 동 주식 30% 해당분 2,500만원 상당을 강제집행 불능케 하여 이를 면탈한 것입니다.

3. 이에 고소인은 위와 같은 사실로 피고소인을 고소하오니 철저히 조사하시어 처벌하여 주시기 바랍니다.

20○○. ○. ○.

위 고소인 ○ ○ ○ (인)

○○경찰서장 귀하

[서식(고소장) 130] 강제추행죄(폭행 후 추행)

고 소 장

고 소 인 ○ ○ ○ (000000-0000000)
○○시 ○○구 ○○로 ○○(○○동)
(전화번호 : 000-0000)

피고소인 ○ ○ ○ (000000-0000000)
○○시 ○○구 ○○로 ○○(○○동)
(전화번호 : 000-0000)

고 소 취 지

피고소인에 대하여 강제추행죄로 고소하오니 처벌하여 주시기 바랍니다.

고 소 사 실

1. 피고소인은 트럭을 몰고 다니며 주방기기를 판매하는 자인 바, 20○○. ○. ○. 15:30경 ○○군 ○○면 ○○리를 지나던 중 ○○ 산기슭에 있는 밭에서 피고소인이 밭일을 하고 있는 것을 보고 갑자기 그녀에게 달려들어 끌어안고 땅에 넘어뜨린 후 그녀의 배 위에 걸터앉아 얼굴을 때리는 등 폭행을 가하고 그녀의 치마를 찢고 손으로 음부와 유방을 만지는 등 강제로 추행한 것입니다.
2. 따라서 위와 같은 사실로 피고소인을 고소하오니 철저히 조사하시어 처벌하여 주시기 바랍니다.

입 증 방 법

조사시 자세히 진술하겠습니다.

20○○. ○. ○.

위 고소인 ○ ○ ○ (인)

○○경찰서장 귀하

【주】

1. 이 죄는 신분범도 목적범도 아니어서 주체에는 제한이 없다. 즉 남자와 여자 사이에만 범해지는 것이 아니고 동성 사이에도 범할 수 있다.
2. 객체는 사람으로 기혼 · 미혼 · 남녀, 연령의 여하도 묻지 않는다(70세 할머니도 대상이 되며, 다만 13세 미만의 사람은 미성년자의제강제추행에 해당). 부부의 경우에도 인정하는 견해도 있지만 강요죄가 문제될 뿐 이 죄는 성립하지 않는다.
3. 추행이란 성욕의 흥분 또는 만족을 목적으로 하는 행위로서 상식 있는 보통 사람의 성적 수치심 · 혐오심을 자극하는 행위를 말한다. 이때 수치 · 혐오를 실제로 느끼게 했어야 한다.
4. 강제로 키스하는 행위, 유방을 만지거나 음부를 만지는 행위, 질내에 손가락을 삽입하는 행위,

상대방을 나체로 만드는 행위, 타인의 주거에 침입하여 취침중인 부녀의 신체를 포옹하는 행위 등이 이에 해당되며, 그 범위는 점점 넓어지고 있다.

5. 추행에는 간음은 포함되지 않는다(간음을 하면 강간죄가 성립한다).
6. 강제추행과 강간은 폭행, 협박수단으로 하여 상대방의 자유의사를 억압하는 점에서 같으나 그 차이는 강제추행은 사람에 대한 추행목적인데 반하여 강간은 간음목적임을 주의하여 강간하려다가 미수에 그치고 상처까지 가한 것으로 구중되면 강간치상죄가 성립한다.

【판 례】

강제추행죄는 상대방에 대하여 항거를 곤란하게 할 정도의 폭행 또는 협박을 가하여 추행행위를 하는 경우에 성립하고, 이 경우의 '추행'은 객관적으로 일반인에게 성적 수치심이나 혐오감을 일으키게 하고 선량한 성적 도덕관념에 반하는 행위로서 피해자의 성적 자유를 침해하는 것이라고 할 것인 데, 이에 해당하는지 여부는 피해자의 의사, 성별, 연령, 행위자와 피해자의 이전부터의 관계, 그 행위에 이르게 된 경위, 구체적 행위태양, 주위의 객관적 상황과 그 시대의 성적 도덕관념 등을 종합적으로 고려하여 결정되어야 한다(대법원 2008. 3. 13. 선고 2007도10050 판결 및 2007. 1. 25. 선고 2006도5979 판결, 2002. 4. 26. 선고 2001도2417 판결 등 참조).

[서식(고소장) 131] 공갈죄(정교사실을 미끼로 금품갈취)

고 소 장

고 소 인 ○ ○ ○ (000000-0000000)
○○시 ○○구 ○○로 ○○(○○동)
(전화번호 : 000-0000)

피고소인 ○ ○ ○ (000000-0000000)
○○시 ○○구 ○○로 ○○(○○동)
(전화번호 : 000-0000)

고 소 취 지

피고소인에 대하여 공갈죄로 고소하오니 처벌하여 주시기 바랍니다.

고 소 사 실

1. 피고소인은 일정한 직업이 없는 자인 바, 20○○. ○. 중순경 ○○시 ○○동

소재 ○○캬바레에서 우연히 만나 정교한 유부녀인 고소인으로부터 정교사실을 미끼로 금품을 갈취하기로 마음먹고,

2. 위 같은 해 ○. ○. 13:30경 ○○시 ○○동에 위치한 ○○호텔 커피숍에서 고소인에게 사업자금이 급히 필요해서 그러니 3,000만원만 달라, 만일 이에 불응하면 위 정교사실을 사진과 함께 ○○공무원으로 근무하고 있는 당신의 남편에게 알려버리겠다고 말하는 등 협박하여 이에 겁을 먹은 고소인으로부터 다음날 15:00경 위 커피숍에서 3,000만원을 교부받아 이를 갈취한 것입니다.

3. 따라서 피고소인을 귀서에 고소하오니 철저히 조사하시어 처벌하여 주시기 바랍니다.

입 증 방 법

조사시 자세히 진술하겠습니다.

20○○. ○. ○.

위 고소인 ○ ○ ○ (인)

○○경찰서장 귀하

【주】

1. 공갈죄의 행위의 객체로는 타인이 점유하는 재물 또는 재산상의 이익이다. 그러나 부녀를 공갈하여 정교한 경우는 그것이 재산상의 이익이라 할 수 없으므로 강간죄나 강요죄가 성립할 수는 있어도 공갈죄는 성립하지 않는다. 다만 대가를 지급하기로 하고 정교를 맺은 후 폭행 또는 협박에 의하여 그 대가를 지급하지 않는 경우는 재산상의 이익을 취득한 경우라고 할 수 있다.
2. 공갈이란 재물을 교부받거나 재산상의 이익을 취득하기 위하여 폭행 또는 협박으로 외포심을 일으키게 하는 것을 말한다. 여기에서 폭행 또는 협박은 사람의 의사 내지 자유를 제한하는 정도로 족하고, 반드시 상대방의 반항을 억압할 정도에 이를 것을 요하지 않는다는 점에서 강도죄의 폭행·협박과 구별된다.
3. 사람을 체포·감금하여 재물을 갈취한 때에는 체포감금죄와 공갈죄의 경합범이 되며, 장물을 갈취한 때에는 공갈죄만 성립한다.
4. 공갈죄는 재물죄인 동시에 이득죄이므로 피해자를 협박하여 채무부담 의사를 표시하게 하고 약정서를 작성케 하여 교부받으면 현실적으로 재물의 교부행위는 없으나 이득으로서 채권을

취한 행위가 되므로 공갈미수가 아니라 공갈의 기수가 성립한다.

【판 례】

1. 공갈죄의 수단으로서의 협박은 사람의 의사결정의 자유를 제한하거나 의사실행의 자유를 방해할 정도로 겁을 먹게 할 만한 해악을 고지하는 것을 말하고 여기에서 고지된 해악의 실현은 반드시 그 자체가 위법한 것임을 요하지 아니하며 해악의 고지가 권리실현의 수단으로 사용된 경우라고 하여도 그것이 권리행사를 빙자하여 협박의 수단으로 상대방을 겁을 먹게 하였고 권리실행의 수단 방법이 사회통념상 허용되는 정도의 범위나 정도를 넘는다면 공갈죄가 성립한다(대법원 2007. 10. 11. 선고 2007도6406 판결 및 대법원 1993. 9. 14. 선고 93도915 판결, 대법원 2004. 9. 24. 선고 2003도6443 판결 등 참조).
2. 공갈죄에 있어서 공갈의 상대방은 재산상의 피해자와 동일함을 요하지는 아니하나, 공갈의 목적이 된 재물 기타 재산상의 이익을 처분할 수 있는 사실상 또는 법률상의 권한을 갖거나 그러한 지위에 있음을 요한다(대법원 2005. 9. 29. 선고 2005도4738 판결).
3. 공갈죄의 수단으로서 협박은 사람의 의사결정의 자유를 제한하거나 의사실행의 자유를 방해할 정도로 겁을 먹게 할 만한 해악을 고지하는 것을 말하고, 해악의 고지는 반드시 명시의 방법에 의할 것을 요하지 아니하며 언어나 거동 등에 의하여 상대방으로 하여금 어떠한 해악을 입을 수 있을 것이라는 인식을 갖게 하는 것이면 족하고, 또한 직접적이 아니더라도 피공갈자 이외의 제3자를 통해서 간접적으로 할 수도 있으며, 행위자가 그의 직업, 지위, 불량한 성행, 경력 등에 기하여 불법한 위세를 이용하여 재물의 교부나 재산상 이익을 요구하고 상대방으로 하여금 그 요구에 응하지 아니할 때에는 부당한 불이익을 초래할 위험이 있을 수 있다는 위구심을 야기하게 하는 경우에도 해악의 고지가 된다(대법원 2005. 7. 15. 선고 2004도1565 판결).
4. 공무원이 직무집행의 의사 없이 또는 직무처리와 대가적 관계없이 타인을 공갈하여 재물을 교부하게 한 경우에는 공갈죄만이 성립하고, 이러한 경우 재물의 교부자가 공무원의 해악의 고지로 인하여 외포의 결과 금품을 제공한 것이라면 그는 공갈죄의 피해자가 될 것이고 뇌물공여죄는 성립될 수 없다고 하여야 할 것이다(대법원 1994. 12. 22. 선고 94도2528 판결).
5. 공갈죄의 수단으로써의 협박은 객관적으로 사람의 의사결정의 자유를 제한하거나 의사실행의 자유를 방해할 정도로 겁을 먹게 할 만한 해악을 고지하는 것을 말하고, 그 해악에는 인위적인 것뿐만 아니라 천재지변 또는 신력이나 길흉화복에 관한 것도 포함될 수 있으나, 다만 천재지변 또는 신력으로 길흉화복을 해악으로 고지하는 경우에는 상대방으로 하여금 행위자 자신이 그 천재지변 또는 신력이나 길흉화복을 사실상 지배하거나 그에 영향을 미칠 수 있는 것으로 믿게 하는 명시적 또는 묵시적 행위가 있어야 공갈죄가 성립한다(대법원 2002. 2. 8. 선고 2000도3245 판결).

[서식(고소장) 132] 공갈죄(접대부고용 기화로 금품갈취)

고 소 장

고 소 인 ○ ○ ○ (000000-0000000)
○○시 ○○구 ○○로 ○○(○○동)
(전화번호 : 000-0000)

피고소인 ○ ○ ○ (000000-0000000)
○○시 ○○구 ○○로 ○○(○○동)
(전화번호 : 000-0000)

고 소 취 지

피고소인에 대하여 공갈죄로 고소하오니 처벌하여 주시기 바랍니다.

고 소 사 실

1. 피고소인은 일정한 주거와 직업이 없는 자인 바, ○○시 ○○구 ○○로 ○○(○○동)에 위치한 ○○단란주점에서 접대부를 고용하고 있음을 기화로 금품을 갈취하기로 마음먹고 20○○. ○. ○. 14:00경 같은 장소에서 고객으로 가장하여 그 정을 모르는 고소외 ○○○, 같은 ○○○를 데리고 들어가 양주 1병(시가 170,000원)과 안주(시가 150,000원) 등 도합 320,000원 상당의 음식을 시켜먹고 고소인에게 “지금 돈 안 가져 왔으니 외상으로 합시다.”라고 말하여 고소인이 이를 거절하자 피고소인과 작배한 접대부를 지적하면서 “이 집에 접대부를 둘 수 있느냐 지금 당장 112에 신고하겠다”라고 동소 전화기를 들자, 고소인이 수화기를 뺏으며, “그럼 내일 가져 오세요”라고 하자 “이제 필요 없어 그러면 신고 안 할 테니 50만원만 주쇼”라고 돈을 요구하며 만약 이에 불응하면 당국에 신고하여 처벌을 받게 할 것 같은 기세를 보여서, 이에 외포된 고소인이 그 즉시 금 500,000원을 교부하는 등 위 대금 370,000원을 면하여 도합 870,000원 상당을 갈취한 것입니다.

2. 따라서 피고소인을 귀서에 고소하오니 철저히 조사하시어 처벌하여 주시기 바랍니다.

입 증 방 법

조사시 자세히 진술하겠습니다.

20○○. ○. ○.

위 고소인 ○ ○ ○ (인)

○○경찰서장 귀하

[서식(고소장) 133] **공무상비밀표시무효죄 (압류표시의 효용을 해함)**

고 소 장

고 소 인 ○ ○ ○ (000000-0000000)
○○시 ○○구 ○○로 ○○(○○동)
(전화번호 : 000-0000)

피고소인 ○ ○ ○ (000000-0000000)
○○시 ○○구 ○○로 ○○(○○동)
(전화번호 : 000-0000)

고 소 취 지

피고소인을 상대로 공무상비밀표시무효의 죄로 고소하오니 처벌하여 주시기 바랍니다.

고 소 사 실

1. 고소인은 피고소인에게 금 ○○○원을 대여하였으나, 변제기가 지나도 이를 변제하지 않아 고소인이 피고소인을 상대로 ○○지방법원에서 위 대여금의 지급을 구하는 청구소송을 제기하여 확정판결을 받은 바 있습니다.

2. 고소인은 위 확정판결을 받은 후에도 피고소인의 임의변제를 기다렸으나, 피고소

인이 막무가내로 변제를 거부함에 따라 20○○. ○. ○. 15:00부터 같은 날 16:20 경까지 사이에 ○○지방법원 소속 집행관(○○○)의 지휘 아래 ○○시 ○○구 ○○로 ○○(○○동) 소재 피고소인의 유체동산에 대한 압류집행을 실시하였습니다.

3. 이러한 압류집행을 실시한 후에 피고소인이 집행관이나 고소인인 채권자의 동의나 허락을 받음이 없이 집행관과 고소인인 채권자에게 일방적으로 위 압류물의 이전을 통고한 후 ○○지방법원 소속 집행관의 관할구역 밖인 ○○장소로 압류표시된 물건을 이전함으로써 위 집행관이 실시한 압류표시의 효용을 해하였습니다.

4. 피고소인의 이러한 행위는 형법 제140조(공무상비밀표시무효) 제1항 "공무원이 그 직무에 관하여 실시한 봉인 또는 압류 기타 강제처분의 표시를 손상 또는 은닉하거나 기타 방법으로 그 효용을 해한 행위"에 해당한다고 할 것입니다.

5. 따라서 피고소인을 귀서에 고소하오니 철저히 조사하시어 처벌하여 주시기 바랍니다.

첨 부 서 류

1. 판결문 사본 1통

조사시 자세히 진술하겠습니다.

20○○. ○. ○.

위 고소인 ○ ○ ○ (인)

○○경찰서장 귀하

[서식(고소장) 134] 권리행사방해죄 (공장기계 등 은닉)

고 소 장

고 소 인 주식회사 ○○은행
○○시 ○○구 ○○로 ○○(○○동)

대표이사 ○ ○ ○

피고소인 ○○주식회사
○○시 ○○구 ○○로 ○○(○○동)
대표이사 ○ ○ ○

고 소 취 지

피고소인을 형법 제323조의 권리행사방해죄로 고소하오니 처벌하여 주시기 바랍니다.

고 소 사 실

1. 피고소인은 ○○시 ○○구 ○○로 ○○(○○동)에서 ○○주식회사라는 상호로 쇠공구등 철물 제조업에 종사하면서 20○○. ○. ○. 당 은행을 찾아와 현재 회사의 경영상 자금이 급히 필요하여 대출을 신청한다고 하여 고소인은 피고소인의 자산가치 등 담보물을 확인한 결과, 피고소인이 운영하는 공장의 부동산과 그 사업장내의 쇠공구 등의 생산에 필요한 피고소인 소유 선반, 밀링등 기계가 있어 고소인은 공장저당법에 의하여 이를 담보로 피고소인에게 대출을 하여 주었던 것입니다

2. 그 후 피고소인은 대출금 상환기일이 도과하여도 이를 변제하지 아니하므로 고소인은 위 공장저당법에 의한 물건들을 법 절차에 따라 경매하려고 현장 확인을 하여 본 결과, 고소인은 담보 대출 당시 공장 내에 있는 기계 등의 저당목록에 기재된 물건들이 상당수 없어진 점을 발견하고 고소인은 피고소인 회사 직원에게 이를 추궁한 끝에 위 물건들이 피고소인에 의하여 ○○시 ○○구 ○○로 ○○(○○동) 소재 ○○○ 경영의 공장 현장으로 옮겨 은닉한 사실을 발견하였습니다. 현재 피고소인은 고소인에게 대출금을 한 푼도 상환하지 않고 있을 뿐만 아니라 피고소인은 고소인의 권리로 담보된 물건을 취거 은닉한 부분에 대하여 전혀 범죄의식이 없습니다.

3. 따라서 위와 같은 사실을 들어 피고소인을 권리행사방해죄로 고소하오니 철저히 조사하시어 처벌하여 주시기 바랍니다.

첨 부 서 류

1. 등기권리증 사본 1부

1. 법인등기부등본 2부
1. 현장사진 등 5부

20○○. ○. ○.

위 고소인 ○ ○ ○ (인)

○○경찰서장 귀하

【주】

1. 이 죄는 영득죄가 아니기 때문에 불법영득의 의사가 있었는가 혹은 없었는가는 죄의 성립에 영향을 주지 않는다.
2. 타인의 점유 또는 권리의 목적이 된 자기의 물건이라는 것, 이를 취거 · 은닉 · 손괴함으로써 타인의 권리를 방해한다는 인식이 있으면 된다.
3. 취거란 점유자의 의사에 반하여 그 점유물에 대한 점유자의 사실상의 지배를 제거하고 자기 또는 제3자의 사실상의 지배로 옮기는 것을 말한다.
4. 은닉이란 물건의 소재 발견을 불가능하게 하거나 현저히 곤란한 상태에 두는 것을 말한다.
5. 손괴란 물건의 전부 또는 일부에 대하여 그 용익적 또는 가치적 효용을 해하는 것을 말한다.
6. 권리행사방해는 타인의 권리행사가 방해될 우려있는 상태에 이르면 되고 현실적으로 방해되었을 것을 요하지 않는다.

【판 례】

1. 주식회사의 대표이사가 대표이사의 지위에 기하여 그 직무집행행위로서 타인이 점유하는 위 회사의 물건을 취거한 경우에는, 위 행위는 위 회사의 대표기관으로의 행위라고 평가되므로, 위 회사의 물건도 권리행사방해죄에 있어서의 "자기의 물건"이라고 보아야 할 것이다(대법원 1992. 1. 21. 선고 91도1170 판결).
2. 지입택시는 자동차등록원부상 지입회사 명의로 되어 있어 회사의 소유이고 지입차주의 소유는 아니므로 지입차주가 점유권자인 지입회사의 허락 없이 임의로 택시를 취거하였다 하더라도 권리행사방해죄가 성립하는 것은 아니다(대법원 2003. 5. 30. 선고 2000도5767 판결).
3. 권리행사방해죄에 있어서의 타인의 점유라 함은 권원으로 인한 점유 즉 정당한 원인에 기하여 그 물건을 점유하는 권리있는 자의 점유를 의미하는 것으로서 본권을 갖지 아니하는 절도범인의 점유는 여기에 해당하지 않는다(대법원 1994. 11. 11. 선고 94도343 판결).
4. 공장저당권이 설정된 선반기계 등을 이중담보로 제공하기 위하여 이를 다른 장소로 옮긴 경우, 이는 공장저당권의 행사가 방해될 우려가 있는 행위로서 권리행사방해죄에 해당한다(대법원 1994. 9. 27. 선고 94도1439 판결).

[서식(고소장) 135] 명예훼손죄(차량 방화범이라고 적시)

고 소 장

고 소 인　　○　○　○ (000000-0000000)
　　　　　　○○시 ○○구 ○○로 ○○(○○동)
　　　　　　(전화번호 : 000-0000)

피고소인　　○　○　○ (000000-0000000)
　　　　　　○○시 ○○구 ○○로 ○○(○○동)
　　　　　　(전화번호 : 000-0000)

고 소 취 지

피고소인에 대하여 명예훼손죄로 고소하오니 처벌하여 주시기 바랍니다.

고 소 사 실

1. 피고소인은 20○○. ○. ○. 21:30경 ○○시 ○○구 ○○로 ○○(○○동)에 위치한 피고소인의 집 3층 방에서 그곳으로부터 약 50m 거리의 길가에 주차되어 있던 승용차가 불타고 있는 것을 발견하고 곧 불을 끄고자 뛰어 갔는바, 그때 그곳에서 서성거리고 있던 같은 동네에 사는 고소인을 보고, 그를 의심하여 아무런 확증이 없음에도 같은 달 ○. 20:00경 피고소인의 집에서 이웃에 사는 고소외 ○○○, 같은 ○○○, 같은 ○○○ 등에 대하여 "경찰이 아직도 방화범을 잡지 못하는 것은 다 이유가 있다. 그 범인은 바로 옆 골목에 사는 ○○○인데 그가 경찰관들과 친하기 때문에 잡지 않는 것이다"라는 등으로 공연히 사실을 적시하여 고소인의 명예를 훼손한 자입니다.

2. 따라서 피고소인을 귀서에 고소하오니 철저히 조사하시어 처벌하여 주시기 바랍니다.

입 증 방 법

조사시 자세히 진술하겠습니다.

20○○. ○. ○.

위 고소인 ○ ○ ○ (인)

○○경찰서장 귀하

【주】

1. 명예훼손죄는 타인의 명예를 훼손할 만한 말을 하면 족하며, 그 내용이 다른 사람으로부터 전해들은 것이라고 해도 공연히 구체적 사실을 적시한 것이라면 남에게서 전해들은 것이라는 사실이 명예훼손죄의 성립에는 아무런 영향이 미치지 않는다.
2. 공연성이란 불특정 또는 다수인이 의식할 수 있는 상태를 의미한다. 따라서 비록 개별적으로 한 사람에 대하여 사실을 유포하였다고 해도 이로부터 불특정 또는 다수인에게 전파될 가능성이 있다면 공연성의 요건을 충족한다고 할 수 있다. 이 경우도 한 사람에게 말한 것이지만 공연성이 있다고 보아 명예훼손죄를 적용할 수 있다.
3. 사실의 적시란 사람의 사회적 가치 내지 평가를 저하시키는데 충분한 사실을 지적하는 것을 말한다.
4. 진정한 과실사실로서 공공의 이익에 관한 것이면 위법성이 조각된다(형법 제310조).

【판 례】

1. 명예훼손죄가 성립하기 위하여는 사실의 적시가 있어야 하는데, 여기에서 적시의 대상이 되는 사실이란 현실적으로 발생하고 증명할 수 있는 과거 또는 현재의 사실을 말하며, 장래의 일을 적시하더라도 그것이 과거 또는 현재의 사실을 기초로 하거나 이에 대한 주장을 포함하는 경우에는 명예훼손죄가 성립한다고 할 것이고, 장래의 일을 적시하는 것이 과거 또는 현재의 사실을 기초로 하거나 이에 대한 주장을 포함하는지 여부는 그 적시된 표현 자체는 물론 전체적인 취지나 내용, 적시에 이르게 된 경위 및 전후 상황, 기타 제반사정을 종합적으로 참작하여 판단하여야 한다.
   피고인이 경찰관을 상대로 진정한 사건이 혐의인정되지 않아 내사종결 처리되었음에도 불구하고 공연히 "사건을 조사한 경찰관이 내일부로 검찰청에서 구속영장이 떨어진다."고 말한 것을 현재의 사실을 기초로 하거나 이에 대한 주장을 포함하여 장래의 일을 적시한 것으로 볼 수 있어 명예훼손죄에 있어서의 사실의 적시에 해당한다(대법원 2003. 5. 13. 선고 2002도 7420 판결).
2. 명예훼손죄가 성립하기 위하여는 사실의 적시가 있어야 하고 적시된 사실은 이로써 특정인의 사회적 가치 내지 평가가 침해될 가능성이 있을 정도로 구체성을 띠어야 한다.
   "애꾸, 병신"이라는 발언 내용은 피고인이 피해자를 모욕하기 위하여 경멸적인 언사를 사용하면서 욕설을 한 것에 지나지 아니하고, 피해자의 사회적 가치나 평가를 저하시키기에 충분한 구체적 사실을 적시한 것이라고는 보기 어렵다(대법원 1994. 10. 25. 선고 94도1770).
3. 형법 제307조 제2항이 정하는 허위사실 적시에 의한 명예훼손죄가 성립하기 위하여는 범인이

공연히 사실의 적시를 하여야 하고, 그 적시한 사실이 사람의 사회적 평가를 저하시키는 것으로서 허위이어야 하며, 범인이 그와 같은 사실이 허위라고 인식하였어야 한다. 형법 제307조 제2항을 적용하기 위하여 적시된 사실이 허위의 사실인지 여부를 판단함에 있어서는 적시된 사실의 내용 전체의 취지를 살펴볼 때 중요한 부분이 객관적 사실과 합치되는 경우에는 세부에 있어서 진실과 약간 차이가 나거나 다소 과장된 표현이 있다 하더라도 이를 허위의 사실이라고 볼 수는 없다(대법원 2000. 2. 25. 선고 99도4757 판결).

4. 명예훼손죄는 어떤 특정한 사람 또는 인격을 보유하는 단체에 대하여 그 명예를 훼손함으로써 성립하는 것이므로 그 피해자는 특정한 것임을 요하고, 다만 서울시민 또는 경기도민이라 함과 같은 막연한 표시에 의해서는 명예훼손죄를 구성하지 아니한다 할 것이지만, 집합적 명사를 쓴 경우에도 그것에 의하여 그 범위에 속하는 특정인을 가리키는 것이 명백하면, 이를 각자의 명예를 훼손하는 행위라고 볼 수 있다(대법원 2000. 10. 10. 선고 99도5407 판결).

[서식(고소장) 136] 명예훼손죄 (회사의 공금 횡령)

고 소 장

고 소 인 ○ ○ ○ (000000-0000000)
○○시 ○○구 ○○로 ○○(○○동)
(전화번호 : 000-0000)

피고소인 ○ ○ ○ (000000-0000000)
○○시 ○○구 ○○로 ○○(○○동)
(전화번호 : 000-0000)

고 소 사 실

1. 피고소인은 ○○주식회사의 주주입니다.

2. 20○○. ○. ○. ○○시 ○○구 ○○로 ○○(○○동)에서 이 회사의 주주총회시 같은 회사의 대표이사인 고소인이 그 동안의 회사의 경영사정에 대하여 고소인의 의사를 피력하는 중 피고소인이 고소인의 의사를 반박함으로써 언쟁이 있었는데 피고소인이 50여 명의 주주가 모인 이 자리에서 회사의 공금을 횡령한 사기꾼이 무슨 할 이야기가 많으냐? 근거가 있으니 고소하여 처벌받게 할 것인데 어떻게

생각하느냐고 타인들의 동조를 구하는 등 고소인도 전혀 알지 못하는 사실무근한 허위사실을 들어가면서 고소인의 명예를 훼손하였습니다.

3. 위와 같은 사실을 들어 피고소인을 귀서에 고소하오니 철저히 조사하시어 엄벌하여 주시기 바랍니다.

20○○. ○. ○.

위 고소인 ○ ○ ○ (인)

○○경찰서장 귀하

[서식(고소장) 137] 모욕죄 (물품대금 외상거절로 인함)

고 소 장

고 소 인 ○ ○ ○ (000000-0000000)
○○시 ○○구 ○○로 ○○(○○동)
(전화번호 : 000-0000)

피고소인 ○ ○ ○ (000000-0000000)
○○시 ○○구 ○○로 ○○(○○동)
(전화번호 : 000-0000)

고 소 취 지

피고소인을 상대로 모욕죄로 고소하오니 처벌하여 주시기 바랍니다.

고 소 이 유

1. 피고소인은 ○○시 ○○로 ○○(○○동)에 거주하는 자로서, 20○○. ○. ○. 19:00경 같은 로 ○○(○○동)에 있는 고소인이 경영하는 ○○가게에서 평소 고소인이 피고소인에게 외상으로 물건을 주지 않는다는 이유로 고소외 ○○○,

같은 ○○○ 등 마을사람 10여 명이 있는 가운데 고소인에게 "이 돼지같은 연아, 네가 혼자 잔뜩 처먹고 배 두드리며 사나보자"라고 큰소리로 말하여 공연히 고소인을 모욕한 것입니다.

2. 따라서 피고소인을 귀서에 고소하오니 철저히 조사하시어 처벌하여 주시기 바랍니다.

입 증 방 법

추후 조사시 제출하겠습니다.

20○○. ○. ○.

위 고소인 ○ ○ ○ (인)

○○경찰서장 귀하

【주】

1. 이 죄의 행위에 있어서 모욕이란, 구체적인 사실을 적시하지 않고 외부적 명예를 훼손할 만한 추상적인 가치판단을 표시하는 것을 말한다. 사실의 적시 없이 경멸의 의사를 표시하면 모욕이 된다.
2. 이 죄는 표현범이므로 단순한 무례 · 불친절만으로는 모욕이 되지 않으나 침을 뱉거나 뺨을 때리는 것은 거동에 의한 모욕이 될 수 있는데 이러한 경우는 폭행죄와의 상상적 경합이 된다.
3. 명예훼손죄는 반의사불벌죄이지만 사자명예훼손과 모욕죄는 친고죄이다.

【판 례】

1. 단지 "도둑놈" 또는 죽일놈"이라고 욕한 것은 모욕에 해당한다(대법원 1961. 2. 24. 선고 4293형상864 판결).
2. 동네사람 4명과 구청직원 2명 등이 있는 자리에서 피해자가 듣는 가운에 구청직원에게 피해자를 가리키면서"저 망할년 저기 오네"라고 피해자를 경멸하는 욕설 섞인 표현을 하였다면 피해자를 모욕하였다고 볼 수 있다(대법원 1990. 9. 25. 선고 90도 판결).

[서식(고소장) 138] 모욕죄(주점에 술을 마시던 중)

고 소 장

고 소 인 ○ ○ ○ (000000-0000000)
○○시 ○○구 ○○로 ○○(○○동)
(전화번호 : 000-0000)

피고소인 ○ ○ ○ (000000-0000000)
○○시 ○○구 ○○로 ○○(○○동)
(전화번호 : 000-0000)

고 소 취 지

피고소인에 대하여 모욕죄로 고소하오니 처벌하여 주시기 바랍니다.

고 소 사 실

1. 피고소인은 20○○. ○. ○. 23:40경, ○○도 ○○군 ○○읍 ○○로 ○○에 위치한 ○○라는 주점에서 친구 3명과 떠들며 술을 마시던 중 옆 좌석에 앉아 술을 마시고 있던 고소인은 피고소인에게 좀 조용히 하라고 주의를 주자, 저에게 "너나 입닥쳐 이 병신아"라고 경멸하는 말을 하여 모욕한 것입니다.

2. 이에 저는 피고소인에게 사과를 요구하였으나 피고소인은 오히려 "병신 육갑하네" 라고 말하면서 사과를 거부하고 있습니다.

3. 따라서 피고소인을 귀서에 고소하오니 철저히 조사하시어 처벌하여 주시기 바랍니다.

입 증 방 법

추후 조사시 제출하겠습니다.

20○○. ○. ○.

위 고소인 ○ ○ ○ (인)

○○경찰서장 귀하

[서식(고소장) 139] 무고죄(임대차계약서 다시 작성)

고 소 장

고 소 인 ○ ○ ○ (000000-0000000)
○○시 ○○구 ○○로 ○○(○○동)
(전화번호 : 000-0000)

피고소인 1. 김 ○ ○ (000000-0000000)
○○시 ○○구 ○○로 ○○(○○동)
(전화번호 : 000-0000)
1. 이 ○ ○ (000000-0000000)
○○시 ○○구 ○○로 ○○(○○)
(전화번호 : 000-0000)

고 소 취 지

피고소인에 대하여 무고죄로 고소하오니 처벌하여 주시기 바랍니다.

고 소 사 실

1. 피고소인은 20○○. ○. ○. 고소인 김○○으로부터 ○○시 ○○동에 위치한 ○○다방을 임차하여 동인과 내연의 관계에 있던 고소인 이○○로 하여금 위 다방을 운영하도록 하던 중 같은 달 ○. 임대차계약의 임차인을 피고소인 명의에서 고소인 이○○ 명의로 변경하도록 승낙한 사실이 있음에도 불구하고, 고소외 김○○○을 상대로 임대차보증금반환청구의 소를 제기하였다가 패소하자 고소인들로 하여금 형사처벌을 받게 할 목적으로 20○○. ○. ○. ○○시 ○○동 소재 ○○식당에서 고소인 '김○○와 같은 이○○가 통정하여 20○○. ○. ○. 고소인들 모르게 임차인을 고소인 이○○로 하는 임대차계약서를 다시 작성하여 피고소인의 임대차보증금 3,000만원과 권리금 2,500만원, 합계 5,500만원을 편취하였다.'는 취지의 고소장을 작성한 후 같은 달 ○. ○○경찰서 민원실에서 같은 경찰서장 앞으로 이를 제출, 접수하게 하여 공무소에 대하여 허위신고를 한 것입니다.

2. 따라서 피고소인을 귀서에 고소하오니 철저히 조사하시어 처벌하여 주시기 바랍

니다.

20○○. ○. ○.

위 고소인 ○ ○ ○ (인)

○○경찰서장 귀하

[서식(고소장) 140] 무고죄(사문서 위조 및 동행사)

고 소 장

고 소 인 ○ ○ ○ (000000-0000000)
○○시 ○○구 ○○로 ○○(○○동)
(전화번호 : 000-0000)

피고소인 ○ ○ ○ (000000-0000000)
○○시 ○○구 ○○로 ○○(○○동)
(전화번호 : 000-0000)

고 소 취 지

피고소인에 대하여 무고죄로 고소하오니 처벌하여 주시기 바랍니다.

고 소 사 실

1. 피고소인은 고소인이 경영하는 ○○출판사 외판원으로 일하면서 20○○. ○. ○. 금 ○○○원을 선지급 받은 사실이 있음에도 불구하고, 고소인이 피고소인의 인장을 임의 조각하여 출금전표를 작성함으로써 사문서위조 및 동 행사를 한 사실이 있다고 ○○경찰서에 고소함으로써 고소인을 형사처분을 받게 할 목적으로 허위의 사실을 신고하여 고소인을 무고한 것입니다.

2. 따라서 피고소인을 귀서에 고소하오니 철저히 조사하시어 처벌하여 주시기 바랍

니다.

20○○. ○. ○.

위 고소인 ○ ○ ○ (인)

○○경찰서장 귀하

[서식(고소장) 141] 미성년자 등에 대한 간음죄(등록금을 이용 간음)

고 소 장

고 소 인 ○ ○ ○ (000000-0000000)
○○시 ○○구 ○○로 ○○(○○동)
(전화번호 : 000-0000)

피고소인 ○ ○ ○ (000000-0000000)
○○시 ○○구 ○○로 ○○(○○동)
(전화번호 : 000-0000)

고 소 취 지

피고소인을 미성년자 등에 대한 간음죄로 고소하오니 처벌하여 주시기 바랍니다.

고 소 사 실

1. 피고소인은 ○○주식회사 ○○공장에서 공장장으로 재직하고 있는 자로서, 위 회사 위 공장의 공원인 고소인이 20○○. ○. ○. 19:00경 피고소인에게 찾아와 "동생 등록금을 내야 하는데 ○○만원만 빌려 달라"고 간청하자, 이를 쾌히 승낙하고 이를 기회로 고소인을 간음하기로 마음먹고, 그때쯤 그녀를 데리고 ○○시 ○○로 ○○(○○동)에 있는 "○○주점"에 가서 ○○양주 ○잔을 억지로 마시게 하면서 "앞으로 돈 걱정은 일체 하지 말라. 모두 내가 책임지겠다"라는 등의 거짓말로 고소인을 유혹하여 이를 믿게 한 다음, 같은 날 21:30경 술에 취한 고소인을

위 주점 근처의 "○○모텔" ○○○호실로 유인하여 미성년자인 고소인을 간음한 것입니다.

2. 따라서 피고소인을 귀서에 고소하오니 철저히 조사하시어 처벌하여 주시기 바랍니다.

20○○. ○. ○.

위 고소인 ○○○은 미성년자이므로

법정대리인 친권자 부 ○ ○ ○ (인)
모 ○ ○ ○ (인)

○○경찰서장 귀중

【주】

1. 이 죄의 행위의 객체는 미성년자 또는 심신미약자이다. 미성년자는 만 20세 미만의 사람이지만 만 13세 미만에 대해서는 미성년자 의제강간(추행)죄가 성립되므로, 이 죄의 객체로서의 미성년자는 만 13세부터 만 19세까지가 된다.
2. 심신미약의 정도는 객관적으로 판단할 수 있을 정도 즉, 미성년자 정도의 의사능력밖에 없다고 인정되는 정도이면 된다.

【판 례】

형법 제302조 소정의 위계에 의한 심신미약자간음죄에 있어서 위계라 함은 행위자가 간음의 목적으로 상대방에게 오인, 착각, 부지를 일으키고는 상대방의 그러한 심적 상태를 이용하여 간음의 목적을 달성하는 것을 말하는 것이고, 여기에서 오인, 착각, 부지란 간음행위 자체에 대한 오인, 착각, 부지를 말하는 것이지, 간음행위와 불가분적 관련성이 인정되지 않는 다른 조건에 관한 오인, 착각, 부지를 가리키는 것은 아니다(대법원 2002. 7. 12. 선고 2002도2029 판결).

[서식(고소장) 142] 미성년자에 대한 추행죄 등(집안에 혼자 있음을 알고 추행)

고 소 장

고 소 인 ○ ○ ○ (000000-0000000)
○○시 ○○구 ○○로 ○○(○○동)
(전화번호 : 000-0000)

피고소인 ○ ○ ○ (000000-0000000)
○○시 ○○구 ○○로 ○○(○○동)
(전화번호 : 000-0000)

고 소 취 지

피고소인을 미성년자에 대한 추행죄 등의 죄로 고소하오니 처벌하여 주시기 바랍니다.

고 소 사 실

1. 피고소인은 일정한 직업이 없는 자로서, 20○○. ○. ○. 15:00경 술을 먹고 ○○시 ○○로 ○○(○○동)에 있는 평소 알지 못한 고소외 ○○○의 집에 들어가 동인의 딸인 고소인이 마침 혼자 있는 것을 보고 동인에게 "나는 네 아빠의 친구다. 너 참 예쁘구나"라고 거짓말을 하며 고소인을 껴안고 팬티 속에 손을 집어넣어 음부를 문지르는 등 추행을 하고, 다시 강제로 간음하려 하다가 고소인의 할머니 고소외 ○○○가 집에 들어오는 바람에 그 목적을 이루지 못하고 미수에 그쳤으나 그때 위 추행 등으로 인하여 고소인에게 약 1주일간의 치료를 요하는 외음부개갠상처를 입게 한 것입니다.

2. 따라서 피고소인을 귀서에 고소하오니 철저히 조사하시어 처벌하여 주시기 바랍니다.

20○○. ○. ○.

위 고소인 ○○○은 미성년자이므로

법정대리인 친권자 부 ○ ○ ○ (인)

모 ○ ○ ○ (인)

○○경찰서장 귀중

【주】

1. 13세 미만의 여자 또는 사람에게는 간음 또는 추행에 대한 동의능력이 없다고 보아 그 동의가 있는 때에도 강간죄 또는 강제추행죄가 예에 의하여 처벌한다.
2. 피해자가 13세 미만인 것으로 알았으나 사실은 13세 이상인 때에는 불능범으로서 죄가 성립하지 않는다.
3. 폭행 · 협박을 이용해 반항을 억압한 후 간음 또는 추행하면 강간죄(형법 제297조)나 강제추행죄(형법 제298조)가 성립한다.
4. 13세 미만의 여아를 폭행, 협박하여 강간하고 그로 인해 처녀막 파열상을 가한 경우는 미성년자의제강간죄가 아니라 강간치상죄가 성립한다.
5. 13세 미만의 부녀에게 과자를 사주고 가슴을 만지는 추행행위는 동의를 구했다 하더라도 미성년자 강제추행죄가 성립한다(미성년자 간음 또는 추행이 아님에 유의).
6. 13세 미만의 여아를 강제로 추행하다가 상해를 입힌 경우 미성년자강제추행치상죄가 성립한다(미성년자의제강제추행상해죄가 아님에 유의).
7. 만약 주민등록상으로 13세 3개월 된 소녀를 추행할 경우에는 미성년자의제강제추행죄가 아니라 미성년자 추행죄가 성립하고, 13세 미만이라면 미성년자의제강제추행죄가 성립된다.

【판 례】

1. 형법 제305조의 미성년자의 강제추행죄는 '13세 미만의 아동이 외부로부터의 부적절한 성적 자극이나 물리력의 행사가 없는 상태에서 심리적 장애 없이 성적 정체성 및 가치관을 형성할 권익'을 보호법익으로 하는 것으로서, 그 성립에 필요한 주관적 구성요건요소는 고의만으로 충분하고, 그 외에 성욕을 자극 · 흥분 · 만족시키려는 주관적 동기나 목적까지 있어야 하는 것은 아니다(대법원 2006. 1. 13. 선고 2006도6791 판결).
2. 본조에 규정된 13세 미만 부녀에 대한 의제강간, 추행죄는 그 성립에 있어 위계 또는 위력이나 폭행 또는 협박의 방법에 의함을 요하지 아니하며 피해자의 동의가 있었다고 하여도 성립하는 것이다(대법원 1982. 10. 12. 선고 82도2183 판결).
3. 형법 제305조의 미성년자에 대한 추행에는 이로 인한 치상이 있게 되면 같은 법 제301조의 강간 등에 의한 치사상의 예에 의하여 처벌하므로 고소가 없거나 고소가 취소되어도 이를 논할 수 있다(대법원 1990. 4. 10. 선고 90도335 판결).

[서식(고소장) 143] 배임죄(계돈 미지급)

고 소 장

고 소 인 ○ ○ ○ (000000-0000000)
○○시 ○○구 ○○로 ○○(○○동)
(전화번호 : 000-0000)

피고소인 ○ ○ ○ (000000-0000000)
○○시 ○○구 ○○로 ○○(○○동)
(전화번호 : 000-0000)

고 소 취 지

피고소인에 대하여 배임죄로 고소를 제기하오니 처벌하여 주시기 바랍니다.

고 소 사 실

1. 피고소인은 20○○. ○. ○. ○○시 ○○구 ○○로 ○○(○○동)에 위치한 피고소인의 집에서 조직한 계금 1,000만원, 구좌 24개인 번호계의 계주인 자로서,

2. 20○○. ○. ○. 피고소인의 집에서 그 계원들로부터 계불입금 1,000만원을 받았으면 그날 계금을 타기로 지정된 11번 계원인 고소인에게 계금 1,000만원을 지급할 임무가 있음에도 불구하고 그 임무에 위배하여 그 계금을 고소인에게 지급하지 아니한 채, 그 무렵 피고소인의 주거지 등지에서 임의로 피고소인의 생활비 등에 소비하여 계금 1,000만원 상당의 이익을 취득하고 고소인에게 동액 상당의 재산상 손해를 가한 것입니다.

3. 위와 같은 사실로 피고소인을 고소하오니 철저히 조사하시어 처벌하여 주시기 바랍니다.

입 증 방 법

조사시 자세히 진술하겠습니다.

20○○. ○. ○.

위 고소인 ○ ○ ○ (인)

○○경찰서장 귀하

【주】

1. 배임죄는 본인과의 신임관계 또는 신의성실에 위배하여 타인의 재산을 침해하는 범죄이다. 재산죄 가운데 재물 외에 재산상의 이익만을 객체로 하는 순수한 이득죄이다.
2. 대부행위 자체가 본인을 위한 사무처리로서 행위자의 권한에 속하여 임무위배라고 말할 수 없는 경우에도 회수불확실한 대부를 한 경우에는 배임죄가 성립한다.
3. 정부양곡의 수매, 가공, 보관 및 방출 등의 업무를 보조하던 군청직원이 비축중인 정부양곡을 소정 목적 외의 용도로 마음대로 방출한 경우에는 배임죄가 성립한다.
4. 회사직원이 이사회 결의나 담보 없이 타회사를 위하여 지급보증을 하거나, 대표이사가 이사회의 사전승인 없이 마음대로 타인의 차금행위를 보증한 것 등은 배임행위가 된다.
5. 회사 이사가 배당가능성이 없는데도 있는 것처럼 위장하여 주주에게 이익배당을 하는 소위 낙지배당은 그것이 주주의 이익을 가하고 본인(회사)의 재산을 감소시켜 재산상의 손해를 입힌 것이 분명하므로 특별배임죄로서 상법 제625조 제3항에 의하여 엄격이 금지되어 있다.
   그러나 은행이사가 은행의 신용을 유지할 목적으로 임무에 위배하여 이익배당을 함으로써 은행에 손실을 준 경우와 같이 행위자가 본인(회사)의 이익을 도모할 목적으로 위법배당을 하면 배임죄가 되지 않는다. 다만 본인(회사)의 이익을 위한 행위가 동시에 자기 또는 주주의 이익을 위한 행위가 되는 경우에는 결국 어느 의사가 주된 경우인가에 따라 판단한다.
6. 타인의 재산관리를 위탁받은 자가 그 재산을 부당히 염가로 매각하면 배임죄가 성립한다.
7. 배임죄에 의하여 취득한 물건은 재산상의 이익이며 재물을 배임행위에 제공된 물건에 지나지 아니하므로 이를 취득하여도 장물죄가 성립하지 않는다. 따라서 이중매매된 부동산을 취득하거나 양도담보로 제공한 물건을 처분하는 것을 취득한 자는 배임죄의 공범은 될 수 있어도 장물취득죄는 성립하지 않는다.
8. A가 채권자 B를 위해 자기의 부동산에 저당권을 설정했는데, 아직 등기가 되어 있지 않은 것을 이용해, C에게 다시 새로운 저당권을 설정하고 이에 등기하는 경우, B에게 재산상의 손해를 입혔기 때문에 배임죄가 성립한다.
9. 채무의 담보조로 부동산을 형식상 매매하였으면 채무를 변제하기까지는 위 부동산을 처분할 수 없음에도 불구하고 이를 처분하게 되면 채무불이행시 채권자의 위 부동산에 대한 환가권을 침해한 것임으로 배임죄가 성립한다.

【판 례】

1. 배임죄는 타인의 사무를 처리하는 자가 그 임무에 위배하는 행위로써 재산상의 이익을 취득하거나 제3자로 하여금 이를 취득하게 하여 본인에게 손해를 가함으로써 성립하는 것이므로, 그 범죄의 주체는 타인의 사무를 처리하는 신분이 있어야 할 것이고, 여기서

타인의 사무라 함은 타인의 재산관리에 관한 사무의 전부 또는 일부를 대행하는 경우 예컨대 위임, 고용, 도급, 임치 등 계약상 타인의 재산을 관리, 보존하는 임무를 부담하여 본인을 위하여 일정한 권한을 행사하는 경우와 등기협력의무와 같이 매매담보권의 설정 등 자기의 사무인 동시에 상대방의 재산보전이 그의 적극적, 소극적 협력에 관계되는 경우를 뜻한다 할 것이고, 타인에 대하여 단순히 채무를 부담함에 그치는 경우에는 본인의 사무로 인정되고 타인의 사무처리에 해당하지 않는다(대법원 1987. 2. 24. 선고 86도1744 판결).

2. 배임죄가 성립하려면, 경제적 관점에서 파악하여 배임행위로 인하여 본인에게 현실적인 손해를 가하였거나 적어도 재산상 손해발생의 위험을 초래하였다고 인정되어야 한다(대법원 2004. 4. 9. 선고 2004도771 판결).
3. 1인 회사의 1인 주주가 주식회사의 회사재산을 임의처분하거나 회사돈을 임의소비한 경우, 소위 1인 회사에 있어서도 행위의 주체와 그 본인은 분명히 별개의 인격이며 그 본인인 주식회사에 재산상 손해가 발생하였을 때는 배임죄가 성립한다(대법원 1984. 9. 25. 선고 84도1581 판결).
4. 은행지점장이 대출규정에 위배된 불성실한 당좌대월을 한 경우 배임죄가 성립한다(대법원 1983. 3. 8. 선고2873 판결).
5. 교회재산 관리자가 시가 2억원의 교회소유 부동산을 8,000만원의 채무변제 대가로 타인에게 양도하는 것은 배임죄에 해당한다(대법원 1986. 6. 10. 선고 84도2015 판결).
6. 중도금을 지급하면 계약의 이행에 착수한 것이 되어 매도인은 계약을 일방적으로 해제할 수 없는 효과가 발생하므로 매수인의 소유권취득에 협력하여야 할 신의칙에 의한 신임관계가 발생하기 때문에 중도금을 수령한 후 매도인이 이중매매한 때에는 배임죄가 성립한다(대법원 1986. 7. 8. 선고 86도1873 판결).
7. 양도담보로 제공한 물건을 다시 양도담보로 제공하는 2중의 양도담보 제공행위는 배임죄가 성립되지 않지만, 이를 다시 양도한 행위는 배임죄를 구성한다(대법원 1987. 5. 12. 86도1117 판결, 대법원 1983. 3. 8. 82도 1828 판결).

[서식(고소장) 144] 배임죄(부동산 이중매매)

고 소 장

고 소 인 ○ ○ ○ (000000-0000000)
○○시 ○○구 ○○로 ○○(○○동)
(전화번호 : 000-0000)

피고소인 ○ ○ ○ (000000-0000000)

○○시 ○○구 ○○로 ○○(○○동)
(전화번호 : 000-0000)

고 소 취 지

피고소인에 대하여 배임죄로 고소를 제기하오니 처벌하여 주시기 바랍니다.

고 소 사 실

1. 피고소인은 일정한 직업이 없는 자인 바, 20○○. ○. ○. ○○시 ○○구 ○○로 ○○(○○동)에 위치한 ○○부동산사무소에서 피고소인 소유의 같은 로 ○○(○○동) 소재 대지 250㎡ 및 단층주택 180㎡㎡을 고소인에게 금 2억 5천만원에 매도하기로 매매계약을 체결하고 즉석에서 계약금으로 금 1,000만원을, 같은 해 ○. ○. 같은 장소에서 중도금으로 5천만원을 각 수령하였으므로 잔금지급기일인 같은 해 ○. ○. 잔금수령과 동시에 고소인에게 위 부동산에 대한 소유권이전등기절차를 이행하여 주어야 할 임무가 있음에도 불구하고 그 임무를 위배하여 같은 해 ○. ○. 같은 로 ○○(○○동) 소재 ○○○부동산에서 고소외 ○○○에게 금 2억 7천만원에 위 부동산을 이중으로 매도하고 그 다음날 고소외 ○○○ 명의로 위 부동산에 대한 소유권이전등기를 경료하여 줌으로써 위 부동산 시가 6천만원 상당의 재산상 이익을 취득하고 고소인에게 동액 상당의 재산상 손해를 가한 것입니다.
2. 위와 같은 사실로 피고소인을 고소하오니 철저히 조사하시어 처벌하여 주시기 바랍니다.

입 증 방 법

조사시 자세히 진술하겠습니다.

20○○. ○. ○.

위 고소인 ○ ○ ○ (인)

○○경찰서장 귀하

[서식(고소장) 145] 부당이득죄(매매가격 속임)

고 소 장

고 소 인 ○ ○ ○ (000000-0000000)
○○시 ○○구 ○○로 ○○(○○동)
(전화번호 : 000-0000)

피고소인 ○ ○ ○ (000000-0000000)
○○시 ○○구 ○○로 ○○(○○동)
(전화번호 : 000-0000)

고 소 취 지

피고소인에 대하여 부당이득죄로 고소하오니 처벌하여 주시기 바랍니다.

고 소 사 실

1. 피고소인은 ○○시 ○○로 ○○(○○동)에서 부동산중개업을 하는 자로서, 20○○. ○. ○. 11:30쯤 위 장소에서 고소인으로부터 ○○군 ○○면 ○○리 ○○○번지의 임야 ○○○㎡를 매각처분에 달하는 위임을 받고 20○○. ○. ○. 고소외 ○○○에게 위 임야를 소개하고 매매계약을 체결하여 금 5천만원에 매도하였으나, 고소인에게는 "3천만원에 처분하였다"고 거짓말하여 이에 속은 고소인에게 3천만원을 교부하고 나머지 2천만원을 교부하지 않아 부당하게 재산상의 이익을 취득한 것입니다.

2. 위와 같은 사실로 피고소인을 고소하오니 철저히 조사하시어 처벌하여 주시기 바랍니다.

입 증 방 법

조사시 자세히 진술하겠습니다.

20○○. ○. ○.

위 고소인 ○ ○ ○ (인)

ㅇㅇ경찰서장 귀하

【주】

1. 이 죄의 본질은 사람의 궁박한 상태를 경제적으로 이용하여 현저하게 부당한 이득을 취득하는 것을 금하는 데 있다. 이른바 폭리행위를 처벌하는 것으로 사기죄의 형태라고 볼 수 없으나 타인의 궁박한 상태를 이용했다는 점에서 사기죄의 하나로 처벌하는 것이다. 이 죄의 보호법익은 전체로서의 재산이며, 피해자에게 손해가 발생할 것을 요하지 않고 재산상의 위험이 있으면 족하다(위험법).
2. 상당성이 없는 급부행위로 재산상태의 증가를 가져왔을 때 부당한 이익이 된다. 이익은 현저하게 부당해야 하며, 이는 추상적・일반적으로 정할 것이 아니라 구체적 사정에 따라 객관적으로 결정해야 한다.
3. 피해자가 어느 정도의 궁박한 상태였는가와 그 이용수단을 분명히 해야 한다. 범인은 흔히 피해자의 승낙서・각서 등을 제시하여 정당화하려는 경우가 많다.

【판 례】

1. 300만원의 변제에 갈음하여 600만원을 받아 300만원의 이익을 취득한 것만으로는 현저하게 부당한 이익을 취득한 것이라고 보기 어렵다(대법원 1972. 10. 31. 선고 72도1803 판결).
2. 부당이득죄에 있어서 궁박이란 '급박한 곤궁'을 의미하는 것으로서, 피해자가 궁박한 상태에 있었는지 여부는 거래당사자의 신분과 상호 간의 관계, 피해자가 처한 상황의 절박성의 정도 등 제반 상황을 종합하여 구체적으로 판단하여야 하고, 특히 부동산의 매매와 관련하여 피고인이 취득한 이익이 현저하게 부당한지 여부는 우리 헌법이 규정하고 있는 자유시장 경제질서와 여기에서 파생되는 계약자유의 원칙을 바탕으로 피고인이 당해 토지를 보유하게 된 경위 및 보유기간, 주변 부동산의 시가, 가격결정을 둘러싼 쌍방의 협상과정 및 거래를 통한 피해자의 이익 등이 종합적으로 고려되어야 한다(대법원 2006. 2. 24. 선고 2005도8386 판결 참조).

[서식(고소장) 146] 부동산강제집행효용침해죄 (폭행 등의 방법 동원)

고 소 장

고 소 인 ㅇ ㅇ ㅇ (000000-0000000)
ㅇㅇ시 ㅇㅇ구 ㅇㅇ로 ㅇㅇ(ㅇㅇ동)
(전화번호 : 000-0000)

피고소인 ○ ○ ○ (000000-0000000)
○○시 ○○구 ○○로 ○○(○○동)
(전화번호 : 000-0000)

고 소 취 지

고소인은 피고소인을 부동산강제집행의 효용을 침해한 혐의로 고소하오니 철저히 조사하시어 처벌하여 주시기 바랍니다.

고 소 사 실

1. 고소인은 피고소인에게 고소인 소유의 ○○시 ○○구 ○○로 ○○(○○동) 에 위치한 건물의 점포 1칸을 임대하였으나, 임대료를 체납하여 임대차계약을 해제하고 피고소인을 상대로 인도청구소송을 제기하여 확정판결을 받은 바 있습니다.

2. 20○○. ○. ○. 14:00부터 같은 날 16:00경까지 사이에 ○○지방법원 소속 집행관의 지휘 아래 위 피고소인이 점유하고 있던 점포에 대하여 확정판결에 의한 인도집행을 하고 난 직후 피고소인이 인도집행 한 점포에 진입하려하자 옆에서 이를 저지하던 고소인의 처 ○○○를 폭행하는 등 폭력적인 방법으로 위 건물점포에 진입함으로서 위 부동산 강제집행의 효용을 침해하였습니다.

3. 피고소인이 이 사건 건물에 들어간 것은 집행관이 임차인인 피고소인의 위 건물점포에 대한 점유를 해제하고 이를 임대인인 고소인에게 인도하여 강제집행이 완결된 후의 행위로서 부동산강제집행효용침해죄에 해당한다 할 것입니다.

4. 피고소인의 이러한 행위는 형법 제140조의2(부동산강제집행효용침해) 강제집행으로 인도된 부동산에 침입하거나 기타 방법으로 강제집행의 효용을 해한 행위에 해당된다 할 것입니다.

5. 따라서 피고소인을 고소하오니 철저히 조사하시어 엄벌하여 주시기 바랍니다.

소 명 방 법

1. 임대차계약서 사본 1통
1. 판결문 사본 1통
조사시 자세히 진술하겠습니다.

20○○. ○. ○.

위 고소인 ○ ○ ○ (인)

○○경찰서장 귀하

[서식(고소장) 147] 부동산중개업법위반 (매매대금 착복)

고 소 장

고 소 인 ○ ○ ○
○○시 ○○구 ○○로 ○○(○○동)
전화번호 000-0000

피고소인 ○ ○ ○
○○시 ○○구 ○○로 ○○(○○동)
전화번호 000-0000

고 소 취 지

피고소인에 대하여 부동산중개업법 위반으로 고소하오니 처벌하여 주시기 바랍니다.

고 소 사 실

1. 고소인은 주소지에 거주하는 가정주부이고, 피고소인은 ○○시 ○○구 ○○동 소재 ○번 버스종점에서 ○○부동산이란 상호로 부동산 중개업소의 보조원으로 재직하는 자입니다.

2. 고소인은 20○○. ○.경 피고소인의 소개로 현주소지로 이주하게 된 관계로 알게 되었는데, 피고소인은 이를 기화로 고소인에게 자주 전화를 걸고 저렴한 땅이 있으니 중개하겠다고 하므로 같은 해 ○. ○.에 피고소인을 만났던바, 시내 ○○구 ○○로 ○○(○○동) 거주한 소외 ○○○가 김포공항확장공사로 당국으로부터 철거에 따르는 대토권이 부여되었는데 이를 사서 두면 얼마가지 않아 몇 배의 이득을 득할 수 있겠고 아니면 집을 지어서 살아도 좋다고 감언이설로 아무것도 모르는 가정주부인 고소인으로 하여금 중개대상물의 정확한 고지 없이 고소인의

판단을 흐리게 하여 무려 1,200만원이란 판매대금을 받아 착복하고 금일 현재까지 만나주지도 않고 피해 다니는 자로, 귀서에 고소하오니 철저히 조사하시어 처벌하여 주시기 바랍니다.

첨 부 서 류

1. 계약서 및 영수증 사본 각 1매

조사시 자세히 진술하겠습니다.

20○○. ○. ○.

위 고소인 ○ ○ ○ (인)

○○경찰서장 귀하

[서식(고소장) 148] 부정수표단속법위반죄 (예금부족 및 무거래)

고 소 장

고 소 인 ○ ○ ○ (000000-0000000)
○○시 ○○구 ○○로 ○○(○○동)
(전화번호 : 000-0000)

피고소인 ○ ○ ○ (000000-0000000)
○○시 ○○구 ○○로 ○○(○○동)
(전화번호 : 000-0000)

고 소 취 지

피고소인에 대하여 부정수표단속법위반죄로 고소하오니 처벌하여 주시기 바랍니다.

고 소 사 실

1. 피고소인은 ○○시 ○○로 ○○(○○동) 소재에서 ○○공업사라는 상호를 걸고

어망생산을 하는 자인 바, 5년 전부터 ○○은행 ○○지점과 당좌거래계정을 개설하고 당좌수표를 발행하여 오던 중 20○○. ○. ○.부터 ○○. ○. ○. 사이에 금 ○○○원권 당좌수표 5장과 금 ○○원권 당좌수표 3장을 발행하였으나 소지인들이 지급기일에 위 은행에 제시하여 본 결과 예금부족 및 무거래라는 이유로 지급거절되었습니다.

2. 위 피고소인은 계획적으로 부도를 내고도 조금도 뉘우치지 않고 있으므로, 피고소인을 고소하오니 철저히 조사하시어 처벌하여 주시기 바랍니다.

입 증 방 법

1. 우편물 1통

20○○. ○. ○.

위 고소인 ○ ○ ○ (인)

○○경찰서장 귀하

[서식(고소장) 149] 비밀침해죄(편지 개봉)

고 소 장

고 소 인 ○ ○ ○ (000000-0000000)
○○시 ○○구 ○○로 ○○(○○동)
(전화번호 : 000-0000)

피고소인 ○ ○ ○ (000000-0000000)
○○시 ○○구 ○○로 ○○(○○동)
(전화번호 : 000-0000)

고 소 취 지

피고소인에 대하여 비밀침해죄로 고소하오니 처벌하여 주시기 바랍니다.

고 소 사 실

1. 고소인은 ○○시 ○○로 ○○(○○동) 소재 피고소인의 2층에 세들어 살고 있는데, 피고소인은 20○○. ○. ○. ○○:○○경 고소인에게 배달되어 온 편지 1통을 고소인을 대신하여 받았습니다.

2. 그런데 위 편지가 여자로부터 배달되어 온 것이라 고소인에게 전해주기 전에 호기심으로 그 편지의 위쪽 봉한 부분을 물에 적셔서 뜯어보고는 원상태로 다시 붙여 놓았습니다.

3. 물론 위 편지에 중요한 내용이 담겨 있지 않아 다른 사람이 보더라도 문제가 될 것은 없겠지만, 피고소인의 행위는 임차인의 사생활을 침해하는 것이므로 귀서에 고소하오니 철저히 조사하시어 처벌하여 주시기 바랍니다.

입 증 방 법

1. 우편물 1통

20○○. ○. ○.

위 고소인 ○ ○ ○ (인)

○○경찰서장 귀하

[서식(고소장) 150] 사기죄(취직시켜주겠다고 거짓말)

고 소 장

고 소 인 ○ ○ ○ (000000-0000000)
○○시 ○○구 ○○로 ○○(○○동)
(전화번호 : 000-0000)

피고소인 ○ ○ ○ (000000-0000000)

○○시 ○○구 ○○로 ○○(○○동)
(전화번호 : 000-0000)

고 소 취 지

피고소인에 대하여 사기죄로 고소하오니 처벌하여 주시기 바랍니다.

고 소 사 실

1. 피고소인은 일정한 직업이 없는 자인 바, 20○○. ○. ○. 15:00경 ○○시 ○○구 ○○동에 위치한 ○○○호텔 커피숍에서 사실은 고소인을 ○○주식회사에 취직시켜줄 의사와 능력이 없음에도 불구하고 고소인에게 "○○주식회사의 인사과장을 잘 알고 있는데 그 과장에게 부탁하여 위 회사 사원으로 취직시켜주겠다"고 거짓말하여 이에 속은 고소인으로부터 즉석에서 교제비 명목으로 ○○만원, 다음날 10:00경 같은 장소에서 "일이 잘 되어간다"고 거짓말하여 사례비 명목으로 ○○만원 합계 ○○만원을 각 교부받아 이를 편취한 자입니다.
2. 따라서 피고소인을 귀서에 고소하오니 철저히 조사하시어 처벌하여 주시기 바랍니다.

첨 부 서 류

조사시 자세히 진술하겠습니다.

20○○. ○. ○.

위 고소인 ○ ○ ○ (인)

○○경찰서장 귀하

【주】

1. 단순히 사람을 착오에 빠뜨리게 한 것만으로는 기망이 있었다고 할 수 없고, 적어도 그것이 거래관계에 있어서 신의칙에 반하는 정도에 이르러야 한다.
2. 허위의 채권으로 지급명령을 신청하거나, 가압류, 가처분 또는 재판상 화해를 신청하는 경우 가압류, 가처분은 강제집행의 보전절차에 지나지 않아 청구의 의사를 표시한 것으로 볼 수 없고, 법정화해는 그것으로 새로운 법률관계가 창설되는 것이므로 화해의 내용이 실제 법률관계와

일치하지 않는다고 해서 사기죄가 성립할 수는 없다. 지급명령은 독촉절차에 지나지 않지만 채무자가 이의신청을 하면 소를 제기한 것으로 간주되고 이의신청이 없거나 각하된 때에는 확정판결과 같은 효과를 가지게 되어 이로 인하여 채무자는 손해를 입게 되므로 사기죄가 성립한다고 볼 것이다.

3. 과장광고 또는 허위광고의 경우, 추상적인 과장광고는 허용되지만 구체적으로 증명할 수 있는 사실을 들어 허위광고를 하는 것은 기망행위가 된다.
4. 이중매매 또는 이중저당의 경우, 배임죄가 성립하는 여부는 별문제로 하고 사기죄가 성립한다는데 의문이 없다.
5. ○○시청 직원이 토지불하를 이유로 200만원을 받으면 사기죄가 아닌 변호사법위반죄가 성립함.
6. 편취와 사취는 같은 뜻으로 법률 및 수사상 용어, 사취는 일상적인 용어임.
7. 피의자가 사실은 변호사선임을 할 의사가 없음에도 피해자에게 잘하는 변호사를 선임하여 주겠다고 기망하여 금원을 편취한 경우 변호사법위반죄가 아니라 사기죄임.
8. 고소취소의 대가로 합의금을 주기로 약정한 후 각서까지 작성하고도 이를 이행하지 않은 경우 고소취소는 재산상의 처분행위가 아니므로 사기죄가 성립하지 않는다.
9. 교통사고시 종합보험 미가입자가 보험처리하겠다고 기망하고 피해변제를 하지 않은 경우 구체적 기망과 손해발생이 없는 한 사기죄가 성립하지 않는다.
10. 컴퓨터통신(인터넷)에 허위광고를 게재하여 이에 속은 피해자로부터 온라인을 통해 금원을 편취한 경우 입력된 허위정보나 부정명령에 따라 계산이나 데이터 처리, 즉 정보처리가 이루어진 것이 아니므로 컴퓨터등사용사기죄가 아닌 컴퓨터통신 이용자들에 대한 직접적인 기망행위(허위광고)와 사람의 착오에 의한 교부행위(온라인을 통한 입금)가 있으므로 사기죄가 성립한다.
11. 피해자로부터 일정금액을 인출사용하라는 승낙을 받고 통장과 도장을 교부받아 피해자가 승낙한 액수를 넘어선 금전인출 행위는 사기죄가 성립할 뿐 절도죄가 아님. 5억원 이상 편취한 경우에는 사기죄가 아닌 특정경제범죄가중처벌등에관한법률상의 사기죄를 적용한다.

【판 례】

1. 재물편취를 내용으로 하는 사기죄에 있어서 기망으로 인한 재물교부가 있으면 그 자체로써 피해자의 재산침해가 되어 이로써 곧 사기죄가 성립하는 것이고, 상당한 대가가 지급되었다거나 피해자의 전체 재산상의 손해가 없다 하여도 사기죄의 성립에는 그 영향이 없으므로 사기죄에 있어서 그 대가가 일부 지급된 경우에도 그 편취액은 피해자로부터 교부된 재물의 가치로부터 그 대가를 공제한 차액이 아니라 교부받은 재물 전부라 할 것이다(대법원 2000. 7. 7. 선고 2000도1899 판결).
2. 사기죄의 실행행위로서의 기망은 반드시 법률행위의 중요부분에 관한 허위표시임을 요하지 아니하고 상대방을 착오에 빠지게 하여 행위자가 희망하는 재산적 처분행위를 하도록 하기 위한 판단의 기초가 되는 사실에 관한 것이면 족한 것이므로 용도를 속이고 돈을 빌린 경우에 있어서 만일 진정한 용도를 고지하였더라면 상대방이 돈을 빌려 주지 않았을 것이라는 관계에 있는 때에는 사기죄의 실행행위인 기망이 있는 것으로 보아야 한다(대법원 1996. 2. 27. 선고 95도2828 판결).

3. 사기죄에 있어서 수인의 피해자에 대하여 각별로 기망행위를 하여 각 재물을 편취한 경우, 그 범의가 단일하고 범행 방법이 동일하다고 하더라도 포괄 1죄가 되는 것이 아니라 피해자별로 1개씩의 죄가 성립하는 것으로 보아야 하고, 이러한 경우 그 공소사실은 각 피해자와 피해자별 피해액을 특정할 수 있도록 기재하여야 한다(대법원 1995. 8. 22. 선고 95도594 판결).
4. 약속어음공정증서에 증서를 무효로 하는 사유가 존재한다고 하더라도 그 증서 자체에 이를 무효로 하는 사유의 기재가 없고 외형상 권리의무를 증명함에 족한 체제를 구비하고 있는 한 그 증서는 형법상의 재물로서 사기죄의 객체가 됨에 아무런 지장이 없다(대법원 1995. 12. 22. 선고 94도2148 판결).
5. 사기죄의 요건으로서의 기망은 널리 재산상의 거래관계에 있어 서로 지켜야 할 신의와 성실의 의무를 저버리는 모든 적극적 또는 소극적 행위를 말하는 것이고, 그중 소극적 행위로서의 부작위에 의한 기망은 법률상 고지의무 있는 자가 일정한 사실에 관하여 상대방이 착오에 빠져 있음을 알면서도 그 사실을 고지하지 아니함을 말하는 것으로서, 일반거래의 경험칙상 상대방이 그 사실을 알았더라면 당해 법률행위를 하지 않았을 것이 명백한 경우에는 신의칙에 비추어 그 사실을 고지할 법률상 의무가 인정된다(대법원 2006. 2. 23. 선고 2005도8645 판결).
6. 피고인들이 상대방 운전자의 과실에 의하여 야기된 교통사고로 일부 경미한 상해를 입혔다고 하더라도, 이를 기화로 그 상해를 과장하여 병원에 장기간 입원하고, 이를 이유로 다액의 보험금을 받았다면 그 보험금 전체에 대해 사기죄가 성립한다(대법원 2005. 9. 9. 2005도3518 판결).
7. 카드회원이 일시적인 자금궁색 등의 이유로 그 채무를 일시적으로 이행하지 못하게 되는 상황이 아니라 이미 과다한 부채의 누적 등으로 신용카드 사용으로 인한 대출금 채무를 변제할 의사나 능력이 없는 상황에 처하였음에도 불구하고 신용카드를 사용하였다면 사기죄에 있어서 기망행위 내지 편취의 범의를 인정할 수 있다(대법원 2005. 8. 19. 2004도6859 판결).
8. 사기죄의 주관적 구성요건이 편취의 범의는 피고인이 자백하지 않는 이상 범행 전후의 피고인의 재력, 환경, 범행의 내용, 거래의 이행과정 등과 같은 객관적 사정 등을 종합하여 판단할 수밖에 없다(대법원 2004. 12. 10. 선고 2004도3515 판결).
9. 기망행위를 수단으로 한 권리행사의 경우 그 권리행사에 속하는 행위와 그 수단에 속하는 기망행위를 전체적으로 관찰하여 그와 같은 기망행위가 사회통념상 권리행사의 수단으로서 용인할 수 없는 정도라면 그 권리행사에 속하는 행위는 사기죄를 구성한다(대법원 2007. 5. 10. 2007도1780 판결).
10. 소송사기가 성립하기 위하여는 제소 당시 그 주장과 같은 채권이 존재하지 아니하다는 것만으로는 부족하고 그 주장의 채권이 존재하지 아니한 사실을 잘 알고 있으면서도 허위의 주장과 입증으로서 법원을 기망한다는 인식을 하고 있어야만 하고, 단순히 사실을 잘못

인식하거나 법률적인 평가를 그르침으로 인하여 존재하지 않는 채권을 존재한다고 믿고 제소하는 행위는 사기죄를 구성하지 않는다(대법원 2003. 5. 16. 선고 2003도373 판결).

11. 백화점의 식품매장에서 당일 판매되지 못하고 남은 생식품들에 대하여 그 다음날 아침 포장지를 교체하면서 가공일자가 재포장일자로 기재된 바코드라벨을 부착하여 재판매하는 행위 내지 판매기법은 제품의 신선도에 대한 소비자들의 신뢰를 배신하고 그들의 생식품 구매동기에 있어서 중요한 요소인 가공일자에 관한 착오를 이용하여 재고상품을 종전 가격에 판매하고자 하는 것으로서 그 사술의 정도가 사회적으로 용인될 수 있는 상술의 정도를 넘은 기망행위라고 할 것이다(대법원 1995. 7. 28. 선고 95도1157 판결).
12. 사기죄는 타인을 기망하여 착오에 빠뜨리고 그로 인한 처분행위로 재물의 교부를 받거나 재산상의 이익을 취득한 때에 성립하는 것이므로, 피고인이 피해자에게 부동산매도용인감증명 및 등기의무자본인확인서면의 진실한 용도를 속이고 그 서류 등을 교부받아 피고인 등 위 부동산에 관한 소유권이전등기를 경료하였다 하여도 피해자의 위 부동산에 관한 처분행위가 있었다고 할 수 없을 것이고 따라서 사기죄를 구성하지 않는다(대법원 2001. 7. 13. 선고 2001도1289 판결).
13. 약속어음의 발행인이 그 어음을 타인이 교부받아 소지하고 있는 사실을 알면서도 허위의 분실 사유를 들어 공시최고신청을 하고 이에 따라 법원으로부터 제권판결을 받았다면, 발행인이 어음 소지인에 대하여 처음부터 그 어음상 채무를 부담하지 않았다는 등의 특별한 사정이 없는 한 원인관계상의 채무가 존속하고 있더라도 사위의 방법으로 얻어낸 제권판결로 그 어음채무를 면하게 된 데 대하여 사기죄가 성립한다(대법원 1995. 9. 15. 선고 94도3213 판결).

[서식(고소장) 151] 사기죄(임대보증금 편취)

고 소 장

고 소 인 ○ ○ ○ (000000-0000000)
○○시 ○○구 ○○로 ○○(○○동)
(전화번호 : 000-0000)

피고소인 ○ ○ ○ (000000-0000000)
○○시 ○○구 ○○로 ○○(○○동)
(전화번호 : 000-0000)

고 소 취 지

피고소인에 대하여 사기죄로 고소하오니 처벌하여 주시기 바랍니다.

고 소 사 실

1. 피고소인은 ○○시 ○○구 ○○로 ○○(○○동) 건물의 소유자로서, 20○○. ○. ○. 피고소인 소유의 위 건물 지하 1층 ○○PC방에서, 위 건물은 여러 건의 가압류와 근저당권설정이 되어 있어 위 PC방에 대해 임대차계약을 할 경우 기간이 만료되어도 임대보증금을 돌려줄 의사와 능력이 없으면서 고소인에게 "임대차기간이 만료하면 틀림없이 임대보증금을 돌려주겠다."고 거짓말하여, 이를 믿는 고소인과 '임대차보증금 5,0000만원에 월 200만원, 권리금 200만원, 임대차기간 20○○. ○. ○.부터 20○○. ○. ○.까지(24개월)'로 한 부동산 임대차계약을 체결하고 계약금 명목으로 현장에서 500만원, 20○○. ○. ○. 중도금으로 2,500만원, 20○○. ○. ○. 잔금으로 4,000만원 등 총 7,000만원을 교부받아 이를 편취한 자입니다.

2. 따라서 피고소인을 귀서에 고소하오니 철저히 조사하시어 처벌하여 주시기 바랍니다.

첨 부 서 류

조사시 자세히 진술하겠습니다.

20○○. ○. ○.

위 고소인 ○ ○ ○ (인)

○○경찰서장 귀하

[서식(고소장) 152] 사기죄(신용카드사용 변제능력 등 없음)

고 소 장

고 소 인 ○ ○ ○ (000000-0000000)
○○시 ○○구 ○○로 ○○(○○동)
(전화번호 : 000-0000)

피고소인 ○ ○ ○ (000000-0000000)
○○시 ○○구 ○○로 ○○(○○동)
(전화번호 : 000-0000)

고 소 취 지

피고소인에 대하여 사기죄로 고소하오니 처벌하여 주시기 바랍니다.

고 소 사 실

1. 피고소인은 일정한 직업이 없는 자인 바, 20○○. ○. ○. ○○시 ○○구 ○○로 ○○(○○동)에 위치한 ○○은행 ○○지점에서 카드사용대금을 입금할 의사나 능력이 없으면서도 같은 지점에 카드사용대금을 매월 25일 지정된 은행계좌{(○○은행, 계좌번호(000-00-000)}로 입금한다는 카드발급신청서를 제출하여 20○○. ○. ○. 동 은행으로부터 ○○은행 ○○신용카드(카드번호 : 000-00-000)를 교부받아 소지하고 있음을 기화로,
20○○. ○. ○. ○○시 ○○구 ○○동 ○○백화점에서 물품구입비로 ○○만원을 사용한 것을 비롯하여 20○○. ○. ○.까지 사이에 현금인출 및 물품구입 등으로 별지 범죄일람표의 내용과 같이 각 가맹점에서 총 40회에 걸쳐 ○○○만원 상당을 교부받아 이를 편취한 자입니다.

2. 따라서 피고소인을 귀서에 고소하오니 철저히 조사하시어 처벌하여 주시기 바랍니다.

첨 부 서 류

조사시 자세히 진술하겠습니다.

20○○. ○. ○.

위 고소인 ○ ○ ○ (인)

○○경찰서장 귀하

[서식(고소장) 153] 사기죄(유흥주점업자로부터 선불금 명목으로 편취)

고 소 장

고 소 인 ○ ○ ○ (000000-0000000)
○○시 ○○구 ○○로 ○○(○○동)
(전화번호 : 000-0000)

피고소인 ○ ○ ○ (000000-0000000)
○○시 ○○구 ○○로 ○○(○○동)
(전화번호 : 000-0000)

고 소 취 지

피고소인에 대하여 사기죄로 고소하오니 처벌하여 주시기 바랍니다.

고 소 사 실

1. 피고소인은 1년 전까지 ○○시 ○○구 ○○로 ○○(○○동)에 위치한 ○○유흥주점 종업원이었던 자인 바 , 20○○. ○. ○.경 ○○시 ○○구 ○○로 ○○(○○동)에 위치한 고소인이 운영하고 있는 ○○유흥주점에서 위 주점 종업원으로 일할 의사가 없음에도 "먼저 일하던 업소에 선불금 1,000만원이 있는데 이 돈을 갚으려고 하니 선불금을 지급하여 달라"고 거짓말하여 다음날 위 유흥음식점에서 위 돈을 받아 이를 편취한 것이다.

2. 따라서 피고소인을 귀서에 고소하오니 철저히 조사하시어 처벌하여 주시기 바랍니다.

첨 부 서 류

조사시 자세히 진술하겠습니다.

20○○. ○. ○.

위 고소인 ○ ○ ○ (인)

○○경찰서장 귀하

[서식(고소장) 154] 사기죄(공사대금 편취)

고 소 장

고 소 인 ○ ○ ○ (000000-0000000)
○○시 ○○구 ○○로 ○○(○○동)
(전화번호 : 000-0000)

피고소인 ○ ○ ○ (000000-0000000)
○○시 ○○구 ○○로 ○○(○○동)
(전화번호 : 000-0000)

고 소 취 지

피고소인에 대하여 사기죄로 고소하오니 처벌하여 주시기 바랍니다.

고 소 사 실

1. 피고소인은 건축업자인 바, 20○○. ○. ○.경 고소인에게 ○○시 ○○로 ○○(○○동) 모텔의 공사를 도급 주더라도 그 대금을 지급할 의사나 능력이 없음에도 불구하고 "공사를 완공하면 1개월 안에 모텔을 담보로 대출을 받거나 매도하여 공사대금 3억원을 주겠다."고 거짓말하여 이에 속은 고소인으로 하여금 20○○. ○.경 공사를 완공하도록 한 뒤 공사대금을 지급하지 아니하므로 위 금액 상당의 재산상 이익을 취득한 것이다.

2. 따라서 피고소인을 귀서에 고소하오니 철저히 조사하시어 처벌하여 주시기 바랍니다.

첨 부 서 류

조사시 자세히 진술하겠습니다.

20○○. ○. ○.

위 고소인 ○ ○ ○ (인)

○○경찰서장 귀하

[서식(고소장) 155] 사기죄(식당에서 음식대금 편취)

고 소 장

고 소 인 ○ ○ ○ (000000-0000000)
○○시 ○○구 ○○로 ○○(○○동)
(전화번호 : 000-0000)

피고소인 ○ ○ ○ (000000-0000000)
○○시 ○○구 ○○로 ○○(○○동)
(전화번호 : 000-0000)

고 소 취 지

피고소인에 대하여 사기죄로 고소하오니 처벌하여 주시기 바랍니다.

고 소 사 실

1. 피고소인은 일정한 직업이 없는 자인 바, 20○○. ○. ○. 23:00경부터 같은 날 02:00경까지 ○○시 ○○구 ○○로 ○○(○○동) 소재 ○○식당에서 고소인에게 식대지급의 의사나 능력이 없으면서 음식을 주문하여 고소인으로 하여금 그 대금을 받을 수 있는 것처럼 믿게 하고 그 곳에서 갈비 2대 24,000원, 밥 1그릇 1,500원, 소주 2홉들이 1병 3,000원 등의 음식을 교부받아 먹음으로서 그 대금 도합 28,500원 상당을 면하여 재산상 이익을 취득한 것입니다.

2. 따라서 피고소인을 귀서에 고소하오니 엄중히 조사하시어 처벌하여 주시기 바랍니다.

첨 부 서 류

조사시 자세히 진술하겠습니다.

20○○. ○. ○.

위 고소인 ○ ○ ○ (인)

○○경찰서장 귀하

[서식(고소장) 156] 사기죄(번호계 계주가 계금 편취)

고 소 장

고 소 인 ○ ○ ○ (000000-0000000)
○○시 ○○구 ○○로 ○○(○○동)
(전화번호 : 000-0000)

피고소인 ○ ○ ○ (000000-0000000)
○○시 ○○구 ○○로 ○○(○○동)
(전화번호 : 000-0000)

고 소 취 지

고소인은 피고소인에 대하여 사기죄로 고소하오니 처벌하여 주시기 바랍니다.

고 소 사 실

1. 고소인은 가정주부이고, 피고소인은 고소인이 가입한 번호계 계주로서 고소인과는 아무런 친·인척관계가 아닙니다.

2. 고소인이 20○○. ○. ○.경 피고소인이 계주인 20명으로 구성된 번호계에 가입하여 월불입금 150만원을 불입하면 매월 말일에 순서대로 합계금 3,000만원을 수령하는 번호계에 20번째로 가입하여 매월 150만원씩 총 20회에 걸쳐 3,000만원

을 불입한 사실이 있습니다.

3. 그리고 또 다른 한 구좌는 20○○. ○. ○.경 역시 20명으로 구성된 월불입금 150만원은 20번 끝 번호에 100만원과 17번에 50만원을 불입하는 번호계에 가입을 하여 20○○. ○.말경 계주가 일방적으로 파계를 하고 일자 불상경 행방을 감춰버렸습니다.

4. 그러니까 고소인이 위 앞전 계돈 3,000만원을 수령한 날자가 20○○. ○월말경인데 그 계돈 3,000만원을 지불하지 아니하고 미뤄오므로 20○○. ○. ○. 16:30경 ○○시 ○○동 소재 ○○백화점 앞에서 피고소인을 만나 독촉을 하니 다시 20○○. ○. ○.까지는 틀림없이 지불하겠다라는 내용의 차용증을 작성해주고 역시 이행을 하지 않고 있습니다.

5. 그래서 고소인은 없는 돈에 딸아이의 월급을 모아 거기에 모두 투자했는데 계속 미뤄오기에 강력히 독촉을 하니 두 번째 결성된 계금 3,000만원을 수령할 날자가 20○○. ○. ○.인데 20○○. ○. ○. 14:00경 ○○시 ○○동 소재 ○○상가 커피숍에서 그동안 불입한 2,250만원을 피고소인이 차용하는 양 하면서 차용증을 작성해주면서 더 이상 계를 끌어갈 수 없다면서 20○. ○. ○.까지는 틀림없이 갚겠다고 해 놓고는 20○○. ○. ○.말경 행방을 감춰버렸습니다.

6. 이러한 점으로 미뤄볼 때 피고소인은 위와 같이 매달 1인당 150만원씩 불입하는 20명으로 구성된 2,000만원짜리 번호계를 끝까지 정상적으로 운영하여 갈 의사나 능력이 없었을 뿐만 아니라 고소인이 수령할 5,250만원을 피고소인이 차용하는 형식으로 현금보관증이나 차용증을 작성교부해 주었지만 그 금원을 변제할 의사나 능력이 없었음이 명백하다 할 것입니다.

7. 따라서 피고소인을 귀서에 고소하오니 엄중히 조사하시어 처벌하여 주시기 바랍니다.

첨 부 서 류

1. 차용증 사본 2통

조사시 자세히 진술하겠습니다.

20○○. ○. ○.

위 고소인 ○ ○ ○ (인)

○○경찰서장 귀하

[서식(고소장) 157] 사기죄(차용금 편취)

고 소 장

고 소 인 ○ ○ ○ (000000-0000000)
○○시 ○○구 ○○로 ○○(○○동)
(전화번호 : 000-0000)

피고소인 ○ ○ ○ (000000-0000000)
○○시 ○○구 ○○로 ○○(○○동)
(전화번호 : 000-0000)

고 소 취 지

고소인은 피고소인에 대하여 사기죄로 고소하오니 처벌하여 주시기 바랍니다.

고 소 사 실

1. **고소인과 피고소인의 관계**

   고소인과 피고소인은 친구의 소개로 만난 사이로서 사업관계로 자주 만나게 되었습니다.

2. **피고소인의 금전차용**

   피고소인은 20○○. ○. ○. 15:30경 고소인에게 사업자금으로 급히 필요하다는 명목으로 금 ○○○만 빌려 달라고 하면서 2개월 후에 틀림없이 갚아 주겠다고 하였습니다. 고소인은 피고소인이 "틀림없이 갚겠다"라는 말을 믿고 돈을 빌려주었습니다.

3. **피고소인의 사기행위**

   그러나 약속한 날이 되도 피고소인은 돈을 갚지 않고 다시 기일만 연기하였습니다. 그래서 할 수 없이 고소인은 피고소인에게 가서 사정을 얘기하고 빠른 시일 내에 돈을 갚아 달라고 하였습니다. 그러나 아직까지 피고소인은 돈을 갚지 않고 있습니다.
고소인은 이후 사정을 알아보니 피고소인은 사업자금을 핑계로 주위의 여러 이웃에게서 돈을 빌려 피고소인이 아는 것만 금 ○○○원이나 됩니다. 피고소인은 빌린 돈들을 무절제한 생활로 낭비하여 고소인을 포함한 다른 채권자들 누구에게도 한 푼도 갚지 않고 있습니다.

4. **고소사실의 요지**
피고소인은 사실상 특별한 사업을 운영하지 않고, 개인적인 부채도 ○○○원에 이르러 타인으로부터 돈을 차용하더라도 이를 변제할 의사나 능력이 없음에도 불구하고, 20○○. ○. ○. 15:30경 ○○시 ○○구 ○○로 ○○(○○동)에 있는 고소인의 집에서 동인에게 금 ○○○원만 빌려 주면 2개월 후에 틀림없이 갚겠다는 취지의 거짓말을 하여 이에 속은 동인으로부터 금 ○○○원을 교부받아 이를 편취한 것입니다.

5. 따라서 피고소인의 위와 같은 행위로 보아 처음에 돈을 갚을 의도가 없이 돈을 빌려 간 것이 분명하므로 피소고인을 귀서에 고소하오니 엄중히 조사하시어 처벌하여 주시기 바랍니다.

첨 부 서 류

1. 차용증 1부
1. 채권자 진술서 1부
조사시 자세히 진술하겠습니다.

20○○. ○. ○.

위 고소인 ○ ○ ○ (인)

○○경찰서장 귀하

[서식(고소장) 158] 사문서부정행사죄 등(카드습득 부정사용)

고 소 장

고 소 인 ○ ○ ○ (000000-0000000)
○○시 ○○구 ○○로 ○○(○○동)
(전화번호 : 000-0000)

피고소인 ○ ○ ○ (000000-0000000)
○○시 ○○구 ○○로 ○○(○○동)
(전화번호 : 000-0000)

고 소 취 지

피고소인에 대하여 사문서부정행사 등의 죄로 고소하오니 처벌하여 주시기 바랍니다.

고 소 사 실

1. 고소인은 고소외 휴양콘도미니엄업을 주업으로 하는 ○○회사에 금 ○○○원을 주고 회원으로 가입하여 콘도미니엄 이용시에 필요한 회원카드를 발급받아 소지하고 있었습니다.

2. 20○○. ○.경 고소인이 ○○동 소재 고소인의 사무실에서 지갑을 정리하고 있던 중 사업관계로 알고 지내던 피고소인이 방문하여 책상 위에 놓여있던 위 카드를 습득하여 콘도미니엄 이용시에 부정하게 행사함으로써 피해를 입어 고소하오니 철저히 조사하시어 엄벌에 처해 주시기 바랍니다.

입 증 방 법

조사시 자세히 진술하겠습니다.

20○○. ○. ○.

위 고소인 ○ ○ ○ (인)

○○경찰서장 귀하

[서식(고소장) 159] 사문서위조 및 동 행사죄(차용증서 위조, 행사)

고 소 장

고 소 인 ○ ○ ○ (000000-0000000)
○○시 ○○구 ○○로 ○○(○○동)
(전화번호 : 000-0000)

피고소인 ○ ○ ○ (000000-0000000)
○○시 ○○구 ○○로 ○○(○○동)
(전화번호 : 000-0000)

고 소 취 지

피고소인에 대하여 사문서위조 및 동 행사죄로 고소하오니 처벌하여 주시기 바랍니다.

고 소 사 실

1. 피고소인은 일정한 직업이 없는 자인 바, 행사할 목적으로 20○○. ○. ○. 13:00경 ○○시 ○○동에 위치한 ○○새마을금고 사무실에서, 백지에 검정색 볼펜을 사용하여 "차용증서, 금 2천만원정, 위 금액을 정히 차용하오며, 20○○. ○. ○.까지 틀림없이 변제할 것을 확약함. 20○○. ○. ○. 채무자 김○○, ○○새마을금고 이사장 귀하"라고 기재한 후 김○○의 인장을 날인하여 권리의무에 관한 사문서인 김○○ 명의의 차용증서 1매를 위조하고,

2. 즉석에서 그 정을 모르는 성명불상의 위 금고직원에게 위조된 차용증서가 마치 진정한 것인 양 교부하여 이를 행사한 것입니다.

3. 따라서 위와 같은 사실로 피고소인을 고소하오니 철저히 조사하시어 처벌하여 주시기 바랍니다.

입 증 방 법

조사시 자세히 진술하겠습니다.

20○○. ○. ○.

위 고소인 ○ ○ ○ (인)

○○경찰서장 귀하

【판 례】

사문서의 위·변조죄는 작성권한 없는 자가 타인명의를 도용하여 문서를 작성하는 것을 말하는 것이므로 사문서를 작성·수정함에 있어 그 명의자의 명시적이거나 묵시적인 승낙이 있었다면 사문서의 위·변조죄에 해당하지 않고, 한편 행위당시 명의자의 현실적인 승낙은 없지만 행위 당시의 든 객관적 사정을 종합하여 명의자가 행위 당시 그 사실을 알았다면 당연히 승낙했을 것이라고 추정되는 경우 사문서의 위·변조죄가 성립하지 않는다(대법원 2003. 5. 30. 선고 2002도235 판결).

[서식(고소장) 160] 사문서위조 등(남의 인장 불법조각하여 사용)

고 소 장

고 소 인 ○ ○ ○ (000000-0000000)
○○시 ○○구 ○○로 ○○(○○동)
(전화번호 : 000-0000)

피고소인 ○ ○ ○ (000000-0000000)
○○시 ○○구 ○○로 ○○(○○동)
(전화번호 : 000-0000)

고 소 취 지

피고소인에 대하여 사문서위조 등의 죄로 고소하오니 처벌하여 주시기 바랍니다.

고 소 사 실

1. 피고소인은 고소외 주식회사 ○○상호신용금고에서 대부알선, 신용조사, 수금을 담당하는 자입니다.

2. 20○○. ○. ○. 회사공금을 편취할 것을 마음먹고 피고소인과 평소 친하게 지내는 인장업자 ○○○에게 ○○에 사는 ○○○의 인장과 ○○에 사는 ○○○의

인장조각을 부탁하여 피고소인은 이들 인장들을 이용하여 행사할 목적으로 고소외 ○○○가 차용인, ○○○가 연대보증인인 것처럼 문서를 작성하여 이 대출신청자는 신용이 매우 좋다는 조사의견서를 첨부하여 위 회사로부터 금 ○○○원의 돈을 편취한 자입니다.

3. 따라서 위와 같은 사실로 피고소인을 고소하오니 철저히 조사하시어 처벌하여 주시기 바랍니다.

입 증 방 법

추후 제출하겠습니다.

20○○. ○. ○.

위 고소인 ○ ○ ○ (인)

○○경찰서장 귀하

[서식(고소장) 161] 상해죄(컴퓨터 외상대금 관계로 상해)

고 소 장

고 소 인 ○ ○ ○ (000000-0000000)
○○시 ○○구 ○○로 ○○(○○동)
(전화번호 : 000-0000)

피고소인 ○ ○ ○ (000000-0000000)
○○시 ○○구 ○○로 ○○(○○동)
(전화번호 : 000-0000)

고 소 취 지

피고소인에 대하여 상해죄로 고소하오니 처벌하여 주시기 바랍니다.

고 소 사 실

1. 피고소인은 20○○. ○. ○. 12:30경 ○○시 ○○동 ○○은행 앞길에서 고소인과 피고소인이 20○○. ○.경 구입한 컴퓨터의 외상대금 불입영수증 문제로 시비하던 중 고소인이 "○○○야"라고 하였다는 이유로 들고 있던 핸드백으로 고소인의 얼굴을 때리고, 머리채를 잡아 흔들며 손톱으로 얼굴을 할퀴어 고소인에게 약 3주간의 치료를 요하는 얼굴개갠상처 등의 상해를 가한 자입니다.

2. 따라서 피고소인을 귀서에 고소하오니 철저히 조사하시어 처벌하여 주시기 바랍니다.

첨 부 서 류

1. 상해진단서 1통

조사시 자세히 진술하겠습니다.

20○○. ○. ○.

위 고소인 ○ ○ ○ (인)

○○경찰서장 귀하

【주】

1. 이 죄가 성립하려면 상해의 고의, 즉 사람의 생리적 기능을 훼손한다는 인식과 의사가 있어야 한다. 상해의 고의 없는 폭행의 의사로 상해의 결과를 발생한 때에는 폭행치상죄가 성립한다.
2. 상해죄의 필요한 범위는 사람에 대하여 폭행을 가할 것을 인식하는 것으로써 족하고, 그 폭행으로 인해 상해가 발생할 것을 인식할 필요가 없다.

[서식(고소장) 162] 손괴의 죄(월세금 독촉하자 무선전화기 파손)

고 소 장

고 소 인 ○ ○ ○ (000000-0000000)

○○시 ○○구 ○○로 ○○(○○동)
(전화번호 : 000-0000)

피고소인 ○ ○ ○ (000000-0000000)
○○시 ○○구 ○○로 ○○(○○동)
(전화번호 : 000-0000)

고 소 취 지

피고소인을 손괴의 죄로 고소하오니 처벌하여 주시기 바랍니다.

고 소 사 실

1. 피고소인은 부동산 임대업에 종사하는 자인 바, 20○○. ○. ○. 10:00경 ○○시 ○○로 ○○(○○동)에 있는 고소인 경영의 ○○다방에서 고소인에게 밀린 다방 월세금을 달라고 요구하였는데 동인이 장사가 제대로 되지 아니하여 연기하여 달라는 말을 듣고 이에 화가 난 나머지 그곳 계산대 위여 놓여있는 고소인 소유의 ○○무선전화기 1개 시가 15만원 상당을 바닥에 던져 깨뜨려 그 효용을 해한 자입니다.

2. 따라서 피고소인을 귀서에 고소하오니 철저히 조사하시어 처벌하여 주시기 바랍니다.

20○○. ○. ○.

위 고소인 ○ ○ ○ (인)

○○경찰서장 귀하

【주】

1. 본죄에서 재물은 유체물뿐만 아니라 관리할 수 있는 동력도 포함한다. 동산, 부동산을 불문하며 동물도 포함한다. 또한 재산권의 목적이 될 수 있는 한 반드시 교환가치(경제적 가치)를 가질 필요는 없다.
2. 사체는 이 조의 객체인 재물에 해당하지 않는다(사체유기죄에 해당).
3. 공익건조물을 파괴한 때에는 공익건조물파괴죄(형법 제367조)에 해당하지만 그 정도에 이르지 않을 때에는 이 죄의 객체가 된다.

4. 공용건조물은 파괴에 이르면 공용물파괴죄(형법 제141조 제2항)가 성립하고 손괴에 그친 때에는 공용물건손상죄(형법 제142조 제1항)가 성립하므로 이 죄의 객체에는 포함되지 않는다.
5. 문서란 형법 제141조 제1항의 서류(공용서류 등)에 해당하지 않는 모든 서류를 말하며, 사문서, 공문서를 불문한다. 특정인으로부터 특정인에게 의사를 전달하는 편지는 물론 도화나 유가증권도 여기에 포함된다.
6. 전자기록 등 특수매체기록이란 사람의 지각에 의하여 인식될 수 없는 방식에 의하여 작성되며 정보처리에 의하여 제공된 기록을 말하며, 음반이나 마이크로필름은 포함되지 않는다.
7. 무주물은 타인의 소유가 될 수 없고, 자기의 소유에 속하는 것은 공무상 보관물무효죄(형법 제142조) 또는 권리행사방해죄(형법 제323조)의 객체는 될 수 있어도 이 죄의 객체는 될 수 없다.
8. 자기 소유의 부동산에 부합된 물건이라도 타인의 소유에 속할 때에는 이 죄의 객체가 된다. 따라서 자기 소유의 토지에 타인의 권한 없이 경작한 농작물을 뽑아버린 때에는 재물손괴죄가 된다.
9. 타인 소유의 문서도 문서의 소유권이 타인에게 있으면 되고, 작성명의인이 누구인지는 불문한다. 따라서 타인에게 교부한 자기 명의의 영수증 또는 약속어음을 찢어버리거나, 명의인의 부탁을 받고 타인소유의 문서의 내용을 고치는 경우에는 이 죄가 성립한다.
10. 손괴란 유형력을 행사하여 그 이용가능성을 침해하는 것으로, 부두에 매어둔 배를 풀어서 떠내려가게 하거나, 텔레비전을 보지 못하게 전파를 방해하는 것만으로는 손괴가 되지 않는다.
11. 재물이 가지고 있는 원래 목적에 사용할 수 없게 되면 족하다. 따라서 기계나 시계 등을 분해하여 쉽게 결합할 수 없게 한 경우, 우물물을 오물로 더럽게 하는 행위 등은 손괴에 해당한다.
12. 손괴는 반드시 그 중요한 부분을 훼손을 할 것을 요하지 않으며, 자동차의 타이어에서 바람을 빼어버리는 것도 손괴가 된다.

【판 례】

1. 재물손괴에 있어서 손괴라 함은 물질적인 파괴행위로 인하여 물건을 본래의 목적에 공할 수 없는 상태로 만드는 경우뿐만 아니라 일시적으로 그 물건의 구체적 역할을 할 수 없는 상태로 만드는 것도 효용을 해하는 경우에 해당한다(대법원 2006. 12. 22. 선고 2006도7219 판결).
2. 타인 소유의 광고용 간판을 백색페인트로 도색하여 광고문안을 지워 버린 행위는 재물손괴죄를 구성한다(대법원 1991. 10. 22. 선고 91도2090 판결).
3. 재물손괴의 범의를 인정함에 있어서는 반드시 계획적인 손괴의 의도가 있거나 물건의 손괴를 적극적으로 희망하여야 하는 것은 아니고, 소유자의 의사에 반하여 재물의 효용을 상실케 하는데 대한 인식이 있으면 되고, 여기에서 재물의 효용을 해한다고 함은 그 물건의 본래의 사용목적에 공할 수 없게 하는 상태로 만드는 것은 물론 일시 그것을 일시 이용할 수 없는 상태로 만드는 것도 역시 효용을 해하는 것에 해당한다(대법원 1993. 12. 7. 선고 93도2701 판결).
4. "甲" 소유였다가 약정에 따라 "乙" 명의로 이전되었으나 권리관계에 다툼이 생긴 토지상에서

"甲"이 버스공용터미널을 운영하고 있는데 "乙"이 "甲"의 영업을 방해하기 위하여 철조망을 설치하려 하자 "甲"이 위 철조망을 가까운 곳에 마땅히 장소가 없어 터미널로부터 약 200m 내지 300m 가량 떨어진 "甲" 소유의 다른 토지 위에 옮겨 놓았다면 "甲"의 행위에는 재물의 소재를 불명하게 함으로써 그 발견을 곤란 또는 불가능하게 하여 그 효능을 해하게 하는 재물은닉의 범의가 있다고 할 수 없다(대법원 1990. 9. 25. 선고 90도1591 판결).

[서식(고소장) 163] 손괴의 죄(통행문제로 승용차 훼손)

고 소 장

고 소 인 ○ ○ ○ (000000-0000000)
○○시 ○○구 ○○로 ○○(○○동)
(전화번호 : 000-0000)

피고소인 ○ ○ ○ (000000-0000000)
○○시 ○○구 ○○로 ○○(○○동)
(전화번호 : 000-0000)

고 소 취 지

피고소인을 손괴의 죄로 고소하오니 처벌하여 주시기 바랍니다.

고 소 사 실

피고소인은 고소인과 이웃에 사는 사람으로 20○○. ○. ○. 14:20경 고소인과 주위토지 통행문제로 시비가 되어 이에 화가 나 마침 그 주위에 있던 기왓장을 고소인 소유의 승용차에 집어 던져 위 승용차의 앞 유리 부분 금 450,000원 상당을 손괴하여 그 효용을 해한 자이므로 철저히 조사하시어 엄벌에 처해 주시기 바랍니다.

20○○. ○. ○.

위 고소인 ○ ○ ○ (인)

○○경찰서장 귀하

[서식(고소장) 164] 신용훼손죄(의류제조업에 많은 수익을 올리자)

고 소 장

고 소 인 ○ ○ ○ (000000-0000000)
○○시 ○○구 ○○로 ○○(○○동)
(전화번호 : 000-0000)

피고소인 ○ ○ ○ (000000-0000000)
○○시 ○○구 ○○로 ○○(○○동)
(전화번호 : 000-0000)

고 소 취 지

피고소인에 대하여 신용훼손죄로 고소하오니 처벌하여 주시기 바랍니다.

고 소 사 실

피고소인은 고소인과 같은 남성의류 제조업을 하는 자로서, 평소에 고소인이 지역내 의류제조 주문을 많이 받아서 납품수익을 올리는 것을 시기하던 중 20○○. ○. ○. 20:00경 피고소인이 사는 아파트 단지 내의 반상회에 참석하여 고소인이 주식투자를 잘못하여 고소인이 운영하는 의류제조공장과 원단에 사채업자들이 가압류를 하여 아마 더 이상은 영업을 하기 힘들 거라고 말하는 등 고소인의 지불능력에 대한 사회적 신뢰를 저하시킬 우려가 있는 허위의 발언을 한 사실이 있어 피고소인을 귀서에 고소하오니 철저히 조사하시어 처벌하여 주시기 바랍니다.

첨 부 서 류

추후 제출하도록 하겠습니다.

20○○. ○. ○.

위 고소인 ○ ○ ○ (인)

○○경찰서장 귀하

【판 례】

1. 신용훼손죄는 허위의 사실을 유포하거나 기타 위계로써 사람의 지불능력 또는 지불의사에 대한 타인의 신뢰에 위해를 가하는 것을 말하는 것이므로, 어느 사람의 점포의 물건 값이 유달리 비싸다고 말하였을 때 그 물건 값은 그 사람의 지불의사에 대한 사회적 신뢰를 훼손한 것이라고는 볼 수 없다(대법원 1969. 1. 21. 선고 68도1660 판결).
2. 형법 제313조의 신용훼손죄는 허위 사실을 유포하거나 기타 위계로써 사람의 신용을 저하시킬 염려가 있는 상태를 발생시키는 경우에 성립하는 것으로서, 여기서 '허위사실의 유포'라 함은 객관적으로 보아 진실과 부합하지 않는 과거 또는 현재의 사실을 불특정 또는 다수인에게 전파시키는 것을 말하고, '위계'라 함은 행위자의 행위목적을 달성하기 위하여 상대방에게 오인・착각 또는 부지를 일으키게 하여 이를 이용하는 것을 말한다. 그리고 신용훼손죄에 있어서의 범의는 반드시 확정적인 고의를 요하는 것은 아니고, 허위사실을 유포하거나 기타 위계를 사용한다는 점과 그 결과 다른 사람의 신용을 저하시킬 염려가 있는 상태가 발생한다는 점에 대한 미필적 인식으로도 족하다 할 것이다(대법원 2006. 12. 7. 선고 2006도3400 판결).
3. 허위사실의 유포라 함은 객관적으로 진실과 부합하지 않는 과거 또는 현재의 사실을 유포하는 것으로서 단순한 의견이나 가치판단을 표시하는 것은 이에 해당하지 않으므로 공소외 甲은 3년 전부터 남편 없이 3자녀를 데리고 생계를 꾸려왔을 뿐 아니라 피고인에 대한 다액의 채무를 담보하기 위해 동인의 아파트와 가재도구까지를 피고인에게 제공한 사실이 인정되니 甲이 집도 남편도 없는 과부라고 말한 것이 허위사실이 될 수 없고, 또 甲이 계주로서 계금을 모아서 도망가더라도 책임지고 도와줄 사람이 없다는 취지의 피고인의 말은 위 甲에 대한 개인적 의견이다 평가를 진술한 것에 불과하여 허위사실의 유포하고 볼 수 없다(대법원 1983. 2. 8. 선고 82도2486 판결).

[서식(고소장) 165] 알선수뢰죄(토지거래허가계약 청탁)

고 소 장

고 소 인 ○ ○ ○ (000000-0000000)
○○시 ○○구 ○○로 ○○(○○동)
(전화번호 : 000-0000)

피고소인 ○ ○ ○ (000000-0000000)
○○시 ○○구 ○○로 ○○(○○동)
(전화번호 : 000-0000)

고 소 취 지

피고소인에 대하여 알선수뢰죄로 고소하오니 처벌하여 주시기 바랍니다.

고 소 사 실

1. 피고소인은 ○○시 ○○구청 ○○과에서 계장으로 근무하고 있는 자로서, 이전에 지적과에서 지정계장의 자리에 있었다. 이를 알고 있는 고소외 ○○○가 '전에 ○선생이 근무했던 지적과 직원들에게 토지거래계약허가에 대해서 청탁 좀 해달라'며 부탁하자 피의자는 이○○에게 지적과 지정계장을 소개해 주었고, 지정계장이 이○○로부터 뇌물을 받은 후 이○○가 원하는 대로 거래허가가 나자 이를 알선해준 피고소인은 알선해준 데 대한 사례비로 금 ○○○원을 받아 챙겼습니다.

2. 따라서 피고소인을 귀서에 고소하오니 철저히 조사하시어 처벌하여 주시기 바랍니다.

20○○. ○. ○.

위 고소인 ○ ○ ○ (인)

○○경찰서장 귀하

【주】

이○○와 지정계장의 범죄는 별론으로 하고 피고소인은 그 지위를 이용해서 다른 공무원에 대하여 사실상의 영향력을 행사하며, 그 직무에 관한 사항을 알선해 주었으므로 알선수뢰죄를 적용할 수 있다.

[서식(고소장) 166] 야간주거침입절도(현금 및 약속어음 절취)

고 소 장

고 소 인 ○ ○ ○ (000000-0000000)
○○시 ○○구 ○○로 ○○(○○동)
(전화번호 : 000-0000)

피고소인 ○ ○ ○ (000000-0000000)
○○시 ○○구 ○○로 ○○(○○동)
(전화번호 : 000-0000)

고 소 취 지

피고소인에 대하여 야간주거침입절도죄로 고소하오니 처벌하여 주시기 바랍니다.

고 소 사 실

1. 피고소인은 일정한 직업이 없는 자로서, 20○○. ○. ○. 00:30경 ○○시 ○○로 ○○(○○동)에 위치한 고소인의 집에서 동인의 가족들이 자고 있는 틈을 이용하여 고소인의 집 담을 넘어 침입한 다음 안방 문갑 속에 넣어둔 고소인 소유의 현금 ○○만원과 액면금 ○○만원짜리 약속어음 ○장이 들어 있는 지갑 1개, 합계 ○○만원 상당을 들고 나와 이를 절취한 것입니다.

2. 따라서 피고소인을 귀서에 고소하오니 철저히 조사하시어 처벌하여 주시기 바랍니다.

20○○. ○. ○.

위 고소인 ○ ○ ○ (인)

○○경찰서장 귀하

【판 례】

피고인이 종업원으로 있는 사진관 안에 둔 주인소유의 금품을 야간에 절취한 소위는 절도죄에는 해당될지언정 야간주거침입절도죄에는 해당한다고 볼 수 없다(대법원 1976. 4. 13. 선고 76도414 판결).

[서식(고소장) 167] 업무방해죄 (호프집에서 여종업원 동석요구에 불응하자 행패)

고 소 장

고 소 인 ○ ○ ○ (000000-0000000)
○○시 ○○구 ○○로 ○○(○○동)
(전화번호 : 000-0000)

피고소인 ○ ○ ○ (000000-0000000)
○○시 ○○구 ○○로 ○○(○○동)
(전화번호 : 000-0000)

고 소 취 지

피고소인에 대하여 업무방해죄로 고소하오니 처벌하여 주시기 바랍니다.

고 소 사 실

1. 피고소인은 일정한 직업이 없는 자인 바, 20○○. ○. ○. 20:00경부터 같은 날 22:00경까지 사이에 ○○시 ○○구 ○○동에 위치한 고소인 경영의 호프집에서 위 호프집 여종업원인 고소외 ○○○를 피고소인의 옆자리에 동석시켜 달라고 요구하였으나 들어주지 않는다는 이유로 테이블에 앉아서 큰소리로 떠들며 재떨이를 마룻바닥에 던지는 등 소란을 피워 그 호프집에 들어오려는 손님들이 들어오지 못하게 함으로써 위력으로 고소인의 일반음식점 영업업무를 방해한 것입니다.

2. 따라서 피고소인을 귀서에 고소하오니 철저히 조사하시어 처벌하여 주시기 바랍니다.

입 증 방 법

조사시 자세히 진술하겠습니다.

20○○. ○. ○.

위 고소인 ○ ○ ○ (인)

ㅇㅇ경찰서장 귀하

【주】

1. 이 죄의 업무는 업무상 과실범에 있어서의 업무와는 달라서 정당한 업무수행이라고 할 수 없는 행위에 대해서는 성립하지 않는다.
2. 허위사실을 유포하거나 위계 또는 위력으로써 업무를 방해함을 요한다.
3. 위력이란 사람의 의사의 자유를 제압할 만한 일체의 세력을 말하며, 유형인가 무형인가를 묻지 않는다.
4. 업무를 방해한다는 것은 업무집행 자체를 방해하는 것에 한하지 않고 널리 업무의 경영을 저해하는 모든 경우를 포함한다.
5. 업무방해의 결과는 반드시 발생할 필요는 없으며 그 위험만 있으면 족하다.

【판 례】

1. 형법 제314조 제1항 소정의 위계에 의한 업무방해죄에 있어서의 '위계'라 함은 행위자의 행위목적을 달성하기 위하여 상대방에게 오인·착각 또는 부지를 일으키게 하여 이를 이용하는 것을 말하므로, 인터넷 자유게시판 등에 실제의 객관적인 사실을 게시하는 행위는, 설령 그로 인하여 피해자의 업무가 방해된다고 하더라고, 위 법조항 소정의 '위계'에 해당하지 않는다(대법원 2007. 6. 29. 선고 2006도3839 판결).
2. 형법 제314조 제1항의 업무방해죄는 위계 또는 위력으로서 사람의 업무를 방해한 경우에 성립하는 것이고, 여기서의 '위계'라 함은 행위자의 행위목적을 달성하기 위하여 상대방에게 오인·착각 또는 부지를 일으키게 하여 이를 이용하는 것을 말하고, '위력'이라 함은 사람의 자유의사를 제압·혼란케 할 만한 일체의 세력으로, 유형적이든 무형적이든 묻지 아니하므로 폭행·협박은 물론, 사회적, 경제적, 정치적 지위와 권세에 의한 압박 등도 이에 포함된다(대법원 2005. 3. 25. 선고 2003도5004 판결 등 참조). 또한 업무방해죄에 있어서의 업무란 직업 또는 사회생활상의 지위에 기하여 계속적으로 종사하는 사무나 사업의 일체를 의미하고, 그 업무가 주된 것이든 부수적인 것이든 가리지 아니하며, 일회적인 사무라 하더라도 그 자체가 어느 정도 계속하여 행해지는 것이거나 혹은 그것이 직업 또는 사회생활상의 지위에서 계속적으로 행하여 온 본래의 업무수행과 밀접불가분의 관계에서 이루어진 경우에도 이에 해당하며(대법원 2005. 4. 15. 선고 2004도 8701 판결 등 참조), 한편 업무방해죄에 있어 업무를 '방해한다'함은 업무의 집행 자체를 방해하는 것은 물론이고 널리 업무의 경영을 저해하는 것도 포함한다 할 것이다(대법원 1999. 5. 14. 선고 98도3767 판결 참조). (대법원 2007. 6. 14. 선고 2007도2178 판결)
3. 업무방해죄의 성립에 있어서 업무방해의 결과가 실제로 발생함을 요하는 것은 아니고 업무방해의 결과를 초래할 위험이 발생하면 족하다고 할 것이며, 업무를 '방해한다'함은 업무의 집행자체를 방해하는 것은 물론이고 널리 업무의 경영을 저해하는 것도 포함한다

(2002. 3. 29. 선고 2000도3231 판결).

4. 불특정 다수인의 통행로로 이용되어 오던 도로의 토지 일부의 소유자라 하더라도 그 도로의 중간에 바위를 놓아두거나 이를 파헤침으로써 차량의 통행을 못하게 한 행위는 일반교통방해죄 및 업무방해죄에 해당한다(대법원 2002. 4. 26. 선고 2001도 6903 판결).

[서식(고소장) 168] 업무방해죄(숙녀복매장 차임 연체하자 영업방해)

고 소 장

고 소 인 ○ ○ ○ (000000-0000000)
○○시 ○○구 ○○로 ○○(○○동)
(전화번호 : 000-0000)

피고소인 ○ ○ ○ (000000-0000000)
○○시 ○○구 ○○로 ○○(○○동)
(전화번호 : 000-0000)

고 소 취 지

피고소인에 대하여 업무방해죄로 고소하오니 처벌하여 주시기 바랍니다.

고 소 사 실

1. 고소인은 20○○. ○. 초순경부터 피고소인 소유 부동산인 ○○시 ○○구 ○○로 ○○(○○동)에 위치한 ○○빌딩 ○층 점포 약 30㎡를 (임대차보증금 1,000만원, 월차임 150만원, 임대차기간 2년) 임차하여, '○○○'라는 상호로 숙녀복 정장 판매대리점을 개설하여 영업하던 중, 영업부진으로 20○○. ○월부터 ○개월간 차임을 연체하게 되었는바, 피고소인은 20○○. ○. ○. 오후 ○시경 술을 마시고 가게에 찾아와 차임을 내어놓으라며 고래고래 큰소리를 치며 행패를 부려 가게 안에서 옷을 고르던 여자 손님들이 놀라 도망가게 하였고, 그 이후에도 3차례나 술을 마시고 찾아와 가게 안을 기웃거리며 고소인에게 욕을 하는 등 영업방해를 한 사실이 있습니다.

2. 따라서 피고소인을 귀서에 고소하오니 철저히 조사하시어 처벌하여 주시기 바랍니다.

입 증 방 법

조사시 자세히 진술하겠습니다.

20○○. ○. ○.

위 고소인 ○ ○ ○ (인)

○○경찰서장 귀하

[서식(고소장) 169] 업무상 배임죄(은행직원 부당대출)

고 소 장

고 소 인 ○○은행 (주)
대표이사 ○ ○ ○
○○시 ○○구 ○○로 ○○(○○동)
(전화번호 : 000-0000)

피고소인 ○ ○ ○ (000000-0000000)
○○시 ○○구 ○○로 ○○(○○동)
(전화번호 : 000-0000)

고 소 취 지

고소인은 피고소인을 상대로 아래와 같이 업무상 배임죄로 고소하오니 처벌하여 주시기 바랍니다.

고 소 사 실

1. 피고소인은 20○○. ○. ○.경부터 ○○시 ○○구 ○○로 ○○(○○동) 에 위치한 ○○은행 ○○지점의 대리로 근무하면서 대출담당 업무에 종사하여 오던 자입니다.

2. 피고소인은 20○○. ○. ○. 13:00경 위 은행지점에서 그 은행내규 상 ○○○원

이상은 무담보대출이 금지되어 있으므로 ○○○원 이상의 대출을 함에 있어서는 채무자로부터 반드시 담보를 제공받아야 할 업무상 의무가 있음에도 불구하고, 이에 위배하여 피고소인의 친구인 고소외 ○○○의 편의를 보아주기 위하여 즉석에서 그에게 무담보로 금 ○○○원을 대출하고 그 회수를 어렵게 하여 위 ○○○에게 대출금 ○○○원 상당의 재산적 이익을 취득하게 하고, 위 은행에 동액 상당의 손해를 가하였기에 피고소인을 귀서에 고소하오니 처벌하여 주시기 바랍니다.

입 증 방 법

조사시 자세히 진술하겠습니다.

20○○. ○. ○.

위 고소인 ○○은행(주)
대표이사 ○ ○ ○ (인)

○○경찰서장 귀하

【주】

업무상 배임죄의 업무란 법령이나 계약에 의한 것뿐만 아니라 관례거나 사실상이거나를 묻지 않고 같은 행위를 반복할 지위에 따른 사무를 가리킨다.

【판 례】

1. 업무상 배임죄는 타인의 사무를 처리하는 자가 그 업무상의 임무에 위배하여 재산상의 이익을 취득하거나 제3자로 하여금 이를 취득하게 함으로써 본인에게 손해를 가한 때에 성립하는데, 여기서 본인에게 재산상의 손해를 가한다 함은 총체적으로 보아 본인의 재산 상태에 손해를 가한 경우, 즉 본인의 전체적 재산가치의 감소를 가져오는 것을 말하고, 이와 같은 법리는 타인의 사무를 처리하는 자 내지 제3자가 취득하는 재산상의 이익에 대하여도 동일하게 적용된다.
   업무상 배임죄는 본인에게 재산상의 손해를 가하는 외에 배임행위로 인하여 행위자 스스로 재산상의 이익을 취득하거나 제3자로 하여금 재산상의 이익을 취득하게 할 것을 요건으로 하므로, 본인에게 손해를 가하였다고 할지라고 행위자 또는 제3자가 재산상 이익을 취득한 사실이 없다면 배임죄가 성립할 수 없다(대법원 2007. 7. 26. 2006도6439 판결).
2. 업무상배임죄에 있어 본인에게 재산상의 손해를 가한다 함은 총체적으로 보아 본인의

재산 상태에 손해를 가하는 경우, 즉 본인의 전체적 재산가치의 감소를 가져오는 것을 말하는 것으로, 현실적인 손해를 가한 경우뿐만 아니라 재산상 실해발생의 위험을 초래한 경우도 포함되며, 재산상 손해의 유무에 대한 판단은 법률적 판단에 의하지 아니하고 경제적 관점에서 파악하여야 한다(대법원 2007. 3. 15. 선고 5742 판결).

[서식(고소장) 170] 업무상 비밀누설죄(의사가 환자 병명 누설)

고 소 장

고 소 인 ○ ○ ○ (000000-0000000)
○○시 ○○구 ○○로 ○○(○○동)
(전화번호 : 000-0000)

피고소인 ○ ○ ○ (000000-0000000)
○○시 ○○구 ○○로 ○○(○○동)
(전화번호 : 000-0000)

고 소 취 지

피고소인에 대하여 업무상 비밀누설죄로 고소하오니 처벌하여 주시기 바랍니다.

고 소 사 실

1. 피고소인은 ○○시 ○○로 ○○(○○동)에서 "○○한의원"을 개업하고 있는 의원으로서 20○○. ○. ○. 14:00경 위 의원을 찾아와 진찰을 받고 약을 지어간 같은로 ○○(○○동)에 사는 환자인 고소인에게 몽유병이 있다는 사실을 알고 다음날 19:30경 피고소인의 집에서 동인의 친구인 고소외 ○○○에게 "학교 선생이라는 ○○○가 어제 약을 지어갔는데, 몽유병이더라"라고 말하여 의사로서 그 업무 중에 알게 된 타인의 비밀을 누설한 것입니다.

2. 따라서 피고소인을 귀서에 고소하오니 철저히 조사하시어 처벌하여 주시기 바랍니다.

첨 부 서 류

1. 진단서 1통

1. 진술서 1통

20○○. ○. ○.

위 고소인 ○ ○ ○ (인)

○○경찰서장 귀하

【주】

1. 이 죄의 주체는 법문에 열거되어 있는 자들 즉 의사, 한의사, 치과의사, 약제사, 약종상, 조산사, 변호사, 변리사, 공인회계사, 공증인, 대서업자나 그 직무상 보조자 등이다.
2. 이 죄는 진정신분범이며 자수범이므로 이 죄의 주체 이외의 자가 알게 된 타인의 비밀을 누설하였을 때에는 경우에 따라 명예훼손죄를 구성할 수 있다.
3. 비밀이란 일반적으로 알려지지 않은 사실로서 이를 타인에게 알리지 않음으로써 본인에게 일정한 이익이 있는 것을 말한다.
4. 국가나 공무상 또는 외교상의 비밀 등은 타조문에 의하여 보호되므로 이 죄의 객체에 해당되지 않는다.
5. 비밀의 주체인 사람은 자연인은 물론 법인·법인격 없는 단체를 묻지 않지만 국가나 공공단체는 제외된다고 본다.
6. 누설이란 비밀을 아직 알지 못하는 타인에게 그 비밀을 알게 하는 것을 말하며 그 방법에는 제한이 없다. 누설이 공연, 불특정다수에게 행해진 때에는 명예훼손죄와 경합된다.

【판 례】

병원에서 분실된 진료기록의 일부를 당사자가 증거로 제출하는 것이 형법 제317조 제1항 소정의 업무상 비밀누설죄에 해당된다고 볼 수 없다(대법원 1992. 5. 22. 선고 91다39320 판결).

[서식(고소장) 171] 업무상 위력 등에 의한 간음죄(공장장이 여공 간음)

고 소 장

고 소 인 ○ ○ ○ (000000-0000000)
○○시 ○○구 ○○로 ○○(○○동)

(전화번호 : 000-0000)

피고소인 ○ ○ ○ (000000-0000000)
○○시 ○○구 ○○로 ○○(○○동)
(전화번호 : 000-0000)

고 소 취 지

피고소인에 대하여 업무상 위력 등에 의한 간음죄로 고소하오니 처벌하여 주시기 바랍니다.

고 소 사 실

1. 피고소인은 ○○산업 ○○공장의 공장장으로서, 20○○. ○. ○. 21:30경 야근을 마치고 동료 여공들과 함께 귀가하려고 준비중이던 중 피고소인의 감독 아래 있는 여공인 고소인을 불러 근처 약국에 가서 소독약 좀 사다 줄 것을 요청하고, 그러나 약을 사가지고 오자 그 공장 안에 다른 사람이 없는 기회를 이용하여 그녀를 간음하기로 마음먹고, 고소인을 숙직실로 불러들여 "내 말을 잘 들으면 잔업에서도 빼주고 감독으로 승진시키겠지만 만약 안 들으면 내일 당장 해고시켜 버리겠다"고 위계와 협박을 하여 공장장의 위력으로써 그녀를 간음한 것입니다.
2. 따라서 피고소인을 귀서에 고소하오니 철저히 조사하시어 처벌하여 주시기 바랍니다.

입 증 방 법

1. 진단서 1부
조사시 자세히 진술하겠습니다.

20○○. ○. ○.

위 고소인 ○ ○ ○ (인)

○○경찰서장 귀하

【주】

이 죄는 위계 또는 위력으로써 간음하는 것이다. 13세 미만의 피보호·감독부녀를 위계 또는 위력으로 간음하는 때에는 미성년자의제강간죄(형법 제305조)가 성립하고, 미성년자 또는 심신미약자인 때에는 미성년자 · 심신미약자간음죄(형법 제302조)가 성립한다.

【판 례】

자기의 피용자인 부녀를 간음하면서 불응하는 경우 해고할 것을 위협하였다 하더라도 이는 업무상 위력에 의한 간음죄의 구성요건일 뿐 그 경우 해고될 것이 두려워 고소를 하지 않은 것이 고소할 수 없는 불가항력적 사유에 해당한다고 할 수 없다(대법원 1985. 9. 10. 선고 85도1273 판결).

[서식(고소장) 172] 업무상 횡령죄 (가전제품 할부금 횡령)

고 소 장

고 소 인 ○ ○ ○ (000000-0000000)
○○시 ○○구 ○○로 ○○(○○동)
(전화번호 : 000-0000)

피고소인 ○ ○ ○ (000000-0000000)
○○시 ○○구 ○○로 ○○(○○동)
(전화번호 : 000-0000)

고 소 취 지

피고소인에 대하여 업무상 횡령죄로 고소하오니 처벌하여 주시기 바랍니다.

고 소 사 실

1. 피고소인은 가전제품판매회사인 고소인 회사에게 할부대금 수금사원으로 근무하면서 20○○. ○. ○. ○○시 ○○로 ○○(○○동)에 거주하는 수요자인 고소외 ○○○로부터 수금한 냉장고 할부대금 ○○○원을 비롯하여 수요자 ○명으로부터 금 ○○○원의 할부금을 수금하여 이를 회사에 입금하여야 할 업무상 의무가 있음에도 불구하고 입금하지 아니하고 횡령한 자입니다.

2. 따라서 피고소인을 귀서에 고소하오니 철저히 조사하시어 처벌하여 주시기 바랍니다.

20○○. ○. ○

위 고소인 ○ ○ ○ (인)

○○경찰서장 귀하

【주】

1. 업무상 보관자는 신분을 요하는 이외에 횡령죄의 구성요건을 충족하여야 하며, 불법영득의 의사가 있어야 한다.
2. 금전이 대체물이라 할지라도 회사 또는 단체의 소유에 속할 때에는 타인의 재물이므로 이를 유용하면 본죄가 성립한다.

【판 례】

1. 업무란 사회생활상의 지위에 기하여 계속 또는 반복하여 행하는 사무를 말한다. 업무는 법령이나 계약에 근거하는 경우뿐만 아니라 관례나 사실상의 것도 포함한다. 업무자로서의 지위에서 면직되거나 사임한 때에도 사무인계를 마치지 않았거나 사실상 업무를 수행하고 있는 때에는 이 죄가 성립한다(대법원 1982. 1. 12. 선고 80도1970 판결).
2. 업무상횡령죄에 있어서의 불법영득의 의사라 함은 자기 또는 제3자에의 이익을 꾀할 목적으로 업무상의 임무에 위배하여 보관하고 있는 타인의 재물을 자기의 소유인 것과 같이 사실상 또는 법률상 처분하는 의사를 의미하는 것으로, 타인으로부터 용도가 엄격히 제한된 자금을 위탁받아 집행하면서 그 제한된 용도 이외의 목적으로 자금을 사용하는 것은, 그 사용이 개인적인 목적에서 비롯된 경우는 물론 결과적으로 자금을 위탁한 본인을 위하는 면이 있더라도, 그 사용행위 자체로서 불법영득의 의사를 실현한 것이 되어 횡령죄가 성립한다고 할 것이다(대법원 1999. 7. 9. 선고 98도4088 판결).

[서식(고소장) 173] 업무상 횡령죄 (불륜관계 위자료 명목으로 횡령)

고 소 장

고 소 인 ○ ○ ○ (000000-0000000)
○○시 ○○구 ○○로 ○○(○○동)
(전화번호 : 000-0000)

피고소인　○　○　○ (000000-0000000)
○○시 ○○구 ○○로 ○○(○○동)
(전화번호 : 000-0000)

고 소 취 지

고소인은 피고소인에 대하여 업무상 횡령죄로 고소를 제기하오니 처벌하여 주시기 바랍니다.

고 소 사 실

1. 피고소인은 20○○. ○. ○.부터 현재까지 ○○시 ○○구 ○○로 ○○(○○동)에 위치한 ○○약품주식회사의 영업사원으로서 위 회사의 약품판매 및 수금업무에 종사하여 오던 자입니다.

2. 피고소인은 20○○. ○. ○. ○○시 ○○구 ○○로 ○○(○○동)에 위치한 ○○○ 경영의 ○○약국에서 약품대금 1,500만원을 수금하여 위 회사를 위하여 보관하던 중 그 무렵 이 중 1,000만원을 자신과 불륜관계를 맺어온 위 회사 경리사원 고소외 ○○○에게 관계청산을 위한 위자료 명목으로 임의로 지급하여 이를 횡령하였습니다.

3. 따라서 피고소인을 귀서에 고소하오니 철저히 조사하시어 처벌하여 주시기 바랍니다.

입 증 방 법

추후 조사시에 제출하겠습니다.

20○○. ○. ○.

위 고소인　○　○　○ (인)

○○경찰서장 귀하

[서식(고소장) 174] 위증죄(소매치기 목격 허위진술)

고 소 장

고 소 인 ○ ○ ○ (000000-0000000)
○○시 ○○구 ○○로 ○○(○○동)
(전화번호 : 000-0000)

피고소인 ○ ○ ○ (000000-0000000)
○○시 ○○구 ○○로 ○○(○○동)
(전화번호 : 000-0000)

고 소 취 지

고소인은 피고소인들에 대하여 위증죄로 고소하오니 철저히 조사하시어 처벌하여 주시기 바랍니다.

고 소 사 실

1. 피고소인은 일정한 직업이 없는 자로서,
20○○. ○. ○. 14:00경 ○○시 ○○구 ○○동에 위치한 ○○지방법원 제○호 법정에서 위 법원 ○○○○고단 ○○호 고소외 ○○○에 대한 절도피고사건의 증인으로 출석하여 선서한 다음 증언함에 있어 사실은 고소외 ○○○이 20○. ○. ○. 19:00경 위 법원 앞길을 운행 중인 버스 안에서 소매치기하는 것을 직접 목격하였음에도 불구하고, 위 사건을 심리중인 위 법원 제○단독 판사 명 판결에 고소외 ○○○이 소매치기하는 것을 전혀 본 일이 없다고 기억에 반하는 허위의 진술을 하여 위증한 자입니다.

2. 따라서 피고소인을 귀서에 고소하오니 철저히 조사하시어 처벌하여 주시기 바랍니다.

20○○. ○. ○.

위 고소인 ○ ○ ○ (인)

○○경찰서장 귀하

【판 례】

증인의 증언이 기억에 반하는 허위진술인지의 여부는 그 증언의 단편적인 구절에 구애될 것이 아니라 당해 신분절차에 있어서의 증언 전체를 일체로 파악하여 판단하여야 할 것이고, 증언의 의미가 그 자체로 불분명하거나 다의적으로 이해될 수 있는 경우에는 언어의 통상적인 의미와 용법, 문제된 증언이 나오게 된 전후문제, 신문의 취지, 증언이 행하여진 경위 등을 종합하여 당해 증언의 의미를 명확히 한 다음 허위성을 판단하여야 한다(대법원 2001. 12. 27. 선고 2001도5252 판결).

[서식(고소장) 175] 위증죄(부품납품 관계 허위 진술)

고 소 장

고 소 인 ○ ○ ○ (000000-0000000)
○○시 ○○구 ○○로 ○○(○○동)
(전화번호 : 000-0000)

피고소인 ○ ○ ○ (000000-0000000)
○○시 ○○구 ○○로 ○○(○○동)
(전화번호 : 000-0000)

고 소 취 지

고소인은 피고소인들에 대하여 위증죄로 고소하오니 철저히 조사하시어 처벌하여 주시기 바랍니다.

고 소 사 실

1. 피고소인은 20○○. ○.경부터 ○○시 ○○구 ○○동에 위치한 ○○주식회사 구매담당과장으로 재직하다가 20○○. ○. ○. 퇴직한 자로, 20○○. ○. ○. 13:30경 ○○지방법원 제○호 법정에서 고소인이 위 회사 대표이사인 고소외 ○○○를 상대로 부품 납품대금 등 1억 5천만원 청구소송 사건과 관련사건 20○

○가합 ○○○호 증인으로 출석하여 선서하고 증언함에 있어, 사실은 고소인으로부터 납품을 거부한 이유는 피고소인 측 회사에서 시기적으로 자동방제기를 생산·판매함에 따라 고소인이 납품하기로 한 자동방제기는 시기적으로 적절하지 않아 판매부진이 주원인이었으며 또한 고소인으로부터 부품납품을 받을 때 사전 샘플을 납품받아 아무 이상이 없었기 때문에 부품을 계속 받았음에도 "날짜는 정확하게 기억 못하지만 납품 받은 것을 거부한 이유는 샘플과 맞지 않는 부분이 있었기 때문이다"라고 기억에 어긋나는 허위의 진술을 하였습니다.

2. 따라서 피고소인을 귀서에 고소하오니 철저히 조사하시어 처벌하여 주시기 바랍니다.

20○○. ○. ○.

위 고소인 ○ ○ ○ (인)

○○경찰서장 귀하

【판 례】

1. 증인의 증언은 그 전부를 일체로 관찰 판단하는 것이므로, 선서한 증인이 일단 기억에 반하는 허위의 진술을 하였더라도 그 신문이 끝나기 전에 그 진술을 철회 시정한 경우 위증이 되지 아니한다(대법원 1993. 12. 7. 선고 93도2510 판결).
2. 위증죄에 있어서의 허위의 공술이란 증인이 자기의 기억에 반하는 사실을 진술하는 것을 말하는 것으로서 그 내용이 객관적 사실과 부합한다고 하여도 위증죄의 성립에 장애가 되지 않는다(대법원 1989. 1. 17. 88도580 판결).
3. 피고인이 자기의 형사사건에 관하여 허위의 진술을 하는 행위는 피고인의 형사소송에 있어서의 방어권을 인정하는 취지에서 처벌의 대상이 되지 않으나, 법률에 의하여 선서한 증인이 타인의 형사사건에 관하여 위증을 하면 형법 제152조 제1항의 위증죄가 성립되므로 자기의 형사사건에 관하여 타인을 교사하여 위증죄를 범하게 하는 것을 이러한 방어권을 남용하는 것이라고 할 것이어서 교사범의 죄책을 부담케 함이 상당하다(대법원 2004. 1. 27. 선고 2003도5114 판결).

[서식(고소장) 176] 유가증권 변조 등(인장도용하여 당좌수표 변조)

고 소 장

고 소 인 ○ ○ ○ (000000-0000000)
○○시 ○○구 ○○로 ○○(○○동)
전화 : 000-0000-0000

피고소인 ○ ○ ○ (000000-0000000)
○○시 ○○구 ○○로 ○○(○○동)
전화 : 000-0000-0000

고 소 취 지

피고소인에 대하여 유가증권변조 등의 죄로 고소하오니 처벌하여 주시기 바랍니다.

고 소 사 실

1. 피고소인은 20○○. ○. ○.경 고소외 이○○로부터 물품대금의 견질용으로 고소외 최○○ 명의의 이 건 당좌수표(각 발행일자 20○○. ○. ○. 액면금 1억원과 2억원)를 교부받아 보관하던 중 위 지급제시기일이 도과한 20○○년 ○월경 ○○석유가 ○○○석유와 합병되면서 인수인계 과정을 거치던 중 이 건 수표의 지급제시기간이 도과하여 형사상 무효인 이 건 수표를 제시하여 고발함으로써 발행인으로부터 담보물 외 물품대금의 변제를 강요하는데 행사할 목적으로 기히 다른 어음의 개서를 위하여 일시 보관한 발행인의 인장을 도용하기로 마음먹고 20○○. ○. ○.경 위 회사 사무실에서 볼펜을 사용하여 이 건 당좌수표의 각 발행일자 "20○○. ○. ○."을 한 줄로 지우고 그 밑에 "20○○. ○. ○○."로 개서하고, 그 옆에 두 차례에 걸쳐 발행인의 인장을 압날하여 마치 진정하게 개서된 것처럼 변조하고, 20○○. ○. ○. ○○은행에 지급제시하여 이를 행사한 자입니다.

2. 따라서 피고소인을 귀서에 고소하오니 철저히 조사하시어 처벌하여 주시기 바랍니다.

20○○. ○. ○.

위 고소인 ○ ○ ○ (인)

○○경찰서장 귀하

[서식(고소장) 177] 장물보관죄(절취한 금반지 보관)

고 소 장

고 소 인 ○ ○ ○ (000000-0000000)
○○시 ○○구 ○○로 ○○(○○동)
(전화번호 : 000-0000)

피고소인 ○ ○ ○ (000000-0000000)
○○시 ○○구 ○○로 ○○(○○동)
(전화번호 : 000-0000)

고 소 취 지

피고소인을 장물보관죄로 고소하오니 처벌하여 주시기 바랍니다.

고 소 사 실

1. 피고소인은 ○○시 ○○구 ○○로 ○○(○○동)에서 ○○식당이라는 상호로 음식점을 경영하는 자인 바, 20○○. ○. ○. 14:00경 위 ○○식당에서 고소외 ○○○로부터 동인이 절취한 피고소인 소유의 금반지 1개 시가 80,000원 상당을 장물인 정을 알면서 식사대금 15,000원의 담보로 받아두고 장물을 보관한 것입니다.

2. 따라서 위와 같은 사실로 피고소인을 고소하오니 철저히 조사하시어 처벌하여 주시기 바랍니다.

입 증 서 류

조사시 자세히 진술하겠습니다.

20○○. ○. ○.

위 고소인 ○ ○ ○ (인)

○○경찰서장 귀하

[서식(고소장) 178] 장물알선죄(절취한 손목시계 알선)

고 소 장

고 소 인 ○ ○ ○ (000000-0000000)
○○시 ○○구 ○○로 ○○(○○동)
(전화번호 : 000-0000)

피고소인 ○ ○ ○ (000000-0000000)
○○시 ○○구 ○○로 ○○(○○동)
(전화번호 : 000-0000)

고 소 취 지

피고소인을 장물알선죄로 고소하오니 처벌하여 주시기 바랍니다.

고 소 사 실

1. 피고소인은 20○○. ○. ○.경 ○○시 ○○구 ○○로 ○○(○○동)에 위치한 피고소인의 집에서 고소외 ○○○로부터 동인이 절취하여 온 ○○손목시계 30개(시가 5,000만원 상당)를 매각하여 달라는 부탁을 받고 그 장물인 정을 알면서고 이를 승낙한 20○○. ○. ○.경 ○○시 ○○로 ○○(○○동)에 위치한 ○○주얼리에 800만원에 매각하여 주어 장물을 알선한 것입니다.

2. 따라서 위와 같은 사실로 피고소인을 고소하오니 철저히 조사하시어 처벌하여 주시기 바랍니다.

입 증 서 류

조사시 자세히 진술하겠습니다.

20○○. ○. ○.

위 고소인 ○ ○ ○ (인)

○○경찰서장 귀하

[서식(고소장) 179] 장물운반죄(절취한 TV 운반)

고 소 장

고 소 인 ○ ○ ○ (000000-0000000)
○○시 ○○구 ○○로 ○○(○○동)
(전화번호 : 000-0000)

피고소인 ○ ○ ○ (000000-0000000)
○○시 ○○구 ○○로 ○○(○○동)
(전화번호 : 000-0000)

고 소 취 지

피고소인을 장물운반죄로 고소하오니 처벌하여 주시기 바랍니다.

고 소 사 실

1. 피고소인은 20○○. ○. ○.경 ○○시 ○○구 ○○로 ○○(○○동)에 위치한 피고소인의 집에서 고소외 ○○○로부터 동인이 절취하여 온 ○○전자 42인치 TV 1대(시가 150만원 상당)를 강취한 장물이라는 정을 알면서도 ○○시 ○○구 ○○로 ○○(○○동)까지 피고소인 소유의 ○○로 ○○○호 1통 화물트럭에 이를 싣고 가 장물을 운반한 것입니다.

2. 따라서 위와 같은 사실로 피고소인을 고소하오니 철저히 조사하시어 처벌하여 주시기 바랍니다.

입 증 서 류

조사시 자세히 진술하겠습니다.

20○○. ○. ○.

위 고소인 ○ ○ ○ (인)

○○경찰서장 귀하

[서식(고소장) 180] 장물취득죄(절취한 금반지 취득)

고 소 장

고 소 인 ○ ○ ○ (000000-0000000)
○○시 ○○구 ○○로 ○○(○○동)
(전화번호 : 000-0000)

피고소인 ○ ○ ○ (000000-0000000)
○○시 ○○구 ○○로 ○○(○○동)
(전화번호 : 000-0000)

고 소 취 지

피고소인을 장물취득죄로 고소하오니 처벌하여 주시기 바랍니다.

고 소 사 실

1. 피고소인은 ○○시 ○○구 ○○로 ○○(○○동)에서 ○○당이라는 상호로 금은방을 경영하는 자인바, 20○○. ○. ○. 16:00경 위 ○○당에서 고소외 ○○○로

부터 고소인 소유의 금반지 1개, 시가 100,000원 상당을 장물인 정을 알면서 대금 30,000원에 매수하여 장물을 취득한 것입니다.

2. 따라서 위와 같은 사실로 피고소인을 고소하오니 철저히 조사하시어 처벌하여 주시기 바랍니다.

입 증 서 류

조사시 자세히 진술하겠습니다.

20○○. ○. ○.

위 고소인 ○ ○ ○ (인)

○○경찰서장 귀하

[서식(고소장) 181] **점유강취죄(무쏘승용차 강취)**

고 소 장

고 소 인 ○ ○ ○ (000000-0000000)
○○시 ○○구 ○○로 ○○(○○동)
(전화번호 : 000-0000)

피고소인 ○ ○ ○ (000000-0000000)
○○시 ○○구 ○○로 ○○(○○동)
(전화번호 : 000-0000)

고 소 취 지

피고소인을 점유강취죄로 고소하오니 처벌하여 주시기 바랍니다.

고 소 사 실

1. 고소인과 피고소인은 동네 친구사이인 바, 피고소인은 20○○. ○.경 금

5,000,000원을 이자 월 2%로 정하여 고소인으로부터 차용하면서, 위 대여금의 지급을 담보하기 위하여 피고소인 소유의 무쏘 승용차를 고소인이 사용할 수 있도록 점유를 이전하고 그 용법에 따라 사용하도록 허락한 사실이 있습니다. 이와 같은 사실을 증명하기 위하여 피고소인은 고소인에게 이와 같은 사실을 기재한 차용증을 작성하여 주었습니다.

2. 그런데 피고소인은 20○○. ○. ○. 밤 00:00경 부인과 딸과 함께 평온하게 잠을 자고 있는 고소인의 집에 찾아와 "내가 이번에 ○○다방에 티코맨(배달원)으로 취직되었는데, 네가 가지고 있는 내 차가 급히 필요하다. 그러니 그 차를 나에게 돌려다오" 라고 하며 고소인에게 협박을 하였는데, 고소인은 지금까지 원금은커녕 이자 한 푼도 지급치 아니한 피고소인에게 돌려줄 수 없다고 거절하자, 이에 격분한 피고소인은 주머니 속의 칼을 들여대며 고소인을 항거불능의 상태에 빠뜨려 고소인의 집 책상 위에 놓인 위 승용차 열쇠를 빼앗아 승용차를 몰고 가 아직까지 돌려주지 않고 있습니다.

3. 따라서 위와 같은 사실로 피고소인을 고소하오니 철저히 조사하시어 처벌하여 주시기 바랍니다.

입 증 서 류

1. 계약서 1부
1. 사실확인서 1부

20○○. ○. ○.

위 고소인 ○ ○ ○ (인)

○○경찰서장 귀하

[서식(고소장) 182] 점유이탈물횡령죄(거스름돈 반환거절)

고 소 장

고 소 인　　○　　○　　○ (000000-0000000)
　　　　　　○○시 ○○구 ○○로 ○○(○○동)
　　　　　　(전화번호 : 000-0000)

피고소인　　○　　○　　○ (000000-0000000)
　　　　　　○○시 ○○구 ○○로 ○○(○○동)
　　　　　　(전화번호 : 000-0000)

고 소 취 지

피고소인을 점유이탈물횡령죄로 고소를 제기하오니 처벌하여 주시기 바랍니다.

고 소 사 실

1. 고소인은 ○○시 ○○로 ○○(○○동)에서 ○○○식당이라는 한식점을 경영하는 자로서 20○○. ○. ○. 저녁 ○○:○○경 근처 ○○회사에 다니는 피고소인이 친구 5명과 함께 술과 음식을 먹은 사실이 있습니다.

2. 위 같은 날 고소인이 운영하는 ○○식당은 저녁손님이 많아 무척 바쁜 상황이었습니다. 이에 피고소인이 당일 저녁 ○○:○○경 식사를 마치고 식사비계산을 할 때 고소인의 종업원인 ○○○가 계산서와 함께 식대 280,000원을 지급 청구하였는데 피고소인은 ○○은행 발행의 자기앞수표 10만원권 3장을 지급하여 위 종업원이 거스름돈 20,000원을 주어야 하는데 그만 실수로 80,000원을 지급하였습니다. 이에 피고소인이 가고 난 후 고소인이 거스름돈 지급이 잘못된 것을 알았으나 이미 피고소인은 가고 없어 부득이 그 다음날 피고소인이 근무하는 ○○회사에 전화를 하여 양해의 말씀을 드리고 계산서를 맞추어 본 결과 거스름돈 60,000원이 더 지급되었다는 것을 통지하였습니다.
   이에 피고소인은 저녁 퇴근 후 돌려주겠다고 말을 하였습니다. 그런데 며칠이 지나도 연락이 없어 다시 ○○회사에 전화를 했더니 피고소인은 오히려 화를 내면서 당신들이 계산을 잘못한 것이니 당신들이 책임져야 한다며 그 반환을 거부하여 거듭 사과의 말씀을 드렸으나 이제는 법대로 하라면서 막무가내였습니다. 심지어 "식당 문을 닫고 싶으냐."라고까지 하면서 거스름돈의 반환을 거부하였습니다.

3. 따라서 더 지급된 거스름돈의 반환의무가 있음에도 고의적으로 이를 거부하므로 피고소인을 귀서에 고소하오니 철저히 조사하시어 처벌하여 주시기 바랍니다.

소 명 방 법

1. 계산서 및 영수증 1통
1. 수표사본 1통

20○○. ○. ○.

위 고소인 ○ ○ ○ (인)

○○경찰서장 귀하

[서식(고소장) 183] 절도죄(상가에서 신발절취)

고 소 장

고 소 인 ○ ○ ○ (000000-0000000)
○○시 ○○구 ○○로 ○○(○○동)
(전화번호 : 000-0000)

피고소인 ○ ○ ○ (000000-0000000)
○○시 ○○구 ○○로 ○○(○○동)
(전화번호 : 000-0000)

고 소 취 지

고소인은 피고소인에 대하여 절도죄로 고소하오니 처벌하여 주시기 바랍니다.

고 소 사 실

1. 피고소인은 일정한 직업이 없는 자로서, 20○○. ○. ○. 14:00경 ○○시 ○○구 ○○로 ○○(○○동)에 있는 ○○통합상가 5층 신발진열장에서 물건을 사는 척 하다가 점원 몰래 고소인 소유의 고가신발 약 ○켤레, 시가 ○○만원 상당을 피고소인 가방 속에 넣어 이를 절취한 것입니다.

2. 따라서 피고소인을 귀서에 고소하오니 철저히 조사하시어 처벌하여 주시기 바랍니다.

20○○. ○. ○.

위 고소인 ○ ○ ○ (인)

○○경찰서장 귀하

【주】

1. 타인의 절도죄가 성립하려면 불법영득의 의사가 있어야 하므로 사용절도는 원칙적으로 처벌하지 않는다.
2. 불법영득의 의사란 권리자를 배제하고 타인의 물건을 자기의 소유물과 같이 그 경제적 용법에 따라서 이용하고 처분할 의사를 말한다.
3. 사용절도란 타인의 재물을 일시적으로 사용한 후에 소유자에게 반환하는 것을 말한다.

【판 례】

1. 명의대여 약정에 따른 신청에 의하여 발급된 영업허가증과 사업자등록증은 피해자가 인도받음으로써 피해자의 소유가 되었다고 할 것이므로, 이를 명의대여자가 가지고 간 행위가 절도죄에 해당한다(대법원 2004. 3. 12. 선고 2002도5090 판결).
2. 피고인의 컴퓨터에 저장된 정보를 출력하여 생성한 문서는 피해 회사의 업무 위하여 생성되어 피해 회사에 의하여 보관되고 있던 문서가 아니라, 피고인이 가지고 할 목적으로 피해 회사의 업무와 관계없이 새로이 생성시킨 문서라 할 것이므로, 이는 피해회사 소유의 문서라고 볼 수 없다 할 것이어서, 이를 가지고 간 행위를 들어 피해회사 소유의 문서를 절취한 것으로 볼 수 없다(대법원 2002. 7. 12. 선고 2002도745 판결).
3. 피해자가 결혼예식장에서 신부측 축의금 접수인인 것처럼 행세하는 피고인에게 축의금을 내어 놓자 이를 교부받아 가로챈 사안에서, 피해자의 교부행위의 취지는 신부측에 전달한 것일 뿐 피고인에게 그 처분권을 주는 것이 아니므로, 이를 피고인에게 교부한 것이라고

볼 수 없고 단지 신부측 접수대에 교부하는 취지에 불과하므로 피고인이 그 돈을 가져간 것을 신부측 접수처의 점유를 침탈하여 범한 절취행위라고 보는 것이 정당하다(대법원 1996. 10. 15. 선고 96도2227, 96감도94 판결).

4. 자동차를 절취할 생각으로 자동차의 조수석 문을 열고 들어가 시동을 걸려고 시도하는 등 차안의 기기를 이것저것 만지다가 핸드브레이크를 풀게 되었는데 그 장소가 내리막길인 관계로 시동이 걸리지 않은 상태에서 약 10m 전진하다가 가로수를 들이받은 바람에 멈추게 되었다면 절도의 기수에 해당한다고 볼 수 없을 뿐 아니라 도로교통법 제2조 제19호 소정의 자동차의 운전에 해당하지 아니한다(대법원 1994. 9. 9. 선고 94도1522 판결).
5. 피고인이 살해된 피해자의 주머니에서 꺼낸 지갑을 살해도구로 이용한 골프채와 옷 등 다른 증거품들과 함께 자신의 차량에 싣고 가다가 쓰레기 소각장에서 태워버린 경우, 살인 범행의 증거를 인멸하기 위한 행위로서 불법영득의 의사가 있었다고 보기 어렵다(대법원 2000. 10. 13. 선고 2000도3655 판결).
6. 사촌형제인 피해자와의 분규로 재단법인 이사장직을 사임한 뒤 피해자의 집무실에 찾아가 잘못을 나무라는 과정에서 화가 나서 피해자를 혼내주려고 피해자의 가방을 들고 나온 경우 불법영득의 의사가 있다고 할 수 없다(대법원 1993. 4. 13. 선고 93도3281 판결).
7. 피고인이 길가에 시동을 걸어 놓은 채 세워둔 모르는 사람의 자동차를 함부로 운전하고 약 200m 가량 갔다면 불법영득의 의사가 있었다고 할 것이다(대법원 1992. 9. 22. 선고 92도1949 판결).
8. 타인의 전화를 주인 몰래 사용한 경우 물리적인 이익에 불과하고 물리적인 관리대상이 될 수 없어 재물이 아니라고 할 것이므로 절도죄의 객체가 성립되지 아니하므로 민사사건으로 처리해야 함(대법원 1998. 6. 23. 선고 98도7007 판결).

[서식(고소장) 184] 절도죄(건축자재 등 절취)

고 소 장

고 소 인 ○○건설 주식회사 (전화번호 : 000-0000)
○○시 ○○구 ○○로 ○○(○○동)
대표이사 ○ ○ ○

피고소인 ○ ○ ○ (000000-0000000)
○○시 ○○구 ○○로 ○○(○○동)
(전화번호 : 000-0000)

고 소 취 지

피고소인에 대하여 절도죄(형법 제329조)로 고소하오니 처벌하여 주시기 바랍니다.

고 소 사 실

1. 고소인은 종합건설업 등을 주 업무로 하는 주식회사이며, 피고소인은 ○○시 ○○구 ○○로 ○○(○○동)에 위치한 건물 ○○동 ○○○호에 거주하는 자입니다.

2. 고소인은 위 건물의 건축공사를 담당한 시공사로서 공사 후 위 건물 지하1층 상가에 고소인 소유의 의자 3개, 공구함 1개, 근무복 2벌, 자재몰딩, 페인트, 드라이비트용 스톤, 석재, 리어카, 산소호스, 용접기 등 기타 집기(시가 약 ○○○원 상당)의 물품을 보관하고 있었습니다.

3. 그런데 피고소인은 20○○. ○. ○.경 위 건물 지하1층 상가의 소유자도 아님에도 불구하고 무단 침입하여 고소인 소유의 위 물품을 절취하여 처분함으로써 고소인에게 약 ○○○원 상당의 재산상의 손해를 입힌 자입니다.

4. 따라서 피고소인을 절도죄(형법 제329조)로 고소하오니 철저히 조사하시어 처벌하여 주시기 바랍니다.

첨 부 서 류

1. 법인등기부등본 1통

조사시 자세히 진술하겠습니다.

20○○. ○. ○.

위 고소인 ○○건설 주식회사
대표이사 ○ ○ ○ (인)

○○경찰서장 귀하

[서식(고소장) 185] 절도 및 업무방해죄(무용복 등 절취, 도주)

고 소 장

고 소 인 ○ ○ ○ (000000-0000000)
○○시 ○○구 ○○로 ○○(○○동)
(전화번호 : 000-0000)

피고소인 ○ ○ ○ (000000-0000000)
○○시 ○○구 ○○로 ○○(○○동)
(전화번호 : 000-0000)

고 소 취 지

피고소인에 대하여 절도 및 업무방해죄로 고소하오니 처벌하여 주시기 바랍니다.

고 소 사 실

1. 고소인은 "○○○무용단"을 창립하여 무용수의 4명과 가수 1명, 운전기사 1명 등으로 운영 중인 자입니다.

2. 피고소인은 고소인의 무용단 무용수로 2년간의 고용계약을 하고 공증까지 한 사실이 있는데 고소인은 위 4명의 무용수들을 약 3개월간에 걸쳐 단체 연습을 하여 그중 한 사람이라도 빠지면 무용단을 운영할 수 없는 업무상 중요한 위치에 있는데도 불구하고 고소인은 피고소인이 어린 나이로 평소 담배를 피우는 등 단정하지 못하므로 모든 행동을 바로 잡아 줄 생각으로 20○○. ○. ○.경 피고소인에게 준엄한 훈계를 하였던바, 피고소인이 이에 앙심을 품고 같은 해 ○. ○. 오후 2시경 고소인의 숙소에서 무용복(은빛색) 3벌 시가 90,000원과 치마(검정색) 2벌 시가 40,000원 등 합계 130,000원 상당의 물품을 절취 도주함으로써 위 130,000원의 손해는 물론 피고소인이 빠짐으로써 등 무용단을 운영하지 못하도록 고소인의 업무를 방해한 자이오니 철저히 조사하시어 처벌하여 주시기 바랍니다.

첨 부 서 류

1. 각서(공정증서) 사본 1부
   조사시 자세히 진술하겠습니다.

20○○. ○. ○.

위 고소인 ○ ○ ○ (인)

○○경찰서장 귀하

[서식(고소장) 186] 주거침입죄(절도 목적)

고 소 장

고 소 인 ○ ○ ○ (000000-0000000)
○○시 ○○구 ○○로 ○○(○○동)
(전화번호 : 000-0000)

피고소인 ○ ○ ○ (000000-0000000)
○○시 ○○구 ○○로 ○○(○○동)
(전화번호 : 000-0000)

고 소 취 지

고소인은 피고소인에 대하여 주거침입죄로 고소하오니 처벌하여 주시기를 바랍니다.

고 소 사 실

1. 피고소인은 일정한 직업이 없는 자로서, 20○○. ○. ○. 15:00경 ○○시 ○○로 ○○(○○동)에 위치한 고소인 ○○○의 집 앞을 지나다가 동인의 집이 10cm쯤 열려있는 것을 보고, 그 자리에서 절도를 하기로 마음먹고 주위를 살피며 위 대문을 열고 고소인의 집 거실까지 들어가 동인의 주거에 침입한 자입니다.

2. 따라서 위와 같은 사실로 피고소인을 고소하오니 철저히 조사하시어 엄벌하여 주시기 바랍니다.

입 증 방 법

조사시 자세히 진술하겠습니다.

20○○. ○. ○.

위 고소인 ○ ○ ○ (인)

○○경찰서장 귀하

【주】

1. 주거권자란 주거출입과 그 제재를 결정할 권리가 있는 사람이다. 임대차한 집에 대해서는 제3자는 물론 소유자에 대한 관계에서도 주거권은 임차인에게 있다. 따라서 임대차기간이 종료되었다 하더라도 임차인이 계속 점유하고 있는 건물에 대하여 소유자가 마음대로 출입한 때에는 이 죄가 성립하지만, 반대로 임차인이 소유자가 폐쇄한 출입구를 뜯고 그 건물에 들어갔다고 해서 이 죄가 성립하는 것은 아니다.
2. 사람의 주거는 그 자체를 위한 건조물 외에 그에 부속된 건조물 등을 포함한다(예 : 정원 등).
3. 건조물이란 주거를 제외한 일체의 건물을 말한다(예 : 공장 · 창고 · 관공서의 청사 등).
4. 선박은 그 크기를 묻지 않지만 적어도 주거에 사용될 수 있을 정도이어야 한다.
5. 점유하는 방실은 건물 내에서 사실상 지배 · 관리하는 구획을 말한다(예 : 점포, 사무실, 연구실, 여관의 투숙중인 방).

【판 례】

일반적으로 대학교의 강의실은 그 대학 당국에 의하여 관리되면서 그 관리업무나 강의와 관련되는 사람에 한하여 출입이 허용되는 건조물이지 널리 일반인에게 개방되어 누구나 자유롭게 출입할 수 있는 곳은 아니다(대법원 1992. 9. 25. 선고 92도1520 판결).

[서식(고소장) 187] 준강간죄(술을 먹이고 항거불능 상태에서 간음)

고 소 장

고 소 인 ○ ○ ○ (000000-0000000)
○○시 ○○구 ○○로 ○○(○○동)
(전화번호 : 000-0000)

피고소인 ○ ○ ○ (000000-0000000)
○○시 ○○구 ○○로 ○○(○○동)
(전화번호 : 000-0000)

고 소 취 지

고소인은 피고소인에 대하여 준강간죄로 고소하오니 처벌하여 주시기를 바랍니다.

고 소 사 실

1. 피고소인은 ○○대학교 2학년에 재학중인 학생으로서 20○○. ○. ○. 23:00경 ○○시 ○○구 ○○동에 위치한 고소외 ○○○이 경영하는 음식점 명월관 3호실에서 고소인과 술을 마시다가 동인이 술에 취하여 의식불명이 되자 이와 같은 고소인의 항거불능상태를 이용하여 동인을 간음하였습니다.

2. 따라서, 위와 같은 사실로 피고소인을 고소하오니 철저히 조사하시어 처벌하여 주시기 바랍니다.

입 증 방 법

1. 진단서 1통

조사시 자세히 진술하겠습니다.

20○○. ○. ○.

위 고소인 ○ ○ ○ (인)

○○경찰서장 귀하

【주】

1. 이 죄는 사람의 심신상실 또는 항거불능의 상태를 이용하여 간음 또는 추행함으로써 성립하는 범죄로, 성적 자유를 가지지 못하는 사람은 성욕의 객체가 도구가 되는 것으로부터 보호하는데 그 취지가 있다.
2. 이 죄에서 심신상실은 심신장애라는 생물학적 기초에 제한되지 않으며, 수면 중의 부녀 또는 일시적으로 의식을 잃고 있는 부녀도 포함한다. 이에 비해 형법 제10조에서는 심신상실을 생물학적 기초에서 사물을 변별하거나 의사를 결정할 능력이 없는 것을 말한다.
3. 항거불능이란 심신상실 이외의 사유로 인해 심리적 또는 육체적으로 반항이 불가능한 경우를 말한다. 의사가 자기를 신뢰한 여자환자를 치료하는 것처럼 하면서 간음하거나 추행하는 경우가 심리적으로 항거불능한 경우에 해당한다.

4. 행위자가 간음 또는 추행을 행하기 위해 이러한 상태를 야기한 때(수면제나 마취제를 먹이는 경우 등)에는 준강간죄가 성립하지 않고 강간죄 또는 강제추행죄가 성립한다.
5. 강간죄 등은 친고죄이다. 그러나 성폭력범죄의처벌등법률에 해당될 경우에는 친고죄의 적용이 배제된다.

【판 례】

1. 깊은 잠에 빠져 있는 상태는 심신상실의 상태라 할 것이므로 타인의 이러한 상태를 이용하여 간음하면 준강간에 해당한다(대법원 1976. 12. 14. 선고 76도3673 판결).
2. 형법 제299조에서의 항거불능의 상태라 함은 같은 법 제297조, 제298조와의 균형상 심신상실 이외의 원인 때문에 심리적 또는 물리적으로 반항이 절대적으로 불가능하거나 현저히 곤란한 경우를 의미한다(대법원 2000. 5. 26. 선고 98도3257 판결).
3. 간음행위 당시 피해자가 심신상실상태에 있었다고 볼 수 없다고 한 사례(대법원 2000. 2. 25. 선고 98도4355 판결).
4. 피고인이 잠을 자고 있는 피해자의 옷을 벗긴 후 자신의 바지를 내린 상태에서 피해자의 음부 등을 만지고 자신의 성기를 피해자의 음부에 삽입하려고 하였으나 피해자가 몸을 뒤척이고 비트는 등 잠에서 깨어 거부하는 듯한 기색을 보이자 더 이상 간음행위에 나아가는 것을 포기한 경우 준강간죄의 실행에 착수하였다고 본 사례(대법원 2000. 1. 14. 선고 99도5187 판결).

[서식(고소장) 188] 준강간죄(깊은 잠에 빠져 있는 상태에서 간음)

고 소 장

고 소 인 ○ ○ ○ (000000-0000000)
○○시 ○○구 ○○로 ○○(○○동)
(전화번호 : 000-0000)

피고소인 ○ ○ ○ (000000-0000000)
○○시 ○○구 ○○로 ○○(○○동)
(전화번호 : 000-0000)

고 소 취 지

고소인은 피고소인에 대하여 준강간 등의 혐의로 고소하오니 처벌하여 주시기를 바랍니다.

고 소 사 실

1. 피고소인은 고소인의 이웃에 거주하는 자인 바, 20○○. ○. ○. 고소인은 직장의 근무를 마치고 ○○시 ○○구 ○○로 ○○(○○동)에 위치한 고소인의 집에서 격무에 세상모르고 자고 있었는데, 피고소인이 잠을 자고 있는 고소인의 옷을 벗기고 자신의 바지를 내린 상태에서 고소인의 음부 등을 만지다가 ○회 간음을 하였습니다.

2. 이 사건으로 인하여 고소인은 정신적으로 크나 큰 충격을 입어 아직도 정신병원에서 치료 중에 있는 바, 피고소인을 철저히 조사하시어 처벌하여 주시기 바랍니다.

입 증 방 법

1. 진단서 1통
1. 목격자진술서 1통
   조사시 자세히 진술하겠습니다.

20○○. ○. ○.

위 고소인 ○ ○ ○ (인)

○○경찰서장 귀하

[서식(고소장) 189] 준강제추행죄(기 치료를 이용하여 추행)

고 소 장

고 소 인 ○ ○ ○ (000000-0000000)
○○시 ○○구 ○○로 ○○(○○동)
(전화번호 : 000-0000)

피고소인 ○ ○ ○ (000000-0000000)

○○시 ○○구 ○○로 ○○(○○동)
(전화번호 : 000-0000)

고 소 취 지

피고소인에 대하여 준강제추행죄로 고소하오니 처벌하여 주시기를 바랍니다.

고 소 사 실

1. 피고소인은 ○○건강관리라는 상호로 소위 기치료를 하는 자로서, 20○○. ○. ○.경 ○○시 ○○구 ○○로 ○○(○○동)에 위치한 고소외 ○○○의 집에 찾아가서 동인의 처인 고소인에게 "당신이 임신되지 않는다고 당신 남편이 좀 봐달라고 해서 기 치료를 해주려고 왔다"고 거짓말하고 고소인에게 피고소인이 시키는 대로 기 모으는 자세를 취하고 5분 동안 있게 하여 피고소인의 말을 믿게 한 다음 고소인으로 하여금 옷을 벗고 그 자리에 누워 두 다리를 벌리게 하고 고소인의 음부에 손가락을 넣는 등 강제로 추행한 것입니다.
2. 따라서 위와 같은 사실로 피고소인을 고소하오니 철저히 조사하시어 처벌하여 주시기 바랍니다.

입 증 방 법

조사시 자세히 진술하겠습니다.

20○○. ○. ○.

위 고소인 ○ ○ ○ (인)

○○경찰서장 귀하

【주】

1. 이 죄는 사람의 심신상실 또는 항거불능의 상태를 이용하여 간음 또는 추행함으로써 성립하는 범죄로, 성적 자유를 가지지 못하는 사람은 성욕의 객체가 도구가 되는 것으로부터 보호하는데 그 취지가 있다.
2. 이 죄에서 심신상실은 심신장애라는 생물학적 기초에 제한되지 않으며, 수면 중의 부녀 또는 일시적으로 의식을 잃고 있는 부녀도 포함한다. 이에 비해 형법 제10조에서는 심신상실을

생물학적 기초에서 사물을 변별하거나 의사를 결정할 능력이 없는 것을 말한다.

3. 항거불능이란 심신상실 이외의 사유로 인해 심리적 또는 육체적으로 반항이 불가능한 경우를 말한다. 의사가 자기를 신뢰한 여자환자를 치료하는 것처럼 하면서 간음하거나 추행하는 경우가 심리적으로 항거불능한 경우에 해당한다.
4. 행위자가 간음 또는 추행을 행하기 위해 이러한 상태를 야기한 때(수면제나 마취제를 먹이는 경우 등)에는 준강간죄가 성립하지 않고 강간죄 또는 강제추행죄가 성립한다.
5. 이 죄는 친고죄이다. 그러나 성폭력범죄의처벌등법률에 해당될 경우에는 친고죄의 적용이 배제된다.

【판 례】

형법 제299조에서의 항거불능의 상태라 함은 같은 법 제297조, 제298조와의 균형상 심신상실 이외의 원인 때문에 심리적 또는 물리적으로 반항이 절대적으로 불가능하거나 현저히 곤란한 경우를 의미한다(대법원 2000. 5. 26. 선고 98도3257 판결).

[서식(고소장) 190] 준강제추행죄 (술에 취해 항거불능 상태에서 간음)

고 소 장

고 소 인 ○ ○ ○ (000000-0000000)
○○시 ○○구 ○○로 ○○(○○동)
(전화번호 : 000-0000)

피고소인 ○ ○ ○ (000000-0000000)
○○시 ○○구 ○○로 ○○(○○동)
(전화번호 : 000-0000)

고 소 취 지

고소인은 피고소인에 대하여 준강제추행죄로 고소하오니 처벌하여 주시기 바랍니다.

고 소 사 실

1. 피고소인은 20○○. ○. ○. 00:00경 ○○시 ○○구 ○○로 ○○(○○동) 에 위치한 고소인이 경영하는 술집에서 고소인이 피고소인의 억지로 권하는 술에

취하여 쓰러져 잠이 들어 항거할 수 없게 되자 피고소인은 고소인이 술에 취해 인사불성이 되어 항거불능상태에 있던 사실을 이용하여 고소인의 의사에 반하여 유방을 만지고 손가락을 질내에 삽입하는 등 추행한 사실이 있습니다.

2. 따라서 위와 같은 사실로 피고소인을 고소하오니 철저히 조사하시어 처벌하여 주시기 바랍니다.

20○○. ○. ○.

위 고소인 ○ ○ ○ (인)

○○경찰서장 귀하

[서식(고소장) 191] 준사기죄(의사능력 없는 미성년자에게 접근 부동산 착취)

고 소 장

고 소 인 ○ ○ ○ (000000-0000000)
○○시 ○○구 ○○로 ○○(○○동)
(전화번호 : 000-0000)

피고소인 ○ ○ ○ (000000-0000000)
○○시 ○○구 ○○로 ○○(○○동)
(전화번호 : 000-0000)

고 소 취 지

피고소인에 대하여 준사기죄로 고소하오니 처벌하여 주시기 바랍니다.

고 소 사 실

1. 피고소인은 이웃에 살면서 친분이 있는 고소인이 20○○. ○. ○.경 동인의 아버지인 ○○○의 사망으로 친하여 망부의 재산을 상속하여, 고소인에게는 적당한

감독자나 후견인이 없으며 지능에 분별력이 없다는 것을 알고 고소인의 재산을 편취할 마음으로,

2. 위 같은 해 ○. ○. ○○시 ○○구 ○○로 ○○(○○동)에 위치한 고소인의 집에서 동인에게 사실을 육영재단에 알선할 의사나 능력이 전혀 없으면서 "이 재산을 네 앞으로 상속하면 상속세가 너무 많이 나오고 또 네가 미성년자이여서 매각처분도 할 수 없는데 내가 아는 ○○재단에 기부하면 그곳에서 네가 대학을 나올 때까지 일체의 학비와 생활비를 대주고 유학까지 보내준다"라고 고소인을 유혹하여 동인으로부터 동인의 아버지가 생전에 발급받아 놓은 고소인 명의의 인감증명서 1통과 도장 1개 및 대지 ○○㎡의 아파트에 대한 고소인 명의의 등기권리증 2통을 건네받아 즉시 같은 번지에 있는 피고소인 집에서 행사할 목적으로 망 ○○○의 성명을 쓰고 그 이름 밑에 피고소인의 도장을 찍어 고소인 명의의 위임장과 위 대지 및 건물의 매매계약서를 각 위조하고, ○○시 ○○동에 위치한 법무사 ○○○의 사무소에 의뢰하여 ○○지방법원 ○○등기소에 제출하게 하여서 피고소인의 그 소유권이전등기를 마쳐서 고소인의 지려천박을 이용하여 재산상 이익을 취득한 것입니다.

3. 따라서 피고소인을 귀서에 고소하오니 철저히 조사하시어 처벌하여 주시기 바랍니다.

첨 부 서 류

조사시 자세히 진술하겠습니다.

20○○. ○. ○.

위 고소인 ○ ○ ○
위 ○○○는 미성년자이므로
법정대리인 친권자 부 ○ ○ ○ (인)
모 ○ ○ ○ (인)

○○경찰서장 귀하

【주】

1. 미성년자의 지려천박이나 사람의 심신장애를 이용하여 재물을 교부받거나 재산상의 이익을 취득하

는 행위는 기망을 수단으로 하지 않는 경우라도 사기죄에 준하여 취급한다. 그러나 피해자가 지려천박한 미성년자나 심신장애자라고 할지라도 적극적으로 기망수단을 쓴 때에는 이 죄는 성립하지 않으며, 사기죄가 성립한다. 이러한 의미에서 이 죄는 사기죄의 보충적 규정이라고 할 수 있지만 사기죄와는 엄연히 독립된 구성요건으로서, 사기죄가 침해범임에 대하여 이 죄는 위험범의 성격을 갖는다.

2. 지려천박 또는 심신장애를 이용하여 재물을 편취하려 한 인식(범의)이 있어야 한다. 이 범의가 없을 때에는 비록 객관적으로 지려천박자 또는 심신장애자에게서 재물을 취득했다 하더라도 이 죄는 성립하지 않는다.
3. 재물을 얻은 수단 · 방법이 사기죄 · 공갈죄에까지 미치지 않는 행위로서, 어린이나 바보스러운 사람을 유혹하거나 기타의 방법으로 재물을 교부하게 한 때에는 이 죄가 성립한다.

【판 례】

14세 또는 15세 되는 아이들은 의사능력이 있다고 할 것이므로 이들을 공갈하여 금원을 갈취하였다면 이는 준사기죄가 되는 것이 아니고 공갈죄에 해당한다(대법원 1968. 1. 31. 선고 67도1319 판결).

[서식(고소장) 192] 준사기죄(식당종업원 취업시킨 후 급료 편취)

고 소 장

고 소 인 ○ ○ ○ (000000-0000000)
○○시 ○○구 ○○로 ○○(○○동)
(전화번호 : 000-0000)

피고소인 ○ ○ ○ (000000-0000000)
○○시 ○○구 ○○로 ○○(○○동)
(전화번호 : 000-0000)

고 소 사 실

피고소인에 대하여 준사기죄로 고소하오니 처벌하여 주시기 바랍니다.

고 소 사 실

1. 피고소인은 ○○시 ○○구 ○○로 ○○(○○동)에 위치한 ○○부동산을 운영하는 자인 바, 20○○. ○.월경 사고로 판단능력이 극히 낮은 정신지체 장애자인

고소인을 식당종업원으로 취직시켜 급료를 편취할 것을 마음먹고, 사실은 고소인에게 급료를 교부하지 아니하고 피고소인이 가로챌 생각이었음에도 불구하고, 고소인에게 "식당의 종업원으로 취직시켜 줄 테니 급료를 나에게 맡기면 은행에 저금하여 목돈을 만들어 줄테니 나한테 맡겨라"고 거짓말하고, 이에 속은 고소인을 20○○. ○. ○.경부터 20○○. ○. ○.경까지 사이에 ○○시 ○○구 ○○로 ○○(○○동)에 위치한 고소외 최○○ 운영의 ○○식당에 종업원으로 취직시킨 후 고소인이 받을 급료 도합 1,200만원을 고소외 최○○으로부터 대신 교부받아 이를 편취한 것입니다.

2. 따라서 피고소인을 귀서에 고소하오니 철저히 조사하시어 처벌하여 주시기 바랍니다.

첨 부 서 류

조사시 자세히 진술하겠습니다.

20○○. ○. ○

위 고소인 ○ ○ ○ (인)

○○경찰서장 귀하

[서식(고소장) 193] 증거인멸의 죄(조사 중인 것을 알고 메모수첩 소각)

고 소 장

고 소 인 ○ ○ ○ (000000-0000000)
○○시 ○○구 ○○로 ○○(○○동)
(전화번호 : 000-0000)

피고소인 ○ ○ ○ (000000-0000000)
○○시 ○○구 ○○로 ○○(○○동)
(전화번호 : 000-0000)

고 소 취 지

피고소인에 대하여 증거인멸의 죄로 고소하오니 처벌하여 주시기 바랍니다.

고 소 사 실

1. 피고소인은 ○○시 ○○구청 건축과 주사로 근무하는 자로서, 직장동료인 고소외 ○○○이 ○○시 ○○경찰서 형사계에서 뇌물수수 사건 피의자로 조사를 받고 있는 사실을 알고 그에게 불리한 증거를 없애기로 마음먹고, 20○○. ○. ○. 15:00 경 ○○시 ○○구 ○○동에 위치한 ○○구청 건축과 사무실에서 고소외 ○○○의 부탁을 받아 보관 중이던 그의 금전출납에 관한 메모수첩 1권을 태워버려 타인의 형사사건에 관한 증거를 인멸한 자입니다.

2. 따라서 위와 같은 사실로 피고소인을 고소하오니 철저히 조사하시어 처벌하여 주시기 바랍니다.

20○○. ○. ○.

위 고소인 ○ ○ ○ (인)

○○경찰서장 귀하

【판 례】

증거인멸되는 타인의 형사사건 또는 징계사건에 관한 증거를 인멸하는 경우에 성립하는 것으로서, 피고인 자신이 직접 형사처분이나 징계처분을 받게 될 것을 두려워한 나머지 자기의 이익을 위하여 그 증거가 될 자료를 인멸하였다면, 그 행위가 동시에 다른 공범자의 형사사건이나 징계사건에 관한 증거를 인멸한 결과가 된다고 하더라도 이를 증거인멸죄로 다스릴 수 없고, 이러한 법리는 그 행위가 피고인의 공범자가 아닌 자의 형사사건이나 징계사건에 관한 증거를 인멸한 결과 피고인의 공범자가 아닌 자의 형사사건이나 징계사건에 관한 증거를 인멸한 결과가 된다고 하더라도 마찬가지이다(대법원 1995. 9. 29. 선고 94도2608 판결).

[서식(고소장) 194] 직권남용죄(공무원이 마을사람들을 동원 청소 강요)

고 소 장

고 소 인　○ ○ ○ (000000-0000000)
○○시 ○○구 ○○로 ○○(○○동)
(전화번호 : 000-0000)

피고소인　○ ○ ○ (000000-0000000)
○○시 ○○구 ○○로 ○○(○○동)
(전화번호 : 000-0000)

고 소 취 지

피고소인에 대하여 직권남용죄로 고소하오니 처벌하여 주시기 바랍니다.

고 소 사 실

1. 피고소인은 ○○시 ○○구 ○○동사무소에 근무하고 있는 지방행정서기로서, 20 ○○. ○. ○. 위 사무소에서 동장인 고소외 ○○○로부터 동사무소 주변일대 도로를 청소하라는 지시를 받고 이를 이행하기 위해 미화원을 찾았으나 찾지 못하자 동사무소 마을 방송을 통하여 "급히 전달할 사항이 있으니 동사무소로 빨리 나오시오"라고 하여 고소인 외 9인이 동사무소로 모이자 같은 날 15:00부터 16:30까지 고소인 외 9인으로 하여금 동사무소 주변도로를 청소하도록 강요하여 청소하게 함으로써 그들로 하여금 의무없는 일을 하게 하여 직권을 남용한 것입니다.

2. 따라서 위와 같은 사실로 피고소인을 고소하오니 철저히 조사하시어 처벌하여 주시기 바랍니다.

20○○. ○. ○.

위 고소인 ○ ○ ○ (인)

○○경찰서장 귀하

【주】

1. 주체는 명령 · 강제력을 가진 직무를 행하는 공무원이며, 그 강제는 직접적이거나 간접적이거나 묻지 않는다.
2. 직권남용이란 형식적 · 외형적으로 직무집행의 이름을 빌어 그 권한의 범위 밖에 있는 부당한 행위를 하는 것을 말한다.
3. 법률상 전혀 의무가 없는 일을 행하게 하거나 의무이행시기를 재촉하거나 또는 본래의 의무에 조건을 붙이는 등 의무의 상태를 변경하는 것, 법률상 행할 수 있는 권리의 행사를 방해하는 것을 말한다.
4. 순경이 상사의 명령도 없고 입건되지도 않는 사건에 대해 범죄수사를 빙자하여 서류제출명령서를 발부하고 의무없는 서류제출을 하게 한 경우, 직권남용죄에 해당한다.

【판 례】

직권남용의 죄는 폭행 또는 협박을 수단으로 하여야만 성립하는 것이 아니라 공무원이 그 일반적 직무권한에 속하는 사항에 관하여 직권의 행사에 가탁하여 실질적, 구체적으로 위법 · 부당한 행위를 한 경우에 성립하며 그 일반적 직무권한은 반드시 법률상의 강제력을 수반하는 것임을 요하지 아니하며, 그것이 남용될 경우 직권행사의 상대방으로 하여금 법률상 의무 없는 일을 하게 하거나 정당한 권리행사를 방해하기에 충분한 것이면 된다(대법원 2007. 7. 13. 선고 2004도3995 판결).

[서식(고소장) 195] 직권남용죄(경찰관이 불법체포)

고 소 장

고 소 인 ○ ○ ○ (000000-0000000)
○○시 ○○구 ○○로 ○○(○○동)
(전화번호 : 000-0000)

피고소인 ○ ○ ○ (000000-0000000)
○○시 ○○구 ○○로 ○○(○○동)
(전화번호 : 000-0000)

고 소 취 지

피고소인에 대하여 직권남용죄로 고소하오니 처벌하여 주시기 바랍니다.

고 소 사 실

1. 고소인은 택시운전을 하고 있고, 피고소인은 경찰서 수사과에 순경으로 재직하고 있는 자입니다.

2. 그런데 고소인은 고소외 ○○○로부터 20○○. ○. ○. 한 달간만 사용하기로 하고 금 ○○○원을 차용한 적이 있고 고소인의 경제사정으로 변제기에 변제치 못한 사실이 있어 고소외 ○○○로부터 계속적으로 심한 모욕과 협박을 당하여 오고 있었습니다.

3. 고소외 ○○○은 자신의 절친한 친구인 피고소인을 통하여 고소인으로부터 금원을 변제 받기로 마음먹고, 피고소인에게 위와 같은 사실을 고지하고 금원을 받아 줄 것을 부탁하였고, 고소인의 고소가 없음에도 피고소인은 20○○. ○. ○. 15:20경 전화상으로 고소인에게 "경찰서 수사과 형사인데 당신을 사기혐의로 입건하여 조사할 것이 있으니 주민등록등본과 재산관계서류 등을 가지고 내일 중으로 경찰서 수사과로 출두하라"는 출두통지를 받고 경찰서에 출두한 적이 있습니다.

4. 그러나 고소인이 경찰서에 출두하자 피고소인은 경찰서 조사실이 아닌 당직실로 데리고 가 주민등록등본과 재산관계서류를 잠깐 본 후 주머니에 넣더니 다짜고짜 "당신 우리 친구 돈을 갚지 않으면 즉시 구속하겠다"고 하면서 갑자기 고소인의 손목에 수갑을 채우면서 "언제까지 금원을 변제해줄 수 있느냐"고 하여 고소인은 "친척들로부터 급전을 빌려 내일 중으로 변제하겠다"하였더니 수갑을 풀어주면서 "좋게 말할 때 들어"라고 하여 "알았습니다"라고 하자 귀가한 사실이 있습니다.

5. 귀가 후 알아보니 피고소인은 상사로부터 구체적인 사건을 특정하여 수사명령 받은 적이 없고 고소인이 입건되지 아니하였음에도 범죄수사를 빙자하여 고소인으로 하여금 의무 없는 서류를 제출케 하고 불법 체포하는 등 정식적인 절차를 따르지 않았다는 것을 인지하여 피고소인을 형법 제123조 소정의 직권남용죄로 고소하오니 철저히 조사하시어 처벌하여 주시기 바랍니다.

20○○. ○. ○.

위 고소인 ○ ○ ○ (인)

○○경찰서장 귀하

[서식(고소장) 196] 직무유기죄(경찰관이 범죄현장 일탈)

고 소 장

고 소 인 ○ ○ ○ (000000-0000000)
○○시 ○○구 ○○로 ○○(○○동)
(전화번호 : 000-0000)

피고소인 ○ ○ ○ (000000-0000000)
○○시 ○○구 ○○로 ○○(○○동)
(전화번호 : 000-0000)

고 소 취 지

피고소인에 대하여 직무유기죄로 고소하오니 처벌하여 주시기 바랍니다.

고 소 사 실

1. 고소인은 택시운전을 업으로 하고 있고, 피고소인은 이 건 사고발생지를 관할하는 경찰서 파출소 순경으로 재직하고 있는 자입니다.

2. 그런데 고소인은 20○○. ○. ○.경 ○○시 ○○동에서 택시승객인 고소외 ○○○로부터 택시요금문제로 사소한 시비 끝에 폭행을 당하여 전치 4주의 상해를 입었습니다.

3. 이에 고소인은 고소외 ○○○를 붙잡고 즉시 관할파출소에 신고를 하였고 피고소인이 출동하였으나 고소외 ○○○와 이웃지간으로 평소 친분관계에 있던 피고소인은 고소외 ○○○의 계속된 폭력행사를 제지하기는커녕 "당신이 부당한 요금을 징수하여 발생한 문제이니 당신이 알아서 해라, 별 문제도 아닌데 귀찮게 112 신고를 한다. 바쁜 일이 있다"하면서 범죄현장을 일탈하였습니다.

4. 피고소인의 소위는 사회질서와 안정을 책임지는 막중한 임무를 부여받고 있는 경찰관으로서 범법자인 고소외 ○○○를 적극 검거하여 정식 입건절차 및 상사에게 보고 등도 없이, 폭력현장을 일탈하여 무고한 고소인으로 하여금 정신적·육체적 고통을 당하게 하였습니다. 위와 같은 정황으로 보아 결국 피고소인은 주관적으로 직무를 버린다는 인식을 하면서, 객관적으로 직무를 벗어나는 행위를 하였음이 명백하므로 이는 형법 제122조 소정의 직무유기죄를 구성한다 하겠습니다.

5. 따라서 피고소인을 귀서에 고소하오니 철저히 조사하시어 처벌하여 주시기 바랍니다.

20○○. ○. ○.

위 고소인 ○ ○ ○ (인)

○○경찰서장 귀하

[서식(고소장) 197] 출판물 등에 의한 명예훼손죄(월간지에 교수채용비리 적시)

고 소 장

고 소 인 ○ ○ ○ (000000-0000000)
○○시 ○○구 ○○로 ○○(○○동)
(전화번호 : 000-0000)

피고소인 ○ ○ ○ (000000-0000000)
○○시 ○○구 ○○로 ○○(○○동)
(전화번호 : 000-0000)

고 소 취 지

피고소인에 대하여 출판물 등에 의한 명예훼손죄로 고소하오니 처벌하여 주시기 바랍니다.

고 소 사 실

1. 피고소인은 ○○시 ○○동에 위치한 월간지 "○○"호의 48면에 평소 감정이 좋지 않은 서울○○대학의 교수인 고소인을 비방할 목적으로 동인의 사진을 싣고 "대학교수도 돈으로 된다?"라는 제목 아래 ○○○는 ○○대학 교수채용심사에서 돈 ○○만원을 주고 자리를 샀다는 허위의 기사를 게재한 월간지 약 ○○천부를 그 무렵 그 시내 및 주변지역 독자들에게 보급하여 공연히 허위 사실을 적시하여

고소인의 명예를 훼손한 자입니다.

2. 따라서 피소고인을 귀서에 고소하오니 철저히 조사하시어 처벌하여 주시기 바랍니다.

입 증 방 법

1. 신문일부발췌본 1부
   조사시 자세히 진술하겠습니다.

20○○. ○. ○.

위 고소인 ○ ○ ○ (인)

○○경찰서장 귀하

【주】

1. 명예훼손죄는 타인의 명예를 훼손할 만한 말을 하면 족하며, 그 내용이 다른 사람으로부터 전해들은 것이라고 해도 공연히 구체적 사실을 적시한 것이라면 남에게서 전해들은 것이라는 사실이 명예훼손죄의 성립에는 아무런 영향이 미치지 않는다.
2. 사실의 적시란 사람의 사회적 가치 내지 평가를 저하시키는데 충분한 사실을 지적하는 것을 말한다.
3. 진정한 과실사실로서 공공의 이익에 관한 것이면 위법성이 조각된다(형법 제310조).
4. 이 죄는 명예훼손죄에 대하여 행위태양을 고려해 불법이 가중되는 가중적 구성요건이며 반의사불벌죄이다. "기타 출판물"이란 적어도 인쇄한 물건의 정도에 이를 것을 요하고 단순히 프린트하거나 손으로 쓴 것은 여기에 해당하지 않는다.

【판 례】

1. 형법 제309조 제1항 소정의 출판물에 의한 명예훼손죄는 타인을 비방할 목적으로 신문, 잡지 또는 라디오 기타 출판물에 의하여 사실을 적시하여 타인의 명예를 훼손할 경우에 성립되는 범죄로서, 여기서 '비방할 목적'이란 가해의 의사 내지 목적을 요하는 것으로서 공공의 이익을 위한 것과는 행위자의 주관적 의도의 방향에 있어 서로 상반되는 관계에 있다고 할 것이므로, 적시한 사실이 공공의 이익에 관한 것인 경우에는 특별한 사정이 없는 한 비방할 목적은 부인된다고 봄이 상당하다(대법원 2005. 4. 29. 선고 2003도2137 판결).

2. 명예훼손죄는 어떤 특정한 사람 또는 인격을 보유하는 단체에 대하여 그 명예를 훼손함으로써 성립하는 것이므로 그 피해자는 특정한 것임을 요하고, 다만 서울시민 또는 경기도민이라 함과 같은 막연한 표시에 의해서는 명예훼손죄를 구성하지 아니한다 할 것이지만, 집합적 명사를 쓴 경우에도 그것에 의하여 그 범위에 속하는 특정인을 가리키는 것이 명백하면, 이를 각자의 명예를 훼손하는 행위라고 볼 수 있다(대법원 2000. 10. 10. 선고 99도5407 판결).

[서식(고소장) 198] 출판물 등에 의한 명예훼손죄(연구원들이 개발한 기술 비방)

고 소 장

고 소 인 ○ ○ ○ (000000-0000000)
○○시 ○○구 ○○로 ○○(○○동)
(전화번호 : 000-0000)

피고소인 ○ ○ ○ (000000-0000000)
○○시 ○○구 ○○로 ○○(○○동)
(전화번호 : 000-0000)

고 소 취 지

피고소인에 대하여 출판물에 의한 명예훼손죄로 고소하오니 처벌하여 주시기 바랍니다.

고 소 사 실

1. 고소인은 K기업의 신기술개발 연구팀에서 근무하고 있는 자이며, 피고소인은 K기업과 경쟁사인 S기업의 다른 연구팀에 근무하는 자입니다.

2. 고소인이 소속된 연구팀에서 혁신적인 기술을 개발하여서 이를 발표하자, 피고소인은 자신들이 개발한 기술내용을 고소인이 빼돌려서 발표를 한 것이라며 “기업의 양심을 팔아먹은 자”라는 등의 내용을 주간잡지에 실은 적이 있습니다.

3. 그러나 고소인이 개발한 기술은 고소인이 ○년에 걸쳐서 연구원들과 머리를 맞대고 개발한 기술로서 신생기업인 S기업이 쉽게 개발할 수 없는 기술임에도 불구하

고 단지 고소인을 비방할 목적으로 주간지에 기사화한 사실이 있으므로 철저히 조사하시어 엄벌하여 주시기 바랍니다.

첨 부 서 류

1. 주간지 1부

20○○. ○. ○.

위 고소인 ○ ○ ○ (인)

○○경찰서장 귀하

[서식(고소장) 199] 컴퓨터 등 사용사기죄(인터넷을 이용 타인의 카드로 물품 거래)

고 소 장

고 소 인 ○ ○ ○ (000000-0000000)
○○시 ○○구 ○○로 ○○(○○동)
(전화번호 : 000-0000)

피고소인 ○ ○ ○ (000000-0000000)
○○시 ○○구 ○○로 ○○(○○동)
(전화번호 : 000-0000)

고 소 취 지

피고소인에 대하여 컴퓨터 등 사용사기죄로 고소하오니 처벌하여 주시기 바랍니다.

고 소 사 실

1. 피고소인은 일정한 직업이 없는 자인 바, 20○○. ○. ○. 22:00경 서울 이하 불상지에서 컴퓨터 등 정보처리장치인 인터넷사이트 고소인 ○○쇼핑몰 주식회

사 최○○로 명의로 접속하여 동인의 이름으로 상품을 구입하면서 피고소인이 마치 최○○인 것처럼 자신이 부정발급 받은 최○○ 명의의 ○○카드의 카드번호와 비밀번호 등을 입력하고 그 물품대금 ○○만원을 지급하도록 부정한 명령을 입력하여 정보처리를 하게 함으로써 그 금액 상당의 재산상 이득을 취득한 자입니다.

2. 따라서 피고소인을 귀서에 고소하오니 엄중히 조사하시어 처벌하여 주시기 바랍니다.

첨 부 서 류

조사시 자세히 진술하겠습니다.

20○○. ○. ○.

위 고소인 ○ ○ ○ (인)

○○경찰서장 귀하

【판 례】

1. 절취한 신용카드를 이용하여 현금자동지급기에게 현금을 인출한 경우, 현금자동지급기 관리자의 의사에 반하여 그의 지배를 배제하고 그 현금을 자기의 지배하에 옮겨 놓는 것이 되어 절도죄를 구성하나(대법원 1995. 7. 28. 선고 95도997 판결 등 판결), 위 공소사실 기재 행위 중 피고인이 컴퓨터등사용사기죄에 있어서의 컴퓨터 등 정보처리장치에 권한 없이 정보를 입력하여 정보처리를 하게 한 행위에 해당함은 변론으로 하고 이를 절취행위라고 볼 수는 없고, 한편 피고인이 위 계좌이체 후 현금지급기에서 현금을 인출한 행위는 자신의 신용카드나 현금카드를 이용한 것이어서 이러한 현금인출이 현금지급기 관리자의 의사에 반한다고 볼 수 없으므로, 이 또한 절취행위에 해당하지 아니하는바, 결국 위 공소사실 기재 행위는 절도죄를 구성하지 않는다고 보아야 한다(대법원 2008. 6. 12. 선고 2008도2440 판결).
2. 예금주인 현금카드 소유자로부터 일정한 금액의 현금을 인출해 오라는 부탁을 받으면서 이와 함께 현금카드를 건네받은 것을 기화로 그 위임을 받은 금액을 초과하여 현금을 인출하는 방법으로 그 차액 상당을 위법하게 이득할 의사로 현금자동지급기에 그 초과된 금액이 인출되도록 입력하여 그 초과된 금액의 현금을 인출한 경우에는 그 인출된 현금에 대한 점유를 취득함으로써 이때에 그 인출한 현금총액 중 인출을 위임받은 금액을 넘는 부분의 비율에

상당하는 재산상 이익을 취득한 것으로 볼 수 있으므로 이러한 행위는 그 차액 상당액에 관하여 형법 제347조의2(컴퓨터등사용사기)에 규정된 '컴퓨터 등 정보처리장치에 권한 없이 정보를 입력하여 정보처리를 하게 함으로써 재산상의 이익을 취득'하는 행위로서 컴퓨터 등 사용사기죄에 해당된다(대법원 2006. 3. 24. 선고 2005 도3516 판결).

3. 컴퓨터등사용사기죄의 범행으로 예금채권을 취득한 다음 자기의 현금카드를 사용하여 현금자동지급기에서 현금을 인출한 경우, 현금카드 사용권한 있는 자의 정당한 사용에 의한 것으로서 현금자동지급기 관리자의 의사에 반하거나 기망행위 및 그에 따른 처분행위도 없었으므로, 별도로 절도죄나 사기죄의 구성요건에 해당하지 않는다 할 것이고, 그 결과 그 인출된 현금은 재산범죄에 의하여 취득한 재물이 아니므로 장물이 될 수 없다(대법원 2004. 4. 16. 선고 2004도353 판결).

[서식(고소장) 200] 컴퓨터 등 사용사기죄(인터넷뱅크를 이용 금원 편취)

고 소 장

고 소 인 ○ ○ ○ (000000-0000000)
○○시 ○○구 ○○로 ○○(○○동)
(전화번호 : 000-0000)

피고소인 ○ ○ ○ (000000-0000000)
○○시 ○○구 ○○로 ○○(○○동)
(전화번호 : 000-0000)

고 소 취 지

피고소인에 대하여 컴퓨터 등 사기죄로 고소하오니 처벌하여 주시기 바랍니다.

고 소 사 실

1. 고소인은 피고소인과는 아무런 친 · 인척관계가 없습니다.
피고소인은 고소인이 운영하던 ○○레스토랑의 종업원으로 일하던 사람인데 피고소인은 평소 위 레스토랑의 운영에 바빠서 20○○. ○. ○.경부터는 고소인도 인터넷으로 은행거래(인터넷 뱅킹)를 하고자 이러한 거래경험이 많던 피고소인의 도움을 받아 처음 몇 차례 인터넷 뱅킹을 하였습니다.

2. 그런데 피고소인은 고소인의 인터넷 뱅킹을 도와주면서 고소인의 계좌번호와

비밀번호를 알게 되었음을 기화로 인터넷 뱅킹을 이용하여 고소인 모르게 고소인의 ○○은행 계좌로부터 20○○. ○. ○. 15:20경 금 900만원, 다음날 17:40경 600만원 등 합계 금 1,500만원을 자신의 통장으로 계좌이체를 한 후 이를 인출하여 소비함으로써 고소인에게 위 금액만큼의 손해를 입힌 것입니다.

3. 그럼에도 불구하고 피고소인은 자신이 한 것이 아니라고 변명하면서 고소인의 변제독촉에도 차일피일 미루기만 하고 있는 자이므로, 철저히 조사하시어 처벌하여 주시기 바랍니다.

첨 부 서 류

1. 통장 사본 1통
1. 거래내역 사본 1통

조사시 자세히 진술하겠습니다.

20○○. ○. ○.

위 고소인 ○ ○ ○ (인)

○○경찰서장 귀하

[서식(고소장) 201] 퇴거불응죄(교회출입금지 의결절차 불응)

고 소 장

고 소 인 ○ ○ ○ (000000-0000000)
○○시 ○○구 ○○로 ○○(○○동)
(전화번호 : 000-0000)

피고소인 ○ ○ ○ (000000-0000000)
○○시 ○○구 ○○로 ○○(○○동)
(전화번호 : 000-0000)

고 소 취 지

고소인은 피고소인을 상대로 퇴거불응죄로 고소하오니 처벌하여 주시기 바랍니다.

고 소 사 실

1. 고소인은 ○○교회 당회장이며 피고소인은 속칭 ○○왕국회관(일명 여호와증인)의 신도입니다.

2. 피고소인은 20○○. ○. ○. 예배의 목적이 아니라 ○○교회의 예배를 방해하여 교회의 평온을 해할 목적으로 ○○교회에 출입하여 진정한 하느님의 자식은 자신들 뿐이다는 고함을 지르며 ○○교회의 예배를 방해하여 위 교회 건물의 관리주체라고 할 수 있는 ○○교회 교회당회에서 피고소인에 대한 교회출입금지의결을 하고, 이에 따라 위 교회의 관리인인 위 고소인이 피고소인에게 퇴거를 요구하였으나 약 1시간 이상 위와 같은 고함을 지르며 퇴거 요구에 불응한 사실이 있습니다.

3. 위 사실과 같이 피고소인의 교회출입을 막으려는 위 ○○교회의 의사는 명백히 나타난 것이기 때문에 이에 기하여 퇴거요구를 한 것은 정당하고 이에 불응하여 퇴거를 하지 아니한 행위는 퇴거불응죄에 해당되며 교회는 교인들의 총유에 속하는 것으로서 교인들 모두가 사용수익권을 갖고 있고, 출입이 묵시적으로 승낙되어 있는 장소이나 이 같은 일반적으로 개방되어 있는 장소라도 필요한 때는 관리자가 그 출입을 금지 내지 제한할 수 있으므로 피고소인을 철저히 조사하시어 처벌하여 주시기 바랍니다.

첨 부 서 류

1. 주민확인서 1통

조사시 자세히 진술하겠습니다.

20○○. ○. ○.

위 고소인 ○ ○ ○ (인)

○○경찰서장 귀하

[서식(고소장) 202] 특수절도죄(드라이버를 이용하여 현금, 수표절취)

고 소 장

고 소 인 ○ ○ ○ (000000-0000000)
○○시 ○○구 ○○로 ○○(○○동)
(전화번호 : 000-0000)

피고소인 ○ ○ ○ (000000-0000000)
○○시 ○○구 ○○로 ○○(○○동)
(전화번호 : 000-0000)

고 소 취 지

피고소인에 대하여 특수절도죄로 고소하오니 처벌하여 주시기 바랍니다.

고 소 사 실

1. 피고소인은 노동에 종사하는 자인 바, 20○○. ○. ○. 20:00경 ○○시 ○○구 ○○로 ○○(○○동)에 위치한 고소인의 집이 비어 있음을 알고 미리 준비하여 가지고 간 길이 20㎝ 직경 1㎝의 드라이버로 시정된 출입문 자물쇠를 강제로 뜯어 열고 들어가 내실 화장 서랍 속에서 현금 일만원권 22매(220,000원)와 가계수표(백지) 12장 등을 절취한 것입니다.

2. 따라서 피고소인을 귀서에 고소하오니 철저히 조사하시어 처벌하여 주시기 바랍니다.

20○○. ○. ○.

위 고소인 ○ ○ ○ (인)

○○경찰서장 귀하

【주】

야간에 망치로 자동차 유리창을 깨고 차안에 들어가 배선 연결하여 시동을 걸어 차량을 절취하였더라도 특수절도죄(형법 제331조 제1항)가 성립하지 않는다. 차량은 장벽이나 건조물이 아니므로 절도죄가 성립한다.

[서식(고소장) 203] 특수주거침입죄(흉기를 보이며 퇴거불응)

고 소 장

고 소 인 ○ ○ ○ (000000-0000000)
○○시 ○○구 ○○로 ○○(○○동)
(전화번호 : 000-0000)

피고소인 ○ ○ ○ (000000-0000000)
○○시 ○○구 ○○로 ○○(○○동)
(전화번호 : 000-0000)

고 소 취 지

고소인은 피고소인에 대하여 특수주거침입죄로 고소하오니 처벌하여 주시기를 바랍니다.

고 소 사 실

1. 피고소인은 일정한 직업이 없는 자로서, 20○○. ○. ○. 11:50경 ○○시 ○○로 ○○(○○동)에 위치한 ○○주점에서 술을 마시다가, 고소인의 집 종업원인 고소외 ○○○가 폐점시간임을 알리며 나가달라고 요구하자 소지하고 있던 길이 약 14㎝의 주머니칼을 꺼내 보이며 "나는 내가 가고 싶을 때 간다. 다시 귀찮게 하면 혼날 줄 알아라"라고 말하고 약 3시간 동안 그곳에 머물러, 퇴거요구를 받았음에도 위험한 물건을 휴대하고 그 요구에 응하지 않은 자입니다.

2. 따라서 위와 같은 사실로 피고소인을 고소하오니 철저히 조사하시어 처벌하여 주시기 바랍니다.

입 증 방 법

조사시 자세히 진술하겠습니다.

20○○. ○. ○.

위 고소인 ○ ○ ○ (인)

○○경찰서장 귀하

【주】

1. 위험한 물건을 휴대한 경우는 처음부터 가지고 들어가는 때에 한하지 않고 주거침입 등의 범죄가 계속하는 동안 가지고 있으면 됩니다. 또 그것을 외부에 꺼내어 보이거나, 피해자가 이를 인식할 필요도 없다.
2. 사람의 주거는 그 자체를 위한 건조물 외에 그에 부속된 건조물 등을 포함한다(예 : 정원 등).
3. 건조물이란 주거를 제외한 일체의 건물을 말한다(예 : 공장 · 창고 · 관공서의 청사 등).
4. 선박은 그 크기를 묻지 않지만 적어도 주거에 사용될 수 있을 정도이어야 한다.
5. 점유하는 방실은 건물 내에서 사실상 지배 · 관리하는 구획을 말한다(예 : 점포, 사무실, 연구실, 여관의 투숙중인 방).

【판 례】

일반적으로 대학교의 강의실은 그 대학 당국에 의하여 관리되면서 그 관리업무나 강의와 관련되는 사람에 한하여 출입이 허용되는 건조물이지 널리 일반인에게 개방되어 누구나 자유롭게 출입할 수 있는 곳은 아니다(대법원 1992. 9. 25. 선고 92도1520 판결).

[서식(고소장) 204] 특수협박죄(흉기로 협박하며 채무 독촉)

고 소 장

고 소 인 ○ ○ ○ (000000-0000000)
○○시 ○○구 ○○로 ○○(○○동)
(전화번호 : 000-0000)

피고소인 ○ ○ ○ (000000-0000000)
○○시 ○○구 ○○로 ○○(○○동)
(전화번호 : 000-0000)

고 소 취 지

고소인은 피고소인에 대하여 특수협박죄로 고소하오니 처벌하여 주시기 바랍니다.

고 소 사 실

1. 피고소인은 일정한 직업이 없는 자로서, 20○○. ○. ○.경 평소 알고 지내는 고소외 노○○가 고소인에게 빌려준 돈을 받아 달라고 부탁을 받고 같은 날 21:00경 ○○시 ○○로 ○○(○○동)에 있는 고소인의 집에 찾아가서 고소인을 근처 공원으로 데리고 가 고소인에게 "당신은 왜 노○○에게 빌린 돈을 갚지 않는가. 갚을 생각은 있는가, 갚겠다면 지금부터 돈을 돌려 내일 저녁 6시까지 우리 집으로 가지고 오라"고 말했으나 고소인이 아무 말도 하지 않자, 바지의 허리띠 뒤쪽에 가지고 있던 길이 10㎝ 되는 칼을 꺼내 이리저리 만지작거리면서 "이것을 사용하고 싶지는 않지만 당신이 계속 벙어리 행세를 하면 할 수 없다"라고 말하여, 고소인이 피고소인의 요구에 응하지 아니할 때에는 그의 생명 또는 신체의 대하여, 어떠한 위해를 가할 듯한 태도를 보여서 고소인을 협박하였습니다.

2. 따라서 피고소인을 귀서에 고소하오니 철저히 조사하시어 처벌하여 주시기 바랍니다.

첨 부 서 류

조사시 자세히 진술하겠습니다.

20○○. ○. ○.

위 고소인 ○ ○ ○ (인)

○○경찰서장 귀하

【주】

단체 또는 다중의 위력을 보이거나 위험한 물건을 휴대하여 전조 제1항, 제2항의 죄를 범한 때에는 7년 이하의 징역 또는 1천만원 이하의 벌금에 처한다{형법 제284조(특수협박)}.

[서식(고소장) 205] 편의시설부정사용죄(고객이 커피자판기 훼손)

고 소 장

고 소 인 ○ ○ ○ (000000-0000000)
○○시 ○○구 ○○로 ○○(○○동)
(전화번호 : 000-0000)

피고소인 ○ ○ ○ (000000-0000000)
○○시 ○○구 ○○로 ○○(○○동)
(전화번호 : 000-0000)

고 소 취 지

피고소인을 편의시설부정사용죄로 고소하오니 처벌하여 주시기 바랍니다.

고 소 사 실

1. 고소인은 ○○시 ○○로 ○○(○○동)에서 ○○식당이라는 상호로 음식판매업을 하고 있으며 고소인의 가게 앞에 커피자판기를 설치해 놓았습니다.

2. 위 자판기는 100원 및 500원짜리 동전과 1,000원권 지폐를 이용하여 사용할 수 있는데 20○○. ○. 초순경부터 커피자판기에서 500원짜리 동전과 비슷한 무게와 크기의 물체가 자주 나오고, 간혹 자판기 고장을 일으키곤 하여 커피자판기를 누군가 부정하게 사용하고 있다는 생각이 들었습니다.
고소인은 자판기를 부정하게 사용하는 사람이 있는지를 유심히 살펴보았으나 범인을 잡지 못하고, 20○○. ○.부터는 동전이 아닌 물체가 상당히 많이 나와 자판기 영업을 하지 못할 지경이 되어 20○○. ○. ○.에 자판기 주변에 무인카메라를 설치하였는데 그날 밤 주위를 살피며 자판기를 이용하는 사람이 비디오카메라에 잡혀 얼굴을 확인한 결과 ○○시 ○○로 ○○(○○동)에 사는 피고소인이었습니다.

3. 따라서 피고소인이 부정한 방법으로 커피자판기를 이용하는 바람에 고소인은 자판기영업에 막대한 손실을 보았으므로 피고소인을 철저히 조사하시어 형법 제348조의2에 따라 처벌하여 주시기 바랍니다.

20○○. ○. ○.

위 고소인 ○ ○ ○ (인)

○○경찰서장 귀하

[서식(고소장) 206] 폭행죄(애인이 폭행)

고 소 장

고 소 인 ○ ○ ○ (000000-0000000)
○○시 ○○구 ○○로 ○○(○○동)
(전화번호 : 000-0000)

피고소인 ○ ○ ○ (000000-0000000)
○○시 ○○구 ○○로 ○○(○○동)
(전화번호 : 000-0000)

고 소 취 지

피고소인에 대하여 폭행죄로 고소하오니 처벌하여 주시기 바랍니다.

고 소 사 실

1. 피고소인은 일정한 직업이 없는 자로서, 20○○. ○. ○. 22:30경 ○○시 ○○구 ○○로 ○○(○○동) 앞 노상에서 약 8개월간 사귀어온 고소인에게 다른 남자와 놀아난다는 이유로 오른 손바닥으로 고소인의 왼쪽 뺨을 1회 때리고, 오른발로 대퇴부를 1회 차는 등 폭행한 것입니다.

2. 따라서 피고소인을 귀서에 고소하오니 철저히 조사하시어 처벌하여 주시기 바랍니다.

첨 부 서 류

1. 진단서 1통

1. 목격자 진술서 1통

20○○. ○. ○.

위 고소인 ○ ○ ○ (인)

○○경찰서장 귀하

【주】

1. 서로 시비하다가 밀어 넘어뜨려서 바닥유리에 찔려 상처를 냈을 경우 상해죄가 아니고 폭행치상죄가 성립한다.
2. 사람의 신체에 대한 유형력의 행사가 생리적 기능을 훼손하거나 건강을 해칠 정도는 필요 없고, 그런 경우에는 상해에 해당한다. 즉 사람에게 돈을 던지거나, 뺨을 때리거나, 침을 뱉거나, 손이나 옷을 잡아당기거나 미는 경우는 물론 머리털이나 수염을 자르는 것도 폭행에 해당한다.
3. 폭행을 가하면서 그 사실을 협박한 때에는 협박되는 이른바 불가벌적 수반행위로서 폭행죄에 흡수된다.
4. 폭행치상은 상해죄를 적용하고 폭행죄를 적용하지 않는다.
5. 상해의 고의로 때렸으나 폭행의 정도에 그쳤을 때에는 상해미수가 되며, 반대로 폭행의 고의로 상해의 결과가 발생한 때에는 폭행치상이 된다.

[서식(고소장) 207] 폭행죄(음식점에서 손님이 종업원에게 행패)

고 소 장

고 소 인 ○ ○ ○ (000000-0000000)
○○시 ○○구 ○○로 ○○(○○동)
(전화번호 : 000-0000)

피고소인 ○ ○ ○ (000000-0000000)
○○시 ○○구 ○○로 ○○(○○동)
(전화번호 : 000-0000)

고 소 취 지

피고소인에 대하여 폭행죄로 고소하오니 처벌하여 주시기 바랍니다.

고 소 사 실

피고소인은 일정한 직업이 없는 자로서, 20○○. ○. ○. 00:00경 ○○시 ○○구 ○○로 ○○(○○동)에 위치한 고소인이 경영하는 '○○음식점'에 들어와서 공연히 종업원에게 시비를 걸어 욕설을 하면서 행패를 부리는 것을 고소인이 말리자 피고소인은 고소인에게 너도 똑같은 놈이라며 뺨을 때리고 머리채를 잡아 흔드는 등 폭행을 가한 사실이 있어 고소하오니 철저히 조사하시어 처벌하여 주시기 바랍니다.

첨 부 서 류

1. 진단서 1통
1. 목격자 진술서 1통

20○○. ○. ○.

위 고소인 ○ ○ ○ (인)

○○경찰서장 귀하

[서식(고소장) 208] 폭행가혹행위죄(경찰관이 피의자를 폭행)

고 소 장

고 소 인 ○ ○ ○ (000000-0000000)
○○시 ○○구 ○○로 ○○(○○동)
(전화번호 : 000-0000)

피고소인 ○ ○ ○ (000000-0000000)
○○시 ○○구 ○○로 ○○(○○동)
(전화번호 : 000-0000)

고 소 취 지

고소인은 피고소인에 대하여 폭행가혹행위죄로 고소하오니 처벌하여 주시기 바랍니다.

고 소 사 실

1. 피고소인은 경찰서 소속 사법경찰관인 자이고, 고소인은 경찰서 관할구역 내에서 야채장사를 하는 상인입니다.

2. 20○○. ○. ○. 오후 5시경 시장 내에서 고소인이 영업을 하고 있던 중 시장 내 주변 상인인 고소외 ○○○와 시비가 붙어 몸싸움을 벌이고 있었는데, 마침 순찰중인 경찰서 소속 피고소인을 포함한 경찰관 2인에 의해 경찰서로 연행되었습니다.

3. 20○○. ○. ○. 오후 7:30시까지 조사를 받고, 유치장에 구금되었는데, 고소인이 빨리 풀어달라고 요구하자, 피고소인이 갑자기 유치장 안에 있던 고소인을 끌어내더니 복부와 허벅지를 구타하고 얼굴을 수십 차례 주먹으로 가격하는 등 폭행을 하였습니다.

4. 고소인은 다음날 풀려났지만 그 날의 폭행으로 육체적은 물론이고 정신적인 피해를 입었는바, 위 피고소인의 행위는 자신의 직위를 남용하여 힘없는 일반시민에 대해 가혹행위를 한 것이므로, 피고소인을 폭행 · 가혹 행위죄로 고소하오니 철저히 조사하시어 처벌하여 주시기 바랍니다.

입 증 방 법

1. 진술서 1부
1. 진단서 1부

조사시 자세히 진술하겠습니다.

20○○. ○. ○.

위 고소인 ○ ○ ○ (인)

○○경찰서장 귀하

[서식(고소장) 209] 폭행치상죄(건물소유주가 임차인을 폭행)

고 소 장

고 소 인 ○ ○ ○ (000000-0000000)
○○시 ○○구 ○○로 ○○(○○동)
(전화번호 : 000-0000)

피고소인 ○ ○ ○ (000000-0000000)
○○시 ○○구 ○○로 ○○(○○동)
(전화번호 : 000-0000)

고 소 취 지

피고소인에 대하여 폭행치상죄로 고소하오니 처벌하여 주시기 바랍니다.

고 소 사 실

1. 피고소인은 고소인이 고소외 ○○○소유 주택을 경락으로 매수한 ○○시 ○○구 ○○로 ○○(○○동)의 주택을 임대하여 거주하고 있는 자입니다.

2. 고소인이 20○○. ○. ○. 오후 2시경 ○○동에 위치한 ○○다방에서 피고소인에게 위 주택에 대한 인도를 요구하자, "내 집인데 누구 마음대로 집을 샀느냐"며 갑자기 멱살을 잡고 팔을 비틀어 쓰러뜨린 후 안면, 목, 가슴 등을 가리지 않고 구두 신은 발로 짓밟아 피고소인은 고소인에게 전치 4주를 요하는 상해를 입힌 자입니다.

3. 따라서 피고소인을 귀서에 고소하오니 철저히 조사하시어 처벌하여 주시기 바랍니다.

첨 부 서 류

1. 진단서 1통
1. 목격자 진술서 1통

20○○. ○. ○.

위 고소인 ○ ○ ○ (인)

○○경찰서장 귀하

[서식(고소장) 210] 피의사실공표죄(회사 기밀사실 언론에 발표)

고 소 장

고 소 인 ○ ○ ○ (000000-0000000)
○○시 ○○구 ○○로 ○○(○○동)
(전화번호 : 000-0000)

피고소인 ○ ○ ○ (000000-0000000)
○○시 ○○구 ○○로 ○○(○○동)
(전화번호 : 000-0000)

고 소 취 지

고소인은 피고소인을 상대로 피의사실공표죄로 고소하오니 처벌하여 주시기 바랍니다.

고 소 사 실

1. 고소인은 20○○. ○. ○. 고소인이 근무하였던 A주식회사의 대표이사 ○○○으로부터 A주식회사의 기밀서류로 전세계의 관심을 끌고 있던 신개발약품의 제조공정도면 및 사업계획서를 경쟁사인 B주식회사 기술기획실 실장인 ○○○에게 건네주는 등 회사의 기밀을 누설하였다는 이유로 고소를 당하여 관할 경찰서인 ○○경찰서에서 조사를 받은 사실이 있습니다.

2. 고소인이 관할 경찰서에서 조사를 받을 당시 범죄사실을 강력히 부인하며 고소인이 A주식회사의 기밀서류를 넘겨주었다고 하는 시점을 전후하여 약 ○개월 동안을 해외에 있었으므로 A주식회사의 신제품제조공정도면이나 사업계획서를 접할 수가 없었음을 진술하고, 해외에 있었다는 사실을 증명하기 위하여 출입국에 관한

사실증명서까지 제출한 사실이 있습니다.

3. 그러나 관할경찰서의 수사담당과장인 ○○○는 20○○. ○. ○. A주식회사의 신개발약품에 대하여 각 언론기관 등이 많은 관심을 가지고 있자 참고인들의 진술이 명백하지 않으며, 참고인들 간에도 진술이 일치하지 않고 있음에도 중간 수사결과에 대한 보도자료를 작성하여 K일보의 ○○○ 등 각 언론사의 기자들에게 배포한 사실이 있는바, 동 보도자료에 의하면 고소인이 B회사에 스카우트되기 위하여 기밀서류를 유출하였음이 밝혀졌다고 발표하면서, 향후의 수사계획까지 발표한 사실이 있습니다.

4. 위와 같이 수사담당경찰관인 피고소인 ○○○는 고소인의 비밀누설혐의가 불확실한 상태에서 공소제기 전에 고소인의 피의사실을 각 언론기관 등에 발표를 하였으므로 이에 대하여 피고소인의 위법 여부를 철저히 조사하시어 처벌하여 주시기 바랍니다.

첨 부 서 류

1. 보도자료 사본 1부
1. 신문기사 사본 5부
1. 출입국에 관한 사실증명 1부
   조사시 자세히 진술하겠습니다.

20○○. ○. ○.

위 고소인 ○ ○ ○ (인)

○○경찰서장 귀하

[서식(고소장) 211] 학대죄(봉제공장 사장이 근로자를 폭행)

고 소 장

고 소 인　　○　○　○ (000000-0000000)
　　　　　　○○시 ○○구 ○○로 ○○(○○동)
　　　　　　(전화번호 : 000-0000)

피고소인　　○　○　○ (000000-0000000)
　　　　　　○○시 ○○구 ○○로 ○○(○○동)
　　　　　　(전화번호 : 000-0000)

고 소 취 지

피고소인에 대하여 학대죄로 고소하오니 처벌하여 주시기 바랍니다.

고 소 사 실

1. 신분관계

피고소인은 ○○시 ○○구 ○○로 ○○(○○동)에서 봉제공장을 운영하는 자이고, 고소인은 피고소인에게 고용되어 그의 보호와 감독 하에 공장에서 기숙하며 근로를 제공하고 있는 근로자입니다.

2. 고소내용

고소인은 20○○. ○. ○.부터 피고소인의 ○○봉제공장에서 기숙하며 일을 하고 있는데, 고소인이 처음 해보는 일이라 잘하지 못하는 경우가 많았는데 이를 이유로 피고소인이 20○○. ○. ○. 00:00경부터 식사도 못하게 하고 동일 00:00경까지 무릎을 꿇려놓는 등의 징벌을 준 바 있고, 또한 같은 해 ○. ○.에도 저녁식사를 못하게 하고 징벌을 주는 등 그 후에도 비슷한 처벌을 여러 차례 준바 있고, 20○○. ○. ○.부터는 고소인의 가슴부위와 다리부위 등에 폭행을 행사하기도 하여 최근까지 계속 이루어져 왔습니다.

3. 결 론

위의 사실과 같이 피고소인은 자기의 보호, 감독을 받고 있는 고소인에게 식사를 자주 주지 않고, 필요한 휴식을 불허한 경우가 많으며, 또한 지나치게 빈번한 징계행위로 고소인에게 피해를 주었는바, 이에 피고소인을 귀서에 고소하오니 철저히 조사하시어 처벌하여 주시기 바랍니다.

20○○. ○. ○.

위 고소인 ○ ○ ○ (인)

○○경찰서장 귀중

[서식(고소장) 212] 협박죄(무전취식혐의로 체포되자 원한으로 협박)

고 소 장

고 소 인 ○ ○ ○ (000000-0000000)
○○시 ○○구 ○○로 ○○(○○동)
(전화번호 : 000-0000)

피고소인 ○ ○ ○ (000000-0000000)
○○시 ○○구 ○○로 ○○(○○동)
(전화번호 : 000-0000)

고 소 취 지

피고소인에 대하여 협박죄로 고소하오니 처벌하여 주시기 바랍니다.

고 소 사 실

1. 피고소인은 일정한 직업이 없는 자로서, 20○○. ○. ○. 14:20경, 평소 함께 다니던 형이 ○○시 ○○구 ○○로 ○○(○○동)에 위치한 "파라다이스"란 상호로 룸싸롱을 경영하는 고소인의 점포에서 무전취식한 혐의로 체포되었다는 말을 듣고, 위 룸싸롱을 찾아가 고소인에게 "네가 뭔데 우리 형님한테 콩밥을 먹이냐, 밀고한 걸 곧 후회하게 될 것이다. 형님이 풀려나오면 가만 두지 않겠다"고 떠들면서 고소인의 신체 등에 어떻게 위해를 가할지도 모른다는 뜻을 고지하여 고소인을 협박하였습니다.

2. 따라서 피고소인을 귀서에 고소하오니 철저히 조사하시어 처벌하여 주시기 바랍니다.

첨 부 서 류

조사시 자세히 진술하겠습니다.

20○○. ○. ○.

위 고소인 ○ ○ ○ (인)

○○경찰서장 귀하

【주】

1. 협박이란 해악을 고지하여 상대방에게 공포심을 일으키는 것을 말한다. 단순한 욕설은 협박에 해당하지 않는다.
2. 해악이 반드시 현실적으로 발생가능하거나, 행위자에게 실현의사가 있을 필요는 없으며 객관적으로 행위자에게 해악의 실현의사가 있다는 인상을 주고 상대방이 그럴 것이라고 인식하면 족하다. 그러나 행위자에게 해악을 실현할 의사가 없는 것이 명백한 때에는 협박이라고 할 수 없다.
3. 단순히 자연발생적인 길흉화복이나 천재지변의 도래를 알리는 것은 경고에 지나지 않아서 협박이라고 할 수 없다.
4. 고지된 해악의 내용에는 제한이 없어 생명, 신체, 자유, 명예, 재산에 대한 해악뿐만 아니라 정조, 업무, 신용 등에 대한 일체의 해악이 이에 해당된다. 또 본인뿐만 아니라 본인과 밀접한 관계에 있는 제3자에 대한 해악도 이에 포함된다.
5. 의사의 자유를 침해해야 완성되는 침해범이므로 해악의 고지로 상대방에게 공포심이 일어났을 때 기수가 되며, 해악을 고지했으나 전혀 공포심을 느끼지 않은 때에는 미수가 된다.
6. 해악의 고지가 합법적인 권리의 행사로서 사회상규에 반하지 않는 때에는 협박죄가 성립하지 않지만, 권리행사를 넘어 실질적으로 사회상규에 반하는 때에는 협박죄가 성립한다. 즉, 채무의 변제를 독촉하면서 고소하여 구속시키겠다고 말한 경우는 협박이 아니지만 채무의 변제를 독촉하면서 생명 · 신체에 대한 위해를 고지하는 때에는 협박이 된다.
7. 고소권이 남용된 경우에는 협박죄가 성립한다. 예를 들면 회사의 돈을 횡령한 여사원에게 고소하겠다고 하면서 성교를 요구한 경우가 여기에 해당한다.

【판 례】

1. 친권자가 자(子)에게 야구방망이로 때릴 듯한 태도를 취하면서 "죽여 버리겠다"고 말한 경우, 협박죄를 구성한다(대법원 2002. 2. 8. 선고 2001도6468 판결).

2. 피해자와 언쟁 중 "입을 찢어 버리겠다"라고 한 말은 당시의 주위사정 등에 비추어 단순한 감정적인 욕설에 불과하고 피해자에게 해악을 가할 것을 고지한 행위라고 볼 수 없어 협박에 해당하지 않는다(대법원 1996. 7. 22. 선고 86도1140 판결).

[서식(고소장) 213] 협박죄(임차기간 도래 전에 인도요구하며 협박)

고 소 장

고 소 인 ○ ○ ○ (000000-0000000)
○○시 ○○구 ○○로 ○○(○○동)
(전화번호 : 000-0000)

피고소인 ○ ○ ○ (000000-0000000)
○○시 ○○구 ○○로 ○○(○○동)
(전화번호 : 000-0000)

고 소 취 지

피고소인에 대하여 협박죄로 고소하오니 처벌하여 주시기 바랍니다.

고 소 사 실

1. 사건의 경위

가. 고소인은 20○○. ○. ○. 피고소인 소유의 ○○시 ○○구 ○○로 ○○(○○동) 지상 상가를 보증금 ○○○원, 월세 ○○원, 임대차기간 20○○. ○. ○.까지로 정하여 임차하여 지금까지 식당업을 하고 있습니다.

나. 피고소인은 자신이 위 상가에서 식당업을 하겠다며, 임대차기간이 만료되기 전임에도 수차에 걸쳐 고소인에게 상가를 인도하여 줄 것을 요구하여 오다가, 20○○. ○. ○. 00:00경 고소인이 운영하는 위 '○○○'식당에 찾아와서 '일주일 내로 상가를 비워주지 않으면 고소인 및 고소인의 가족을 죽여 버리겠다'는 내용의 협박을 하여 고소인은 심한 공포를 느꼈습니다.

2. 피고소인의 범죄행위로 인한 피해상황

피고소인의 위 협박행위 이후, 피고소인이 고소인이나 고소인의 아이들에 대하여 신체적 가해를 하지 않나 하는 두려움에 아이들이 학교를 가거나 외출할 때에는 꼭 고소인이 따라 다니고 있는 실정이며, 극심한 정신적인 고통을 겪다가 결국 신경쇠약으로 정신과적 치료를 받기도 하였습니다.

3. 결 론

이상의 이유로 피고소인을 협박죄로 고소하오니, 부디 고소인 및 고소인 가족의 안전을 위해서라도 피고소인을 철저히 조사하시어 처벌하여 주시기 바랍니다.

첨 부 서 류

1. 상가임대차계약서 사본 1통
1. 내용증명 각 1통
1. 국립정신병원 진단서 1통

조사시 자세히 진술하겠습니다.

20○○. ○. ○.

위 고소인 ○ ○ ○ (인)

○○경찰서장 귀하

[서식(고소장) 214] 횡령죄(약속어음을 할인하여 유흥비로 소비)

고 소 장

고 소 인 ○ ○ ○ (000000-0000000)
○○시 ○○구 ○○로 ○○(○○동)
(전화번호 : 000-0000)

피고소인 ○ ○ ○ (000000-0000000)
○○시 ○○구 ○○로 ○○(○○동)
(전화번호 : 000-0000)

고 소 취 지

피고소인에 대하여 횡령죄로 고소하오니 처벌하여 주시기 바랍니다.

고 소 사 실

1. 피고소인은 일정한 직업이 없는 자인 바, 20○○. ○. ○.경 ○○시 ○○구 ○○로 ○○(○○동)에 위치한 고소인의 집에서 동인으로부터 액면금 3,000만원 약속어음 1매에 대한 할인의뢰를 받고 이를 보관 중 같은 달 ○.경 ○○시 ○○구 ○○로 ○○(○○동)에서 고소외 ○○○로부터 선이자 150만원을 공제하고 2,850만원에 할인하여 고소인을 위해 보관 중 그 무렵 유흥비로 임의 소비하여 이를 횡령한 자입니다.
2. 위와 같은 사실을 들어 피고소인을 고소하오니 철저히 조사하시어 처벌하여 주시기 바랍니다.

입 증 방 법

조사시 자세히 진술하겠습니다.

20○○. ○. ○.

위 고소인 ○ ○ ○ (인)

○○경찰서장 귀하

【주】

1. 횡령죄란 타인의 재물을 보관하는 자가 그 재물을 가로채거나 반환을 거부함으로써 성립하는 범죄이다. 재물만을 객체로 하는 점은 절도죄와 같으나 타인의 점유를 침해하지 않는 점에서 구별된다. 형법이 횡령죄를 가볍게 처벌하는 이유는 자기가 점유하는 재물을 영득하는 것은 그 방법이 평화적인 뿐만 아니라 그 동기가 유혹적이라는 데 있다.
2. 부동산에 관하여 외견상 유효하게 처분할 수 있는 지위에 있는 자를 보관자라고 할 수 있다. 먼저 부동산을 사실상 지배하고 있는 자는 등기명의의 여하와 상관없이 그 부동산의 보관자가 된다. 부동산을 명의신탁받은 자도 그 부동산의 보관자가 되므로 이를 처분한 때에는 횡령죄가 성립한다.
3. 봉함금 또는 공탁금과 같이 특정물로서 위탁된 때에나, 계약에 의하여 수치인이 임치물을 소비할

수 있는 경우(소비임치 등)에는 횡령죄가 성립하는데 의문이 없다. 문제는 일정한 용도에 사용하기 위하여 위탁한 금전을 수탁자가 임의로 사용한 때에 횡령죄로 볼 것인가이다. 여러 가지 견해가 대립하나, 대법원은 일관하여 횡령죄의 성립을 인정하고 있다(1984. 11. 13. 선고 84도1199 판결).

【판 례】

1. 횡령죄는 다른 사람의 재물에 관한 소유권 등 본권을 그 보호법익으로 하고, 위탁이라는 신임관계에 반하여 타인의 재물을 보관하는 자가 이를 횡령하거나 또는 반환을 거부함으로써 성립하는 것이므로, 범인이 위탁자가 소유자를 위해 보관하고 있는 물건을 위탁자로부터 보관받아 이를 횡령한 경우에 형법 제361조에 의하여 준용되는 제328조 제2항 소정의 친족 간의 범행에 관한 조문은 범인과 피해물건의 소유자 및 위탁자 쌍방 사이에 같은 조문 소정의 친족관계가 있는 경우에만 적용되는 것이고, 단지 횡령범인과 피해물건의 소유자 간에만 친족관계가 있거나 횡령범인과 피해물건의 위탁자 간에만 친족관계가 있는 경우에는 그 적용이 없다고 보아야 한다(대법원 2008. 7. 24. 선고 2008도3438 판결).
2. 형법 제355조 제1항 소정의 횡령죄는 타인의 재물을 보관하는 자가 그 재물을 횡령하거나 반환을 거부하는 것을 내용으로 하는 범죄로서, 횡령죄의 주체는 타인의 재물을 보관하는 자이어야 하고, 여기서 보관이라 함은 위탁관계에 의하여 재물을 점유하는 것을 의미하므로, 결국 횡령죄가 성립하기 위하여는 그 재물의 보관자가 재물의 소유자(또는 기타의 본권자)와 사이에 법률상 또는 사실상의 위탁신임관계가 존재하여야 할 것이고(대법원 2005. 6. 24. 선고 2005도24213 판결 등), 또한 부동산의 경우 보관자의 지위는 점유를 기준으로 할 것이 아니라 그 부동산을 제3자에게 유효하게 처분할 수 있는 권능의 유무를 기준으로 결정하여야 할 것이므로, 원인무효인 소유권이전등기의 명의자는 횡령죄의 주체인 타인의 재물을 보관하는 자에 해당한다고 할 수 없다(대법원 2007. 5. 31. 선고 2007도1082 판결).
3. 횡령죄에 있어서 불법영득의 의사라 함은 타인의 재물을 보관하는 자가 위탁의 취지에 반하여 자기 또는 제3자의 이익을 위하여 권한 없이 그 재물을 자기의 소유인 것처럼 처분하는 의사를 의미하는 것으로서, 반드시 자기 스스로 영득하여야만 횡령죄가 성립되는 것은 아니다(대법원 2006. 11. 10. 선고 2004도5167 판결).
4. 횡령죄는 타인의 재물을 보관하는 자가 그 재물을 횡령하는 것을 처벌하는 범죄이므로, 횡령죄가 성립하기 위해서는 횡령의 대상이 된 재물이 타인의 소유일 것을 요하는 것인바, 금전의 수수를 수반하는 사무처리를 위임받은 자가 그 행위에 기하여 위임자를 위하여 제3자로부터 수령한 금전은 목적이나 용도를 한정하여 위탁된 금전과 마찬가지로 달리 특별한 사정이 없는 한 그 수령과 동시에 위임자의 소유에 속하고, 위임을 받은 자는 이를 위임자를 위하여 보관하는 관계에 있다고 보아야 한다(대법원 2005. 11. 10. 선고 2005도3627 판결).
5. 동업관계에 있는 피고인과 피해자 사이에 손익분배의 정산이 되지 아니하였다면 동업자의 한 사람인 피고인은 피고인과 피해자의 합유에 속하는 동업재산이나 동업재산의 매각대금에 대한 지분을 처분할 권한이 없는 것이므로, 피고인이 동업재산인 교회건물의 매각대금을

매수인으로부터 받아 보관 중 임의로 소비하였다면 지분비율에 관계없이 임의로 소비한 금액 전부에 대하여 횡령죄의 죄책을 부담한다(대법원 1996. 5. 22. 선고 95도2824 판결).

6. 피고인이 2천원을 내어 피해자를 통하여 구입한 복권 4장을 피고인과 피해자를 포함한 4명이 한 장씩 나누어 그 당첨 여부를 확인하는 결과 피해자 등 2명이 긁어 확인한 복권 2장이 1천원씩에 당첨되자 이를 다시 복권 4장으로 교환하여 같은 4명이 각자 한 장씩 골라잡아 그 당첨 여부를 확인한 결과 피해자 등 2명이 긁어 확인한 복권 2장이 2천만원씩에 당첨되었으나 당첨금을 수령한 피고인이 피해자에게 그 당첨금의 반환을 거부한 경우, 피고인과 피해자를 포함한 4명 사이에는 어느 누구의 복권이 당첨되더라도 당첨금은 공평하게 나누거나 공동으로 사용하기로 하는 묵시적인 합의가 있었다고 보아야 하므로 그 당첨금 전액은 같은 4명의 공유라고 봄이 상당하여 피고인으로서는 피해자의 당첨금 반환요구에 따라 그의 몫을 반환할 의무가 있고 피고인이 이를 거부하고 있는 상 불법영득의사가 있다는 이유로 횡령죄가 성립될 수 있다(대법원 2000. 11. 10. 선고 2000도4335 판결).

7. 발행인으로부터 일정한 금액의 범위 내에서 액면을 보충·할인하여 달라는 의뢰를 받고 액면 백지인 약속어음을 교부받아 보관 중이던 자가 발행인과의 합의에 의하여 보충권의 한도를 넘어 보충을 한 경우에는 발행인의 서명날인 있는 기존의 약속어음을 발행한 것에 해당하여 이러한 보충권남용행위로 인하여 생겨난 새로운 약속어음을 자신의 채무변제조로 제3자에게 교부하여 임의로 사용하였다고 하더라도, 발행인으로 하여금 제3자에 대하여 어음상의 채무를 부담하는 손해를 입게 한 데에 대한 배임죄가 성립될 수 있음을 변론으로 하고, 보관자의 지위에 있음을 전제로 횡령죄가 성립될 수는 없다(대법원 1995. 1. 20. 선고 94도2760 판결).

8. 양식어업면허권자가 그 어업면허권을 양도한 후 아직도 어업면허권이 자기 앞으로 되어 있음을 틈타서 어업권손실수령을 수령하여 일부는 자기 이름으로 예금하고 일부는 생활비 등에 소비하였다면 이는 횡령죄를 구성한다(대법원 1993. 8. 24. 선고 93도1578 판결).

9. 광업권은 재물인 광물을 취득할 수 있는 권리에 불과하지 재물 그 자체는 아니므로 횡령죄의 객체가 된다고 할 수 없고, 광업법 제12조가 광업권을 물권으로 하고 광업법에서 따로 정한 경우를 제외하고는 부동산에 관한 민법 기타 법령의 규정을 준용하도록 규정하고 있다 하여 광업권이 부동산과 마찬가지로 횡령죄의 객체가 된다고 할 수 없다(대법원 1994. 3. 8. 선고 93도2272 판결).

10. 노트에 피고인이 근무하던 회사의 영업상의 주요사항이 기재되어 있고 그 업무내용과 관련성이 있기는 하였으나, 이는 직무수행상의 일환으로 작성된 것은 아니고 개인적인 필요에 의하여 작성된 것으로서 그 노트에 기재된 내용이 회사의 기밀사항이라 하여도 이 노트는 피고인의 소유에 속한다고 볼 것이어서 퇴직 시에 이를 회사에 반환하지 아니하고 가지고 나온 행위가 횡령죄를 구성한다고 할 수 없다(대법원 1994. 5. 24. 선고 94도763 판결).

11. 위탁자로부터 특정용도에 사용하도록 위임받은 금원을 수탁자가 그 용도에 사용하지 아니하

고 임의로 소비한 행위는 횡령죄를 구성한다(대법원 1994. 9. 9. 선고 94도462 판결).

12. 횡령죄는 위탁이라는 신임관계에 반하여 타인의 재물을 보관하는 자가 이를 횡령하거나 또는 반환을 거부함으로써 성립하는 것이므로, 부동산의 등기명의자인 피고인이 그중 일부 지분을 횡령하였다고 하려면 우선 그 피해자가 그 부동산 지분의 실제 소유권자로서 피고인에게 그 지분을 명의신탁함으로써 피고인과의 사이에 위탁이라는 신임관계가 있어야 할 것이다(대법원 1994. 11. 25. 선고 93도2404 판결).
13. 사립학교법 및 같은 법 시행령이 특히 교비회계에 속하는 수입금에 대하여 그 사용처를 엄격하게 제한하고 다른 회계에 전출하거나 대여할 수 없도록 규정하고 있고, 피고인이 교비회계에 속하는 입학금 등을 송금받은 것은 학교법인의 용도에 전용한 것으로 볼 여지도 있기는 하지만, 교비회계에 속하는 수입금을 다른 회계에 전용하는 것이 사립학교법 위반으로 처벌될 수 있음을 변론으로 하고 그 전용 자체만으로 곧바로 불법영득의사를 실현하는 횡령행위가 된다고 할 수 없다(대법원 1994. 9. 9. 선고 94도998 판결).

[서식(고소장) 215] 횡령죄(다이아몬드 반환 거절)

고 소 장

고 소 인 ○ ○ ○ (000000-0000000)
○○시 ○○구 ○○로 ○○(○○동)
(전화번호 : 000-0000)

피고소인 ○ ○ ○ (000000-0000000)
○○시 ○○구 ○○로 ○○(○○동)
(전화번호 : 000-0000)

고 소 취 지

피고소인에 대하여 횡령죄로 고소하오니 처벌하여 주시기 바랍니다.

고 소 사 실

1. 피고소인은 ○○시 ○○로 ○○(○○동)에서 '금별은별'이라는 상호로 보석가게를 운영하는 자인 바, 20○○. ○. ○. 13:00경 위 가게에 온 성명불상의 손님이 1캐럿짜리 황색다이아몬드를 찾았지만 없어서, 위 같은 동 125번지에 있는 고소인 운영의 '보석나라'에서 손님에게 보여준다며 고소인으로부터 황색다이아몬드

1.05캐럿짜리 1개 시가 1,500만원 상당을 잠시 빌려 손님에게 보여주고 피해자를 위하여 보관하던 중 같은 달 ○.경 고소인이 빌려간 다이아몬드를 돌려달라는 요청을 받고도 아무런 이유 없이 그 반환을 거부하여 이를 횡령한 것입니다.

2. 위와 같은 사실을 들어 피고소인을 고소하오니 철저히 조사하시어 처벌하여 주시기 바랍니다.

입 증 방 법

조사시 자세히 진술하겠습니다.

20○○. ○. ○.

위 고소인 ○ ○ ○ (인)

○○경찰서장 귀하

[서식(고소장) 216] 횡령죄(보관시킨 물품 제3자에게 매각하고 대금 반환하지 않음)

고 소 장

고 소 인 ○ ○ ○ (000000-0000000)
○○시 ○○구 ○○로 ○○(○○동)
(전화번호 : 000-0000)

피고소인 ○ ○ ○ (000000-0000000)
○○시 ○○구 ○○로 ○○(○○동)
(전화번호 : 000-0000)

고 소 취 지

피고소인에 대하여 횡령죄로 고소하오니 처벌하여 주시기 바랍니다.

고 소 사 실

1. 피고소인은 ○○○○ 등을 판매하는 영업을 하는 자로서, 고소인 회사가 팔아달라고 보관시킨 ○○○을 금 ○○○원 어치를 20○○. ○. ○. 소외 ○○○에게 금 ○○○원에 매각하여 그 대금 ○○○원 전부 고소인에게 교부하여야 함에도 불구하고 이를 교부치 아니하고 횡령한 사실이 있습니다.

2. 위와 같은 사실을 들어 피고소인을 고소하오니 철저히 조사하시어 엄벌하여 주시기 바랍니다.

입 증 방 법

조사시 자세히 진술하겠습니다.

20○○. ○. ○.

위 고소인 ○ ○ ○ (인)

○○경찰서장 귀하

[서식(고소장) 217] 횡령 및 배임죄(문중 종토보상금 반환 거절)

고 소 장

고 소 인 ○ ○ ○ (000000-0000000)
○○시 ○○구 ○○로 ○○(○○동)
(전화번호 : 000-0000)

피고소인 ○ ○ ○ (000000-0000000)
○○시 ○○구 ○○로 ○○(○○동)
(전화번호 : 000-0000)

고 소 취 지

고소인은 피고소인을 상대로 횡령 및 배임죄로 고소하오니 처벌하여 주시기 바랍니다.

고 소 사 실

1. **고소인과 피고소인과의 관계**

고소인은 ○○○씨의 시조인 ○○○의 ○○세손인 ○○○군 ○○○을 중시조로 하여 그의 제사와 분묘관리 및 후손들의 친목도모를 위하여 결성된 ○○○대표자이고, 피고소인은 명의 신탁된 종회의 재산을 상속받은 공동명의자 중 한사람입니다.

2. **피고소인이 종토의 공동명의자로 등재된 경위**

고소인 종회는 20○○. ○. ○.경 분할 전 토지인 ○○시 ○○면 ○○리 ○○○ 전 ○○○평 토지를 매수하여 20○○. ○. ○. 충무공의 후손인 망 ○○○, 망 ○○○, 망 ○○○, 망 ○○○ 및 ○○○의 후손인 망 ○○○ 외 5인의 공동명의로 소유권이전등기를 마쳤습니다.

또한 위 토지는 20○○. ○. ○. 위 같은 리 ○○○-○ 전 ○○○㎡, 같은 리 ○○○-○ 전 ○○○㎡, 위 같은 리 ○○○-○ 전 ○○○㎡, 같은 리 ○○○-○ 전 ○○○㎡로 분할되었습니다.

한편, 위 망 ○○○의 지분 5분의 1 중 4,200분의 210은 피고소인 ○○○, 4,200분의 90은 ○○○, 4,200분의 60은 ○○○, 4,200분의 126은 ○○○, 4,200분의 84는 ○○○, 4,200분의 35는 ○○○, 4,200분의 35는 ○○○, 4,200분의 35는 ○○○, 4,200분의 35는 ○○○, 4,200분의 35는 ○○○, 4,200분의 35는 ○○○이 각 상속을 받아 공동명의자가 되었습니다.

3. **종토의 관리현황**

고소인은 위 상속된 토지를 종원들에게 경작하게 하고 그 소출로 일정한 도지를 받아 선조들의 분묘의 관리와 시제 등의 비용에 충당하였으며 위 토지에 대한 각종 세금을 납부하였습니다.

4. **종토에 대한 수용경위 및 대책**

고소인의 종토인 위 토지에 대하여 ○○주식회사에서 시행하는 공익사업에 따라 공익사업을 위한 토지등의취득및보상에관한법률에 의한 협의 또는 수용취득의 대상이 되었고, 이에 고소인은 20○○. ○. ○.경 ○○시 ○○동 ○○식당에서 임원회를 개최하여 수용되는 위 투자에 관하여 위탁된 등기명의자로 부터의 상속등기를 마치고, 그들로 하여금 보상금을 수령하게 한 후 환수할 것을 결의하고, 20○○. ○. ○. ○○시 ○○동 ○○회관 3층 회의실에서 정기총회를 개최하여 종토의 명의자들이 보상을 받아 종회로 환수하기로 가결, 재확인하였습니다. 본 가결에 따라 고소인 종회에서는 피고소인을 비롯하여 상속인들에게 총회의 의결사항을 내용증명원으로 통지하여 줄 것을 당부하였고, 상속등기에 필요한 제반비용을 고소인 종회에서 부담하여 피고소인이 상속을 받게 된 것입니다.

5. **범죄사실**

고소인은 임원회의와 정기총회를 거쳐 토지보상금을 종원 및 명의자들이 수령함과 동시에, 그 즉시 수령한 보상금을 본 종회에 환수하기로 결정하고, 이를 피고소인에게 통지한 바, 피고소인은 명의신탁 된 부동산을 상속받은 등기명의인들 중 한사람으로써 응당 보상금 금 ○○○원을 수령함과 동시에 즉시 본 종회의 고소인명의인 ○○회 통장으로 입금시켜야 마땅하나 피고소인은 고소인의 환수요수에 응하지 아니하고 고의적으로 기피하고 위 금원을 횡령, 착복하고 지급을 거절하고 있습니다. 또한, 피고소인은 고소인이 제기한 ○○지방법원 ○○지원 20○○가합 ○○○호로 부당이득금반환청구 소송에서 패소하였고, 피고소인이 대전고등법원 20○○나 ○○○호로 제기한 항소심 재판 또한 항소기각 판결이 선고되어 최종적으로 고소인의 승소가 확정되었음에도 불구하고 피고소인은 착복한 보상금을 고소인에게 반환하지 않고 있는 것입니다.

6. **결 어**

위와 같은 정황을 살펴 볼 때 피고소인은 종회의 총회결의사항에 따라 명의신탁 된 부동산의 상속인들 중 한사람으로써 토지보상금을 수령한 다음 이를 종회에 반납하여야 함에도 불구하고 정작 피고소인 명의의 문중 종토보상금을 수령하고는 마음을 달리하여 고소인에게 지급을 거절하고 보상금을 횡령하여 착복한 자이오니 철저히 조사하시어 처벌하여 주시기 바랍니다.

첨 부 서 류

1. 종중등록증명서 1부
1. 등기부등본 4부
1. 판결문(1심, 2심) 2부

조사시 자세히 진술하겠습니다.

20○○. ○. ○.

위 고소인 ○○○○○회

대표자 ○ ○ ○ (인)

○○경찰서장 귀하

[서식(고발장) 218] 낙태죄(수감생활 등의 이유로 낙태)

고 발 장

고 발 인 ○ ○ ○ (000000-0000000)
○○시 ○○구 ○○로 ○○(○○동)
(전화번호 : 000-0000)

피고발인 1. ○ ○ ○ (000000-0000000)
○○시 ○○구 ○○로 ○○(○○동)
(전화번호 : 000-0000)
2. ○ ○ ○ (000000-0000000)
○○시 ○○구 ○○로 ○○(○○동)
(전화번호 : 000-0000)

고 발 취 지

피고발인들에 대하여 낙태죄로 고발하오니 처벌하여 주시기 바랍니다.

고 발 사 실

1. 고발인 ○○○과 피고발인 김○○은 20○○. ○. ○. 동거에 들어간 사실혼 관계에 있었던 사람들입니다.

2. 고발인은 고발인의 친구인 고발외 ○○○에 대한 상해사건에 의해 19○○. ○. ○.부터 20○○. ○. ○.까지 ○○교도소에 수감된 바 있습니다.

3. 고발인이 ○○교도소에 수감 전 피발소인 김○○는 임신 ○주의 임부였는바 고발인은 고발인이 수감생활을 하던 20○○. ○. ○. 고발인의 수감생활에 따른 생활고와 육아에 대한 부담에 의해 ○○시 ○○구 ○○로 ○○(○○동) 소재

○○병원 산부인과전문의인 피고발인 이○○에게 임신 중의 태아를 낙태하여 줄 것을 요청하고, 피고발인 이○○은 피고발인 김○○의 촉탁을 받아 동 병원 산부인과 수술실에서 임신 ○주의 태아를 낙태한 것입니다.

4. 피고발인들은 모자보건법상의 낙태에 대한 규정에 따르지 않고 낙태시술에 이른 것이오니 철저히 조사하시어 처벌하여 주시기 바랍니다.

입 증 방 법

1. 진단서
1. 자술서(피고발인 김○○ 작성)
   조사시 자세히 진술하겠습니다.

20○○. ○. ○.

위 고발인 ○ ○ ○ (인)

○○경찰서장 귀하

[서식(고발장) 219] 도박죄(모텔에서 수십 회에 걸쳐 고스톱)

고 발 장

고 발 인 ○ ○ ○ (000000-0000000)
○○시 ○○구 ○○로 ○○(○○동)

피고발인 1. 김 ○ ○
○○시 ○○구 ○○로 ○○(○○동)
2. 이 ○ ○
○○시 ○○구 ○○로 ○○(○○동)
3. 박 ○ ○
○○시 ○○구 ○○로 ○○(○○동)

4. 최 ○ ○
○○시 ○○구 ○○로 ○○(○○동)

고 발 취 지

피고발인들을 도박죄로 고발하오니 처벌하여 주시기 바랍니다.

고 발 사 실

1. 피고발인들은 20○○. ○.경 각자 친구들을 통하여 서로 알게 되어 20○○. ○. ○. ○○시 ○○구 ○○동에 위치한 ○○모텔에서 00:00경부터 00:00까지 1점당 ○○원씩 수십 회에 걸쳐 금 ○○○원을 걸고 고스톱을 친 사실이 있습니다.

2. 며칠 후인 20○○. ○. ○. 저녁 피고발인들은 ○○시 ○○구 ○○호텔에서 다시 만나 이번에는 기왕 치는 것 화끈하게 치자며 점당 ○○○원씩 당일 00:00부터 그 다음날 00:00까지 수십 회에 걸쳐 도합 ○○○원을 걸고 고스톱을 치고, 그 다음날 같은 장소에서 같은 방법으로 점당 ○○○원씩 ○○여 회에 걸쳐 도합 금 ○○○만원 걸고 도박행위를 한 사실이 있습니다.

3. 따라서 피고발인을 귀서에 고발하오니 철저히 조사하시어 처벌하여 주시기 바랍니다.

입 증 방 법

조사시 자세히 진술하겠습니다.

20○○. ○. ○.

위 고발인 ○ ○ ○ (인)

○○경찰서장 귀하

[서식(고발장) 220] 수뢰죄(자녀 채용미끼로 수뢰)

고 발 장

고 발 인 ○ ○ ○ (000000-0000000)
○○시 ○○구 ○○로 ○○(○○동)
(전화번호 : 000-0000)

피고발인 ○ ○ ○ (000000-0000000)
○○시 ○○구 ○○로 ○○(○○동)
(전화번호 : 000-0000)

고 발 취 지

피고발인에 대하여 수뢰죄로 고발하오니 처벌하여 주시기 바랍니다.

고 발 사 실

1. 피고발인은 서울 ○○구청 인사계장으로 근무하는 공무원이고, 고발인은 용역업체에 소속되어 구청 주변의 상가건물을 청소하는 근로자입니다.

2. 고발인은 고등학교를 졸업하고 집에서 쉬고 있는 딸인 고발외 ○○○의 어머니로서 딸의 취직을 걱정하고 있던 중 같이 일하는 동료의 소개로 피고발인을 알게 되었는데, 고발인은 20○○. ○. ○.경 ○○구청 부근의 ○○다방에서 피고발인을 만나 딸의 취직을 부탁하였는바, 피고발인은 자신이 근무하는 ○○구청에서 행정보조원을 채용하고 있으니 딸이 채용되도록 해주겠다고 하였습니다. 이에 고발인은 그 자리에서 금 ○○○만원을 피고발인에게 건네주었고 피고발인은 딸의 취직을 약속했던 사실이 있습니다.

3. 그런데 2년이 지난 현재까지 딸은 채용이 되지 않고 있으며 피고발인은 아무런 대책도 없이 기다리라고만 할 뿐 약속을 지키지 않고 있습니다.

4. 위와 같은 사실을 고발하오니 철저히 조사하시어 처벌하여 주시기 바랍니다.

입 증 방 법

조사시 자세히 진술하겠습니다.

20○○. ○. ○.

위 고발인 ○ ○ ○ (인)

○○경찰서장 귀하

[서식 221] **고소위임장**

위 임 장

성 명 : 김 ○ ○
주민등록번호 : 000000-0000000
주 소 : ○○시 ○○로 ○○(○○동)
전 화 : 000-0000-000

위 사람을 대리인으로 정하고 다음 사항의 권한을 위임한다.

다 음

1. **고소장 제출, 진술 및 취소권 일체**

첨부서류 : 고소인의 인감증명서 1통

20○○. ○. ○.

위임인(고소인) 홍 ○ ○ (인)
(000000－0000000)
○○시 ○○로 ○○(○○동)
전화 : 000－000

○ ○ 경 찰 서 장　귀하
(또는 ○○지방검찰청 ○○지청　귀중)

【접수방법 및 유의사항】

1. 고소 또는 그 취소는 대리인으로 하여금 하게 할 수 있으므로(형소법 제236조) 사실에 대해 정확히 잘 알고 있는 자를 대리인으로 하여 고소장 제출은 물론 진술까지 가능하다.
2. 주로 성관계범죄피해자 또는 거동이 불편한 경우 대리인에 의한 고소를 이용할 필요가 있다. 대리인의 자격에는 아무런 제한이 없다.
3. 통상 고소장 말미에 첨부하거나, 고소인 보충조사시 지참하여 제출한다.

[서식 222] 고소취소장

고 소 취 소 장

고 소 인　○　○　○

피고소인　○　○　○

고소인은 피소고소인을 사기혐의(또는 ○○죄)로 20○○. ○. ○. 귀서(또는 귀청)에 고소한 사실이 있었으나 고소인은 피고소인과 원만히 합의하였으므로 이 건 고소를 전부 취소합니다.

20○○. ○. ○.

위 고소인 ○ ○ ○ (인)

○○경찰서장　귀하(○○지방검찰청　귀중)

【접수방법 및 유의사항】

1. 고소는 제1심 판결선고 전까지 취소할 수 있다.
2. 현재 사건 진행중인 수사관서 또는 형사법원에 고소인이 고소취소장 1부를 제출한다. 위 제출 후 수사관서는 고소인의 고소취하의 진정한 의사를 확인한다.
3. 고소인이 직접 방문하여 취소장 접수시에는 막도장을 날인하여도 된다.

4. 직접 본인이 방문하기 어려운 경우 위임장에 인감을 날인하고 인감증명서를 첨부하여 대리인을 접수하게 하거나, 취소장에 인감을 날인하고 인감증명서를 첨부하여 우편으로 접수해도 된다.
5. 고소를 취소한 자는 동일한 범죄사실을 가지고 다시 고소를 제기할 수 없다(형소법 제232조).

[서식 223] 합의서(1) (교통사고)

합 의 서

피 해 자 ○ ○ ○ (000000-0000000)
○○시 ○○구 ○○로 ○○(○○동)
(전화번호 : 000-0000)

가 해 자 ○ ○ ○ (000000-0000000)
○○시 ○○구 ○○로 ○○(○○동)
(전화번호 : 000-0000-0000)

가해자는 20○○. ○. ○. 15:20경 승용차를 운전하고 ○○시 ○○동 ○○번지 앞 도로상을 ○○역 방면에서 ○○역 방면으로 진행하던 중 때마침 도로를 횡단하던 피해자를 치어 약 3주간의 치료를 요하는 상해를 가하고 현재 ○○구치소에 수감중에 있는 바, 피해자는 가해자로부터 금 ○○○원을 지급받아 원만히 합의가 되어 앞으로 민·형사상 이의를 제기치 않기로 하고 쌍방간 합의하며 가해자의 처벌을 원치 않습니다.

첨부서류 : 피해자의 인감증명서 1부

20○○. ○. ○.

가해자 ○ ○ ○ (인)

피해자 ○ ○ ○ (인)

(또는)
가해자의 대리인 부 ○ ○ ○ (인)
○○시 ○○로 ○○(○○동)

피해자 ○ ○ ○ (인)

○○경찰서장 귀하
(또는 ○○지방검찰청 ○○지청 귀중)

[서식 224] 합의서(2) (폭행)

합 의 서

고 소 인 ○ ○ ○ (000000-0000000)
○○시 ○○구 ○○로 ○○(○○동)
(전화번호 : 000-0000)

피고소인 ○ ○ ○ (000000-0000000)
○○시 ○○구 ○○로 ○○(○○동)
(전화번호 : 000-0000)

고소인은 피고소인을 폭행죄로 고소한 사건에 관하여 고소인은 피고소인으로부터 일체의 피해를 변제 받고, 민 · 형사상의 이의를 제기하지 않겠기에 본 합의서를 작성 각자 1통씩 나누어 가짐.

첨부서류 : 고소인의 인감증명서 1통

20○○. ○. ○.

고 소 인 ○ ○ ○ (인)

피고소인 ○ ○ ○ (인)

○○경찰서장 귀하

[서식 225] 합의서(3) (상해)

합 의 서

피 해 자 ○ ○ ○ (000000-0000000)
○○시 ○○구 ○○로 ○○(○○동)
(전화번호 : 000-0000)

가 해 자 ○ ○ ○ (000000-0000000)
○○시 ○○구 ○○로 ○○(○○동)
(전화번호 : 000-0000)

1. 상기 피해자는 20○○. ○. ○. 22:30경 ○○시 ○○동 ○○번지 앞 노상에서 가해자로부터 구타를 당하여 3주간의 치료를 요하는 안면부 찰과상을 입고 이를 신고하여 귀서에서 수사중인 바,

2. 20○○. ○. ○. 피해자의 집에서 가해자의 처로부터 치료비 등으로 현금 ○○○원을 받았기 때문에 처벌을 원치 않으며 이후 이 건으로 민·형사상의 이의를 제기치 않겠기에 본 합의서를 작성 각자 1통씩 나누어 가짐.

첨부서류 : 피해자의 인감증명서 1부

20○○. ○. ○.

피해자 ○ ○ ○ (인)

가해자 ○ ○ ○ (인)

입회인 ○ ○ ○ (인)

○○경찰서장 귀하
(또는 ○○지방검찰청 ○○지청 귀중)

[서식 226] 고소인지정신청서

고 소 인 지 정 신 청

청 구 인　　홍　길　동　　　(전화 :　　　　)
　　　　　　○○시 ○○구 ○○로 ○○(○○동)

피의자 김갑동에 대한 강간 피의사건에 관한 고소권자인 피해자 홍미녀는 강간당한 사실을 비관하여 자살한 바 있고, 피해자는 유서에서 고소해 줄 것을 명백히 하고 있으나 친척 기타 고소할 자가 없으므로 고소권자를 지정하여 주시기 바랍니다.

첨 부 서 류

1. 유서 사본　　　　　　　　1통

20○○. ○. ○.

위 청구인의 이해관계인
피해자의 숙부 홍　길　동 (인)

○○지방검찰청 검사장　귀하

【주】

형사소송법 제228조 : 친고죄에 대하여 고소할 자가 없는 경우에 이해관계인의 신청이 있으면 검사는 10일 이내에 고소할 자를 지정하여야 한다.

[서식 227] 출국금지의뢰신청서

출 국 금 지 의 뢰 신 청

사　　건　　20○○형 제○○○○호　사기

피 의 자　　○　○　○

위 피의자에 대한 사기 피의사건에 관하여 귀청에서 현재 수사가 계속중에 있는 바, 피의자가 회피하고자 주소지를 떠나 일본국으로 출국준비차 여권 수속중에 있음이 탐지된바 있으므로, 이 사건 수사가 종결될 때까지 피의자의 출국을 금지하여 주시기 바랍니다(또는 위 사건에 관하여 현재 귀청에서 수사 중인 바, 피의자는 수사를 회피하고자 ○○국으로 출국준비 중에 있으므로, 위 수사가 종결될 때까지 피의자의 출국을 금지하여 주시기 바랍니다).

20○○. ○. ○.

신청인(고소인) ○ ○ ○ (인)

○○지방검찰청 귀중

[서식 228] **위임장(고소대리)**

위 임 장	
사 건	
당 사 자	고 소 인 피고소인
위 사건에 관하여 다음 표시 수임인을 대리인으로 선임하고 다음 표시 권한을 수여한다.	
수 임 인	변호사 ○ ○ ○ ○○시 ○○구 ○○로 ○○(○○동) 전화 : 팩스 :
수권사항	1. 고소장을 비롯한 고소관련 각종 서류작성 및 제출권한 2. 피고소인과의 협의, 조정, 화해, 합의 및 그 금원 수령권 3. 기타 본 고소와 관련한 일체의 권한

20○○. ○. ○.

위임인 ○ ○ ○ (인)

○ ○경 찰 서 귀 중

[서식 229] 고소(고발)장 접수증명서

발행번호 제 호

고소(고발장) 접수증명서

고소인 고발인	① 성 명		② 주민등록번호	
	③ 주 소			
피고소인 피고발인	④ 성 명		⑤ 주민등록번호	
	⑥ 주 소			
⑦ 사 건 번 호		○○지검 ○○지청 20○○형 제○○○○호		
⑧ 접 수 년 월 일		20○○. . ,		
⑨ 죄 명				
⑩ 용 도			⑪ 신 청 인	

위와 같이 고소(고발)장이 접수되었음을 증명합니다.

20○○. ○. ○.

○ ○ 지 방 검 찰 청 검 사 장

[서식 230] 진정 · 내사사건 처분결과증명서

발행번호 제 호

진정 · 내사 사건 처분결과 증명서

① 사 건 번 호		지검 ○○지청 20 진정(내사) 제 호		
피진정인 피내사자	② 성 명			
	③ 주민등록번호			
	④ 주 소			
⑤ 진 정 내 사 사 실 요 지				
처 분	⑥ 년 월 일	20 . . .		
	⑦ 요 지			
⑧ 용 도			⑨ 신 청 인	

위와 같이 진정
내사 사건의 처분결과를 증명합니다.

20○○. ○. ○.

○○ 지방검찰청 검사장

[서식 231] 사건처분결과증명서

<table>
<tr><td colspan="4">발행번호 제 호

사건처분결과증명서</td></tr>
<tr><td colspan="2">① 사 건 번 호</td><td colspan="2">지검 ○○지청 20 형 제 호</td></tr>
<tr><td rowspan="3">피
의
자</td><td>② 성 명</td><td colspan="2"></td></tr>
<tr><td>③ 주민등록번호</td><td colspan="2"></td></tr>
<tr><td>④ 주 소</td><td colspan="2"></td></tr>
<tr><td colspan="2">⑤ 죄 명</td><td colspan="2"></td></tr>
<tr><td rowspan="2">처
분</td><td>⑥ 년 월 일</td><td colspan="2">20 . . .</td></tr>
<tr><td>⑦ 요 지</td><td colspan="2"></td></tr>
<tr><td colspan="2">⑧ 송치관서 및 수사단서</td><td colspan="2">(고소 · 고발 · 인지)</td></tr>
<tr><td colspan="2">⑨ 용 도</td><td></td><td>⑩ 신 청 인</td></tr>
<tr><td colspan="4">위와 같이 처분되었음을 증명합니다.

20○○. ○. ○.

○ ○ 지 방 검 찰 청 검 사 장</td></tr>
</table>

[서식 232] 기소(참고인)중지사건 공소시효 완성증명서

<table>
<tr><td colspan="5">발행번호 제 호

기소(참고인)중지사건 공소시효 완성증명서</td></tr>
<tr><td rowspan="2">피의자</td><td>① 성 명</td><td></td><td>② 주민등록번호</td><td></td></tr>
<tr><td>③ 주 소</td><td colspan="3"></td></tr>
<tr><td colspan="2">④ 사 건 번 호</td><td colspan="3">지검 ○○지청 20 형 제 호</td></tr>
<tr><td colspan="2">⑤ 죄 명</td><td colspan="3"></td></tr>
<tr><td colspan="2">⑥ 기 소 (참고인) 중 지 처 분 일</td><td colspan="3">20 . . .</td></tr>
<tr><td colspan="2">⑦ 공소시효완성일</td><td colspan="3">20 . . .</td></tr>
<tr><td colspan="2">⑧ 송 치 관 서</td><td colspan="3">경찰서송치</td></tr>
<tr><td colspan="2">⑨ 용 도</td><td></td><td>⑩ 신 청 인</td><td></td></tr>
<tr><td colspan="5">위와 같이 공소시효가 완성되었음을 증명합니다.

20○○. ○. ○.

○ ○ 지 방 검 찰 청 검 사 장</td></tr>
</table>

[서식 233] 사실증명원

발행번호 제 호

처리기간
즉 시

사 실 증 명 원

신청인	① 성 명		② 주민등록번호	
	③ 주 소		④ 사건과의 관계	
⑤ 사 건 번 호		20 년 형 (진정 · 내사 변사) 제 호		
피의자 (피진정 · 내사자, 변사자)	⑥ 성 명		⑦ 주민등록번호	
	⑧ 주 소			
⑨ 죄 명				
⑩ 증 명 내 용				
⑪ 용 도			⑫ 부 수	

위 사실을 증명하여 주시기 바랍니다.

20○○. ○. ○.

신청인 (서명 또는 날인)

구비서류		수 수 료
없 음	○ ○ 지 방 검 찰 청 검 사 장	없 음

위 사실을 증명합니다.

20○○. ○. ○.

○ ○ 지 방 검 찰 청 검 사 장

[서식 234] 항고장 접수증명서

발행번호 제 　　　　호

항 고 장 접 수 증 명 서

<table>
<tr><td rowspan="2">항고인</td><td>① 성 명</td><td></td><td>② 주민등록번호</td><td></td></tr>
<tr><td>③ 주 소</td><td colspan="3"></td></tr>
<tr><td rowspan="2">피항고인</td><td>④ 성 명</td><td></td><td>⑤ 주민등록번호</td><td></td></tr>
<tr><td>⑥ 주 소</td><td colspan="3"></td></tr>
<tr><td colspan="2">⑦ 사 건 번 호</td><td colspan="3">○○지검 ○○지청 20 　형 제 　　　호</td></tr>
<tr><td colspan="2">⑧ 죄 명</td><td colspan="3"></td></tr>
<tr><td rowspan="2">불기소결정</td><td>⑨ 년 월 일</td><td colspan="3">20 　. 　. 　,</td></tr>
<tr><td>⑩ 요 지</td><td colspan="3"></td></tr>
<tr><td rowspan="2">항고</td><td>⑪ 년 월 일</td><td colspan="3">20 　. 　. 　.</td></tr>
<tr><td>⑫ 접수번호</td><td colspan="3">20 　년 　　불항 제 　　　호</td></tr>
<tr><td colspan="2">⑬ 신 청 인</td><td colspan="3"></td></tr>
</table>

위와 같이 항고장이 접수되었음을 증명합니다.

20○○. ○. ○.

○ ○ 지 방 검 찰 청 검 사 장

[서식 235] 항고기각증명원

<table>
<tr><td colspan="4">발행번호 제 호</td><td>처리기간
즉 시</td></tr>
<tr><td colspan="5">**항 고 기 각 증 명 원**</td></tr>
<tr><td colspan="2">① 사 건 번 호</td><td colspan="3">20 년 형 제 호
20 년 불항 제 호</td></tr>
<tr><td colspan="2">② 항 고 인</td><td colspan="3"></td></tr>
<tr><td rowspan="2">피 항
고 인</td><td>③ 성 명</td><td></td><td>④ 주민등록번호</td><td></td></tr>
<tr><td>⑤ 주 소</td><td colspan="3"></td></tr>
<tr><td colspan="2">⑥ 죄 명</td><td colspan="3"></td></tr>
<tr><td rowspan="2">처 분</td><td>⑦ 년 월 일</td><td colspan="3">20 . . .</td></tr>
<tr><td>⑧ 요 지</td><td colspan="3">항고기각</td></tr>
<tr><td colspan="2">⑨ 용 도</td><td colspan="3"></td></tr>
</table>

위와 같이 항고기각되었음을 증명하여 주시기 바랍니다.

20○○. ○. ○.

항고 · 피항고인 이외의 자가 신청할 때			
주 소			
주민등록번호		관 계	

신청인 (서명 또는 날인)

구비서류		수수료
없 음	**○○고등검찰청 검사장 귀하**	없 음

위와 같이 항고기각 되었음을 증명합니다.

20○○. ○. ○.

○ ○ 고 등 검 찰 청 검 사 장

[서식 236] 범죄신고자등구조금지급신청서

<table>
<tr><td colspan="5">범죄신고자등구조금지급신청서</td><td>처리기간
30일</td></tr>
<tr><td colspan="6">년 월 일

수 신 : ○○검찰청 범죄신고자등구조심의회

특정범죄신고자등보호법 제14조 제1항의 규정에 의하여 아래와 같이 구조금지급을 신청합니다.</td></tr>
<tr><td>사 건 번 호</td><td colspan="5"></td></tr>
<tr><td rowspan="4">신 청 인</td><td>성 명(가 명)</td><td></td><td>서명 또는 날인</td><td colspan="2"></td></tr>
<tr><td>주민등록번호</td><td></td><td>직 업</td><td colspan="2"></td></tr>
<tr><td>주 소</td><td colspan="4"></td></tr>
<tr><td>전 화 번 호</td><td></td><td>피구조자와의 관계</td><td colspan="2"></td></tr>
<tr><td>신 청 금 액</td><td colspan="5"></td></tr>
<tr><td>신 청 이 유</td><td colspan="5"></td></tr>
<tr><td>증 빙 자 료</td><td colspan="5"></td></tr>
</table>

[서식 237] 구조금지급청구서

<table>
<tr><td>구 조 금 지 급 청 구 서</td><td>처리기간
15일</td></tr>
<tr><td colspan="2">수 신 : ○○지방검찰청 검사장

년 월 일

청구인 (가명) : (서명 또는 날인)
주 소 :
주민등록번호 :</td></tr>
</table>

<table>
<tr><td colspan="4">특정범죄신고자등보호법 제19조 제1항의 규정에 의하여 다음과 같이 구조금의 지급을 청구합니다.</td></tr>
<tr><td>구조결정번호</td><td colspan="3"></td></tr>
<tr><td>결 정 주 문</td><td colspan="3">구조금(원)을 피구조자 ○○○(가명)에게 지급한다.</td></tr>
<tr><td rowspan="4">지
급
방
법</td><td rowspan="3">구좌입금</td><td>은 행 명</td><td></td></tr>
<tr><td>계좌번호</td><td></td></tr>
<tr><td>예 금 주</td><td></td></tr>
<tr><td>직접구조</td><td colspan="2">피구조자 수령( ), 대리인 수령( )</td></tr>
</table>

【주】

대리인이 수령하고자 하는 때에는 피구조자의 위임장 및 인감증명서를 첨부하여야 한다.

[서식 238] 압수증명서

<table>
<tr><td colspan="8">발행번호 제 호

압 수 증 명 서</td></tr>
<tr><td colspan="2">① 사 건 번 호</td><td colspan="6">20 년 형 제 호
20 년 형 제 호</td></tr>
<tr><td rowspan="2">피의자
또 는
피고인</td><td>② 성 명</td><td colspan="2"></td><td colspan="2">③ 주민등록번호</td><td colspan="2"></td></tr>
<tr><td>④ 죄 명</td><td colspan="6"></td></tr>
<tr><td>⑤ 증제번호</td><td>⑥ 품 명</td><td>⑦ 수량</td><td>⑧ 제출인</td><td>⑨ 증제번호</td><td>⑩ 품 명</td><td>⑪ 수량</td><td>⑫ 제출인</td></tr>
<tr><td></td><td></td><td></td><td></td><td></td><td></td><td></td><td></td></tr>
<tr><td></td><td></td><td></td><td></td><td></td><td></td><td></td><td></td></tr>
<tr><td></td><td></td><td></td><td></td><td></td><td></td><td></td><td></td></tr>
<tr><td>⑬ 용 도</td><td colspan="7"></td></tr>
</table>

⑭ 신청인	

위와 같이 압수되었음을 증명합니다.

20○○. ○. ○.

○○ 검 찰 청 검 사 장

[서식 239] 수가환부신청서

발행번호 제 호

처리기간
즉 시

압 수 물 가 환 부 신 청 서

신청인	① 성 명	(인)	② 주민등록번호	
	③ 주 소			
	④ 압수물에 대한 관계			
⑤ 사 건 번 호		20 년 형 제 호		
⑥ 피 의 자				
⑦ 신 청 사 유				

아래 압수물에 관하여 가환부를 받음에 있어 훼손 · 폐기 · 양도 · 질권설정 등 어떠한 처분행위를 하지 않을 것임은 물론, 선량한 관리자의 주의를 다하여 보관하고 귀청으로부터 제출명령을 받을 때에는 언제든지 제출하겠으니 가환부하여 주시기 바랍니다.

아 래

⑧ 품 명	⑨ 수 량	⑧ 품 명	⑨ 수 량

20○○. ○. ○.

○○검찰청 검사장 귀하					
구비서류	없 음		수수료		없 음
담당자확인	압수번호		증제번호		
주임검사 결 정	가		부		

[서식 240] 압수물열람 · 등사신청서

처리기간
즉 시

압수물열람 · 등사신청서

신청인	① 성 명		② 주민등록번호	
	③ 주 소			
	④ 피의자(피고인)과의 관계			
⑤ 사 건 번 호		20 년 형 제 호		
⑥ 압 수 번 호		20 년 형 제 호		
⑦ 피의자(피고인)				
⑧ 죄 명				

열람 · 등사신청 압수물					
⑨ 증제번호	⑩ 품 명	⑪ 수 량	⑨ 증제번호	⑩ 품 명	⑪ 수 량
⑫ 열람 · 등사 신청사유					

형사소송법 제35조에 의하여 위와 같이 압수물의 열람 · 등사를 신청하오니 허가하여 주시기 바랍니다.

20○○. ○. ○.

신청인 (서명 또는 날인)

구비서류	○ ○ 검 찰 청 검 사 장 귀하	수 수 료
없 음		없 음

[서식 241] 수색증명서

발행번호 제 호

수 색 증 명 서

① 사 건 번 호	20 년 제 호		
② 피 의 자			
③ 사 건 명			
④ 수 색 일 지	20 . . .		
⑤ 수 색 장 소			
⑥ 수 색 대 상			
⑦ 용 도		⑧ 신 청 인	

위와 같이 수색한 결과 증거물로 압수한 물건이 없음을 증명합니다.

20○○. ○. ○.

○ ○ 검 찰 청 검 사 장

[서식 242] 벌과금납부증명서

<table>
<tr><td colspan="4">발행번호 제 호

벌 과 금 납 부 증 명 서</td></tr>
<tr><td colspan="2">① 사 건 번 호</td><td colspan="2">검찰청 ○○지청 20 년 징 제 호
검찰청 ○○지청 20 년 징 제 호
법원 ○○지원 20 년 고단(약) 제 호</td></tr>
<tr><td rowspan="3">피
고
인</td><td>② 성 명</td><td colspan="2"></td></tr>
<tr><td>③ 주민등록번호</td><td colspan="2"></td></tr>
<tr><td>④ 주 소</td><td colspan="2"></td></tr>
<tr><td colspan="2">⑤ 죄 명</td><td colspan="2"></td></tr>
<tr><td rowspan="3">재
판</td><td>⑥ 선 고</td><td colspan="2">20 . . . 법원</td></tr>
<tr><td>⑦ 형 명·형 기</td><td colspan="2"></td></tr>
<tr><td>⑧ 확 정</td><td colspan="2">20 . . .</td></tr>
<tr><td colspan="2">⑨ 납 부 일 자</td><td colspan="2">20 . . .</td></tr>
<tr><td colspan="2">⑩ 용 도</td><td></td><td>⑪ 신 청 인</td></tr>
<tr><td colspan="4">위와 같이 벌과금이 납부되었음을 증명합니다.

20○○. ○. ○.

○ ○ 검 찰 청 검 사 장</td></tr>
</table>

[서식 243] 징수금 일부납부 · 납부연기신청서

<table>
<tr><td colspan="3">년 징 제 호

일부납부
납부연기 **신 청 서**</td><td>처리기간
즉 시</td><td>결 재
검 사</td></tr>
<tr><td rowspan="3">납부의무자</td><td>① 성 명</td><td></td><td></td><td>과 장</td></tr>
<tr><td>② 주민등록번호</td><td></td><td></td><td></td></tr>
<tr><td>③ 주 소</td><td></td><td></td><td>징수주무</td></tr>
<tr><td colspan="2">④ 죄 명</td><td colspan="2"></td><td></td></tr>
<tr><td colspan="2">⑤ 징 수 금 종 류</td><td colspan="2"></td><td></td></tr>
<tr><td colspan="2">⑥ 납 부 금 액</td><td colspan="2"></td><td></td></tr>
<tr><td colspan="2">⑦ 일 부 납 부 액</td><td colspan="2"></td><td></td></tr>
<tr><td colspan="2">⑧ 납부시기 및 방법</td><td colspan="2"></td><td></td></tr>
<tr><td colspan="2">⑨ 사 유</td><td colspan="2"></td><td></td></tr>
</table>

위와 같이 징수금에 대한 일부납부(납부연기)를 신청하오니 허가하여 주시기 바랍니다.

20○○. ○. ○.

납부의무자 이외의 자가 신청할 때			
주 소			
주민등록번호		관 계	

신청인 (서명 또는 날인)

구비서류		수 수 료
없 음	**○ ○ 검 찰 청 검 사 귀하**	없 음

[서식 244] 체포 · 구속영장등본교부신청서

<table>
<tr><td>가</td><td>부</td><td rowspan="2" colspan="3">체포 · 구속영장등본교부신청서</td><td>처리기간
즉 시</td></tr>
<tr><td></td><td></td><td></td></tr>
<tr><td rowspan="4">신청인</td><td colspan="2">① 성 명</td><td colspan="3"></td></tr>
<tr><td colspan="2">② 주민등록번호</td><td colspan="3"></td></tr>
<tr><td colspan="2">③ 주 소</td><td colspan="3"></td></tr>
<tr><td colspan="2">④ 피의자와의관계</td><td colspan="3"></td></tr>
<tr><td colspan="6">위 신청인은 형사소송법 제214조의2의 규정에 의한 체포 · 구속적부심사청구권자로서 아래 피의자에 대한 체포 · 구속영장 등본 1통의 교부를 신청합니다.</td></tr>
<tr><td rowspan="2">피의자</td><td>⑤ 성 명</td><td></td><td>⑥ 주민등록번호</td><td colspan="2"></td></tr>
<tr><td>⑦ 주 소</td><td colspan="4"></td></tr>
<tr><td colspan="2">⑧ 죄 명</td><td colspan="4"></td></tr>
<tr><td colspan="2">⑨ 체포 · 구속일자</td><td colspan="4"></td></tr>
<tr><td colspan="6">20○○. ○. ○.

신청인 (서명 또는 날인)</td></tr>
<tr><td colspan="2">구 비 서 류
주민등록등본 1통</td><td colspan="3">○○지방검찰청 검사장 귀하</td><td>수 수 료
없 음</td></tr>
</table>

[서식 245] 예납금 · 가납금 환부청구서 및 영수증

□ 예납금 □ 가납금 **환부청구서 및 영수증**				처리기간 즉 시
청구인	① 성 명		② 주민등록번호	
	③ 주 소			
	④ 사건과의 관계			
⑤ 사 건 번 호		20 년 형제 호 20 년 형제 호		
⑥ 예납 가납 년 월 일		20 . . .	⑥ 예납 가납 금 액	
재판	⑧ 선 고	20 . . . 법원		
	⑨ 형 명 · 형 기			
	⑩ 확 정	20 . . .		
⑪ 기 타 환 급 금 액				
⑫ 환 급 청 구 액				

위와 같이 □ 예납금 □ 가납금 의 환급을 청구합니다.

20○○. ○. ○.

납부의무자 이외의 자가 신청할 때			
주 소			
주민등록번호		관 계	

청구인(신청인) (서명 또는 날인)

구비서류	**○○지방검찰청 검사장 귀하**	수 수 료
없 음		없 음

<table>
<tr><td colspan="5">위 금액을 영수합니다.

20○○. ○. ○.

영수인 (인)</td></tr>
<tr><td>확 인</td><td>징수주무자</td><td></td><td>세입세출외현금출납공무원</td><td></td></tr>
</table>

[서식 246] 형사재판확정증명원

<table>
<tr><td colspan="5">발행번호 제 호

형사재판확정증명원</td></tr>
<tr><td colspan="2">① 사 건 번 호</td><td colspan="3">지검 ○○지청 20 년 형 제 호
지검 ○○지청 20 년 집 제 호</td></tr>
<tr><td rowspan="3">피
고
인</td><td>② 성 명</td><td colspan="3"></td></tr>
<tr><td>③ 주민등록번호</td><td colspan="3"></td></tr>
<tr><td>④ 주 소</td><td colspan="3"></td></tr>
<tr><td colspan="2">⑤ 죄 명</td><td colspan="3"></td></tr>
<tr><td rowspan="3">판

결</td><td>⑥ 선 고</td><td colspan="3">20 . . . 법원</td></tr>
<tr><td>⑦ 형 명 · 형 기</td><td colspan="3"></td></tr>
<tr><td>⑧ 확 정</td><td colspan="3">20 . . .</td></tr>
<tr><td colspan="2">⑨ 용 도</td><td></td><td>⑩ 신 청 인</td><td></td></tr>
<tr><td colspan="5">위와 같이 형사재판이 확정되었음을 증명합니다.

20○○. ○. ○.

○ ○ 검 찰 청 검 사 장</td></tr>
</table>

[서식 247] 사건기록 열람(등사)신청서

<table>
<tr><td colspan="5">사건기록 열람(등사) 신청서</td><td>처리기간
1 일</td></tr>
<tr><td rowspan="3">신청인</td><td>성 명</td><td></td><td>주민등록번호</td><td colspan="2"></td></tr>
<tr><td>주 소</td><td colspan="4"></td></tr>
<tr><td>사건과의 관계</td><td colspan="4"></td></tr>
<tr><td rowspan="3">사건기록</td><td>사 건 번 호</td><td></td><td>기 록 종 별</td><td colspan="2"></td></tr>
<tr><td>피 고 인 등</td><td colspan="4"></td></tr>
<tr><td>죄 명</td><td></td><td>환경(처분)일자</td><td colspan="2"></td></tr>
<tr><td colspan="2">신 청 사 유</td><td colspan="4"></td></tr>
<tr><td colspan="2">신 청 범 위</td><td colspan="4"></td></tr>
<tr><td colspan="2">부 수 (등 본)</td><td colspan="4"></td></tr>
<tr><td colspan="6">위와 같이 사건기록 열람(등사)을 청구합니다.

20○○. ○. ○.

신청인 (서명 또는 날인)

○ ○ 검 찰 청 검 사 장 귀 하</td></tr>
<tr><td rowspan="2">검 사
결 정</td><td rowspan="2">허 가 (인)</td><td rowspan="2">불 허 가 (인)</td><td>일 부 허 가</td><td colspan="2">(인)</td></tr>
<tr><td>허 가 범 위</td><td colspan="2"></td></tr>
</table>

[서식 248] 재판서 · 조서 등(초)본 교부청구서

<table>
<tr><td colspan="4">재판서 · 조서 등(초)본 교부청구서</td><td>처리기간
2 일</td></tr>
<tr><td rowspan="3">청구인</td><td>① 성 명</td><td></td><td>② 주민등록번호</td><td></td></tr>
<tr><td>③ 주 소</td><td colspan="3"></td></tr>
<tr><td>④ 사건과의 관계</td><td colspan="3"></td></tr>
<tr><td colspan="2">⑤ 사 건 번 호</td><td colspan="3">20 년 형제 호</td></tr>
<tr><td colspan="2">⑥ 피 고 인</td><td colspan="3"></td></tr>
<tr><td colspan="2">⑦ 죄 명</td><td colspan="3"></td></tr>
<tr><td rowspan="3">재판</td><td>⑧ 선 고</td><td colspan="3">20 . . . 법원</td></tr>
<tr><td>⑨ 형 명 · 형 기</td><td colspan="3"></td></tr>
<tr><td>⑩ 확 정</td><td colspan="3">20 . . .</td></tr>
<tr><td colspan="2">⑪ 용 도</td><td></td><td>⑫ 부 수</td><td>통</td></tr>
<tr><td colspan="5">위와 같이 재판서 · 조서 등(초)본의 교부를 청구합니다.

20○○. ○. ○.

청구인 (서명 또는 날인)

○ ○ 검 찰 청 검 사 장 귀 하</td></tr>
</table>

[서식 249] 보상금지급신청서

<table>
<tr><td colspan="5">보상금지급신청서</td></tr>
<tr><td rowspan="5">보상금
지 급
대상자</td><td>① 주 소</td><td colspan="3"></td></tr>
<tr><td>② 주민등록번호</td><td></td><td>③ 성 명</td><td></td></tr>
<tr><td>④ 성 명</td><td></td><td>⑤ 생 년 월 일</td><td></td></tr>
<tr><td>⑥ 소 속</td><td colspan="3"></td></tr>
<tr><td>⑦ 직 업(직 위)</td><td colspan="3"></td></tr>
<tr><td colspan="2">⑧ 사 건 개 요</td><td colspan="3"></td></tr>
<tr><td colspan="2">⑨ 압 수 물</td><td></td><td>⑩ 수 량</td><td></td></tr>
<tr><td colspan="2">⑪ 처 벌 상 황</td><td colspan="3"></td></tr>
<tr><td colspan="2">⑫ 신 청 인 소 견</td><td colspan="3"></td></tr>
<tr><td colspan="5">마약류관리에관한법률 제54조, 동법시행령 제24조 및 마약류보상금지급규칙 제5조의 규정에 의하여 위와 같이 보상금지급을 신청합니다.

20○○. ○. ○.

신청인 (서명 또는 날인)

법무부장관 귀하</td></tr>
<tr><td colspan="4" rowspan="2">※ 아래와 같은 사유가 있어 마약류관리에관한법률시행령 제24조 제2항의 규정에 의하여 익명·가명으로 보상금지급 신청하였음을 확인합니다.
사 유 :

확인자 (기관명)장 (인)</td><td>익명·가명신청
검 사 승 인</td></tr>
<tr><td></td></tr>
</table>

[서식 250] 형사보상금지급청구서

<table>
<tr><td colspan="7">형사보상금지급청구서</td><td>처리기간
10 일</td></tr>
<tr><td rowspan="2">청
구
인</td><td>① 성 명</td><td>(인)</td><td>② 주민등록
번 호</td><td></td><td>③ 지급대상
자와의 관계</td><td colspan="2"></td></tr>
<tr><td>④ 주 소</td><td colspan="2"></td><td>⑤ 전화번호</td><td colspan="3"></td></tr>
<tr><td colspan="2">⑥ 사 건 번 호</td><td colspan="6">20 년 형 제 호, 20 년 코 제 호</td></tr>
<tr><td rowspan="4">결
정</td><td>⑦ 지급대상자
성 명</td><td colspan="2"></td><td>⑧ 주민등록번호</td><td colspan="3"></td></tr>
<tr><td>⑨ 년 월 일</td><td colspan="6">20 . . .</td></tr>
<tr><td>⑩ 법 원</td><td colspan="6"></td></tr>
<tr><td>⑪ 보 상 금 액</td><td colspan="6"></td></tr>
<tr><td colspan="2" rowspan="2">수 령 인
은행계좌번호</td><td>은 행 명</td><td colspan="2"></td><td>예 금 주</td><td colspan="2"></td></tr>
<tr><td>계좌번호</td><td colspan="5"></td></tr>
<tr><td colspan="8">형사보상법 제20조에 의하여 위와 같이 형사보상금의 지급을 청구합니다.

20○○. ○. ○.

○ ○ 검 찰 청 검 사 장 귀 하</td></tr>
<tr><td colspan="4">구 비 서 류</td><td colspan="4">수 수 료 : 없 음</td></tr>
<tr><td colspan="8">1. 청구서 1통
2. 법원의 보상결정서정본 및 등본 각 1통
3. 위임장 및 인감증명서 각 1통(위임된 사건인 경우)</td></tr>
</table>

[서식 251] 장해구조금지급신청서

처리기간
30 일

장해구조금지급신청서

20○○. ○. ○.

○○지방검찰청 범죄피해구조심의회 귀중

신청인 성 명 : (인)
주민등록번호 :
주 소 :

아래와 같이 장해구조금의 지급을 신청합니다.

<table>
<tr><td rowspan="10">범죄피해</td><td colspan="2">① 발 생 일 시</td><td colspan="3">년 월 일 오전·오후 시경</td></tr>
<tr><td colspan="2">② 발 생 장 소</td><td colspan="3"></td></tr>
<tr><td rowspan="5">③ 피해자(신청인)</td><td>성 명</td><td colspan="3"></td></tr>
<tr><td>주민등록번호</td><td colspan="3"></td></tr>
<tr><td>주 소</td><td colspan="3"></td></tr>
<tr><td>직업(근무처)
명칭·소재지</td><td colspan="3"></td></tr>
<tr><td>부상 또는 질병이 치유된 일자</td><td colspan="3"></td></tr>
<tr><td colspan="2">④ 피해의 발생상황</td><td colspan="3"></td></tr>
<tr><td colspan="2">⑤ 신체상의 장해
부위 및 상태</td><td colspan="3"></td></tr>
<tr><td colspan="2">⑥ 관 할 검 찰 청</td><td colspan="3"></td></tr>
<tr><td colspan="3">⑦ 기존신체상의장해상태</td><td colspan="3"></td></tr>
<tr><td colspan="3">⑧ 손해배상금 수령 여부</td><td>유</td><td>수령한 손해배상금액 : 원</td><td>무</td></tr>
<tr><td colspan="3">⑨ 첨 부 서 류</td><td colspan="3"></td></tr>
<tr><td colspan="3">⑩ 비 고</td><td colspan="3"></td></tr>
<tr><td colspan="5"></td><td>수수료 없음</td></tr>
</table>

[서식 252] 구조금지급신청서

		처리기간
	구 조 금 지 급 신 청 서	30 일

○○지방검찰청 귀중

20○○. ○. ○.

청구인 성 명 : (인)
주민등록번호 :
주 소 :

아래와 같이 구조금의 지급을 청구합니다.

청구금액 ______________ 원정

구조결정	① 사 건 번 호	구심 년 제 호	
	② 결 정 일	년 월 일	
	③ 결정심의회명	지방검찰청 범죄피해구조심의회	
	④ 종 류	유족구조금, 장해구조금	
지급방법	⑤ 계 좌 입 금	은 행 명	은행 지점
		계좌번호	
		예금종류	
		예 금 주	
	⑥ 직 접 지 급	지방검찰청 지출관으로부터 직접 수령	

비고 : 지급방법란의 희망하는 항목을 ○으로 둘러주시고, 그에 해당하는 빈칸을 정확히 기입하여 주십시오.

[서식 253] 가구조금지급신청서

처리기간
15 일

가 구 조 금 지 급 신 청 서

○ ○ 지방검찰청 귀중

20○○. ○. ○.

청구인 성 명 : (인)
주민등록번호 :
주 소 :

아래와 같이 가구조금의 지급을 청구합니다.

청구금액 ________________ 원정

가구조금구조결정	① 사 건 번 호	구심 년 제 호	
	② 결 정 일	년 월 일	
	③ 결정심의회명	지방검찰청 범죄피해구조심의회	
	④ 종 류		
지급방법	⑤ 계 좌 입 금	은 행 명	은행 지점
		계좌번호	
		예금종류	
		예 금 주	
	⑥ 직 접 지 급	지방검찰청 지출관으로부터 직접 수령	

비고 : 지급방법란의 희망하는 항목을 ○으로 둘러주시고, 그에 해당하는 빈칸을 정확히 기입하여 주십시오.

[서식 254] 유족구조금지급신청서

	처리기간
유 족 구 조 금 지 급 신 청 서	30 일

20○○. ○. ○.

○○지방검찰청 범죄피해구조심의회 귀중

신청인 성 명 : (인)
주민등록번호 :
주 소 :
피해자와의 관계 :

아래와 같이 유족구조금의 지급을 신청합니다.

<table>
<tr><td rowspan="8">범
죄
피
해</td><td colspan="2">① 발 생 일 시</td><td colspan="3">년 월 일 오전 · 오후 시경</td></tr>
<tr><td colspan="2">② 발 생 장 소</td><td colspan="3"></td></tr>
<tr><td rowspan="5">③
피
해
자</td><td>성 명</td><td colspan="3"></td></tr>
<tr><td>주민등록번호</td><td colspan="3"></td></tr>
<tr><td>주 소</td><td colspan="3"></td></tr>
<tr><td>직업(근무처)
명칭 · 소재지</td><td colspan="3"></td></tr>
<tr><td>사 망 일 자</td><td colspan="3"></td></tr>
<tr><td colspan="2">④ 피해의 발생상황</td><td colspan="3"></td></tr>
<tr><td></td><td colspan="2">⑤ 관 할 검 찰 청</td><td colspan="3"></td></tr>
<tr><td rowspan="6">⑥
제
1
순
위
유
족</td><td>성 명</td><td>피해자와의
관 계</td><td colspan="3"></td></tr>
<tr><td></td><td></td><td colspan="3"></td></tr>
<tr><td></td><td></td><td colspan="3"></td></tr>
<tr><td></td><td></td><td colspan="3"></td></tr>
<tr><td></td><td></td><td colspan="3"></td></tr>
<tr><td></td><td></td><td colspan="3"></td></tr>
<tr><td colspan="3">⑦ 손해배상금수령여부</td><td>유</td><td>수령한 손해배상액 : 원</td><td>무</td></tr>
</table>

⑧ 첨 부 서 류	뒷면 참조	
⑨ 비 고		
		수수료 없 음

[서식 255] 피의자보상청구서

피 의 자 보 상 청 구 서				처리기간 10 일
형사소송보상법 제27조 제2항의 규정에 의하여 피의자 보상을 청구합니다.				
청구인	성 명	(인)	주민등록번호	
	직 업		전 화 번 호	
	주 소			
대리인	성 명	(인)	주민등록번호	
	주 소		청구인과의 관 계	
사 건 번 호		검찰청(지청) 20 년 형 제 호		
죄 명				
구 속 일 자		20 . . . 구속	구 속 장 소	
석 방 일 자		20 . . . 석방	석 방 장 소	
청 구 취 지		국가는 청구인에게 금 원을 지급하라.		
청 구 이 유		청구인은 위의 피의사건으로 구금(구속)되었다가 불기소( )의 결정을 받고 석방되었던바, 청구인의 일 구금에 대한 피의자 보상금 지급을 청구함.		

첨부서류 : 1. 주민등록등본 1통
2. 증거자료(출소증명서, 소득금액 등 첨부)

20○○. ○. ○.

○○검찰청피의자보상심의회 위원장 귀하

담당자 확 인	처분일자	20 . . .	처분요지	불기소( )

제4절 자 수

1. 자수의 의의

자수란 범인으로 간주되는 피의자가 스스로 수사기관에 대하여 자기의 범죄사실 등을 신고하여 그 수사 및 소추를 구하는 의사표시이며 형사소송법상으로는 범죄수사의 유력한 단서로 되는데 불과하나, 형법상으로는 죄를 범한 자에게 형의 감면(감경 또는 면제)의 사유로 되어 있다(형법 52조 1항).

2. 자수의 방법

자수를 함에 있어서는 수사기관에 자수의 의사표시를 분명히 하여야 하고 가능하다면 자수할 범죄내용과 자수의 의사표시를 기재한 자수서 등을 작성·제출하여 후일 형의 감면에 도움이 되도록 하는 것도 한 가지 방법일 것이다.

자수는 범인이 자진하여 자기의 범죄를 수사기관에 신고하는 것이므로 수사기관의 조사를 받아 자기의 범죄사실을 인정하는 것은 자백이고 자수는 아니며, 피해자에게 범죄사실을 신고하여 용서를 구하는 것은 자복이고 엄격히 자수는 아니나 자복은 반의사불벌죄에 있어서는 자수와 같은 효력이 있으며, 자수는 원칙적으로 대리인에 의하여 할 수 없으나 부상 등이 심하여 스스로 수사기관에 자수할 수 없는 경우에는 타인에게 부탁하여 자수할 수도 있다. 그의 절차는 고소·고발의 방식에 관한 규정에 따른다.

[서식 256] 자수서(1)

자 수 서

피 의 자 ○ ○ ○
주민등록번호 000000-0000000
등록기준지 ○○시 ○○구 ○○로 ○○(○○동)
주 거 ○○시 ○○구 ○○로 ○○(○○동)
연 락 처 000-0000-0000

위 피의자는 아래와 같은 범죄사실로 일시 도주한 바 있으나 이에 대한 수사의 소추를 구하고자 자진 출두하여 자수하는 바입니다.

범 죄 사 실

피의자는 20○○. ○. ○. ○○시 ○○구 ○○로 ○○(○○동) 신한은행에서 피해자 ○○○가 현금을 찾아오는 것을 보고 이를 뒤따라가 100만원이 든 핸드백을 낚아채어 절취하고 그 즉시 도주하였으나 피해자와 원만한 합의를 한 바 있어 이에 자수하오니 이 사건을 수사하여 주시기 바랍니다.

20○○. ○. ○.

자수인(피의자) ○ ○ ○ (인)

○○지방검찰청 귀중 (○○경찰서장 귀하)

【접수방법 및 유의사항】

1. 자수를 하는 경우 공판선고시 임의적으로 형량을 감면받도록 되어 있으므로 범죄사실을 인정하는 경우 자수를 하는 것이 피의자를 위하여 유리하다.
2. 판례는, 피고인이 비록 수사기관에 자발적으로 출석하였고, 당시 자수서를 소지하고 있었다고 하더라도, 조사를 받으면서 자수서를 제출하지 않았을 뿐만 아니라 범행사실도 부인하였던 이상 그 단계에서 자수가 성립한다고 인정할 수는 없고, 그 이후 피고인이 그와 같은 범죄사실로 구속까지 된 상태에서 자수서를 제출하고 제4회 피의자신문 당시 범행사실을 시인한 것을 자수에

해당한다고 인정할 수 없다고 한다.

3. 수개의 범죄사실 중 일부에 관하여만 자수한 경우에는 그 부분 범죄사실에 대하여만 자수의 효력이 있다(대법원 1994. 10. 14. 선고 94도2130 판결).
4. 위와 같은 자수서 1통을 담당 수사기관에 제출한다. 간혹 자수의 의사로 수사관서에 출두를 했으나 수사관서의 실적주의로 인하여 수사관 임의체포형식으로 처리되는 경우가 있다.

[서식 257] 자수서(2)

자 수 서

피 의 자 ○ ○ ○ (000000-0000000)
○○시 ○○구 ○○로 ○○(○○동)
연락처 : 000-0000-0000

위 피의자에 대한 귀청 20○○형 제○○○호 청소년보호법위반 피의사건에 관하여 귀청은 피의자의 소재불명을 이유로 20○○. ○. ○. 불기소(기소중지) 처분하였는 바, 위 피의자는 자진 출두하여 사실대로 진술하고자 자수를 하오니 선처하여 주시기 바랍니다.

20○○. ○. ○.

피의자 ○ ○ ○ (인)

○○지방검찰청 귀중

제5절 임의수사와 강제수사

1. 의 의

임의수사란 범인과 그 증거를 발견하고 공소제기의 여부와 유사자료를 얻기 위하여 수사를 받는 상대방의 동의와 승낙을 전제로 하여 이에 필요한 수사를 실행하는 것을 말하며, 반면에 상대방의 의사 여하를 불문하고 강제적으로 실시하는 수사를 강제수사라고 하고 이 강제수사는 형사소송법에 특별한 규정이 없는 한 허용되지 아니하며 수사의 단계에 있어서 범인으로 취급되는 자는 피의자에 지나지 아니하므로 범죄의 수사에는 강제력을 행사하지 아니하는 것이 이상적이다.

현행 형사소송법에서는 임의수사를 원칙으로 하고 강제수사는 개인의 기본적 인권을 침해할 염려가 많으므로 형사소송법이 특히 허용하는 경우에 한하여 행할 수 있고, 주의규정으로 검사 · 경찰관 · 기타 직무상 수사에 관계있는 자(법관 · 변호인 · 참고인 등)는 비밀을 엄수하며, 피해자 또는 다른 사람의 인권을 존중하고 수사에 방해되는 일이 없도록 주의하여야 한다. 또 지방검찰청 검사장 또는 지청장은 불법체포 · 구속의 유무를 조사하기 위하여 검사로 하여금 매월 1회 이상 관할 수사관서의 피의자의 체포 · 구속장소를 감찰하게 하고, 감찰하는 검사는 피구속자를 심문하고 관련서류를 조사하여야 한다. 검사는 적법한 절차에 의하지 아니하고 체포 또는 구속된 것이라고 의심할 만한 상당한 이유가 있는 경우에는 즉시 체포 또는 구속된 자를 석방하거나 사건을 검찰에 송치할 것을 명하여야 한다(형소법 198조의2)고 하면서 형법은 이런 규정을 보장하기 위하여 수사공무원의 불법체포 · 감금 · 폭행 · 가혹행위 · 피의사실공표행위를 처벌하고 있다(형소법 124조, 126조).

2. 임의수사의 방법

형사소송법이 규정하고 있는 임의수사의 방법으로 피의자신문이 있으며 이는 수사기관이 피의사건에 대한 피의자에게 출석요구를 하고 진술거부권을 고지한 다음 피의자로부터 임의의 진술을 듣는 절차이다.

다음으로 피의자 이외의 조사로서 참고인 조사가 있으면 참고인 조사는 수사기관에 수사에 필요한 경우 피의자 아닌 자의 출석을 요구하여 진술을 들을 수 있으며 참고인에 대한 출석요구와 진술조서의 작성방법은 피의자신문의 경우와 동일하며 참고인에 대하여는 진술거부권의 고지는 필요 없다.

수사기관은 수사에 관하여 필요할 경우 감정 · 통역 · 번역을 위촉할 수 있고 위촉받은 자의 수락 여부는 자유이다.
또한 수사기관은 공무소 기타 단체에 필요한 사항을 조회할 수 있으며, 전과조회, 신원조회 등이 있다.

3. 강제수사

강제수사란 강제력을 가지고 체포 · 구속영장의 청구와 같이 강제처분의 방법에 의한 수사를 말한다. 이와 같은 강제수사는 개인의 기본권이 침해될 여지가 있기 때문에 규제를 두고 있는데 대표적인 것이, 강제처분은 법률에 특별한 규정이 없으면 하지 못한다(형소법 199조)고 규정하는 강제처분법정주의가 그것이며, 법원 또는 법관이 발부한 영장에 의하지 않으면 강제처분을 할 수 없다는 영장주의가 그것이다.

4. 수사과정의 기록

개정형사소송법에서는 형사소송법 제244조의4를 신설하여 수사과정의 투명화, 적법화를 위하여 수사과정을 기록하는 제도를 신설하였다.

[서식 258] 신원보증서

신 원 보 증 서

성 명 ○ ○ ○
주민등록번호 000000-0000000
주 소 ○○시 ○○구 ○○로 ○○(○○동)
직 업 무직

위 사람에 대한 절도 피의사건에 관하여 귀서로부터 불구속으로 조사함에 대하여 추후 이 건으로 인하여 경찰 또는 경찰에서 출석요구가 있을 때에는 보증인이 책임지고 언제든지 출석시킬 것이며 일체의 신원을 보증합니다.

20○○. ○. ○.

보증인 성 명 ○ ○ ○ (인)
주민등록번호 000000-0000000
주 소 ○○시 ○○구 ○○로 ○○(○○동)
전 화 00-0000-0000

○○경찰서장 귀하

[서식 259] 신병인수서

신 병 인 수 서

성 명 ○ ○ ○
주민등록번호 000000-0000000
주 소 ○○시 ○○구 ○○로 ○○(○○동)
직 업 무직

위 사람은 절도 피의사건으로 귀서에서 불구속 수사중에 있는바, 추후 경찰서 또는 경찰서에서 출석요구가 있을 때에는 하시라도 신병인수인이 책임지고 출석시키겠음을 서약하고 신병을 인수합니다.

20○○. ○. ○.

신병인수인 성 명 ○ ○ ○ (인)
주민등록번호 000000-0000000
주 소 ○○시 ○○구 ○○로 ○○(○○동)

○○경찰서장 귀하

[서식 260] 압수물환부(가환부)수령증

압수물(가)환부수령증

다음 기재의 물건은 피의자 ○○○에 대한 절도피의사건에 대한 증거로서 귀서(귀청)에서 압수중인 것을 (가)환부하여 줌에 대하여 본인은 선량한 관리자의 주의로서 보관은 물론 일체의 처분행위를 하지 아니할 것이며 귀서 또는 검찰의 제출 요구가 있을 때에는 이의를 제기하지 않고 언제라도 이를 제출하기로 약속하고 수령합니다.

다 음

품명 및 수량 : 시계 1점

20○○. ○. ○.

수령인 성 명 ○ ○ ○ (인)
주 소 ○○시 ○○구 ○○로 ○○(○○동)
직 업 회사원

○○경찰서장 귀하 (○○지방검찰청 귀중)

[서식 261] 위임장(기록의 열람 등사권한 등)

위 임 장

대 리 인 ○ ○ ○
(000000-0000000)
○○시 ○○구 ○○로 ○○(○○동)

위 사람을 대리인으로 정하고 다음 사항의 권한을 위임한다.

다 음

1. 20○○형 제○○○호 절도 사건에 대한 기록의 열람·등사 권한 및 수령행위
1. 이에 부수하는 행위 일체

20○○. ○. ○.

위임인 고소인 ○ ○ ○ (인)

【접수방법 및 유의사항】

1. 수사기록의 열람, 등사를 위한 대리인의 자격에는 아무런 제한이 없다.
2. 따라서 위임장을 제출하되, 본인이 위임받았음에 대한 진정성 확인 때문에 인감증명서와 인감이 날인된 위임장을 요구하는 경우가 많다.

[서식 262] 피의자에 대한 변소서

피의자 ○○○에 대한 변소서

사 건 20○○형 제○○○○호 명예훼손, 퇴거불응 등

고 소 인 ○ ○ ○

피고소인 ○ ○ ○

고소인 ○○○은 피고소인 ○○○을 명예훼손, 퇴거불응 등으로 귀서에 고소하였는 바, 피고소인은 다음과 같이 변소서를 제출합니다.

다 음

1. 사건의 진상

가. 피고소인은 주식회사 ○○○○ 대표이사입니다(증 제○호증의 각 1, 2).
위 회사는 ○○시 ○○구 ○○동에 있는 ○○건물(증 제○호)의 1층 101호(증 제○호) 중 좌측부분 28평에 사무실을 두고 있으며 건축공사업, 주택임대업, 광고기획업 및 홍보대행법 등과 관련한 부대사업 일체를 목적으로 하는 회사입

니다(증제○호증).

나. 피고소인은 위 ○○건물의 1층 101호 중 좌측부분(위 101호를 좌, 우로 나누어 좌측부분은 피고소인 사무실로 사용하고, 우측부분은 다음에서 보는 바와 같이 ○○○에게 임대함)에서 근무하던 중 20○○. ○. ○. 저녁 00:00경 위 건물의 201호를 분양받아 그곳에서 거주하고 있는 고소외 ○○○의 모인 ○○○가 위 101호 좌측부분 전부를 피고소인이 혼자 사용하기에는 너무 넓으니 임대하면 어떻겠느냐고 전화하자 피고소인은 거절하였습니다. (생략)

2. 명예훼손부분에 관하여,

가. 고소인은 피고소인을 명예훼손으로 고소하였습니다.

나. 명예훼손이란 형법 제307조에 의하면 "공연히 사실 또는 허위의 사실을 적시하여 사람의 명예를 훼손"하는 것입니다.

(1) 공연히란 "불특정 또는 다수인이 인식할 수 있는 상태"를 의미하고,

(2) 사실의 적시란 "사람의 사회적 가치 내지 평가를 저하시키는 데 충분한 사실을 지적하는 것"을 의미합니다.

(3) 따라서 피고소인의 앞서 본 행위들이 공연히 사실을 적시하여 고소인의 명예를 훼손한 것이 아님이 너무나도 명백합니다.

3. 퇴거 불응 부분에 관하여,

가. 고소인은 피고소인을 퇴거 불응으로 고소하였습니다.

나. 퇴거 불응이랑 형법 제19조 제2항에 의하면 "사람의 주거, 관리하는 건조물…… 점유하는 방실에서 퇴거요구를 받고 응하지 아니하는 것"입니다.

(생 략)

4. 결 론

가. 이상에서 본 바와 같이, 피고소인은 고소인의 명예를 훼손하였거나 퇴거불응을 죄를 범한 사실이 전혀 없으므로 무혐의 처분을 하여 주시기 바랍니다.

나. 위 고소인은 피소고소인이 법률을 잘 모르는 점을 이용하여 위와 같이 고소를 하였고 이어 민사상 손해배상청구를 할 것으로 보입니다.

다. 따라서 피고소인은 위 고소인을 무고로 고소하며, 만일 민사상 손해배상청구를 한다면 반소로서 위 고소인을 상대로 손해배상청구를 하겠습니다.

라. 부디 이 사건을 철저히 수사하시어 진실을 밝혀 주시기 바랍니다.

20○○. ○. ○.

피고소인의 변호인 변호사 ○ ○ ○ (인)

○○경찰서 귀중

【접수방법】

1. 수사단계에서 수임이 되어 있는 변호인이 의견서를 제출할 때 수사기관에 제출하는 서류이다.
2. 변호인 의견서라는 제목으로도 제출할 수 있다.
3. 고소대리인으로서 제출할 때에는 대리인의 의견서 등으로 제출하면 된다.

제6절 검사의 사건처리

1. 공소제기

검사는 수사 결과 범죄의 객관적 혐의가 인장되고 처벌을 할 필요가 있다고 판단하면 공소를 제기하게 되는데 이를 '기소'라 약칭하기도 하다.

2. 불기소처분

불기소처분에는 협의의 불기소처분과 기소유예, 기소중지, 소년부 송치가 있으며, 협의의 불기소처분은 범죄의 혐의가 없음, 죄가 안 됨, 공소권 없음으로 소송을 종결한다.

3. 기소유예

기소유예는 피의사건에 관하여 범죄의 혐의가 인정되고 소송조건이 구비되었거나 범인의 연령과 성행, 지능과 환경, 범행동기와 수단 및 결과정황 등을 참작하여 공소를 제기하지 아니하는 것을 말한다.

4. 기소중지

기소중지는 피의자의 소재불명, 고소인 및 참고인의 소재불명으로 수사를 종결할 수 없는 경우에 그 사유가 해소될 때까지 기소중지의 처분을 할 수 있으며 피의자 등의 소재가 확인되었거나 수배가 되었을 경우는 사건을 재기하여 수사를 종결하여야 한다.
피의자 및 그의 변호인은 기소중지사건을 종결하고자 할 때에는 사건번호와 죄명, 기소중지자의 인적사항 등을 기재하고 주거지를 증명할 수 있는 주민등록등본과 자수의 뜻을 밝히는 자수서를 첨부하여 기소중지된 사건을 재기수사하여 줄 것을 바라는 재기신청서를 기소중지결정을 한 검찰청에 제출하여 수사를 받아 검사의 적정한 처분을 받아야 한다.

5. 타관송치

검사는 사건이 관할에 속하지 아니할 때에는 서류와 증거물을 관할법원에 대응한 검찰청검사에게 송치하여야 한다(형소법 256조).
검사는 사건이 군사법원의 관할에 속하는 경우는 관할군사법원 검찰부검찰관에게 송치하여야 하며(형소법 256조의2), 또한 검사는 보호처분에 해당하는 소년에 대한 피의사건은 관할법원 소년부에 송치하여야 한다.

6. 불기소처분에 대한 불복

검사의 불기소처분에 대하여 고소인 또는 고발인의 불복의 방법으로는 재정신청과 항고 및 재항고, 헌법소원 등이 있다. 고소·고발인이 있는 범죄사건을 검사가 불기소 처분을 하였을 때 고소 또는 고발인이 이에 불복하여 재정신청을 하고 고등법원이 심리 후 신청이 있는 때에는 사건에 대한 공소제기결정을 하는 절차를 준기소절차라 한다.
항고 및 재항고는 검사의 불기소절차에 대하여 고소인·고발인이 불복이 있는 경우 지방검찰청 또는 지청을 거쳐 서면으로 관할 고등검찰청에게 항고를 제기할 수 있으며 항고의 이유가 있으면 재기수사를 명하는 등의 처분내용을 경정하게 할 수 있고, 이유 없으면 항고기각의 결정을 하여야 한다.
재기수사가 결정되면 사건기록은 당초 처분을 한 검찰청으로 되돌려져 처분을 한 검사가 아닌 다른 검사에게 사건을 배당하여 새로이 수사를 실시하여 수사를 종결하여야 한다.

항고가 기각되면 검찰총장에게 재항고 할 수 있으며 항고 · 재항고는 불기소처분 및 항고기각의 결정을 통지받은 날로부터 30일 내에 하여야 한다.

[서식 263] 항고장(1) (불기소처분에 대한 불복)

항 고 장

항 고 인(고 소 인) ○ ○ ○

피항고인(피고소인) ○ ○ ○

위 피의자에 대한 20○○형 제○○○호 사기 고소사건에 관하여 ○○지방검찰청 검사 ○○○은 20○○. ○. ○.자로 혐의가 없다는 이유로 불기소처분결정을 한 바 있으나, 그 결정은 다음과 같은 이유에 의하여 부당하므로 이에 불복하여 항고를 제기하는 바입니다.

항 고 이 유

검사의 불기소 이유의 요지는 증거불충분 등의 이유로서 피의(고소)사실에 대한 증거가 없어 결국 범죄혐의가 없다는 것인 바, 증인과 압수한 증거물 기타 제반사정을 종합검토하면 본 건 고소사실에 대한 증거는 충분하여 그 증명이 명백함에도 불구하고 증거가 불충분하다는 이유로 불기소 처분한 것은 부당하다고 아니할 수 없으므로 재수사를 명하여 주시기 바랍니다.

첨 부 서 류

1. 불기소처분통지서 1통

20○○. ○. ○.

위 항고인 ○ ○ ○ (인)

ㅇㅇ고등검찰청 귀중

【접수방법 및 유의사항】

1. 항고장은 불기소처분을 받은 날로부터 30일 내에 처분을 내린 검찰청 또는 지청 민원실에 1부를 제출한다. 우편접수도 가능하다.
2. 항고는 불기처분통지를 받은 후 검찰청에 '불기소이유고지서'를 발부받아 그 처분사유가 부당하다고 여려질 때 제기하므로, 불기소이유고지서를 항고장에 첨부하는 것이 실무관행이다. 그러나 반드시 첨부할 필요는 없다.
3. 간혹 항고장에 항고이유를 장황하게 기재하는 경우가 있으나 이를 지향하는 것이 좋다. 자칫 무고의 고의가 있다고 보아 역으로 입건될 수가 있기 때문이다.

[서식 264] 항고장(2) (불기소처분에 대한 불복)

항 고 장

항 고 인(고소인) ㅇ ㅇ ㅇ

피항고인(피의자) ㅇ ㅇ ㅇ

위 피의자에 대한 ㅇㅇ지방검찰청 20ㅇㅇ형 제ㅇㅇㅇ호 사기 고소사건에 관하여 ㅇㅇ지방검찰청 검사 ㅇㅇㅇ은 20ㅇㅇ. ㅇ. ㅇ.자로 위 피의자에 대하여 증거불충분으로 불기소처분결정을 한 바 있으나, 항고인은 이에 불복하여 항고를 제기합니다(불기소처분통지는 20ㅇㅇ. ㅇ. ㅇ. 송달받았음).

항 고 이 유

추후 제출하겠습니다.

첨 부 서 류

1. 불기소이유고지서 1통

20ㅇㅇ. ㅇ. ㅇ.

위 항고인 ○ ○ ○ (인)

○○고등검찰청 귀중

[서식 265] 재항고장(항고기각결정에 대한 불복)

재 항 고 장

사 건	20○○불황 ○○○호(20○○형 제○○○호) 무고
재 항 고 인	○ ○ ○
(고 소 인)	○○시 ○○구 ○○로 ○○(○○동)
피재항고인	1. ○ ○ ○
(피고소인)	○○시 ○○구 ○○로 ○○(○○동)
	2. ○ ○ ○
	○○시 ○○구 ○○로 ○○(○○동)

재 항 고 대 상

위 피재항고인에 대한 ○○고등검찰청 20○○불황 ○○○호 무고 고소사건에 관하여 ○○고등검찰청 ○○○ 검사는 20○○. ○. ○.자로 항고기각결정을 하였는바, 고소인(재항고인)은 이에 대하여 전부 불복이므로 재항고를 제기하는 바입니다.

재 항 고 취 지

위 재항고대상 결정(항고기각결정)을 취소하고 피의자들은 무고죄로 재기수사를 명한다.
라는 결정을 구합니다.

재 항 고 이 유

추후 제출하겠습니다.

20○○. ○. ○.

고소인(재항고인)의 대리인 변호사 ○ ○ ○ (인)

대 검 찰 청 귀중

【주】

고등검찰청의 항고기각 결정에 대하여 고소인이 이의를 제기하는 방법으로 재정신청을 하도록 하였으므로 재항고를 작성하는 경우는 없을 듯하다. 그러나 실무에서는 재정신청을 하지 못한 고소인들이 재항고를 하고 있으며 고등검찰청에서 접수는 받고 있으나 그에 대한 결과는 고소인에게 불이익으로 돌아올 것이 명백하다 할 것이다.

[서식 266] 추완항고장

추 완 항 고 장

사 건 20○○형 제○○○호 간통

항 고 인(고소인) 홍 ○ ○

피항고인(피의자) 주 ○ ○, 김 ○ ○

위 피의자들에 대한 ○○지방검찰청 20○○형 제○○○호 간통사건에 관하여 20○○. ○. ○.자로 위 피의자들에 대하여 혐의가 없다는 이유로 불기소처분결정을 내린 바 있어, 항고인은 이에 불복하여 20○○. ○. ○.자로 항고(20○○불항 ○○○)를 제기한 바 있습니다.

그런데 위 피의자들 중 항고장에 기재 누락된 주○○에 대하여 아래와 같은 사유로 검찰청법 제10조 제4항 단서규정에 따라 추완 항고를 제기하오니 피의자 '주○○'분에 대하여 ○○고등검찰청(담당 ○○○ 검사)으로 추송하여 주시기 바랍니다.

추 완 사 유

1. 위 사건에 관하여 항고인은 20○○. ○. ○. 피의자 주○○과 김○○에 대한 ○○지방검찰청의 불기소처분에 대하여 항고를 제기한바 있으나, 항고장 기재상 피의자 주○○에 대한 성명을 누락한 것을 20○○. ○. ○. ○○고등검찰청에서의 연락을 받고서야 알게 되었습니다.

2. 이미 본 항고인은 항고대리인 사무실(변호사 ○○○)에 위 피의자들에 대한 항고를 의뢰하였던 것인데, 항고대리인 사무실 여직원의 실수로 항고장에서 피의자 2명 중 1명인 주○○의 기재를 누락한 것입니다.

3. 이 건은 형법 제241조(간통)상의 간통행위는 상간한 자 양측에 대하여 모두 처벌을 하여야 하는 불가분적 쌍벌규정이라 할 수 있는바, 항고인이 항고장에 피의자 1명의 기재만으로도 항고절차는 진행하여야 할 성질로 봅니다.

4. 가사 상간자 1명의 누락이 문제된다고 하더라도 이 건 항고인으로서는 책임질 수 없는 사유로 맺어진 일인바, 이 건 검찰청법 제10조 제4항 단서규정에 따라 추완하고자 하오니 ○○지방검찰청은 피의자 '주○○'분에 대하여 ○○고등검찰청으로 추송하여 주시기 바랍니다.

20○○. ○. ○.

위 항고인 홍 ○ ○ (인)

○○고등검찰청 귀중

【접수방법】

1. 항고인의 책임 없는 사유로 인하여 항고기간 30일 내에 항고하지 못한 것을 소명한 때에는 그 사유가 해소된 때로부터 30일 내에 추완사유를 기재하여 항고장 1부를 제출한다.
2. 추완항고장은 불기소처분을 내린 원처분청 민원실에 제출한다. 우편접수도 가능하다.

[서식 267] 수사재기신청서(1) (기소중지에 대한)

수 사 재 기 신 청

사 건 20○○형 제○○○○호 업무방해

피 의 자 ○ ○ ○ (000000-0000000)
연락처 : 000-000-0000

위 피의사건에 관하여 귀청 ○○○께서는 20○○. ○. ○. 피의자의 소재불명을 이유로 기소중지처분 결정을 한 바 있으나, 위 피의자는 아래 주소지에 거주하고 있고 자진출두하여 사실대로 진술하고나 하오니 위 사건을 재기 수사하여 주시기 바랍니다.

아 래

성 명 : ○ ○ ○
주민등록번호 : 000000-0000000
주 소 : ○○시 ○○구 ○○로 ○○(○○동)

첨 부 서 류

1. 주민등록등본 1통
1. 자수서 1통
1. 변호인선임신고서 1통

20○○. ○. ○.

위 피의자의 변호인 변호사 ○ ○ ○ (인)

○○지방검찰청 귀중

【접수방법 및 유의사항】

1. 피의자로서 기소중지된 사건에 대한 수사를 재기하여 조사를 받겠다는 신청이다.
2. 이 경우 자수서를 함께 제출하도록 하여 형량에서 감면하도록 해야 할 것이다.
3. 실무상 수사재기신청서와 자수서를 수사관서에 함께 제출하며, 우편접수는 불가하다.
4. 재기신청서와 자수서에는 등에는 피의자의 전화번호를 기재한다.

[서식 268] 수사재기신청서(2)

수 사 재 기 신 청

사 건 20○○형 제○○○○호 절도

피 의 자　　○　○　○ (000000-0000000)
　　　　　　○○시 ○○구 ○○로 ○○(○○동)
　　　　　　연락처 : 000-000-0000

위 사건에 관하여 귀청은 피의자의 소재불명을 이유로 20○○. ○. ○. 불기소(기소중지) 처분하였는 바, 위 피의자는 잘못을 뉘우치고 자수하여 사실대로 진술하고자 하오니 위 사건을 재기수사하여 주시기 바랍니다.

첨 부 서 류

1. 자수서　　　　1통

20○○. ○. ○.

위 피의자 ○ ○ ○ (인)

○○지방검찰청 귀중

제7절 가정보호사건의 처리

1. 서 론

가정보호사건이라 함은 가정폭력범죄로 인하여 가정폭력범죄의처벌등에관한특례법(이하 '특례법'이라 한다)에 의한 보호처분의 대상이 되는 사건을 말한다(특례법 2조 6호).

특례법은 가정폭력범죄의 형사처벌절차에 관한 특례를 정하고 가정폭력범죄를 범한 자에 대하여 환경의 조정과 성행의 교정을 위한 보호처분을 행함으로써 가정폭력범죄로 파괴된 가정의 평화와 안정을 회복하고 건강한 가정을 가꾸며 피해자와 가족구성원의 인권을 보호함을 목적으로 한다(특례법 1조).

특례법 제2조에서는 '가정폭력', '가족구성원', '가정폭력범죄', '가정폭력행위자', '피해자' 등 용어의 정의를 아울러 규정하고 있다.

2. 관 할

가정보호사건은 가정폭력행위자의 행위지, 거주지 또는 현재지를 관할하는 가정법원 및 지방법원과 그 지원의 관할에 속하고, 그 심리와 결정은 단독판사가 행한다(특례법 10조).

3. 신고의무 및 응급조치

가. 신고의무

누구든지 가정폭력범죄를 알게 된 때에는 이를 수사기관에 신고할 수 있고(특례법 4조 1항), 아동의 교육과 보호를 담당하는 기관의 종사자와 그 장 등이 직무를 수행하면서 가정폭력범죄를 알게 된 경우에는 정당한 사유가 없는 한 이를 즉시 수사기관에 신고하여야 하며(같은 조 2항), 아동복지법에 따른 아동상담소 등에 근무하는 상담원 및 그 장은 피해자 또는 피해자의 법정대리인 등과의 상담을 통하여 가정폭력범죄를 알게 된 경우에는 가정폭력피해자의 명시적인 반대의견이 없으면 이를 즉시 신고하여야 한다(같은 조 3항).

나. 긴급조치

진행 중인 가정폭력범죄에 대하여 신고를 받은 사법경찰관리는 즉시 현장에 임하여 폭력행위의 제지, 행위자와 피해자의 분리 및 범죄수사, 피해자의 동의가 있는 경우 피해자의 가정폭력 관련 상담소 또는 보호시설 인도, 긴급치료가 필요한 피해자의 의료기관 인도, 폭력행위의 재발시 특례법 제8조의 규정에 의하여 임시조치를 신청할 수 있음을 통보하는 각 조치를 취하여야 한다(특례법 5조).

4. 임시조치

가. 개 요

판사는 가정보호사건의 원활한 조사 · 심리 또는 피해자의 보호를 위하여 필요하다고 인정한 때에는 결정으로 가정폭력행위자에게 다음의 임시조치를 할 수 있다(특례법 29조 1항).

(1) 피해자 또는 가정구성원의 주거 또는 점유하는 방실로부터의 퇴거 등 격리
(2) 피해자 또는 가정구성원의 주거, 직장 등에서 100m 이내의 접근금지
(3) 피해자 또는 가족구성원에 대한 "전기통신기본법" 제2조 제1호의 전기통신을 이용한 접근금지
(4) 의료기관 기타 요양소에의 위탁
(5) 국가경찰관서 유치장 또는 구치소에의 유치

위 각 호의 임시조치 중 (1)호부터 (3)호까지의 격리 또는 접근금지기간은 2월을 초과할 수 없고, (4)호 및 (5)호의 위탁 또는 유치기간은 1월을 초과할 수 없으나, 피해자의 보호를 위하여 그 기간의 연장이 필요하다고 인정하는 경우에는 결정으로 (1)호부터 (3)호까지의 임시조치는 2회에 한하여, (4)호 및 (5)호의 임시조치는 1회에 한하여 각 기간의 범위 내에서 이를 연장할 수 있다(같은 조 5항).

나. 수사단계의 임시조치

특례법 제8조에서 검사는 가정폭력범죄가 재발할 우려가 있다고 인정하는 때에는 직권 또는 사법경찰관의 신청에 의하여 위 (1)호부터 (3)호까지의 격리, 접근금지 임시조치를 법원에 청구할 수 있다고 하여 송치 전 수사단계의 임시조치에 관하여 별도로 규정하고 있다.

다. 송치 후의 임시조치

검사 또는 가정폭력행위자에 대한 형사피고사건을 심리하던 법원이 가정폭

력사건을 가정보호사건으로 송치(특례법 11조, 12조)한 이후에는 판사가 가정보호사건의 원활한 조사 · 심리 또는 피해자의 보호를 위하여 필요하다고 인정한 때에 직권으로 가정폭력행위자에게 위 (1)호 내지 (5)호의 격리, 접근금지, 의료기관 등에의 위탁 및 유치장 또는 구치소에의 유치 등 임시조치결정을 할 수 있다(특례법 29조 1항).

검사 또는 법원의 가정법원 송치결정이 있는 경우 가정폭력행위자를 구금하고 있는 시설의 장은 검사의 이송지휘를 받은 때로부터 관할 법원이 있는 시 · 군에서는 24시간 이내에, 기타 시 · 군에서는 48시간 이내에 가정폭력행위자를 관할 법원에 인도하여야 하고, 법원은 이와 같이 인도된 가정폭력행위자에 대하여는(동행영장에 의하여 동행된 가정폭력행위자의 경우도 같다) 가정폭력행위자가 법원에 인치된 때로부터 24시간 이내에 임시조치의 여부를 결정하여야 한다(특례법 13조 1항, 29조 2항). 위의 인도와 결정은 형사소송법 제92조, 제203조 또는 제205조의 구속기간 내에 이루어져야 하고(특례법 13조 2항), 구속영장의 효력은 가정법원 판사가 임시조치 여부를 결정한 때에 상실된 것으로 본다(특례법 13조 3항).

5. 조 사

가. 개 요

가정보호사건의 심판절차는 조사단계와 심리단계로 구분된다. 조사는 주로 가정폭력행위 및 보호처분의 필요성에 관한 사회적 자료를 수집 · 분석하는 것으로서 조사된 자료는 심리의 기초가 된다.

나. 조사관에 의한 조사

가정보호사건의 조사 · 심리를 위하여 법원에 조사관을 두되, 그 자격, 임면 기타 필요한 사항은 대법원규칙으로 정하도록 되어 있다(특례법 20조).

가정보호사건의 심판절차 전반을 주도하는 판사가 넓은 의미의 조사를 담당하는 것이지만, 좁은 의미의 조사란 법원 소속 조사관이 판사의 조사명령에 의하여 과학적 · 전문적 지식을 이용하여 독자적으로 소환 또는 출장

방문을 통한 면접 · 관찰 · 심문 등 임의의 조사방법에 의하여 하는 조사활동을 의미한다.

다. 전문가에 대한 의견조회

법원은 정신건강의학과 의사 · 심리학자 · 사회학자 · 사회복지학자 기타 관련 전문가에게 가정폭력행위자 · 피해자 또는 가정구성원의 정신 · 심리상태에 대한 진단소견 및 가정폭력범죄의 원인에 관한 의견을 조회할 수 있고, 가정보호사건을 조사 · 심리함에 있어 그와 같은 의견조회의 결과를 고려하여야 한다(특례법 22조).

6. 심 리

가. 심리기일의 지정 및 소환

판사는 심리기일을 지정하고 가정폭력행위자를 소환함은 물론 보조인과 피해자에게도 이를 통지하여야 한다(특례법 30조).

나. 심리의 방식

(1) 심리의 비공개

판사는 가정보호사건을 심리함에 있어 사생활보호나 가정의 평화와 안정을 위하여 필요하거나 선량한 풍속을 해할 수 있다고 인정할 때에는 결정으로 이를 공개하지 아니할 수 있다(특례법 32조 1항).

(2) 피해자의 진술권 보장

법원은 피해자의 신청이 있는 경우에는 그 피해자를 증인으로 신문하여야 하고, 당해 가정보호사건에 관한 의견을 진술할 기회를 주어야 한다(특례법 33조 1항, 2항).

7. 종국결정

가. 개 요

가정보호심판절차에서 중요한 판단은 법원의 결정에 의하여 행하여진다. 그 중 '종국결정'은 가정보호심판절차를 종료시킨다는 점에서 임시조치 등 '중간결정'이나 보호처분의 변경 · 처분 · 종료결정과 같은 '종국 후 결정'과 구분된다. 종국결정에는 관할법원으로의 이송결정(특례법 15조)과 불처분결정(특례법 37조) 및 보호처분결정(특례법 40조)이 있다.

나. 이송결정

가정보호사건을 송치받은 법원은 사건이 그 관할에 속하지 아니하거나 적정한 조사 · 심리를 위하여 필요하다고 인정한 때에는 결정으로 당해 사건을 즉시 다른 관할법원에 이송하여야 하고, 지체 없이 그 사유를 첨부하여 가정폭력행위자와 피해자 및 검사에게 통지하여야 한다(특례법 15조).

다. 불처분결정

(1) 판사는 가정보호사건을 심리한 결과 다음 각 호의 1에 해당하는 때에는 처분을 하지 아니한다는 결정을 하여야 한다(특례법 37조 1항).

① 보호처분을 할 수 없거나 할 필요가 없다고 인정한 때

② 사건의 성질 · 동기 및 결과, 행위자의 성행 · 습벽 등에 비추어 가정보호사건으로 처리함이 적당하지 아니하다고 인정한 때

(2) 보호처분을 할 수 없거나 필요가 없는 경우

보호처분을 할 수 없는 경우로는, 행위자가 사망한 경우 및 범죄사실이 인정되지 아니하는 경우를 예로 들 수 있다.

실무상 불처분결정을 하는 대표적인 사유는 보호처분을 할 필요가 없는 경우이다. 보호처분의 필요성에 관한 심리 결과 가정폭력행위가 우발적으로 야기되어 1회성을 띠는 것으로서 피해자와 화해하여 심리 당시 원만한 관계를 유지하고 있어 폭력행위의 재발위험이 적다고 보이는 경우라면,

그러한 가정폭력행위자에 대하여 보호처분을 하기보다는 어떠한 이유로도 폭력행위가 용인될 수 없는 것임을 다짐하고 향후 범행이 재발되지 않도록 경고한 후 불처분결정을 하는 편이 당사자의 원만한 가정생활에 도움이 될 수도 있다.

(3) 가정보호사건으로 처리함이 적당하지 않은 경우

송치된 범행내용이 중한 경우뿐만 아니라 그것이 비교적 경미한 것이라도 그 이후 갈등이 해소되지 않은 채로 피해자에 대하여 폭력, 위협 등 가해행위를 계속하고 가정폭력행위자의 성행, 습벽 등에 비추어 범행의 재발가능성이 매우 크다고 보이는 한편, 피해자도 가정폭력행위자에 대하여 강력한 형사처벌을 희망하고 있는 경우라면 가정폭력행위자에 대하여 단순한 접근금지명령이나 가정의 유지를 전제로 한 보호처분보다는 형사처벌을 받게 하는 편이 효과적일 것이다.

그 밖에 가정폭력행위자와 피해자가 이미 상대방에 대하여 가사소송 또는 민사소송을 제기한 상태에서 그 책임의 전제가 되는 가정폭력행위 전부 또는 일부의 존부에 관하여 격렬히 다툴 뿐 아니라, 피해자는 물론 가정폭력행위자 스스로도 이에 관한 명확한 사실확정을 바라고 있는 경우에 이를 위하여 가정보호사건의 절차를 지연시키기보다 사건을 형사절차로 되돌려 엄격한 증거에 의한 사실인정을 하도록 하는 편이 바람직한 것으로 보이는 사례도 있다.

라. 보호처분

(1) 보호처분의 종류

판사는 심리 결과 보호처분이 필요하다고 인정한 때에는 결정으로 다음 각 호의 어느 하나에 해당하는 처분을 할 수 있다(특례법 40조 1항).

① 가정폭력행위자가 피해자 또는 가정구성원에게 접근하는 행위의 제한

② 가정폭력행위자가 피해자 또는 가정구성원에게 "전기통신기본법" 제2조 제1호의 전기통신을 이용하여 접근하는 행위의 제한

③ 가정폭력행위자가 친권자인 경우 피해자에 대한 친권행사의 제한

④ 보호관찰 등에 관한 법률에 의한 사회봉사 · 수강명령
⑤ 보호관찰 등에 관한 법률에 의한 보호관찰
⑥ 가정폭력방지 및 피해자보호 등에 관한 법률이 정하는 보호시설에의 감호위탁
⑦ 의료기관에의 치료위탁
⑧ 상담소 등에의 상담위탁

위 각 호의 처분은 이를 병과할 수 있고(같은 조 2항), 제1호부터 제3호까지 및 제5호부터 제8호까지의 보호처분의 기간은 6개월을 초과할 수 없으며, 제4호의 사회봉사 · 수강명령의 시간은 200시간을 각각 초과할 수 없다(특례법 41조).

법원은 보호처분이 진행되는 동안 필요하다고 인정하는 때에는 직권, 검사, 보호관찰관 또는 수탁기관의 장의 청구에 따라 결정으로 1회에 한하여 보호처분의 종류와 기간을 변경할 수 있고(특례법 45조 1항), 그 경우 종전의 처분기간을 합산하여 제1호부터 제3호까지 및 제5호부터 제8호까지의 보호처분의 기간은 1년을, 제4호의 사회봉사 · 수강명령의 시간은 400시간을 각각 초과할 수 없다(같은 조 2항).

(2) 1호 처분

행위자가 피해자 또는 가정구성원에게 접근하는 행위의 제한을 명하는 것이다. 임시조치로서 행하는 피해자 또는 가정구성권의 주거 또는 점유하는 방실로부터의 퇴거 등 격리조치 및 피해자의 주거, 직장 등에서 100m 이내의 접근금지조치와 같은 내용의 금지의무를 명하는 것이나 그 기간이나 불이행시의 제재수단의 유무 등에서 차이를 보인다.

(3) 2호 처분

가정폭력행위자가 피해자 또는 가정구성원에게 "전기통신기본법" 제2조 제1호의 전기통신을 이용하여 접근하는 행위의 제한을 명하는 것이다. 이는 유선 · 무선 · 광선 및 기타의 전자적 방식에 의하여 부호 · 문언 · 음

향 또는 영상을 송신하거나 수신하는 방법을 이용하여 피해자 또는 가정구성원에게 접근하는 행위를 제한하는 것을 말한다.

(4) 3호 처분

친권자인 가정폭력행위자의 피해자에 대한 친권행사의 제한을 명하는 것이다.

3호 처분을 하는 경우에는 피해자를 다른 친권자나 친족 또는 적당한 시설로 인도할 수 있다(특례법 40조 3항).

가정보호사건의 피해자를 '가정폭력행위로 인하여 직접적으로 피해를 입은 사람'으로 한정하여 규정하고 있으므로(특례법 2조 5호), 3호 처분을 하기 위하여는 부모인 가정폭력행위자가 자신의 친권에 복종하는 미성년자인 자(子)에 대하여 직접적인 가해행위를 한 경우라야만 한다.

(5) 4호 및 5호 처분

보호관찰 등에 관한 법률에 의한 사회봉사 · 수강명령(4호 처분)과 보호관찰(5호 처분)을 명하는 것이다.

4호 처분에 의한 사회봉사 · 수강명령은 그 효과적인 집행을 위하여 집행기관인 보호관찰소가 대상자를 장악할 필요가 있다는 점에서 실무상 5호 처분인 보호관찰을 병과하고 있다.

앞서 본 1호 처분을 하는 경우에도 행위자의 폭력 성향이 두드러지는 경우에는 단순히 접근금지의무를 명하는 것보다 5호 처분을 병과하여 보호관찰소의 감시, 감독을 받게 하는 편이 효과적이다.

(6) 6호 처분

가정폭력방지및피해자보호등에관한법률이 정하는 보호시설에 감호위탁하는 처분이다.

가정폭력행위자를 본인의 의사와 관계없이 강제로 시설 내에 수용하는 것이므로 보호처분 중 가장 강력한 제재수단이다.

(7) 7호 처분

의료기관에 6월의 기간 범위 내에서 치료위탁하는 처분이다. 알코올이나 약물중독, 정신질환 등이 있는 가정폭력행위자에게 주로 하는 처분이다.

(8) 8호 처분

상담소 등에 6월의 기간 범위 내에서 상담위탁하는 처분이다.

상담위탁 처분은 상담소의 상담활동을 통하여 가정폭력행위자의 성행을 개선함으로써 가정의 평화와 안정을 회복하려는 것이므로, 원칙적으로 피해자가 가정폭력행위자와의 혼인 또는 동거관계를 지속할 것을 희망하는 사건에서 가정폭력행위자에게 폭력행위의 습벽 또는 성향이 인정되는 경우에 선택하게 되나, 쌍방이 상대방의 잘못을 지적하며 이혼을 바라고 있는 경우라도 상담소의 중재에 의하여 갈등의 해소가 기재되는 때에는 8호 처분을 하여 상담을 받을 것을 권유하기도 한다.

8. 기 타

가. 보호처분의 집행 및 변경

법원은 가정보호사건 조사관, 법원공무원, 사법경찰관리, 보호관찰관 또는 수탁기관 소속 직원으로 하여금 보호처분의 결정을 집행하게 할 수 있다(특례법 43조 1항). 이에 따라 법원은 보호관찰관 또는 수탁기관의 장에 대하여 가정폭력행위자에 관한 보고서 또는 의견서의 제출을 요구할 수 있고, 그 집행에 대하여 필요한 지시를 할 수 있다(특례법 44조).

또한, 보호처분이 진행되는 동안이라도 필요하다고 인정할 경우에는 직권, 검사, 보호관찰관 또는 수탁기관의 장의 청구에 따라 1회에 한하여 보호처분의 종류와 기간을 변경할 수 있다(특례법 45조 1항).

나. 보호처분의 불이행

가정폭력행위자가 특례법 제40조 제1항 1호 내지 3호의 보호처분을 받고 그 보호처분이 확정된 후에 이를 이행하지 아니하는 경우에는 별도의 추가 범행이 없더라도 그 자체로 '보호처분의 불이행죄'를 구성하여 2년 이하의 징역이나 2,000만원 이하의 벌금 또는 구류에 처하도록 규정되어 있고(특례법 63조), 가정폭력행위자가 특례법 제40조 제1항 4호부터 8호까지의 보호처분을 받고 이를 이행하지 아니하거나 그 집행에 따르지 아니하는 때에는 직권, 검사, 피해자, 보호관찰관 또는 수탁기관의 장의 청구에 의하여 결정으로 그 보호처분을 취소하고 검찰청의 검사에게 송치하거나 송치한 법원에 다시 이송하도록 규정되어 있다(특례법 46조).

다. 배상명령

특례법 제3장 '민사처리에 관한 특례'에서 배상명령에 관하여 자세히 규정하고 있는데, 형사절차의 배상명령과 달리 가정보호사건으로 인하여 발생한 직접적인 물적 피해 및 치료비손해의 배상 이외에도 피해자 또는 가정구성원의 부양에 필요한 금전의 지급을 명할 수 있고, 피해자의 신청이 없더라도 직권으로 배상명령을 선고할 수 있다(특례법 57조).

특히 가계의 주 수입원인 가정폭력행위자에 대하여 피해자에 대한 접근금지를 명하게 될 경우 그 기간 중의 부양료 지급을 명할 필요도 있다. 다만, 적정한 배상액을 정하기 위하여서는 가정폭력행위자의 수입 등에 관한 증거조사가 불가피하여 심리를 속행하여야 하는 난점이 있다.

라. 불복절차

(1) 항 고

임시조치, 보호처분, 보호처분의 변경 및 보호처분의 취소에서 그 결정에 영향을 미칠 법령위반이 있거나 중대한 사실오인이 있는 때 또는 그 결정이 현저히 부당한 때는 검사, 가정폭력행위자, 법정대리인 또는 보조인은 가정법원 본원 합의부에 항고할 수 있다. 다만, 가정법원이 설치되지 아니한 지역에서는 지방법원 본원 합의부에 하여야 한다(특례법 49조 1항). 법원이 불처분의 결정을 한 경우 그 결정이 현저히 부당한 때에는 검사, 피해자 또는 그 법정대리인은 항고할 수 있다(같은 조 2항). 항고의 제기기간은 그 결정을 고지받은 날부터 7일이며(같은 조 3항), 항고의 제기가 있다고 하여 결정의 집행이 정지되지는 않는다(특례법 53조).

(2) 재 항 고

항고의 기각 결정에 대하여는 그 결정이 법령에 위반한 때에 한하여 대법원에 재항고를 할 수 있다. 재항고는 결정을 고지받은 날부터 7일 이내에 제기하여야 한다(특례법 52조).

｜제2장 공 소｜

제1절 공소 및 공소권

1. 공소의 의의

공소란 검사가 법원에 대하여 특정한 형사사건의 재판을 구하는 의사표시이다. 검사가 수사한 결과 범죄의 객관적 혐의가 인정되고 처벌을 할 필요가 있다고 판단되면 공소를 제기하게 되는데 이를 '기소'라고 약칭하기도 한다. 반면 검사가 수사 결과 범죄의 혐의가 없다고 판단하였거나 처벌할 필요가 없다고 판단하면 공소를 제기하지 아니한다는 종국처분을 하게 되는 데, 이를 '공소를 제기하지 아니하는 처분'(형소법 258조 1호, 259조) 또는 줄여서 '불기소처분'(형소법 258조 2항)이라고 부른다.

국가기관 중 검사만이 공소를 제기할 권한을 가지며(형소법 246조 : 국가소추주의, 기소독점주의), 그 제기 여부도 검사의 재량에 달려 있다(형소법 247조 : 기소편의주의). 법원은 검사의 공소 제기가 없는 한 형사사건에 관한 심판을 할 수 없도록 되어 있다(불고불리의 원칙). 다만 기소편의주의에 대하여는 재정신청제도 등과 같이 일정한 제한이 있다.

2. 공소권의 이론

공소권은 특정한 사건에 관하여 공소를 제기하고 이를 수행하는 검사의 권한을 의미하는 국가소추주의를 뜻한다(형소법 246조).

현행법상 공소권의 주체는 검사이며, 따라서 공소권은 검사가 법원에 대하여 유죄판결을 청구하는 권리라고 볼 수 있다.

가. 추상적 공소권과 구체적 공소권

'추상적 공소권은 특정한 사건과는 관계없이 범죄가 있으면 공소를 제기할 수 있는 일반적 권능을 말한다. 이에 반하여 구체적 공소권은 구체적인 특정한 사건에 관하여 공소를 제기할 수 있는 권능을 말한다. 소송법의 법률적 구성에 있어서 중요한 것은 이 구체적 공소권이다. 따라서 보통 공소권이라고 할 때에는 이 구체적 공소권을 말한다.

나. 형식적 공소권과 실체적 공소권

구체적 공소권은 다시 형식적 공소권과 실체적 공소권으로 나누어진다. 형식적 공소권은 공소제기를 위한 형식적 적법조건을 구비한 경우의 공소권을 말한다. 즉, 당해 사건에 관하여 당해 법원이 재판권 또는 관할권을 가지고 있는 것, 동일한 사건에 관하여 다른 소송계속이 없는 것, 공소제기의 절차가 법률의 규정에 위반함이 없는 것, 친고죄에 관하여 고소권자의 고소가 있는 것 등이 형식적 소송조건이 구비된 경우의 구체적 공소권을 말한다. 이에 반하여 실체적 공소권은 당해 사건이 구체적으로 범죄를 구성하는 혐의가 충분하고, 유죄판결을 받을 법률상의 이익이 존재하는 경우, 예컨대 확정판결이 없을 것, 소송의 시효가 완성되지 아니할 것 등이 구비된 경우의 구체적 공소권을 말한다. 그리고 형식적 공소권을 결여한 공소의 제기는 공소기각의 재판에 의하여 소송관계가 종결되고, 실체적 공소권을 결여한 경우의 공소제기는 면소의 판결에 의하여 소송관계가 종결된다.

다. 실체판결청구권

실체판결청구권은 민사소송에 있어서의 본안판결청구권설에 대항하는 견해로서, 검사가 구체적 사건에 관하여 유죄 · 무죄의 실체판결을 청구하는 권리가 공소권이라는 것이다. 그러나 이 견해는 공소권을 단순히 실제판결에만 연결시킴으로서 검사에 의한 공소권남용의 소지가 있으며 뿐만 아니라 구체적 공소권설을 따르더라도 반드시 유죄판결이 확실한 경우에만 공소권행사가 인정되는 것이 아니라, 비록 실체적 종국재판에서 무죄로 확정되더라도 유죄판결의 개연성이 있는 경우에는 공소권 행사가 인정되고 있다.

라. 공소권 남용

공소권의 남용이란 형식적으로는 적법한 공소제기가 이루어졌으나 실질적으로는 그러한 행사가 재량의 범위를 일탈한 경우를 말한다. 그리고 공소권의 남용이 인정되는 경우 실체적 재판에 들어감이 없이 공소기각이나 면소의 재판과 같은 형식적 재판으로 소송을 종결시켜야 한다는 주장을 공소권 남용론이라고 한다.

공소권 남용에 해당하는 경우로는 ① 범죄의 충분한 혐의가 없음에도 불구하고 공소를 제기한 경우, ② 기소유예를 해야 할 상당한 정상이 있음에도 불구하고 공소를 제기한 경우 ③ 공소제기 전의 수사절차에 중대한 하자가 있는 경우 등을 들 수 있다.

공소권의 적정한 행사와 부당한 기소의 억제를 위해서 현행법의 해석상으로는 ①의 경우에는 무죄판결, ②의 경우에는 선고유예, 집행유예 등의 판결, ③의 경우에는 준항고, 증거능력의 배제 등을 통한 구제를 생각할 수 있을 것이다.

제2절 공소의 제기

1. 국가소추주의

형사소송법 제246조에 의하면 "공소는 검사가 제기하여 수행한다"라고 규정하여 국가소추주의 · 기소편의주의를 채용하고 있다.

공소제기의 주체가 누구인가에 따라 국가소추주의와 사인소추주의로 구분되는데, 공소제기의 권한을 국가기관에게 전담하게 하는 것을 국가소추주의라고 하며, 사인의 공소제기를 인정하는 것을 사인소추주의라고 한다.

국가소추주의는 형벌권의 실현수단으로서 가장 적당한 방식이라고 할 수 있다. 왜냐하면 형벌이 피해자 기타 일부의 자의 감정, 이해관계 등에 좌우되는 것은 공형벌의 본질에 반하기 때문이다.

2. 기소편의주의

기소편의주의란 공소제기와 관련하여 검사에게 기소 · 불기소에 관한 재량을 인정하는 주의를 말한다. 반면에 검사가 수사의 결과 공소를 제기함에 충분한 범죄의 혐의가 있고, 공소조건을 구비하고 있는 경우에는 반드시 공소를 제기하여야 한다는 주의를 기소법정주의라고 한다. 형사소송법은 제247조에 "검사는 형법 제51조의 사항을 참작하여 공소를 제기하지 아니할 수 있다"라고 규정하여 기소편의주의를 채용하고 있다. 그리고 기소법정주의는 그 당연한 결론으로서 공소제기 후의 공소의 취소를 인정하지 않는 공소불변경주의를 인정하게 된다.

3. 공소의 취소

공소제기 후의 공소를 취소할 수 없는 주의를 공소불변경주의라고 하고, 공소의 취소를 인정하는 주의를 공소변경주의라고 한다. 현행 형사소송법은 기소편의주의를 인정하는 이론적 귀결로서 공소변경주의를 채용하고 있다. 즉, 공소는 제1심 판결선고 전까지 취소할 수 있다(형소법 255조 1항). 공소의 취소는 이유를 기재한 서면으로 하여야 한다. 단, 공판정에서는 구술로써 할 수 있다(형소법 255조 2항). 공소의 취지의 시기를 '제1심 판결의 선고 전'으로 제한한 것은 검사의 처분에 의하여 재판의 효력이 좌우되는 일이 없도록 하기 위한 취지이다. 그리고 여기서 제1심판결이란 실체적 판결인가 형식적 판결인가를 묻지 않으며, 일단 제1심판결이 선고된 후에는 상소심의 파기환송이나 파기이송이 있는 경우에도 공소를 취소할 수 없다.

공소가 취소된 때에는 결정으로 공소를 기각한다. 이 공소기각의 결정이 확정된 때에는 공소취소 후 그 범죄사실에 대하여 다른 중요한 증거를 발견한 경우에 한하여 다시 공소를 제기할 수 있다. 이에 위반하여 다시 공소가 제기되었을 때에는 판결로써 공소를 기각한다. 여기에 '다른 중요한 증거'라 함은 당해 동일한 사건에 대하여 공소제기 전에 소지하거나 수집한 증거 이외의 증거로서 기존의 증거에 추가함으로써 유죄의 인정을 가능하게 할 정도의 증거를 말한다. 이와 같이 동일사건에 관하여 제한규정을 둔 것은 인권보호를 위한 것이며, 기판력에 의한 일사부재리와는 다르다. 왜냐하면 공소기각의 재판은 확정되더라도 기판력이 발생하지 아니하므로, 이 재판이 확정된 사건에 대하여는 원칙적으로 재기소를 하더라도 괜찮기 때문이다. 준기소절차에 의하여 부심판의 결정이 있는 사건에 관하여는 검사는 물론이고 지정변호사도 공소를 취소할 수 없다. 왜냐하면 지정변호사는 단지 공소의 유지만을 담당하기 때문이다.

제3절 공소제기의 절차

1. 공소시효의 의의

공소를 제기하기 위하여는 공소조건의 구비를 필요로 한다. 공소시효가 완성되어 있지 아니한 것도 중요한 소송조건의 하나이다. 또 공소시효는 공소의 제기에 의하여 진행이 정지된다. 이러한 의미에서 공소의 시효는 공소의 제기와 밀접한 관계를 갖고 있다.
공소시효란 확정판결 전에 일정한 사건의 경과에 의하여 형벌권이 소멸되는 것을 말한다. 공소시효도 형의 시효와 같이 형사시효의 하나이다. 확정판결 전에 발생한 실체법상의 형벌권을 소멸케 하는 점에서 확정판결 후의 형벌권을 소멸케 하는 형의 시효와 구별된다. 말하자면 공소의 시효나 형의 시효도 다 같이 실체법적인 형벌권을 소멸케 하는 것이나, 다만 형의 시효가 확정적 형벌권에 관한 것이라는 점에 대하여, 공소의 시효는 확정 전의 형벌권에 관한 것이라는 점에서 서로 다르다. 미확정의 형벌권의 소멸이라는 실체법상의 사유가 소송법에 반영되어 소극적 공소조건으로 된다. 따라서 이 소송조건은 실체적 소송조건이고, 공소시효가 완성되어 있음에도 불구하고 공소의 제기가 있으면 면소의 판결이 선고된다.

2. 공소시효의 기간

공소시효는 다음의 기간을 경과함으로서 완성한다(형소법 249조 1항).

① 사형에 해당하는 범죄에는 25년
② 무기징역 또는 무기금고에 해당하는 범죄에는 15년
③ 장기 10년 이상의 징역 또는 금고에 해당하는 범죄에는 10년
④ 장기 10년 미만의 징역 또는 금고에 해당하는 범죄에는 7년
⑤ 장기 5년 미만의 징역 또는 금고, 장기 10년 이상의 자격정지 또는 벌금에 해당하는 범죄에는 5년
⑥ 장기 5년 이상의 자격정지에 해당하는 범죄에는 3년
⑦ 장기 5년 미만의 자격정지, 구류, 과료 또는 몰수에 해당하는 범죄에는 1년

공소가 제기된 범죄는 판결의 확정이 없이 공소를 제기한 때로부터 25년을 경과하면 공소시효가 완성된 것으로 간주한다(형소법 249조 2항).

공소시효기간의 기준이 되는 형은 처단형이 아니라 법정형이다. 2개 이상의 형을 병과하거나 2개 이상의 형에서 그 1개를 과할 범죄에는 중한 형을 표준으로 하고(형소법 250조), 형법에 의하여 형을 가중 또는 감경할 경우에는 가중 또는 감경하지 아니한 형을 기준으로 하여 각각 시효기간을 결정한다(형소법 251조).

시효의 기산점은 범죄행위가 종료한 때부터 진행하고, 공범의 경우에는 최종행위가 종료한 때로부터 공범 전체에 대한 시효기간을 기산한다(형소법 252조). 여기서 '범죄행위가 종료한 때'라 함은 구성요건에 해당하는 행위와 시(행위시설)가 아니라 구성요건에 해당하는 결과발생의 시를 의미한다(결과시설). 시효기간의 계산에 관하여는 초일은 시간을 계산함이 없이 1일로 산정하고, 기간의 말일이 공휴일이라도 기간에 산입한다.

3. 공소시효의 정지

현행법은 공소시효의 정지만을 인정하고 있고 공소중지는 인정하고 있지 않다. 시효의 중단의 경우에는 중단하면 중단한 때로부터 다시 새로이 시효의 전 기간이 진행된다. 이에 대하여 시효의 정지는 일시 시효기간의 진행을 정지한다. 즉, 정지의 기간이 종료되면 그때부터 남은 기간이 진행된다. 다만,

중단의 사유는 즉시적인 것이고 정지의 사유는 계속적인 것이어서 소송진행 중에는 시효의 진행이 정지된다. 따라서 법원이 사건을 심리하지 않고 몇 년간 방치하더라도 시효가 완성되지 아니할 것이다. 이는 시효의 취지에 반하므로 현행 형사소송법은 제249조 제2항에서 "공소가 제기된 범죄는 판결의 확정 없이 공소를 제기한 때로부터 25년을 경과하면 공소시효가 완성된 것으로 간주한다"라고 규정하고 있다.

시효는 공소의 제기로 진행이 정지되고 공소기각 또는 관할위반의 재판이 확정된 때로부터 진행한다(형소법 253조 1항). 공소시효정지의 효력은 공소제기된 피고인에 대하여만 미친다. 따라서 진범이 아닌 자에 대한 공소제기는 진범에 대한 공소시효의 진행을 정지하지 않는다. 그러나 공범의 1인에 대한 시효정지는 다른 공범자에게 대하여 효력이 미치고, 당해 사건의 재판이 확정된 때로부터 진행한다(형소법 253조 2항).

준기소절차에 의한 재정신청이 있을 때에는 고등법원의 재정결정이 있을 때까지 공소시효의 진행을 정지한다.

또한 소년보호사건에 대하여 소년부 판사가 심리개시의 결정을 한 때에는 그 사건에 대한 보호처분의 결정이 확정될 때까지 공소시효의 진행이 정지된다.

4. 공소제기의 방식

공소를 제기함에는 공소장을 관할법원에 제출하여야 한다(형소법 254조 1항). 검사에 의한 공소장의 제출은 공소제기라는 소송행위가 성립하기 위한 본질적 요소이므로, 공소장의 제출이 없는 경우에는 소송행위로서의 공소제기가 성립되었다고 할 수 없다.

현행 형사소송법하에서는 불고불리의 원칙을 채용하여 법원은 공소제기가 있는 범죄사실에 관하여서만 심판할 수 있고, 또 당사자주의를 채용하고 피고인이 사건에 관하여 적극적으로 방어할 것을 요구하고 있다. 따라서 어떠한 범죄사실에 관하여 기소되고 있는가를 서면으로 명확히 하여 두는 것은 법원이 심판할 수 있는 범위를 인식하기 위해서 뿐만 아니라 피고인이 방어의 준비를 하기 위하여도 필요하다. 여기에 현행 형사소송법은 공소장에는 피고인 수에 상응한 부본을 첨부하여야 하고(형소법 254조 2항), 법원은 공소의 제기가 있는 때에는 지체 없이 공소장의 부본을 피고인 또는 변호인에게 송달하여야 한다고 규정하고 있다. 이것은 피고인에게 방어준비의 편의를 주기 위한 것이다.

공소장에는 다음 사항을 기재하여야 한다.

가. 피고인의 특정

피고인의 특정을 요하는 점에서 고소와 다르다. 피고인의 특정 없는 공소의 제기는 무효이고 공소기각의 사유로 된다. 특정의 정도는 타인과 구별할 수 있으면 족하다. 따라서 성명이 후에 위명 또는 별명 등이었음이 판명되더라도 공소의 제기는 무효로 되지 아니한다. 특정하는 방법으로는 인상·체격 등을 기재하거나 사진을 첨부하는 등 어떠한 방법이건 괜찮다. 보통 피고인은 성명 외에 주민등록번호·직업·주거 및 등록기준지 등에 의하여 특정한다.

나. 죄 명

죄명은 범죄의 명칭이므로 예컨대 살인죄, 상해치사죄 등과 같이 특정한 구성요건에 해당하는 범죄라는 것을 단적으로 표현할 수 있어야 한다. 그러나 죄명의 기재가 틀린 경우에는 이로 인하여 피고인의 방어권행사에 실질적으로 영향을 미치지 않는 한 공소제기의 효력에는 영향이 없다.

다. 공소사실

공소사실의 기재는 범죄의 일시·장소와 방법을 명시하여 사실을 특정할 수 있도록 하여야 한다(형소법 4항). 공소사실의 특정은 공소제기된 범죄의 성격에 비추어 그 공소의 원인이 된 사실을 다른 공소사실과 구별할 수 있을 정도로 그 일시, 장소, 방법, 목적 등을 적시하여 특정하면 족하고, 그 일부가 다소 불명확하더라도 그와 함께 적시된 다른 사항들에 의하여 그 공소사실을 특정할 수 있고, 그리하여 피고인의 방어권 행사에 지장이 없으면, 공소제기의 효력에는 영향이 없다.

고소사실의 특정은 공소제기의 유효요건이므로 공소사실이 특정되지 아니하면 그 공소제기의 절차가 법률의 규정에 위반되므로, 형사소송법 제327조 제2호에 의하여 공소기각의 판결을 선고한다. 다만 공소사실이 특정되지 아니한 경우라면 법원은 바로 공소사실 불특정을 이유로 공소기각의 판결을 선고할 것이 아니라 검사에게 석명을 구하여 검사가 공소사실을 특정할 수 있는 기회를 주어야 한다.

여러 개의 범죄사실을 예비적 또는 택일적으로 기재할 수 있다(형소법 5항).

라. 적용법조(형사소송법 254조 3항 4호)

공소장에는 죄명 · 공소사실 외에 적용법조를 기재하여야 한다. 이는 공소사실의 법률적 구성을 분명히 함으로써 심판의 대상을 명확하게 하려는 취지이다.

다만 법률의 적용은 원래 법원의 권한에 속하는 사항이므로 적용법조의 기재에 오기가 있거나 누락된 경우라도 공소사실의 동일성이 인정되는 범위 내이고 피고인의 방어권에 실질적인 불이익을 초래할 염려가 없으면 법원은 공소장에 기재된 적용법조에 구애되지 않고 직권으로 법령을 적용할 수 있다.

여러 개의 적용법조를 예비적 또는 택일적으로 기재할 수 있다(형소법 254조 5항).

마. 피고인의 구속 여부(형소규 117조 1항 2호)

공소장에는 형사소송법 제254조 제5항에서 규정한 사항 외에 피고인이 구속되어 있는지 여부도 기재하여야 한다.

5. 공소제기의 효과

공소제기의 효과로서는 소송계속, 재소의 금지 및 공소시효진행의 정지를 들 수 있다.

공소의 제기되면 피의사건이 피고사건으로 변하여 법원의 소송사건화함으로써 법원은 그 사건에 관하여 심리재판을 할 권한과 의무를 갖게 되고, 검사와 피고인의 양 당사자는 그 사건에 관하여 소송을 수행하며 법원의 심판을 받아야 할 권리 · 의무를 갖게 되는 법률관계가 발생한다. 이와 같이 사건이 특정한 법원의 심판대상으로 되어 있는 상태를 소송계속이라고 한다.

공소는 검사가 지정한 피고인 이외의 사람에게는 그 효력이 미치지 않으므로(형소법 248조 1항), 법원은 검사가 공소장에 특정하여 기재한 피고인만 심판하여야 하며 그 이외의 자를 심판할 수 없다.

범죄사실의 일부에 대한 공소는 그 효력이 전부에 미친다. 즉 단일성과 동일성이 인정되는 사실의 전체에 대하여 공소제기의 효력이 미치는 것이고, 그것은 법원의 잠재적 심판의 대상이 된다.

공소가 제기된 사건에 관하여는 다시 이중으로 공소를 제기할 수 없다. 따라서 동일 사건이 같은 법원에 이중으로 공소가 제기되었을 때에는 후소에 대하여 공소기각의 판결을 하여야 한다(형소법 327조 3호).

동일사건이 여러 개의 법원에 이중기소되었을 때는 이른바 관할의 정함의 경우로서 심판할 법원이 정해지면 그 나머지 법원은 공소기각의 결정을 하여야 한다(형소법 328조 3호, 12조, 13조).

공소가 제기되면 공소시효의 진행이 정지되며, 공소기각 또는 관할위반의 재판이 확정된 때로부터 진행한다(형소법 253조 1항). 공소시효 정지의 효력은 공소제기 자체의 유효 · 무효를 가리지 아니하고 공소제기가 있으면 공소시효는 정지된다. 따라서 고소제기가 위법 · 무효인 경우, 예를 들면 소송조건이 구비되지 아니하였음에도 불구하고 공소를 제기한 경우에도 공소시효의 진행이 정지된다.

공소시효정지의 효력은 공소제기된 피고인에 대해서만 미친다. 다만 공범의 1인에 대한 공소시효의 정지는 다른 공범자에 대하여 그 효력이 미치고 당해 사건의 재판이 확정된 때로부터 진행한다(형소법 253조 2항).

[서식 269] 의견서(1)

의 견 서

사 건 : 20○○고단(합) 호

피 고 인 :

이 의견서는 피고인의 진술권 보장과 공판절차의 원활한 진행을 위하여 제출하도록 하는 것입니다. 피고인은 다음 사항을 기재하여 이 양식을 송부받은 날로부터 7일 이내에 법원에 제출하시기 바랍니다. 진술을 거부하는 경우에는 진술을 거부한다는 내용을 기재하여 제출할 수 있습니다.

이 의견서는 피고인에 대한 양형자료로 사용될 수 있으니 양형에 참작할 유리한 내용이 있는 경우 빠짐없이 기재해 주시기 바랍니다.

1. 공소사실에 대한 의견

가. 공소사실의 인정 여부

(1) 공소사실을 모두 인정함( )

(2) 세부적으로 약간 다른 부분은 있지만 전체적으로 잘못을 인정함( )

(3) 여러 개의 공소사실 중 일부만 인정함( )

(4) 공소사실을 인정할 수 없음( )

(5) 진술을 거부함( )

나. 공소사실을 인정하지 않거나(1의 가. (3), (4) 중 어느 하나를 선택한 경우), 사실과 다른 부분이 있다고 하는 경우(1의 가. (2)를 선택한 경우), 그 이유를 구체적으로 밝혀 주시기 바랍니다.

예를 들어) 피고인은 이 사건 공소사실을 모두 인정하고 또한 깊이 뉘우치고 반성하고 있습니다.

2. 절차진행에 대한 의견

가. 이 사건 이외에 현재 재판진행 중이거나 수사 중인 다른 사건이 있다면, 해당 수사기관이나 법원과 그 사건명, 당사자 명을 기재하여 주시기 바랍니다.

예들 들어) 없습니다.

나. 이 사건 재판을 진행하기 전에 법원에 이야기하고 싶은 특별한 사정이 있습니까?

다. 이 사건 재판의 절차 진행에 있어, 법원에서 참작해 주기를 바라는 사항이 있으면, 구체적으로 밝혀 주시기 바랍니다.

예를 들어) 본 건 공소사실에 대하여 검찰제출의 증거사용에 모두 동의합니다 (또는 모두 인정합니다)

3. 성행 및 환경에 관한 의견

가. 가족관계

(1) 가족관계(사실상의 부부나 자녀도 기재하며, 중한 질병 또는 장애가 있는 등 특별한 사정은 비고란에 기재)

관계	성명	나이	학력	직업	동거여부	비고
본인	○○○	26	대졸	취업준비	여	
부	○○○	55	고졸	회사원	부	
모	○○○	53	대학중태	주부	여	

(2) 주거사항

자가 소유(시가 : 원) 전세(보증금 : 원)

월세(보증금 : , 월세 : 원), 기타(여인숙, 노숙 등)

(3) 가족의 수입

나. 피고인의 학력 · 직업 및 경력

(1) 피고인의 학력

(2) 과거의 직업, 경력

(3) 현재의 직업 및 월수입, 생계유지 방법

(4) 향후 취직을 하거나 직업을 바꿀 계획 유무 및 그 내용, 자격증 등 소지 여부

다. 성장과정 및 생활환경(부모나 형제와의 관계, 본인의 결혼생활, 학교생활, 교우관계, 성장과정, 취미, 특기, 과거의 선행 등을 기재)

라. 피고인 자신이 생각되는 자기의 성격과 장 · 단점

예를 들어) 피고인은 차분한 성격으로 매사에 적극적으로 해결하려는 의지를 지니고 있습니다.

4. 정상에 관한 의견(공소사실을 인정하지 않는 경우 기재하지 않아도 됨)

가. 범행을 한 이유

나. 피해자와의 관계 : 예를 들어) 없습니다.

다. 합의 여부(미합의인 경우 합의 전망, 합의를 위한 노력 및 진행상황)
라. 범행 후 피고인의 생활 : 예를 들어) 피고인은 뼈저리게 뉘우치고 반성하며 지내고 있습니다.
마. 현재 질병이나 신체장애 여부 : 예를 들어) 건강은 양호한 편입니다.
바. 억울하다고 생각되는 사정이나 애로사항 : 예를 들어) 피고인은 잘못을 뉘우치고 반성하고 있는 점 들을 두루 살피시어 선처를 간곡히 호소합니다.
사. 그 외 형을 정함에 있어서 고려할 사항

5. 양형을 위하여 조사해 주기를 바라는 사항

가. 피고인의 부모, 형제, 친척, 친구 등 양형조사를 해주기 바라는 사람의 이름과 연락처를 구체적으로 기재
예를 들어) 없습니다.
나. 피고인의 양형을 위하여 유리한 문서, 서류 기타 관련증거 등에 관하여 구체적으로(소재지 등) 기재
예를 들어) 없습니다.

6. 기 타

{이 사 건 양형심리를 위하여 필요하다고 생각되는 내용 등을 자유롭게 기재}

7. 법원조사관의 면담을 원하는지 여부

법원조사관을 면담하여 양형에 관한 사실 및 의견에 관하여 도움 받고 싶은가요?
(1) 원한다(　　)　(2) 원하지 않는다(　　)　(3) 기타(　　)

20○○. ○. ○.

피고인 ○ ○ ○ (기명날인 또는 서명)

○○지방법원 형사 제○부 귀중

【접수방법 및 유의사항】

1. 위 의견서를 작성하여 위 양식을 송달받은 날로부터 7일 이내에 의견서 1부를 법원 형사과 접수실에 제출한다.
2. 각 사항은 사실대로 구체적으로 기재하여야 하며, 기억나지 않는 부분은 기재하지 않아도 무방하다.
3. 지면이 부족하면 별지에 첨부할 수 있으며, 참고할 만한 자료가 있으면 함께 제출하도록 한다.

4. 답변서는 피고인의 입장을 재판장이 사전에 헤아려 볼 수 있으므로 재판진행의 방향을 설정하는데 큰 도움을 준다. 예를 들어 답변서에 공소사실을 인정하는 방법이냐 아니냐에 따라 재판장은 간이공판절차 혹은 증거조사를 하는 것으로 방향을 잡는다.

[서식 270] 의견서(2) (공소사실을 다투는 경우)

의 견 서

사 건 20○○고단○○○○ 관광진흥법위반 등

피 고 인 홍 ○ 동

이 의견서는 피고인의 진술권 보장과 공판절차의 원활한 진행을 위하여 제출하도록 하는 것입니다. 피고인은 다음 사항을 기재하여 이 양식을 송부받은 날로부터 7일 이내에 법원에 제출하시기 바랍니다. 진술을 거부하는 경우에는 진술을 거부한다는 내용을 기재하여 제출할 수 있습니다.

1. 공소사실에 대한 의견

가. 공소사실의 인정 여부

(1) 공소사실을 모두 인정함( )

(2) 세부적으로 약간 다른 부분은 있지만 전체적으로 잘못을 인정함( )

(3) 여러 개의 공소사실 중 일부만 인정함( )

(4) 공소사실을 인정할 수 없음(○)

(5) 진술을 거부함( )

나. 공소사실을 인정하지 않거나{1의 가. (3), (4) 중 어느 하나를 선택한 경우}, 사실과 다른 부분이 있다고 하는 경우{1의 가. (2)를 선택한 경우}, 그 이유를 구체적으로 밝혀 주시기 바랍니다.

① 본 피고인은 20○○. ○.경 같은 피고인 이○근으로부터 "요즘 같이 경기가 불황인데 은행에 돈을 넣어봐야 무슨 득이 있겠느냐. 나의 친형이 했던 신규업종에 투자하면 하루 상당한 수익을 거뜬히 얻을 수 있다고 제안한 것입니다.

② 위 피고인 이○근을 알게 된 것은 위 투자제안을 받기 전 3개월 전인데, 이○근은 본 피고인으로부터 일부 금전차용을 한바 있고 이를 성실히 갚은 바 있어 알게 된 것입니다. 그리고 본 피고인에게 투자할만한 약간의 돈이

있음을 알고 있던 터였습니다.

③ 결국 피고인은 같은 피고인 이○근의 투자제안에 솔깃하여 20○○. ○.경 투자금 6,000만원을 마련하여 투자수익을 기재한 것입니다. 그러나 이후 카지노바 영업의 수익을 같은 피고인 김○태 혼자만이 독식하여 업무상 횡령죄로 고소제기한바 있습니다.

④ 피고인은 같은 피고인들이 하는 카지노바 영업에 관한 허가여부에 관하여는 전혀 문외한일 뿐만 아니라 그 여부를 확인하지도 못했고 응당 카지노바 영업을 어떻게 운영하는지 전혀 몰랐던 것입니다.

⑤ 따라서 공소장에 기재된 사업에 관한 투자와 그 수익배분에 관항 약정은 인정하지만, 카지노바 영업을 관할관청으로부터 허가를 받지 않고 하겠다는 고의가 있었다든가 그 운영방식에 관하여는 탈법 내지 위법적 방식 내지 수단으로 하겠다는 고의는 전혀 없었던 것입니다.

⑥ 피고인은 김○태가 운영하는 카지노바에 들어갔다가 거의 몰매를 맞고 나오는 등으로 카지노바 운영에 관하여는 완전히 배제되어 있던 것입니다.

2. 절차진행에 대한 의견

가. 이 사건 이외에 현재 재판진행 중이거나 수사 중인 다른 사건이 있다면, 해당 수사기관이나 법원과 그 사건명, 당사자명을 기재하여 주시기 바랍니다.

나. 이 사건 재판을 진행하기 전에 법원에 이야기하고 싶은 특별한 사정이 있습니까?

다. 이 사건 재판의 절차 진행에 있어, 법원에서 참작해 주기를 바라는 사항이 있으면, 구체적으로 밝혀 주시기 바랍니다.

3. 성행 및 환경에 관한 의견

가. 가족관계

(1) 가족관계(사실상의 부부나 자녀도 기재하며, 중한 질병 또는 장애가 있는 등 특별한 사정은 비고란에 기재)

관계	성명	나이	학력	직업	동거여부	비고
본인	홍○동	52	고졸	공구상 운영 이후 뇌경색 치료중이며 현재는 무직		B형간염만성으로 투병중
아들	홍○철	31	대졸	회사원	동거	미혼
딸	홍○숙	29	대졸	회사원	동거	미혼

(2) 주거사항

: 전세(보증금 : 30/3,500만원)

(3) 가족의 수입

: 아들 월수입 200만원, 딸 월수입 150만원

나. 피고인의 학력 · 직업 및 경력

(1) 피고인의 학력 : 서울 ○○고등학교 졸업

(2) 과거의 직업, 경력

① 청계천 기계공구상을 운영한바 있는데 간질환(B형간염) 투병으로 인하여 위 사업을 정리하였습니다.

② 일시 대부업등록을 하고 대부업을 한 바 있습니다. 그러나 현재는 뇌경색 치료중이며 실질상 무직입니다.

(3) 현재의 직업 및 월수입, 생계유지 방법

: 현재 뇌경색치료중임으로 특별한 직업은 없으며, 수입있는 자녀들과 동거중입니다.

(4) 향후 취직을 하거나 직업을 바꿀 계획 유무 및 그 내용, 자격증 등 소지 여부 : 자격증은 없습니다.

다. 성장과정 및 생활환경(부모나 형제와의 관계, 본인의 결혼생활, 학교생활, 교우관계, 성장과정, 취미, 특기, 과거의 선행 등을 기재)

① ○○시 ○○동에서 출생하였으며, 그 소재 ○○중학교를 졸업하고 서울 ○○고등학교에 입학 및 졸업하였습니다.

② 부친은 어려서 일찍 작고하시고 모친은 본인의 결혼 이후 돌아가셨습니다. 결혼을 하였지만 20○○년경 성격차이로 이혼하고 현재 거주지에서 자녀들과 함께 생활하고 있습니다.

라. 피고인 자신이 생각되는 자기의 성격과 장 · 단점

① 장점 : 사람에 대하여 한번 신뢰를 주면 가급적 끝까지 신의를 지키고자 합니다. 불의를 보면 참지 못하고 나서는 성격입니다.

② 단점 : 성격이 급합니다. 사람을 쉽게 믿은 경향이 있습니다.

4. 정상에 관한 의견(공소사실을 인정하지 않는 경우 기재하지 않아도 됨)
[범행을 한 이유, 피해자와의 관계]

① 피고인은 20○○년경부터 거래상 알게 된 같은 피고인 이○근으로부터 “요즘 같이 경기가 불황인데 은행에 돈을 넣어봐야 무슨 득이 있겠느냐. 나의 친형인 이○근이 했던 신규업종에 투자하면 하루 상당한 수입을 거뜬히 벌 수 있다”고 아주 그럴듯한 투자 제안을 받은 것입니다.

② 이에 피고인은 관심을 보이니, 위 이○근의 친형인 이○수이라는 사람이 자기

동생이 운영하는 장안동 소재 카지노바를 데려가 손님이 꽉 찬 내부까지 구경해 주면서 돈을 많이 번다고 자랑을 한 것입니다. 당시 이○근은 자신 있으니 자신을 믿어달라고 하면서 우리도 함께 이 같이 해보자고 꾀었던 것입니다.

③ 이에 같은 피고인 이○근은 본 피고인에게 자신의 친형이 했던 방식으로 사업을 할 것이라고 하고 이에 투자를 수차 권유했던 것입니다. 그리고 이후 피고인 김○태를 테리고 와서는 함께 동업할 사람이라며 소개한 것입니다. 결국 공동으로 같은 금액인 6,000만원씩을 투자하기로 한 것입니다. 이후 이○근과 김○태는 직접 운영하는 것으로 하고, 전혀 카지노바 영업에 관하여 식견이 전혀 없던 본 피고인은 운영권에서는 배제된 것입니다. 당시 피고인 이○근은 자신이 영업경험도 있다고 하니 믿고 투자만 해달라고 간청하던 상황이었습니다.

④ 이에 피고인은 20○○. ○.말경 본 피고인에게 분담된 6,000만원을 투자금으로 피고인 이○근에게 건네 준 것입니다. 물론 본 피고인은 운영 카지노바에 간 바가 없으며, 전혀 운영에 관여한바 없습니다.

⑤ 그런데 피고인 이○근이 직접 카지노바를 운영할 줄로 기대하였는데 이○근은 피고인에게 애당초 말한 것과는 다르게 피고인 김○태에게 모종의 대가를 받고서 모든 운영권을 넘겨줘 버리는 일이 발생한 것입니다.

⑥ 피고인 이○은 그 자신의 경험과 노하우가 있다고 하는 통에 피고인은 이를 믿고 투자한 것이며 이후 별 면식이 없던 김○태가 카지노바 영업을 운영한 것으로 알고 있으며 고소인에 대한 신뢰를 완전히 저버리고 사업운영권을 김○태에게 넘겨주고 만 것입니다.

⑦ 피고인은 김○태가 운영하는 카지노바에 들어갔다가 거의 몰매를 맞고 나오는 등으로 영업 운영에 관하여서는 투자금의 수익배분에서 완전히 배제되어 있던 것으로, 처음 투자했던 6,000만원의 피해를 본 것입니다.

[현재 질병 및 신체장애 여부]

⑧ 피고인은 현재 만성 B염간염 투병중이고, 뇌경색 요양중입니다.

[억울하다고 생각되는 사정]

⑨ 카지노바 영업에 관하여는 그 운영에서 완전 배제되었으며 따라서 카지노바 영업이 관청의 허가를 받아야 할 성질의 것이라든가 사업자등록을 했는지 여부 등은 본인과 관련이 없던 것입니다.

⑩ 또한 같은 피고인 김○태, 이○근으로 부터 영업수익금을 모두 독식하여 피해를 본 것으로 20○○. ○.경 이들을 상대로 ○○경찰서에 횡령의 고소를 제기한 적이 있습니다. 그러나 이후 피고인은 이○근과의 관계를 고려하여 고소를

취하였습니다.

5. 법원조사관의 면담을 원하는지 여부

법원조사관을 면담하여 양형에 관한 사실 및 의견에 관하여 도움 받고 싶은가요?

(1) 원한다(○) (2) 원하지 않는다( ) (3) 기타( )

참 고 자 료

1. 투자약정서 1통
1. 입금증 1통
1. 주민등록등본 1통
1. 진단서 1통
1. 사실확인서 1통

20○○. ○. ○.

피고인 홍 ○ 동 (인)

○○지방법원 형사 제○부 귀중

[서식 271] 의견서(3)

의 견 서

사 건 20○○고단○○○○ 강제추행

피 고 인 김 갑 동

1. 이 사건 공소사실의 요지

본건 공소사실의 요지는 피고인이 20○○. ○. ○. ○○:○○경 호프집에서 피해자의 등 뒤에서 쇄골에 입을 맞추고 몸을 밀착하는 등으로 피해자를 강제추행하였다는 것입니다.

2. 공소사실에 관한 인부

피고인은 이 사건 공소사실을 인정하고 또한 반성하고 있습니다. 다만, 피고인이 술을 많이 마신 상태에서 다소 기억이 불분명한 면이 있었기 때문이나, 현재는 자신의 범행을 전부 자복하고 깊이 뉘우치고 있습니다.

3. 증거의 인부에 관한 의견

본 건 공소사실에 대하여 이를 시인하므로, 검찰 제출의 증거사유에 동의합니다.

4. 피고인의 양형과 관련하여 참작할 만한 각 사정

가. 유형력의 행사의 정도가 경미한 사정

본건 공소사실 자체에 의하더라도 피고인은 피해자에 대하여 피해자의 반항을 억압할 만한 어떠한 실질적인 폭행이나 협박 또는 위력을 가하여 본건 범행에 이르렀던 것이 아니라, 순간적으로 피해자의 신체에 대한 접촉을 행한 것으로 다른 사안과 비교하여 볼 때 그 유형력의 행사는 상당히 경미한 수준에 그친다 할 것입니다.

나. 추행의 정도가 현저히 약한 사정

본건 공소사실에 의할 때 피고인이 행한 것은 피해자의 쇄골에 입을 맞춘 것 정도인데, 그 신체의 접촉이 피해자의 가슴이나 둔부, 성기 등에 행하여 진 것은 아니라는 점에서 양자 모두 그 추행의 정도가 다른 강제추행 사안들과 비교하였을 때 상당히 약한 수준인 편입니다.

다. 피고인의 주위 상태

이 사건 당시 피고인은 여러 가지의 술을 혼합하여 마신 만취상태였고, 비교적 남녀들이 자유롭고 개방적인 분위기 가운데 서로 어울려 노는 호프집의 분위에 젖어 정상적인 분별력이 많이 잃고 있는 상태였습니다.

라. 우발적 범행

피고인은 처음부터 어떤 추행의 계획이나 고의를 갖고 본건에 이르게 된 것이 결코 아닙니다.

본건 장소와 같은 다른 사람들의 보는 눈이 많이 쉽게 노출되는 곳에서 대담하게 어떤 추행을 계획하거나 의도한다는 것은 쉽게 이해하기 어렵습니다. 피고인은 만취상태에서 호프집의 분위기에 젖어 우발적으로 본건 범행에 이르게 된 것입니다.

마. 본건 당시 피해자의 의사에 대한 피고인의 착오

본건 발생장소가 호프집이고 하다 보니, 피고인으로서는 순간적으로 피해자와 같이 어울리고자 우발적으로 일어난 행위가 그 때 당시로서는 용인될 수 있을 것으로 착오하고 말았습니다.

그렇기에 피고인으로서는 그 내심에서 피해자의 의사에 반하여 어떤 추행을 한다는 구체적인 범의보다는, 자신이 당시의 화기애애한 분위기에서 허용되는 범위의 스킨쉽을 행하고 있는 것으로 잘못된 판단을 하여 본건 행위에 이르게 되었던 것입니다.

바. 본건 이후 피고인의 진지한 반성

피고인은 이 사건 범행을 전부 시인하고, 피해자에 대하여도 자신의 종전까지의 잘못을 뉘우치고 위 범행을 자복하며, 향우 본건과 관련하여 피해자 측에 일체의 어떠한 피해나 불이익이 없도록 그 행동에 있어 유념할 것을 또한 맹세하였습니다.

사. 피고인의 과거 형사처벌 전력

피고인에게는 이 사건 이전 아무런 전력이 없습니다.

아. 피해자와의 합의 및 피해회복 노력

본건 범행은 그 특성상 피고인 본인이 다시 피해자에게 접근하는 것 그 자체만으로도 부담을 줄 수 있는 바, 피고인은 피해자에게 본건과 관련하여 어떠한 불편을 야기하지 않고자, 피고인 본인의 직접적인 개입 대신 일체의 합의도 가족을 통하여 진행하여 왔습니다.

이에 따라 피고인은 피해자의 피해회복을 위하여 금 200만원을 배상금으로 지급하였고, 피해자는 이를 받아들여 피고인과 원만히 합의하고 본건에 관한 법이 허용하는 범위의 최대한 관대한 처분을 바라는 처벌불의사를 확인하여 주었습니다.

5. 양형기준표상 양형에 관한 의견

본건은 양형기준표 적용대상 사건으로 일반강제추행죄 영역에 해당합니다.

피고인에 대한 특별양형인자 중 감정요소로는

① 유형력의 행사가 현저히 약한 경우

② 추행의 정도가 약한 경우

③ 처벌불원을 들 수 있고 가중요소는 존재하지 않습니다.

그리고 일반양형인자 중 감경요소로는 진지한 반성, 형사처벌 전력 없음을 들 수 있고, 가중요소는 없습니다.

따라서 특별감경요소만 3개가 존재하는 본건에 있어서는 일반강제추행죄의 특별감경영역에 해당하여 징역형을 선택할 경우에는 그 형량 권고범위가 1년 이하의 징역이라 할 것입니다.

그런데 본건의 유형력 행사, 추행의 정도가 현저히 약하다 할 것이고, 현재까지의 재판실무상 본건과 유사한 수위의 동종 사안에서 그 형종을 벌금형으로 선택하여 온 것에 비추어 피고인에게도 그 형종으로 벌금형으로 선택하여 주실 것을 간곡히 호소합니다.

또한 피고인이 피해자와 원만히 합의하여 피해자가 피고인에 대한 최대한의 선처를 재판부에 탄원하였고, 오늘날 성범죄에 대한 엄벌추세 등에 비추어 성범죄자로서의 범죄경력이 아직 젊은 나이의 피고인이 사회생활을 영위함에 있어 상당히 무거운 족쇄로 작용할 것이 자명한바, 한 순간의 실수로 행한 피고인에게 다시 한 번의 기회를 주신다는 의미에서 이번에 한하여 선고유예의 선처를 허락하여 주실 것을 아울러 간곡히 소호소합니다.

6. 신상정보에 관한 공개, 고지명령에 관하여

본건 범행은 공개명령, 고지명령의 대상이 되는 성폭력범죄에 해당됩니다.

그러나 신상정보를 공개, 고지하여서는 아니 될 특별한 사정이 있다고 판단되는 경우에는 공개명령, 고지명령을 면제할 수 있다 할 것입니다.

그리고 이러한 특별한 사정의 판단기준은 피고인의 연령, 직업, 재범위험성 등 행위자의 특성, 해당 범행의 종류, 동기, 범행과정, 결과 및 그 죄의 경종 등 범행의 특성, 공개명령 또는 고지명령으로 인하여 피고인이 입는 불이익의 정도와 예상되는 부작용, 그로 인해 달성할 수 있는 성범죄의 예방효과라 할 것입니다.

피고인의 경우

① 피고인은 아무런 범죄경력이 없고 재범위험성보다는 개선가능성이 현저히 높은 점,

② 본건 범행이 일반 강제추행 등 그 유형력의 행사나 추행의 정도가 경미한 기습추행에 해당하는 점,

③ 본건 범행은 피고인이 호프집에서의 분위기, 술기운에 의해 우발적으로 일어난 점,

④ 공개명령, 고지명령으로 인하여 피고인과 그 가족이 입게 되는 인격적 침해는 현저하고 사실상 피고인의 사회생활에 사형선고를 내리는 것과 같은 침해를 가져오는 반면, 이미 상당한 개선가능성이 예상되는 피고인에게 공개명령, 고지명령을 통하여 달성할 수 있는 성범죄예방의 필요성은 극히

적은 점,

⑤ 피고인이 본건 범행을 반성하고 피해자에게 상당부분 피해를 회복하여 원만히 합의에 이른 점 등을 고려할 때 공개명령, 고지명령을 면제할만한 특별한 사정이 있는 경우에 해당된다 할 것입니다.

따라서 귀원은 피고인에게 공개명령, 고지명령의 병과를 면제하여 주실 것을 간곡히 요청 드립니다.

7. 결 론

이상과 같은 사정 및 기타 기록에 현출된 제반 사정을 참작하시어 피고인의 행위에 대하여 법이 허용하는 범위 내에서 최대한의 관용을 베풀어 주실 것을 부탁드립니다.

소명자료 및 첨부서류

1. 증 제1호증 사과문
1. 증 제2호증 합의서

20○○. ○. ○.

위 피고인 ○ ○ ○ (인)

○○지방법원 형사2단독 귀중

[서식 272] 공소장변경 허가신청에 대한 의견서

공소장변경 허가신청에 대한 의견서

사 건 20○○고단○○○○ 청소년보호법위반

피 고 인 김 갑 동

이 사건에 관하여 피고인의 변호인을 피고인을 위하여 다음과 같이 의견을 개진합니다.

다 음

1. 검사는 당초 "피고인이 20○○. 3. 16. 24:10경 ○○시 ○○구 ○○로 ○○(○○동)에 있는 ○○슈퍼 내에서 청소년인 공소외 1(남, 17세)에게 청소년 유해약물인 디스 담배 1갑을 판매하였다"는 범죄사실로 공소를 제기하였다가, 20○○. ○. ○. 제3회 공판기일에, "피고인이 20○○. 3. 17. 18:30경 위 ○○슈퍼 내에서 청소년인 공소외 2(남, 17세)에게 청소년 유해약물인 디스 담배 1갑을 판매하였다"는 것으로 범죄사실을 변경하는 내용이 이 사건 공소장변경신청을 하였습니다.

2. 공소장의 변경은 공소사실의 동일성이 인정되는 범위 내에서만 허용되고, 공소사실의 동일성이 인정되지 아니한 범죄사실을 공소사실로 추가하는 취지의 공소장변경신청이 있는 경우에는 법원은 그 변경신청을 기각하여야 하는바(형사소송법 298조 1항), 공소사실의 동일성은 그 사실의 기초가 되는 사회적 사실관계가 기본적인 점에서 동일하면 그대로 유지되는 것이나, 이러한 기본적 사실관계의 동일성을 판단함에 있어서는 그 사실의 동일성이 갖는 기능을 염두에 두고 피고인의 행위와 그 사회적인 사실관계를 기본으로 하되 규범적 요소도 아울러 고려하여야 합니다(대법원 2002. 3. 29. 선고 2002도587 판결, 대법원 2002. 1. 22. 선고 2001도5920 판결 참조).

3. 그런데 이 사건에서 피고인에 대하여 공소가 제기된 당초의 범죄사실과 검사가 공소장변경신청을 한 범죄사실은 범행 일시와 상대방은 물론 그 수단·방법 등 범죄사실의 내용이나 행위태양이 다르고 경합범 관계에 있으므로 그 기본적인 사실관계가 동일하다고 할 수 없습니다.

4. 따라서 검사의 공소장변경 허가신청은 기각하여 주시기 바랍니다.

20○○. ○. ○.

위 피고인의 변호인 ○ ○ ○ (인)

○○지방법원 형사 제○부 귀중

[서식 273] 재판기록 열람 · 복사/출력 · 복제 신청서

<table>
<tr><td colspan="4" rowspan="2">재판기록 열람 · 복사/출력 · 복제 신청서</td><td>허</td><td>부</td></tr>
<tr><td></td><td></td></tr>
<tr><td rowspan="3">신 청 인</td><td rowspan="2">성 명</td><td rowspan="2">○ ○ ○</td><td>전화 번호</td><td colspan="2"></td></tr>
<tr><td>담당사무원</td><td colspan="2"></td></tr>
<tr><td>자 격</td><td>피고인의 모</td><td>소명자료</td><td colspan="2"></td></tr>
<tr><td>신 청 구 분</td><td colspan="5">□ 열람 □ 복사 □ 출력 □ 복제</td></tr>
<tr><td>사 용 용 도</td><td colspan="5"></td></tr>
<tr><td rowspan="2">대 상 기 록</td><td>사건번호</td><td colspan="2">사 건 명</td><td colspan="2">재 판 부</td></tr>
<tr><td>20○○고합 ○○○</td><td colspan="2">절도</td><td colspan="2">형사 5부</td></tr>
<tr><td>복사/출력 · 복제할 부분</td><td colspan="5">공소장 및 수사기록 일체 (복사/출력 매수 매)
(복제용량 메가바이트)</td></tr>
<tr><td>복사/출력 방법</td><td colspan="5">□ 법원 복사기 □ 변호사단체 복사기 □ 신청인 복사설비 □ 필사</td></tr>
<tr><td colspan="6">이와 같이 신청하고, 신청인은 열람·복사/출력 · 복제에 관련된 준수사항을 엄수하며, 열람 · 복사/출력 · 복제의 결과물을 통하여 알게 된 개인정보, 영업비밀 등을 개인정보 보호법 등 관계법령 상 정당한 용도 이외로 사용하는 경우 민사상, 형사상 모든 책임을 지겠습니다.

20○○년 ○월 ○일

신청인 ○ ○ ○ (서명 또는 날인)</td></tr>
<tr><td>비 고
(재판장
지정사항 등)</td><td colspan="5"></td></tr>
<tr><td>영 수 일 시</td><td colspan="2">20○○. ○. ○. ○○:○○</td><td>영 수 인</td><td colspan="2">○ ○ ○</td></tr>
<tr><td>신청 수수료</td><td colspan="2">□ 500 원 □ 면 제</td><td colspan="3" rowspan="2">(수 입 인 지 첩 부 란)</td></tr>
<tr><td>복사/출력 · 복제 비용</td><td colspan="2">원</td></tr>
</table>

【준수사항 및 작성요령】

1. **[개인정보 보호법 제19조]** 개인정보처리자로부터 개인정보를 제공받은 자는 다음 각 호의 어느 하나에 해당하는 경우를 제외하고는 개인정보를 제공받은 목적 외의 용도로 이용하거나 이를

제3자에게 제공하여서는 아니 된다. 1. 정보주체로부터 별도의 동의를 받은 경우 2. 다른 법률에 특별한 규정이 있는 경우

2. **[민사소송법 제162조 ④항]** 소송기록을 열람 · 복사한 사람은 열람 · 복사에 의하여 알게 된 사항을 이용하여 공공의 질서 또는 선량한 풍속을 해하거나 관계인의 명예 또는 생활의 평온을 해하는 행위를 하여서는 아니 된다.
3. 신청인·영수인란은 서명 또는 날인하고, 소송대리인·변호인의 사무원이 열람·복사하는 경우에는 담당사무원란에 그 사무원의 성명을 기재
4. 신청수수료는 1건당 500원(수입인지로 납부). 다만, 사건의 당사자 및 그 법정대리인 · 소송대리인 · 변호인(사무원 포함) · 보조인 등이 그 사건의 계속 중에 열람하는 때에는 신청수수료 면제
5. 법원복사기/프린터로 복사/출력하는 경우에는 1장당 50원의 비용을 수입인지로 납부(다만, 100원 단위 미만 금액은 이를 계산하지 아니함)
6. 매체를 지참하여 복제하는 경우에는 700메가바이트 기준 1건마다 500원, 700메가바이트 초과시 350메가바이트마다 300원의 비용을 수입인지로 납부(매체를 지참하지 아니한 경우 매체 비용은 별도)
7. 복사/출력 · 복제할 부분 란에 복사대상(기록의 일부를 복사/출력 · 복제하는 경우에는 대상을 열거하여 특정하여야 함) 및 복사/출력을 정확하게 기재하여야 함
8. 열람 · 복사 담당 법원공무원의 처분에 대하여 불복하는 경우에는 이의신청을 할 수 있음

[서식 274] 기소(참고인)중지사건 공소시효 완성증명원

<table>
<tr><td colspan="4">발행번호 제 호

기소(참고인)중지사건 공소시효 완성증명원</td><td>처리기간
1 일</td></tr>
<tr><td rowspan="2">피의자</td><td>① 성 명</td><td>김 갑 동</td><td>② 주민등록번호</td><td>000000-0000000</td></tr>
<tr><td>③ 주 소</td><td colspan="3">○○시 ○○구 ○○로 ○○(○○동)</td></tr>
<tr><td colspan="2">④ 사 건 번 호</td><td colspan="3">20○○년 형 제○○○호</td></tr>
<tr><td colspan="2">⑤ 죄 명</td><td colspan="3">사기</td></tr>
<tr><td colspan="2">⑥ 기소(참고인)중지처분일</td><td colspan="3">20 . . .</td></tr>
<tr><td colspan="2">⑦ 공 소 시 효 완 성 일</td><td colspan="3">20 . . .</td></tr>
<tr><td colspan="2">⑧ 송 치 관 서</td><td colspan="3">경찰서 송치</td></tr>
</table>

<table>
<tr><td>⑨ 용 도</td><td colspan="4">열람용</td></tr>
<tr><td colspan="5">위와 같이 공소시효가 완성되었음을 증명하여 주시기 바랍니다.

20○○. ○. ○.</td></tr>
</table>

가족 또는 대리인이 신청할 때			
주 소	○○시 ○○구 ○○로 ○○(○○동)		
주민등록번호	000000-0000000	관 계	아들

신청인 김 갑 동 (인)

구비서류		수수료
없 음	**○○지방검찰청 검사장 귀하**	없 음

위 사실을 증명합니다.

20○○. ○. ○.

○○지방검찰청 검사장 귀하

【접수방법 및 유의사항】

1. 신청인 : 기소중지자, 참고인 중지사건의 피의자(기소중지자 등의 '가족' : 주민등록등본 등에 의해 입증함)
2. 가족 이외의 대리인(인감날인한 위임장을 지참한 경우)
3. 신청서 1부를(검찰청) 민원실에 접수하면 신청인의 적격여부 확인한 후 신청서와 컴퓨터터미널 입력 내용 또는 기록과 대조 확인 후 증명발급을 해준다.
4. 근거 : 민원사무처리처리에관한법률 제2조 제2호, 동법시행령 제2조 제2항

제4절 재정신청제도

1. 의 의

형사소송법 제260조 이하의 재정신청제도란, 고소사건 및 일정한 범위의 고발사건에 관하여 검사의 불기소처분이 있는 경우 고소인 또는 고발인이 이에 불복하여 재정신청을 하고 법원이 이를 이유 있다고 인정하는 때에는 사건에 대한 공소제기결정을 하는 제도를 말한다. 종전 준기소절차에서는 검사의 불기소처분에 대하여 고소인 또는 고발인이 불복하여 재정신청을 한 경우, 법원이 이를 이유 있다고 인정하면 심판에 부하는 결정을 하여 공소제기가 있는 것으로 간주하고 법원이 변호사를 지정하여 공소유지를 담당하게 하였으나, 현행법은 법원이 공소제기결정을 하면 검사가 공소를 제기하는 기소강제절차를 채택하였다.

2. 재정신청

가. 신청권자 및 신청의 대상

신청권자는 고소인 또는 고발인이다. 재정신청은 대리인에 의하여 할 수도 있으며 공동신청권자 중의 1인의 신청은 그 전원을 위하여 효력이 있다(형소법 264조 1항).

고소인은 대상범죄에 대한 제한 없이 모든 고소인이 재정신청을 할 수 있으며, 고발인은 형법 제123조(직권남용), 제124조(불법체포 · 감금), 제125조(폭행 · 가혹행위), 제126조(피의사실공표, 다만 피공표자의 명시한 의사에 반하여 재정신청을 할 수 없다)의 죄에 대하여 고발을 한 자 또는 '부패방지및국민권익위원회의설치와운영에관한법률', '공직선거법' 등의 특별법에서 재정신청 대상으로 규정한 죄의 경우에 한하여 재정신청을 할 수 있다. 고소권에 관하여는 형사소송법 제223조 이하에서 상세히 규정하고 있다.

나. 신청절차

(1) 검찰항고전치주의

재정신청권자는 검사로부터 공소를 제기하지 아니한다는 통지를 받은 때에는 그 검사 소속의 지방검찰청 소재지를 관할하는 고등법원에 그 당부에 관한 재정을 신청할 수 있는데(형소법 260조 1항), 이러한 재정신청을 하려면 검찰청법 제10조에 따른 항고를 거쳐야 한다(형소법 260조 2항).

다만, 아래의 어느 하나에 해당하는 경우에는 검찰항고전치주의의 예외를 인정하여 곧바로 재정신청을 할 수 있다.

① 항고 이후 재기수사가 이루어진 다음에 다시 공소를 제기하지 아니한다는 통지를 받은 경우

② 항고 신청 후 항고에 대한 처분이 행하여지지 아니하고 3개월이 경과한 경우

③ 검사가 공소시효 만료일 30일 전까지 공소를 제기하지 아니하는 경우

(2) 재정신청의 방식

재정신청을 하려는 자는 항고기각 결정을 통지받은 날로부터 10일 이내에 지방검찰청검사장 또는 지청장에게 재정신청서를 제출하여야 한다.

다만 위 (1)의 항고전치주의의 예외사유 중 ① 또는 ②에 해당하여 항고절차를 거칠 필요가 없는 경우에는 그 사유가 발생한 날로부터 위 기간을 기산하고 위 ③의 예외사유, 즉 검사가 공소시효 만료일 30일 전까지 공소를 제기하지 아니하는 경우에는 공소시효 만료일 전날까지 재정신청서를 제출할 수 있다(형소법 260조 3항).

재정신청서에는 재정신청의 대상이 되는 사건의 범죄사실 및 증거 등 재정신청을 이유 있게 하는 사유를 기재하여야 한다(형소법 260조 4항). 신청서에 증거의 기재를 요구하는 것은 법원의 재정신청사건 심리에 참고가 되는 외에 신청의 근거를 명시하게 함으로써 신청의 남발을 방지하려는 취지라고 해석된다.

(3) 관할법원

재정신청사건의 관할법원은 불기소처분을 한 검사 소속의 지방검찰청 소재지를 관할하는 고등법원이다(형소법 260조 1항).

(4) 지방검찰청 검사장 등의 처리

재정신청서를 제출받은 지방검찰청검사장 또는 지청장은 재정신청서를 제출받은 날부터 7일 이내에 재정신청서 · 의견서 · 수사 관계서류 및 증거물을 관할 고등검찰청을 경유하여 관할 고등법원에 송부하여야 한다. 다만, 형사소송법 제260조 제2항 단서 각 호의 사유, 즉 항고전치주의의 예외사유의 어느 하나에 해당하는 경우에는 지방검찰청검사장 또는 지청장은, 신청이 이유 있는 것으로 인정하는 때에는 즉시 공소를 제기하고 그 취지를 관할 고등법원과 재정신청인에게 통지하며, 신청이 이유 없는 것으로 인정하는 때에는 30일 이내에 관할 고등법원에 송부한다(형소법 261조).

(5) 피의자 및 재정신청인에 대한 통지

법원은 재정신청서를 송부 받은 날로부터 10일 이내에 피의자뿐만 아니라 재정신청인에게도 그 사유를 통지하여야 한다(형소법 262조 1항, 형소규 120조).

다. 신청의 취소

(1) 재정신청인은 재정결정이 있을 때까지 관할 고등법원에 서면으로 그 신청을 취소할 수 있으며, 다만 그 기록이 관할 고등법원에 송부되기 전에는 그 기록이 있는 검찰청검사장 또는 지청장에게 하여야 한다(형소법 264조 2항, 형소규 121조 1항).

(2) 재정신청을 취소한 자는 다시 재정신청을 할 수 없으나(형소법 264조 2항), 위 신청취소는 다른 공동신청권자에게 효력을 미치지 않는다(형소법 264조 3항).

라. 공소시효 정지의 효력

형사소송법 제260조에 따른 재정신청이 있으면, 형사소송법 제262조에 따른 재정결정이 확정될 때까지 공소시효의 진행이 정지되고(형소법 262조의4 1항), 형사소송법 제262조 제2항 제2호의 공소제기결정이 있는 때에는 공소시효에 관하여 그 결정이 있는 날에 공소가 제기된 것으로 본다(형소법 262조의4 2항).

3. 고등법원의 처리

법원은 재정신청서를 송부받은 날부터 3개월 이내에 다음의 결정을 한다. 즉 신청이 법률상의 방식에 위배되거나 이유 없는 때에는 신청을 '기각'하고, 이유 있는 때에는 사건에 대한 '공소제기'를 결정한다.

고등법원의 재정신청사건의 심리는 특별한 사정이 없는 한 공개하지 않으며, 법원의 기각 또는 공소제기 결정에 대하여는 불복할 수 없다(형소법 262조). 심판회부결정에 대하여는 재항고도 할 수 없다.

고등법원이 재정신청에 대하여 기각 또는 공소제기 결정을 한 때에는 즉시 그 정본을 재정신청인 · 피의자와 관할 지방검찰청검사장 또는 지청장에게 송부한다.

만일 공소제기결정을 한 때에는 지방검찰청검사장 또는 지청장에게 사건기록을 함께 송부하게 되고, 재정결정서를 송부받은 관할 지방검찰청검사장 또는 지청장은 지체 없이 담당 검사를 지정하며 지정받은 검사는 공소를 제기하여야 한다. 이후 통상의 공판절차가 진행된다.

4. 비용의 부담

재정신청이 전면 확대됨에 따라 제도의 남용을 억제할 수 있는 제도로서 비용의 부담이 도입되었다. 즉 법원의 재정신청에 대한 기각결정이 있거나 재정신청의 취소가 있는 경우 법원은 재정신청인에게 절차에서 생긴 비용의 전부 또는 일부를 부담하게 할 수 있다.

또한 피의자의 신청에 따라 법원은 재정신청인에게 피의자가 재정신청절차에서 부담하였거나 부담할 변호인 선임료 등 비용의 전부 또는 일부의 지급을 명할 수 있다. 위 비용부담에 관한 결정에 대하여는 3일 내에 즉시항고를 제기할 수 있다.

[서식 275] 재정신청서(1)

재 정 신 청 서

사　　건　　20○○형 제○○○○호　강도상해

피 의 자　　○　○　○

위 피의사건에 관하여 고소인인 신청인은 귀청으로부터 20○○. ○. ○. 공소를 제기하지 아니한다는 불기소처분의 통지를 받았는 바, 다음과 같은 이유로 재정신청을 하오니 그 사건을 관할 지방법원의 심판에 부하는 결정을 하여 주시기를 바랍니다.

신 청 이 유

위 고소사건에 대한 검사의 불기소이유의 요지는 "피의사실에 대하여는 모든 증거가 인정되기는 하나 개전의 정이 현저하므로 불기소처분을 한다."는 것인바, 이를 검토하건대 피의자(피고소인)는 수사사무에 종사하는 국가공무원으로서 누구보다도 솔선하여 인권을 옹호하여야 할 의무가 있음에도 불구하고, 이 임무를 벗어나서 직권을 남용하여 고소장에 기재되어 있는 바와 같은 경위와 방법으로 전치 1개월을 요하는 상해를 가하고도 피해자인 본건 고소인에게 치료비 등 피해변상을 하지 아니함은 물론 한 마디의 사과도 없이 오히려 의기양양하게 그 공무원의 자리에 머물러 있으면서 법을 비웃고 있습니다. 이러한 피의자에 대하여 검사는 뚜렷한 이유와 근거도 없이 막연히 개전의 정이 현저하다는 이유로 불기소처분을 하였다는 것은 검사의 공소권 행사에 있어 공정을 잃은 처사일 뿐 아니라, 검사의 기소독점주의를 남용한 것이라 아니할 수 없으므로 형사소송법 제260조에 의하여 재정신청에 이른 것입니다.

첨 부 서 류

1. 불기소처분통지서　　1통
1. 불기소이유고지서　　1통

1. 고소장 사본 1통
1. 진정서 1통

20○○. ○. ○.

위 신청인(고소인) ○ ○ ○ (인)

○○고등법원 귀중

【접수방법 및 유의사항】

1. 신청서 1부를 항고기각 결정을 통지받은 날로부터 10일 이내에 지방검찰청검사장 또는 지청장에게 제출하여야 한다.
2. 대리인에 대한 의한 신청이 가능하고, 신청서에는 범죄사실과 증거 등 신청이유를 기재하여야 한다.

[서식 276] 재정신청서(2)

재 정 신 청 서

사 건 20○○형 제○○○○호 가혹행위

피고소인 ○ ○ ○ (000000-0000000)
○○시 ○○구 ○○로 ○○(○○동)
직 업 : 경찰공무원

신청인은 위 피고소인을 가혹행위죄로 20○○. ○. ○. 귀청에 고소하였으나 같은 해 ○. ○. 귀청으로부터 공소를 제기하지 아니한다는 불기소처분의 통지를 받았는 바, 다음과 같은 이유로 재정신청을 하오니 그 사건을 관할 지방법원의 심판에 부하는 결정을 하여 주시기를 바랍니다.

신 청 이 유

위 고소사건에 대한 검사의 불기소이유의 요지는 “피의사실에 대하여는 사실이나 피고소인이 공직에 기여한 공이 크므로, 불기소처분을 한다."라는 것인바, 이는 고소장에 기재한 바와 같이 피고소인은 직권을 남용하여 여성의 성적 수치심을 고문수단으로 악용하였는바, 피고소인은 누구보다 인권을 보호하여야 할 의무가 있음에도 불구하고 성적인 고문을 하여 신청인으로 하여금 자살을 생각할 정도로 영혼과 인격에 엄청난 상처를 입혔음에도 이러한 피고소인에 대하여 검사는 공직에 기여한 공을 들어 불기소처분을 하였다는 것은 검사의 공소권 행사에 있어 공정을 잃는 처사라고 할 수 있어 형사소송법 제260조에 의하여 재정신청에 이른 것입니다.

첨 부 서 류

1. 불기소처분통지서 1통
1. 불기소이유고지서 1통
1. 고소장 사본 1통

20○○. ○. ○.

위 신청인(고소인) ○ ○ ○ (인)

○○고등법원 귀중

[서식 277] 재정신청서(3)

재 정 신 청 서

사 건 20○○형 제○○○○호 사기

신 청 인 1. 오 ○ 권 (000000-0000000) (전화 :)
(고 소 인) ○○시 ○○구 ○○로 ○○(○○동)
2. 염 ○ 근 (000000-0000000) (전화 :)
○○시 ○○구 ○○로 ○○(○○동)

피신청인 김 ○ 준 (000000-0000000) (전화 :)
(피고소인) ○○시 ○○구 ○○로 ○○(○○동)

신 청 취 지

위 피고소인에 대한 20○○형 제○○○○호 사기사건에 대하여 ○○지방검찰청 검사 강○현은 20○○. ○. ○.자로 증거불충분 등의 이유로 불기소처분 결정을 하였고 이에 불복하여 항고(20○○불황 제○○○○호)하였으나 ○○고등검찰청 검사 권○는 20○○. ○. ○.자로 항고기각 처분을 하였습니다. 신청인은 이이 불복하고 형사소송법 제260조에 따라 재정신청합니다(고소인은 20○○. ○. ○. 불기소처분통지를 송달받았음).

신 청 이 유

1. 검사의 항소각하 이유

○○고등검찰청에서는 이 항고사건의 피의사실 및 불기소처분 이유의 요지는 "불기소처분 검사의 불기소처분 결정서 기재와 같으므로 이를 원용하는바, 이 건은 원심청에서 자체 재기수사한 후 불기소 처리한 사건에 대하여 다시 항고한 사안이므로 항고기각처분을 하였다."라고 하고 있습니다.

2. 고소인 오○권에 대한 검사의 항소각하처분의 부당성

(피의자가 이 사건 토지주로부터 매매계약해지통고를 받아 이 사건 공사를 할 수 없음에도 불구하고 그 후 고소인에게 기망행위로 투자계약서를 작성 · 교부한 행위)

가. 고소인은 피의자의 감언이설에 속아 20○○. ○. ○.경 및 같은 달 ○.경 두 차례에 걸쳐 1억원을 피의자에게 투자한 후 고소인은 위 투자금에 대하여 어떠한 서류를 받은 바 없기에 피의자에게 고소인이 투자한 내용에 대하여 계약서를 작성해준 줄 것을 요구하여 이에 피의자는 20○○. ○. ○.에 투자계약서를 작성 · 교부하였습니다.

나. 따라서 이 피의자는 이 사건 공사를 하기 위하여 토지소유자인 고소외 장○영에게 이 사건 토지의 계약금만을 지급한 이후 잔금을 지급하지 못하여 위 장○영으로부터 20○○. ○. ○. 매매계약해지 통지를 내용증명으로 받았고, 그 후 같은 해 ○. ○.경에는 피의자가 위 장○영에게 20○○. ○. ○.까지 위 토지 잔금을 지급하지 못할 경우에는 원상회복과 함께 사업을 포기한다는 포기각서를 작성 · 교부하였으며, 위 ○. ○.까지 잔금을 지급하지 못한 피의자는 위 장○과의 포기각서의 내용에 따라 사업자체를 진행할 수 없어 같은 해 ○. ○. 시공사인 ○○종합건설 주식회사가 위 장○영에게 공사포기각서를 작성 · 교부하였고, 같은 날 설계 · 감리업체인 ○○건축사사무소가 위 장○영에게

건축설계 · 감리포기서를 작성 · 교부하였기에 피의자가 고소인에게 작성 · 교부하여 준 투자계약서를 작성할 당시인 20○○. ○. ○.경에는 피의자는 이 사건 사업을 진행할 수 없었던 것입니다.

그럼에도 불구하고, 계속적으로 기망행위를 하여 이에 속은 고소인을 안심시켜 투지계약서를 작성 · 교부하여 주어 1억원 상당의 금전을 편취한 것입니다(피의자는 고소인이 투자한 원금은 20○○. ○.경 즉시 지급하여 주고, 나머지 이익금 7억원은 순차로 지급하여 준다고 기망행위를 하였음).

그러므로 피의자는 고소인으로 하여금 1억원을 지급받은 이후에도 기망행위로 사업이 잘 진행되고 있다고 거짓말을 하여 위 금원을 편취한 것이므로 사기죄의 범의가 있다고 할 수 있습니다.

3. **고소인 염○근에 대한 검사의 항소각하처분의 부당성**

고소인 염○근의 불복 사유의 주된 논점은 첫째, 피의자는 고소인들이 대여한 금전을 대여금이 아닌 투자금으로 거짓 주장을 하고 있으며, 둘째, 피의자가 고소인들로부터 차용한 금전을 수목원 경매물건을 처분하여 지급하기로 한 것은 고소인이 20○○. ○. ○. 낙찰을 받아 경락대금을 완납하였으나, 그 후 토지소유자가 채무금을 채권자에게 변제하여 경매가 취하되어 고소인은 같은 해 ○. ○.경 위 경락대금을 환불받았으나 피의자는 다시 ○○사우나 공사비로 빌려줄 것을 요구하여 위 금전을 빌려주었습니다.

피의자는 위 차용금을 ○○상호신용금고에서 23억원을 대출을 받아 변제하기로 하였으나 변제하지 않았으며, 또한 수원시행사업을 한다며 계약금 10억원만 맞추면 은행에서 ○○자금이 나오니 그때 위 대여금을 모두 상환하기로 약정을 하였습니다.

당시 피의자는 처음부터 변제의사나 변제능력이 없음에도 불구하고 고소인을 기망하여 이에 속은 고소인으로부터 금 1,566,800,000원을 지급받아 동 금원을 편취하였기에 사기죄를 구성한다고 할 수 있습니다.

4. **결 론**

위와 같이 피의사실에 대한 증거가 있음에도 증거가 없다는 이유로 불기소 처분을 한 것은 부당하므로 그 시정을 구하기 위하여 항고에 이르렀으나, 검사는 가장 주된 논점인 피의자의 대여금이 아닌 투자금이라는 일방적인 주장을 수용하여 본 건 피의사실에 대한 증거가 불충분하자는 이유로 검사가 불기소처분 및 항소각하결정을 한 것은 부당하고 검사의 기소독점주의를 남용한 것이라 아니할 수 없으므로 재정신청에 이른 것입니다.

첨 부 서 류

1. 항고사건처분통지서 1통
1. 항고각하이유고지서 1통
1. 고소인 염○근의 불기소이유서에 대한 항변 및 증거서류

20○○. ○. ○.

위 신청인(고소인) 오 ○ 권 (인)
염 ○ 근 (인)

○○고등법원 귀중

| 제3장 공 판 |

제1절 공판절차

1. 공판절차의 의의

공판절차란 공소가 제기된 이후부터 소송절차가 종결하기까지의 모든 절차 단계를 말하며 이 중에서 협의로는 공판기일의 절차만을 가리키기도 한다. 공판 또는 공판절차는 주로 공판기일에 양당사자의 공격 방어를 중심으로 이루어진다.

2. 공판절차의 기본원칙

가. 공개주의

공개주의란 일반국민에게 심판에 관하여 방청을 할 수 있는 기회를 주는 것을 말한다. 그러나 법정의 크기에 따라 방청인수를 제한하거나 법정경찰권이나 소송지휘권에 의한 특정인에 대한 퇴정명령 등은 공개주의에 반하지 않는다.

우리나라 헌법 제27조 제3항에서는 형사 피고인은 상당한 이유가 없는 한 신속한 재판을 받을 권리와 공개재판을 받을 권리를 보장함으로서 공개주의를 보장하고 있다.

또한 헌법 제109조에 "재판의 심리와 판결은 공개한다"라고 규정하고 있고 법원조직법에서도 심리와 판결은 공개한다고 하여 공개주의를 택하고 있다. 단, 국가의 안전보장, 안녕질서 또는 선량한 풍속을 해할 염려가 있는 때에는 결정으로서 공개를 정지할 수 있다고 규정하고 있다(법원조직법 57조).

이에 위반하여 공개할 때에는 절대적 항소이유가 된다(형소법 361조의5 9호).

또한 소년보호사건에 대한 심리는 원칙적으로 공개하지 아니한다(소년법 24조 2항).

나. 구두변론주의

구두변론주의란 법원이 당사자의 구술에 의한 공격 방어를 근거로 심리를 진행하고 재판을 하는 주의를 말하며, 형사소송법은 "판결은 법률에 다른 규정이 없으면 구두변론에 의거하여야 한다"(형소법 37조 1항)라고 규정하고 있다.

구두주의는 서면주의와 반대개념으로서 이는 구두에 의하여 제공된 소송자료를 근거로 하여 재판을 행하는 것이다.

변론주의는 당사자 상호간의 공력, 방어인 주장 및 입증에 의하여 재판하는 주의로서 심리의 모두에서 검사의 모두진술(형소법 285조)과 아울러 피고인에게 그 이익되는 사실을 진술할 기회를 주고(형소법 286조), 증거조사 후에는 사실 및 법률적용에 관한 의견을 진술할 권리가 인정되어 있으며(형소법 302조, 303조) 그 외 당사자의 증거조사신청권(형소법 294조), 상호신문제도(형소법 161조의2), 사실 및 법률적용에 관한 의견진술권(형소법 302조, 303조), 국선변호 및 필요적 변호의 보충(형소법 282조), 공소장 변경제도(형소법 298조) 등도 변론주의의 표현이다.

다. 직접심리주의

직접심리주의는 공판정에서 직접 조사한 증거에 한하여 재판의 기초로 할 수 있다는 주의를 말하며, 원칙적으로 공판정에서 증인을 신문한다든가 증거서류 또는 증거물의 조사를 하여 이를 기초로 해서만 재판을 행할 수 있다. 한편으로는 증인 등에 대한 직접신문을 통하여 태도증거를 확보함으로써 법관에게 정확한 심증을 형성케 하고 또한 증거에 관하여 직접 변명의 기회를 주기 위해서도 요구되는 것이다.

라. 집중심리주의

법원은 사건을 계속적으로 집중하여 심리하여야 한다는 주의를 집중심리주의라 하며 우리나라 헌법은 "모든 국민은 신속한 재판을 받을 권리를 가진다"(헌법 27조 3항)라고 규정하고 있다. 이는 신속한 재판을 실현하고 신선하고 확실한 심증에 기하여 법원이 공정한 재판을 하기 위하여 요구되는 원칙이다.

제2절 공판의 대상 및 범위

1. 심판의 범위

심판의 범위는 공소의 범위와 일치하고 공소는 국가기관인 검사가 공소를 제기하여 수행한다. 공소장에 기재한 피고인 및 공소사실에 관하여는 사건의 단일성 · 동일성이 있는 한 그 전부에 미치고 그 이외에는 미치지 아니한다. 심판의 현실적인 대상은 공소장에 기재한 특정한 공소사실이라고 할 수 있다. 그러나 만약 다른 범죄사실에 관하여 심판을 구하려고 하는 때에는 검사는 다시 그 범죄사실에 대하여 공소를 제기하여야 하는데 이 경우에 형사소송법은 공소장변경의 절차에 의하도록 하고 있다. 그리고 공소사실로서 명시되어 있지 아니한 사실에 관하여는 검사의 공소장변경이 없는 한 판결은 할 수 없다.

2. 공소장의 변경

공소장의 변경이란 공소장에 기재된 공소사실 또는 적용법조의 추가, 철회 또는 변경(형소법 298조)을 말한다.

공소장 변경의 주체는 검사이며 예외적으로 재판상 준기소절차에 의하여 재판에 회부된 사건의 지정변호사도 공소유지자이므로 공소장을 변경할 수 있다.

따라서 검사는 법원의 허가를 얻어 공소장에 기재된 공소사실 또는 적용법조의 추가, 철회 또는 변경을 할 수 있다(형소법 298조 1항).

공소장의 변경은,

가. 공소사실 또는 적용법조의 추가 : 공소장에 기재된 종래의 것을 존치해

두고 새로이 별개의 소인을 추가하는 것

나. 공소사실 또는 적용법조의 변경 : 개개의 공소사실 또는 적용법조의 내용의 내용

다. 공소사실 또는 적용법조의 철회 : 공소장에 기재된 수개의 공소사실 중 어느 것을 철회하는 것

라. 추가, 철회, 변경허용의 범위 : 필요한 범위 내에서 법원은 검사의 신청에 따라 공소장에 기재된 공소사실 또는 적용범조의 추가, 철회 또는 변경을 공소사실과 동일성을 해하지 않는 범위 내에서 허가하여야 한다(형소법 298조 1항).

공소장의 변경에 관하여 심리의 경과에 비추어 상당하다고 인정한 때 필요적 변경요구제도로 법원은 공소사실 또는 적용법조의 추가 또는 변경을 요구하여야 한다(형소법 298조 2항).

공소장 변경은 공판심리절차에서 행하여지며 공소사실 또는 적용법조의 추가, 철회 또는 변경이 있을 때에는 법원은 그 사유를 신속히 피고인 또는 변호인에게 고지하여야 한다(형소법 298조 3항). 공소장 변경시 피고인에게 불이익을 증가할 염려가 있다고 인정할 때에는 직권 또는 피고인이나 변호인의 청구에 의하여 피고인으로 하여금 필요한 방어 준비의 기회를 부여하기 위하여 결정으로 필요한 기간 공판절차를 정지할 수 있다(형소법 298조 4항).

3. 공소장변경의 절차

가. 검사의 공소장변경

검사는 법원의 허가를 얻어 공소장에 기재한 공소사실 또는 적용법조의 추가·철회 또는 변경을 할 수 있다(형소법 298조 1항). 검사가 공소장을 변경하고자 할 때에는 그 취지를 기재한 공소장변경허가신청서를 법원에 제출하여야 하며 이 경우에 법원은 공소사실의 동일성을 해하지 아니하는 한도 내에서 허가하여야 한다. 그리고 법원은 심리의 경과에 비추어 공소장변경의 사유가 상당하다고 인정되는 때에는 공소사실 또는 적용법조의 추가 또는 변경을 요구하여야 한다.

검사의 공소장변경에서의 공소사실 추가는 종전의 공소사실에 새로운 공소사실(또는 적용법조)을 추가하는 것을 말하고, '공소사실(또는 적용법조)의 철회'라 함은 종전의 공소사실의 일부의 철회를 말하고, '공소사실의 변경'이라 함은 종전의 공소사실의 전부 또는 일부를 철회하고 이에 대신하여 새로운 공소사실을 기재하는 것을 말한다.

검사의 공소장변경신청은 서면에 의하여야 한다. 검사는 공소장변경허가신청서를 법원에 제출하여야 하며, 여기에는 피고인의 수에 상응한 부본을 첨부하여야 한다.

나. 법원의 공소장변경의 요구

법원은 심리의 경과에 비추어 상당하다고 인정할 때에는 공소사실 또는 적용법조의 추가 또는 변경을 요구하여야 한다(형소법 298조 2항). 이와 같이 수소법원이 검사에게 공소장에 기재된 공소사실과 적용법조를 추가 또는 변경할 것을 요구하는 것을 공소장변경의 요구하고 하며 공소장변경의 요구는 1심뿐만 아니라 항소심에서도 허용된다.

제3절 공판준비의 절차

1. 공판준비의 의의

제1회 공판기일이건 제2회 이후의 공판기일이건 불문하고, 공판기일에 있어서의 심리의 원만 신속을 기하기 위하여 그 준비로서 수소법원 또는 재판장, 수명법관, 수탁판사에 의하여 행하여지는 절차를 공판준비라 한다.

2. 공판기일 전의 절차

가. 공소장부본의 송달

법원은 공소의 제기가 있는 때에는 지체 없이 공소장의 부본을 피고인 또는 변호인에게 송달하여야 한다(형소법 266조). 단, 공소제기 후 제1회 공판기일 전 5일까지 공소장부본을 송달하여야 한다. 이것은 피고인에게 방어의 준비를 하게 하기 위한 것이고 당사자주의를 강화한 현행 형사소송법에서는 특히 중요한 절차의 하나라 할 수 있다. 따라서 제1회 공판기일 전 5일까지 송달되지 아니하면 그 불송달의 이유 여하를 불문하고 심리개시에 대하여 이의신청을 할 수 있다. 그러나 피고인의 이의신청은 적어도 피고인의 모두진술 단계까지 행해져야 하고, 피고인신문이 개시되면 송달에 관한 하자는 치유된 것으로 본다.

나. 공판기일의 지정 · 변경 · 통지

재판장은 공판기일을 정하여야 한다(형소법 267조 1항). 재판장은 직권 또는 검사, 피고인이나 변호인의 신청에 의하여 공판기일을 변경할 수 있다(형소법 270조 1항). 그리고 공판기일변경신청을 기각한 명령은 송달하지 아니한다(형소법 270조 2항). 공판기일변경신청에는 공판기일의 변경을 필요로 하는 사유와 그 사유가 계속되리라고 예상되는 기간을 명시하여야 하며 진단서 기타의 자료로써 이를 소명하여야 한다. 공판기일은 검사, 변호인과 보조인에게 통지하여야 한다.

다. 피고인 등의 소환

법원은 피고인을 소환할 수 있다(형소법 68조).

피고인의 소환이란 피고인에 대하여 일정한 법원 기타의 지정한 장소에 출석할 것을 명하는 강제처분을 말한다.

다만, 긴급을 요하는 경우에는 재판장은 소환을 할 수 있고 또 합의부원(수명법관)으로 하여금 소환을 하게 할 수 있다.

피고인을 소환함에는 소환장을 발부하여야 한다(형소법 73조). 소환장에는 피고인의 성명 · 거주 · 죄명 · 출석일시 및 장소와 정당한 이유 없이 출석하지 아니하는 때에는 도망할 염려가 있다고 인정하여 구속영장을 발부할 수 있음을 기재하고 재판장 또는 수명법관이 기명날인하여야 한다.

라. 공판기일에의 소환

법원은 공판기일에 피고인, 대표자 또는 대리인을 소환하여야 한다. 다만, 피고인에 대해 제1회 공판기일소환장은 공소장부본의 송달 전에는 이를 송달하여서는 아니 된다. 법원의 구내에 있는 피고인에 대하여 공판기일을 통지한 때에는 소환장송달의 효력이 있다(형소법 268조).

제1회 공판기일은 소환장의 송달 후 5일 이상의 유예기간을 두어야 한다(형소법 269조 1항). 그러나 피고인이 이의 없는 때에는 5일 이상의 유예기간을 두지 아니할 수 있다(형소법 269조 2항). 공판기일에 소환 또는 통지서를 받은 자가 질병 기타의 사유로 출석하지 못할 때에는 의사의 진단서, 기타의 자료를 제출하여야 한다(형소법 271조).

마. 증거의 수집 · 조사 · 제출

법원은 직권 또는 검사, 피고인이나 변호인의 신청에 의하여 공판준비로서 공무소 또는 공사단체에 조회(사실조회, 변상일지조회, 기록송부촉탁신청)하여 필요한 사항의 보고 또는 보관서류의 송부를 요구할 수 있다(형소법 272조 1항). 이 신청을 기각함에는 결정으로 하여야 한다(형소법 272조 2항).

법원은 검사, 피고인 또는 변호인의 신청에 의하여 공판준비에 필요하다고 인정한 때에는 공판기일 전에 피고인 또는 증인을 신문할 수 있고, 검증 · 감정 또는 번역을 명할 수 있다(형소법 273조 1항). 재판장은 부원으로 하여금 이러한 행위를 하게 할 수 있다(형소법 273조 2항). 이 증거조사의 신청을 기각함에는 결정으로 하여야 한다(형소법 273조 3항).

위와 같이 작성된 서류는 법원 또는 법관 조서로서 무조건 증거능력을 가지며, 검사 · 피고인 또는 변호인은 공판기일 전에 서류나 물건을 증거로 법원에 제출할 수 있다(형소법 274조).

바. 변호인의 의견서

현행 형사소송법은 제1회 공판기일에서 검사에 대하여서만 모두진술을 하도록 하고 있고 피고인이나 변호인의 모두진술제도를 두고 있지 아니하다.

그러나 이것은 공판정에서의 당사자주의적 구조에서 볼 때 반드시 합리적이라고 볼 수 없을 뿐 아니라 오히려 피고인 측의 모두진술권을 우선하도록 규정하는 것이 합리적이라고 할 수도 있을 것이다.

그런데 변호인의 모두진술을 명문화하지 않고 있다고 하더라도 변호인이 제1회 공판기일의 전후를 불문하고 서면이나 구두의 방법으로 사안의 개요나 절차상의 문제점 또는 공판진행상의 요망사항을 법원에 제출하는 것이 언제나 가능한 것임을 유의하고 변호인의 진술서 또는 의견서를 제출하는 것이 좋을 것이다.

[서식 278] 공판기일변경신청서(1)

공판기일변경신청

사 건 20○○고단○○○○ 절도

피 고 인 ○ ○ ○

위 사건에 관하여 공판기일이 20○○. ○. ○. 00:00로 지정된바 있으나 피고인은 변호인을 선임하고자 준비중에 있으므로 위 공판기일을 변경하여 주시기 바랍니다.

20○○. ○. ○.

위 피고인 ○ ○ ○ (인)

○○지방법원 귀중

【접수방법 및 유의사항】

1. 공판기일변경신청서는 공판기일 전에 1부를 형사과 담당재판부에 제출한다.
2. 신청권자는 검사, 피고인, 변호인이다.
3. 새로운 기일을 지정해 달하고 하는 변경과 일단 기일이 도래하여 개정한 후 심리에 들어가지 않고 다음 기일을 지정하는 것(연기)까지도 포함한다.
4. 개정하여 실질적 심리에 들어간 후 심리를 계속하기 위하여 신기일을 지정하는 속행과는 구별된다.

[서식 279] 공판기일변경신청서(2)

공판기일변경신청

사 건 20○○고단○○○○ 절도

피 고 인 ○ ○ ○

위 사건에 관하여 공판기일이 20○○. ○. ○. 00:00로 지정되었으나, 피고인의 변호인의 변호인은 금일 사건수임을 변론준비 관계(기록등사, 피고인 접견 등)로 위 공판기일변경을 신청하오니 허가하여 주시기 바랍니다.

20○○. ○. ○.

위 피고인의 변호인 변호사 ○ ○ ○ (인)

○○지방법원 귀중

[서식 280] 공판기일변경신청서(3)

공판기일변경신청

사 건 20○○고단○○○○ 횡령

피 고 인 ○ ○ ○

위 사건에 관하여 공판기일이 20○○. ○. ○. 00:00로 지정되었으나, 피고인의 변호인은 같은 시각에 재판이 중복되어(○○고등법원 20○○) 위 기일을 변경하여 주실 것을 신청하오니 허가하여 주시기 바랍니다.

20○○. ○. ○.

위 피고인의 변호인 변호사 ○ ○ ○ (인)

○○지방법원 귀중

[서식 281] 공판시각변경신청서

공판시각변경신청

사 건 20○○고단○○○○ 사기

피 고 인 ○ ○ ○

위 사건에 관하여 귀원은 20○○. ○. ○. 오전 10:00로 공판기일로 지정하였으나 위 피고인의 변호인은 같은 시각에 다른 소송수행건이 있어 위 준비절차 시각에 출석이 불가능하여, 공판 시각의 변경을 신청하오니 기일 시각을 같은 날 오후 2:00로 변경하여 주시기 바랍니다.

20○○. ○. ○.

위 피고인 ○ ○ ○ (인)

○○지방법원 귀중

【접수방법】

기일에는 담당재판부가 하루 종일 재판을 진행하므로, 필요한 경우 공판기일변경이 아닌 공판시각변경신청서를 제출하되 1부를 법원 형사과 담당재판부에 제출하도록 한다.

[서식 282] 사실조회신청서(1)

사 실 조 회 신 청

사　　건　　20○○고단○○○○　사기

피 고 인　　○　○　○

위 사건에 관하여 피고인은 이 건 공소사실 중 피해금액이 다르다는 것을 입증하기 위하여 다음과 같은 사실조회를 신청합니다.

다　　음

1. 조회할 곳

○○은행 ○○지점

주　소 : ○○시 ○○구 ○○로 ○○(○○동)

2. 조회할 사항

가. 피고인 ○○○의 20○○. ○. ○. 당좌거래 후 20○○. ○. ○. 현재에 이르도록 피고인이 발행한 약속어음이 결제되었는지의 여부

나. 결제되었다면 결제액과 미결제액의 금액

20○○. ○. ○.

위 피고인의 변호인 변호사 ○　○　○ (인)

○○지방법원 귀중

【접수방법 및 유의사항】

1. 사실조회촉탁이라고도 호칭되는 이 사실조회신청은 관공서, 금융기관, 기타의 단체에 대하여 특정사항에 관한 조사보고를 요구함으로서 증거를 수집하는 절차이다.
2. 신청서 1부를 공판기일 전 제출하여 공판기일에 촉탁 여부에 대하여 채택받도록 하여야 한다.

[서식 283] 사실조회신청서(2)

사 실 조 회 신 청

사 건 20○○고단○○○○ 횡령

피 고 인 홍 길 동

위 사건에 관하여 피고인은 주장사실을 입증하기 위하여 다음과 같이 사실조회 신청을 합니다.

다 음

1. 조회할 곳

○○은행 ○○지점

주 소 : ○○시 ○○구 ○○로 ○○(○○동)

2. 조회할 사항

가. 귀 지점의 예금주 : 이정동, 계좌번호 000-00000-000의 입출금 내역 중 20○○. ○. ○.자 출금액이 얼마인지

나. 출금액은 어떻게 출금되었는지(즉 수표인지 현금인지 수표라면 얼마짜리로 몇 장이 발행되었으며, 현금은 얼마나 출금되었는지)

다. 위 예금주 명의로 귀 지점에 위 계좌 이외에 다른 계좌가 있는지

20○○. ○. ○.

위 피고인 홍 길 동 (인)

○○지방법원 형사 제3단독 귀중

[서식 284] 사실조회신청서(3)

사 실 조 회 신 청

사 건 20○○고단○○○○ 상해

피 고 인 홍 길 동

위 사건에 관하여 피고인의 변호인은 피고인을 위하여 다음과 같은 사실조회를 신청합니다.

다 음

1. 조회할 곳

○○정형외과의원

주 소 : ○○시 ○○구 ○○로 ○○(○○동)

2. 조회할 사항

가. 위 의원에서 ○○○{000000-0000000, ○○시 ○○로 ○○(○○동)}이 20○○. ○. ○. 전에 무릎치료를 받은 전력이 있는지 여부, 있다면 그 시기, 병명, 치료내용, 기왕증이 있었는지 여부 및 있었다면 그 정도,

나. 위 의원에서 위 ○○○에게 2회에 걸쳐 진단서를 발부하였는데, 20○○. ○. ○.자와 같은 해 ○. ○.자의 진단서의 내용(상해부위와 정도 및 치료내용)이 각각 다른 이유

3. 입증취지

인과관계 유무

20○○. ○. ○.

위 피고인의 변호인 변호사 ○ ○ ○ (인)

○○지방법원 귀중

[서식 285] 병상일지조회신청서

병상일지조회신청

사 건 20○○고단○○○○ 사기

피 고 인 ○ ○ ○ (000000-0000000)
(수감번호 : ○○구치소 0000번)

위 사건에 관하여 위 피고인의 변호인은 피고인의 건강이 극히 악화되어 아래와 같이 병상일지조회를 신청합니다.

아 래

1. 조회할 곳
○○구치소

2. 조회사항
피고인이 당뇨로 인한 건강상태 및 치료상황과 구금생활을 계속할 수 있는지 여부(피고인이 최근 여러 차례 혼수상태로 쓰러진 일이 있다고 하는데 사실인지 여부, 사실이라면 그 원인 및 횟수)

20○○. ○. ○.

위 피고인의 변호인 변호사 ○ ○ ○ (인)

○○지방법원 귀중

[서식 286] 문서송부촉탁신청서(1)

문서송부촉탁신청

사 건 20○○고단○○○○ 사기

피 고 인　　홍 길 동

위 사건에 관하여 입증 및 심리상 다음 사건의 기록이 필요하오니 기록송부를 의뢰하여 주시기 바랍니다.

다　　　음

1. 기록 보관처

○○지방검찰청 기록보존계

2. 송부할 기록

○○지방검찰청 20○○형 제○○○호 사기 피고인 김갑동에 대한 수사 및 공판 기록 일체

20○○. ○. ○.

위 피고인의 변호인 변호사 ○ ○ ○ (인)

○○지방법원 귀중

【접수방법】

1. 문서송부촉탁신청서는 공공기관에 대하여 그 보관한 기록의 사본을 법원에 송부해 달라는 신청이다. 공판기일 전에 제출하여 공판기일에 재판장으로부터 채택을 받도록 하여야 할 것이다.
2. 신청서 1부를 형사과 접수처에 제출한다.

[서식 287] 문서송부촉탁신청서(2)

문서송부촉탁신청

사　　건　　20○○고단○○○○　외국환관리법위반 등

피 고 인　　홍 길 동

위 사건에 관하여 입증 및 심리상 다음 사건의 기록이 필요하오니 기록송부를

의뢰하여 주시기 바랍니다.

다 음

1. 기록 보관처

○○지방법원 형사 합의 12부

2. 송부할 기록

○○지방법원 20○○고합 ○○○호 특정경제범죄가중처벌등에관한법률위반 등, 피고인 김갑동 외 1에 대한 수사 및 공판기록 일체

20○○. ○. ○.

위 피고인 홍 길 동 (인)

○○지방법원 형사 제3단독 귀중

[서식 288] 문서송부촉탁신청서(3)

문서송부촉탁신청

사 건 20○○노○○○○호 직무유기

피 고 인 ○ ○ ○

위 사건에 관하여 피고인의 변호인은 주장사실을 입증하기 위하여 다음과 같이 문서송부촉탁을 신청합니다.

다 음

1. 문서의 표시

○○고등법원 20○○라 ○○○○호 직무집행정지가처분신청

신청인(항고인) : 김 ○ ○

피신청인 : 이 ○ ○

2. **기록 보관처**

○○고등법원 민사 10부

3. **송부할 기록**

위 기록 일체

20○○. ○. ○.

위 피고인의 변호인 변호사 ○ ○ ○ (인)

○○고등법원 형사 제2부 귀중

[서식 289] **금융거래자료 제출명령신청서**

금융거래자료 제출명령신청서

사 건 20○○노○○○○호 배임

피 고 인 ○ ○ ○

위 사건에 관하여 피고인의 변호인은 피고인을 위하여 "금융실명거래및비밀보장에관한법률" 제4조 제1항 제1호의 규정에 의하여 다음과 같이 금융거래자료에 대한 제출명령을 신청합니다.

다 음

1. **제출명령할 곳**

주식회사 ○○은행

○○시 ○○로 ○○(○○동)

대표이사 ○ ○ ○

2. **제출명령할 내용**

홍길동(000000-0000000)이가 20○○. ○. ○.부터 20○○. ○. ○.까지 주식회

사 ○○은행에서 거래한 입·출금 내역

3. 입증취지

변제내역 및 편취의사 유무

20○○. ○. ○.

위 피고인의 변호인 변호사 ○ ○ ○ (인)

○○지방법원 귀중

[서식 290] 변호인의견서

변 호 인 의 견 서

사 건 20○○고단○○○○ 교통사고처리특례법위반

피 고 인 홍 길 동

위 사건에 관하여 피고인의 국선변호인은 형사소송법 제266조의2 제1항에 의하여 다음과 같이 의견서를 제출합니다.

다 음

공소장에 대한 입장	피고인은 공소사실을 모두 인정합니다.
검사가 제출하려는 증거에 대한 의견	증거목록 중 피의자신문조서는 성립 인정, 임의성 인정하고, 나머지 증거도 전부 동의할 예정입니다.
신청할 근거	없습니다.
정상관계에 대한 의견	1. 피고인이 운전하던 차량은 피고인의 처(○○○) 소유의 차량으로, 동 차량은 종합보험에 가입되어 피해자는 보험회사로부터 손해를 배상받았습니다. 2. 피해자의 피해정도가 비교적 경미합니다.
재판 진행과 관련한	피고인은 항소심에 계류중인 사건이 있는바, 항소심에서 병합을

의견	위하여 선고기일을 속히 지정하여 주시기를 희망합니다(또는 피고인은 20○○. ○. ○. 집행유예 기간이 만료된다는 점을 감안하시어 선고기일을 여유 있게 정해 주시기 바랍니다).

20○○. ○. ○.

피고인의 국선변호인 변호사 홍 길 동 (인)

○○지방법원 귀중

【접수방법】

변호인 의견서는 언제든지 제출할 수 있으며, 변론요지서는 대개 결심 이후에 선고를 10일 정도 남겨두고 제출한다.

제4절 공판기일의 절차

1. 공판정의 구성

공판기일에는 공판정에서 심리한다(형소법 275조 1항).

공판정은 판사와 검사, 법원사무관 등이 출석하여 개정한다(형소법 275조 2항). 검사의 좌석과 피고인 및 변호인의 좌석은 대등하며, 법대의 좌우측에 마주 보고 위치하고, 증인의 좌석은 법대의 정면에 위치한다. 다만, 피고인신문을 하는 때에는 피고인은 증인석에 좌석한다(형소법 275조 3항). 검사의 좌석을 변호인의 좌석과 대등하게 한 것은 당사자 대등주의를 실시한다는 이유에서 대등한 좌석을 배치한 것이다.

검사의 출석 없이는 원칙적으로 개정할 수 없으나, 검사가 공판기일의 통지를 2회 이상 받고 출석하지 아니하거나 판결만을 선고하는 때에는 검사의 출석 없이 개정할 수 있다(형소법 278조).

당사자주의의 원칙에 의하여 피고인의 출석 없이는 원칙적으로 개정할 수 없다(형소법 276조 본문). 피고인은 원칙적으로 공판기일에 출석할 권리와 의무를 갖고 있으나 다음과 같은 예외가 있다.

가. 피고인이 법인인 경우에는 대리인을 출석하게 할 수 있다(형소법 276조).

나. 의사무능력자의 법정대리인이 출석한 경우(형소법 26조)

다. 다액 500만원 이하의 벌금 또는 과료에 해당하는 경미한 사건인 경우(형소법 277조)에는 대리인을 출석시킬 수 있다(형소법 277조 단서).

라. 피고인이 심신상실의 상태에 있는 경우에 무죄, 면소, 형의 면제 또는 공소기각의 재판을 할 것이 명백한 때(형소법 306조 4항)

마. 퇴정명령의 경우 : 피고인이 재판장의 허가 없이 퇴정하거나 재판장의 퇴정명령에 의하여 퇴정한 때(형소법 330조)

바. 일시퇴정의 경우(형소법 297조 1항)

사. 피고인의 소재불명(소송촉진등에관한특례법 23조)

아. 항소심(형소법 365조)과 상고심(형소법 387조 참조)에서의 특칙

자. 피고인의 출석이 부적당한 경우 : 상고심의 공판기일에는 피고인의 출석을 요하지 않는다(형소규 161조 1항).

차. 즉결심판사건(즉결심판에관한절차법 8조)

2. 피고인의 출석

피고인은 공판기일에 출석하여 공소사실에 대하여 진술할 권리가 있으므로 피고인이 공판기일에 출석하지 아니한 때에는 특별한 규정이 없으면 개정하지 못한다(형소법 276조).

공판정에서는 피고인의 신체를 구속하지 못한다. 단, 재판장은 피고인이 폭력을 행사하거나 도망할 염려가 있다고 인정하는 때에는 피고인의 신체의 구속을 명하거나 기타 필요한 조치를 할 수 있다(형소법 280조). 또 피고인은 재판장의 허가 없이 퇴정하지 못한다(형소법 281조 1항).

그런데 현행법은 예외적으로 피고인의 출석 없이 재판할 수 있는 경우를 인정하고 있다.

가. 피고인이 법인인 경우에는 그 대표자가 소송행위에 관하여 법인을 대표하는 것이나, 대표자가 스스로 출석할 필요는 없고 대리인을 출석하게 할 수 있다

(형소법 276조). 이러한 경우에는 법인은 그 대리인에게 대리권을 수여한 사실을 증명하는 서면을 법원에 제출하여야 한다.

나. 피고인이 의사무능력자인 때에는 피고인 본인이 출석할 필요는 없고 그 소송행위를 대리하는 법정대리인 또는 특별대리인이 출석하면 된다.

다. 경미한 사건에 있어 다액 500만원 이하의 벌금 또는 과료에 해당하거나 공소기각 또는 면소의 재판을 할 것이 명백한 사건에 관하여는 피고인의 출석을 요하지 아니한다(형소법 277조). 다만, 이러한 사건이라도 피고인의 출석권이 상실되는 것이 아니므로 법원은 피고인을 소환하여야 한다. 또 이 경우에 피고인은 대리인을 출석하게 할 수 있다.

라. 피고인이 사물의 변별 또는 의사의 결정을 할 능력이 없는 상태에 있는 때는 법원은 검사와 변호인의 의견을 들어서 결정으로 그 상태가 계속하는 기간 공판절차를 정지하여야 한다(형소법 306조). 그러나 위와 같은 자에 대한 피고사건에 대하여 무죄 · 면소 · 형의 면제 또는 소송기각의 재판을 할 것이 명백한 때에는 피고인의 출정 없이 재판할 수 있다.

마. 피고인이 진술하지 아니하거나 재판장의 허가 없이 퇴정하거나 재판장의 질서유지를 위한 퇴정명령을 받은 때에는 피고인의 진술 없이 판결할 수 있다(형소법 330조).

바. 재판장은 증인 또는 감정인이 피고인 또는 어떤 재정인의 면전에서 충분히 진술할 수 없다고 인정할 때에는 그들 퇴정하게 하고 진술하게 할 수 있다. 피고인이 다른 피고인의 면전에서 충분한 진술을 할 수 없다고 인정한 때에도 같다(형소법 297조 1항).

사. 항소심에서는 피고인이 공판기일에 출정하지 아니한 때에는 다시 기일을 정하여야 하며, 피고인이 정당한 이유 없이 다시 정한 기일에 출정하지 아니한 때에는 피고인의 진술 없이 판결할 수 있다(형소법 365조). 또 상고심에서는 변호인이 아니면 피고인을 위하여 변론하지 못하므로, 피고인의 출석은 요하지 않는다.

한편, 공판기일에 피고인의 소환이 불능되면 수사기록 등에 의하여 송달가능한 주소를 파악하여 송달을 실시하여야 하고 그러함에도 불구하고 이사불명의 사유로 소환이 불능상태에 있다면 관할 경찰서장으로 하여금 피고인의 소재를 탐지하여 줄 것을 촉탁할 수 있다.

3. 변호인의 출석

변호인의 출석은 반드시 공판개정의 요건이 아니나 사형 · 무기 또는 단기 3년 이상의 징역이나 금고에 해당하는 사건에 관하여는 변호인 없이 개정하지 못한다. 단 판결만을 선고할 경우에는 예외로 한다(형소법 282조). 즉, 피고인이 구속된 때, 미성년자, 70세 이상의 자, 농아자, 심신장애의 의심이 있는 자, 피고인이 사형, 무기 또는 단기 3년 이상의 징역이나 금고에 해당하는 사건으로 기소된 때 또는 빈곤 그 밖의 사유로 변호인을 선임할 수 없는 경우(단, 이 경우에는 피고인의 청구가 있는 때에 한한다), 피고인이 연령 · 지능 및 교육 정도 등을 참작하여 권리보호를 위하여 필요하다고 인정하는 때에는 피고인의 명시적 의사에 반하지 아니하는 범위 안에서 변호인을 선정하는 경우에 변호인이 출석하지 아니한 때에는 법원은 직권으로 변호인을 선정하여야 한다(형소법 283조).

4. 법원경위

법원경위는 법정에 있어서 법관이 명하는 사무 기타 대법원장이 정하는 사무를 집행하며 법원이 집행관을 사용하기 어려운 사정이 있을 때에는 법원경위로 하여금 소송서류를 송달하게 할 수 있다(법원조직법 64조).

5. 소송지휘

공판기일의 소송지휘는 재판장의 권한에 속한다. 소송지휘란 소송절차를 있게 하고 심리의 원활을 꾀하기 위한 법원의 합목적적 활동을 가리킨다. 본래는 법원(재판부)의 권한에 속하는 것이지만 공판기일에서는 시기를 놓치지 않는 신속성이 요구되므로 그 행사를 포괄적으로 재판장에게 맡긴 것이다.

재판장의 소송지휘는 증거조사에 관한 이의신청에 대한 결정, 재판장의 처분에 대한 이의신청에 대한 결정, 공판절차의 정지와 공판기일의 소송지휘 등(형소법 279조)이 있다.

법원의 소송지휘로는 증거조사에 관한 이의신청에 대한 결정(형소법 295조), 재판장의 처분에 대한 이의신청에 대한 결정(형소법 304조), 공소장변경에 대한 허가(형소법 298조), 공판절차의 정지(형소법 306조), 변론의 분리 · 병합(형소법 300조), 변론의 재개(형소법 305조) 등이 있다.

6. 당사자의 권리

공판기일에서 당사자 내지 변호인의 권리는 증거조사신청권(형소법 294조), 증거조사에 대한 이의신청권(형소법 296조), 재판장의 처분에 대한 이의신청권(형소법 304조) 등이 있다.

[서식 291] 불출석사유신고서(1) (교통사고)

불출석사유신고서

사　　건　　20○○고단○○○○　사기

피 고 인　　○　○　○

위 사건에 관하여 피고인은 20○○. ○. ○. 00:00에 출석하라는 소환장을 송달받은 바 있으나 갑작스런 교통사고로 인하여 출석할 수 없기에 신고합니다.

첨　부　서　류

1. 진단서　　　　　　1통

20○○. ○. ○.

위 피고인 ○　○　○ (인)

ㅇㅇ지방법원 귀중

【접수방법】

공판기일에 소환 또는 통지서를 받은 자가 질병 기타의 사유로 출석하지 못할 때에는 의사의 진단서 기타의 자료를 제출하여야 한다(형소법 271조).

[서식 292] 불출석사유신고서(2) (질병)

불출석사유신고서

사 건 20○○고단○○○○ 사기

피 고 인 ○ ○ ○

위 사건에 관하여 피고인은 20○○. ○. ○. 00:00에 출두하라는 소환장을 송달받았으나, 별첨 진단서 기재내용과 같이 질병으로 출석할 수 없기에 신고합니다.

첨 부 서 류

1. 진단서 1통

20○○. ○. ○.

위 피고인 ○ ○ ○ (인)

ㅇㅇ지방법원 귀중

제5절 공판심리의 순서

1. 공판의 순서

법원의 공판절차는 인정신문(형소법 284조), 검사의 모두진술(형소법 285조 1항), 피고인 모두진술(형소법 286조), 증거조사(형소법 290조), 변론(검사의 논고 및 피고인과 변호인의 최후진술 : 형소법 303조), 판결의 순서로 이루어진다.

2. 인정신문

인정신문은 재판장이 피고인의 성명, 연령, 등록기준지, 주거와 직업을 물어서 피고인임에 틀림없음을 확인하는 것이다(형소법 284조). 이는 자연인을 전제로 한 규정이고, 피고인이 법인인 때에는 출석한 대표자, 특별대리인, 또는 대리인을 상대로, 법인의 명칭, 사무소, 대표자의 성명 · 주소, 대리인과 법인과의 관계 등을 물어서 확인해야 할 것이다.

3. 검사의 모두진술

검사는 공소장에 의하여 공사사실 · 죄명 및 적용법조를 낭독하여야 한다(형소법 285조). 이를 이른 바 모두진술이라고 하는데, 검사는 이 절차를 통하여 사건의 심리에 들어가지 전에 사건의 내용과 입증의 방침을 명백히 하여 법원의 소송지휘를 가능하게 하고 피고인에 대하여는 충분한 방어 준비의 기회를 주게 된다. 한편, 검사로서는 공소사실의 내용뿐 아니라 공소제기의 배경, 사안의 중요성 등에 관한 진술을 할 수 있다.

피고인의 출석 없이 개정한 경우에도 모두진술을 하여야 한다. 피고인신문이 원칙적으로 증거조사 후에 행해지므로 공소사실을 법정에 정확히 현출시킬 필요가 있다. 다만 재판장은 필요하다고 인정하는 때에는 검사에게 공소의 요지를 진술하게 할 수 있는데, 공소사실의 양이 방대하여 공소사실 등을 모두 낭독하는 것이 적당하지 않다고 판단될 때에는 이 조항을 활용하여 심리절차의 지연을 방지하는 운용의 묘를 도모하여야 할 것이다(다만 검사가 바로 피고인신문을 하지 않는다는 점 또한 고려되어야 한다). 여기서 공소의 요지란 역시 공소사실 · 죄명 및 적용법조를 의미하는 것인데(형소법 254조 3항도 같다), 그 요지를 진술하여야 하므로 검사는 이 세 가지의 요지를 간략하게 특히 비법률가인 피고인이 알아들을 수 있는 쉬운 말로 풀어서 설명할 것이 요구된다.

4. 피고인의 모두진술

검사의 모두진술이 끝나면 재판장은 피고인에게 공소사실을 인정하는지 여부에 관하여 물어야 하고 , 피고인은 진술거부권을 행사하지 않는 이상 공소사실의 인정 여부를 진술하여야 한다(형소법 286조, 형소규 127조의2).

피고인 및 변호인은 공소에 관한 의견 외에도 이익이 되는 사실 등을 진술할 수 있음을 물론이다.

피고인에게 공소사실의 인정 여부를 진술하게 하는 것은 피고인 또는 변호인의 의견서 제출제도(형소법 266조의2)와 더불어 신속하게 사건의 쟁점과 피고인이 공소사실을 다투는지 여부를 확인함으로써 심리의 효율을 도모하기 위한 것이다. 또 소극적인 답변에 국한되는 것이 아니라 부가적으로 이익 되는 사실의 진술도 허용된다. 피고인의 진술이나 변소가 명확하지 않는 경우에는 재판장은 그 취지를 명확하게 하여 구체적인 진술이 이루어지도록 하여야 한다.

피고인 및 변호인의 이익사실 진술권은 모두진술 단계뿐만 아니라 공판의 모든 단계에서 인정되는 것임을 명백하다. 재판장도 그 진술이 중복된 것이거나 소송과 관계없는 것이 아닌 이상 그 진술을 제한할 수 없다는 제약을 받게 된다(형소법 299조).

피고인의 모두진술은 사건의 실체나 절차, 법률상 가중 · 감경사유나 정상, 소송조건 등 그 대상에 제한이 없고, 공소기각이나 면소 등을 구하거나, 국선변호인 선정청구나 사건의 병합신청, 연기신청 등 절차상의 청구나 신청도 가능하다. 그 밖에 재판에 임하는 피고인의 입장이나 심경과 같은 것도 진술하기를 원하는 경우가 있는데, 허용하지 않을 근거는 없다. 다만 너무 상세한 내용을 진술하거나 재판과 무관한 사항을 장황하게 진술하는 경우에 재판장은 소송지휘권을 적절히 행사하여 필요한 범위 안에서만 진술하도록 촉구하거나 진술을 제한할 수 있음을 물론이다(형소법 299조). 피고인이 모두진술을 할 경우에는 구체적 진술내용을 요약하여 공판조서에 기재하여야 한다.

5. 증거조사

증거조사는 원칙적으로 당사자의 신청에 의하여 법원의 직권에 의한 증거조사는 제2차적 보충적으로 인정된다. 증거조사는 피고인 신문이 종료된 뒤에 행하는 것이 원칙이나, 필요한 경우 신문 중에도 할 수 있다. 현행법상 인적증거, 물적증거, 증거서류 모두 증거조사의 대상이 된다.

법원의 직권에 의한 증거조사(형소법 295조)는 당사자의 신청에 의한 증거조사에 대하여 보충적 · 2차적인 것이다.

증거서류의 조사방법은 요지의 고지 또는 낭독이다. 증거물의 조사는 제시에 의한다. 재판장은 검사, 변호인 또는 피고인의 신청에 따라 증거서류를 조사하는 때는 신청인이 이를 낭독하여야 하며(형소법 292조 1항), 법원이 직권으로 증거서류를 조사한 때에는 소지인 또는 재판장이 이를 낭독하여야 한다(형소법 292조 2항).

재판장은 증인 또는 감정인이 피고인 또는 어떤 재정인의 면전에서 충분히 진술할 수 없다고 인정한 때에는 그를 퇴정하게 하고 진술하게 할 수 있다. 피고인이 다른 피고인의 면전에서 충분히 진술을 할 수 없다고 인정할 때에도 그러하다(형소법 297조 1항). 피고인을 퇴정시킨 경우에 증인, 감정인, 공동피고인의 진술이 종료한 때에는 퇴정한 피고인을 입정하게 한 후에 법원사무관 등으로 하여금 진술의 요지를 고지하게 하여야 한다(형소법 297조 2항).

법원의 증거조사에 대해서 검사, 피고인 또는 변호인은 증거조사에 관하여 이의신청을 할 수 있다. 법원은 이 신청에 대하여 결정을 하여야 한다(형소법 296조 1항 · 2항).

6. 조사에 관한 의견진술(증거인부)

가. 검사가 피고인의 진술을 기재한 서류

검사 작성의 피고인(의견을 진술하는 당해 피고인에 한한다. 이하 같다)에 대한 피의자신문조서(진술조서 포함)와 피고인이 검찰 수사단계에서의 작성한 진술서에 관하여 진술한다.

나. 사법경찰관이 피고인의 진술을 기재한 서류

사법경찰관 작성의 피고인에 대한 피의자신문조서(진술조서 포함)와 피고인이 경찰 수사단계에서 작성한 진술서에 관하여 진술한다.

7. 변 론

증거조사가 끝난 후 최종변론에의 단계에서, 우선 검사가 최종의견진술(논고)을 하고, 검사의 의견진술이 끝나면 재판장은 피고인과 변호인에게 최종의 의견을 진술할 기회를 주어야 한다(형소법 303조). 피고인과 변호인에게 각각 별도의 기회를 주어야 하며, 재량으로 기회를 박탈할 수 있는 것은 아니다. 그리고 기회를 일단 준 이상 피고인이 최후진술을 하지 않더라도 변론종결을 할 수 있다.

재판장은 소송관계인의 진술 또는 신문이 중복된 사실이거나, 그 소송에 관계없는 사실인 때에는 소송관계인의 본질적 권리를 해하지 아니하는 한도에서 이를 제한할 수 있다(형소법 299조).

피고인신문과 증거조사가 종료한 때에는 검사는 사실과 법률적용에 관하여 의견을 진술하여야 한다. 검사가 공판기일의 통지를 2회 이상 받고 출석하지 아니하거나 판결만을 선고하는 때에는 검사의 출석 없이 개정하는 경우에는 공소장의 기재사항에 의하여 검사의 의견진술이 있는 것으로 간주한다(형소법 302조).

이상과 같이 변론은 종결되고 판결만을 기다리는 상태가 되며 법원은 필요하다고 인정되는 때에는 직권 또는 검사, 피고인이나 변호인의 신청에 의하여 결정으로 종결한 변론을 재개할 수 있다(형소법 305조).

8. 판 결

판결은 공판정에서 재판서에 의하여 선고한다(형소법 46조).

판결의 선고는 재판장이 하며 주문을 낭독하고 이유의 요지를 설명하여야 한다(형소법 43조). 형을 선고할 경우에는 재판장은 피고인에게 상소할 기간과 상소할 법원을 고지하여야 한다(형소법 324조).

판결을 선고하는 공판기일에 원칙적으로 피고인이 출석하여야 한다(형소법 276조). 다만, 피고인이 재판장의 허가 없이 퇴정하는 경우 또는 재판장의 질서유지를 위한 퇴정명령을 받는 때에는 피고인의 진술 없이 판결할 수 있다(형소법 330조).

9. 공판조서

공판조서는 공판기일의 소송절차를 기재한 서류로서 작성은 공판기일의 소송절차에 참여한 법원사무관 등이 작성하여야 한다(형소법 51조 1항).

공판조서에 기재하여야 할 사항은 형사소송법 제51조 제2항 제1호 내지 제14호에 규정한 사항(법정기재사항), 기타 공판기일의 모든 소송절차를 기재하여야 하고 그 필요적 기재사항은,

① 공판을 행한 일시와 법원
② 법관, 검사, 법원사무관 등의 관직, 성명
③ 피고인, 대리인, 대표자, 변호인 보조인과 통역인의 성명
④ 피고인의 출석 여부
⑤ 공개 여부와 공개를 금지한 때에는 그 이유
⑥ 공소사실의 진술 또는 그를 변경하는 서면의 낭독
⑦ 피고인에게 그 권리를 보호함에 필요한 진술의 기회를 준 사실과 그 진술한 사실
⑧ 형사소송법 제48조 제2항에 기재된 사항, 즉 조서의 기재사항

⑨ 증거조사를 한 때에는 증거될 서류, 증거물과 증거조사의 방법
⑩ 공판정에서 행한 검증 또는 압수
⑪ 변론의 요지
⑫ 재판장이 기재를 명한 사항 또는 소송관계인의 청구에 의하여 기재를 허가한 사항
⑬ 피고인 또는 변호인에게 최종 진술할 기회를 준 사실과 그 진술한 사실
⑭ 판결 기타의 재판을 선고 또는 고지한 사실 등이다.

공판조서에는 재판장과 참여한 법원사무관 등이 기명날인 또는 서명하여야 한다. 재판장이 서명날인할 수 없을 때에는 공판에 참여한 다른 법관이 그 사유를 부기하고 기명날인 또는 서명하여야 한다.
공판조서는 각 공판기일 후 신속히 정리되어야 하며(형소법 54조 1항), 공판조서에 기재된 판결선고일자와 판결서 말미에 기재된 일자가 상위할 경우에 상소제기기간은 공판조서 기재일자(형소법 51조 2항)를 기준으로 한다.
공판기일의 소송절차로서 공판조서에 기재된 것은 그 조서만으로서 증명한다(형소법 56조).

[서식 293] 피고인에 대한 반대심문사항

피고인 ○○○에 대한 반대신문사항

1. 피고인은 이 사건 공소사실을 전부 시인하고 있지요.

2. 사고원인은 운전 중에 핸드폰을 떨어뜨렸기 때문인가요.

3. 사고원인을 졸음운전이라고 한 이유는 졸았다고 하면 상대방이 이해를 하여 줄 것이라고 생각해서 거짓말을 한 것인가요. 아침 출근길에 졸을 리가 없지요.

4. 이 사건으로 피해를 입은 피해자들에게 너무나 죄송한 마음을 가지고 있지요.

5. 그래서 정일규씨와는 이미 합의를 하였고, 다른 피해자인 강순일씨와도 합의를 시도하였으나 강순일씨가 3,500만원을 정도를 요구하였고 돈이 없어 이에 응하지

못함에 따라 합의를 하지 못한 것인가요.

6. 피고인은 이혼도 하고 실직을 하였다가 다시 직장을 다니면서 월급이 평균 100만원 정도여서 달리 저축한 돈이 없어 합의금을 지급하지 못한 것인가요.

7. 그래도 강순일씨를 위해서 돈 800만원을 공탁하였고 1심 판결 후에 그 돈을 피해자 강순일씨가 찾아간 것을 확인하였나요.

8. 공탁한 800만원은 농사를 짓는 부모님이 주위에서 빌려온 돈으로 마련한 것인가요.

9. 피고인은 석방이 되어 돈을 벌면 언제라도 피해자가 입은 모든 피해를 갚을 생각이 있습니까.

10. 피고인은 10년 전에 도로교통법 위반으로 벌금을 한 번 낸 사실 외에 다른 전과는 없지요.

11. 피고인은 이제 차를 몰면 보험을 들어야 한다는 사실을 절감하고 있으며 보험을 들지 않는 점과 부주의하게 사고를 낸 점에 대해서 피해자에게 깊이 사과하고 항상 미안한 마음을 잊지 않고 있나요.

12. 기타 사항

【접수방법 및 유의사항】

1. 피고인에게 변호인이 있다면 변호인이 피고인을 상대로 유리하게 심문하는 경우이다.
2. 심문사항 4부를 심문기일 전까지 제출한다. 실무상 주로 법정에서 제출하고 있다.
3. 피고인에 대하여는 공판검사가 먼저 주신문을 하는 것이 원칙이기 때문에 변호인의 경우 항상 반대신문을 하게 된다.

[서식 294] 피고인에 대한 추가 심문사항

피고인 ○○○에 대한 추가 신문사항

1. 피고인은 지난번 이 법정에서 진술한 사실이 있지요

2. 그때 사실대로 진술하였지요.

3. 피고인은 20○○. ○. ○. 제2회 진술서를 작성한 사실이 있지요.

4. 그때 피고인은 이미 제1회 진술서를 작성하고 제1회 피의자신문을 받은 직후로서, 수사관이 일부자백을 권유하고, 자백만 한다면 벌금형으로 석방될 수 있다고 하고 피고인의 명예를 위하여 언론에도 나지 않도록 하겠다고 하여 얼떨결에 작성된 것이 제2회 진술서이지요.

5. 이때 수사기록 76페이지 피고인 작성의 제2회 진술서를 제시하고 위 진술서를 보면 "나중에 진술과정에서 기억이 났지만 사무관 ○○○로부터 300만원, ○○○서기관 ○○○으로부터 500만원, ○○○ 주사로부터 200만원은 받은 것이 인정됨"이라고 기재되어 있는데 이는 무슨 뜻인가요.

6. 기타 사항

【주】

피고인에 대한 반대신문사항을 작성한 이후에 추가로 묻고 싶은 사항이 있을 때 작성한 서류이다.

[서식 295] 증인진술서

증 인 진 술 서

사　　건　　20○○고단○○○○ 특정범죄가중처벌법위반, 도로교통법위반

피 고 인　　○　○　○

진 술 인　　○　○　○ (19○○. ○. ○.생)
○○시 ○○구 ○○로 ○○(○○동)
전화 : 000-000-0000

1. 진술인은 ○○시 ○○운수 택시기사로 일을 할 당시인 20○○. ○. ○. 새벽 4:00경 있었던 사고에 대하여 다음과 같은 사실을 진술합니다.

2. 이 시각경 본 진술인은 ○○예식장 앞에서 승객을 하차한 후 좌회전을 하였는데, 좌회전을 하자마자 갑자기 ○○역전 방면에서 직진하던 피고인 차량이 본 진술인 운전의 그랜져 차량 뒷부분을 긁고 지나간 입니다.

3. 사고 당시 본 진술인은 어떤 차량이 본인차량을 긁고 지나갔는지 몰라 차에서 내려 주위 성명불상 목격자에게 확인하여 보니 군청색의 마티즈 승용차라는 것을 알게 된 것입니다.

4. 사고 당시 가해 피고인 차량이 급히 지나간 것으로 봐서 쫓기는 듯 달아나는 중인 것으로 보여 졌으며, 당시 사정을 보면 본 진술인의 차량을 인지하지 못했을 수도 있다고 보여집니다.

5. 본 진술인의 피해는 극히 작은 피해에 불과하고 이미 합의가 잘 이루어졌으므로, 피고인에 대하여 법이 인정하는 최대한의 선처를 부탁드립니다.

6. 이상의 내용이 모두 진실임을 서약하며, 이 진술서에 적은 사항의 신문을 위하여 법원이 출석요구를 하는 때에는 법정에 출석하여 증언할 것을 약속합니다.

첨 부 서 류

1. 신분증 사본 1통

20○○. ○. ○.

위 진술인 ○ ○ ○ (인)

○○지방법원 귀중

【접수방법 및 유의사항】

1. 입증을 위한 자료로서 목적자의 증인진술서 또는 사실확인서를 확보하는 것은 매우 중요하다. 작성시 특별한 형식은 없으나 진술자의 막도장을 단순히 날인하는 외에 신분증 사본을 첨부하여 제출하면 의심할 나위없는 진정한 문서로 인정받을 것이다.
2. 필요하면 작성자가 법정에 출석하여 증인으로도 설 수도 있을 것이다.
3. 제출방식은 '참고자료'라는 겉표지를 두어서 이에 첨부하도록 한다.

[서식 296] 증인신청서(1)

증 인 신 청 서

사　　건　　20○○고단○○○○ 사기

피 고 인　　○　○　○

귀원에 재판 계속 중에 있는 위 사건에 관하여 공판기일이 지정되려면 상당기간이 필요하고 증인이 해외출장을 계획하고 있어 아래와 같이 증인을 신청하오니 신문하여 주시기 바랍니다.

아　　　래

1. 증인의 표시

성　명 : ○　○　○ (19○○. ○. ○.생)

주　소 : ○○시 ○○구 ○○로 ○○(○○동)

전　화 : 00-000-0000

2. 증인신문사항

별지 기재와 같음

(또는 추후 제출하겠습니다)

20○○. ○. ○.

위 피고인의 변호인 변호사 ○　○　○ (인)

○○지방법원 귀중

【주】

1. 제목을 '증거신청서'라고 해야 할 것이나 실무에서는 사람 즉 증인을 신청할 때에는 '증인신청서'라는 제목으로 신청한다.
2. 증인신청서와 동시 증인신문사항을 제출하지 않고 추후 법정에서 이를 제출하여도 된다.

[서식 297] 증거신청서(2)

증 거 신 청 서

사 건 20○○고단○○○○ 사기

피 고 인 ○ ○ ○

위 사건에 관하여 피고인의 이익 및 주장사실을 입증하기 하기 위하여 다음과 같이 증거(증인, 감정인, 통역인, 번역인의 신문)를 신청하오니 채택하여 주시기 바랍니다.

다 음

1. **증인의 성명** : ○ ○ ○ (19○○. ○. ○.생)
   주소 : ○○시 ○○구 ○○로 ○○(○○동)

2. **증인신문사항**
   별지 기재와 같음

20○○. ○. ○.

위 피고인의 변호인 변호사 ○ ○ ○ (인)

○○지방법원 귀중

[서식 298] 증인에 대한 심문사항(1)

증인 ○○○에 대한 신문사항

1. 증인은 20○○. ○. ○. 00:00경 ○○시 ○○구 ○○로 ○○(○○동)에 위치한 피고인의 방에서 불이 난 것을 목격한 사실이 있지요.

2. 증인은 불이 난 것을 어떻게 알게 되었는가요.

3. 피고인의 방에는 불이 어느 곳에 어느 정도 붙어 있었는가요.

4. 당시 피고인의 방안에는 재떨이, 담배꽁초, 라이터 등이 널려 있었지요.

5. 증인이 위 불을 끌 당시 피고인은 무엇을 하고 있던가요.

6. 증인이 보기에 당시 피고인의 상태는 어떻게 보이던가요.

7. 증인은 그 당시 피고인이 일주일 이상 집에 혼자 있으며 폭음을 하였다는 것에 대해 아는 바가 있는가요.

8. 증인은 그 전날 일어난 불도 직접 목격하였는가요.

9. 기타 신문사항

【접수방법】

증인신청서를 먼저 제출하고 심문사항 4부를 심문기일 전까지 제출한다. 실무상 주로 법정에서 제출하고 있다.

[서식 299] 증인에 대한 심문사항(2)

증인 ○○○에 대한 신문사항

1. 증인은 ○○동에서 뚝배기 집을 운영하고 있지요.

2. 20○○. ○. ○. 새벽 피고인이 증인의 가게에 들러 술을 마시다가 증인에게 증인이 피고인의 돈을 가져갔다고 따지면서 소란을 일으켜 함께 경찰서에 간 사실이 있지요.

3. 증인은 피고인과 동시에 경찰서에 도착하였나요.

4. 증인은 경찰서에서 피고인이 조사를 받으면서 담당경찰관을 폭행한 사실을 목격하였나요.

5. 피고인이 경찰관의 어느 부위를, 어떻게, 몇 회 때렸는지 기억합니까.

6. 증인은 경찰관들이 피고인을 조사실에서 다른 곳으로 데리고 가는 것을 보았나요.

7. 당시 경찰관들이 피고인에게 수갑을 채우지는 않았나요.

8. 경찰관들이 피고인을 얼마나 오래 격리하였나요?

9. 증인은 경찰관들 중 한 사람이 피고인에게 맞았다며 피를 흘리는 것을 보았나요.

10. 증인은 경찰관들이 CC-TV를 끄라고 소리치는 것을 들었나요?

11. 기타 신문사항

【접수방법】

증인신청서를 먼저 제출하고 심문사항 4부를 심문기일 전까지 제출한다. 실무상 주로 법정에서 제출하고 있다.

[서식 300] 증거조사에 대한 이의신청서

증거조사에 대한 이의신청

사　　건　　20○○고단○○○○　사기

피 고 인　　○　○　○

위 사건에 관하여 20○○. ○. ○. 00:00의 공판기일에 검사가 제출한 증거를 조사함에 있어 증거물이 서류인 때에는 요지를 고지하지 아니함은 물론, 증거서류에 대한 낭독청구를 정당한 이유 없이 낭독해 주지 아니함으로써 증거조사에 관한 위법이 있다 할 것이므로 이의 시정을 구하기 위하여 이 신청에 이른 것입니다.

20○○. ○. ○.

위 피고인의 변호인 변호사 ○　○　○ (인)

○○지방법원　귀중

【접수방법 및 유의사항】

1. 검사, 피고인 또는 변호인은 증거조사에 관하여 이의신청을 할 수 있다.
2. 법원은 전항의 신청에 대하여 결정을 하여야 한다(형소법 296조).

[서식 301] 증거설명서

증 거 설 명 서

사　　건　　20○○고단○○○○ 횡령

피 고 인　　○ ○ ○

위 사건에 관하여 피고인의 변호인은 피고인이 제출한 증거에 대한 증거설명서를 별지와 같이 제출합니다.

별　지 : 증거설명서 첨부

20○○. ○. ○.

위 피고인의 변호인 변호사 ○ ○ ○ (인)

○○지방법원 귀중

[서식 302] 증거에 대한 의견서(1)

증거에 대한 의견서

사　　건　　20○○고단○○○○ 절도

피 고 인　　이 ○ 철

위 사건에 관하여 피고인의 변호인은 다음과 같이 증거에 대한 의견을 개진합니다.

다 음

순번	증 거	작성자	의 견
1	범죄인지보고서	경찰	부동의
2	진술조서	정○석(피해자)	부동의
3	진술조서	박○영(목격자)	부동의
4	자술서	이○철(피의자, 경찰서 내에서 작성)	내용 부인
5	피의자신문조사	이○철	내용 부인
6	진단서	김○현(의사)	동의(단, 상해의 원인에 대한 전문진술 부분은 부동의)
7	검증조서	경찰	-피고인 진술부분 및 범행 재연사진 : 내용 부인 -나머지 부분은 동의
8	피해자신문조서	검사	수사기록 80쪽 12행에서 25행까지는 실질적 진정성립 부인, 나머지 부분은 성립 인정, 임의성 인정
9	자술서	피의자	형식적 진정성립 부인(서명날인 없음)
10	합의서	피의자	실질적 진정성립 부인(위조)
11	증인신문조서	피의자	부동의

20○○. ○. ○.

위 피고인의 변호인 변호사 ○ ○ ○ (인)

○○지방법원 귀중

[서식 303] 증거에 대한 의견서(2) (증거인부)

증거에 대한 의견서

사 건 20○○고단○○○○ 사기

피 고 인 홍 길 동

위 사건에 관하여 피고인의 변호인은 검사신청의 증거에 대하여 별지와 같이 의견을 진술합니다.

별 지 : 증거에 대한 의견서 첨부

20○○. ○. ○.

위 피고인의 변호인 변호사 ○ ○ ○ (인)

○○지방법원 귀중

[별 지]

증거에 대한 의견서

장수	증거방법	의견내용	의견의 취지
38장	경찰 피의자 신문조서	성립 인정, 임의성 및 내용부인	
46장	경찰진술조서(김갑동)	부동의	
72장	검사 피의자 신문조서)	진정성립 및 임의성 인정	
87장	검사 참고인 진술조서(김일섭)	동 의	
96장	고발장	부동의	
104장	범죄경력조회	동 의	

108장	검증조서	공소사실 1항 관계 동의 공소사실 2, 3항 관계 부동의	

[서식 304] 증거에 대한 의견서(3)

증거에 대한 의견서

사 건 20○○고단○○○○ 사기

피 고 인 홍 길 동 외 1

위 사건에 관하여 피고인들의 변호인은 다음과 같이 증거에 대하여 의견을 진술합니다.

다 음

피고인 홍길동은 검사 제출 증거에 대하여 전부 동의하고, 피고인 김갑동은 아래 증거에 대하여 부동의 하고, 나머지는 동의(피고인 김갑동에 대한 경찰 및 검찰 피의자신문조서는 성립 인정, 임의성 인정)합니다.

부동의 하는 부분 : 순번 2, 28, 34, 37, 52번
29번 중 이몽령의 진술부분
45 내지 48번 중 홍길동의 진술부분

20○○. ○. ○.

위 피고인들의 변호인 변호사 ○ ○ ○ (인)

○○지방법원 귀중

[서식 305] 증거인부서(1)

증 거 인 부 서

사　건　20○○고단○○○○ 강도상해

피 고 인　홍 길 동

위 사건에 관하여 피고인은 다음과 같이 증거서류에 대한 인부를 합니다.

문서표목	면수	진술자	의 견
사실확인서	86	김승열	부동의
사실확인서	87	이영숙	동 의
확인서	94	피고인	동 의
피의자 신문조서	118	피고인	진정성립 임의성 각 인정
피의자 신문조서 (2회, 대질)	126	피고인	진정성립 임의성 각 인정
		조영기 진술부분	부동의
		이주성 진술부분	부동의
무통장입금증	134		동 의
녹취록	143	강승기, 피고인	동 의
진술조서	148	김영철	부동의
상해진단서	156	의사	동 의
범죄경력조회	162		동 의

20○○. ○. ○.

피고인 홍 길 동 (인)

○○지방법원 형사 제3단독 귀중

【접수방법 및 유의사항】

1. 공소사실이 사실과 달라 진실규정이 필요한 경우, 유죄의 증거로 법원에 제출된 '수사기록'에 대하여 위 인부서를 제출함이 적당하다(공소사실을 인정한다면 제출 불필요).
2. 즉 공판검사가 유죄의 증거로 제출한 증거방법에 대하여 그 증거의 종류에 따라 피고인 자신에 대한 신문조서는 성립의 진정 여부와 임의성 여부에 대하여 답하고, 이외의 경우는 동의 · 부동의

로 진술할 수 있다.

3. 형사수사기록을 열람한 후 제1회 공판기일 전에 혹은 공판기일에 이르러 위 인부서 2통을 제출한다.
4. 피고인이 공판검사 제출의 수사기록상 조서 등에 '부동의'하게 되면 증거의 증명력을 탄핵시키게 되므로 이에 검사는 증명력을 유지하고자 부동의 된 조서에 응한 자를 검찰측 증인으로 신청하여, 다음 기일을 증인심문기일로 진행하는 수가 많다.

[서식 306] 증거인부서(2)

증 거 인 부 서

사 건 20○○고단○○○○ 절도

피 고 인 이 ○ 철 외 2

위 사건에 관하여 피고인의 변호인은 다음과 같이 증거에 대한 의견을 개진합니다.

다 음

순번	피고인 이○철	피고인 박○석	피고인 정○수
1	부동의	성립 인정, 임의성 인정	부동의
2	동의	동의	동의
3 내지 18	동의	동의	동의
19	동의	동의	성립 인정, 임의성 인정
20 내지 23	동의	내용 부인	동의
24	동의	동의	동의
25	동의	성립 인정, 임의성 인정	동의
26	성립 인정, 임의성 인정	부동의	부동의
27 내지 35	성립 인정, 임의성 인정	부동의	부동의
36	동의	동의	부동의
37	동의	동의	-성립 인정, 임의성 인정 -박○석 진술부분은 부동의

	동의	동의	동의
38-42	형식적 진정성립 부인	성립 인정, 임의성 인정	동의
43	동의	부동의	동의
44	부동의	동의	부동의
45	동의	동의	동의

20○○. ○. ○.

위 피고인들의 변호인 변호사 ○ ○ ○ (인)

○○지방법원 귀중

[서식 307] 증거제출서(1)

증 거 제 출

사 건 20○○고단○○○○ 사기

피 고 인 홍 길 동

위 사건에 관하여 피고인의 변호인을 위하여 다음과 같이 증거를 제출합니다.

다 음

증거번호	증 거	입 증 취 지
증제1호증	차용증	피고인이 김갑동으로부터 금 3,000만원을 차용한 사실
증제2호증	지불각서	피고인이 김갑동으로부터 금 3,000만원을 갚기로 하고 지불각서를 작성해 준 사실
증제3호증	확인서	피고인이 김갑동에게 금 2,000만원을 변제한 사실
증제4호증	진술서	피고인과 홍길동의 과거 거래 관계

20○○. ○. ○.

위 피고자의 변호인 변호사 ○ ○ ○ (인)

○○지방법원 귀중

【접수방법 및 유의사항】

1. 형사사건에서는 필요에 따라 수시로 증거자료를 제출할 수 있다.
2. 증거제출서 또는 증거목록으로도 제출하기도 한다.
3. 검사 측이건 변호사 측이건 제○호증으로 제출한다.

[서식 308] **증거제출서(2)**

증 거 제 출 서

사 건 20○○고단○○○○ 사기

피 의 자 홍 길 동

위 사건에 관하여 증거자료를 다음과 같이 제출합니다.

다 음

1. 증 제1호 무통장입금증 1통

20○○. ○. ○.

위 피의자의 변호인 변호사 ○ ○ ○ (인)

○○지방법원 귀중

[서식 309] 증거목록

증 거 목 록

사 건 20○○고단○○○○ 사기

피 의 자 홍 길 동

위 사건에 관하여 증거자료를 다음과 같이 제출합니다.

다 음

1. 증 제1호 각서 1통
1. 증 제2호 최고서(내용증명) 1통
1. 증 제3호 영수증 1통

20○○. ○. ○.

위 피의자 변호인 변호사 ○ ○ ○ (인)

○○지방법원 귀중

【접수방법】

영장실질심사 또는 구속적부심에서 증거자료를 제출할 때에 법정에서 직접 제출하는 경우가 많은데 이에 대한 설명을 하기 위하여 만든 양식이다.

[서식 310] 증인소환 및 구인신청서

증인소환 및 구인신청서

사 건 20○○고단○○○○ 횡령

피 고 인 ○ ○ ○

위 사건에 관하여 피고인의 변호인은 다음과 같이 증인소환 및 구인을 신청합니다.

다 음

1. **소환 및 구인신청사유**
   검찰 측 증인으로 신청되었던 증인 ○○○은 여러 차례의 소환을 받고도 고의로 도피하여 증인으로 출석하지 아니하고 있습니다. 피고인으로서는 ○○○의 증언이 특히 중요하기 때문에 반드시 법정에서의 진술을 듣기 위하여 위와 같이 신청합니다.

2. **증 인** : ○ ○ ○ (000000-0000000)
   ○○시 ○○구 ○○로 ○○(○○동)

3. **증인신문일시** : 20○○. ○. ○. 00:00

20○○. ○. ○.

위 피고인의 변호인 변호사 ○ ○ ○ (인)

○○지방법원 귀중

【주】

피고인을 위하여 꼭 필요한 증인임에도 불구하고 법원의 증인출석요구에 응하지 않는 경우, 증인을 구인하기 위하여 제출하는 신청서이다.

[서식 311] 증언거부사유서(1)

증 언 거 부 사 유 서

사 건 20○○고단○○○○ 횡령

피 고 인 ○ ○ ○

위 피고사건에 관하여 본인은 증인으로 소환 받았는바, 본인은 ○○시 ○○구

○○동 소재 ○○초등학교 교사로서 피고인에 대하여는 아는 바가 전혀 없으므로 그에 관한 사항에 대하여 증언을 거부합니다.

20○○. ○. ○.

성명 ○ ○ ○ (인)

○○지방법원 귀중

【접수방법 및 유의사항】

1. 법정에서 증언을 거부해야 하는 되는 경우, 사유를 구체적으로 기재하여 담당 재판부에 제출하여야 한다.
2. 증인소환을 받고도 상당한 이유 없이 불출석하게 되면 벌금처분을 받을 수 있다.

[서식 312] 증언거부사유서(2)

증 언 거 부 사 유 서

사　　건　　20○○고단○○○호　절도

피 고 인　　○　○　○

증인의표시　　○　○　○ (000000-0000000)
○○시 ○○구 ○○로 ○○(○○동)
(검사측이 신청한 증인)

증 언 거 부 사 유

위 사건에 관하여 위 증인이 20○○. ○. ○. 제○차 공판기일에 증인으로 채택되어 있으나 다음과 같은 사유가 있어 위 기일에 증언을 할 수 없습니다.

즉, 위 증인이 위 사건에 관하여 증언을 할 경우 유죄판결을 받을 염려가 있는 사항에 관한 증언이 되어, 형사소송법 제148조에 의거하여 증언을 거부합니다.

20○○. ○. ○.

위 증인 ○ ○ ○ (인)

○○지방법원 귀중

[서식 313] 증인주소보정서

증 인 주 소 보 정 서

사 건 20○○고단○○○○ 횡령
피 고 인 ○ ○ ○

위 피고사건에 관하여 피고인의 변호인은 다음과 같이 증인의 주소를 보정합니다.

다 음

1. 증인 ○○○의 변경된 주소
   최후주소 : ○○시 ○○구 ○○로 ○○(○○동)

첨 부 서 류

1. 말소자 주민등록초본 1통

20○○. ○. ○.

피고인의 변호인 변호사 ○ ○ ○ (인)

○○지방법원 귀중

[서식 314] 직무상비밀사실신고서

직무상비밀사실신고

사　건　20○○고단○○○호 위증

피 고 인　○ ○ ○

위 피고 사건에 관하여 본인은 20○○. ○. ○○. 00:00 증인으로 출석하라는 소환장을 받았으나 본인이 증언하여야 할 사항은 직무상 알게 된 비밀에 속하는 내용인바 형사소송법 제147조 제1항에 의하여 이를 신고합니다.

20○○. ○. ○.

위 신고인(증인) ○ ○ ○ (인)

○○지방법원 귀중

[서식 315] 피해자의 법정진술신청서

피해자의 법정진술신청

사　건　20○○고단○○○○호 사기

피 고 인　○ ○ ○

위 사건에 관하여 피해자의 법정대리인은 수사기관에서 피해의 정도 및 결과, 처벌에 대한 의견 기타 위 사건에 관하여 충분히 진술하지 못한 점이 있으므로, 20○○. ○. ○. 00:00로 지정된 공판기일에 피해자를 증인으로 신문하여 주실 것을 신청합니다.

20○○. ○. ○.

피해자의 법정대리인 부 ○ ○ ○ (인)

○○지방법원 귀중

【접수방법 및 유의사항】

1. 법원은 범죄로 인한 피해자 또는 그 법정대리인(피해자가 사망한 경우에는 배우자 · 직계친족 · 형제자매를 포함한다)의 신청이 있는 때에는 그 피해자 등을 증인으로 신문하여야 한다(형소법 294조의2 제1항).
2. 법원은 제1항에 따라 피해자 등을 신문하는 경우에는 피해의 정도 및 결과, 피고인의 처벌에 관한 의견 그 밖에 사건에 관한 의견을 진술할 기회를 주어야 한다(동조 2항).
3. 피해자의 법정진술권을 보장한다는 취지에서 당해 피해자 법정대리인 또는 검사의 신청에 따라 법원은 결정으로 심리를 공개하지 아니할 수 있다(형소법 294조의3 제1항).

[서식 316] 변론요지서(1)

변 론 요 지 서

사 건 20○○노○○○○ 폭력행위등처벌에관한법률위반

피 고 인 ○ ○ ○

귀원에 재판 계속중인 피고인에 대한 폭력행위등처벌에관한법률위반 피고사건에 관하여 피고인의 변호인은 아래와 같이 변론을 개진합니다.

아 래

1. 피고인은 당심에 이르기까지 이 건 공소사실을 모두 자백하면서 그 잘못을 깊이 뉘우치고 피해자와 원만히 합의하는 등 하여 개전의 정이 현저하여, 특히 당심에서 피해자인 정○○가 직접 출두하여 피고인의 선처를 갈망하고 있습니다.

2. 피고인은 이 건 범행시에 음주 만취하여 심신을 상실하였거나 적어도 의사를 제대로 결정하기에는 그 심신이 미약한 상태였으므로 이는 법률상 마땅히 감정사유로서 판단되어야 할 것입니다.

   즉, 피고인은 피해자와 사건 약속에 의하여 피해자의 집에 찾아가기 전에 이미 소주와 맥주 등을 혼음하여 많이 취한 상태에서 피해자의 집에 갔다가 20○○년 04:00경까지 기다리다 지치고 화가 난 나머지 그 집 냉장고에 있는 맥주를 다시 마셔 숙취된 상태에서 격앙심을 일으켜 이 건 범행을 저질렀음은 피해자의 진술에 의하여도 충분히 이를 인정할 수 있다 할 것입니다.

3. 이 건 범행의 경위에 관하여 보면 3년 전에 이혼한 이 건 피해자와 별거 중 금번에 피해자가 먼저 두 아이의 문제로 재결합을 희망하므로 다시 만나게 된 것이고 이에 터잡아 피해자에 대한 피고인의 질투심이 폭발하여 심신이 미약한 상태에서 이 건 범행을 저질렀고, 그 경중 또한 사고 직후 피고인과 피해자는 근처 다이아모텔로 옮겨 성관계까지 맺고 잠을 잤으며 아침에 둘이서 식사까지 한 점에서 비추어 피해가 경미하고 상호간에 악의가 없었던 것이 분명하므로 가벌성이 적다 할 것입니다.

4. 피고인은 동종의 전력이 없고 피해자와 다시 결합하여 새로운 가정을 이끌기로 다짐하며 고령의 할머니에게 맡긴 두 아이들을 잘 키우기로 약속하므로 한 가정의 재건을 위하여 법도 이에 협력하여 행복을 기원하여야 하리라고 믿어 마지않아 크게 뉘우치는 피고인에 대하여 이번에 한하여 법이 허용하는 범위 내에서 관대한 처분을 바랍니다.

20○○. ○. ○.

위 피고인의 변호인 변호사 ○ ○ ○ (인)

○○지방법원 귀중

【접수방법】

1. 변론요지서 2부를 법원형사과 접수계에 제출한다.
2. 유리한 자료는 '참고자료'로 첨부하여 제출한다.

[서식 317] 변론요지서(2) (범죄사실인정, 불구속피고인)

변 론 요 지 서

사 건 20○○고단○○○○ 폭력행위등처벌에관한법률위반

피 고 인 ○ ○ ○

위 사건에 관하여 피고인은 다음과 같이 변론요지서를 제출합니다.

다 음

1. 사건의 경위

가. 피고인은 사건당일 일과가 끝난 뒤 한국정보통신기술협회 직원 4명과 함께 협회 근처인 광화문 종합청사 뒤에서 고기를 안주로 소주를 마셨고 당시 피고인은 소주 1병 가량을 마셨으며 이어 피고인 일행은 근처의 카페에서 양주를 마셨는데 피고인은 양주 5잔 가량을 마셨던 바, 피고인이 택시를 타고 귀가할 당시 술에 취하기는 하였으나 평소 주량이 소주 1병 정도이므로 많이 취하지는 않았습니다.

나. 그런데 택시기사가 목적지에 도착하였다고 하여 택시에서 내려 보니 피고인의 집 앞이 아닌 아파트의 다른 동 앞이라 피고인이 거주하는 아파트 동 앞으로 가자고 하였던바 피고인의 생각으로는 앞서 택시에서 내릴 때 당연히 택시비를 지불한 것으로 알았는데(당시 피고인의 지갑에 5만원 상당의 돈이 있었음) 피고인이 아파트 앞에 와서 택시기사가 다시 택시비를 달라고 하여 순간 생각에 술에 취한 사람이라 하여 이중으로 택시비를 받아내려는 것으로 알고 화가 났고 파출소에서도 피고인은 억울하다는 생각과 취기에 범인 취급하는 경찰관이 야속하다고 판단하여 다소 이성을 잃고 과격하게 행동하였습니다.

2. 정상관계

가. 피고인은 공소사실을 모두 인정합니다.

나. 피고인은 파출소의 집기를 변상하였고 택시기사에게도 택시비보다 많은 50,000원을 지급하고 합의하였습니다.

다. 피고인은 20○○. 3. 경기도 ○○군 소재 ○○고등학교를 졸업하였고, 20○○. 9. 1.부터 20○○년 6. 30.까지 정부출현기관으로 ○○에 있는 한국전자통신연구원에서 기술기능원으로, 그 다음날부터 20○○. 6. 30.까지는 위촉연구원으로 근무하였고, 피고인은 위 연구원에 근무하면서도 20○○. 2. 16. ○○공업대학을, 20○○. 2. 19. ○○대학교 대학원 전자계산공학과를 수료하고 석사학위를 취득하였으며 ○○대학과 ○○공업대학, ○○대학 등에서 정보처리 등과 관련된 강의를 하기도 하였고, 그 후 피고인은 20○○. 7. 1.부터 20○○. 5. 31.까지 주식회사 ○○○정보통신연구소의 책임연구원으로 근무하였고, 20○○. 7. 1.부터 현재까지 정부출현기관인 한국정보통신기술협회의 표준화 본부 팀장으로 근무하고 있습니다.

라. 피고인은 과거 한국전자통신연구회 근무시 "송신기 데이터 패킷의 처리 방법" 등을 공동 연구하여 8건의 발명특허에 있어 발명자이기도 하며 또한 피고인은 "이동통신교환기 초기 데이터 입력파일 검증기" 등 13건의 프로그램을 공동 창작하여 한국정보산업연합회와 한국프로그램보호회에 등록하기도 하였습니다.

마. 피고인은 처와 초등학교에 다니는 두 자녀를 부양하고 있는바 피고인이 근무하는 한국정보통신기술협회는 정부 출연기관으로 전기통신기본법 제30조에 의하여 설립되었는데 인사규정 제8조 제3호에 따르면 "금고이상의 형을 선고받고 그 집행유예기간이 종료된 날로부터 2년을 경과하지 아니한 자"는 임용이 제한되고 같은 규정 제31조에 따르면 임용 중 앞서 본 사유가 발생하였을 경우에는 직권면직될 수가 있습니다.

바. 피고인은 전에 처벌받은 전력이 없습니다.

3. 결 론

앞서 본 사안과 정상관계를 종합 고려하시어 피고인이 가정을 지키고 직장과 사회에 기여할 수 있도록 관대한 처벌을 구합니다.

20○○. ○. ○.

위 피고인 ○ ○ ○ (인)

○○지방법원 귀중

[서식 318] 변론요지서(3) (통신비밀보호법위반)

변 론 요 지 서

사 건 20○○고단 ○○○○ 통신비밀보호법위반

피 고 인 김 갑 동

위 사건에 관하여 피고인의 변호인은 피고인을 위하여 다음과 같이 변론을 개진합니다.

다 음

1. 공소사실의 요지

이 사건 공소사실의 요지는 "피고인은 20○○. ○. ○. 00:00경 ○○○의 사무실에서 공소외 ○○○와 ○○○가 함께 한 자리에서 소형녹음기를 이용하여 공소외 ○○○와 ○○○ 사이의 공개되지 아니한 타인간의 대화를 녹음하였다"는 것입니다.

2. 무죄 주장

그러나 공소사실은 통신비밀보호법 제3조 제1항에 대한 법리를 오해한 위법이 있습니다.

통신비밀보호법 제3조 제1항이 "공개되지 아니한 타인간의 대화를 녹음 또는 청취하지 못한다"라고 정한 것은, 대화에 원래부터 참여하지 않는 제3자가 그 대화를 하는 타인들 간의 발언을 녹음해서는 아니 된다는 취지입니다.

3인간의 대화에 있어서 그중 한 사람이 그 대화를 녹음하는 경우에 다른 두 사람의 발언을 그 녹음자에 대한 관계에서 '타인간의 대화'라고 할 수 없으므로, 이와 같은 녹음행위가 통신비밀보호법 제3조 제1항에 위배된다고 볼 수는 없습니다.

따라서 피고인에 대하여 무죄를 선고하여 주시기 바랍니다.

20○○. ○. ○.

위 피고인의 변호인 변호사 ○ ○ ○ (인)

○○지방법원 귀중

[서식 319] 변론요지서(4) (강도)

변 론 요 지 서

사　　건　20○○고합○○○ 강도

피 고 인　○　○　○

위 사건에 관하여 피고인의 변호인은 다음과 같이 변론합니다.

다　　음

1. 피고인은 경찰, 검찰 및 당심 법정에 이르기까지 일관하여 피고인에 대한 이 건 공소사실을 부인하고 있습니다. 또한 공소외 박○○을 제외한 나머지 공범자들 모두 범행을 부인하고 있습니다. 그리고 피고인에게 이 건 공소사실을 인정하여 유죄로 인정할 만한 증거로는 피해자 하○○의 진술 및 증언과 공소외 박○○의 진술 및 증언뿐입니다.

2. 피해자 하○○의 진술 및 증언은 피고인에 대한 공소사실을 인정할 만한 증거가 될 수 없습니다. 즉 피해자가 진술하고 있는 사건 당시 강도범인의 인상착의는 범인을 식별할 만한 정도의 특정성을 결하였습니다(키가 크고 말랐다, 조금 뚱뚱했다, 양털 잠바를 입었다는 등의 진술만으로는 범인을 특정할 수 없다고 판단됩니다). 다만, 범인 중 1인의 오른 쪽 볼 밑 부분에 약 5바늘 정도 꿰맨 상처가 있었던 것으로 기억한다는 위 피해자의 진술만이 범인을 특정할 만한 유일한 단서인데 이것만으로는 피고인에게 공소사실을 인정시킬 수 없을 듯합니다(피고인에게는 위와 같은 상처 또는 흉터가 없으며 또한 상피고인 이○○에게 피해자 진술과 유사한 상처 또는 흉터가 있으나 반드시 위 피해자의 진술과 일치하는 것이 아니어서 신빙하기 어렵습니다).

3. 공소외 박○○의 진술 및 증언은 위 공소외인이 상피고인 이○○와 이혼 및 재산문제로 개인적인 악감정을 가지고 있었고 또한 위 공소외인이 평소 위 상피

고인 이○○와 피고인 및 다른 상피고인들과의 불륜을 의심하여 왔다는 점 등에 비추어 신빙할 수 없습니다.

4. 피고인이 상피고인들 및 위 공소외인과 이 사건과 유사한 방법으로 처벌받은 전력이 있다는 전과 역시 피고인에 대한 이 사건 공소사실을 인정할 만한 증거가 될 수 없습니다.

5. 따라서 피고인에게 유죄를 인정할 만한 증거가 부족하므로 피고인에게 무죄를 선고하여 주시기를 바랍니다. 가사 피고인에게 유죄가 인정된다고 하더라도 피고인이 이미 다른 사건으로 인해 장기간 교도소 생활을 해야 할 처지에 있다는 점을 참작하시어 법이 허용하는 최대한의 관용을 베풀어 주시기를 바랍니다.

20○○. ○. ○.

위 피고인의 변호인 변호사 ○ ○ ○ (인)

○○지방법원 귀중

[서식 320] **변론요지서(5) (업무방해)**

변 론 요 지 서

사 건 20○○노○○○ 업무방해

피 고 인 ○ ○ ○

위 사건에 관하여 피고인의 변호인은 다음과 같이 변론을 준비합니다.

다 음

1. **공소사실의 요지**

피고인에 대한 이 사건 공소사실의 요지는, 피고인은 20○○. ○. ○. 00:30경 ○○시 ○○구 ○○로 ○○(○○동)에 위치한 피해자 최○○ 운영의 ○○병원

1층 로비에서, 위 병원측에서 피고인에게 불친절하게 대하였다는 이유로 그곳 원무과 안내데스크 위에 있는 진료 기록함에 머리를 4, 5회 들이받고 심한 욕을 하면서 위 병원 직원인 공소외 지○○ 등에게 주먹을 휘두르는 등 약 30분간 행패를 부려 위력으로써 위 병원 업무를 방해하였다. 라는 것입니다.

2. 피고인에 대한 정상

가. 이 건 범행 경위

(1) 피고인은 10여 년 전 처가 위암으로 사망하기 전까지는 가방을 제조하는 조그마한 공장을 운영하며 두 딸을 키우는 평범한 가장이었습니다. 그러던 중 피고인의 처가 위암판정을 받고 투병하였고 피고인은 전 재산을 처의 병원비에 투자하였습니다. 그러나 피고인의 처는 피고인과 5세, 2세 된 두 딸만을 남긴 채 사망하였습니다.

(2) 처가 사망한 후부터 피고인은 자신의 처지를 비관하여 거의 매일 술을 마시며 지냈습니다. 자살을 결심하고 또 실행에 옮긴 것도 한 두 번이 아니었습니다. 다만, 어린 두 딸들을 생각하여 모질게 세상을 떠나지를 못했던 것입니다.

(3) 그렇게 술과 어린 두 딸만을 의지하며 10여 년 살아온 피고인에게 남은 것은 현재 국민기초생활수급자로서 국가에서 매월 30여만 원씩 나오는 돈과 배에서 주기적으로 복수를 빼내야 목숨을 부지할 수 있을 정도로 악화된 간경화와 만성췌장염 등 병뿐입니다.

(4) 피고인은 이 건 범행 얼마 전 자신이 죽은 후를 생각하여 장기기증을 약속한 사실이 있습니다. 그리고 피고인은 이 건 범행 이틀 전 이를 형에게 알리게 되었는데 이 소식을 전해들은 피고인의 형이 피고인을 나무라며 듣기에 매우 서운한 말을 하였습니다. 이에 자신의 인생을 비관한 피고인은 술을 마신 후 칼로 자신의 팔뚝을 자해하여 자살을 시도하였습니다.

(5) 그러나 결국 위 자살시도도 실패하고 응급실에 실려 가게 되었습니다. 이 건 범행 당일도 피고인은 술에 취하여 병원에 갔다가 병원직원들이 욕을 하며 그만 다른 곳으로 가보라고 하여 순간적으로 범한 것입니다. 당시 술에 취해 있었던 피고인으로서는 아무리 무료치료를 받는 사람일지라도 인간으로 취급하지 않고 무슨 쓰레기 보듯 대하는 병원직원들이 야속하였던 것입니다.

나. 반 성

피고인은 제1심 재판과정을 통해 자신이 잘못을 깨닫게 되었습니다. 이에 현재 피고인은 자신의 범행을 깊이 뉘우치고 있습니다.

다. 가족 및 경제상황

(1) 피고인에게는 현재 보살펴야 할 두 딸이 있습니다. 비록 피고인이 경제활동을 하지 못하는 죽기 직전의 몸이고 또 일정한 직업이 없지만 피고인의 두 딸에게는 믿고 의지할 수 있는 유일한 혈육입니다.

(2) 피고인은 국가에서 지급해 주는 돈으로 단칸방에서 딸들과 생활하고 있습니다.

3. 결 론

피고인의 범행 정도를 보아 제1심 판결이 결코 중하다고는 할 수 없을 것입니다. 피고인의 위와 같은 사정들을 감안하여 원심법원에서 최대한의 관용을 베풀어주신 것으로 생각되나, 피고인이 현재 이 건 벌금을 낼 수 있는 상황이 아니라는 점을 참작하시어 한 번만 더 관용을 베풀어 주시어 피고인에게 원심판결보다 관대한 처벌을 바랍니다.

참 고 자 료

1. 진단서(피고인) 3통
1. 수급자 증명서 1통

20○○. ○. ○.

위 피고인의 변호인 변호사 ○ ○ ○ (인)

○○지방법원 귀중

제6절 공판심리의 특칙

1. 공판절차의 정지

공판절차의 정지란 공판절차가 법률상 진행할 수 없는 상태를 말하고, 공판절차정지 중에 절차를 진행함은 위법이다. 공판절차의 정지사유를 보면,

① "피고인이 사물의 변별 또는 의사결정을 할 능력이 없는 상태에 있는 때" 이때에는 법원은 검사와 변호인의 의견을 들어서 결정으로 그 상태가 계속하는 기간 공판절차를 정지하여야 한다(형소법 306조 1항 · 3항).

② "피고인이 질병으로 출정할 수 없을 때"
이때에도 법원은 검사와 변호인의 의견을 듣고 또 의사의 의견을 들어 결정으로 출정할 수 있을 때까지 공판절차를 정지하여야 한다(형소법 306조 2항 · 3항).

위와 같이 피고인이 심신상실 또는 질병상태에 있더라도 피고사건에 대하여 무죄, 면소, 형의 면제 또는 공소기각의 재판을 할 것이 명백한 때에는 피고인이 출정 없이 공판을 개정할 수 있다(형소법 306조 4항).
피고인 대신에 대리인이 출정할 수 있는 경우(형소법 277조)에는 경미한 사건이므로 공판절차를 정지하지 않는다.

③ 검사의 공소장의 변경신청으로 검사가 법원의 허가를 얻어 공소장에 기재한 공소사실 또는 적용법조의 추가, 철회, 변경을 할 때에 법원은 그렇게 함으로서 피고인의 불이익을 증가할 염려가 있다고 인정할 때에는 직권 또는 피고인이나 변호인의 청구에 의하여 피고인으로 하여금 방어의 준비를 하게 하기 위하여 결정으로 필요한 기간 공판절차를 정지할 수 있다(형소법 298조 4항).

④ 기피신청이 있는 때에는 기피신청이 부적법하여 기각하는 경우 이외에는 소송진행을 정지하여야 한다. 단 급속을 요하는 경우에는 예외로 한다(형소법 22조).

⑤ 병합심리신청 등이 있는 경우(형소규 7조).

⑥ 재심청구의 경합(형소규 169조)의 경우이며 공판절차의 정지결정이 있으면 취소될 때까지 공판절차를 진행할 수 없다. 공판절차의 정지는 법원의 결정으로 한다.

2. 공판절차의 갱신

이미 행하여 온 공판절차를 일단 무시하고 이를 다시 하는 것을 공판절차의 갱신이라고 한다. 공판절차의 갱신은 ① 공판개정 후에 판사의 경질이 있는 때 ② 간이공판절차결정이 취소된 때 ③ 공판개정 후에 피고인의 심신상실로 공판절차가 정지되었다가 다시 속행되는 경우에 한한다.

갱신절차는 ① 진술거부권 고지 후 새로운 인정신문 ② 새로운 공소사실 등 낭독 ③ 새로운 진술기회 부여 ④ 새로운 증거조사(검사, 피고인 및 변호인의 동의가 있는 때에는 상당한 방법으로 할 수 있다)로 이루어지는데, 간이공판절차결정 취소로 인한 공판절차의 갱신의 경우에는 위 ①, ②의 절차는 불필요하다.

3. 변론의 재개, 병합, 분리

법원은 필요하다고 인정할 때에는 직권 또는 검사, 피고인이나 변호인의 신청에 의하여 결정으로 변론을 분리하거나 병합할 수 있다(형소법 300조).

법원은 필요하다고 인정할 때에는 직권 또는 검사, 피고인이나 변호인의 신청에 의하여 결정으로 종결한 변론을 재개할 수 있다(형소법 305조). 변론의 재개에 의하여 변론종결 전과 동일한 상태로 돌아간다.

변론의 병합은 수개 사건의 변론을 동시에 여는 것을 말한다. 수개의 사건이 동일법원에 계속되어 있는 경우뿐만 아니라 다른 법원에 계속되어 있더라도 관련사건이면 일정한 조건하에서 병합심리할 수 있다(형소법 9조, 10조). 특히 1인 피고인의 경합범에 관하여는 원칙적으로 병합심리하여야 한다.

변론의 분리는 병합된 수개의 사건을 나누어 심리하는 것을 말한다. 공동피고인으로서 동일절차에 공동심리를 받고 있는 경우에 그 1인이 공판기일에 출석하지 않았다면 법원은 심리를 분리하여 출석한 피고인의 관계에서만 공판심리를 진행시켜 증인을 신문하는 등의 절차를 진행하게 되고 변론을 분리할 사유가 명백함에도 이를 분리하여 신문하지 않는 것은 소송경제에도 반한다 할 것이다.

[서식 321] 공판절차정지신청서

공판절차정지신청서

사 건 20○○고단○○○○ 상해

피 고 인 ○ ○ ○

위 피고사건에 관하여 검사는 공소장을 변경하였는 바, 이는 피고인의 불이익이 증가될 염려가 있으므로 필요한 방어의 준비가 필요하오니 준비를 위하여 20○○. ○. ○.까지 공판절차를 정지하여 주시기 바랍니다.

20○○. ○. ○.

위 피고인의 변호인 변호사 ○ ○ ○ (인)

○○지방법원 귀중

【접수방법】

공판절차정지신청은 위와 같이 공소장변경이 있어 그에 대한 준비가 필요할 때 제출하기도 하지만, 기피신청에 대하여 기각결정이 났을 때 즉시 항고하게 되면 공판은 재판부에 의하여 자동 정지될 수 있다.

[서식 322] 변론병합신청서(1)

변 론 병 합 신 청

사 건 20○○노 1234 상해치사 등

피 고 인 홍 길 동

귀원에 재판 계속중인 위 피고인에 대한 상해치사 등 피고사건은 현재 ○○지방법원 항소심에 재판 계속중인 피고인에 대한 업무방해 피고사건과 피고인 및 피고인의 변호인이 동일하므로 신속한 재판 등, 피고인의 이익을 위하여 동 사건을 귀원 사건과 병합 심리하여 주시기 바랍니다.

다　　　　음

1. 병합할 사건의 표시
사　　건 : ○○지방법원 항소 제2부 (20○○노 2345호)
사 건 명 : 업무방해
피 고 인 : 홍　길　동 (000000-0000000)

20○○. ○. ○.

위 피고인의 변호인 변호사 ○ ○ ○ (인)

○○고등법원 귀중

【주】

법원은 필요하다고 인정한 때에는 직권 또는 검사, 피고인이나 변호인의 신청에 의하여 결정으로 변론을 분리하거나 병합할 수 있다(형소법 300조).

[서식 323] 변론병합신청서(2)

변 론 병 합 신 청

사　　건　20○○고합 1234　사기

피 고 인　○ ○ ○

위 피고인에 대한 20○○고합 1234호 사기 피고사건(귀원 8부)과 20○○고단 2345 절도 피고사건(귀원 5단독)은 모두 귀원에 계속 중인 바, 위 사건은 서로 관련이 있는 사건으로 피고인의 편의를 위하여 각 사건을 병합하여 주시기 바랍니다.

20○○. ○. ○.

위 피고인의 변호인 변호사 ○ ○ ○ (인)

○○지방법원 형사8부 귀중

[서식 324] 변론분리신청서(1)

변 론 분 리 신 청

사 건 20○○고단○○○○ 상해치사 등

피 고 인 1. 홍 길 동
2. 이 몽 룡

위 사건에 관하여 피고인 이몽룡은 병합할 사건이 있는 등으로 변론을 종결하면서 상당한 시일이 소요될 것이므로 구속중인 피고인 홍길동을 위하여 변론을 분리하여 주시기 바랍니다.

20○○. ○. ○.

위 피고인의 변호인 변호사 ○ ○ ○ (인)

○○지방법원 귀중

【주】

공동피고인이 여러 명일 때, 그중 죄를 인정하고 다른 피고인과는 관련되어 있지 않는 피고인이 다른 피고인들은 무죄를 주장하는 등으로 많은 기간을 요하는 경우 불필요하게 구속기간이 길어짐으로 신청할 수 있다.

[서식 325] 변론분리신청서(2)

변 론 분 리 신 청

사　　건　　20○○고합○○○○호　절도 등

피 고 인　　○　○　○

위 피고인에 대한 절도와 사기사건을 피고인의 편의를 위하여 절도사건과 사기사건의 변론을 분리하여 주시기 바랍니다.

20○○. ○. ○.

위 피고인의 변호인 변호사 ○ ○ ○ (인)

○○지방법원 귀중

[서식 326] 변론분리신청서(3)

변 론 분 리 신 청

사　　건　　20○○고합○○○○호　절도 등

피 고 인　　○　○　○

위 사건에 관하여 사기범죄의 피고인은 변론 종결하였고, 더 이상의 공판이 불필요한 반면, 상피고인 ○○○는 아직도 공판이 여러 차례 열어야 하는 바, 위 사건의 변론을 분리하여 주시기 바랍니다.

20○○. ○. ○.

위 피고인의 변호인 변호사 ○ ○ ○ (인)

ㅇㅇ지방법원 귀중

[서식 327] 변론재개신청서(1)

변 론 재 개 신 청

사 건 20ㅇㅇ고단ㅇㅇㅇㅇ 사기

피 고 인 ㅇ ㅇ ㅇ

귀원에 재판 계속중인 위 피고인에 대하여 20ㅇㅇ. ㅇ. ㅇ. 00:00에 변론을 종결하여 선고공판기일을 20ㅇㅇ. ㅇ. ㅇ. 00:00로 지정한바 있으나, 위 피고인의 변호인은 새로운 증거 등의 변론을 하고자 하오니 종결된 변론을 재개하여 주시기를 바랍니다.

20ㅇㅇ. ㅇ. ㅇ.

위 피고인의 변호인 변호사 ㅇ ㅇ ㅇ (인)

ㅇㅇ지방법원 귀중

【주】

법원은 필요하다고 인정한 때에는 직권 또는 검사, 피고인이나 변호인의 신청에 의하여 결정으로 종결한 변론을 재개할 수 있다(형소법 305조).

[서식 328] 변론재개신청서(2)

변 론 재 개 신 청

사 건 20ㅇㅇ고단ㅇㅇㅇ호 절도

피 고 인 ㅇ ㅇ ㅇ

위 피고인에 대한 절도사건에 관하여 피고인은 무죄를 입증할 수 있는 유력한 증거를 확보하였는바, 종결된 변론을 재개하여 주시기 바랍니다.

20○○. ○. ○.

위 피고인 ○ ○ ○ (인)

○○지방법원 귀중

[서식 329] **변론재개신청서(3)**

변 론 재 개 신 청

사 건 20○○고단○○○○ 사기

피 고 인 ○ ○ ○

위 사건에 관한 선고기일이 20○○. ○. ○. 00:00로 지정되었으나, 피고인에 대한 ○○지방법원 20○○년형 제○○○○호 사기 사건이 조만간 기소될 예정이므로, 피고인은 동 사건과 병합심리하기 바라와 변론재개신청을 합니다.

20○○. ○. ○.

위 피고인의 변호인 변호사 ○ ○ ○ (인)

○○지방법원 귀중

[서식 330] 변론재개신청서(4)

변 론 재 개 신 청

사 건 20○○가단○○○(본소) 토지인도 등
20○○가단○○○(반소) 건물매수 등

원고(반소피고) ○ ○ ○ 외 3

피고(반소원고) ○ ○ ○

위 당사자간 토지인도 등 청구사건에 관하여 원고(반소피고)측 증인으로 증언한 소외 ○○○의 위증죄 20○○고단○○○호 형사사건이 20○○. ○. ○. 변론이 종결되었다가 재개되어 20○○. ○. ○.로 공판기일이 지정되었으니, 종결된 변론을 재개하여 주시기 바랍니다.

20○○. ○. ○.

위 피고(반소원고) ○ ○ ○ (인)

○○지방법원 귀중

[서식 331] 소송계속증명원

소 송 계 속 증 명 원

사 건 20○○고합○○○호 상해치사

피 고 인 ○ ○ ○

위 사건에 관하여 귀원에 계속중임을 증명하여 주시기 바랍니다.

20○○. ○. ○.

위 피고인(청구인)의 변호인
변호사 ○ ○ ○ (인)

○○지방법원 ○○지원 귀중

위 증명합니다.

20○○. ○. ○.

○○지방법원 ○○지원
법원사무관(주사) ○ ○ ○ (인)

[서식 332] **참고자료제출(1)**

참 고 자 료 제 출

사 건 20○○고단○○○○ 절도

피 고 인 홍 길 동

위 사건에 관하여 첨부와 같이 참고자료를 제출하오니 정상참작하여 주시기 바랍니다.

첨 부 서 류

1. 합의서 1통
1. 고소취하서 1통
1. 탄원서(고소인) 1통
1. 탄원서(피고인 측) 1통
1. 재학증명서 1통
1. 표창장 1통

20○○. ○. ○.

제출인 피고인과의 관계 : 부
성 명 : 김 갑 동 (인)
주민등록번호 : 000000-0000000

위 사람의 신분을 확인하였음, 확인자 ○ ○ ○ (인)

○○지방법원 귀중

【접수방법 및 유의사항】

1. 피고인에게 유리한 탄원서, 사실확인서, 인우보증서, 사진, 녹취록, 신분증사본 등을 참고자료라는 서면에 첨부하여 1부를 법원 형사과 접수계에 수시 제출한다.
2. 유 · 무죄를 다투거나 또는 양형에 관한 자료라고 주장하면서 법정 또는 법정 외에서 서류를 제출하는 경우가 종종 있다. 이러한 서류에는 "증제○호증", "소제○호증" 등으로 표시하며 일련번호로 진행해 나가거나 또는 단지 "참고자료"라고 표시하기도 한다.

[서식 333] 참고자료제출(2)

참 고 자 료 제 출

사 건 20○○고단○○○○ 특수폭행
피 고 인 홍 길 동

위 사건에 관하여 피고인의 변호인은 피고인을 위하여 다음과 같이 참고자료를 제출합니다.

다 음

참 고 자 료		소 명 취 지
1. 재학증명서 1. 표창장 1. 탄원서	1통 1통 1통	정상자료
1. 무통장입금증	1통	피고인의 아버지인 ○○○가 치료비로 피해자의 어머니인 ○○○의 통장계좌로 3회에 걸쳐 총

	1,000만원을 보내준 사실
1. 공탁서 1통 1. 공탁통지서 1통 1. 공탁금회수제한신고서 1통	피고인이 김갑동에게 금 30,000,000원을 변제공탁한 사실
1. 가석방 허가결정서 1통 1. 가석방증명서 1통 1. 인정통지서 1통 1. 안내문 1통	피고인이 본 사건과 관련하여 ○○국에서 복역한 사실

20○○. ○. ○.

위 피고인의 변호인 ○ ○ ○ (인)

○○지방법원 귀중

[서식 334] 선고기일연기신청서

선고기일연기신청

사 건 20○○고단○○○○ 사기

피 고 인 최 ○ 식

위 사건에 관하여 선고기일이 20○○. ○. ○. 00:00로 지정되었으나, 피고인의 고모 최○희와 여자친구 성○원은 피해자와 합의하기 위하여 모은 돈 2,500만원을 피고인의 작은 아버지 최○욱에게 피해자와 합의하라고 주었는데, 위 최○욱이 위 돈으로 피해자와 합의를 진행하던 중 위 돈 중 2,350원만을 가지고 잠적하여 현재까지 연락이 두절되어 피해자에 대하여 공탁도 하지 못하고 있는 상황입니다.

따라서 피고인의 작은아버지로부터 위 돈을 반환받아 공탁할 수 있도록 기간을 주시는 의미에서 이번의 선고기일을 연기하여 주시기 바랍니다.

첨 부 서 류

1. 통장표지 및 내용 각 2부

20○○. ○. ○.

위 피고인의 변호인 변호사 ○ ○ ○ (인)

○○지방법원 귀중

【접수방법 및 유의사항】

1. 선고기일의 연기는 재판장의 소송지휘권이 있는 재판장의 권한이므로 위 신청은 직권발동 촉구의 의미이다.
2. 신청서 1부를 담당 재판부에 제출한다.

제7절 간이공판절차

1. 간이공판절차의 의의

간이공판절차란 피고인이 공판정에서 공소사실에 대하여 자백하는 경우 증거조사를 간이화하고 증거능력 제한을 완화하여 심리를 신속하게 진행할 수 있도록 하는 공판절차를 말한다.

2. 간이공판절차의 요건

간이공판절차는 제1심 관할사건에서만 인정되고, 상소심에서는 허용되지 않는다. 국민참여재판의 경우에 간이공판절차가 허용되지 않는다.

피고인이 공판정에서 자백할 것을 요건으로 한다(형소법 286조의2). 여기서 자백이라 함은 유죄임을 인정한다는 취지로 해석되므로 피고인이 자신의 죄책까지 인정하여야 한다. 따라서 구성요건적 사실은 인정하면서 범의를 부인하거나 정당방위 등을 주장하는 등 위법성이나 책임의 조각사유를 주장하는 경우에는 해당하지 아니한다. 그러나 공소사실을 인정하면서 죄명이나 적용법조만을 다투는 경우나 형의 감면사유를 주장하는 경우는 자백에 해당한다.

그리고 정범에 대하여 종범, 기수에 대하여 미수를 주장하는 경우는 구성요건이 다르므로 자백한 것으로 볼 수 없고, 장애미수에 대하여 중지미수를 주장하는 것도 공소사실을 다투는 것으로 보아야 한다.

수인의 피고인 중 일부는 자백하고 나머지는 부인하는 경우에는 자백하는 피고인에 대하여 간이공판절차로 심리할 수 있다.

자백은 신빙성이 있어야 한다. 자백의 신빙성에 의심이 있을 때에는 간이공판절차를 개시할 수 없다. 자백에 신빙성이 없는 때에는 간이공판절차와 취소사유에 해당하기 때문이다(형소법 286조의3).

3. 간이공판절차의 특칙

간이공판절차에 부하는 사건에는 전문증거에 대하여 당사자가 이를 증거로 할 수 있음을 동의한 것으로 간주한다(형소법 318조의3).

간이공판절차에 의하여 심판할 취지의 결정이 있는 사건에 대하여는 형사소송법 제161조의2(증인신문방식), 제290조 내지 제293조, 제297조의 규정을 적용하지 아니하며, 법원이 상당하다고 인정하는 방법으로 증거조사를 할 수 있다(형소법 297조의2).

간이공판절차에서 증거능력이 특별히 배제되는 경우는 검사, 피고인 또는 변호인의 이의가 있을 때, 간이공판절차에서는 당사자 또는 변호인이 증거로 함에 이의를 하지 않는 한 증거동의가 의제된다(형소법 318조의3).

간이공판절차에서의 증거능력에 관하여 원칙적으로 전문증거는 당사자가 증거로 함에 동의한 것으로 간주한다.

간이공판절차에의 증거능력에 관한 특례로서, 간이공판절차의 결정이 있는 사건의 증거에 관하여는 원칙적으로 전문증거에 대하여 당사자의 동의가 있는 것으로 간주하므로(형소법 318조의3) 원칙적으로 전문법칙이 배제된다. 즉, 전문증거의 증거능력이 원칙적으로 인정된다. 통상의 절차에서는 당사자 쌍방의 동의가 없는 한 전문증거의 증거능력은 부정되나(형소법 310조의2, 312조 내지 314조 및 316조), 간이공판절차에서는 그 원칙과 예외가 바뀌어 검사, 피고인 또는 변호인이 증거로 함에 이의를 하지 않는 한 동의가 있는 것으로 간주하여 전문증거의 증거능력을 인정하고 있다(형소법 318조의3).

간이공판절차의 특칙으로 전문법칙의 배제, 증거로 함에 대한 당사자의 동의 의제, 재판의 신속 및 사건의 능률적 처리, 엄격한 증거조사방식으로부터의 석방, 간이공판절차에서도 자백의 보강법칙이 적용된다.

법원은 간이공판절차사건에서도 피고인의 자백이 신빙할 수 없다고 인정되거나 간이공판절차로 심판하는 것이 현저히 부당하다고 인정될 때에는 검사의 의견을 들어 그 결정을 취소하여야 한다(형소법 286조의3).

제8절 공판의 재판

1. 재판의 의의

재판이란 사건의 법령에 적용하여 이를 공권력으로 해결하는 법원의 의사표시를 말한다. 이는 고유한 의미에서의 재판의 정의이고, 이보다 광의로 법원 또는 법관의 의사표시적 소송행위 일체를 가리키는 경우도 있다. 어느 의미에서든 법원 · 법관의 행위이기 때문에 법원사무관 등이나 검사의 소송행위와 구별될 뿐 아니라 의사표시적 소송행위기이기 때문에 법원 · 법관의 사실적 소송행위(증거조사 등)와도 구별된다.

한편 '공판의 재판'이란 피고사건에 관한 당해 법원의 최종적 결론을 선언하는 내용의 재판을 의미한다. 공판의 재판을 하기 전에 합의부의 경우에는 심판의 합의를 하여야 하는데, 이는 비공개로 진행된다(형소법 65조, 66조 참조).

2. 형식재판

가. 이송의 결정

법원은 피고인이 그 관할구역 내에 현재하지 아니하는 경우에 특별한 사정이 있으면 결정으로 사건을 피고인의 현재지를 관할하는 동급법원에 이송할 수 있다(형소법 8조).

법원은 공소가 제기된 사건에 대하여 군사법원이 재판권을 가지게 되었거나 재판권을 가졌음이 판명된 때에는 결정으로 사건을 재판권이 있는 같은 심급의 군사법원으로 이송한다. 이 경우에 이송 전에 행한 소송행위는 이송 후에도 그 효력에 영향이 없다(형소법 16조의2).

나. 무죄판결

피고사건이 범죄로 되지 않거나 범죄의 증명이 없는 때에는 판결로 무죄를 선고하여야 한다(형소법 325조).

범죄로 되지 않는다 함은 공소사실은 인정되나 법률상의 이유로 범죄가 성립하지 않거나 위법성조각사유, 책임조삭각사유가 있는 경우를 가리킨다.

범죄의 증명이 없다 함은 공소사실의 부존재가 적극적으로 입증된 경우는 물론이고 공소사실의 존재에 대하여 법원이 충분한 심증을 얻지 못한 경우를 가리킨다.

다. 면소의 판결

① 동일 사건에 대하여 이미 확정판결(유죄, 무죄, 면소판결에 한하여, 약식명령, 즉결심판, 통고처분에 의한 범칙금 납부를 포함한다)이 있었을 때, ② 사면(일반사면에 한함)이 있는 때, ③ 공소시효가 완성되었을 때, ④ 범죄 후에 법령의 개폐·폐지로 형이 폐지되었을 때에는 각각 판결로써 면소를 선고하여야 한다(형소법 326조).

면소판결은 형식재판이면서도 기판력이 발생한다는 점에 특색이 있다.

라. 공소기각의 판결

① 피고인에 대한 재판권이 없는 때, ② 공소제기의 절차가 법률의 규정에 위반하여 무효인 때, ③ 이중기소된 때, ④ 공소취소 후 다른 중요한 증거를 발견하지 않고서도 재기소를 한 때, ⑤ 친고죄의 고소최소, ⑥ 반의사불벌죄에서 피해자의 처벌 불희망 등 사유가 있으면 각각 판결로써 공소기각의 선고를 하여야 한다(형소법 327조).

마. 공소기각의 결정

① 공소가 취소되었을 때, ② 피고인이 사망하거나 피고인인 법인이 존속하지 아니하게 된 때, ③ 동일 사건이 수 개의 법원에 이중 계속되어 어느 한 법원이 심판하게 되었을 때 나머지 법원의 경우, ④ 공소사실이 진실하다 하더라도 범죄가 될 만한 사정이 포함되지 아니 때에는, 공소기각의 결정을 하여야 한다(형소법 328조).

바. 관할위반의 판결

사건이 수소법원의 관할에 속하지 아니한 때에는 판결로써 관할위반의 선고를 하여야 한다(형소법 319조 본문). 관할은 원칙적으로 공소제기시부터 재판시까지 계속적으로 존재하여야 한다. 소송행위는 관할위반인 경우에도 원칙적으로 유효하나(형소법 2조), 약간의 예외로서 피고인의 신청이 없으면 토지관할에 관하여 관할위반의 선고를 하지 못한다(형소법 320조). 관할위반의 신청은 피고사건에 대한 진술 전에 하여야 한다(형소법 320조 2항).

사. 소년부 송치의 결정

법원은 소년에 대한 피고사건을 심리한 결과 벌금 이하의 형에 해당하는 범죄이거나 보호처분에 해당할 사유가 있다고 인정한 때에는 결정으로써 사건을 관할 소년부에 송치하여야 한다(소년법 50조).

이러한 소년부 송치의 결정도 사건을 종국시키는 결정에 해당한다.

아. 가정보호사건송치의 결정

법원은 '가정폭력범죄의처벌등에관한특례법' 제2조 제3호 소정의 가정폭력범죄를 범한 자 및 가정구성원이 공범에 대한 피고사건을 심리한 결과 같은 법에 의한 보호처분에 처함이 상당하다고 인정하는 때에는 결정으로 사건을 가정보호사건의 관할 법원에 송치할 수 있다. 이 경우 법원은 피해자의 의사를 존중하여야 한다(같은 법 12조).

법원이 위와 같은 송치결정을 한 때에는 당해 사건을 기소한 검찰청의 검사에게 통지하여야 한다(가정보호심판규칙 6조 1항). 송치서에는 가정폭력행위자의 성명 · 주소 · 생년월일 · 직업 · 피해자와의 관계 및 행위의 개요와 가정상황을 기재하고 그 밖의 참고자료를 첨부하여야 한다. 다만, 가정법원이 설치되지 아니한 지역의 지방법원과 그 지원의 단독판사 또는 합의부가 피고사건을 가정보호사건으로 송치하고 당해 단독판사 또는 합의부의 구성원이 이를 가정보호사건으로 심리할 경우에는 위 법 제14조 제1항의 송치서를 작성하지 아니한다(가정보호사건의기록조제등사무처리에관한예규(재특 98-4) 2조 1항).

3. 유죄판결

유죄의 판결은 피고사건에 대하여 범죄의 증명이 있는 때에는 형의 면제 또는 선고유예를 하는 경우 이외에는 판결로써 형을 선고하여야 한다(형소법 321조 1항). 형의 집행유예, 판결 전 구금일수의 산입, 노역장유치기간은 형의 선고와 동시에 판결로서 선고하여야 한다(형소법 321조 2항, 334조).

유죄판결의 판결이유에는 범죄사실, 증거의 요지와 법령의 적용을 명시하고, 법률상 범죄의 성립을 조각하는 사유 또는 형의 법률상 가중, 감면의 이유되는 사실의 진술이 있는 때에는 이에 대한 판단을 명시하여야 한다(형소법 323조).

4. 종국판결의 효과

구속피고인에 대하여 무죄, 면소, 형의 면제, 형의 선고유예, 형의 집행유예, 공소기각 또는 벌금이나 과료를 과하는 판결이 선고된 때에는 구속영장은 그 효력을 잃는다(형소법 331조).

압수한 서류 또는 물품에 대하여 몰수의 선고가 없는 때에는 압수를 해제한 것으로 간주한다(형소법 332조).

압수한 장물로서 피해자에게 환부할 이유가 명백한 것은 판결로써 피해자에게 환부하는 선고를 하여야 한다(형소법 333조 1항). 이 경우에 장물을 처분하였을 때에는 판결로써 그 대가로 취득한 것을 피해자에게 교부하는 선고를 하여야 한다(형소법 333조 2항).

가환부한 장물에 대하여는 별단의 선고가 없으면 환부의 선고가 있는 것으로 간주한다(형소법 333조 3항). 이상의 경우에는 이해관계인이 민사소송절차에 의하여 그 권리를 주장함에 영향을 미치지 않는다(형소법 333조 4항).

재산형의 가납의 재판은 법원이 벌금, 과료 또는 추징의 선고를 하는 경우, 판결확정 후에는 집행할 수 없거나 집행하기 곤란한 염려가 있다고 인정할 때에는 직권 또는 검사의 청구에 의하여 피고인에게 벌금, 과료, 추징에 상당한 금액의 가납을 명할 수 있다(형소법 334조 1항). 이 재판은 형의 선고와 동시에 선고하여야 한다(형소법 334조 2항). 이 판결은 즉시로 집행할 수 있다(형소법 334조 3항).

제9절 국민참여재판

1. 의 의

국민참여재판제도는 "국민의형사재판참여에관한법률" 제8495호에 따라 2008. 1. 1.부터 국민을 배심원으로 형사재판에 참여케 한 새로운 형사재판제도이다. 배심원이 된 국민은 법정 공방을 지켜본 후 피고인의 유 · 무죄에 관한 평결을 내리고 적정한 형을 토의하면 재판부가 이를 참고하여 판결을 선고하게 된다. 배심원으로 선정된 국민은 피고인의 유무죄에 관하여 평결을 내리고, 유죄평결이 내려진 피고인에게 선고할 적정한 형벌을 토의하는 등 재판에 참여하는 기회를 갖게 됨으로서 국가권력의 한 부분인 사법권의 영역에서 국민의 참여를 확대하여 국민의 재판절차와 법제도를 보다 가까이 접하고 이해할 수 있도록 하여 법치주의를 실현하는 것이다.

참여법률에서 규정하는 국민참여재판은 배심제와 참심제 등 어느 한 제도를 그대로 도입하지 아니하고 양 제도를 적절하게 혼합하였을 뿐 아니라, 우리의 현실을 고려하여 양 제도의 일정한 수정을 가하였다는 점에 특색이 있다. '배심제'는 일반 국민으로 구성된 배심원이 재판에 참여하여 직업법관으로부터 독립하여 유 · 무죄의 판단에 해당하는 평결을 내리고, 법관은 그 평결에 기속되는 제도를 의미하고, '참신제'는 일반 국민인 참심원인 직업법관과 함께 재판부의 일원으로 참여하여 직업법관과 동등한 권한을 가지고 사실문제 및 법률문제를 판단하는 제도를 말한다.

예를 들어 ① 배심원은 원칙적으로 법관의 관여 없이 평의를 진행한 후 만장일치로 평결에 이르러야 하는데(배심제적 요소), 만약 만장일치의 평결에 이르지 못한 경우 법관의 의견을 들은 후 다수결로 평결을 할 수 있다(참심제적 요소). ② 배심원은 심리에 관여한 판사와 함께 양형에 관하여 토의를 하면서도(참심제적 요소) 표결을 통하여 양형결정에 참여하는 것이 아니라 단지 양형에 관한 의견만을 개진할 수 있을 뿐이다(배심제적 요소).

③ 배심원의 평결은 법원을 기속하지 않고 단지 권고적 효력만을 가진다(배심제적의 수정).

2. 대상사건 및 관할

가. 당해사건이 참여법률 제5조상의 대상사건에 해당되는 경우에도 법원은 우선적으로는 일반형사사건과 같은 기준에 따라 배당을 한다. 이후 법원은 피고인에게 국민참여재판을 원하는지 여부에 관한 의사를 확인한 후 국민참여재판으로 진행하기로 한 경우에는 지체 없이 사건을 전담재판부로 재배당하게 된다. 국민참여재판의 대상사건은 아래와 같다.

(1) 법정형이 중한 범죄

(가) 고의로 사망의 결과를 야기한 범죄

(나) 강도 및 강간이 결합된 범죄

(다) 강도 또는 강간에 치상 · 치사가 결합된 범죄

(라) 일정 범위의 수뢰죄 등

(2) 합의부 관할사건 중 '국민의형사재판참여에관한규칙' 제2조(대상사건) 규정

(가) 보건범죄단속에관한특별조치법 제2조 제1항 제1호, 제3호(부정식품제조등)

(나) 환경범죄의단속에관한특별조치법 제3조 제2항(오염물질불법배출)
(다) 특정범죄가중처벌등에관한법률 제11조 제1항, 제2항 제1호(마약)

(3) 위 사건 중 피고인이 원하는 경우에 한하여 참여재판 적용

나. 한편 법원은 공소제기 후부터 공판준비기일이 종결된 다음날까지 다음 어느 하나에 해당하는 경우 국민참여재판을 하지 아니하기로 하는 결정을 할 수 있다.

(1) 배심원 · 예비배심원 · 배심원후보자 또는 그 친족의 생명 · 신체 · 재산에 대한 침해 또는 침해의 우려가 있어서 출석의 어려움이 있거나 이 법에 따른 직무를 공정하게 수행하지 못할 염려가 있다고 인정하는 경우
(2) 공범관계에 있는 피고인들 중 일부가 국민참여재판을 원하지 아니하여 국민참여재판의 진행에 어려움이 있다고 인정되는 경우
(3) 그 밖에 국민참여재판으로 진행하는 것이 적절하지 아니하다고 인정되는 경우 중 어느 하나에 해당하는 경우

3. 배 심 원

가. 배심원의 권한과 의무(국민형참법 12조)

(1) 배심원은 국민참여재판을 하는 사건에 관하여 사실의 인정, 법령의 적용 및 형의 양정에 관한 의견을 제시할 의견을 권한이 있다. 그러나 배심원의 의견은 법관을 기속하지 않는다.
(2) 배심원은 법령을 준수하고 독립하여 성실히 직무를 수행하여야 한다.
(3) 배심원은 직무상 알게 된 비밀을 누설하거나 재판의 공정을 해한 행위를 하여서는 아니 된다.

나. 배심원의 수

(1) 법정형이 사형 · 무기징역 또는 무기금고에 해당하는 대상사건에 대한 국민참여재판에는 9인의 배심원이 참여하고, 그 외의 대상사건에 대한 국민참

여재판에는 7인의 배심원이 참여한다. 다만, 법원은 피고인 또는 변호인이 공판준비절차에서 공소사실의 주요내용을 인정한 때에는 5인의 배심원이 참여하게 할 수 있다.

(2) 사건의 내용에 비추어 특별한 사정이 있다고 인정되고 검사 · 피고인 또는 변호인의 동의가 있는 경우에 한하여 결정으로 배심원의 수를 7인과 9인 중에서 (1)항과 달리 정할 수 있다.

다. 배심원후보자의 결정 및 출석통지(국민형참법 20조)

법원은 미리 작성된 배심원후보예정자명부 중에서 필요한 수의 배심원후보자를 무작위 추출 방식으로 정하여 배심원후보자에게 배심원과 예비배심원의 선정기일을 통지한다.

라. 면제사유(국민형참법 20조)

배심원후보자는 부득이한 사정이 없는 한 선정기일 통지서를 받고 출석하여야 한다. 만약 건강이 좋지 않거나 간호, 양육, 출장 등과 같이 재판에 참여할 수 없는 부득이한 사정이 있는 때에는 법원에 배심원 직무면제를 신청할 수 있다.

마. 여비 · 일당 등(국민형참법 15조)

배심원에게는 배심원 · 예비배심원 및 배심원후보자의 출석 일수에 따라 일당을, 격리된 때에는 격리(신변보호조치로 격리된 경우)된 일수에 따라 수당을 지급하고 여비는 운임과 식비로 하며, 숙박료는 출석 등에 필요한 밤의 수에 따라 지급한다. 일당 및 수당의 금액은 매년 예산의 범위 내에서 대법관 회의에서 정한다(국민형참규 9조).

바. 배심원의 자격

만 20세 이상이면 대한민국국민 중에서 이 법으로 정하는 바에 따라 선정된다. 다만 배심원 업무 수행의 난이도 및 공정성을 고려하고 공정한 재판을 담보할 수 있도록 하기 위하여 참여법률 17조부터 20조까지 사유에 해당하는 사람은 배심원 직무 수행으로부터 배제하도록 하였다.

사. 배심원의 선정

(1) 배심원 등은 선정기일에 출석할 때 지정된 일시, 장소로 출석하여야 하고, 출석통지서와 함께 주민등록증, 운전면허증, 여권 등과 신분을 증명할 수 있는 문서를 반드시 지참하여야 한다.

(2) 배심원이 법원출석으로 인하여 불이익을 받지 않는다. 법률에서는 배심원 · 예비배심원 또는 배심원후보자(이하 배심원 등)인 사실을 이유로 해고하거나 그 밖의 불이익한 처우를 하는 것을 금지하고 있다.

(3) 선정기일은 배심원후보자의 사생활보호, 신변보호 등을 위하여 공개하지 않으며, 배심원후보자의 성명 대신 법원이 부여한 번호를 부른다.

(4) 선정기일에서 당해 국민참여재판에 필요한 배심원 또는 예비배심원이 선정되면 선정기일은 종료되며, 배심원 또는 예비배심원으로 선정되지 않은 배심원후보자는 귀가한다.
배심원과 예비배심원은 배심원 평의가 시작되기 전까지는 그 권한과 의무에 있어 차이가 없으나, 평의와 양형에 관한 토의에는 오로지 배심원만이 참여할 수 있다.

4. 참여재판의 순서

가. 국민참여재판은 다음과 같은 절차로 진행된다. 배심원과 관련된 부분을 제외하고는 통상의 공판절차와 같다.

(1) 재판장의 사건 호명 및 소송관계인의 출석 확인
(2) 배심원과 예비배심원의 선서
(3) 재판장의 배심원과 예비배심원에 대한 최초설명
(4) 재판장의 피고인에 대한 진술거부권의 고지
(5) 검사의 최초진술

(6) 피고인의 최초진술

(7) 재판장의 쟁점정리, 검사 · 변호인의 주장 및 입증계획 진술

(8) 증거조사

(9) 피고인 신문

(10) 검사의 의견진술

(11) 피고인과 변호인의 최종 의견진술

(12) 재판장의 배심원에 대한 최종설명

(13) 배심원의 평의 · 평결

(14) 양형에 관한 토의

(15) 판결 선고

위 (4) 내지 (11)까지는 통상의 공판기일에서의 절차와 같다.

나. 국민참여재판은 충분한 준비를 거쳐 원칙적으로 매일 재판을 진행하여 1~3일의 비교적 단기간에 끝내도록 하고 있다. 다만 재판을 조기에 끝내기 어려운 부득이한 사정이 생기면 다소 재판이 길어질 수도 있다.

국민참여재판 대상 사건의 1심이 종료한 때, 공사사실의 일부가 철회되거나 변경되어 대상사건에 해당하지 않게 되는데 법원이 통상 절차에 의하여 재판을 진행하기로 결정한 때, 국민참여재판을 계속 진행하는 것이 부적절하다고 인정되어 통상절차에 회부되는 때에는 배심원과 예비배심원의 임무가 종료된다.

5. 평의 · 평결 및 양형에 관한 토의

평의는 보통 '평의실'이라는 독립된 공간에서 비공개로 이루어지고, 오로지 배심원만이 참여할 수 있다. 평의결과 만장일치로 유무죄에 대한 의견이 정하여지면 평결을 내릴 수 있다.

다만 만장일치로 평결을 내리기 전에 배심원 과반수가 요청하면 심리에 관여한 판사의 의견을 들을 수 있다. 만약 만장일치 평결을 내리지 못하는 경우에는 심리에 관여한 판사의 의견을 반드시 들은 후 다수결의 방법으로 평결을 내리게 된다.

이 과정에서 '배심원 대표'는 원칙적으로 배심원들 사이의 호선으로 선출되며, ① 평의 주재, ② 평의실 출입 통제의 요청, ③ 판사에 대한 의견 진술의 요청, ④ 증거서류 등의 제공 요청, ⑤ 평결 결과의 집계, ⑥ 평결서의 작성 및 전달 등의 임무를 담당한다.

배심원의 평결이 유죄인 경우 "양형에 관한 토의"를 하게 되는데, 이는 배심원과 심리에 관여한 판사가 피고인에게 어떤 형을 선고하는 것이 적절한지 토의하는 것을 의미한다.

양형에 관한 토의를 할 때 배심원은 판사의 설명을 들은 후 양형에 관한 의견을 제시하고, 판사는 적절한 방법으로 배심원의 양형에 관한 의견을 집계하여 서면에 기록한다.

판사는 배심원의 평결과 양형에 관한 의견에 반드시 따라야 하는 것은 아니다. 법률은 배심원의 평결과 양형에 관한 의견을 법원을 기속하지 않는다고 규정하고 있다. 다만 법원은 배심원의 법정 공방을 지켜보고 토론을 거쳐 내린 평결과 양형의견을 최대한 존중할 것으로 보인다.

한편 예비배심원은 평의가 시작되더라도 판결 선고 등으로 인하여 재판이 종료되기 전까지는 예비배심원의 임무가 끝나지 않는다. 법정에서는 배심원 후보자, 배심원 및 예비배심원의 성명을 부르지 않고 법원이 부여한 번호로만 부른다.

6. 배심원 등의 보호를 위한 조치

가. 불이익취급의 금지(국민형참법 50조)

누구든지 배심원 · 예비배심원 또는 배심원후보자인 사실을 이유로 해고하거나 그 밖의 불이익한 처우를 하여서는 아니 된다(국민형참법 50조). 다만 참여법률에서는 50조를 위반한 경우의 제재에 관한 아무런 규정을 두고 있지 않다.

나. 배심원 등에 대한 접촉의 규제(국민형참법 51조)

(1) 누구든지 당해 재판에 영향을 미치거나 배심원 또는 예비배심원이 직무상

취득한 비밀을 알아낼 목적으로 배심원 또는 예비배심원과 접촉하여서는 아니 된다.

(2) 누구든지 배심원 또는 예비배심원이 직무상 취득한 비밀을 알아낼 목적으로 배심원 또는 예비배심원의 직무에 종사하였던 사람과 접촉하여서는 아니 된다. 다만, 연구에 필요한 경우에는 그러하지 아니하다.

(3) 위 위반행위는 항상 처벌의 대상이 되는 것은 아니고 배심원 또는 예비배심원에게 청탁을 하거나, 위협을 하는 등의 행위를 하는 경우에는 처벌의 대상이 된다.

다. 배심원 등의 개인정보 공개금지

(1) 법령으로 정하는 경우를 제외하고는 누구든지 배심원 · 예비배심원 또는 배심원후보자의 성명 · 주소와 그 밖의 개인정보를 공개하여서는 아니 된다.

(2) 배심원 · 예비배심원 또는 배심원후보자의 직무를 수행하였던 사람들의 개인정보에 대하여는 본인이 동의하는 경우에 한하여 이를 공개할 수 있다 (국민형참법 44조).

라. 배심원 등에 대한 신변보호조치

(1) 재판장은 배심원 또는 예비배심원이 피고인이나 그 밖의 사람들로부터 위해를 받거나 받을 염려가 있다고 인정하는 때 또는 공정한 심리나 평의에 지장을 초래하거나 초래할 염려가 있다고 인정하는 때에는 배심원 또는 예비배심원의 신변안전을 위하여 보호, 격리, 숙박, 그 밖에 필요한 조치를 취할 수 있다.

(2) 검사, 피고인 변호인, 배심원 또는 예비배심원은 재판장에게 위 조치를 취하도록 요청할 수 있다(국민형참법 53조).

(3) 참여법률 53조는 배심원과 예비배심원의 보호만을 목적으로 하는 것이 아니다. 즉, 공정한 심리나 평의에 지장을 초래하거나 초래할 염려가 있다고 인정하는 때에도 재판장은 격리 등 필요한 조치를 취할 수 있다.

재판장은 배심원 · 예비배심원을 격리하는 경우에 신문 · 방송시청금지, 전화 · 인터넷 사용 금지 등의 필요한 조치를 취할 수 있다.

| 제4장 재판의 효력 |

제1절 재판의 확정

1. 재판확정의 의의

재판의 확정이란 재판이 통상의 불복방법에 의하여 다툴 수 없게 되어 그 내용을 변경할 수 없게 된 상태를 말한다.

재판확정의 시기는 불복신청이 허용되지 않는 재판은 선고 또는 고지와 동시에 확정된다. 법원의 관할 또는 판결 전의 소송절차에 관한 결정(형소법 403조) 또는 고등법원의 결정(형소법 415조), 대법원의 결정에 대하여는 불복이 허용되지 않는다.

불복신청이 허용되는 재판은 상소기간 기타 불복신청기간의 경과, 상소 기타 불복신청의 취하 또는 포기, 불복신청을 기각하는 재판의 확정으로 재판이 확정된 경우이다(형소법 364조, 390조). 통상 항고의 경우에는 원심결정을 취소하여도 실익이 없게 된 때 확정된다(형소법 404조).

2. 재판의 확정력

재판의 확정력은 형식적 · 내용적으로 구분되며 형식적 확정력이란 재판의 형식적 확정에 의한 불가항력적 효력이다. 절차면에서의 효력으로 모든 재판에 대하여 발생하는 것이며, 내용적 확정력이란 재판의 확정에 따라 그 의사표시적 내용도 확정되는 것이다. 실체 · 형식 모든 재판에 대해 인정된다. 확정된 재판은 기판력이 있는바 그 본질은 확정판결에 의하여 실체법률관계를 형성 · 변경하는 효력이 있으며 기판력은 실체법률관계에 영향이 없다.

3. 재판의 구속력

재판이 확정되면 다른 법원에서 동일한 사정에서 동일사항에서 대하여는 다른 판단을 할 수 없으며 기판력은 실체적 확정력의 대외적 효과인 일사부재리의 효력으로 실체재판에만 기판력이 인정된다.
친고죄에서 고소 없음을 이유로 한 공소기간의 유효한 고소가 있는 경우에는 재소가 허용되며 관할위반의 판결확정 후 관할권 있는 다른 법원에의 공소제기는 유효하다.

4. 일사부재리의 효력

유 · 무죄의 실체판결이나 면소판결이 확정된 때에 동일사건에 대하여 다시 심리 판단하는 것은 허용되지 않는다는 것이다.
일사부재리의 효력이 인정되는 재판은 모든 실체재판, 약식명령, 즉결심판, 소년의 보호처분결정이 있으며 면소판결을 제외한 형식재판에는 효력이 인정 안 되고, 당연무효의 판결은 효력발생을 부인하는 논란도 있으나, 당연무효의 판결은 법원이 심리를 종결하여 최종적 판단을 한 것으로 피고인은 처벌의 위험에 있었다고 할 것이므로 효력을 인정하는 것이 타당하다.
일사부재리의 효력은 법원이 현실적 심판의 대상인 당해 공소사실 및 그 공소사실과 단일하고 동일한 관계에 있는 사실전부 포괄일죄나 과형상의 일죄의 일부분에 대한 기판력은 현실적 심판의 대상으로 되지 아니한 부분에까지 미친다.
따라서 일사부재리의 효력은 공소가 제기된 피고인에게만 미친다. 공동피고인의 경우에도 일방 피고인에 대한 판결은 다른 피고인에게 미치지 않으며, 계속범, 상습범 등이 확정판결 전후에 걸쳐 행하여진 경우, 어느 시점까지 일사부재리의 효력이 미치는 가에 대하여 변론종결시, 판결선고시, 판결확정시로 대립된다. 변론재개를 허용하고 있는 현행범의 해석으로는 사실심판결선고시를 표준으로 하는 것이 타당하다고 본다. 약식명령은 그 발령시가 기준이 된다.

5. 확정력의 배제

상소권의 회복제도, 재심제도, 비상상고제도 등이 확정력을 배제하는 형사소송법상의 제도가 있다.

[서식 335] 판결확정증명원

<table>
<tr><td>

판 결 확 정 증 명 원

사　　건　　20○○고단○○○○　교통사고처리특례법위반

피 고 인　　○　○　○

위 사건에 관하여 ○○지방법원에서 20○○. ○. ○. 선고한 판결이 20○○. ○. ○.자로 확정되었음을 증명하여 주시기 바랍니다.

20○○.　○.　○.

신청인(피고인)　○　○　○　(인)

○○지방법원　귀중

</td></tr>
</table>

제2절 소송비용

1. 의 의

소송비용이란 형사소송비용법에 규정된 것으로 증인, 통역인, 감정인의 일당, 여비, 숙박료와 보수, 감정인 · 통역인 · 번역인의 특별요금, 법원이 선임한 변호인의 일당, 여비, 숙박료, 관보와 신문지에 공고한 비용 등이 포함된 것이다.

2. 소송비용의 부담자

형의 선고를 하는 경우 피고인에게 소송비용의 전부, 일부를 부담케 하여야 한다(형소법 186조 1항).

피고인에게 선고하지 않아도 피고인에게 책임지울 사유로 발생한 비용은 형의 선고를 하지 아니하는 경우에도 피고인에게 부담하게 할 수 있다(형소법 186조 2항).

공범인 피고인의 경우는 공동심리를 받은 경우에 연대하여 부담하게 할 수 있다(형소법 187조).

고소 · 고발에 의한 공소제기사건에 대하여 피고인이 무죄, 면소의 판결을 받은 경우에 고소, 고발인에게 고의 또는 중대한 과실이 있는 경우에 소송비용의 전부 또는 일부를 부담케 할 수 있다.

상소 또는 재심청구가 기각되거나 취하된 때 상소 또는 재심청구자에게 부담가능하며 이는 검사 이외의 자에 한한다.

3. 소송비용부담의 절차

재판으로 소송절차가 종료되는 경우는 피고인에게 직권재판, 본안에 불복하는 경우에 한하여 불복 가능하다. 피고인 이외의 제3자에 대해서는 직권으로 결정하며, 이 결정에 대해서는 즉시항고가 가능하다(형소법 191조, 192조).

재판에 의하지 않는 소송종료의 경우는 상소, 재심 또는 정식재판의 청구를 취하는 경우이며, 피고인 아닌 자에게 소송비용을 부담케 할 때는 사건의 최종계속법원이 직권으로 결정하여야 한다. 이 결정에 대하여는 즉시항고를 할 수 있다(형소법 193조).

소송비용액의 산정에 있어 재판시 구체적 비용의 명시는 필요 없고 재판에 금액을 표시하지 않는 경우에는 집행지휘검사가 산정한다.

소송비용부담의 재판을 받은 자가 빈곤으로 완납할 수 없는 때에는 그 재판의 확정 후 10일 이내에 재판을 선고한 법원에 소송비용의 전부 또는 일부에 대한 집행면제를 신청할 수 있다(형소법 487조).

제3편

상 소

제1장 총 설 / 575
제2장 항 소 / 590
제3장 상 소 / 614
제4장 항 고 / 630

| 제1장 총 설 |

제1절 상소제도

1. 상소제도의 의의

형사소송에 있어 상소란 미확정의 재판에 대하여 상급법원에 구제 내지 시정을 구하는 불복신청제도를 말한다. 따라서 확정판결에 대한 구제절차인 재심의 청구나 비상상고는 상소가 아니며, 동일 또는 동급법원에 대한 불복신청인 약식명령, 또는 즉결심판에 대한 정식재판의 청구, 법원의 증거결정 또는 재판장의 처분에 대한 이의신청, 상고심판결에 대한 정정신청 역시 상고가 아니다. 준항고도 재판을 한 법관이 소속된 법원에 불복을 신청하는 제도이므로 상소가 아니지만, 상소(항고)에 준하는 성질이 있으므로 상소(항고)의 절차를 준용하도록 하고 있다(형소법 419조).

2. 상소제도의 필요성

형사소송법에 의한 재판이 있으면 이에 의하여 공권적으로 일정한 법률관계가 결정되는 것으로 이를 함부로 결정한다면 재판의 권위와 당사자의 권익을 침해하는 등 이익을 해한다. 그러므로 일단 재판이 있으면 법적 안정이 요구되는 것이다. 그러나 재판도 법관인 인간이 행하는 절차이므로 오판이 전혀 없을 수는 없는 것이므로 이러한 오판이 있는 것을 다시금 재판에 의하여 침해된 이익을 구제하기 위한 제도가 상소제도인 것이다.

3. 상소의 종류

형사소송법상 상소에는 항소, 상고, 항고가 있으며 항소는 제1심 판결에 대한 불복이고 상고는 제2심 판결에 대한 불복이 상소이다. 다만, 제1심판결에 대하여 직접 상고심에 상고할 수 있는 경우도 있는데 이를 비약적 상고라 하며 항고는 결정에 대한 불복의 상소이다.

4. 상소권자

검사 또는 피고인은 상소를 할 수 있다(형소법 338조).

상소권이란 일정한 재판에 대하여 상소를 제기할 수 있는 소송법상의 권리를 말하며, 항소권자란 법률상 당사자인 피고인 또는 검사 이외의 자로서 결정을 받은 자(형소법 339조)를 말한다.

다만, 피고인은 자기에게 불리한 재판에 대하여만 상소를 할 수 있고, 무죄, 면소, 공소기각 결정에 대하여는 상소를 할 수 없으며 검사는 피고인의 이익, 불이익에 관계없이 상소를 할 수 있으며 준기소절차에 의하여 심판에 부하여진 사건의 공소유지 변호사도 당해사건의 검사로서 상소권이 있다.

당사자 아닌 상소권자로서는 원심의 변호인이나 대리인 또는 배우자, 직계친족, 형제자매는 상소할 수 있고, 미성년자, 피성년후견인, 피한정후견인인 경우 그 법정대리인이 상소할 수 있으나, 위 모두 피고인이 명시한 의사에 반하지 않아야 한다(형소법 341조 1항 · 2항).

원심의 변호인이 아니었던 자가 상고를 제기하고자 할 경우에는 변호인선임 신고서와 상소(항소, 상고, 항고)장을 동시에 제출하면 된다.

5. 상소와 피고인보호의 특칙

가. 불이익변경금지의 원칙

형사소송에 있어 피고인이 항소한 사건과 피고인을 위하여 항소한 사건에 대하여는 원심판결보다 중한 형을 선고하지 못한다(형소법 368조). 이는 항소에 관한 규정이지만 상고에도 준용되며(형소법 399조) 나아가 상소제도 일반에 적용되는 원칙이나, 검사가 상소를 한 경우에는 적용되지 않는다.

불이익변경금지의 원칙이 적용되는 것은 직접으로는 상소법원이 파기자판(형소법 364조 6항)하는 경우이지만 파기환송(형소법 366조) 또는 파기이송(형소법 367조)한 경우에 환송 또는 이송받은 법원의 심판에도 적용된다.

나. 구속피고인의 미결구금일수산입

검사가 상소한 경우에는 피고인의 상소 여부에 관계없이 상소 이후의 구금일수는 전부 본형에 산입되므로(형소법 482조 1항 1호), 상소심 판결에서 새삼스럽게 산입의 선고를 하지 않는다.

검사 아닌 자가 상소한 경우에 상소심에서 원판결이 파기되면 상소 이후의 구금일수는 전부 본형에 산입된다(형소법 482조 1항 2호).

상고심이 1심, 2심판결을 파기하고 자판한 때는 1심판결 후의 미결구금일수는 전부 산입된다.

제2절 상소의 제기

1. 상소제기의 방법 및 기간

상소의 제기는 그 기간 내에 서면에 의하여야 하고 상소장을 원심법원에 제출하여야 하며(형소법 343조 1항) 상소제기 기간은 재판을 선고 또는 고지한 날로부터 진행하며(형소법 343조 2항) 항소와 상고의 기간은 판결선고일로부터 7일(형소법 343조 2항, 358조, 374조)이다.

다만, 교도소 또는 구치소에 있는 피고인에 대하여는 피고인이 상소기간 내에 상소장을 교도소장, 구치소장 또는 그 직무를 대리하는 자에게 제출한 때에는 상소의 기간 내에 상소한 것으로 본다(형소법 344조 1항) 경찰서 유치장의 경우에도 물론 같다. 구금중인 피고인이 문맹 등의 사유로 상소장을 작성할 수 없는 경우에는 교도소장 또는 구치소장은 소속공무원으로 하여금 대서하게 하여야 한다(형소법 344조 2항).

통상의 항고는 기한의 제한이 없으나 취소할 실익이 존재하는 동안에 한하며 즉시항고, 준항고는 재판고지일로부터 3일이다(형소법 343조 2항, 405조, 416조 3항).

상소장의 제출처는 준항고를 제외하고는 재판을 한 원심법원에 제출하여야 한다.

2. 상소의 범위

상소는 재판의 일부에 대하여 할 수 있다(형소법 342조 1항). 일부에 대한 상소는 그 일부와 불가분의 관계에 있는 부분에 대하여도 효력이 미친다. 따라서 포괄적 일죄나 과형상 일죄의 일부에 대한 상소의 효력은 그 전부에 미치며 경합범인 경우에도 한 개의 형이 선고된 때에는 불가분적으로 효력이 미친다(형소법 342조 2항).

경합범 중 일부는 유죄, 일부는 무죄의 선고가 된 경우에 피고인만이 유죄부분에 대하여 상소한 때에는 무죄부분은 확정되고 유죄부분만이 상소심에 이심되며 이는 피고인에게 있어 무죄부분에 대한 상고권이 없기 때문이고 검사가 무죄부분만 상소한다면 이는 일부상소로 보아야 할 것이다.

3. 상소심의 심리범위

상소심의 심판은 제1심과 같이 공소장에 기재된 공소사실에 한한다. 다만, 일부 상소가 있는 경우에는 상소심의 심판범위는 상소를 제기한 범위에만 미치므로 상소가 없는 부분의 재판은 확정된다.

제3절 상소권의 회복절차

1. 상소권의 회복청구

상소할 수 있는 자는 자기 또는 대리인이 책임질 수 없는 사유로 인하여 상소의 제기를 하지 못한 때에는 상소회복의 청구를 할 수 있다(형소법 345조). 형사소송에서의 상소권은 재판의 선고 · 고지에 의하여 발생하고 상소기간의 경과에 의하여 소멸한다. 그러나 형사소송법은 상소권자가 자기 또는 대리인의 귀책사유 아닌 사유로 말미암아 상소기간 내에 상소를 할 수 없었던 때에는 원심법원에 상소권회복청구를 할 수 있는 길을 열어놓고 있는 것이다.
상소권회복의 청구는 사유(상소를 할 수 없었던 책임질 수 없는 사유)가 끝난 날로부터 상소기간에 상당한 기간(항소 · 상고는 7일, 즉시항고 · 준항고는 3일) 내에 청구서를 원심법원에 제출하여야 한다(형소법 346조 1항). 그 사유발생 전에 상소기간 일부가 경과되었더라도 청구기간은 사유 종지일로부터 새롭게 계산된다. 기록이 원심법원에 있건 이미 검찰청으로 인계되었건, 상대방의 상소로 상소법원에 가 있건 언제나 원심법원에 제출한다.
청구를 할 때에는 원인된 사유를 소명하여야 하고 동시에 상소장을 원심법원에 제출하여야 하고 상소회복을 청구한 자는 그 청구와 동시에 상소를 제기하여야 한다.

2. 상소권 회복청구의 심리

상소권회복청구가 있을 때는 법원은 지체 없이 상대방에게 그 사유를 통지하여야 한다(형소법 356조).
상소권회복청구가 있으면 법원은 청구에 관한 결정을 할 때까지 재판의 집행을 정지하는 결정을 할 수 있다(형소법 348조 1항). 이 집행정지결정은 필요적으로 하여야 하나, 상대방의 상소가 있어 아직 재판이 미확정인 때는 재판이 아직 집행될 수 없는 상태이므로 집행정지결정 역시 할 필요가 없다. 즉, 사건이 외형상 확정되어 재판이 집행단계에 들어갔거나 들어갈 수 있는 때에만 위 집행정지결정을 하게 된다.
집행정지결정으로 인하여 징역형의 집행이 정지되어 피고인이 석방될 경우가 있는데 이 경우 구금할 필요와 구금의 사유(형소법 70조)가 있는 때에는 구속영장을 발부하여야 한다(형소법 348조 2항).
상소권회복회복 허부의 재판은 결정으로 한다(형소법 347조 1항). 결정에 대하여는 신청인 또는 상대방이 즉시항고를 할 수 있다(형소법 347조 2항).
상소권회복 허부의 재판결과 상소권회복결정이 확정된 경우에는 청구서와 함께 제출된 상소장에 의한 상소가 유효하게 되므로 그 후에는 통상의 상소의 경우와 같이 처리된다.

[서식 336] 상소권회복청구서(1)

상 소 권 회 복 청 구

사　　　　건　20○○고단 1234　무고

피고인겸청구인　○　○　○ (000000-0000000)
주　　　소 : ○○시 ○○구 ○○로 ○○(○○동)
등록기준지 : ○○시 ○○구 ○○로 ○○(○○동)

위 피고인의 변호인 변호사 ○　○　○
○○시 ○○구 ○○로 ○○(○○동)

청 구 취 지

피고인에 대한 귀원 20○○고단 1234호 무고사건에 관하여 피고인의 상소권을 회복한다.
라는 결정을 구합니다.

청 구 이 유

1. 귀원에서는 위 사건에 관하여 20○○. 5. 6. 공시송달에 의하여 피고인(청구인)에게 징역 1년을 선고하였고, 위 판결은 같은 해 6. 14. 항소기간 결과로 확정된 바 있습니다.

2. 피고인은 이 사건에 관하여 검찰에서의 수사를 마친 다음 불구속 상태에서 귀원에 구 공판(기소)으로 넘겨진 바 있습니다.
그 후 피고인은 공소장 주소지에서 이사를 하여 주민등록 등의 이전신고 없이 여러 곳으로 이사를 다닌바 있습니다.

3. 이에 대해 귀원에서는 여러 차례 송달을 하였으나 송달불능되었고 관할경찰서에 소재탐지를 촉탁하는 등 필요한 조치를 취하였으나 소재수사불능의 회보가 된 바 있어 부득이 공시송달에 의한 소송진행 끝에 피고인에게 징역 1년의 실형에 처한바 있습니다.

4. 그러나 피고인은 딸이 있고 그의 딸의 주거지가 진술조서 등에 나타나 있어 이에 대한 주소로 송달 등을 실시하여 보지 아니한 채 공시송달의 방법으로 선고를 하였으므로 이는 공시송달의 요건미비라 할 것입니다.

5. 따라서 피고인은 이러한 사실을 모른 채 상소기간이 도과되었다면 이는 피고인이 책임질 수 없는 사유로 인한 것이므로 피고인은 부득이 청구취지와 같은 결정을 구하고자 이 건 청구에 이른 것입니다.

20○○. ○. ○.

위 피고인(청구인)의 변호인
변호사 ○ ○ ○ (인)

○○지방법원 귀중

【접수방법 및 유의사항】

1. 상소할 수 있는 자는 자 또는 대리인이 책임질 수 없는 사유로 인하여 상소의 제기기간 내에 상소를 하지 못한 때에는 상소권회복의 청구를 할 수 있다(형소법 345조).
2. 상소권회복의 청구는 사유가 종지한 날로부터 상소의 제기기간에 상당한 기간 내에 서면으로 원심법원에 제출하여야 한다(형소법 346조).

[서식 337] 상소권회복청구서(2)

상 소 권 회 복 청 구

사　　건　　20○○고단 ○○○호　절도

피 고 인　　○　○　○

청　구　취　지

피고인에 대한 귀원 20○○고단 ○○○호 ○○사건에 관하여 피고인의 상소권을 회복한다.
라는 재판을 구합니다.

청 구 이 유

1. 피고인은 20○○. ○. ○. ○○지방법원 ○○지원에서 징역 ○월에 집행유예 ○년의 선고를 받고, 20○○. ○. ○. 항소기간 경과로 그 형이 확정된 바 있습니다.

2. 동일 석방되어 등록기준지인 ○○시 ○○구 ○○로 ○○(○○동)에 귀가하였는데 그 다음날 갑자기 내리기 시작한 폭우로 교통과 일체의 통신이 두절되어 항소를 제기하려고 백방으로 노력하였으나 불가항력으로 항소기간이 경과되었습니다.

3. 이러한 사실은 이미 신문이나 방송을 통하여 보도된 바 있고 이는 형사소송법 제345조 소정의 자기 또는 대리인이 책임질 수 없는 사유에 해당함이 명백하므로 피고인은 부득이 청구취지와 같은 결정을 구하고자 이 청구에 이르게 되었습니다.

20○○. ○. ○.

위 청구인(피고인) ○ ○ ○ (인)

○○지방법원 귀중

제4절 상소의 포기·취하

1. 상소의 포기

상소의 포기란 상소권자가 상소기간 내에 상소권을 스스로 소멸시키는 소송행위를 말한다. 재판의 선고 또는 고지 전에 미리 상소의 포기를 할 수는 없다.

상소의 포기는 상소기간 만료 전에 당해 재판을 확정시키는 제도이지만, 피고인이 이 상소를 포기하더라도 검사가 포기하지 않는 한 재판은 확정되지 않는다. 또한 검사나 피고인 또는 항고권자는 상소의 포기 및 취하를 할 수 있으나 사형, 무기징역, 무기금고가 선고된 판결에 대하여는 피고인 쪽에서 상소의 포기를 하지 못한다(형소법 349조 단서).

한편 상소를 취하한 자 또는 상소의 포기나 취하에 동의한 자는 다시 상소를 하지 못한다(형소법 354조).

여기서 변호인이 상소의 포기서를 제출하고자 할 경우에는 피고인의 동의가 필요하며 구속되어 있는 경우는 피고인이 직접 상소포기서를 제출하면 될 것이나 불구속된 자의 상소포기는 당사자 본인이 직접 제출할 수 없을 때에는 상소포기의 용도를 기재한 인감증명서를 첨부하고 포기사실을 위임한 내용의 위임장을 첨부한 상소포기서를 제출하면 될 것이다.

2. 상소의 취하

상소의 취하란 상소를 한 자가 상소를 철회하는 소송행위를 말한다. 상소의 대상인 원재판이 일부상소를 할 수 있는 것이었다면 일부 취하도 가능하다. 따라서 상소의 취하를 할 때에는 그 범위를 명확히 표시하여야 한다.

상소의 취하는 상소심의 재판이 선고 또는 고지되기 이전까지만 할 수 있다. 상소를 취하했거나 상소취하에 동의한 자는 다시 상소하지 못한다(형소법 354조). 또 피고인이 상소취하를 한 후에는 다른 상소권자도 상소를 할 수 없다. 상소를 취하할 수 있는 자는 검사, 피고인 또는 결정을 받은 자(형소법 339조)는 물론이고(형소법 349조), 법정대리인 또는 형사소송법 제341조에 규정한 변호인, 직계친족 등도 피고인의 동의를 얻는 한 상소취하를 할 수 있다(형소법 351조). 피고인의 동의는 서면으로 취하서만 함께 제출하여야 한다.

[서식 338] 항소(상고)포기서(1)

항소(상고)포기서

사 건 20○○고단○○○호 사문서위조 등

피 고 인 ○ ○ ○

위 사건에 관하여 ○○지방법원의 20○○. ○. ○.에 선고한 징역 ○년에 집행유예 ○년을 선고한 판결에 대하여 피고인은 항소(상고)권을 전부 포기합니다.

20○○. ○. ○.

위 피고인 ○ ○ ○ (인)

○○지방법원 귀중

【접수방법 및 유의사항】

1. 검사나 피고인 또는 결정을 받은 자는 상소의 포기 또는 취하를 할 수 있다. 단, 피고인 또는 피고인의 배우자, 직계친족, 형제자매 또는 원심의 대리인이나 변호인은 사형 또는 무기징역이나 무기금고가 선고된 판결에 대하여는 상소의 포기를 할 수 없다(형소법 349조).
2. 피고인의 변호인은 피고인의 동의 없이 임의로 항소(상고)를 포기할 수 없고 변호인이 항소(상고) 포기서를 제출할 시는 피고인의 인감이 첨부된 동의서를 첨부하여야 한다.

[서식 339] **항소(상고)포기서(2)**

항소(상고)포기서

사　　건　　20○○고단○○○○　사기

피 고 인　　○　○　○

위 사건에 관하여 귀원에서는 20○○. ○. ○. 피고인을 징역 1년에 처하고 다만 그 형의 집행을 2년간 유예하는 판결을 선고하였는 바, 피고인은 위 판결선고결과에 승복하여 항소(상고)의 전부를 포기합니다.

20○○. ○. ○.

위 피고인 ○ ○ ○ (인)

○○지방법원 귀중

[서식 340] 항소(상고)권포기동의서

항소(상고)권포기동의서

사 건 20○○고단○○○○ 사기

피 고 인 ○ ○ ○

위 사건에 관하여 피고인은 항소(상고)의 전부를 포기하며, 피고인의 변호인이 항소(상고)권을 포기함에 동의합니다.

첨 부 서 류

1. 인감증명서 1통

20○○. ○. ○.

위 피고인 ○ ○ ○ (인)

○○지방법원 귀중

【주】

변호인에게 동의하여 변호인의 상소포기서를 제출하는 경우이다.

[서식 341] 항소권포기동의서

항 소 권 포 기 동 의 서

사 건 20○○고단○○○○ 사기

피 고 인 ○ ○ ○

위 사건에 관하여 피고인이 항소권을 포기하는데 대하여, 피고인의 친권자 부

○○○와 모 ○○○은 동 포기에 동의합니다.

첨 부 서 류

1. 인감증명서 2통

20○○. ○. ○.

위 피고인의 법정대리인

친권자 부 ○ ○ ○ (인)

모 ○ ○ ○ (인)

○○지방법원 귀중

【주】

미성년자인 피고인에 대하여 법정대리인이 포기를 동의하는 경우이다.

[서식 342] 상소권포기동의서

상소권포기동의서

사 건 20○○고단○○○○ 사기

피 고 인 김 일 남

위 사건에 관하여 피고인이 상소권을 포기하는데 대하여 피고인의 법정대리인 친권자 보 김갑동, 모 이미녀는 위 포기에 동의합니다.

첨 부 서 류

1. 인감증명서 2통

20○○. ○. ○.

위 피고인의 법정대리인
친권자 부 김 갑 동 (인)
모 이 미 녀 (인)

○○지방법원 귀중

【주】

미성년자인 피고인에 대하여 법정대리인이 포기를 동의하는 경우이다.

[서식 343] 항소(상고)취하서

항소(상고)취하서

사 건 20○○고단○○○○ 사기
피고인(항소인) ○ ○ ○

위 사건에 관하여 피고인은 원심판결에 불복하여 항소(상고)를 제기한바 있으나 항소(상고)의 이유가 없어 항소(상고)의 전부를 취하합니다.

20○○. ○. ○.

위 피고인(항소인) ○ ○ ○ (인)
(전화 : 000-000-0000)

○○지방법원 귀중

【주】

검사나 피고인 또는 결정을 받은 자는 상소의 포기 또는 취하를 할 수 있다.

[서식 344] 미성년자의 항소(상고)취하서

미성년자의 항소(상고)취하서

사 건 20○○고단○○○○ 절도

피 고 인 ○ ○ ○

위 피고사건에 관하여 ○○지방법원에서 20○○. ○. ○. 피고인에게 징역 1년에 처한다는 판결에 대하여 같은 달 ○. 이에 불복하여 항소를 제기하였으나 사정에 의하여 이를 취하합니다.

20○○. ○. ○.

위 피고인 김 일 남 (인)

위 취하에 동의함.

위 피고인의 법정대리인

친권자 부 김 갑 동 (인)

모 이 미 녀 (인)

○○지방법원 항소부 귀중

[서식 345] 항고(상고)절차속행신청서

항고(상고)절차속행신청

사 건 20○○고단○○○○ 절도

피 고 인 ○ ○ ○

위 사건에 관하여 ○○지방법원에서 20○○. ○. ○.에 징역 1년에 집행유예 2년을 선고한 판결에 대하여 피고인은 20○○. ○. ○. 상소권을 포기하였으나, 동 피고인은 미성년자이므로 동 포기를 함에 있어서는 법정대리인의 동의를 얻어야 하는 바, 법정대리인은 동 포기를 동의한 사실이 없어 동 포기는 적법한 것이 아니므로, 피고인의 법정대리인 친권자 부 ○○○은 위 피고사건의 상소(항소, 상고)절차를 속행하여 줄 것을 신청합니다.

20○○. ○. ○.

위 피고인의 법정대리인
친권자 부 김 갑 동 (인)

○○지방법원 귀중

【주】

1. 상소의 포기 또는 취하가 부존재 또는 무효임을 주장하는 자는 그 포기 또는 취하 당시 소송기록이 있었던 법원에 절차속행의 신청을 할 수 있다(형소규 154조 1항).
2. 무효인 전형적인 예로는 강박에 의한 경우를 들 수 있다. 착오에 의한 경우 피고인에게 책임질 수 없는 사유로 발생한 것이 아닌 한 이를 무효로 볼 수 없다.

제2장 항 소

제1절 항소의 개념

1. 항소의 의의

항소는 상소의 일부제도로서 미확정 재판에 대하여 상급법원에 심판에 의한 구제를 구하는 불복신청의 제도이며, 제1심 판결에 대한 상소를 항소라고 한다.

2. 항소심의 관할 · 기간

제1심판결에 대하여 불복이 있으면 지방법원 단독판사가 선고한 것은 지방법원 합의부(항소부)에 항소할 수 있으며, 지방법원 합의부가 선고한 것은 고등법원에 항소할 수 있다(형소법 357조).

항소를 함에는 항소의 제기기간 내에 항소장을 재판을 한 원심법원에 제출하여야 하며(형소법 359조), 선고한 날로부터 7일 내에 항소장을 제출하여야 한다(형소법 358조).

항소장에 기재할 제출처는 상소법원으로 기재하여야 한다. 항소가 제기되면 법원은 상대방에게 항소가 제기되었음을 통지하여야 한다. 일부상소인 경우에는 그 상소의 범위를 명기하여야 한다. 검사 항소시 항소제기통지서가 피고인에게 송달불능되면 공시송달로서 송달에 갈음한다.

3. 원심법원의 기각결정

항소의 제기가 법률상의 방식에 위배하거나 항소권소멸 후인 것이 명백한 때에는 원심법원은 결정으로 항소를 기각하여야 한다(형소법 360조 1항). 이 결정에 대하여는 즉시항고를 할 수 있다(형소법 360조 2항).

[서식 346] 항소장(1)

항 소 장

사 건 20○○고단○○○○ 사기

피 고 인 홍 길 동

위 사건에 관하여 ○○지방법원은 20○○. ○. ○. 피고인에 대하여 징역 1년에 처하고 다만 그 형의 집행을 2년간 유예하는 판결선고를 한 바 있으나, 피고인은 위 판결에 불복이므로 항소를 제기합니다.

20○○. ○. ○.

위 피고인의 형사보조인 정 인 숙 (인)
(또는 피고인 홍 길 동)

○○지방법원 항소부 귀중

【접수방법 및 유의사항】

1. 항소장은 판결선고한 날로부터 7일 내에 항소장을 제출하여야 한다(형소법 358조).
2. 항소장 2부를 제1심이 진행된 원심법원에 제출한다.
3. 1심이 합의사건일 때의 항소장은 ○○고등법원 귀중으로 표시하여야 한다.
4. 1심의 변호인의 권한은 항소장 제출까지 가능하므로, 항소장 말미에 "원심 피고인의 변호인 ○○○ (인)"으로 기재함이 실무이다.
5. 항소심을 선임한 변호인이라면 항소장에 항소심 변호인 선임계를 첨부하고 항소장 말미에 "피고인(항소인)의 변호인 변호사 ○○○ (인)"으로 기재하면 된다.

[서식 347] 항소장(2)

항 소 장

사 건 20○○고단○○○○ 폭력행위등처벌에관한법률위반 등
피고인(항소인) 김 ○ ○
피고인(항소인) 이 ○ ○
피고인(항소인) 박 ○ ○

위 사건에 관하여 ○○지방법원은 20○○. ○. ○. 피고인 김○○에게 벌금 3,000,000원, 피고인 이○○에게 벌금 3,000,000원, 피고인 박○○에게 벌금 4,000,000원에 각 처하는 판결선고를 한바 있으나, 피고인들은 이에 모두 불복이므로 항소를 제기합니다.

첨 부 서 류

1. 선임신고서(항소심) 1통

20○○. ○. ○.

위 피고인 김○○, 이○○, 박○○의 변호인
변호사 ○ ○ ○ (인)

○○지방법원 항소부 귀중

제2절 항소법원의 절차

1. 소송기록 접수와 통지

항소법원은 항소된 소송기록이 원심법원으로부터 원심 대응검찰청, 항소심

대응검찰청을 경유하여 항소법원에 도착하면 사건번호를 부여하고 사건을 심리할 재판부를 배당한다.

다음으로 법원은 항소기록의 접수된 사실을 즉시항소인과 상대방에게 그 사유를 통지하여야 하며(형소법 361조의2 1항), 이 통지 전에 변호인의 선임이 있는 때에는 변호인에게도 항소기록이 접수된 사실의 사유를 통지하여야 한다(형소법 361조의2 2항).

원심법원은 항소장을 받은 날로부터 14일 이내에 소송기록과 증거물을 항소법원에 송부하여야 한다(형소법 361조).

2. 항소기각의 결정

항소인이나 변호인이 20일 이내에 항소이유서를 제출하지 아니한 때에는 항소기각결정을 하여야 한다(형소법 361조의4 1항). 단 직권조사사유가 있거나 항소장에 항소이유의 기재가 있는 때에는 예외로 하며(형소법 361조의4 2항). 이 결정에 대하여는 즉시항고를 할 수 있다(형소법 361조의4 2항).

항소사건에 관하여 공소기각결정을 할 사유가 있는 때에는 항소법원은 결정으로 공소를 기각하여야 한다.

즉, 공소가 취소되었거나, 피고인이 사망하였거나, 동일 사건이 이중으로 계속되어 타 법원이 심판하게 된 때나, 공소장 자체에 범죄될 만한 사실이 기재되지 않는 때에는, 공판을 거칠 필요도 없이, 또한 원심판결을 파기할 필요도 없이 공소기각결정을 하여야 한다. 원심판결이 위 사유의 존재를 간과한 경우는 물론 원심판결 후에 비로소 그러한 사유가 발생한 경우에도 동일하며 이 결정에 대하여는 즉시항고를 할 수 있다.

항소인이나 변호인이 항소이유서 제출기간 내에 항소이유서를 제출하지 아니한 경우, 직권조사 사유가 있거나 항소장에 항소이유의 기재가 있는 때를 제외하고는 항소기각의 결정을 할 수도 있으므로 주의하여야 한다.

항소이유서 제출기간의 준수여부는 항소이유서가 법원에 도달된 때를 기준으로 하며, 항소장의 경우와 달리 제소자의 특칙도 인정되지 아니하며, 제출인에게 귀책사유가 없이 기간이 도과된 경우에도 구제되지 않으므로 주의를 요한다.

항소이유서가 적법기일 내에 제출되면 공판기일을 지정하여 피고인을 소환하고 검사, 변호인, 보조인 등에게 공판기일을 통지하여야 하며 그 외 나머지는 제1심에서의 절차와 같다.

항소심에서 공판기일 소환장이 피고인에게 송달되지 않는 때에는 바로 공시송달을 할 수 있고 피고인이 외국인의 경우 통역인을 선정하여야 한다.

3. 항소이유서 · 답변서 제출

항소인 또는 변호인은 위의 항소소송기록접수통지를 받은 날로부터 20일 안에 항소이유서 1통과 그 부본 1통을 항소법원에 제출하여야 한다(형소법 361조의3).

항소이유서란 원심판결에 대한 불복의 이유를 기재한 서면을 말한다. 항소법원에서 심판을 받기 위하여는 위의 기간 내에 항소이유서를 제출하여야 하며 이를 제출하지 않으면 항소기각의 결정을 할 수도 있다.

항소이유서에는 항소이유를 구체적이고 간결하게 명시하여야 하며 원심의 변론요지서를 원용한다든가 추상적으로 사실의 오인이라고만 기재하는 것은 허용되지 않으므로 주의하여야 한다. 즉, 판결에 영향을 미친 헌법 · 법률 · 명령 또는 규칙의 위반이 있는 때, 판결 후의 형의 폐지나 변경 또는 사면이 있을 때, 관할 및 관할위반의 인정이 법률에 위반한 때, 판결법원의 구성이 법률에 위반한 때, 법률상 그 재판에 관여하지 못할 판사가 그 사건의 판결에 관여한 때, 공판의 공개에 관한 규정에 위반한 때, 판결에 이유를 붙이지 아니하거나 이유에 모순이 있을 때, 재심청구의 이유가 있는 때, 사실의 오인이 있어 판결에 영향을 미친 때, 형의 양정이 부당하다고 인정할 사유가 있는 때 등 형사소송법 제361조의5에서 명시한 이유 등으로서 비교적 구체적이면서도 간결하게 항소의 이유를 진술함이 옳을 것이다.

항소이유서의 제출권자는 피고인측 항소의 경우 피고인은 물론 원심변호인 등 피고인을 위하여 항소장을 제출한 자도 포함된다.

항소이유서의 부본 또는 등본을 송달받은 상대방은 송달일로부터 10일 내에 답변서를 항소법원에 제출하여야 한다.

답변서란 항소이유에 대한 상대방의 반론을 기재한 서면을 말한다. 위 조항은 상대방의 답변서 제출을 의무처럼 규정하고 있으나, 사실 답변서는 항소이유서와 달라서 항소법원의 심판범위를 정하는 효력도 없고 그 부제출에 대한 불이익도 없다.

따라서 이는 상대방에게 답변서 제출권을 부여하면서 그 제출기간을 10일로 제한한 규정으로 보아야 할 것이다.

[서식 348] 항소이유서(1) (양형부당)

항 소 이 유 서

사 건 20○○고단○○○○ 부정수표단속법위반

피 고 인 ○ ○ ○

귀원에 재판 계속중인 피고인에 대한 부정수표단속법 위반 피고(항소)사건에 관하여 피고인의 변호인은 아래와 같이 항소이유를 개진하오니 관대한 처분을 바랍니다.

아 래

1. 원심은 피고인에 대한 공소사실을 모두 유죄로 인정하면서 피고인에 대하여 징역 1년에 처한다는 판결을 선고하였는 바, 이는 다음에서 보는 여러 자료를 종합하면 그 형이 너무 무거워 부당하다 할 것입니다.

2. 이 건 부도의 경위에 관하여 보면,
   이 건 부도는 소위 계획적인 부도가 아닐 뿐만 아니라 발행 교부 전후를 거쳐 어떠한 사위의 방법으로 사용한 것이 아니고 피고인이 일찍이 십수년간 타월 대리점을 경영하여 오면서 20○○년도 광역의회 선거철에 대비하여 그 수요를 예감하고 많은 물량을 확보하는 과정에서 물품대금으로 이 건 수표를 발행하였는바, 본의 아니게 선거열풍이 진정되고 타월 등의 선물수요가 격감하면서 매출이 부진하고 이에 따라 자금회전이 되지 아니하여 부득이 결제를 할 수 없게 된 것으로서 소위 물품대금의 지급이 지연된 것으로 엄격히는 채무불이행이라 하지 않을 수 없는 것입니다.

3. 그럼에도 불구하고 피고인은 가족을 통하여 백방으로 노력하여 원심에 이르기까지 약 2억원을 회수한 외에 당심에 이르기까지 다시 별첨과 같이 수표 3매를 회수한 사실이 있으므로 그의 범의는 앞서와 같이 중하지 아니하고 그간 4개월간의 구금생활을 통하여 깊이 반성하였음은 물론 이 건 사안이 피고인이 주축이 되어 활동 중 발생한 것으로 피고인의 구금은 응징 외에 이에 따로 정당한 피해회복을 위하여서는 방해사유라 할 것입니다.
이상의 여러 점을 참작하면 피고인에 대한 계속적인 응징보다는 이번에 한하여 관대한 집행유예로서 마지막 뒤처리를 원만히 할 수 있도록 함이 상당하다 할 것이므로 이 건 항소에 이르렀습니다.

첨 부 서 류

1. 수표 사본(앞, 뒷면) 3매

20○○. ○. ○.

위 피고인의 변호인 변호사 ○ ○ ○ (인)

○○지방법원 항소부 귀중

【접수방법 및 유의사항】

1. 항소이유서 안내서를 받은 항소인 또는 변호인은 항소법원으로부터 소송기록 접수의 통지를 받은 날로부터 20일 이내에 반드시 항소이유서를 항소법원에 제출하여야 하며 위 기일을 도과시에는 항소심을 진행하여도 항고기각의 판결을 받을 수 있다.
2. 사실관계와 정상관계를 구분하여 기재함이 피고인 방어에 효율적이다.
3. 항소이유서 2부를 항소심 진행 법원에 제출한다.

[서식 349] 항소이유서(2) (사실오인 등)

항 소 이 유 서

사 건 20○○노○○○○호 공문서위조 등

피 고 인 ○ ○ ○

위 사건에 관하여 피고인의 형사보조인(또는 변호사) 다음과 같이 항소이유서를 제출합니다.

다 음

1. 원심은 피고인에 대하여 공소사실을 모두 인정하여 징역 3년의 실형을 선고하였으나 다음에서 보는 바와 같이 원심은 일부 사실오인과 양형부당의 위법이 있습니다.

가. 사실오인

(1) 원심 판시 제2범죄사실의 공모부분과 2의 가 (1)항 부분은 사실과 다릅니다. 피고인은 주민등록등본과 인감증명을 공소외 송○○ 사장에게 부탁하여 위조한 것은 사실이나 주민등록증을 위조하는데 가담한 사실이 없습니다. 이 사건을 주도한 자는 상피고인 정○민인데 원심판시 범죄사실 제1항, ○○동 토지사건에서는 상피고인 정○민이 채○진에게 돈 300만원을 주고 주민등록증의 위조를 부탁하였는데, 비슷한 시점에서 비슷한 범행수법으로 범행을 주도한 정○민이가 기이 위조를 부탁한 채○진 이외에 다른 사람이 다른 사람(즉, 피고인)에게 주민등록증의 위조를 부탁할 리가 없습니다.

(2) 피고인은 수사기관에서 일관되게 이를 부인하였으나 원심에서 변호인이 굳이 일부만 부인하여 정상관계만 좋지 않게 할 필요가 있느냐고 하여 자백하였다고 합니다.

나. 양형부당(정상관계)

(1) 이 사건을 주도한 것은 상피고인 정○민이고 피고인은 유○주를 통하여 상피고인 박○권을 소개받은 것입니다.

(2) 피고인은 판시 제1범죄사실에 있어 주민등록등본과 인감증명서를 위조하여 전달한 후 불안하여 유○주와 함께 정○민과 박○권에게 하지 말자고 하였고, 두 사람이 승낙하여 위조서류를 범행에 사용하지 않는 것으로 알았

습니다.

(3) 피고인은 판시 제2범죄사실에 가담한 자 중 상피고인 정○민만 아는 사이였습니다.

(4) 피고인은 20○○년부터 20○○년까지 주식회사 란나이코리아에서, 20○○년부터 20○○년까지 진성 ENG에서 각 근무하다가 이후부터 현재까지 '기업물가'라는 물가정보지 회사를 운영하였는바 영업부진으로 부모의 집까지 처분하고도 휴간을 하고 말아 그 후에는 무역업에 종사하였으나, LC오픈을 위하여 은행에 제공할 담보를 찾다가 이 사건 관련자들을 만나게 됨으로서 이 사건에 개입하게 되었습니다.

(5) 피고인은 20○○. 7. 13. ○○지방법원에서 조세범처벌법 위반으로 징역 1년, 집행유예 2년 및 벌금형을 선고받은 외 한차례 벌금형 전과 이외에는 달리 전과가 없습니다.

(6) 피고인은 이 사건에 관여하게 된 것을 깊이 뉘우치고 있습니다.

2. 결 론

앞서 본 사실관계와 제반정상을 보아 원심 판시 제2의 가.(1)항 범죄사실은 무죄이고 가사 견해를 달리 하더라도 앞서 본 정상관계를 고려하시어 관대한 처벌을 바랍니다.

20○○. ○. ○.

위 피고인의 형사보조인 ○ ○ ○ (인)

○○지방법원 항소부 귀중

[서식 350] 항소이유서(3)

항 소 이 유 서

사 건 20○○노○○○ 특정범죄가중처벌등에관한법률위반(절도)

피 고 인 ○ ○ ○

위 피고인에 대한 특정범죄가중처벌등에관한법률위반(절도) 피고사건에 관하여 위 피고인의 변호인은 다음과 같이 항소이유를 개진합니다.

다 음

1. **사실오인의 점**

피고인은 이 사건 범행을 부인합니다. 피고인이 ○○○역에서 ○○역으로 진행하는 전동차에 승차하였다가 이 사건 범행 시각 즈음 ○○역에서 하차한 것은 사실이나, 피고인은 원심 판시와 같이 피해자 김○○ 소유의 손지갑을 절취한 사실이 없습니다.

2. **재범의 위험성**

원심은 피고인이 이 사건과 동종범죄로 실형 및 보호감호처분을 받은 전력이 4회나 있고, 출소한지 2개월도 되지 않아 다시 같은 종류의 이 사건 범행을 저지른 점에 비추어 습벽 및 재범의 위험성이 있다고 인정하였습니다.

그러나 피고인의 최종 절도 전과는 20○○. 전과로서 이미 ○○년이 더 지난 일이고 원심이 지적하고 있는 최종전과는 이 사건과 동종이 아닌 대마관리법위반 전과입니다. 나아가 대법원 판례는 "사회보호법 제5조에 규정된 보호감호요건인 재범의 위험성이라 함은 재범의 가능성만으로는 부족하고, 피감호청구인이 장래에 다시 죄를 범하여 법적 평온을 깨뜨릴 고도의 개연성이 있어야 하고, 그 판단기준은 피감호청구인의 직업과 환경, 연령, 가족관계, 당해 범행 이전의 행적, 그 범행의 동기, 회수, 수단, 범행 후의 정황, 개전의 정 등 제반 사정을 종합하여 판단하여야 하고, 또 당해 범행이 상습의 습벽에 의한 것이라 하여 재범의 위험성이 반드시 있다고 할 수 없다"라고 보고 있는 바(19○○. ○. ○. 선고 ○○도○○○ 등), 원심은 오로지 피고인의 범죄전력에만 착안하여 상습성을 인정하고 아울러 재범의 위험성도 인정한 것이 아닌가 하는 의심이 듭니다.

3. **양형부당의 점**

가사 원심과 같이 피고인을 유죄로 인정한다 하더라도 피고인에게는 다음과 같은 정상이 있습니다.

가. 이 사건 피해품은 현장에서 즉시 소유자에게 회복되었습니다.

나. 피고인은 심장이 좋지 않아 수년 전부터 ○○대학병원 등에서 입원 및 통원치료를 받은 전력이 있습니다.

다. 피고인은 국민기초생활보장법 제2조 제2호의 규정에 의한 수급자입니다.

라. 피고인은 건축목공 2급 자격증을 소지하고 있습니다.

마. 피고인은 20○○. 이래 ○○년 이상의 수감생활을 하였습니다.

위와 같은 사정에 비추어 보면, 피고인은 경제적 궁핍을 타개하기 위해 어쩔 수 없이 재범에 이른 것으로 보입니다.

20○○. ○. ○.

위 피고인의 변호인 변호사 ○ ○ ○ (인)

○○고등법원 귀중

[서식 351] 항소이유서(4)

항 소 이 유 서

사 건 20○○노○○○호 상해

피 고 인 ○ ○ ○

위 사건에 관하여 피고인의 변호인은 다음과 같이 항소이유서를 제출합니다.

다 음

1. 피고인은 이 사건 공소사실을 모두 인정하며 자신의 잘못을 깊이 반성하고 있습니다.
2. 피고인의 이 사건 범행은 젊은 혈기에 취중에 우발적으로 저질러진 범행입니다. 피고인은 오랜만에 만난 친구인 공소외 ○○○가 피해자와 시비가 붙어 피해자 일행으로부터 폭행을 당하는 것을 보고 순간적으로 격분하여 이 건 범행에 이르게 된 것으로 그 동기에 참작할 만한 점이 있습니다. 당시 피고인은 상당량의 술을 마셔 만취된 상태여서 경솔하게도 이 건 범행에 이르게 된 것입니다.
3. 피고인의 범행 정도에 비추어 제1심에서 선고된 형이 결코 중하다고는 할 수 없을 것입니다. 그러나 피고인은 이 건 범행 전에 아무런 범법행위를 저지른 바 없는 초범이고 자신의 잘못을 깊이 뉘우치고 있으며 또한 대학교에 재학 중인

학생입니다. 또한 이 건으로 피고인도 상해를 입었습니다. 피고인은 어려운 가정 형편 속에서도 나름대로 성실히 살아오던 학생이었습니다. 이러한 점을 참작하시어 법이 허용하는 한 최대한의 관용을 베풀어 주시기를 바랍니다.

20○○. ○. ○.

위 피고인의 변호인 변호사 ○ ○ ○ (인)

○○지방법원 형사항소○부 귀중

[서식 352] 항소보충이유서

항 소 보 충 이 유 서

사 건 20○○노○○호 상해

피 고 인 ○ ○ ○

위 피고인에 대한 상해 피고사건에 관하여 위 피고인의 변호인은 다음과 같이 항소이유를 보충합니다.

다 음

1. 원심 판시 범죄사실의 인부

피고인은 원심 판시 범죄사실은 모두 시인합니다.

2. 양형부당의 점

가. 피고인은 정신분열증 진단을 받아 병원에서 입원치료를 받은 적이 있고 지금도 약을 복용하고 있으며 장애인복지법에 따른 정신지체 3급의 장애인입니다. 피고인은 고등학교 1학년 때부터 갑자기 학교를 나가지 않는 등 정상인과 같은 정도의 사회적응력을 갖추지 못하고 있습니다. 이 사건 범행도 특별한 동기 없이 범행 당시의 기분에 따라 우발적으로 행한 것입니다.

나. 이 사건 피해자는 피고인의 아버지가 운영하는 정육점에 자주 들러 피고인

부모님과 알고 지내는 사이입니다. 피고인의 어머니는 피해자에게 치료비 조로 금 100만원을 주려하였으나 피해자가 금 500만원을 요구하여 합의에는 이르지 못하였습니다.

다. 피고인에게는 폭력행위로 인하여 벌금 100만원을 선고받은 외에는 다른 범죄 전력이 없으며 5개월이 넘는 미결구금기간을 통해 본 건 범행을 깊이 반성하고 있습니다.

3. 결 론

이상의 정상과 기타 기록상 드러나는 자료를 참작하시어 피고인에게 원심보다 관대한 형을 선고하여 주시기를 바라며, 항소보충이유서를 제출합니다.

20○○. ○. ○.

위 피고인의 변호인 변호사 ○ ○ ○ (인)

○○지방법원 형사항소 제○부 귀중

[서식 353] 항소이유보충서

항소보충이유서

사 건 20○○노○○○호 폭력행위등처벌에관한법률위반 등

피 고 인 ○ ○ ○

위 피고인에 대한 폭력행위등처벌에관한법률위반 등 피고사건에 관하여 위 피고인의 변호인은 다음과 같이 항소이유를 보충합니다.

다 음

1. 원심 판시 범죄사실에 대한 인부 및 항소이유의 요지

피고인은 원심 판시 범죄사실 중 제1항 및 제2의 가.항 범죄사실은 이를 시인하나, 제2의 나.항 범죄사실은 부인합니다. 나아가 가사 제2의 나.항 범죄사실이

유죄로 인정된다고 하여도 원심이 선고한 ○년 ○월의 징역형은 제반정상에 비추어 과하다 할 것이므로 그 감형을 구합니다.

2. 사실오인의 점

피고인은 수사기관에서부터 일관하여 피해자 ○○○ 경장에 대한 상해사실을 부인하고 있습니다. 원심판결은 이 부분 유죄의 증거로서 증인 ○○○의 법정진술과 동인에 대한 경찰진술조서, 김○○, 박○○에 대한 각 검찰진술조서를 거시하고 있으나 이하에서와 같은 이유에서 과연 이들 증거만으로 피고인을 유죄로 인정할 수 있는지 의심이 갑니다.

가. ○○○ 경장의 진술

○○○ 경장이 주장하는 피해부위와 진단서상의 기재가 일치하지 않습니다. ○○○ 경장에 대한 경찰진술조서를 보면, ○○○ 경장은 피고인이 "발로 저의 왼쪽 허벅지를 1회 차고 저의 낭심을 1회 찼으며", "무전실에서 저의 왼쪽 얼굴을 세게 1회 때린 후", "저의 입술을 주먹으로 1회 때리고 저를 밀쳐서 옷장에 팔이 부딪히게 하여 오른쪽 팔꿈치에 피부가 벗겨지는 상처가 난 것이다"라고 진술하고 있습니다. 또한 ○○○ 경장은 원심 법정에서 "피고인이 주먹으로 증인의 입술을 때려 아래 입술 속이 찢어져 붓고 피가 났습니다"라고 증언하였습니다. 그러나 의사 김○○ 작성의 ○○○ 경장에 대한 진단서를 보면, 상해부위는 안면부 및 우측관절부만이 있을 뿐이고 외관으로도 쉽게 확인할 수 있을 것으로 보이는 입술부위 상해에 관하여는 기재가 없습니다. 피고인은 자신이 ○○○ 경장을 폭행하고 상해를 가하였다면 파출소 CC-TV에 그 범행장면이 녹화되어 있을 것이므로 이를 확인하여 자신의 변소가 진실임을 밝혀달라고 주장하고 있습니다. ○○○ 경장은 원심 법정에서 자신이 동료 경찰관에게 CC-TV를 끄라고 소리친 사실이 있다고 실토하면서 그 이유는 피고인을 무전실로 데리고 갔기 때문에 피고인이 소내에 없어서 끄라고 하였던 것이라고 변명하고 있으나, 피고인을 무전실로 데리고 들어가기 전에 이미 CC-TV를 끄라고 이야기하였다고 진술하고 있고 CC-TV는 특별한 사정이 없는 한 상시 켜놓는다고 진술하였으며, 이○○ 순경이 기계를 잘못 조작하여 녹화가 되지 않았다고 진술하는 등 앞뒤가 맞지 않거나 설득력이 없는 설명을 하고 있습니다. 또한 경찰 작성 피의자신문조서 중 ○○○ 경장과의 대질부분을 보면, ○○○ 경장은 피고인이 "계속 사무실에 있는 동안에 박○○에게 욕하고 저의 경찰관에게 욕을 하여 업무를 할 수가 없어서 CC-TV를 크고 무전실로 격리시켰는데"라고 진술하고 있습니다("크고"는 "끄고"의 오기로 보입니다). 피고인이 공무집행을 방해하고 있다면 오히려 CC-TV가 켜있는지를 확인하여

증거를 확보할 수 있는 조치를 취하고 수갑 등을 채워 범행을 저지해야 할 터인데, 반대로 CC-TV를 끄고 피고인을 엉뚱한 곳으로 데리고 갔다는 것이 석연치 않습니다.

그리고 무전실은 아마도 일반인들의 출입이 통제되어 그 이목으로부터 차단되는 장소인 것으로 보이는데, 피고인을 무전실에 격리한다는 것이 피고인을 홀로 무전실에 가두어 둔다는 뜻인지, 무전실 내에서는 피고인을 어떻게 개호하였는지, 결국 피고인을 어떻게 제압하였는지 등의 의문이 제기되고 피고인이 소란을 피워 업무에 차질을 빚게 되므로 격리하였다는 경찰진술조서상의 기재나 원심에서의 증언만으로는 이러한 의문에 답할 수 없습니다.

이 부분은 오히려 자신이 ○○○ 경장 등으로부터 구타를 당하였다는 피고인의 주장이 사실일 수도 있다는 의심을 불러일으키는 대목으로서, 이에 관한 ○○○ 경장의 진술은 CC-TV 녹화테이프가 존재하지 않는 상황에서 피고인 변소를 입증할 수 있는 거의 유일한 자료에 해당합니다.

나. 김○○, 박○○의 진술

경찰 피의자신문조서 중 김○○에 대한 대질부분을 보면, 김○○은 피고인이 "경찰관의 다리를 2~3회 가량 차고, 주먹으로 ○○○ 경장의 얼굴을 때린 것이고, ○○○ 경장의 얼굴에 침을 뱉은 것입니다"라고 진술하고 있어 피고인이 ○○○ 경장의 얼굴을 때리는 것을 보았다는 취지입니다. 그런데 ○○○ 경장에 대한 경찰 진술조서를 보면, ○○○ 경장은 피고인이 "무전실에서 저의 왼쪽 얼굴을 세게 1회 때린 후", 계속하여 "저의 입술을 주먹으로 1회 때리고"라고 진술하였고 원심 법정에서도 "증인이 피고인을 탈의실 안으로 데리고 들어가서 앉히려고 하자 피고인이 주먹으로 증인의 입술을 때려 아래 입술 속이 찢어져 붓고 피가 났습니다"라고 진술하고 있어 피고인이 자신의 얼굴을 때린 것은 무전실 내에서라는 취지입니다. 그렇다면 김○○은 어떻게 피고인이 ○○○호 경장의 얼굴을 때리는 것을 목격하였는지 의문입니다.

검찰 피의자신문조서 중 박○○ 및 김○○에 대한 대질부분을 보면, 박○○는 피고인이 "주먹으로 얼굴을 툭 때렸다"고 진술하고 있고 김○○도 피고인이 "주먹으로 경찰관의 볼을 툭 쳤습니다"라고 진술하고 있기는 하나, "툭 쳤다"는 표현이 반복되고 있는 것으로 보아 원심 판시 범죄사실상 "주먹으로 동인의 얼굴을 때리고"라는 부분과 무전실에서 얼굴을 폭행당하였다는 ○○○ 경장의 진술에서와는 별개의 다른 행위를 지목한 것으로 보입니다.

나아가 검찰 피의자신문조서 중 박○○에 대한 대질부분을 보면, 박○○는 "경찰관도 싫은 소리를 하여", 경찰관이 "최○○의 머리를 손으로 밀쳐 소파에 앉히자"라는 등 일부 피고인의 변소에 부합하는 듯한 진술을 하고 있고 김○○

○도 마찬가지입니다.

박○○는 또한 같은 곳에서 피고인의 주장에 따라 파출소에서 자신의 소지품을 검사하였으나 피고인이 이야기하는 돈을 찾을 수 없었다는 취지로 진술하고 있으나, 박○○는 어디까지나 폭행사건의 피해자로서 참고인진술을 위하여 파출소에 임의 동행한 것이므로 피고인으로부터 빼앗은 돈을 다른 곳에 두고 올 수 있는 충분한 시간적 여유가 있었을 것입니다.

3. **양형부당의 점**

피해자 박○○는 이미 경찰에서 피고인에 대한 처벌을 원하지 않는다고 진술한 바 있습니다. 피고인은 ○○○ 경장에 대한 상해사실을 완강히 부인하면서도 다수의 전과가 있음에도 불구하고 다시 처신을 그르쳐 술을 마시고 물의를 빚은 점에 대하여 깊이 반성하고 있음을 밝히고 있습니다. 피고인은 나아가 다시는 이와 같은 실수를 되풀이하지 않기 위해 어머니가 계신 ○○으로 내려가 농사를 지으면서 살겠다고 합니다. 또한 피고인은 원심 법정에서 ○○○ 경장이 사실과 다르게 진술하는 것을 참지 못하여 소란을 피워 감치명령을 받았던 점에 관하여도 뉘우치고 있습니다.

4. **결 론**

지금까지 피고인의 성행이 바르지 못하였고 파출소에서도 차분하게 조사에 응하지 않고 다소 소란을 야기한 점은 사실입니다. 그러나 피고인은 절대로 원심 판시와 같이 ○○○ 경장에게 상해를 가한 사실이 없다고 부인하고 있고 원심이 거시한 유죄의 증거들에도 그 신빙성에 의심이 가는 부분이 존재합니다. 이러한 점을 살펴 ○○○ 경장에 대한 폭력행위등처벌에관한법률위반의 점 및 공무집행방해의 점에 대하여 형사소송법 제325조 후단을 적용하여 무죄를 선고하여 주시고, 가사 피고인을 유죄로 인정하시더라도 원심보다 경한 형을 선고하여 주시기를 바랍니다.

20○○. ○. ○.

위 피고인의 변호인 변호사 ○ ○ ○ (인)

○○지방법원 형사항소○부 귀중

[서식 354] 답 변 서

답 변 서

사 건 20○○노○○○○호 특정범죄가중처벌에관한법률위반

피 고 인 ○ ○ ○

위 피고사건에 관하여 피고인의 변호인은 20○○. ○. ○.자 검사의 항소이유에 대하여 다음과 같이 답변합니다.

다 음

1. 검사는 원심법원에서는 피고인에게 선고한 징역 1년 6월은 그 형이 너무 가볍다고 항고하고 있으나 원심 형량은 피고인이 범한 범죄내용이나 범행 후의 경과 등에 비추어 보면 결코 가벼운 것이 아닙니다.

2. 피고인은 20○○. ○. ○. ○○지방법원 ○○지원에서 절도미수죄로 징역 2년을 선고받고 복역하다가 20○○. ○. ○. 만기 출소한 후 다시는 범행을 저지르지 않을 것을 다짐하고 6년 동안을 고물행상을 하면서 살아왔고 그 후 다시 범행을 저지른 일이 없이 착실하게 살아오고 있었습니다.

3. 본건 범행당시에도 피고인은 수하차를 몰고 폐품을 수집하러 다니다가 마침 범행장소에 이르렀을 때 쓰레기 더미 옆에 고철철판이 놓여 있어서 못 쓰는 물건으로 버리는 것으로 알고 그 물건을 들고 수하차에 와서 실으려 하는데 방범대원이 숨어서 지켜보고 있다가 쫓아와서 절도범으로 체포하여 경찰에 인계한 것으로서 당초 피고인은 남의 물건을 훔치려는 의도는 추호도 없었고 고물인 줄만 알고 들고 나오게 된 것이어서 범행동기나 수단에 참작할 사유가 많고 범행현장에서 물건을 압수당하여 피해자에게 반환되었고 피해자와 원만히 합의하여 피해자는 피고인의 처벌을 원치 않고 있습니다.

4. 피고인은 처와 단둘이서 고물행상으로 단란하게 살아왔는데 피고인의 처는 병으로 입원 치료까지 받고 있는 실정으로 피고인이 없으면 병을 간호할 사람조차도 없는 딱한 실정입니다.

5. 이상과 같은 피고인에 대한 여러 정상을 참작하여 볼 때 검사의 항소는 그 이유가 없으므로 기각되어야 할 것입니다.

20○○. ○. ○.

위 피고인의 변호인 변호사 ○ ○ ○ (인)

○○고등법원 귀중

【접수방법 및 유의사항】

1. 항소이유서를 제출받은 항소법원은 지체 없이 그 부본 또는 등본을 상대방에게 송달하여야 한다.
2. 상대방은 전항의 송달을 받은 날부터 10일 이내에 답변서를 항소법원에 제출하여야 한다(형소법 361조의3).

제3절 항소심의 공판절차

1. 피고인 출석 및 완화

항소심의 공판절차에 관하여는 특별한 규정이 없는 한 제1심 공판절차에 따르도록 되어 있다. 그러나 몇 가지 특례규정이 있는 경우와 항소심의 성질에 부합하지 않는 부분이 있다.

즉, 피고인이 공판기일에 출석하지 아니하는 때에는 다시 기일을 정하여야 하나(형소법 365조 1항), 피고인 출석요건의 완화로서 피고인이 공판기일에 출석하지 아니한 때에는 다시 공판기일을 정하여야 하며, 피고인의 정당한 이유 없이 다시 정한 공판기일에도 출석하지 아니한 때에는 피고인의 진술 없이(즉, 불출석 상태로) 판결할 수 있다(형소법 365조 2항). 따라서 피고인의 불출석이 2회 이상 계속되면 그의 출석 없이 개정할 수 있고 진술 없이 판결을 할 수 있는 것이다.

2. 인정신문

피고인 출석으로 개정한 첫 기일에는 1심의 경우와 마찬가지로 인정신문을 행한다. 피고인 불출석으로 개정한 때에는 물론 인정신문을 행하지 않는다.

3. 무변론의 재판

불출석 무변론으로 항소이유가 없음이 명백한 때에는 항소장, 항소이유서 기타의 항소기록에 의하여 변론 없이 항소기각의 판결을 선고할 수 있다(형소법 365조 2항).

무변론 항소기각판결도 반드시 공판정에서 선고할 것을 요하며 개정 자체를 생략할 수 있는 것은 아니므로, 피고인이 공판기일에 출석하였거나 2회 이상 계속 불출석한 때에 한하여 선고할 수 있다. 피고인이 출석한 때에는 인정신문을 하고 나서 무변론 항소기각판결을 선고하는 것이 옳다.

4. 사실조사

항소심에서 변론에 들어갈 경우에 검사의 기소요지진술은 성질상 행하지 아니하며, 그 대신 항소인과 상대방으로 하여금 항소이유서와 답변서를 진술케 한 후 사실의 조사에 들어가며 항소법원은 항소이유서에 포함된 사유에 관하여 심판하여야 한다(형소법 364조 1항). 그러나 예외적으로 판결에 영향을 미친 사유에 관하여는 항소이유서에 포함되지 아니한 사유에 관하여도 직권으로 심판할 수 있다(형소법 364조 2항).

항소이유서에 기재된 사실을 조사하기 위한 첫 단계로서 피고인신문을 행하고 다음으로 피고인 항소의 경우에는 변호인(변호인이 없으면 재판장), 검사항소의 경우에는 검사가 각각 먼저 각 항소이유의 기초사실에 관하여 신문을 한 후, 상대방에 이어 재판장이 신문을 하고 신문 전에 있어서 진술거부권 등의 고지를 하여야 한다.

5. 증거조사

원심법원에서 증거로 한 증거는 항소법원에서도 증거로 할 수 있으며, 제1심 법원에서 증거능력이 있었던 증거는 항소법원에서도 증거능력이 유지되고 재판의 기초가 된다. 그러나 1심의 증거 외에 항소심에서 새로운 증거조사를 하고 이를 기초로 재판할 수 있다.

6. 최종진술

최종진술은 1심에서와 마찬가지로 검사, 변호인, 피고인의 순서로 최종의 의견을 진술하게 되며, 항소당사자가 변호인 및 피고인인 경우는 원심판결의 부당성 등의 의견을 진술할 수 있고 상대방인 검사는 항소기각의 의견을 진술하는 것이 통례이다.

7. 항소심의 특칙

항소심에서도 공소장의 변경은 가능하다. 공소장이 변경되면 변경 전의 공소를 전제로 한 1심판결은 당연히 파기된다.

그러나 항소심에서의 공소취소는 불가능하며 1심에서 간이공판절차에 의하여 심판된 사건이더라도 항소심의 심리에서는 아무런 특수성이 인정되지 않는다.

영구미제사건은 항소심에서는 발생될 여지가 없다. 소재불명이 되더라도 1심에서 송달가능하였던 마지막 주거를 근거로 공시송달을 하여 불출석재판을 행할 수 있기 때문이다. 1심에서 공시송달을 하여 불출석재판을 한 사건이면 항소심에서도 계속 공시송달을 할 수 있다.

제4절 항소심의 재판

1. 재판의 방법

항소심의 재판에 있어 재판의 방법은 부적법한 항소의 기각결정, 공소기각결정, 항소이유서 부제출에 의한 항소기각결정, 무변론 항소기각판결이 있으며, 이 중 부적법한 항소기각결정의 사유 또는 공소기각결정의 사유를 공판개시 후 뒤늦게 발견한 경우 또는 그 사유가 공판개시 후에 발생한 경우에는 공판진행도중 또는 변론종결 후에 지정된 판결선고기일에도 그 결정을 고지할 수 있다.

2. 항소기각판결

항소기각의 판결은 변론을 열어 심리하였으나 항소가 이유 없다고 인정될 때에는 판결로써 항소를 기각하여야 한다(형소법 364조 4항).

구속피고인에 대하여 피고인 측의 항소를 기각할 때에는 항소제기 이후 항소심판결선고 전일까지의 구금일수의 전부 또는 일부를 원심판결의 형 또는 노역장 유치기간에 산입하는 선고를 하여야 한다.

다만, 피고인 측의 항소를 기각할 경우에 상당한 이유 없이 항소를 한 것으로 인정될 때에는 위의 구금일수 중 항소기간 만료일로부터 항소이유서 제출기간 만료시까지의 일수는 이를 원심판결의 형에 산입하지 아니할 수 있다.

3. 원심판결의 파기판결

원심판결 파기의 판결은 변론을 열어 심리한 결과 항소가 이유 있다고 인정될 때에는 원심판결을 파기하고 다시 판결하게 한다. 항소가 이유 있다 함은 항소이유로서 주장된 사항이 정당하다고 인정되는 경우와 직권조사 결과 판결에 영향을 미친 사유가 있다고 인정되는 경우이며, 또한 피고인에게 유리하게 원심판결을 파기하는 경우에 파기이유가 항소한 피고인에게 공통되는 때에는 그 공동피고인에 대하여도 함께 원심판결을 파기하여야 한다.

원심판결을 파기하고 다시 판결함에 있어서는 원심판결을 없었던 것으로 돌리고 원심 및 항소심의 변론결과를 총결산하여 새로운 판결을 하게 된다. 이를 실무상 파기자판이라고 부른다.

구속피고인에 대하여 파기자판을 하고 형을 선고할 때에는 원심판결 선고 전의 구금일수 중 전부 또는 일부를 위 형에 산입하는 선고를 하여야 한다. 그러나 파기한 후 항소법원이 직접 판결을 하지 않고 원심법원 또는 다른 법원으로 사건을 보내어 그 법원으로 하여금 재판하게 하는 경우가 있는데 먼저 파기이송은 원심법원에 관할이 없음에도 불구하고 관할을 그릇 인정하여 재판한 경우에 이를 이유로 원심판결을 파기한 때에는 판결로서 사건을 관할법원에 이송하여야 하는 것이며(형소법 367조), 다음으로 파기환송은 공소기각의 사유가 없음에도 불구하고 공소기각의 판결을 한 경우 또는 관할이 있음에도 불구하고 관할위반의 판결을 한 경우에 이를 이유로 원심판결을 파기한 때에는 판결로써 사건을 원심법원으로 환송하는 것을 말한다(형소법 366조).

[서식 355] 공소기각결정신청서

공소기각결정신청

사 건 20○○노○○○○호 무고

피 고 인 ○ ○ ○

위 사건에 관하여 피고인은 20○○. ○. ○. 00:00경 ○○시 ○○구 ○○동 ○○○ 안전교통도로신설 공사장 공터에서 전신소각상태(분신자살)로 사망하였는 바, 위 피고인에 대한 사건의 공소를 기각하는 결정(형사소송법 제328조)을 하여 주시기 바랍니다.

입 증 서 류

1. 사체검안서(○○○의원) 1통

20○○. ○. ○.

위 피고인의 변호인 변호사 ○ ○ ○ (인)

○○지방법원 귀중

【주】

항소심진행 중 피고인이 사망한 경우이다.

제5절 파기환송사건의 처리

1. 파기환송사건의 성격

상고심에서 항소심판결을 파기하고 원심(항소심)법원으로 환송하거나 다른 법원으로 이송한 경우 파기환송 전 원심에서의 변호인 선임의 효력은 파기환송 후에 부활되며, 사선이든 국선이든 환송 후의 절차에서 변호인의 권한을 행사할 수 있게 된다. 상고심에서의 파기이유가 바로 항소이유서 제출에 관한 절차의 위법에 관한 것이었을 경우를 제외하고는 새로운 기록접수통지를 할 필요가 없으며 항소이유서를 새로 제출받을 필요가 없다. 설령 새로운 항소이유가 제출된다 하더라도 본래의 항소이유서가 아니라 당사자의 주장을 기재한 서면 정도의 의미(참고 정도의 의미)로 볼 수밖에 없다. 항소이유서 제출절차의 위법이 파기이유로 된 때란 필요적 변호사건에서 변호인이 없는데도 국선변호인 선정 없이 절차를 진행한 경우가 이에 해당할 것인 바, 이때는 국선변호인을 선정하여 그에게 소송기록접수통지(파기환송 전의 항소기록을 접수하였다는 내용)를 한 후 항소이유서를 제출한 다음 이후의 절차를 모두 새로 행하여야 한다.

2. 공판절차

사실오인 또는 법리오해 등을 이유로 파기환송된 경우에는 종전 절차를 새로 반복할 필요 없이 속행적 의미의 공판절차를 거쳐 재판을 하면 된다.

필요적 변호사건에서 국선변호인은 선정되었으나 시종 그의 출석 없이 개정한 경우, 법률상 사건에 관여하지 못할 판사가 시종 관여하여 재판까지 한 경우 등이 이에 해당하는 바, 이 경우는 환송 전 제1호 공판기일 이후의 절차가 모두 위법이므로 유지될 수가 없고 제1회 공판기일로부터 항소심공판절차를 모두 새로 행하여야 한다. 그리고 필요적 변호사건에서 특정의 공판기일에서만 변호인의 출석 없이 개정한 경우 또는 특정의 증거조사절차만이 위법이라고 판시된 경우인 바, 이때는 위법이라고 판시된 그 부분의 절차만 새로 행하고 그 나머지 절차는 종전의 것을 유지하면 되는 것이다.

| 제3장 상 소 |

제1절 상고에 관한 절차

1. 상고의 의의

상고한 판결에 대하여 대법원에 재판을 구하는 상소를 말하며, 원칙적으로 제2심 판결에 대하여 허용된다(형소법 371조). 그러나 예외적으로 원심판결이 인정한 사실에 대하여 법령을 적용하지 아니하였거나 법령의 적용에 착오가 있는 때와 원심판결이 있은 후 폐지나 변경 또는 사면이 있는 때에는 제1심 판결에 대하여 항소를 제기하지 아니하고 상소를 할 수 있는데 이를 비약적 상고라 한다(형소법 372조).

2. 상고심의 구조

상고심은 원칙적으로 법률문제를 심리, 판단하는 법률심이다. 그러나 예외적으로 사실오인과 양형부당을 상고이유로 하고 있고 상고심에서도 사실심으로서의 파기자판을 할 수도 있다.

상고이유는 원칙적으로 법령위반에 엄격이 제한되어 있으며 그 이유로는 판결에 영향을 미친 헌법·법률·명령 또는 규칙이 위반이 있는 때, 판결 후 형의 폐지·변경·사면이 있는 때, 재심청구의 사유가 있는 때, 사형·무기 또는 10년 이상의 징역이나 금고가 선고된 사건에 있어서 중대한 사실의 오인이 있어 판결에 영향을 미친 때 또는 형의 양정이 심히 부당하다고 인정할 현저한 사유가 있는 때에 원심판결에 대한 상고이유로 할 수 있다(형소법 383조).

3. 상고제기의 절차

상고를 하려면 상고기간 내에 상고장을 원심법원에 제출하여야 하며(형소법

375조) 상고의 제기기간은 7일로 한다(형소법 374조).

4. 상고법원의 조치

상고가 제기되었으나 법률상의 방식에 위반하거나 상고권소멸 후인 것이 명백한 때에는 원심법원은 결정으로 상고를 기각하여야 하며(형소법 376조 1항) 이 결정에 대하여는 즉시항고를 할 수 있다(형소법 376조 2항).

원심법원은 위와 같은 상고기각결정을 하는 경우를 제외하고 상고장을 받은 날로부터 14일 이내에 소송기록과 증거물을 상고법원에 송부하여야 한다(형소법 377조).

상고법원은 소송기록의 송부를 받으면 즉시 상고인과 상대방에게 그 사유를 통지하여야 하며(형소법 378조 1항) 이러한 통지 이전에 변호인의 선임이 있는 때에는 변호인에 대하여도 그 사유를 통지하여야 한다(형소법 378조 2항). 상고법원은 상고인 또는 변호인이 위와 같은 통지를 받은 날로부터 20일 이내에 상고이유서를 상고법원에 제출하여야 한다(형소법 379조 1항).

상고이유서에는 소송기록과 원심법원의 증거조사에 표현된 사실을 인용하여 그 이유를 명시하여야 한다(형소법 379조 2항).

상고법원은 이러한 상고이유서를 접수한 때에는 지체 없이 그 부본 또는 등본을 상대방에게 송달하여야 하고(형소법 379조 3항) 상대방은 상고이유서의 부본을 송달받은 날로부터 10일 이내에 답변서를 상고법원에 제출할 수 있고(형소법 379조 4항) 이를 접수받은 상고법원은 그 부본 또는 등본을 상고인 또는 변호인에게 송달하여야 한다(형소법 379조 5항).

5. 상고기각의 결정

상고인이나 변호인이 상고이유서 제출기간 내에 상고이유서를 제출하지 아니한 때에는, 상고장에 상고이유가 기재되어 있는 경우를 제외하고는 상고기각결정을 하여야 한다(형소법 380조).

원심법원에서 상고기각결정을 했어야 할 사건(형소법 376조)에 관하여 원심이 그 결정을 하지 아니한 때에는 상고법원이 상고기각결정을 하게 된다(형소법 381조).

상고법원은 상고장, 상고이유서 기타의 소송기록에 의하여 변론 없이 판결할 수 있다(형소법 390조). 항소의 경우와 달리 상고기각의 경우든 원심판결파기의 경우든 서면심리가 가능하다.

[서식 356] 상 고 장

상 고 장

사 건 20○○노 ○○○○호 강도상해

피 고 인 ○ ○ ○

위 사건에 관하여 20○○. ○. ○. ○○고등법원에서 징역 5년에 처한다는 판결 선고를 받았는 바, 피고인은 동 판결에 모두 불복이므로 상고를 제기합니다.

20○○. ○. ○.

위 피고인 ○ ○ ○ (인)

대 법 원 귀중

【접수방법】

1. 판결선고 후 7일 이내에 상고장을 부본과 함께 원심법원에 제출하여야 한다(예컨대 화요일에 선고기일이 있었다면 다음 주 화요일까지 상고장을 제출하여야 한다).
2. 변호인은 상고장을 제출할 권한이 있다.

[서식 357] 상고이유서(1) (절도)

상 고 이 유 서

사　　건　　20○○도○○○호　절도

피 고 인　　○　○　○

위 사건에 관하여 피고인의 변호인은 다음과 같이 상고이유를 개진합니다.

다　　음

원심판결은 형의 양정이 심히 부당하다고 인정할 현저한 사유가 있습니다. 그 경위와 정상관계는 다음과 같습니다.

1. 이 사건의 경위

가. 피고인의 아버지는 ○○년이 넘도록 기관지 천식으로 고생하다가 20○○년 초에 사망하고 홀로 농사를 짓는 어머니는 어렵게 자식들을 부양하였습니다. 피고인은 어려운 가정형편에도 우수한 성적을 거두었으나 결국 대학진학을 못하고 방황하며 친구들과 어울리다가 특수강도 등의 죄를 짓고 20○○. ○. ○. ○○지원에서 징역 ○년에 집행유예 ○년을 선고받았습니다.

나. 피고인은 이후 가족들의 도움으로 모범적인 생활을 하였고, 재수를 하여 ○○대학교 자동차학과에 장학생으로 진학하였습니다. 이 사건 범행일에는 학교에 늦게까지 있다가 귀가하려고 하였으나 이미 버스가 끊겨서 시내에서 귀가할 방법을 찾다가 우연히 피해자가 차량의 시동을 걸어 놓은 채 자리를 비운 것을 발견하고 피곤한 마음에 경솔하게 차량을 타고 간 것입니다.

다. 피고인은 범행 직후 자신의 잘못을 깨달았으나, 자신이 집행유예기간 중이어서 용서받지 못할 것으로 생각되어 그대로 귀가한 후 차량을 ○○시내에 방치하였습니다. 그러나 자신의 잘못이 발각될까 두려운 마음에 하루하루를 보내다가 결국 구속에 이르게 되었습니다.

2. 피고인의 정상관계

가. 피고인은 이 사건으로 20○○. ○. ○. 구속되어 지금까지 ○개월이 넘는 구금생활을 통하여 이 사건 범행을 깊이 반성하고 있으며 다시는 이와 같은 범행을 저지르지 않을 것을 다짐하고 있습니다.

나. 피해차량은 피해자에게 반환되었으며 피해의 정도가 비교적 가볍다고 할 것입니다. 피고인은 아직까지도 어려운 가정형편으로 인하여 피해자와 합의를 하지 못하고 있으나 피해자의 누나 ○○○가 합의를 위하여 계속 노력하고 있습니다.

다. 피고인이 장기간 수형생활을 하게 된다면 사회에 나가 활동할 준비를 하여야 할 나이 ○○세의 대학생으로서는 너무도 큰 형벌이 될 것입니다.

라. 피고인은 현재 집행유예기간에 있는데 그 만료일이 20○○. ○. ○.입니다. 가사 원심의 양형이 타당하다고 인정하시더라도 위 기간 이후에 판결을 선고하시어 유예된 형을 집행받지 않도록 관대한 처분을 하여 주시기를 바랍니다.

3. 결 론

이상과 같은 정상을 참작하시어 본 건 상고가 이유 없다고 인정하시더라도 집행유예기간 만료일인 20○○. ○. ○. 이후에 판결을 선고하여 주시기 바랍니다.

첨 부 서 류

1. 상고이유서 부본 5통

20○○. ○. ○.

위 피고인의 변호인 변호사 ○ ○ ○ (인)

대 법 원 귀중

【접수방법 및 유의사항】

1. 상고인 또는 변호인은 상고심(대법원)으로부터 기록접수의 통지를 받은 날로부터 20일 이내에 상고이유서 원본 1부와 부본 5부, 도합 6부를 대법원 형사과에 접수한다(야간당직 접수 가능).
2. 상고이유서에는 그 이유를 명시하여야 하고, 상고법원은 이유서의 부본을 지체 없이 상대방에게 송달하여야 한다.
3. 이유서를 송달받은 상대방은 10일 이내에 제출하여야 한다.

[서식 358] 상고이유서(2) (강제추행)

상 고 이 유 서

사 건 20○○도○○○○ 강제추행

피 고 인 ○ ○ ○

위 사건에 관하여 피고인(상고인)의 변호인은 다음과 같이 상고이유서를 제출합니다.

다 음

1. 원심판단

원심은 피고인(상고인, 이하 "피고인"이라고만 합니다)이 피해자를 추행한 사실이 없음에도 불구하고 심리미진 또는 채증법칙 위반으로 사실을 오인하여 판결결과에 영향을 미친 위법이 있습니다.

2. 피고인의 변소요지

가. 피고인은 사건 당일인 20○○. ○. ○. 00:00경부터 00:00경까지 피고인이 운영하고 있는 '○○○ 레스토랑'에서 술을 마신 후, 숙취 해소를 위해 같은 날 00:00경 ○○시 ○○구 ○○로 ○○(○○동) 소재 ○○○찜질방에 갔습니다.

나. 피고인은 위 찜질방에서 샤워 등을 한 후 불가마 맥반석 사우나실에서 수면을 취하다가 같은 날 00:00경 위 찜질방 내 남녀 대나무방 휴게실로 자리를 이동하여 수면을 취하려 하였습니다. 이는 당시 피고인이 수면을 취하고 있던 위 맥반석 사우나실이 실내 환기를 위해 출입문을 열게 되었는데 이 때문에 수면에 장애가 될 듯하여 조용한 방으로 이동한 것이었습니다.

다. 당시 위 남녀대나무방 휴게실은 사물을 겨우 분별할 수 있을 정도로 어두웠고 이에 피고인은 잠자리를 살피기 위해 두리번거리게 되었습니다(휴면을 취하는 곳이라 휴게실 안은 소등된 상태였고 밖에서 들어오는 희미한 빛으로 사물을 겨우 분별할 수 있을 정도였습니다). 휴게실 방안을 살피던 피고인은 휴게실 양쪽 끝에 여자 두 명이 누워 수면을 취하고 있는 것을 발견하였고 이에 피고인은 위 두 명의 여자 사이의 빈 공간에 눕게 되었습니다. 그리고 얼마 후 기지개를 펴게 되었는데 이때 피고인의 양팔이 피해자의 신체에 접촉하였고 그 얼마 후 공소외 김○○의 고함소리를 듣게 된 것입니다.

3. 사실오인 및 채증법칙 위반의 점

가. 원심은 피해자 및 피해자의 언니인 공소외 김○○의 진술만으로 피고인을 강제추행죄로 의율하였습니다.

나. 경찰조사당시 피해자의 진술은 '피의자 ○○○이 제 옆에 누워서 저의 신체를 만지는 느낌이 들어 눈을 떠보니……'(수사기록 11쪽) 등으로 피해자가 피고인의 추행에 대하여 인식하고 있는 듯 기술되어 있으나, '저는 잠이 들어서 구체적으로 어떠한 방법으로 강제추행을 당하였는지는 모르지만 언니가 목격하였다고 하는데……'(수사기록 38쪽)라고 진술한 검찰조사 당시 피해자의 진술 등을 종합하여 볼 때 피해자는 당시 피고인과의 신체접촉 사실에 대한 인식이 없었고 다만, 추행현장을 목격하였다는 피해자의 언니인 위 공소외인의 말과 행동으로 그렇게 추정하는 듯합니다.

다. 즉, 피고인에게 이 건 강제추행 혐의를 인정할 수 있는 증거로는 위 공소외인의 진술뿐입니다. 그러나 첫째, 당시 위 휴게실 방안은 소등된 상태로 어두웠는데 위 공소외인이 피고인의 행동을 정확하게 식별할 수 있다는 것은 의문이며 둘째, 위 공소외인은 피고인이 1~2분에 걸쳐 피해자를 3번에 걸쳐 겨드랑이부터 엉덩이까지 쓰다듬는 것을 보았다고 진술하였는데(수사기록 6쪽, 40쪽), 피고인이 위와 같이 피해자를 추행하였다면 피해자가 이를 전혀 인식하지 못했다는 것도 의문입니다. 만약 피고인이 위와 같은 추행을 하였다면 피해자가 먼저 위 행동을 인식했어야 할 것으로 보입니다.

라. 또한 피고인이 처와 두 자녀를 두고 레스토랑을 운영하며 사는 평범한 시민으로 숙취해소를 위해 찜질방에 갔다가 이 건과 같은 추행을 한다는 것은 납득할 수 없으며 또한 당시 위 휴게실 안에는 피해자 혼자만이 있었던 것이 아니고 위 공소외인도 함께 있었는데 피고인이 위와 같은 행동을 감행할 수 있었느냐도 의문입니다.

4. 법리오해의 점

가. 가사 피고인이 잠을 자고 있는 피해자의 옆에 누워 손으로 피해자의 옆구리와 엉덩이를 수차 쓰다듬는 행동을 하였다고 하더라도 이러한 피고인의 행동은 강제추행의 정도에 이르지는 않았던 것으로 보입니다. 강제추행죄에 있어 폭행이란 반드시 상대방의 의사를 억압할 정도의 것임을 요하지 않지만 최소한 상대방의 의사에 반하는 유형력의 행사가 있어야 하는데 피고인의 위 행동이 어떠한 유형력의 행사로 볼 수 있을지 의문입니다.

나. 이 건 기록을 살펴볼 때 피해자는 위와 같이 이 건 당시 피고인의 신체접촉을

전혀 의식하지 못하고 있었던 것으로 보이는데 이는 피고인의 위 행동이 강제력을 동반한 유형력의 행사가 아니었음을 나타내는 것으로 보입니다. 따라서 피고인을 강제추행죄로 의율할 수는 없다고 판단됩니다.

5. 결 론

이상의 이유로 상고이유를 개진하오니 피고인(상고인)에게 강제추행죄를 인정한 원심판결을 파기하고 피고인에게 무죄를 선고하여 주시기 바랍니다.

20○○. ○. ○.

피고인(상고인)의 변호인 변호사 ○ ○ ○ (인)

대 법 원 귀중

[서식 359] 상고이유서(3) (특가법위반)

상 고 이 유 서

사 건 20○○도 ○○○호(20○○감도 ○○○)
특정범죄가중처벌등에관한법률위반(절도) 등

피 고 인 ○ ○ ○

위 사건에 관하여 피고인의 변호인은 다음과 같이 상고이유서를 제출합니다.

다 음

원심판결은 피고인에게 재범의 위험성이 없음에도 불구하고 채증법칙에 위반하였거나 심리미진으로 사실을 오인하여 판결결과에 영향을 미친 위법이 있습니다.

1. 원심판단

원심은 피고인 겸 피감호청구인(이하 "피고인"이라고만 합니다)이 원심판시 범행을 저질렀고, 범행의 동기와 경위 등을 종합하면 피고인에게 재범의 위험성이 있다고 인정하고 있습니다. 그러나, 범행동기 등 다음의 사정을 참작할 때 피고인에게는 재범의 위험성이 없는 것으로 판단됩니다.

2. **재범의 위험성**

가. 피고인의 이 사건 범행은 그 범행 회수나 범행방법을 볼 때 어느 정도 절도의 습벽이 있다고 판단되나 치료감호법 제2조에 규정된 치료감호요건인 '재범의 위험성'은 장래에 다시 죄를 범할 고도의 개연성이 있어야 하며 단순히 범행이 상습의 습벽에 의한 것이라는 것만으로는 부족합니다.

나. 피고인이 비록 마지막 출소 직후부터 이 사건 범행에 이르게 되었으나, 피고인이 위 출소 직후 구직을 위해 노력하며 인력시장을 통해 노동일도 하며 열심히 살아보려고 한 점, 생계가 막막하여 이 건 범행에 이르게 되었다는 점, 피고인에게는 가족으로 처와 자식이 있는 점, 피고인이 다시는 이 건과 같은 범행을 하지 않겠다고 맹세하고 있는 점, 피고인이 현재 68세의 고령인 점 등을 고려한다면 피고인에게는 재범의 위험성이 없다고 판단됩니다.

3. 이상의 이유로 상고이유를 개진하오니 피고인에게 보호감호처분을 내린 원심판결을 파기하여 주시기를 바랍니다.

20○○. ○. ○.

상고인의 변호인 변호사 ○ ○ ○ (인)

대 법 원 귀중

[서식 360] **보충상고이유서**

보 충 상 고 이 유 서

사 건 20○○도○○○○호 강도상해

피 고 인 ○ ○ ○

위 사건에 관하여 피고인의 변호인은 다음과 같이 보충 상고이유서를 제출합니다.

다 음

1. 원심은 피고인이 공소외 강○○과 이 사건 강도범행을 공모하여 원심판시 강도상해 범행을 하였다고 판단하고 있습니다. 그러나 피고인은 단지 공소외 강○○과 피해자 ○○○이 서로 뒤엉켜 싸우는 것을 발견하고는 이를 말린 사실밖에는 없습니다.

2. 원심은 피해자 ○○○의 진술만으로 피고인에게 원심 판시 강도상해 범행을 하였다고 판단하였으나, 이 사건 강도상해 범행의 주도적 역할을 한 공소외 김○○에 대한 증거조사가 이루어지지 않았습니다.

3. 현재, 위 공소외 김○○은 이 사건과 같은 범죄사실로 기소되어 ○○지방법원 형사합의○부에서 제1심 재판을 받고 있습니다. 피고인은 이 사건 항소심 판결 선고 후인 20○○. ○. ○. 위 공소외인의 재판과정에 증인으로 출석하여 증언한 바 있습니다. 위 재판과정에서 위 공소외인은 범행 당시 술에 매우 취해 있어 범행상황을 기억하지 못하며 피고인이 함께 있었는지도 기억하지 못한다고 진술하고 있습니다. 또한 피고인 역시 위 재판과정에서 위 공소외인의 변호인의 물음에 따라 위 공소외인이 이 사건 범행 당시 상당히 취해 있었다는 취지의 증언을 한 바 있습니다. 따라서, 피고인에 대한 유무죄 판단 및 양형사유 판단을 위해서는 위 공소외인에 대한 증거조사가 불가피한바, 위 공소외인에 대한 증거조사 없이 피고인에게 원심판시 강도상해 범행을 인정한 것은 심리미진에 기한 사실오인으로 원심판결 결과에 영향을 미친 중대한 위법이라고 판단됩니다.

4. 또한 원심 거시 증거만으로는 피고인에 대하여 원심판시 강도상해 범행을 인정할 만한 증거가 부족하여 형사소송법 제325조의 '범죄사실의 증명이 없는 때'에 해당한다고 판단됩니다.

5. 이상의 이유로 보충 상고이유를 개진하오니 피고인을 강도상해죄로 의율한 원심판결을 파기하고 환송판결 또는 무죄판결을 선고하여 주시기를 바랍니다.

20○○. ○. ○.

상고인의 변호인 변호사 ○ ○ ○ (인)

대 법 원 귀중

제2절 상고심 공판절차

1. 상고심 공판의 방법

상고심의 공판기일에는 피고인의 출석을 요하지 아니할 뿐더러 출석하여 재정한다 하더라도 변론능력이 없다(형소법 387조). 다시 말하면 수동적으로 재판부의 질문에 대한 답변은 할 수 있으나 적극적으로 이익되는 사실의 진술 또는 최종 의견진술을 할 수 없다.

상고심의 공판기일에는 검사와 변호인의 상고이유서에 의하여 변론하여야 한다(형소법 388조). 다시 말하면 상고이유서에 기재되지 않는 사항에 관하여 변론하는 것은 허용되지 않는다. 변호인의 변론의 기초가 되는 상고이유서는 변호인 자신이 작성한 것 뿐 아니라 피고인이 작성한 것도 포함된다.

상고심에서는 변호사 아닌 자는 변호인이 될 수 없으므로(형소법 386조), 이른바 특별변호인도 있을 수 없다(형소법 31조 단서).

필요적 변호사건(형소법 283조, 282조, 33조)을 제외하고는 변호인이 불출석한 경우에는 제출된 상고이유서의 진술이 있는 것으로 간주하여 검사의 진술만을 듣고 판결할 수 있다(형소법 389조).

2. 판결의 선고

상고이유가 없는 때에는 상고기각판결이 선고되고(형소법 399조), 상고이유가 있는 때에는 원심판결의 파기의 판결이 선고된다(형소법 391조).

후자의 경우에는 파기와 동시에 상고법원이 직접 판결하는 경우도 있고(형소법 396조), 파기의 사유에 따라 원심법원, 제1심법원으로 환송되거나(형소법 393조, 395조, 397조 전단) 다른 법원으로 이송되는 경우(형소법 394조)도 있다.

재판장이 선고기일을 지정한 때에는 법원은 공판기일 통지서에 필요사항을 기재하여 피고인, 상대방, 변호인, 배상신청인 또는 피해자(배상명령이 있는 경우)에게 판결을 선고하게 되었음을 통지한다.

3. 판결의 정정

상고법원은 그 판결의 내용에 오류가 있음을 발견한 때에는 직권 또는 검사, 상고인, 변호인의 신청에 의하여 판결로써 이를 정정할 수 있다(형소법 400조 1항). 원래 상고심판결은 최종심의 판결로서 상소에 의하여는 그 오류를 시정할 방법이 없으므로 내용에 오류가 있음이 분명한 때에는 이를 자체적으로 시정할 수 있다고 하나 이는 판결내용의 위산, 오기 기타 유사한 것이 있는 경우를 의미하며 유죄확정 판결을 무죄판결로 정정하여 달라는 취지의 판결정정신청은 허용되지 아니한다. 판결정정의 신청이 있으면 즉시 상대방에게 통지하여야 하고, 정정의 신청은 판결의 선고가 있는 날로부터 10일 내에 하여야 하며(형소법 400조 2항) 이에 대한 신청은 이유를 기재한 서면으로 하여야 한다(형소법 400조 3항).

판결의 정정은 변론 없이 할 수 있으며(형소법 401조 1항) 정정할 필요가 없다고 인정한 때에는 지체 없이 결정으로 신청을 기각하여야 한다(형소법 401조 2항). 정정을 허가하거나 기각하는 판결에 대하여는 재도(再度)의 정정이나 이의신청을 하지 못한다.

[서식 361] 판결정정신청서(1)

판 결 정 정 신 청

위 피고인에 대한 20○○도 ○○○호 사기 피고사건에 관하여 20○○. ○. ○. 상고기각 판결이 있었는 바, 동판결 내용에는 다음과 같은 잘못이 있다고 할 것이므로 형사소송법 제400조에 의하여 판결정정의 신청을 합니다.

다 음

상고논지 제2에 대한 판결문에 '소론은 단지 소송법 위반의 주장이므로'라고 기재되어 있으나 위 소론은 물론 그 점에 대해서도 문제로 하고 있는 것이기는 하나, 그 외에도 도로교통법 위반에 관한 부분의 피고인의 진술내용이 범죄사실의 자백을 한 것이 아니라 죄가 되지 않는다는 점을 주장하고 있는 것이다. 따라서 단순한 소송법 위반의 주장이라는 점은 정정이 되어야 할 것이므로 위 변호인 주장에 대한 판단을 하여 주시기 바랍니다.

20○○. ○. ○.

위 피고인 변호인 변호사 ○ ○ ○ (인)

○○지방법원 귀중

[서식 362] **판결정정신청서(2)**

판 결 정 정 신 청

사 건 20○○도○○○○호 특정범죄가중처벌에관한법률위반

피 고 인 ○ ○ ○

위 피고사건에 관하여 20○○. ○. ○. 상고기각의 판결의 선고가 있었는바, 동 판결의 내용에는 다음과 같은 오류가 있다고 할 것이므로 형사소송법 제400조에 의거 판결정정의 신청을 합니다.

다 음

위 피고인에 대한 상고기각 이유를 보면 원심의 유죄판결의 증거로 인정한 검찰의 진술내용에 있어 원심이 채증법칙을 위배하거나 사실오인의 점이 없다고만 판단하였으나 피고인은 상고이유에서 분명히 고문에 의한 강요된 진술로서 이는 고문에 관계된 과학수사연구소의 사실회보에 의해 밝혀졌으므로 이를 유죄의 증거로 할 수 없음에도 이를 유죄의 증거로 삼아 자백한 것으로 인정한 것은 잘못된 것이므로 무죄부분주장에 대하여 판단을 하여 주시기 바랍니다.

20○○. ○. ○.

위 피고인의 변호인 변호사 ○ ○ ○ (인)

대 법 원 귀중

[서식 363] 재판서경정신청서

재 판 서 경 정 신 청

사 건 20○○고단 ○○○호 사기

신청인(피고인) ○ ○ ○ (000000-0000000)
○○시 ○○구 ○○로 ○○(○○동)

위 사건에 관하여 ○○지방법원이 20○○. ○. ○. 선고한 판결은 명백한 오류가 있어 판결경정을 신청하오니 신청취지와 같은 결정을 하여 주시기 바랍니다.

신 청 취 지

○○지방법원이 20○○. ○. ○. 선고한 판결 중 피고인 "○○○"을 "○○○"으로 경정한다.
라는 결정을 구합니다.

신 청 이 유

신청인은 20○○고단 ○○○호 사기 피고사건으로 귀원에서 20○○. ○. ○. 징역 8월에 2년간 집행유예의 선고를 받았는 바, 동 판결서에는 피고인의 성명이 "○○○"으로 기재되어 있습니다. 그러나 관계기록에 첨부된 주민등록표등본 등 기록에 의하면 피고인의 성명이 "○○○"이 아닌 "○○○"임이 명백하므로 신청취지와 같은 결정을 구합니다.

첨 부 서 류

1. 판결문등본 1통

1. 공소장부본사본 1통
1. 주민등록표등본 1통

20○○. ○. ○.

위 신청인 피고인 ○ ○ ○ (인)

○○지방법원 귀중

제3절 비약상고

제1심판결에 대하여 항소함이 없이 상고를 인정하는 제도로서 이는 원심판결이 인정한 사실에 대하여 법령을 적용하지 아니하였거나 법령의 적용에 착오가 있는 때, 원심판결이 있은 후 형의 폐지나 변경 또는 사면이 있는 때에는 비약적 상고를 제기할 수 있다(형소법 372조).

[서식 364] 비약상고장(1)

비 약 상 고 장

사 건 20○○고합○○○○호 강도상해

피 고 인 ○ ○ ○

위 피고사건에 관하여 20○○. ○. ○. ○○지방법원의 징역 3년에 처한다는 유죄판결의 선고가 있었으나 이 판결의 유죄의 근거는 법령적용에 착오가 있는 때에 해당하는 것으로서 형사소송법 제372조에 의하여 이 상고를 제기하기에 이른 것입니다.

20○○. ○. ○.

위 피고인의 변호인 변호사 ○ ○ ○ (인)

대 법 원 귀중

【주】

원심판결이 인정한 사실에 대하여 법령을 적용하지 아니하였거나 법령의 적용에 착오가 있는 때와 원심판결이 있은 후 형의 폐지나 변경 또는 사면이 있는 때에 비약상고의 이유가 된다.

[서식 365] 비약상고장(2)

비 약 상 고 장

사 건 20○○고합○○○○호 강도상해

피 고 인 ○ ○ ○

위 피고사건에 관하여 20○○. ○. ○. ○○지방법원에서 강도상해죄로 징역 3년에 처한다는 유죄판결의 선고가 있었으나 이 판결 선고 후 ○○법률의 제정으로 그 형의 폐지가 있었으므로 형사소송법 제372조에 따라 비약상고를 제기합니다.

20○○. ○. ○.

위 피고인 ○ ○ ○ (인)

대 법 원 귀중

제4장 항 고

제1절 총 설

1. 항고의 의의

항고는 결정에 대한 불복방법의 상소제도이다. 예외적으로 명령에 대하여는 원칙적으로 항고가 인정되지 않으나 특수한 경우에만 인정되고 있다.

2. 항고의 종류

항고에는 보통항고, 즉시항고, 재항고, 준항고가 있다.

가. 보통항고

원 결정을 취소할 실익이 존속하는 이상 기간에 제한 없이 언제든지 할 수 있다(형소법 404조).

다만, 보통항고의 대상에 관하여는 제한이 있다. 즉, 법원의 관할에 관한 결정(이송, 병합심리, 관할의 지정 이전 등) 또는 판결 전의 소송절차에 관한 결정 중 구금, 보석, 압수물환부, 감정유치에 관한 것을 제외한 결정에 대하여는 특히 즉시항고를 할 수 있는 경우가 아닌 한 항고를 하지 못한다(형소법 403조). 다만, 구금(법원의 구속, 접견금지, 구속기간갱신 등), 보석(보석취소, 보증금 몰수 등), 압수(법원의 압수, 제출명령 등), 압수물환부(압수물환부결정, 압수물환부청구기각 등), 감정유치(법원의 감정유치, 기간의 연장 등)에 관한 결정에 대하여는 보통항고를 할 수 있다.

보통항고가 있더라도 원재판의 집행은 정지되지 않는다(형소법 409조).

다만, 원심법원 또는 항고법원은 보통항고에 대한 결정이 있을 때까지 원재판의 집행을 정지하는 결정을 할 수 있다(형소법 409조 단서).

나. 즉시항고

법령이 특히 즉시항고를 할 수 있다는 뜻의 규정을 두고 있는 경우에 인정되는 항고를 말한다.

즉시항고는 그 제기기간이 3일로 제한되어 있고(형소법 405조), 그 3일의 기간 및 즉시항고에 대한 재판이 있기까지는 원재판의 집행이 정지된다는 점(형소법 410조)이 있다.

다. 재 항 고

항고법원의 항고에 대한 결정 및 고등법원(항소심인 지방법원 본원합의부를 포함한다)의 제1심 결정에 대하여는 재항고로써만 불복할 수 있는바, 재항고란 위의 각 결정이 위법(헌법, 법률, 명령, 규칙에 위반)임을 이유로 하여 대법원에 제기하는 즉시항고를 말한다(형소법 415조).

라. 준 항 고

재판장 또는 수명법관이 기피신청을 기각한 재판, 구금 · 보석 · 압수 또는 압수물 환부에 관한 재판, 감정하기 위하여 피고인의 유치를 명령한 재판, 증인 · 감정인 · 통역인 또는 번역인에 대하여 과태료 또는 비용의 배상을 명한 심판에 해당하는 재판을 고지한 경우에 불복이 있으면 그 법관소속의 법원에 재판의 취소 또는 변경을 청구할 수 있는 것이다(형소법 416조 1항).

또한 검사 또는 사법경찰관의 구금, 압수 또는 압수물의 환부에 관한 처분에 대하여 불복이 있으면 그 직무집행의 관할법원 또는 검사의 소속검찰청에 대응한 법원에 그 처분의 취소 또는 변경을 청구할 수 있다(형소법 417조).

준항고의 청구는 서면으로 관할법원에 제출하여야 한다(형소법 418조).

[서식 366] 즉시항고장(1) (보석허가청구 기각)

항 고 장

사 건 20○○고단○○○호 ○○절도

피고인(항고인) ○ ○ ○

위 사건에 관하여 귀원에서 20○○. ○. ○.에 항고인의 보석허가청구를 기각결정을 하였으나 항고인은 이에 불복하여 다음과 같은 이유로 항고를 제기하오니 항고취지와 같은 결정을 하여 주시기 바랍니다.

항 고 취 지

원심법원의 20○○. ○. ○.자 보석청구기각 결정을 취소하고 피고인 ○○○의 보석을 허가한다.
라는 결정을 구합니다.

항 고 이 유

1. 항고인은 귀원 20○○고단○○○호 ○○ 피고사건으로 재판 계속 중에 있는바, 항고인이 20○○. ○. ○. 귀원에 보석허가청구를 하였으나 20○○. ○. ○.자에 기각한다는 결정을 받았습니다.

2. 그러나 이 사건은 피해자와 합의가 이루어져 피해가 모두 회복되었고 또한 피고인은 초범으로서 주거가 일정하여 도주의 우려가 없고, 증거를 인멸할 염려가 전혀 없으므로 법률상 당연히 보석을 허가하여야 함에도 불구하고 이를 기각하였음은 심히 부당하다고 생각되어 이 건 항고에 이른 것입니다.

20○○. ○. ○.

위 피고인(항고인)의 변호인 변호사 ○ ○ ○ (인)

○○지방법원 귀중

【주】

1. 항고는 즉시항고 외에는 재판의 집행을 정지하는 효력이 없다. 단 원심법원 또는 항고법원은 결정으로 항고에 대한 결정이 있을 때까지 집행을 정지할 수 있다.
2. 법원의 관할에 관한 결정(예 : 분리이송결정, 병합심리결정 등), 판결 전의 소송절차에 관한 결정(예 : 위헌제청신청기각, 국선변호인 선정청구기각, 공소장 변경허가결정)에 대해서는 즉시항고를 할 수 있는 경우 외에는 항고할 수 있다. 다만, 구금 · 보석 · 압수나 압수물의 환부에 관한 결정, 피고인에 대한 감정유치결정에 대하여는 보통항고를 할 수 있다(형소법 403조 2항).

[서식 367] 즉시항고장(2) (상소권회복청구 기각)

즉 시 항 고 장

사　　　건　　20○○초 ○○○호　상소권회복

피고인(항고인)　　○　○　○ (000000-0000000)
　　○○시 ○○구 ○○로 ○○(○○동)
　　전화 : 000-000-0000

위 사건에 관하여 20○○. ○. ○. ○○지방법원에서 행한 항고인신청의 상소권회복청구기각의 결정에 대하여 불복이므로 즉시항고를 제기합니다.

항 고 취 지

1. 원결정을 취소한다.
2. 피고인에 대한 ○○지방법원 20○○. ○. ○. 선고 20○○고단 ○○○○ 판결에 관하여 피고인의 항소권을 회복한다.

라는 결정을 구합니다.

항 고 이 유

1. 즉시항고인(피고인, 이하 "피고인"이라 한다)은 원판결이 언제 어떤 경위로 확정되었는지 몰라 항고를 제기하지 못하였는데, 판결 이 확정되어 벌금형이 나왔다하여 바로 그날 상소권회복신청을 하였던 바, 원결정은 적법한 공시송달에 의하여 판결이 선고 되었다는 이유로 상소권회복청구를 기각하였습니다.

2. 그러나 검찰 피의자신문조서에 의하면 피고인의 주소와 전화번호를 쉽게 확인할 수 있는데도 ○○지방법원은 이를 확인하지도 않고 공시송달을 하였습니다.

3. 그렇다면 이는 피고인이 책임질 수 없는 사유로 판결이 확정되고 항소기간이 도과한 것이므로, 피고인은 원결정을 취소하여 주시기를 바라와 이 건 즉시항고에 이른 것입니다.

20○○. ○. ○.

피고인(즉시항고인) ○ ○ ○ (인)

○○지방법원 귀중

【접수방법 및 유의사항】

1. 즉시항고인의 제기기간은 3일로 한다(형소법 405조).
2. 항고장은 원심법원에 제출한다.
3. 항고 심리는 상급법원에서 한다.
4. 즉시항고의 제기기간 내와 그 제기가 있는 때에는 재판의 진행은 정지된다(형소법 410조).
5. 즉시항고는 형사소송법에 명문규정이 있는 경우에 한하여 허용된다.
   예컨대 기피신청기각결정, 구속취소결정, 구속집행정지결정, 증인 등에게 감치명령 · 비용배상을 명하는 결정, 소송비용부담의 결정, 공소기각의 결정, 상소권회복청구 및 정식재판청구기각결정, 재심개시결정 및 재심청구 기각결정, 재판의 집행에 관한 결정 등에 대해서는 즉시항고가 허용된다.

[서식 368] 즉시항고장(3) (상소권회복청구 기각)

즉 시 항 고 장

사 건 20○○초 ○○○호 강도
피고인(항고인) ○ ○ ○

위 사건에 관하여 20○○. ○. ○. ○○지방법원 형사합의부에서 행한 항고인신청의 상소권회복청구기각의 결정에 대하여 불복이므로 다음과 같은 이유로 즉시항고를 제기합니다.

항 고 이 유

1. 원심결정은 상고권 불행사의 책임은 모두 피고인 측에 있다고 하여, 그 신청의 주장을 배척하고 있으나, 그 결정에는 다음과 같은 위법이 있으므로 당연히 취소되어야 할 것입니다.
2. 기각 결정을 한 법원은 그 결정을 함에 있어서 항고인이 열거한 참고인 전부를 조사하지도 않고 그중 ○○○에 대해서 극히 간단하게 사정을 물어 보았을 뿐, 이것만으로는 가장 중요한 문제에 대한 판단을 하기 어려우므로 위 항고인이 신청한 참고인 전원에 대하여 다시 사정을 청취하여 종합적인 판단을 하여 주시기 바랍니다.
3. 따라서 위 결정은 심리미진으로 사실을 오인하고 있는 것이므로 취소하여 주시기 바랍니다.

20○○. ○. ○.

위 항고인 ○ ○ ○ (인)

○○고등법원 귀중

[서식 369] **항고장**(기피신청기각결정에 대한)

항 고 장

사 건 20○○초 ○○○호 기피신청

항고인(피고인) ○ ○ ○
○○시 ○○구 ○○로 ○○(○○동)

항 고 취 지

피고인 ○○○에 대한 사기사건에 관하여 20○○. ○. ○. ○○지방법원(형사

○○부)에서 행한 항고인 신청의 기피신청에 대한 기각결정에 대하여 불복이므로 다음과 같은 이유로 항고합니다.

항 고 이 유

1. 원 결정은 항고인의 기피신청이 아무런 이유 없다 하여 기각하였으나 이는 사실에 대한 조사의 불철저에서 오는 사실판단의 잘못이라 하겠습니다. 즉 이 건 기피신청의 이유인 사실은 신청인이 제출한 증거들에 의하여 충분히 인정되는 것임에도 이에 대한 조사를 제대로 하지 아니하고 성급하게 이유 없다는 결론에 이른 것입니다.
2. 따라서 이러한 조사방법을 근거로 한 원결정의 사실판단은 전혀 진실을 외면한 결론이라 하겠으므로, 이와 같이 부당한 원결정의 취소를 구하고자 이 항고에 이르렀습니다.

20○○. ○. ○.

위 항고인 ○ ○ ○ (인)

○○고등법원 귀중

[서식 370] 재항고장(1) (항고기각결정)

재 항 고 장

사 건 20○○초 ○○○호

피고인(항고인) ○ ○ ○

위 사건에 대한 ○○고등법원의 항고기각결정은 아래와 같은 이유로 불복이므로 재항고를 제기합니다.

재 항 고 취 지

원심판결은 파기한다.
라는 재판을 구합니다.

재 항 고 이 유

재항고인은 원심의 결정에 대하여 항고를 제기하였으나 다시 항고를 기각하였고 그 이유는 법률이 정한 기간을 도과하였다는 것입니다. 재항고인이 한 이 사건 즉시 항고는 법률이 정한 기한 내에 한 적법한 재항고라고 할 것임에도 불구하고 이를 기간도과 후의 즉시항고라 하여 재항고를 기각한 원심결정은 형사소송법의 법리를 오해한 위법이 있으므로, 원심결정을 파기하여 주시기 바랍니다.

20○○. ○. ○.

위 피고인(재항고인) ○ ○ ○ (인)

대 법 원 귀중

【주】

항고법원 또는 고등법원의 결정에 대하여는 재판에 영향을 미친 헌법 · 법률 · 명령 또는 규칙의 위반이 있음을 이유로 하는 때에 한하여 대법원에 즉시항고를 할 수 있다(형소법 415조). 이를 재항고라 한다.

[서식 371] 재항고장(2)

재 항 고 장

사 건 20○○노○○○호 살인
피고인(항고인) ○ ○ ○

위 항고인에 대한 살인 피고사건에 대하여 20○○. ○. ○. ○○고등법원이 한 항고기각 결정은 헌법 제○○조에 위반하는 것이라고 생각되어 불복이므로 다음과 같이 재항고를 제기합니다.

재 항 고 의 이 유

1. 원판시의 사실에 대하여는 전혀 다툼이 없으나 법의 해석을 잘못하고 있음으로써 이것이 재산권을 침해하는 결과가 되며, 바로 헌법 제○○조에 위반하는 것이라고 생각된다.
2. 이상과 같은 이유로 헌법위반인 원심결정을 속히 파기하여 주시기를 바랍니다.

20○○. ○. ○.

위 항고인의 변호인 변호사 ○ ○ ○ (인)

대 법 원 귀중

[서식 372] 준항소장(가환부처분)

준 항 고 장

사 건 20○○형 제○○○호

피의자(항고인) ○ ○ ○

준 항 고 취 지

○○지방검찰청이 20○○. ○. ○.에 한 가환부처분의 결정은 이를 취소한다. 라는 재판을 구합니다.

준 항 고 이 유

1. 위 항고인은 ○○지방검찰청에서 사기 피의사건으로 수사를 받고 있는 자인바, 20○○. ○. ○. 수사 검사로부터 증거품으로 당좌수표 및 약속어음 8매를 압수당

한 바 있습니다.

2. 그런데 검사는 20○○. ○. ○. 수사도 종결하기 전에 위 압수한 증거물을 고소인에게 가환부처분을 한 바 있으나, 위 가환부처분한 압수물은 항고인이 본건 고소인으로부터 물품대금조로 받은 것이 명백하여 항고인 소유임에도 불구하고 수사중에 고소인에게 위 압수물품을 가환부하였음을 매우 부당하다 아니할 수 없어 이 건 준항고에 이른 것입니다.

20○○. ○. ○.

위 항고인의 변호인 변호사 ○ ○ ○ (인)

○○지방법원 귀중

【접수방법 및 유의사항】

서면으로 관할법원에 재항고의 사유를 들어 3일 이내에 제출하여야 한다.

1. 기피신청을 기각한 재판
2. 구금, 보석, 압수 또는 압수물환부에 관한 재판
3. 감정하기 위하여 피고인의 유치를 명한 재판
4. 증인, 감정인, 통역인 또는 번역인에 대하여 과태료 또는 비용의 배상을 명한 재판

제2절 항고에 대한 원심법원의 절차

1. 항고의 제기

항고를 함에는 항고장을 원심법원에 제출하여야 한다(형소법 406조).

항고장에 기재할 제출처는 항고법원으로 기재하여야 하나, 그 표시가 잘못되었더라도 이를 오기로 보아 바른 항고법원으로 기록을 송부하여야 하며, 상대방에게 항고제기통지를 하여야 한다.

2. 원심법원의 항고기각결정

항고의 제기가 법률상의 방식에 위배하거나 항고권 소멸 후의 것임이 명백한 때에는 원심법원은 결정으로 항고를 기각하여야 한다(형소법 407조 1항).
이 원심기각 결정에 대하여는 당초의 항고가 본항고였건 즉시항고였건 가리지 않고 즉시항고를 할 수 있다(형소법 407조 2항). 그러나 항고가 재항고였을 때는 그 원심기각결정이 위법임을 주장하는 때에 한하여 재항고를 할 수 있을 뿐이다(형소법 415조).

3. 원심법원의 경정 및 집행정지결정

항고장을 접수한 원심법원이 항고가 이유 있다고 인정한 때에는 원결정을 스스로 경정하여야 한다(형소법 408조 1항).
보통항고는 집행정지의 효력이 없으므로 재판이 고지되면 바로 집행기관에 의하여 그 집행이 개시된다. 이때 원심법원의 판단으로 항고가 이유 있다고 생각되지 않으나 항고심의 재판결과를 기다려서 집행함이 옳다고 판단되는 경우에는 원재판의 집행정지결정을 할 수 있다(형소법 409조 단서).

제3절 항고법원의 절차

1. 부적법한 항고의 기각결정

원심법원에서 항고기각결정을 했어야 할 사건(형소법 407조, 법률상의 방식에 위배하였거나 항고권 소멸 후에 제기된 항고심이 명백한 사건)에 관하여 원심법원이 항고기각 결정을 하지 아니한 때에는 항고법원이 항고기각결정을 하여야 한다(형소법 413조).

2. 항고법원의 집행정지결정

보통항고가 제기된 경우에 원심법원이 집행정지결정을 하지 않는 경우에는 항고 법원이 재량에 의하여 원 재판의 집행정지결정을 할 수 있다.

3. 심 리

결정을 위한 심리이므로 구두변론에 의하지 않을 수 있고, 사실조사를 할 수 있다(형소법 37조 2항 · 3항). 필요한 때에는 증인신문을 하거나 감정을 명할 수 있다. 검사는 항고사건에 관하여 의견을 진술할 수 있다(형소법 412조).

4. 재 판

항고가 이유 없다고 인정한 때에는 항고기각결정을 한다(형소법 414조 1항).
항고가 이유 있다고 인정한 때에는 원심결정을 취소하는 결정을 하고 필요한 때에는 항고사건에 대하여 직접 재판을 하여야 한다.
항고에 대한 결정은 통상의 결정과 같은 방법으로 고지하는 외에(형소법 42조) 원심법원에 대하여도 즉시 결정등본을 송부하여야 한다(형소규 165조).

제4절 준항고에 관한 절차

1. 관할법원

법관의 재판에 대한 준항고는 그 법관이 소속된 합의부에서 관할한다(다만, 유치명령에 대한 준항고는 그 법관 소속 합의부일 필요가 없고 조직법상 의미의 법원에 설치된 합의부가 관할한다).
수사기관의 처분에 대한 준항고는 그 직무집행정지의 법원 또는 검사의 소속 검찰청에 대응한 법원에서 관할하는데 명문규정이 없으므로 단독판사가 관할한다.

2. 준항고 제기방법

준항고는 그 이유를 기재한 서면을 관할법원에 제출하여야 한다.

법관의 재판에 대한 준항고는 3일 내에 하여야 하며 수사기관의 처분에 대한 준항고는 기간제한이 없다.

준항고는 증인, 감정인에 대한 과태료, 비용배상의 재판에 대한 경우 외에는 집행정지의 효력이 없다.

3. 불복방법

준항소에 대한 결정에 대하여는 대법원에 재항고를 할 수 있다고 보는 것이 지배적이다. 따라서 법관의 재판에 대한 소속 합의부의 결정 또는 수사기관의 처분에 대한 법원(단독판사)의 결정은, 그 결정에 대한 별도의 항고를 거쳐 재항고를 할 수 있는 것이 아니고, 그 자체가 바로 재항고의 대상이 된다.

제 4 편

특별소송절차

제1장 재 심 / 645
제2장 비상상고 / 656
제3장 약식절차 / 659
제4장 기타 구제절차 / 669
제5장 즉결심판 / 674

| 제1장 재 심 |

제1절 재심의 의의와 기능

1. 재심의 의의

재심이란 확정된 유죄판결에 대하여 사실오인의 부당을 시정하기 위한 일정한 사유가 있는 경우에 유죄판결을 받은 자의 이익을 위하여 판결의 부당함을 시정하는 비상구제절차이다. 재심은 미확정판결에 대한 구제절차인 상소와 구별되고, 확정판결의 법령위반을 시정하기 위한 구제절차인 비상상고와는 다르다.

그리고 재심은 피고인이었던 자의 이익을 위해서만 인정되는 비상구제절차이므로 약식명령이나 즉결심판은 유죄의 확정판결과 동일한 효력이 있어 재심의 대상이 되나, 무죄, 면소, 공소기각의 판결은 재심의 대상이 되지 않는다.

2. 재심의 기능

형사소송에 있어 재심은 법적 안정성과 정의의 이념이 대립되는 경우 정의를 위하여 법적 안정성을 해칠 수 있다는 논리로서 판결의 정의에 비추어 용납될 수 없을 정도로 허위임이 인정되는 경우 비록 법적 안정성을 해한다 할지라도 실질적 정의를 실현하고자 하는 것이 재심의 제도이다.

제2절 재심의 사유

1. 유죄확정판결에 대한 재심

재심은 유죄의 확정판결에 대하여 그 선고를 받은 자의 이익을 위해서만 청구할 수 있다. 유죄의 확정판결에는 제1심법원이 선고한 유죄의 확정판결, 항소심·상고심이 파기자판하여 선고한 유죄의 확정판결 및 확정판결과 동일한 효력이 있는 약식명령, 즉결심판이 포함된다.

2. 유죄확정판결에 대한 재심의 사유

① 원판결의 증거가 된 증거서류 또는 증거물이 확정판결에 의하여 위조 또는 변조되었음이 증명된 때, ② 원판결의 증거가 된 증언, 감정, 통역 또는 번역이 확정판결에 의하여 허위임이 증명된 때, ③ 무고로 인하여 유죄판결을 받은 경우에 무고의 죄가 확정판결에 의하여 증명된 때, ④ 원판결의 증거로 되었던 재판이 확정재판에 의하여 변경된 때, ⑤ 유죄의 선고를 받은 자에 대하여 무죄 또는 면소를 선고할 명백한 증거 또는 형의 선고를 받은 자에 대하여 형의 면제 또는 원판결이 인정한 죄보다 경한 죄를 인정할 명백한 증거가 새로 발견된 때, ⑥ 저작권, 특허권, 실용신안권, 의장권 또는 상표권을 침해한 죄로 유죄의 선고를 받은 사건에 관하여 그 권리에 대한 무효의 심결 또는 무효의 판결이 확정된 때, ⑦ 원판결(그 전심판결이나 판결의 기초되는 조사를 포함)에 관여한 법관, 기소 또는 수사에 관여한 검사나 사법경찰관이 그 직무에 관한 범죄를 범하였음이 확정판결에 의하여 증명된 때, 단, 원판결의 선고 전에 그 직무범죄에 관한 공소가 제기되었을 경우에는 원판결의 법원이 그 사유를 알지 못한 때에 한한다.

3. 유죄판결에 대한 상소를 기각한 확정판결의 재심

상소법원이 원심의 유죄판결을 유지하여 상소를 기각한 판결에 대하여도 재심의 청구를 할 수 있는 바, 재심사유는 위 2.의 경우에 비하여 제한되며, 재심사유가 인용되어 재심개시결정이 확정되더라도 상소심의 심리절차가 진행될 뿐이며, 그 효과가 바로 원심의 유죄판결에 미치지는 않는다.

4. 유죄판결에 대한 상소를 기각한 확정판결의 재심의 사유

유죄판결에 대하여 상소를 기각한 확정판결에 대한 재심은 아래 사유를 근거로 하여 재심을 청구할 수 있고 나머지 사유에 의하여는 원심의 유죄판결에 대하여만 재심청구를 할 수 있다. ① 원판결의 증거로 된 증거서류 또는 증거물이 확정판결에 의하여 위조 또는 변조임이 증명된 때(형소법 420조 1호), ② 원판결의 증거로 된 증언, 감정, 통역, 번역이 확정판결에 의하여 허위임이 증명된 때(형소법 420조 2호), ③ 원판결, 전심판결 또는 그 판결의 기초된 조사에 관여한 법관, 기소 또는 수사에 관여한 검사나 사법경찰관이 그 직무에 관한 범죄를 범하였음이 확정판결에 의하여 증명된 때, 다만 원판결이 선고전에 그 직무범죄에 관한 공소가 제기되었을 경우에는 원판결의 법원이 그 사유를 알지 못한 때에 한한다(형소법 420조 7호).

제3절 재심의 청구

1. 청구권자

재심의 청구권자로는 ① 공익의 대표자로서 피고인의 이익을 위하여 재심의 청구를 할 수 있는 검사, ② 피고인이었던 자로 유죄를 선고받은 자, ③ 친권자, 후견인으로서 유죄의 선고를 받은 피고인이었던 자의 법정대리인, ④ 유죄를 선고받은 피고인이었던 자가 사망하거나 심신장애가 있는 경우에는 그 배우자, 직계친족, 형제자매, ⑤ 위 ② 내지 ④의 자가 선임한 변호인 등이 있다(형소법 424조).

다만, 검사를 제외한 자(위 ② 내지 ⑤의 자)의 청구권에 관하여는 제한이 있다. 즉, 법관 등의 직무범죄를 사유로 하는 경우에 피고인이었던 자가 그 직무범죄를 범하게 한 때에는 청구권이 없다.

2. 재심의 관할

재심의 청구는 원판결의 법원이 관할한다(형소법 423조).

3. 청구기간

재심청구는 피고인이었던 자의 사망 후에도 할 수 있고, 형의 집행이 종료되거나 그 집행을 받지 않기로 된 후에도 할 수 있다.

4. 청구의 방식

재심의 청구를 함에는 재심청구서에 재심청구의 취지와 이유를 구체적으로 기재하고, 여기에 원판결의 등본 및 증거자료를 첨부하여 관할법원에 제출하여야 하며 구술신청은 허용되지 않는다.

5. 청구의 취하

재심청구는 취하할 수 있는데(형소법 429조 1항), 취하는 서면에 의하여야 하며, 다만 공판정에서는 구술로도 할 수 있다.
일단 취하한 자는 동일한 사유로 다시 재심의 청구를 하지 못한다(형소법 429조 2항). 법원은 취하사실을 상대방에게 통지하여야 한다. 그리고 교도소에 있는 자에 대하여는 재심의 청구와 취하에 특별한 편의를 인정하고 있다(형소법 344조, 430조).

[서식 373] 재심청구서(1)

재 심 청 구 서

재심청구인 홍 길 동 (000000-0000000)
(피 고 인) 주 소 : ○○시 ○○구 ○○로 ○○(○○동)

등록기준지 : ○○시 ○○구 ○○로 ○○(○○동)
직　　업 : 무직

재 심 청 구 취 지

이 사건의 재심을 개시한다.
라는 결정을 구합니다.

재 심 청 구 이 유

1. 재심청구인은 ○○지방법원 20○○고합 ○○○호 강도상해 피고사건에 관하여 20○○. ○. ○. 같은 법원에서 징역 3년 6월의 선고를 받고 위 판결에 불복하여 항소를 제기하여 동 항소심인 ○○고등법원에서 20○○. ○. 항소기각의 판결을 하였고 이에 대해 재심청구인은 상고를 제기하지 아니하여 20○○. ○. ○. 위 사건은 확정된 바 있습니다.

2. 피고인(재심청구인)의 범죄사실을 보면 피고인이 20○○. ○. ○. 00:00경 ○○시 ○○구 ○○동에 위치한 노상에서 술에 취해 길을 가던 피해자를 발견하고 이를 뒤쫓아가 칼을 옆구리에 대고 현금 300만원과 목걸이 1점을 강취하고 칼로 옆구리를 찔러 8주간의 상해를 입혔다는 것으로 징역 3년 6월의 형이 확정된 바 있습니다.

3. 그러나 당시 목격자 1인에 의해 범행현장 부근을 지나던 피고인이 인상착의가 비슷하다는 이유로 피고인이 범인으로 지목되어 검거되었으나 피고인이 완강하게 부인하여 결백을 주장하였음에도 이를 받아들이지 아니하고 목격자와 현장부근에 떨어진 칼 등을 증거로 채택하여 징역 3년 6월의 형을 선고하였던 것이나 위 사건의 진범이 다른 강도사건으로 검거되어 조사하는 과정에서 밝혀졌고 형이 확정됨으로서 새로운 명백한 증거가 발견되었으므로 재심의 사유가 있다 할 것이므로 재심의 개시를 결정하는 재판을 하여 주시기 바랍니다.

첨 부 서 류

1. 판결문 등본(피고인 홍길동) 1통
1. 위 확정증명원 1통
1. 판결문 등본(피고인 김갑동) 1통
1. 위 확정증명원 1통

20○○. ○. ○.

위 재심청구인(피고인) 홍 길 동 (인)

○○지방법원 귀중

[서식 374] 재심청구서(2)

재 심 청 구 서

재심청구인 ○ ○ ○ (000000-0000000)
(피 고 인) 주 소 : ○○시 ○○구 ○○로 ○○(○○동)
등록기준지 : ○○시 ○○구 ○○로 ○○(○○동)
전 화 : 000-000-0000

원 판 결 의 표 시

○○지방법원 20○○고단○○○○ 사기 (20○○. ○. ○. 선고)

재 심 청 구 취 지

재심청구인은 20○○. ○. ○. ○○시 ○○구 ○○로 ○○(○○동)에서 피해자 ○○○에게 "○○회사에게 투자할 일이 있는데 돈을 빌려 달라. 8천만원을 빌려주면 매달 3%의 이자를 주고 원금은 6개월이 지난 즉시 갚아주겠다"라고 거짓말하여 이에 속은 피해자로부터 차용금 명목으로 8,000만원을 교부받아 이를 편취하였다.라는 이유로 구속 수감되어 20○○. ○. ○. ○○지방법원에서 징역 1년에 집행유예 2년을 선고받고 그 판결이 확정되었으나, 원판결에서 유죄의 증거로 사용된 고소인 ○○○과 ○○○의 증언의 위증으로 밝혀져 그들이 형사 판결을 받고 동 판결이 확정되었으므로 피고인이 받은 원판결은 재심사유가 있어 재심청구를 하오니 재심개시결정을 하고 다시 재판하여 무죄를 선고하여 주시기 바랍니다.

재 심 청 구 이 유

1. 원판결과 증거의 요지

원판결은 「재심청구인은 20○○. ○. ○. ○○시 ○○구 ○○로 ○○(○○동)에서 피해자 ○○○에게 "○○회사에게 투자할 일이 있는데 돈을 빌려 달라.

8,000만원을 빌려주면 매달 3%의 이자를 주고 원금은 6개월이 지난 즉시 갚아주겠다"라고 거짓말을 하여 이에 속은 피해자로부터 차용금명목으로 8,000만원을 교부 받아 이를 편취하였다」라는 공소사실에 대하여 유죄를 인정하여 20○○. ○. ○. 징역 1년에 집행유예 2년을 선고하였고 그 판결은 재심청구인의 항소포기로 확정되었습니다.

원판결은 피고인에 대한 유죄의 증거로 고소인 ○○○과 참고인 ○○○의 각 증언과 차용증서를 거시하였습니다.

2. 고소인 ○○○과 ○○○의 증언과 차용증서의 위조

그러나 재심청구인은 고소인으로부터 돈을 차용한 사실이 없으므로 고소인 ○○○를 사문서 위조죄로 형사고소를 하였고, 아울러 고소인 ○○○과 ○○○를 위증으로 형사고소를 하여, 고소인 ○○○과 ○○○는 기소되어 고소인 ○○○는 징역 1년 6월, ○○○는 징역 1년의 확정판결을 받았습니다. 이는 형사소송법 제420조 제1호 및 제2호의 재심사유에 해당합니다.

3. 따라서 재심청구인은 재심을 통하여 그동안의 억울함을 밝히고자 하오니 재심개시결정을 하여 주시기 바랍니다.

첨 부 서 류

1. 판결등본 6통
1. 기타 서류

20○○. ○. ○.

위 재심청구인 ○ ○ ○ (인)

○○지방법원 귀중

[서식 375] 재심청구취하서(1)

재 심 청 구 취 하 서

사 건 20○○고합○○○호 강도상해

피의자(재심청구인) ○ ○ ○

위 재심청구사건에 관하여 재심청구인은 사정에 의하여 재심청구의 모두를 취하합니다.

20○○. ○. ○.

위 재심청구인(피고인) ○ ○ ○ (인)

○○지방법원 귀중

[서식 376] **재심청구취하서(2)**

재 심 청 구 취 하 서

사 건 20○○고단○○○ 사기

재심청구인(피고인) ○ ○ ○

위 피고인에 대한 절도 피고사건에 관하여 20○○. ○. ○. ○○지방법원으로부터 징역 2년에 처한다는 선고를 받고 20○○. ○. ○. 재심의 청구를 한 바 있으나, 본 재심청구인은 사정에 의하여 재심청구의 모두를 취하합니다.

20○○. ○. ○.

위 재심청구인(피고인) ○ ○ ○ (인)

○○지방법원 귀중

제4절 재심청구에 대한 심판

1. 재심청구에 대한 심리(사실조사)

재심의 청구를 받은 법원은 필요하다고 인정한 때에는 합의부원에게 재심청구의 이유에 대한 사실조사를 명하거나 다른 법원의 판사에게 이를 촉탁할 수 있다(형소법 431조 1항). 이 경우에는 수명법관 또는 수탁판사는 법원 또는 재판장과 동일한 권한이 있다(형소법 431조 2항).

2. 당사자의 의견청취

재심의 청구에 대하여 결정을 함에는 청구한 자와 상대방의 의견을 들어야 한다. 단, 유죄의 선고를 받은 자의 법정대리인이 청구한 경우에는 유죄의 선고를 받은 자의 의견도 들어야 한다(형소법 432조).

3. 재심청구에 대한 재판

가. 청구기각의 결정

재심의 청구가 법률상의 방식에 위반하거나 청구권의 소멸 후인 것이 명백한 때에는 결정으로 재심청구를 기각하여야 한다(형소법 433조).

재심의 청구가 이유 없다고 인정한 때에는 결정으로 재심청구를 기각하여야 하며(형소법 434조 1항) 이 결정이 있는 때에는 누구든지 동일한 이유로 다시 재심청구를 하지 못한다(형소법 434조 2항). 여기서 누구든지란 의미는 예컨대 피고인이었던 자의 재심청구가 이유 없는 것으로서 기각된 경우에 그 자의 법정대리인 또는 검사도 동일 이유로 재심청구를 하지 못한다는 것이다.

나. 재심개시의 결정

재심의 청구가 이유 있다고 인정한 때에는 재심개시의 결정을 하여야 한다

(형소법 435조 1항). 경합범의 일부에 대해서만 재심의 이유가 있는 경우에도 1개의 형이 선고된 경우에는 그 전부에 대하여 재심개시결정을 하여야 한다고 본다.

재심개시의 결정을 할 때에는 결정으로 형의 집행을 정지할 수 있다(형소법 435조 2항).

다. 즉시항고

재심청구기각결정과 재심개시결정에 대하여는 즉시항고를 할 수 있다(형소법 437조).

4. 재심의 심판

가. 일반원칙

재심개시의 결정이 확정한 사건에 대하여는 형사소송법 제436조(청구의 경합과 청구기각)의 경우 외에는 법원은 그 심급에 따라 다시 심판하여야 한다(형소법 438조 1항). 그 심급이라 함은 제1심의 확정판결에 대한 재심의 경우에는 제1심의 절차에 의하여, 그리고 항소기각 또는 상고기각의 확정판결에 대한 재심의 경우에는 항소심 또는 상고심의 절차에 따라 심판하여야 한다. 따라서 재심의 판결에 대하여는 일반원칙에 따라 상소가 허용된다 할 것이다.

나. 공판절차정지규정의 배제

심신장애자를 위하여 재심의 청구를 한 때 또는 유죄의 선고를 받은 자가 재심의 판결 전에 회복할 수 없는 심신장애자로 된 때에는 공판절차의 정지에 관한 규정(형소법 306조)은 적용되지 않는다(형소법 438조 2항). 따라서 법원은 공판절차를 정지할 필요 없이 심리를 계속하여야 한다.

다. 공소기각결정의 예외

피고인이 사망한 경우에는 법원은 공소기각의 결정을 함이 원칙이나(형소법 328조 1항) 재심의 경우에는 예외가 인정된다. 즉 사망자를 위하여 재심청구를 하였거나 재심피고인이 재심의 판결 전에 사망한 경우 에는 공소기각결정을 하지 않고 무죄 등의 실체판결을 하여야 한다(형소법 438조 2항).

라. 피고인의 재정원칙에 대한 예외

피고인의 공판정 출석은 원칙적으로 공판개정의 요건이나, 재심의 공판절차에 있어서는 특칙이 있다. 즉 재심피고인이 사망하거나 심신장애자인 경우에는 피고인의 공판정 출석을 요하지 않는다(형소법 438조 3항). 다만 변호인의 출석 없이는 개정하지 못한다. 이 경우 사선변호인이 없는 때에는 국선변호인을 선임하여야 한다(형소법 438조 4항).

마. 불이익변경의 금지

재심에는 원판결의 형보다 중한 형을 선고하지 못한다(형소법 439조). 재심에 있어서 불이익변경금지의 원칙은 유죄의 선고를 받은 자의 이익을 위하여서만 허용되는 재심제도의 본질상 당연한 것이다.

사. 무죄판결의 필요적 공시

재심에서 무죄의 선고를 한 때에는 그 판결을 관보와 그 법원소재지의 신문지에 기재하여 공고하여야 한다(형소법 440조).

| 제2장 비상상고 |

제1절 비상상고의 의의와 절차

1. 의 의

비상상고는 확정판결에 대하여 그 심리 또는 재판에 법령위반이 있음을 이유로 하여 인정되는 비상구제절차이다.

비상상고는 법령의 해석 · 적용의 통일을 주된 목적으로 하며 비상상고에 의하여 원판결이 파기되고 유죄의 선고를 받은 자에게 유리하게 변경되는 것은 그 반사적 효과에 불과한 점에서 구체적 사실인정의 착오를 시정하여 유죄의 선고를 받은 자의 구제를 주된 목적으로 하는 재심과 구별된다.

2. 관 할

비상상고는 재심과 달리 검찰총장만이 신청할 수 있으며 관할은 대법원이다(형소법 441조).

검찰총장은 판결이 확정된 후 그 사건이 심판이 법령에 위반한 것을 발견한 때에는 대법원에 비상상고를 할 수 있다.

3. 비상상고의 대상 및 이유

비상상고는 대상은 모든 확정판결이다.

재심의 대상인 유죄의 확정판결과 공소기각, 관할위반, 면소의 형식재판도 그 대상이 되며 심급의 여하를 묻지 않는다.

확정된 약식명령과 즉결심판은 확정판결과 동일한 효력이 있으므로 비상상고의 대상이 되며 상고기각의 결정에 대하여도 비상상고가 허용된다.

비상상고의 이유는 판결이 확정된 후 그 사건의 심판이 법령에 위반한 때이며, 판결과 판결 전의 소송절차에 법령위반이 있는 경우에도 비상상고를 할 수 있다.

4. 비상상고의 방식과 시기

비상상고를 제기함에는 그 이유를 기재한 신청서를 대법원에 제출하여야 한다(형소법 442조).

신청의 시기는 확정판결 후면 언제든지 할 수 있고 형의 시효가 완성되었거나 형이 소멸하였거나 판결을 받은 자가 사망한 경우에도 가능하다.

5. 비상상고의 심리

비상상고 사건을 심리하기 위하여는 공판기일을 열어야 하며 공판기일에는 검사는 신청서에 의하여 진술하여야 한다(형소법 443조).

비상상고 공판기일에는 피고인을 소환할 필요는 없다. 대법원은 비상상고 신청서에 포함된 이유에 한하여 조사하여야 하고(형소법 444조 1항) 직권조사는 인정되지 아니한다.

그러나 법원의 관할, 공소의 수리와 소송절차에 관하여는 사실조사를 할 수 있다(형소법 444조 2항).

제2절 비상상고에 대한 판결

1. 기각판결

비상상고를 심리한 결과 이유가 없다고 인정되는 때에는 판결로써 이를 기각하여야 한다(형소법 445조).

2. 파기의 판결

비상상고를 심리한 결과 이유가 있다고 인정되고, 그 이유가 원판결이 법령에 위반한 때에는 그 위반된 부분은 파기하여야 하고, 단, 원판결이 피고인에게 불이익한 때에는 원판결을 파기하고 피고사건에 대하여 다시 판결한다(형소법 446조 1호).

또한 원심소송절차가 법령에 위반한 때에는 그 위반된 절차를 파기하고(형소법 446조 2호) 원판결은 파기하지 않는다.

3. 판결의 효력

비상상고의 판결은 원판결이 피고인에게 불이익한 때에는 원판결을 파기하고 피고사건에 대하여 다시 형사소송법 제446조 제1호 단서규정에 의한 판결 외에는 그 효력이 피고인에게 미치지 않는다(형소법 447조).

[서식 377] 비상상고장

비 상 상 고 장

사 건 20○○고단○○○ 도로교통법위반

피 고 인 ○ ○ ○

위 사건에 관하여 ○○지방법원이 20○○. ○. ○. 선고한 벌금 2,000,000원에 처한다는 유죄 선고를 받고 판결이 확정되었는 바, 위 판결에서 유죄의 근거로서 도로교통법을 적용하였음은 법령적용에 위반이 있는 때에 해당하므로 형사소송법 제441조에 의하여 본 상고를 제기하는 바입니다.

20○○. ○. ○.

검찰총장 ○ ○ ○ (인)

대 법 원 귀중

| 제3장 약 식 절 차 |

제1절 약식절차의 의의와 청구방식

1. 의 의

약식절차란 공판절차를 거치지 아니하고 원칙적으로 서면심리만으로 피고인에게 벌금 · 과태료를 과하는 간이한 형사절차를 말하며 이러한 약식절차에 의하여 재산형을 과하는 재판을 약식명령이라고 한다.

이러한 약식절차는 형사재판의 신속을 기하는 동시에 공개재판에 따르는 피고인의 심리적 · 사회적 부담을 덜어둔다는 점에 그 존재의의가 있다. 간략한 서면심리에 의하여 생길 수 있는 부당함은 법원의 공판절차에 의한 심리(형소법 450조) 및 피고인의 정식재판청구(형소법 453조)에 의하여 제거될 수 있다. 약식사건은 단순히 경미사건으로 가볍게 다룰 것이 아니라 국민생활에 직결되어 있는 사건들로서, 기록의 검토는 철저히 이루어져야 하며 소신 있는 처리가 요구된다.

2. 청구방식

약식명령으로 과할 수 있는 형은 벌금 · 과료 몰수에 한정된다(형소법 448조 1항). 따라서 벌금 · 과료가 법정형에 선택적으로 포함되어 있음을 요한다. 법정형에 징역이나 금고가 병과형으로 규정된 경우에는 약식명령을 청구할 수 없다.

약식명령의 청구는 검사가 공소제기와 동시에 서면으로 하여야 한다(형소법 449조).

약식명령의 청구와 공소제기는 이론상 별개의 소송행위이지만, 실무에서는 두 서면이 따로 작성되지 않고 한 개의 서면에 의하고 있으며, 약식명령청구서에는 부본을 첨부할 필요가 없고 이를 피고인에게 송달할 필요도 없다.

검사가 약식명령의 청구를 함에는 필요한 증거서류와 증거물을 동시에 제출하여야 한다. 즉 공소장 일본주의가 적용되지 않는다.

제2절 약식명령청구사건의 처리

1. 사실조사

법원은 검사로부터 약식명령의 청구가 있으면 검사가 제출한 서류 및 증거물에 대한 서면심사에 의해 심리함이 원칙이다. 그러나 약식명령은 결정은 아니지만, 결정에 준하는 것이므로 법원이 필요한 때에는 수사기록에 첨부된 서류의 진위와 내용을 확인하는 등의 간단한 사실조사를 할 수 있다.

2. 공판절차회부

법원은 약식명령의 청구가 있는 경우에 그 사건이 약식명령을 할 수 없거나 약식명령을 하는 것이 부적당하다고 인정된 때에는 공판절차에 의하여 심판하여야 한다(형소법 450조). 약식명령을 할 수 없는 경우라 함은 법정형에 벌금이나 과료가 규정되어 있지 않거나 징역이나 금고 등의 자유형이 필요적 병과형으로 규정되어 있는 경우, 소송조건이 결여되어 면소, 공소기각, 관할위반 등의 재판을 하여야 하는 경우, 혹은 형의 면제나 무죄의 판결을 하여야 할 경우 등을 말한다. 약식명령을 하는 것이 부적당한 경우라 함은 법률상으로는 약식명령을 하는 것이 가능하나 사건의 성질상 공판절차에 의한 신중한 심리가 상당하다고 인정되는 경우 등을 말한다.

약식명령이 청구된 후 치료감호가 청구되었을 때에는 약식명령청구는 그 치료감호가 청구되었을 때부터 공판절차에 따라 심판하여야 한다(치감 10조 3항).

3. 약식명령의 고지, 효력

법원은 심사의 결과 정식재판절차로 이행하는 경우를 제외하고는 그 청구가 있는 날로부터 늦어도 14일 이내에 약식명령을 하여야 한다(소송촉진등에관한특례법 22조).

약식명령에는 범죄사실, 적용법령, 주형, 부수처분과 약식명령의 고지를 받은 날로부터 7일 이내에 정식재판을 청구할 수 있음을 명시하여야 한다(형소법 451조). 약식명령의 고지는 검사와 피고인에 대한 재판서의 송달에 의하여 한다(형소법 452조).

약식명령은 형식적으로는 결정과 유사하면서도 실질적으로는 형을 선고하는 판결이라 할 수 있다. 따라서 약식명령은 결정도 판결도 아닌 특별한 형식의 재판으로서 결정에 준하는 것으로 해석하고 있다.

약식명령은 정식재판의 청구에 의한 판결이 있는 때에는 그 효력을 잃는다(형소법 456조). 그러나 약식명령은 정식재판의 청구기간이 경과하거나, 그 청구의 취하 또는 청구기각의 결정이 확정한 때에는 확정판결과 동일한 효력이 있다(형소법 457조). 따라서 유죄의 확정판결과 동일한 효력이 있으므로 기판력과 집행력을 발생하며 재심 또는 비상상고의 대상이 될 수 있는 것이다.

제3절 정식재판청구

1. 의 의

정식재판청구란 약식명령이 발하여진 경우 그 재판에 불복이 있는 자가 법정기간 내에 통상의 절차에 의한 심판을 청구하는 소송행위를 말한다.

2. 청구권자

정식재판의 청구권자는 검사와 피고인이다(형소법 453조 1항). 피고인의 상소권대리행사자도 피고인을 위하여 정식재판을 청구할 수 있다(형소법 458조 1항).

3. 청구의 기간, 방식, 통지

정식재판의 청구는 약식명령의 고지를 받은 날로부터 7일 이내에 약식명령을 한 법원에 서면으로 하여야 한다(형소법 453조).

재소자에 관한 특례규정(형소법 344조)은 정식재판청구에 준용되지 않으나, 구속된 피의자에 대하여 약식명령을 청구하는 경우에는 검사가 그 피의자의 구속을 취소하는 것이 통례이므로 별 문제는 없을 것이다.

정식재판의 청구가 있는 때에는 법원은 지체 없이 검사 또는 피고인에게 그 사유를 통지하여야 한다(형소법 453조 3항). 피고인에게 변호인이 선임되어 있는 경우라도 검사의 정식재판청구 사실을 피고인에게만 통지하면 된다.

4. 정식재판의 개시

정식재판의 청구가 적법한 때에는 통상의 공판절차에 의하여 심판하여야 한다(형소법 453조 3항).

공소장의 부본을 송달할 필요는 없는데 그 이유는 약식명령의 기재사항에 범죄사실과 적용법조가 기재되어 있기 때문이다(형소법 451조).

국선변호인의 선정을 위한 고지는 하여야 하며 이때에도 불이익변경금지의 원칙은 적용되지 않는다.

판결(공소기각결정 포함)이 확정되면 약식명령은 그 효력을 잃는다(형소법 456조). 정식재판청구가 부적법하더라도 일단 판결이 확정되면 약식명령은 효력을 잃는다.

5. 정식재판 청구의 취하

정식재판의 청구는 제1심판결 선고 전까지 취하할 수 있다(형소법 454조).

6. 정식재판청구기각결정

정식재판의 청구가 법령상의 방식에 위반하거나 청구권의 소멸 후인 것이 명백한 때에는 결정으로 기각하여야 한다(형소법 455조 1항).

이 결정은 약식명령을 발한 판사가 할 수도 있고 공판재판부가 할 수도 있으며, 결정은 청구인 및 통지를 받은 상대방에게만 고지하면 된다. 방식위반의 이유로 정식재판청구가 기각된 경우에는 정식재판청구기간 내에 한하여 다시 청구할 수 있다.

이 결정에 대하여는 즉시항고를 할 수 있다(형소법 455조 2항).

[서식 378] 정식재판청구서

정 식 재 판 청 구 서

사　　건　　20○○고약 ○○○호 교통사고처리특례법위반

피 고 인　　○　○　○ (000000-0000000)
(전화 : 000-000-0000)

위 사건에 관하여 피고인은 벌금 2,000,000원에 처한다는 약식명령 정본을 20○○. ○. ○. 송달받았는 바, 피고인은 이 명령에 불복이므로 정식재판을 청구합니다.

청 구 이 유

추후 제출하겠습니다.

20○○. ○. ○.

위 피고인 ○ ○ ○ (인)

○○지방법원 귀중

【접수방법 및 유의사항】

1. 약식명령등본을 송달받은 날로부터 7일 이내에 형사법원 종합접수실에 정식재판청구서 1부를 제출한다.
2. 청구이유로 청구인이 경제적 형편이 어렵다거나 벌금형량이 과다하다는 이유를 들어 벌금을 감액해 달라고 하거나, 범죄사실이 실제와 다르므로 사실을 밝혀 무죄함을 주장하는 내용으로

이유를 기재하면 된다.

3. 위 정식재판청구서를 제출한 이후 공판기일에 대비하기 위하여는 약식명령결정사건의 수사기록과 재판기록을 복사할 필요가 있다. 법원 형사과에 '재판기록열람등사신청'을 하여 기록을 복사한다.
4. 공판기일 이전에 불복이유(정식재판청구이유서)를 기재한 서면과 증거자료 등을 제출하는 것이 바람직하다.

[서식 379] 정식재판청구권 회복청구서(1)

정식재판청구권 회복청구

사　　건　　20○○고약 ○○○호　교통사고처리특례법위반

청 구 인　　○　○　○

(피 고 인)　　주　소 : ○○시 ○○구 ○○로 ○○(○○동)

　　　　　　전　화 : 000-000-0000

위 사건에 관하여 피고인은 20○○. ○. ○. ○○지방법원으로부터 벌금 1,500,000원을 처한다는 약식명령 정본을 받았는 바, 피고인은 소정의 기간 내에 정식재판을 하지 못하였으므로 다음과 같은 이유로 동 청구권의 회복신청을 합니다.

청　구　취　지

피고인에 대한 ○○지방법원 20○○고약 ○○○호 교통사고처리특례법위반사건의 약식명령에 관하여 청구인의 정식재판청구권을 회복한다.
라는 결정을 구합니다.

청　구　원　인

1. ○○지방법원은 청구인인 피고인에 대한 교통사고처리특례법위반사건(20○○고약 ○○○호)에 대한 약식명령을 고지함에 있어서 약식명령등본을 공시송달하여, 청구인은 약식명령등본을 송달받지 못하였습니다.

2. 그런데 공시송달은 피고인의 주거, 사무소와 현재지를 알 수 없는 때에 한하여 이를 할 수 있을 뿐이고 피고인의 주거, 사무소, 현재 등이 기록상 나타나 있는 경우에는 이를 할 수 없는 것인바, 수사기록에 편철된 교통사고보고서와 피고인

에 대한 피의자신문조서의 기재 등에 의하면 피고인은 ○○시 ○○구 ○○로 ○○(○○동)에 소재하는 유한회사 ○○택시 소속 운전사로서 근무하고 있었음을 알 수 있을 것입니다.

3. 그런데 ○○지방법원이 그 사무소로 소송서류를 송달하여 보지도 않은 채 위와 같이 만연히 공시송달방법을 취한 것은 공시송달의 요건을 흠결한 것이며 그로 인하여 피고인이 정식재판청구기간을 도과하게 되었으므로 이는 피고인이 책임질 수 없는 사유에 해당한다고 할 것입니다.

4. 이에 청구인은 정식재판청구권이 회복되기를 희망하여 정식재판청구와 동시에 이 건 청구에 이르렀습니다.

첨 부 서 류

1. 정식재판청구서 접수증명원 1통
1. 주민등록등본 1통

20○○. ○. ○.

위 청구인 ○ ○ ○ (인)

○○지방법원 귀중

【접수방법 및 유의사항】

1. 약식명령결정 사실을 알게 된 날로부터 7일 이내에 위 정식재판회복청구서 1부를 약식명령을 내린 법원 형사과 접수실에 접수한다.
2. 위 약식명령결정의 내용을 모를 경우 법원 형사과 또는 검찰청 기록보존계(사건종결된 수사기록과 재판기록은 종국에 검찰청 기록보존계에서 보관한다)에 '재판기록열람등사신청"을 하여 재판과정의 내용을 열람할 필요가 있다.

[서식 380] 정식재판청구권 회복청구서(2)

정식재판청구권 회복청구

사 건 20○○고약 ○○○호 도로교통법위반

피 고 인　　○　○　○
　　　　　　○○시 ○○구 ○○로 ○○(○○동)
　　　　　　(전화 : 000-000-0000)

위 사건에 관하여 피고인은 20○○. ○. ○. ○○지방법원으로부터 벌금 1,000,000원을 처한다는 약식명령 정본을 받았는바, 피고인은 소정의 기간 내에 정식재판을 하지 못하였으므로 다음과 같은 이유로 동 청구권의 회복신청을 합니다.

이　　유

1. 본건 피고인에 대한 약식명령의 송달을 받은 것은 정식재판청구기간이 지난 후에 수령하였으므로 실기하였습니다.

2. 피고인에 대한 이 사건 약식명령은 가정사정으로 피고인이 지방에 장기출타 중에 집에서 가정부가 받아 놓아 건네줌으로써 피고인은 기간이 경과한 후에 수령한 것이 사실이며, 범죄사실의 내용도 피고인과 하등의 관련이 없는 것입니다.

3. 그러므로 피고인은 피고인이 책임질 수 없는 사유로 인하여 위 약식명령에 대한 정식재판을 소정기간 내에 청구하지 못하였으므로 형사소송법 제345조에 의하여 이 건 청구를 하는 바입니다.

첨　부　서　류

1. 주민등록등본　　　　1통
1. 확인서　　　　　　　1통

20○○. ○. ○.

위 피고인　○　○　○ (인)

○○지방법원 귀중

[서식 381] 정식재판청구권 회복청구서(3)

<table>
<tr><th colspan="3">정식재판청구권 회복청구서</th></tr>
<tr><td>사 건</td><td colspan="2">20○○고약 ○○○○ (죄명) 폭력행위등처벌에관한법률위반</td></tr>
<tr><td>피고인</td><td colspan="2">성 명 : ○ ○ ○
송달가능한 주소 : ○○시 ○○구 ○○로 ○○(○○동)
전화번호 : 000-000-0000 휴대전화 : 000-0000-0000
이메일주소 :</td></tr>
<tr><td rowspan="3">약식
명령</td><td>벌금액</td><td>금 1,500,000원</td></tr>
<tr><td>약식명령일자</td><td>20○○. ○. ○.</td></tr>
<tr><td>약식명령등본</td><td>□ 수령하지 못함
(약식명령이 있음을 20○○. ○. ○.에 알았음)
□ 수령하였음(일자 : 20 . . .)</td></tr>
<tr><td>신청
이유</td><td colspan="2">위 약식명령에 대하여 아래와 같은 이유로 기간 내에 정식재판청구를 하지 못하였으므로 정식재판청구권의 회복을 청구합니다.
[피고인이 정식재판청구기간(약식명령 송달일로부터 7일 이내)을 준수하지 못한 정당한 사유를 기재]</td></tr>
<tr><td>첨부
서류</td><td colspan="2">□ 정식재판청구서
□ 기타 소명자료( )</td></tr>
<tr><td>접수인</td><td colspan="2">20○○. ○. ○.
청구인 (인) (피고인과의 관계 :)</td></tr>
</table>

【주】

1. 정식재판청구권 회복신청시에는 정식재판청구서를 함께 제출하여야 한다.
2. 피고인이 정식재판청구기간(약식명령 송달일로부터 7일 이내)을 준수하지 못한 정당한 사유를 소명할 수 있는 자료를 첨부할 수 있다(참조 : 형사소송법 제458조, 제345조, 제346조).

[서식 382] 정식재판청구취하서

정식재판청구취하

사　　건　　20○○고약 ○○○호　교통사고처리특례법위반

피 고 인　　○　　○　　○

위 피고사건에 관하여 피고인은 귀원에서 선고한 약식명령에 대하여 20○○. ○. ○. 정식재판을 청구하였는 바, 피고인은 사정에 의하여 동 청구를 모두 취하합니다.

20○○.　○.　○.

위 피고인　○　　○　　○　(인)

○○지방법원　귀중

【접수방법】

정식재판청구는 제1심 판결선고 전까지 취하할 수 있다(형소법 454조).

| 제4장 기타 구제절차 |

제1절 재판의 해석에 관한 의의신청

1. 의 의

형의 선고를 받은 자는 집행에 관하여 재판의 해석에 관한 의의(의문)가 있는 때에는 형을 선고한 법원에 의의신청을 할 수 있다(형소법 488조). 이 의의신청은 재판의 주문의 취지가 불명하여 주문의 해석에 의문이 있는 경우에 적용되는 것이고, 판결 이유의 증거에 관한 취사선택, 사실인정 등이 부당하다고 주장하는 것은 이에 해당하지 아니한다.

실무상 판결주문이 불분명한 예 자체가 거의 없을 뿐 아니라 만일 있다 하여도 상소에 의하여 시정될 것이고 형의 집행단계까지 그러한 판결주문이 유지되는 경우는 더욱 없을 것이므로 이 신청은 극히 예외적인 경우에나 있을 수 있다.

2. 신청권자

신청권자는 형의 선고를 받은 자 본인으로 제한되며, 그 법정대리인이나 검사는 신청권이 없다. 형을 선고한 법원이라 할 때는 상소기각법원은 포함되지 않는다.

신청이나 그 취하(형소법 490조)는 반드시 서면에 의하여야 하며 재소자의 특칙이 준용된다.

신청기간은 재판이 확정한 후부터 집행을 종료하기 전까지로 본다.

3. 재 판

의의신청이 있으면 법원은 결정을 하여야 한다(형소법 491조 1항). 이 결정에 대하여는 즉시항고를 할 수 있다(형소법 491조 2항).

[서식 383] 의의신청서

의 의 신 청

사 건 20○○고단○○○ 횡령

피 고 인 ○ ○ ○

위 사건에 관하여 귀원에서는 피고인을 징역 2년 및 자격정지 4년에 각 처한다는 판결선고를 한 바 있는데, 자격정지에 대한 의문이 있으므로 이에 대한 해석을 받고자 의의신청에 이르렀습니다.

첨 부 서 류

1. 판결문 등본 1통
1. 사립학교법시행령 사본 1통

20○○. ○. ○.

위 피고인 ○ ○ ○ (인)

○○지방법원 귀중

제2절 재판의 집행에 관한 이의신청

1. 의 의

재판의 집행을 받은 자 또는 그 법정대리인이나 배우자는 집행에 관한 검사의 처분이 부당(부적법 또는 현저한 부적당)함을 이유로 형을 선고한 법원에 이의

신청을 할 수 있다(형소법 489조). 검사의 처분에는 검사가 형사소송법의 규정에 의하여 행하는 재판의 집행에 관한 처분이 모두 포함된다.

2. 신청권자

신청권자는 재판의 집행을 받은 자(즉, 검사의 집행처분의 대상이 된다)와 그 법정대리인 및 배우자이다.

3. 재 판

법원은 이의신청이 있는 때에는 결정을 하여야 하며 이 결정에 대하여는 즉시항고를 할 수 있다(형소법 491조 1항 · 2항).

[서식 384] 재판집행에 대한 이의신청서

재판집행에 대한 이의신청

신 청 인 성 명 : ○ ○ ○ (000000-0000000)
주 소 : ○○시 ○○로 ○○(○○동)
등록기준지 : ○○시 ○○로 ○○(○○동)

신 청 취 지

○○지방검찰청 검사가 ○○지방법원 20○○. ○. ○. 20○○고단 ○○○ 상해사건에 관한 벌금과 몰수선고에 기하여 한 ○○지방검찰청 20○○년 압제○호(가위)에 대한 몰수 처분은 이를 취소한다.
라는 결정을 구합니다.

신 청 이 유

1. 신청인은 20○○. ○. ○. ○○지방법원 20○○고단 ○○○ 상해사건으로 같은 법원으로부터 벌금 2,000,000원 및 ○○지방검찰청 20○○년 압제○호 내지 제

○호, 제○호에 대한 몰수의 판결을 선고받았습니다.

2. 위 몰수를 집행함에 있어 검사는 판결 주문 기재의 ○○지방검찰청 압제○호 내지 제○호 및 제○호를 몰수 처분하여야 할 것임에도 불구하고, 압제○호(가위)를 몰수 처분하였습니다.

3. 위 압제○호(가위)는 사건 전부터 신청인이 집에서 사용하고 있던 것으로 본 사건과는 아무런 관계가 없으며, 다만 경찰에서의 수사과정에서 참고용으로 제출하였던 것이 압수되었던 것이므로 재판 종료 후에는 신청인에게 환부되어야 마땅하며 판결주문에도 몰수의 선고가 없는 것입니다.

4. 그렇다면 위 압제○호에 대하여 검사가 몰수 처분을 하였음은 부당하므로 이의 시정을 구하고자 본 신청을 하게 된 것입니다.

첨 부 서 류

1. 판결(20○○고단 ○○○호) 1통

20○○. ○. ○.

위 신청인 ○ ○ ○ (인)

○○지방법원 귀중

제3절 소송비용의 집행면제신청

1. 의 의

소송비용부담의 재판을 받은 자가 빈곤으로 인하여 이를 완납할 수 없는 때에는 그 소송비용부담재판을 선고한 법원에 그 전부 또는 일부에 대한 집행의 면제를 신청할 수 있다(형소법 487조).

2. 신청권자

신청권자는 소송비용부담의 재판을 받은 자 본인이다. 이는 피고인뿐 아니라 고소인(형소법 188조), 제3자(형소법 190조) 등도 포함된다.
신청기간은 재판의 확정 후 10일 이내이다.
법원은 신청서가 접수되면 즉시 검사에게 그 취지를 통지하여야 하며 그 이유는 소송비용부담재판의 집행을 정지시키는 효력이 있기 때문이다.

3. 재 판

법원은 소송비용의 집행면제신청이 있으면 결정으로 하여야 하고(형소법 491조 1항), 신청이 이유 있으면 당해 재판을 표시하고 그 집행을 어느 범위에서 면제할 것인지를 명시하여 면제결정을 한다.
결정에 대하여는 즉시항고를 할 수 있다(형소법 491조 2항).

| 제5장 즉결심판 |

제1절 즉결심판절차의 의의, 청구

1. 의 의

즉결심판법이란 법원조직법 제33조에 의하여 시 · 군법원의 판사가 경미한 범죄, 즉 20만원 이하의 벌금 또는 구류나 과료에 처할 범죄사건에 대하여 형사소송법에 규정된 통상의 공판절차에 의하지 않고 즉결하는 심리절차를 말한다(법원조직법 34조). 즉결심판의 간이성은 심판의 청구, 심리의 절차, 증거조사 등 여러 면에서 나타나는데 부당한 즉결심판에 대한 구제를 위하여 피고인에게는 정식재판청구권이 보장된다(법원조직법 35조). 즉결심판의 대상은 20만원 이하의 벌금 또는 구류나 과료에 처할 범죄사건이다(법원조직법 34조). 이는 법정형이 아니라 선고형을 의미하므로 법정형에 위 형 외의 다른 형이 규정되어 있더라도 선고형 내지 처단형이 위의 형에 해당하는 한 즉결심판의 대상이 될 수 있다.

2. 즉결심판청구

청구는 관할경찰서장 또는 관할해양경찰서장이 서면(즉결심판청구서)으로 한다(즉결심판에관한절차법 2조, 3조). 그리고 필요한 서류와 증거물도 함께 제출하여야 한다(동법 4조).

법원조직법에 의해 시 · 군법원이 설치됨에 따라 즉결심판사건은 시 · 군법원의 관할에 속하고, 시 · 군법원의 심판은 그 지역을 관할하는 지방법원 또는 그 지원 소속 판사 중에서 대법원장이 지명하는 판사가 한다.

판사는 접수된 즉결심판청구사건이 즉결심판을 할 수 없거나 즉결심판절차에 의하여 심판함이 부적당한 때에는 즉결심판의 청구기각결정을 하여야 한다(즉결심판에관한절차법 5조 1항). 청구기각결정이 있으면 법원은 즉결심판청구기각결정을 첨부하여 경찰서로 반환한다.

청구기각결정이 있는 때에는 경찰서장은 지체 없이 사건을 관할지방검찰청 또는 지청의 장에게 송치하여야 하고(동법 5조 2항), 검사는 기소 여부를 결정한다. 따라서 청구기각결정에 의하여 송치된 사건을 공소장의 제출 없이 송부서만 첨부하여 법원에 기록을 송부할 수 없고 공소장에 의하여 기소하여야 한다.

3. 즉결심판의 심리

심리는 청구 즉시 하여야 하며 공개된 법정(경찰서는 제외)에서 행한다.

판사와 법원사무관 등이 열석하여 개정하는 것이 원칙(즉결심판에관한절차법 7조 1항 · 2항)이나 상당한 이유가 있는 경우에는 피고인의 진술서와 증거물 등에 의하여 개정 없이 심판할 수 있다(동법 7조 3항). 단, 구류에 처하는 경우에는 개정하여야 한다.

피고인이 출석하지 않으면 개정할 수 없는 것이 원칙이나 벌금 또는 과료를 선고할 경우 및 피고인 등의 청구에 의하여 법원이 불출석심판을 허가한 때에는 피고인의 출석 없이 형을 선고할 수 있다(동법 8조, 8조의2 2항).

증거조사는 정식의 방식에 의함을 요하지 않고 판사가 적당하다고 인정한 방법으로 할 수 있고(동법 9조 2항), 증거능력과 보강증거에 관한 형사소송법 제310조와 제312조 제3항 및 제313조의 규정은 적용하지 아니한다(즉결심판에 관한절차법 10조).

한편 개정 없이 또는 개정을 하였으나 피고인의 출석 없이 심판한 경우에는 즉결심판서에 안내 문언을 명기하고 이를 피고인에게 송달하여 고지한다. 다만, 법원의 불출석심판허가를 받은 피고인 등이 미리 즉결심판서의 등본 송달을 요하지 아니한다는 뜻을 표시한 때에는 그러하지 아니하다.

4. 즉결심판의 선고

즉결심판으로 유죄를 선고할 때에는 형, 범죄사실과 적용법조를 명시하고 피고인은 7일 이내에 정식재판을 청구할 수 있다는 것을 고지하여야 하며(즉결심판에관한절차법 11조 1항) 참여한 법원사무관 등은 그 선고의 내용을 기록하여야 한다(동법 11조 2항). 피고인이 판사에게 정식재판청구의 의사를 표시하였을 때에는 이를 기록에 명시하여야 한다(동법 11조 3항).

즉결심판에 의하여 선고할 수 있는 형은 20만원 이하의 벌금, 구류 또는 과료에 한한다. 벌금형의 선고유예와 면소도 허용된다. 판사는 사건이 무죄 · 면소 또는 공소기각을 함이 명백하다고 인정할 때에는 이를 선고 · 고지할 수 있다(동법 11조 5항).

판사는 구류의 선고를 받은 피고인이 일정한 주거가 없거나 또는 도망할 염려가 있는 때에는 5일을 초과하지 아니한 기간 경찰서유치장에 유치할 것을 명령할 수 있다. 다만, 그 기간은 선고기간을 초과할 수 없다(동법 17조 1항). 집행된 유치기간은 본형에 산입한다(동법 17조 2항). 판사가 벌금 · 과료의 선고를 하였을 때에는 형사소송법 제334조(재산형의 가납판결)를 준용한다(즉결심판에관한절차법 17조 3항).

5. 즉결심판의 효력

즉결심판은 정식재판의 청구에 의한 판결이 있는 때에는 그 효력을 잃는다(동법 15조). 그러나 즉결심판은 정식재판청구기간의 경과, 정식재판청구권의 포기 또는 그 청구의 취하에 의하여 확정판결과 동일한 효력이 있고 정식재판청구를 기각하는 재판이 확정된 때에도 같다(동법 16조).

6. 정식재판의 청구절차

즉결심판을 받은 피고인과 경찰서장은 정식재판을 청구할 수 있다.

피고인은 즉결심판의 선고 · 고지를 받은 날로부터 7일 이내에 정식재판청구서를 경찰서장에게 제출하여야 하며 경찰서장은 지체 없이 판사에게 이를 송부하여야 한다(즉결심판절차법 14조 1항).

경찰서장은 무죄 · 면소 · 소송기각의 선고 · 고지가 있을 때에는 그 선고 · 고지가 있는 날부터 7일 이내에 정식재판을 청구할 수 있는데, 이 경우 경찰서장은 관할지방검찰청 또는 지청의 검사의 승인을 얻어 정식재판청구서를 판사에게 제출하여야 한다(동법 14조 2항).

판사는 정식재판청구서를 받은 날로부터 7일 이내에 경찰서장에게 정식재판청구서를 첨부한 사건기록과 증거물을 송부하고, 경찰서장은 지체 없이 관할지방검찰청 또는 지청의 장에게 이를 송부하여야 하며, 그 검찰청 또는 지청의 장은 지체 없이 관할법원에 이를 송부하여야 한다(동법 14조 3항).

7. 형의 집행

재판의 집행은 원칙적으로 검사가 지휘한 것이지만(형소법 460조 1항), 즉결심판에 의한 형의 집행은 경찰서장이 하고 그 집행결과를 지체 없이 관할검사에게 보고하여야 한다(즉결심판에관한절차법 18조 1항). 구류는 경찰서유치장 · 구치소 또는 교도소에서 집행하되, 구치소 또는 교도소에서 집행할 경우에는 검사가 이를 집행한다(동법 18조 2항). 벌금, 과료와 몰수는 그 집행이 종료하면 지체 없이 관할검사에게 인계하여야 한다(동법 18조 3항). 그리고 경찰서장이 형의 집행을 정지하고자 할 때에는 사전에 관할검사의 허가를 얻어야 한다(동법 18조 4항).

8. 유치명령에 대한 준항고

준항고장은 3일 내에 그 판사 소속의 법원에 제출하며 합의부에서 재판한다(형소법 416조).

단독지원판사의 유치명령에 대한 준항고장은 합의부가 있는 관할법원에 제출하여야 한다.

[서식 385] 불출석심판청구서 (즉결심판)

불 출 석 심 판 청 구 서

통고서번호　　제○○○호
청 구 인　　성　　명 : 홍 길 동
주민등록번호 : 000000-0000000
주　　거 : ○○시 ○○구 ○○로 ○○(○○동)
전　　화 : 000-000-0000

통고처분받은 범칙금액 : 금 50,000원

예납일자 및 금액 : 20○○. ○. ○.

즉결심판에 관한 절차법 제8조의2 제2항의 규정에 의하여 불출석으로 심판하여 줄 것을 청구합니다.

즉결심판서등본의 송달을 요하지 아니합니다.

20○○. ○. ○.

청구인 홍 길 동 (인)

- -

위와 같이 예납금을 영수하였음을 확인합니다.

20○○. ○. ○.

소속 :　　　　직위 :　　　　성명 :

○○지방법원 귀중

【주】

벌금 또는 과료를 선고하는 경우에는 피고인이 출석하지 아니하더라도 심판할 수 있다. 피고인 또는 즉결심판출석통지서를 받은 자는 법원에 불출석심판을 청구할 수 있고, 법원이 이를 허가한 때에는 피고인이 출석하지 아니하더라도 심판할 수 있다(즉심법 8조의2).

[서식 386] 정식재판청구서 (즉결심판결정에 대한)

정 식 재 판 청 구 서

사 건 20○○조 ○○○호

피 고 인 ○ ○ ○

위 사람에 대한 경범죄처벌법 위반 피고사건에 관하여 20○○. ○. ○. ○○지방법원으로부터 과료 50,000원에 처한다는 즉결심판의 선고를 받았는바, 피고인은 이 심판에 불복하여 정식재판을 청구합니다.

20○○. ○. ○.

위 피고인 ○ ○ ○ (인)

○○지방법원 귀중

【제출방법】

정식재판을 청구하고자 하는 피고인은 즉결심판의 선고 · 고지를 받은 날부터 7일 이내에 정식재판청구서를 경찰서장에게 제출하여야 한다. 정식재판청구서를 받은 경찰서장은 지체 없이 판사에게 이를 송부하여야 한다(즉심법 14조).

[서식 387] 준항고장(1) (즉결심판불복)

준 항 고 장

사 건 20○○조 ○○○호

피고인(범칙자) ○ ○ ○

위 피고인에 대한 경범죄처벌법위반 피고사건에 관하여 20○○. ○. ○. ○○지방법원으로부터 구류 7일에 처한다는 즉결심판의 선고를 받았는 바, 항고인은 이 심판에 불복하여 다음과 같은 이유로 준항고를 제기합니다.

준 항 고 이 유

1. 피고인은 경범죄처벌법의 음주소란으로 입건되어 구류 7일의 처분을 받았습니다.

2. 피고인은 음주를 한 사실은 있으나 결코 여러 사람이 모이거나 다니는 곳 또는 주거지역에서 주위를 시끄럽게 한 사실이 없고, 단지 목소리가 남달리 커서 같이 대화를 하면 싸우는 것으로 오인되는 경우가 많고 범죄 당일에도 친구와 심야에 조금 크게 대화를 한 사실밖에 없는데 단속경관과 다소의 시비가 있었던 것이 화근이 되어 강제적으로 즉결처분을 받게 된 것에 불과합니다.

3. 따라서 경찰관작성의 조서 등의 기록은 피고인의 변명기회 등을 부여하지 아니하고 작성된 것으로 이를 증거로 할 수 없는 등 범죄사실을 오인한 잘못이 있으면 구류처분은 마땅히 취소되어야 할 것입니다.

첨 부 서 류

1. 정식재판청구서 접수증명원 1통
1. 즉결심판서등본 1통

20○○. ○. ○.

위 피고인 ○ ○ ○ (무인)

위 본인(피고인)의 무인임을 증명함.
○○경찰서 순경 ○ ○ ○ (인)

○○지방법원 귀중

[서식 388] 준항고장(2) (즉결심판불복)

준 항 고 장

사　　　건　　20○○조 ○○○호

피고인(범칙자)　　○　○　○

위 피고인에 대한 경범죄처벌법위반 피고사건에 관하여 20○○. ○. ○. ○○지방법원으로부터 구류 8일에 처한다는 즉결심판의 선고를 받았는 바, 항고인은 이 심판에 불복하여 다음과 같은 이유로 준항고를 제기합니다.

준 항 고 이 유

1. 위 피고인에 대한 원 심판은 범의에 대한 적정한 조사를 결여하고 있으므로 부당한 선고를 하였습니다. 그 이유는 피고인은 20○○. ○.에 불의의 사고로 정신분열증이 발병하여 약 5개월 정도 ○○병원에서 입원가료를 받다가 20○○. ○.자로 퇴원하여 현재도 계속 병원 가료 중에 있습니다.

2. 본건 심판에 부하여진 범죄사실인 노상방뇨는 바로 정신분열증으로 사물에 대한 판단을 하지 못하는 가운데 범하여진 것이며 피고인의 병증은 외모를 보아도 충분히 알 수 있습니다.

3. 노상방뇨를 하였다고 하여 구류 10일과 유치명령 10일을 선고하였음은 심히 중한 양형이라 하겠습니다.

4. 그러므로 유치명령 10일을 선고한 원 심판은 마땅히 취소되어야 할 것입니다.

첨 부 서 류

1. 진단서　　1통
1. 정식재판청구서 접수증명원　　1통
1. 즉결심판서등본　　1통

20○○. ○. ○.

위 피고인 ○ ○ ○ (무인)

위 본인(피고인)의 무인임을 증명함.
○○경찰서 순경 ○ ○ ○ (인)

○○지방법원 귀중

제5편

재판의 집행

제1장 총 설 / 685
제2장 형 집행의 부수적 처분 / 690
제3장 형의 소멸 / 692

| 제1장 총 설 |

제1절 재판집행의 의의 · 시기 · 지휘

1. 의 의

재판의 집행은 재판(판결, 결정, 명령)의 내용인 의사표시를 국가의 강제에 의하여 구체적으로 실현하는 것을 말한다. 여기에는 원래 형벌 이외의 제재나 강제처분을 위한 영장의 집행도 포함되나, 가장 중요한 것은 유죄판결에 따른 형의 집행이다. 이 단계의 절차에서는 법원은 원칙적으로 관여하지 아니한다.

2. 재판의 집행시기

재판은 형사소송법에 특별한 규정이 없으면 확정한 후에 집행한다(형소법 459조). 법률의 특별한 규정에 의하여 미확정재판을 집행할 수 있는 경우로서는, ① 결정과 명령은 즉시항고가 허용되는 것 이외에는 그 확정 전에도 이를 집행할 수 있다(형소법 409조, 416조, 419조). ② 벌금, 과료 또는 추징의 가납처분의 재판은 확정 전에 집행할 수 있음은 당연하다(형소법 334조 3항).

한편 재판이 확정된 때에도 즉시 집행할 수 없는 경우가 있다. 즉 ① 소송비용부담의 재판은 소송비용집행면제신청기간 내 또는 그 신청에 대한 재판이 확정된 때까지 집행할 수 없고(형소법 472조), ② 노역장유치의 집행은 벌금 또는 과료의 재판이 확정된 후 30일 이내에는 집행할 수 없으며(형법 69조 1항), 단 벌금을 선고할 때에는 동시에 그 금액을 완납할 때까지 노역장에 유치할 수 있다. ③ 사형의 집행은 법무부장관의 명령 없이 집행할 수 없고(형소법 463조), ④ 보석허가결정은 보석보증금을 완납한 후에야 집행할 수 있으며, 법원은 필요하다고 인정하는 때에는 다른 조건에 관하여도 그 이행 이후 보석허가결정을 집행하도록 정할 수 있다(형소법 100조 1항).

3. 재판집행의 지휘

재판의 집행은 그 재판을 한 법원에 대응한 검찰청 검사가 지휘한다(검사주의). 단, 재판의 성질상 법원 또는 법관이 지휘할 경우에는 예외로 한다(형소법 460조 1항). 예외의 경우로서는 구속영장, 압수 · 수색영장에 관하여는 재판장, 수명법관 또는 수탁판사가 지휘를 할 수도 있다(형소법 81조 1항 단서, 115조 1항 단서).

상소의 재판 또는 상소의 취하로 인하여 하급법원의 재판을 집행할 경우에는 상소법원에 대응한 검찰청 검사가 지휘한다. 단 소송기록이 하급법원 또는 그 법원에 대응한 검찰청에 있는 때에는 그 검찰청 검사가 지휘한다(형소법 460조 2항).

재판의 집행지휘는 재판서 또는 재판을 기재한 조서의 등본 또는 초본을 첨부한 서면으로 하여야 한다. 단, 형의 집행을 지휘하는 경우 외에는 재판서의 원본, 등본이나 초본 또는 조서의 등본이나 초본에 인정하는 날인으로 할 수 있다(형소법 461조).

제2절 형의 집행

1. 의 의

형의 집행은 사형, 자유형, 자격형, 재산형의 집행, 기타의 처분으로 나눌 수 있다. 집행형의 순서로서는 2개 이상의 형의 집행은 자격상실, 자격정지, 벌금, 과료와 몰수 외에는 그 중한 형을 먼저 집행한다. 단, 검사는 소속장관의 허가를 얻어 중한 형의 집행을 정지하고 다른 형의 집행을 할 수 있다(형소법 462조).

2. 사형의 집행

사형은 법무부장관의 명령에 의하여 집행한다(형소법 463조). 사형을 선고한 판결이 확정된 때에는 검사는 지체 없이 소송기록을 법무부장관에게 제출하여야 한다(형소법 464조).

사형집행의 명령은 판결이 확정된 날로부터 6월 이내에 하여야 한다(형소법 465조 1항). 상소권회복의 청구, 재심의 청구 또는 비상상고의 신청이 있는 때에는 그 절차가 종료할 때까지의 기간은 이 기간에 산입하지 아니한다(형소법 465조 2항).

법무부장관이 사형의 집행을 명한 때에는 5일 이내에 집행하여야 한다(형소법 466조). 사형은 형무소 내에서 교수하여 집행한다(형법 66조). 사형의 집행에는 검사, 검찰청 서기관과 교도소장 또는 구치소장이나 그 대리자가 참여하여야 한다(형소법 467조 1항). 검사 또는 교도소장 또는 구치소장의 허가가 없으면 누구든지 형의 집행장소에 들어가지 못한다(형소법 467조 2항).

사형의 집행에 참여한 검찰청 서기관은 집행조서를 작성하고 검사와 교도소장 또는 구치소장이나 그 대리자와 함께 기명날인 또는 서명하여야 한다(형소법 468조).

사형의 선고를 받은 자가 심신장애로 의사능력이 없는 상태에 있거나 잉태중에 있는 여자인 때에는 법무부장관의 명령으로 집행을 정지한다(형소법 469조 1항). 형의 집행을 정지한 경우에는 심신장애의 회복 또는 출산 후 법무부장관의 명령에 의하여 형을 집행한다(형소법 469조 2항).

3. 자유형의 집행

자유형, 즉 징역 · 금고 또는 구류는 형무소에 구치하여 집행한다(형법 67조, 68조).

자유형의 집행에 관한 것은 행형법에 상세히 규정되어 있다.

자유형의 집행도 정지되는 경우가 있다. 즉, 징역 · 금고 또는 구류의 선고를 받은 자가 심신장애로 의사능력이 없는 상태에 있는 때에는 형을 선고한 법원에 대응한 검찰청 검사 또는 형의 선고를 받은 자의 현재지를 관할하는 검찰청 검사의 지휘에 의하여 심신장애가 회복될 때까지 형의 집행을 정지한다(형소법 470조 1항). 이 경우에는 검사는 형의 선고를 받은 자를 감호의무자 또는 지방공공단체에 인도하여 병원 기타 적당한 장소에 수용하게 할 수 있다(형소법 470조 2항, 이것은 인도주의라는 견지보다도 자유형의 집행은 수형자의 개선을 목적으로 하므로 심신장애자에 대한 형의 집행은 무의미하기 때문이다). 형의 집행이 정지된 자는 위의 처분이 있을 때까지 교도소 또는 구치소에 구치하고 그 기간을 형기에 산입한다(형소법 470조 3항).

또 다음과 같은 사유가 있는 때에는 검사의 지휘에 의하여 형의 집행을 정지할 수 있다(형소법 471조 1항). 검사가 이 지휘를 함에는 소속 고등검찰청 또는 지방검찰청검사장의 허가를 얻어야 한다(형소법 471조 2항).

① 형의 집행으로 인하여 현저히 건강을 해하거나 생명을 보전할 수 없을 염려가 있는 때
② 연령 70세 이상인 때
③ 잉태 후 6월 이상인 때
④ 출산 후 60일을 경과하지 아니한 때
⑤ 직계존속이 연령 70세 이상 또는 중병이나 장애인으로 보호할 다른 친족이 없는 때
⑥ 직계비속이 유년으로 보호할 다른 친족이 없는 때
⑦ 기타 중대한 사유가 있는 때

4. 사형, 자유형을 집행하기 위한 소환

사형, 징역, 금고 또는 구류의 선고를 받은 자가 구속되지 아니한 때에는 검사는 형을 집행하기 위하여 이를 소환하여야 한다(형소법 473조 1항). 이 경우에 소환에 응하지 아니한 때에는 검사는 형집행장을 발부하여 구인하여야 하며(형소법 473조 2항), 또 형의 선고를 받은 자가 도망하거나 도망할 염려가 있는 때 또는 현재지를 알 수 없는 때에는 소환함이 없이 형집행장을 발부하여 구인할 수 있다(형소법 473조 3항). 이 경우의 형집행장에는 형의 선고를 받은 자의 성명, 주거, 연령, 형명, 형기 기타 필요한 사항을 기재하여야 한다(형소법 474조 1항). 형집행장은 구속영장과 동일한 효력이 있다(형소법 474조 2항). 그리고 형집행장의 집행에는 피고인의 구속에 관한 규정을 준용한다(형소법

475조).

5. 자격형의 집행

자격상실 또는 자격정지의 선고를 받은 자에 대하여는 이를 수형자원부에 기재하고, 지체 없이 그 등본을 형의 선고를 받은 자의 등록기준지와 주거지의 시 · 구 · 읍 · 면장에게 송부하여야 한다(형소법 476조).

6. 재산형 등의 집행

벌금, 과료, 몰수, 추징, 과태료, 소송비용, 비용배상 또는 가납의 재판은 검사의 명령에 의하여 집행한다(형소법 477조 1항). 이 명령은 집행력 있는 집행권원과 동일한 효력이 있다(형소법 477조 2항). 또 그 집행에 관하여는 민사집행법의 집행에 관한 규정을 준용한다. 단, 집행 전에 재판의 송달을 요하지 아니한다(형소법 477조 3항).

재산형의 재판집행비용은 집행을 받은 자의 부담으로 하고 민사집행법의 규정에 준하여 집행과 동시에 징수하여야 한다(형소법 493조).

몰수 또는 조세, 전매 기타 공과에 관한 법령에 의하여 재판한 벌금 또는 추징은 그 재판을 받은 자가 재판확정 후 사망한 경우에는 그 상속재산에 대하여 집행할 수 있다(형소법 478조). 또 법인에 대하여 벌금, 과료, 몰수, 추징, 소송비용 또는 비용배상을 명한 경우에 법인이 그 재판확정 후 합병에 의하여 소멸한 때에는 합병 후 존속한 법인 또는 합병에 의하여 설립된 법인에 대하여 집행할 수 있다(형소법 479조).

| 제2장 형 집행의 부수적 처분 |

제1절 상고제기의 구금일수의 산입

1. 구금일수산입

상고제기 후의 판결선고 전 구금일수는 다음 경우에는 그 전부를 본형에 산입한다(형소법 482조 1항).

① 검사가 상소를 제기한 때

② 검사가 아닌 자가 상소를 제기한 경우에 원심판결이 파기된 때

상소제기기간 중의 판결확정 전 구금일수(상소제기 후의 구금일수를 제외한다)는 전부 본형에 신입한다.

상소기각 결정 시에 송달기간이나 즉시항고기간 중의 미결구금일수는 전부를 본형에 산입한다.

위 각 경우의 구금일수의 1일을 형기의 1일 또는 벌금이나 과료에 관한 유치기간의 1일로 산입한다.

상소법원이 원심판결을 파기한 후의 판결선고 전 구금일수는 상소 중의 판결선고 전 구금일수에 준하여 통산한다.

2. 몰수물의 처분

몰수물은 검사가 공매에 의하여 처분하여야 한다(형소법 483조). 몰수를 집행한 후 3월 이내에 그 몰수물에 대하여 정당한 권리 있는 자가 몰수물의 교부를 청구한 때에는 검사는 파양 또는 폐기할 것이 아니면 이를 교부하여야 한다(형소법 484조 1항). 몰수물을 처분한 후 전기의 청구가 있는 경우에는 검사는 공매에 의하여 취득한 대가를 교부하여야 한다(형소법 484조 2항).

3. 위조, 변조물의 처분

위조 또는 변조한 물건을 환부하는 경우에는 그 물건의 전부 또는 일부에 위조나 변조인 것을 표시하여야 한다(형소법 485조 1항). 위조 또는 변조한 물건이 압수되지 아니한 경우에는 그 물건을 제출하게 하여 위의 처분을 하여야 한다. 단, 그 물건이 공무소에 속한 것인 때에는 위조나 변조의 사유를 공무소에 통지하여 적당한 처분을 하게 하여야 한다(형소법 485조 2항).

4. 환부불능압수물의 처분

압수물의 환부를 받을 자의 소재가 불명하거나 기타 사유로 인하여 환부를 할 수 없는 경우에는 검사는 그 사유를 관보에 공고하여야 한다(형소법 486조 1항). 공고한 후 3월 이내에 환부의 청구가 없는 때에는 그 물건은 국고에 귀속한다(형소법 486조 2항). 전기의 기간 내에도 가치 없는 물건은 폐기할 수 있고 보관하기 어려운 물건은 공매하여 그 대가를 보관할 수 있다(형소법 486조 3항).

5. 가납집행의 조정

제1심 가납의 재판을 집행한 후에 제2심 가납의 재판이 있는 때에는 제1심 재판의 집행은 제2심 가납금액의 한도에서 제2심 재판의 집행으로 간주한다(형소법 480조). 또 가납의 재판을 집행한 후 벌금, 또는 추징의 재판이 확정한 때에는 그 금액의 한도에서 형의 집행이 된 것으로 간주한다(형소법 481조).

6. 노역장유치의 집행

벌금 또는 과료를 완납하지 못한 자에 대한 노역장유치의 집행(형법 69조)에는 형의 집행에 관한 규정을 준용한다(형소법 492조).

| 제3장 형의 소멸 |

제1절 형의 실효

1. 의 의

징역 또는 금고의 집행을 종료하거나 집행이 면제된 자가 피해자의 손해를 보상하고 자격정지 이상의 형을 받은 적이 없이 7년을 경과하는 때에는 본인 또는 검사의 신청에 의하여 그 재판의 실효를 선고할 수 있다.

2. 청 구

재판이 확정된 관할의 법원에 형의 실효선고 신청을 제기하여야 하며 피해변상 등의 증거자료도 함께 제출하여야 할 것이다.

[서식 389] 형의 실효선고신청서

형 의 실 효 선 고 신 청

신청인(피고인) 성 명 : ○ ○ ○
주민등록번호 : 000000-0000000
주 소 : ○○시 ○○구 ○○로 ○○(○○동)
등록기준지 : ○○시 ○○구 ○○로 ○○(○○동)

1. 사 건 : 20○○고단 ○○○○호 횡령 피고사건
1. 기록보관청 : ○○지방검찰청

신 청 취 지

○○지방법원 20○○고단 ○○○○호 횡령 피고사건에 관하여 피고인 ○○○에

대한 형(징역 ○년 ○월)은 실효된다.
라는 재판을 구합니다.

신 청 이 유

위 사건에 관련하여 신청인은 20○○. ○. ○. ○○지방법원에서 횡령죄로 징역 ○년 ○월을 선고받고 형이 확정되어 ○○교도소에서 형의 집행을 종료하고 20○○. ○.에 출소하였는 바, 피해자의 피해를 보상하고 자격정지 이상의 형의 받음이 없이 7년을 경과하였음으로 형법 제81조에 따라 형의 실효선고를 신청합니다.

첨 부 서 류

1. 판결문등본 1통
1. 피해자의 합의서 및 피해변상영수증 1통
1. 인감증명(피해자의 것) 1통
1. 출소증명원 1통

20○○. ○. ○.

신청인(피고인) ○ ○ ○ (인)

○○지방법원 귀중

제2절 복 권

1. 의 의

자격정지의 선고를 받은 자가 피해자의 손해를 보상하고 자격정지 이상의 형을 받음이 없이 정지기간의 2분의 1을 경과한 때에는 본인 또는 검사의 신청에 의하여 자격의 회복을 선고할 수 있다.

2. 청 구

형을 선고한 법원에 복권신청서와 피해보상의 사실 등을 입증하여 제기하여야 할 것이다.

[서식 390] 복권신청서

복 권 신 청

신 청 인 성 명 : ○ ○ ○ (000000-0000000)
등록기준지 : ○○시 ○○구 ○○로 ○○(○○동)
주 소 : ○○시 ○○구 ○○로 ○○(○○동)

위 사람은 20○○. ○. ○. ○○지방법원에서 업무상 배임죄로 자격정지 1년의 선고를 받았고 피해자에 대한 손해도 모두 보상하였으며 현재까지 아무런 죄도 지은 바 없이 자격정지기간 2분의 1을 경과한 바 있으므로 자격회복을 선고하여 주시기 바랍니다.

첨 부 서 류

1. 피해변상증명서 1통
1. 인감증명서 1통

20○○. ○. ○.

위 신청인 ○ ○ ○ (인)

○○지방법원 귀중

[서식 391] 재판기록 열람 · 복사/출력 · 복제 신청서

<table>
<tr><td colspan="4" rowspan="2">재판기록 열람 · 복사/출력 · 복제 신청서</td><td>허</td><td>부</td></tr>
<tr><td></td><td></td></tr>
<tr><td rowspan="3">신 청 인</td><td rowspan="2">성 명</td><td rowspan="2"></td><td>전화 번호</td><td colspan="2"></td></tr>
<tr><td>담당사무원</td><td colspan="2"></td></tr>
<tr><td>자 격</td><td></td><td>소명자료</td><td colspan="2"></td></tr>
<tr><td>신 청 구 분</td><td colspan="5">□ 열람 □ 복사 □ 출력 □ 복제</td></tr>
<tr><td>사 용 용 도</td><td colspan="5">법원제출용</td></tr>
<tr><td rowspan="2">대 상 기 록</td><td>사건번호</td><td colspan="2">사 건 명</td><td colspan="2">재 판 부</td></tr>
<tr><td></td><td colspan="2">부동산가압류</td><td colspan="2"></td></tr>
<tr><td>복사/출력 ·
복제할 부분</td><td colspan="5">(복사/출력 매수 매)
(복제용량 메가바이트)</td></tr>
<tr><td>복사/출력 방법</td><td colspan="5">□ 법원 복사기 □ 변호사단체 복사기 □ 신청인 복사설비 □ 필사</td></tr>
<tr><td colspan="6">이와 같이 신청하고, 신청인은 열람·복사/출력 · 복제에 관련된 준수사항을 엄수하며, 열람·복사/출력 · 복제의 결과물을 통하여 알게 된 개인정보, 영업비밀 등을 개인정보 보호법 등 관계법령 상 정당한 용도 이외로 사용하는 경우 민사상, 형사상 모든 책임을 지겠습니다.
20○○년 월 일
신청인 원고 (서명 또는 날인)</td></tr>
<tr><td>비 고
(재판장 지정사항 등)</td><td colspan="5"></td></tr>
<tr><td>영 수 일 시</td><td colspan="2">20○○. . . :</td><td>영 수 인</td><td colspan="2">강 장 수</td></tr>
<tr><td>신청 수수료</td><td colspan="2">□ 500 원 □ 면 제</td><td colspan="3" rowspan="2">(수 입 인 지 첩 부 란)</td></tr>
<tr><td>복사/출력 · 복제 비용</td><td colspan="2">원</td></tr>
</table>

【준수사항 및 작성요령】

1. **[개인정보 보호법 제19조]** 개인정보처리자로부터 개인정보를 제공받은 자는 다음 각 호의 어느 하나에 해당하는 경우를 제외하고는 개인정보를 제공받은 목적 외의 용도로 이용하거나 이를 제3자에게 제공하여서는 아니 된다. 1. 정보주체로부터 별도의 동의를 받은 경우 2. 다른 법률에 특별한 규정이 있는 경우
2. **[민사소송법 제162조 ④항]** 소송기록을 열람 · 복사한 사람은 열람 · 복사에 의하여 알게 된

사항을 이용하여 공공의 질서 또는 선량한 풍속을 해하거나 관계인의 명예 또는 생활의 평온을 해하는 행위를 하여서는 아니 된다.

3. 신청인·영수인란은 서명 또는 날인하고, 소송대리인·변호인의 사무원이 열람·복사하는 경우에는 담당사무원란에 그 사무원의 성명을 기재
4. 신청수수료는 1건당 500원(수입인지로 납부). 다만, 사건의 당사자 및 그 법정대리인 · 소송대리인 · 변호인(사무원 포함) · 보조인 등이 그 사건의 계속 중에 열람하는 때에는 신청수수료 면제
5. 법원복사기/프린터로 복사/출력하는 경우에는 1장당 50원의 비용을 수입인지로 납부(다만, 100원 단위 미만 금액은 이를 계산하지 아니함)
6. 매체를 지참하여 복제하는 경우에는 700메가바이트 기준 1건마다 500원, 700메가바이트 초과시 350메가바이트마다 300원의 비용을 수입인지로 납부(매체를 지참하지 아니한 경우 매체 비용은 별도)
7. 복사/출력 · 복제할 부분 란에 복사대상(기록의 일부를 복사/출력 · 복제하는 경우에는 대상을 열거하여 특정하여야 함) 및 복사/출력을 정확하게 기재하여야 함
8. 열람 · 복사 담당 법원공무원의 처분에 대하여 불복하는 경우에는 이의신청을 할 수 있음

[서식 392] 재판기록 열람 · 복사/출력 · 복제 신청권 위임장

재판기록 열람 · 복사/출력 · 복제 신청권 위임장

사　　건　　20○○고단○○○○ 사기

피 고 인　　○　○　○

구금장소　　○○구치소(수감번호 0000)

귀원에 재판계속중인 위 피고사건에 관하여 구속피고인은 재판기록의 열람 · 복사/출력 · 복제 신청권 등의 일체권한을 다음 사람에게 위임합니다.

수임인　성　명 : ○　○　○
　　　　주　소 : ○○시 ○○구 ○○로 ○○(○○동)
　　　　관　계 : 형제

20○○. ○. ○.

위 피고인 ○　○　○ (무인)

위 피고인 본인의 무인임을 증명함.
○○구치소 교사 ○ ○ ○ (인)

○○지방법원 귀중

[서식 393] 출국가능사실 확인신청서

출국가능사실 확인신청

사 건 20○○노○○○○호 폭력행위등처벌에관한법률위반

피 고 인 ○ ○ ○

귀원에 재판 계속중인 위 피고인에 대하여 위 피고인은 주식회사 ○○○○의 생산관리이사로 재직하고 있는 바, 회사 업무관계로 아래와 같이 출국하고자 하오니 위 피고인이 출국하여도 재판에 지장이 없음을 확인하여 주시기 바랍니다.

1. 인적사항

피 고 인 : ○ ○ ○ (000000-0000000)
직 업 : 회사원(생산관리이사)
주 거 : ○○시 ○○구 ○○로 ○○(○○동)
등록기준지 : ○○시 ○○구 ○○로 ○○(○○동)

2. 출국내용

출 국 지 : 일본(미쓰비시 조선소)
출국기간 : 20○○. ○. ○.부터 20○○. ○. ○.까지(○박 ○일)
출국사유 : 미쓰비시 조선소 공장견학

첨 부 서 류

1. 출장명령서 1통
1. 기타 증명서류 1통

20○○. ○. ○.

위 피고인의 변호인 변호사 ○ ○ ○ (인)

○○지방법원 귀중

[서식 394] **위임장**(검찰민원서류신청, 교부위임)

위 임 장

성 명 : ○ ○ ○
주민등록번호 : 000000-0000000
주 소 : ○○시 ○○구 ○○로 ○○(○○동)

위 사람을 대리인으로 정하고 다음 사항의 권한을 위임한다.

다 음

1. 발급받고자 하는 서류 명칭(출국가능사실증명원)의 발급신청과 이를 교부받는 행위

20○○. ○. ○.

위임인 성 명 : ○ ○ ○ (인)
주민등록번호 : 000000-0000000
주 소 : ○○시 ○○구 ○○로 ○○(○○동)

○○지방검찰청 검사장 귀하

[서식 395] 기록환부신청서 (원본환부)

기 록 환 부 신 청

사 건 20○○초 ○○○○호

피 의 자 ○ ○ ○

위 피의자에 대한 귀원 폭력행위등처벌에관한법률위반에 대한 구속적부심의 청구사건에 관하여 위 피의자의 변호인은 변론준비 등의 관계로 다음의 서류를 환부하여 주시기 바랍니다.

다 음

1. 합의서, 인감증명서(피해자 이○○) 각 1통
1. 합의서, 인감증명서(피해자 정○○) 각 1통
1. 재학증명서(피의자 김○○) 1통

20○○. ○. ○.

위 피의자의 변호인 변호사 ○ ○ ○ (인)

○○지방법원 귀중

[서식 396] 금전공탁서 (변제 등)

금전 공탁서(변제 등)

공 탁 번 호		년 금 제 호	년 월 일 신청		법령조항	민법 제487호
공탁자	성 명 (상호, 명칭)	○ ○ ○	피공탁자	성 명 (상호, 명칭)	○ ○ ○	
	주민등록번호 (법인등록번호)	000000-0000000		주민등록번호 (법인등록번호)	0000000-0000000	

<table>
<tr><td></td><td>주 소
(본점, 주사무소)</td><td>전남 ○○군 ○○읍
○○로 ○○</td><td></td><td>주 소
(본점, 주사무소)</td><td>서울시 ○○구 ○○로
○○(○○동)</td></tr>
<tr><td></td><td>전화번호</td><td>061) 000-0000</td><td></td><td>전화번호</td><td>02) 000-0000</td></tr>
<tr><td colspan="2" rowspan="2">공 탁 금 액</td><td>한글 이백만원정</td><td colspan="2" rowspan="2">보 관 은 행</td><td rowspan="2">○○은행 ○○지점</td></tr>
<tr><td>숫자 2,000,000원</td></tr>
<tr><td colspan="2">공탁원인사실</td><td colspan="4">공탁자는 20○○. 4. 23. 10:00경 서울시 ○○구 ○○동 소재 공탁자의 아파트에서 피공탁자를 유인하여 추행한 사건에 대하여 피공탁자에게 잘못을 사과하는 한편 상당한 위로금을 주고 합의를 보고자 하였으나 위자료의 액수가 적다는 이유로 수령을 거절하므로 공탁자가 마련할 수 있는 최선의 금액에 해당하는 금 2,000,000원을 위자료로써 공탁함.</td></tr>
<tr><td colspan="2">비고(첨부서류 등)</td><td colspan="4">1. 위임장 1통 2. 주민등록등본 □ 계좌납입신청
□ 공탁통지 우편료 원</td></tr>
<tr><td colspan="3">1. 공탁으로 인하여 소멸하는 질권, 전세권 또는 저당권
2. 반대급부 내용</td><td colspan="3">없 음</td></tr>
<tr><td colspan="6">위와 같이 신청합니다. 대리인 주소 : 전남 ○○군 ○○읍 ○○로 ○○
전화번호 : 061) 000-0000
공탁자 성명 ○ ○ ○ (인) 성명 : 법무사 홍길동 사무소
법무사 홍 길 동 (인)</td></tr>
<tr><td colspan="6">위 공탁을 수리합니다.
공탁금을 년 월 일까지 위 보관은행의 공탁관 계좌에 납입하시기 바랍니다.
위 납입기일까지 공탁금을 납입하지 않을 때는 이 공탁 수리결정의 효력이 상실됩니다.

년 월 일

○○지방법원 ○○지원 공탁관 (인)</td></tr>
<tr><td colspan="6">(영수증) 위 공탁금이 납입되었음을 증명합니다.

년 월 일

공탁금 보관은행(공탁관) (인)</td></tr>
</table>

※ 1. 서명 또는 날인을 하되, 대리인이 공탁할 때에는 대리인의 성명, 주소(자격자대리인은 사무소)를

기재하고 대리인의 서명 또는 날인하여야 합니다. 전자공탁시스템을 이용하여 공탁하는 경우에는 날인 또는 서명을 공인인증서에 의한 전자서명 방식으로 합니다.

2. 공탁당사자가 국가 또는 지방자치단체인 경우에는 법인등록번호란에 '고유번호'를 기재하시기 바랍니다.
3. 피공탁자의 주소를 기재하는 경우에는 피공탁자의 주소를 소명하는 서면을 첨부하여야 하고, 피공탁자의 주소를 알 수 없는 경우에는 그 사유를 소명하는 서면을 첨부하여야 합니다.
4. 공탁통지서를 발송하여야 하는 경우, 공탁금을 납입할 때 우편료(피공탁자 수 × 1회분 발송)도 납부하여야 합니다(공탁신청이 수리된 후 해당 공탁사건번호로 납부하여야 하며, 미리 예납할 수 없습니다).
5. 공탁금 회수청구권은 소멸시효 완성으로 국고에 귀속될 수 있습니다.
6. 공탁서는 재발급 되지 않으므로 잘 보관하시기 바랍니다.
7. 공탁원인사실 기재례

가. 공탁자는 20○○. ○. ○. 00:00경 ○○시 ○○구 ○○로 ○○(○○동) 소재 '○○○' 유흥주점에서 함께 술을 마시던 피공탁자가 버릇없이 행동한다는 이유로 화가 나서 주먹으로 피공탁자의 턱 부위를 1회 때려 피공탁자에게 약 6주간의 치료를 요하는 하악골 골절상 등의 상해를 입게 하였는바, 공탁자는 수차례에 걸쳐 피공탁자를 찾아가 사죄하며 용서를 구하고 금 10,000,000원을 치료비 및 위자료 등으로 지급하며 원만히 합의하고자 하였으나, 피공탁자는 이에 불응하여 수령을 거절하므로 이에 변제공탁을 하는 바입니다.

나. 공탁자는 20○○. ○. ○. 00:00경 택시운전을 하다가 ○○시 ○○구 ○○로 ○○(○○동) ○○백화점 앞 노상에서 도로를 횡단 중인 피공탁자를 들이받아 우측발목에 전치 4주일을 요하는 상해를 입혔는바, 그 후 공탁자는 수차례에 걸쳐 피공탁자를 찾아가 사죄하며 용서를 구하고 금 5,000,000원을 치료비 및 위자료 등으로 지급하며 원만히 합의하고자 하였으나, 피공탁자는 이에 불응하여 수령을 거절하므로 이에 변제공탁을 하는 바입니다.

다. 공탁자는 20○○. ○. ○. 00:00경 ○○시 ○○구 ○○동 소재의 홍길동 운영의 중고가전 가게에다 김갑동이 습득하여 갖다놓은 금 600만원의 자기앞수표를 이몽룡이 타인에게 주고 현금 500만원으로 바꿔온 금전 중 금 20,000원을 취득한 바 있어, 동 금액의 피해자인 피공탁자에게 배상하고자 현실 제공하려 하였으나 피해자가 이를 수령을 거부하므로 이에 변제공탁합니다.

[서식 397] 위임장(금전 공탁서)

위 임 장

법 무 사 홍 길 동

○○군 ○○읍 ○○로 ○○

(전화 000-0000, 팩스 000-0000)

위 사람을 대리인으로 정하고 다음 사항의 권한을 위임한다.

다 음

1. 금전공탁서 작성, 제출과 이를 교부받는 행위
1. 이에 부수하는 행위

20○○. ○. ○.

위임인 공탁자 ○ ○ ○ (인)

[서식 398] 금전공탁서(형사사건용)

금전 공탁서(형사사건용)

공 탁 번 호		년 금 제 호	년 월 일 신청		법령조항	민법 제487조
공탁자	성 명 (상호, 명칭)	○ ○ ○	피공탁자	성 명 (상호, 명칭)	○ ○ ○	
	주민등록번호 (법인등록번호)	000000-000000		주민등록번호 (법인등록번호)		
	주 소 (본점,주사무소)	전남 ○○군 ○○읍 ○○로 ○○		주 소 (본점, 주사무소)	전남 ○○군 ○○읍 ○○로 ○○	
	전화번호			전화번호		
공 탁 금 액		한글 이백만원정 숫자 2,000,000원	보 관 은 행		○○은행 ○○지점	
형사사건	사건번호	경찰서 년제 호 지방검찰청 지청 년 형 제 호 지방법원 지원 년 고단(합) 제 호				
	사건명					
공탁원인사실		공탁자는 20○○. 4. 23. 10:00경 서울시 ○○구 ○○동 소재 공탁자의 아파트에서 피공탁자를 유인하여 추행한 사건에 대하여 피공탁자에게 잘못을 사과하는 한편 상당한 위로금을 주고 합의를 보고자 하였으나				

<table>
<tr><td></td><td colspan="2">위자료의 액수가 적다는 이유로 수령을 거절하므로 공탁자가 마련할 수 있는 최선의 금액에 해당하는 금 2,000,000원을 위자료로써 공탁함</td></tr>
<tr><td>비고(첨부서류 등)</td><td colspan="2">□ 계좌납입신청
□ 공탁통지 우편료 원</td></tr>
<tr><td>반대급부 내용 등</td><td colspan="2"></td></tr>
<tr><td colspan="3">위와 같이 신청합니다. 대리인 주소 ○○시 ○○구 ○○로 ○○(○○동)
성명 법무사 홍길동 사무소
공탁자 성명 ○ ○ ○ (인) 법무사 홍 길 동 (인)</td></tr>
<tr><td>회수제한 신고</td><td colspan="2">공탁자는 피공탁자의 동의가 없으면 위 형사사건에 대하여 불기소결정(단, 기소유예는 제외)이 있거나 무죄판결이 확정될 때까지 공탁금에 대한 회수청구권을 행사하지 않겠습니다.
공탁자 성명 ○ ○ ○ (인) 대리인성명 (인)
※ 회수신고란에 서명하지 않을 경우 "금전공탁서(변제 등)" 양식을 사용하시기 바랍니다.</td></tr>
<tr><td colspan="3">위 공탁을 수리합니다.
공탁금을 년 월 일까지 위 보관은행의 공탁관 계좌에 납입 하시기 바랍니다.
위 납입기일까지 공탁금을 납입하지 않을 때는 공탁 수리결정의 효력이 상실됩니다.
년 월 일
법원 지원 공탁관 (인)</td></tr>
<tr><td colspan="3">(영수증) 위 공탁금이 납입되었음을 증명합니다.
년 월 일
공탁금 보관은행(공탁관) (인)</td></tr>
</table>

※ 1. 서명 또는 날인을 하되, 대리인이 공탁할 때에는 대리인의 성명, 주소(자격자대리인은 사무소)를 기재하고 대리인의 서명 또는 날인하여야 합니다. 전자공탁시스템을 이용하여 공탁하는 경우에는 날인 또는 서명을 공인인증서에 의한 전자서명 방식으로 합니다.

2. 공탁금 납입 후 은행으로부터 받은(전자공탁시스템을 이용하여 공탁하는 경우에는 전산시스템으로 출력한) 공탁서 원본을 형사사건이 최종 계류중인 경찰서나 검찰청 또는 법원에 제출하시기 바랍니다.

3. 공탁통지서를 발송하여야 하는 경우, 공탁금을 납입할 때 우편료(피공탁자 수 × 1회분 발송)도 납부하여야 합니다(공탁신청이 수리된 후 해당 공탁사건번호로 납부하여야 하며, 미리 예납할 수 없습니다).

4. 공탁금 회수청구권은 소멸시효 완성으로 국고에 귀속될 수 있습니다.

5. 공탁서는 재발급 되지 않으므로 잘 보관하시기 바랍니다.

[서식 399] 금전공탁통지서 (형사사건용)

금전 공탁통지서(형사사건용)

<table>
<tr><td colspan="2">공 탁 번 호</td><td colspan="2">년 금 제 호</td><td colspan="2">년 월 일 신청</td><td>법령조항</td><td>민법 제487조</td></tr>
<tr><td rowspan="2">공
탁
자</td><td>성 명
(상호, 명칭)</td><td colspan="2">○ ○ ○</td><td rowspan="2">피
공
탁
자</td><td>성 명
(상호, 명칭)</td><td colspan="2">○ ○ ○</td></tr>
<tr><td>주 소
(본점,주사무소)</td><td colspan="2">전남 ○○군 ○○읍
○○로 ○○</td><td>주 소
(본점, 주사무소)</td><td colspan="2">전남 ○○군 ○○읍
○○로 ○○</td></tr>
<tr><td colspan="2" rowspan="2">공 탁 금 액</td><td colspan="2">한글 이백만원정</td><td colspan="2" rowspan="2">보 관 은 행</td><td colspan="2" rowspan="2">○○은행 ○○지점</td></tr>
<tr><td colspan="2">숫자 2,000,000원</td></tr>
<tr><td rowspan="2">형사사건</td><td>사건번호</td><td colspan="6">경찰서 년제 호
지방검찰청 지청 년 형 제 호
지방법원 지원 년 고단(합) 제 호</td></tr>
<tr><td>사건명</td><td colspan="6"></td></tr>
<tr><td colspan="2">공 탁 원 인
사 실</td><td colspan="6">공탁자는 20○○. 4. 23. 10:00경 서울시 ○○구 ○○동 소재 공탁자의 아파트에서 피공탁자를 유인하여 추행한 사건에 대하여 피공탁자에게 잘못을 사과하는 한편 상당한 위로금을 주고 합의를 보고자 하였으나 위자료의 액수가 적다는 이유로 수령을 거절하므로 공탁자가 마련할 수 있는 최선의 금액에 해당하는 금 2,000,000원을 위자료로써 공탁함</td></tr>
<tr><td colspan="2">반대급부 내용 등</td><td colspan="6"></td></tr>
<tr><td colspan="8">위와 같이 통지합니다. 대리인 주소 ○○시 ○○구 ○○로 ○○(○○동)
성명 법무사 홍길동 사무소
공탁자 성명 ○ ○ ○ (인) 법무사 홍 길 동 (인)</td></tr>
<tr><td colspan="8">1. 위 공탁금이 년 월 일 납입되었으므로 [별지] 안내문의 구비서류 등을 지참하시고, 우리 법원 공탁소에 출석하여 공탁금 출급청구를 할 수 있습니다.
2. 공탁금액이 5천만원 이하인 경우에는 대법원 전자공탁홈페이지(http://ekt.dcourt.kr)를 인터넷으로 공탁금 출급청구를 할 수 있습니다. 이 경우 인감증명서(또는 본인서명사실 확인서)는 첨부하지 아니합니다.
3. 공탁자가 회수제한신고를 한 경우에는 공탁자는 귀하의 동의가 없으면 위 형사사건에 대하여 불기소결정(단, 기소유예는 제외)이 있거나 무죄판결이 확정된 때까지 공탁금에 대한 회수청구권을 행사할 수 없습니다.
그러나, 공탁자가 회수제한신고를 하지 않은 경우에는 귀하가 공탁금 출급청구를 하거나, 공탁을 수락한다는 내용을 기재한 서면을 우리 공탁소에 제출하기 전에는 공탁자가</td></tr>
</table>

공탁금을 회수할 수 있습니다.
4. 공탁금은 그 출급청구권을 행사할 수 있는 때로부터 10년 내에 출급청구를 하지 않을 때에는 특별한 사유(소멸시효 중단 등)가 없는 한 소멸시효가 완성되어 국고로 귀속되게 됩니다.
5. 공탁금에 대하여 이의가 있는 경우에는 공탁금 출급청구를 할 때에 청구서에 이의유보 사유(예컨대 "손해배상금 중의 일부로 수령함" 등)를 표시하고 공탁금을 지급받을 수 있으며, 이 경우에는 후에 다른 민사소송 등의 방법으로 권리를 주장할 수 있습니다.
6. 공탁통지서는 재발급 되지 않으므로 잘 보관하시기 바랍니다.
7. 사건 내용은 대법원 전자공탁홈페이지에서 조회할 수 있으며, 통지서 하단에 발급확인 번호가 기재되어 있은 경우에는 전자문서로 신청된 사건이므로 전자공탁홈페이지에서 공탁관련문서를 열람할 수 있습니다.

년 월 일 발송

법원 지원 공탁관 (인)
(문의전화 :)

[서식 400] 위임장 (금전공탁통지서)

위 임 장

법 무 사 홍 길 동
○○군 ○○읍 ○○로 ○○
(전화 000-0000, 팩스 000-0000)

위 사람을 대리인으로 정하고 다음 사항의 권한을 위임한다.

다 음

1. 금전공탁통지서(형사사건용) 작성, 제출과 이를 교부받는 행위
1. 이에 부수하는 행위

20○○. ○. ○.

위임인 공탁자 ○ ○ ○ (인)

[서식 401] 접수증명원

접 수 증 명 원

인지 500

사　　건　　20○○고단○○○호 횡령

피 고 인　　○　○　○

위 사건에 관하여 이 20○○.　.　. 접수되었음을 증명하여 주시기 바랍니다.

20○○. ○. ○.

신청인 ○ ○ ○ (인)

○○지방법원 귀중

제6편

소년사건

제1장 총 설 / 709

제2장 법 원 / 710

제3장 소년보호의 대상 / 713

제4장 소년보호의 관계기관 및 관계인 / 715

제5장 보호소년의 송치 / 722

제6장 보호소년의 신병에 관한 절차 / 725

제7장 소년보호사건의 조사와 심리 / 735

제8장 종국결정 / 746

제9장 항 고 / 757

제10장 소년형사사건의 절차 / 762

| 제1장 총 설 |

제1절 소년보호사건의 목적

소년보호사건이란 반사회성 있는 소년에 대하여 곧바로 형사처벌을 가하는 대신 미성년자라는 특수성을 감안하여 그 환경의 조정과 품행 교정을 위한 보호처분 등의 필요한 조치를 하고, 형사처분에 관한 특별조치를 행함으로서 소년의 건전한 육성을 기하는데 있다(소년법 1조).

제2절 보호처분의 성격

보호처분은 사법적 처분임과 동시에 복지적·행정적 성격을 갖는 처분이다. 즉 반사회적 행위를 하거나 할 우려가 있는 소년에 대하여 비행사실을 기준으로 사법적 절차 및 판단에 의하여 행하여지는 처분이라는 점에서 사법적 처분임이 분명하지만, 그 목적이 징벌에 있기보다는 소년을 육성 교육하는데 있어 교육적·복지적 성격을 갖는 처분이다.

| 제2장 법 원 |

제1절 소년법원

1. 관 할

소년보호사건은 2017. 12. 31. 기준으로 서울가정법원 소년부(서울), 인천가정법원 소년부(인천), 대전가정법원 소년부(대전), 대구가정법원 소년부(경상북고 포함), 부산가정법원 소년부(부산), 광주가정법원 소년부(전라남도 포함), 지방법원 소년부(그 외의 지역) 의 단독판사가 관할한다(소년법 제3조), 소년보호사건의 관할기준은 소년의 행위지, 거주지 또는 현재지이고, 그 기준시는 원칙적으로 사건수리시이지만 처리시도 기준으로 될 수 있다.

2. 이 송

보호사건을 송치받은 소년부는 보호의 적정을 기하기 위하여 필요하다고 인정한 때에는 결정으로써 사건을 다른 관할 소년부에 이송할 수 있다(소년법 6조 1항). 예컨대 가출소년의 경우 보호자가 있는 소년의 주소지 관할법원에서 사건을 조사 · 심리하는 것이 소년보호를 위하여 보다 적절하다고 인정되면 소년의 현재지 관할소년부는 사건을 소년의 주소지 관할소년부로 이송할 수 있다(소년법 6조 2항).

사건을 조사한 결과 당해 소년부에 관할권이 없다고 인정될 때에는 그 소년부는 결정으로서 사건을 관할권이 있는 소년부로 이송하여야 한다(소년법 6조 2항).

제2절 항고 및 재항고 법원

1. 관할 가정법원 또는 지방법원 본원 합의부

소년보호사건의 항고법원은 관할 가정법원 또는 지방법원 본원 합의부이다(소년법 43조 1항). 항고심은 소년부와 마찬가지로 사실심이지만 원심결정의 당부만을 판단하는 사후심이므로 항고심을 위한 조사기구는 설치되어 있지 않다. 그리고 항고법원의 사무국 사무분담은 소년부의 경우에 준하여 행하여지고 있다.

2. 대 법 원

소년보호사건의 재항고법원은 대법원이다. 재항고심은 법률심이며 사후심이므로 항고법원과 마찬가지로 재항고심을 위한 조사기구가 설치되어 있지 않다. 그리고 재항고사건에 관한 사법행정사무는 법원행정처 재판사무국 민사과에서 관장한다(법원사무기구에관한규칙 2조 별표 1의 4).

[서식 402] 이송신청서

이 송 신 청 서

사　　건　　20○○푸 ○○○호

보호소년　　성　　　　명 : ○　○　○
　　　　　　주민등록번호 : 000000-0000000
　　　　　　주　　　　소 : ○○시 ○○구 ○○로 ○○(○○동)

신 청 취 지

이 사건을 ○○지방법원 소년부로 이송한다.
라는 결정을 구합니다.

신 청 이 유

위 보호소년의 주소 및 주거지는 ○○시 ○○구 ○○로 ○○(○○동)이고, 재학중인 학교 및 부모들의 주소지도 ○○시에 소재하고 있는 등 보호소년에 대한 보호의 적정을 기하여 위하여 주소지 관할법원에서 심판함이 상당하다고 할 것이므로 소년법 제6조 제1항에 의하여 이송신청을 합니다.

20○○. ○. ○.

위 보호소년의 보조인
변호사 ○ ○ ○ (인)

○○가정법원 귀중

| 제3장 소년보호의 대상 |

제1절 비행소년

1. 의 의

소년보호의 대상은 반사회성 있는 소년(소년법 1조), 즉 비행이 있는 소년이다. "비행"이란 사회적으로는 사회규범의 일탈행위이고 심리학적으로는 환경에 대한 부적응행위의 일종이지만 소년보호대상에서의 비행이란 이러한 사회학적 · 심리학적 개념을 기초하되 형벌법 위반 또는 그 위반의 우려가 있는 소년법 제4조 각호에 해당하는 경우를 대상으로 한다.

2. 대 상

소년법에서 "소년"이라 함은 19세 미만의 자를 말하며 "보호자"라 함은 법률상 감호교육의 의무가 있는 자 또는 현재 감호하고 있는 자를 가리킨다(소년법 2조).

제2절 비행소년의 종류

1. 범죄소년

죄를 범한 19세 미만인 자

2. 촉법소년

촉법소년이란 형벌법령에 저촉되는 행위를 한 10세 이상 14세 미만의 소년을 말한다(소년법 4조 1항 2호). 형사책임능력(형법 9조)을 결한 점에서 범죄소년과 구별되지만 그 밖에 요건은 범죄소년과 같다.

3. 우범소년

우범소년이란 집단적으로 몰려다니며 주위 사람들에게 불안감을 조성하는 성벽이 있거나, 정당한 이유 없이 가출하거나, 술을 마시고 소란을 피우거나 유해환경에 접하는 성벽이 있는 경우 중의 하나로서, 그의 성격이나 환경에 비추어 앞으로 형벌 법령에 저촉되는 행위를 할 우려가 있는 10세 이상의 소년을 말한다.

| 제4장 소년보호의 관계기관 및 관계인 |

제1절 총 설

소년보호절차에 관계하는 기관 등을 단계적으로 구분하여 본다면 우선 비행소년을 발견하여 소년부로 보내는 기관 등으로는 경찰서장, 검사, 법원 등의 송치기관과 보호자 또는 학교와 사회복리시설의 장이 등이 있다.
다음으로 보호사건의 조사, 심리단계에 관여하는 기관으로는 우선 소년분류심사원, 병원, 기타 요양소, 보호자, 소년을 보호할 수 있는 적당한 자 또는 시설 등이 있으며, 끝으로 보호처분단계에 관여하는 기관 등으로는 소년원, 보호관찰소, 아동복지시설 기타 소년보호시설, 병원 기타 요양소, 보호자 또는 보호자를 대신하여 소년을 보호할 수 있는 자 등이 있다.

제2절 종 류

1. 검 사

검사는 소년에 대한 피의사건을 수사한 결과 보호처분에 해당하는 사유가 있다고 인정한 경우에는 사건을 관할 소년부에 송치하여야 한다(소년법 49조 1항).

2. 법 원

법원은 소년에 대한 피고사건을 심리한 결과 보호처분에 해당할 사유가 있다고 인정하면 결정으로써 사건을 관할법원 소년부에 송치하여야 한다(소년법 50조). 여기서 법원이란 소송법상 의미의 법원을 말하는 것이며 법률심이 아닌 사실심 즉 1심과 2심만을 의미한다.

3. 경찰서장

경찰서장은 촉법 또는 우범에 해당하는 소년이 있을 때에는 경찰서장은 직접 관할 소년부에 사건을 송치하여야 한다(소년법 4조 2항). 경찰서장이 비행소년에 대한 경찰직무를 효과적으로 수행할 수 있도록 하기 위하여 '소년업무처리규칙'이 마련되어 있다.

4. 소년분류심사원

소년분류심사원은 소년법 제18조 제1항 제3호에 따라 법원 소년부로부터 위탁된 소년의 수용과 분류심사, 소년법 제12조에 따른 진단의 일환으로 법원 소년부가 상담조사를 의뢰한 소년의 상담과 조사, 소년법 제49조의2에 따라 소년 피의사건에 대하여 검사가 조사를 의뢰한 소년의 품행 및 환경 등의 조사와 위에 해당되지 아니한 소년으로서 소년원장이나 보호관찰소장이 의뢰한 소면의 분류심사를 담당하며, 법무부장관이 관장한다(보호소년등의처우에관한법률 2조, 3조).

5. 소 년 원

소년원은 법원 소년부에 의하여 보호처분에 처하여진 소년을 수용하여 교정교육을 행함을 임무로 하는 기관으로서 법무부장관의 관장한다(보호소년등의처우에관한법률 2조, 3조).

6. 보 호 자

보호자라 함은 법률상 감호교육을 할 의무 있는 자를 말한다. 전자는 법률상 보호자로서 친권자, 후견자의 직무를 행하는 보호시설의 장 등을 들 수 있고, 후자는 사실상 보호자로서 소년에게 숙식을 제공하는 고용주, 기숙사의 사감, 친권자의 위탁 기타 사정에 의하여 친권자 대신 소년을 보호 · 감독하는 자, 친권을 상실하였으나 사실상 소년을 감호하는 부모 등을 들 수 있다.

그러나 위법한 경우 예를 들면 약취 · 유인의 방법 등에 의하여 감호하는 자는 제외한다.
소년법상 보호자는 소년보호사건의 조사심리에 있어서 대상소년의 권리 · 이익을 옹호하고 대변하는 지위를 가진다. 그리하여 보호자는 심리기일에 출석하여 의견을 진술할 수 있고, 심리기일의 변경을 청구할 수 있으며, 보조임을 선임하거나 스스로 보조인으로 취임할 수 있다. 또한 각종 통지를 받을 수 있으며, 보호처분의 결정에 불복하여 항고 및 재항고 할 수 있는 권리를 가진다.
또 소년에 대한 사업적 처우로서 하는 국가적인 보호는 소년의 보호육성을 기한다는 점에서 보호자의 보호와 근본적으로 다를 바 없으므로 보호자는 소년을 보다 잘 보호하기 위하여 국가적 보호에 협력하여야 한다. 비행소년을 발견하면 관할 소년부에 통고할 수 있으며 감호에 관한 임시조치 또는 보호처분에 의하여 위탁된 소년을 감호하는 것은 이러한 지위에서 기인한 것이다.
보호자는 보호처분의 적정을 기한 과학적 조사자료의 제공원이 되므로 보호자를 조사대상으로 하여 소환, 동행 기타 강제절차에 응할 의무를 부과하고 있다.

7. 보 조 인

보조인은 소년보호절차에 협력하고 소년의 권익을 변호하기 위하여 선임된 자를 말한다. 보조인은 소년보호절차가 갖는 행정적 또는 복지적 성격과 사법적 성격의 양면성으로 인하여 소년에 대한 보호처분이 적절하게 이루어지게 하기 위한 협력자의 지위도 가진다고 할 것이나, 실질적으로 가장 중요한 기능은 절차상으로 소년의 권익을 변호하는 역할이라 할 것이므로 보조인은 형사소송의 변호인과 마찬가지로 소년이 가지는 권리를 행사하는 외에 독자적인 입장에서 소년의 이익을 옹호하는 고유의 권리를 가진다.
본인 또는 보호자는 소년부 판사의 허가를 얻어 보조인을 선임할 수 있다. 다만, 보호자 또는 변호사를 보조인으로 선임하는 경우에는 소년부 판사의 허가를 요하지 아니한다(소년법 17조).

보조인 선임의 효력은 그 심급에 한하여 미치므로 보조인의 선임은 심급마다 하여야 한다(소년법 17조 5항). 사건이 소년부에 송치되기 전의 형사절차에서 이미 변호인이 선임되어 있는 경우 그 변호인이 송치 후의 소년보호절차에서 당연히 보조인으로 되는가에 관하여는 이론이 있으나 부정설이 통설이며 실무례이다. 그러나 소년보호사건이 다시 검사에게 송치되거나 송치한 법원으로 이송되어 형사절차가 재개된 경우에는 소년부 송치 이전에 있었던 변호인 선임의 효력은 다시 부활된다고 본다.

보조인의 지위는 보조인 스스로의 사임 또는 소년 본인이나 보호자의 해임, 소년부 판사의 허가 취소에 의하여 상실된다.

소년법상 인정되는 보조인의 권한은 보호자와 같이 심리기일 출석권(년법 21조 2항), 의견진술권(동법 25조), 심리기일변경신청권(동법 22조), 기록과 증거물의 열람 · 등사권(동법 30조의 2), 항고권(동법 43조, 47조), 결정서 또는 결정을 기재한 조서의 등 · 초본 또는 심판에 관한 사항의 증명서의 교부청구권, 기타 각종 통지의 수령권(동법 21조 2항, 22조), 등이 있으며, 형사소송법 중 변호인의 권리의무에 관한 규정은 소년보호사건의 성질에 위반되지 아니하는 한 보조인에게는 준용된다(동법 17조).

보조인의 특유한 권한으로 증인신문, 감정, 통역, 번역, 검증, 압수, 수색에 있어서 변호인에 상당한 권리를 행사할 수 있지만 그 범위 등에 대하여는 문제가 있다. 이것은 위 사항에 관하여 보호사건의 성질에 위반되지 아니하는 한도에서 형사소송법을 준용하도록 하고 있으므로(동법 26조 2항, 27조 2항), 그 이해하는 방법에 있어서 차이가 생길 수 있기 때문이다. 증인 · 감정인 · 통역인 · 번역인 신문은 인정할 수 있지만, 증서조사 청구권에 관하여는 보호자의 마찬가지로 소극설이 통설이다.

[서식 403] 보조인선임신고서(1)

보 조 인 선 임 신 고

사　　건　　20○○푸 ○○○호 유해화학물질관리법위반

보호소년　　○　○　○

이 사건에 관하여 ○○지방변호사회 소속 변호사 ○○○을 보조인으로 선임하고 연서하여 이에 신고합니다.

20○○. ○. ○.

선임인 보호소년의 부 ○　○　○ (인)
○○시 ○○구 ○○로 ○○(○○동)

위 본인의 무인임을 증명한 교도.

위 보조인 변호사 ○　○　○ (인)
○○시 ○○구 ○○로 ○○(○○동)
전화 : 00-000-0000
팩스 : 00-000-0000

○○가정법원 소년부　귀중

【접수방법】

1. 소년보호사건에 대하여는 변호인이란 용어를 사용하지 않고 보조인이 된다.
2. 보조인은 소년보호사건을 수임하게 되면 보조인선임신고서를 작성하여 변협을 경유하여 가정법원에 제출하여야 한다.

[서식 404] 보조인선임신고서(2)

보 조 인 선 임 신 고

사　　건　　20○○푸 123호　절도 보호사건

보호소년　　○　○　○

위 사건에 관하여 변호사 ○○○을 보조인으로 선임하고 이에 연서하여 신고합니다.

20○○. ○. ○.

위 선임인 보호소년의 부　○　○　○　(인)

위 보조인 변호사　○　○　○　(인)

○○가정법원　귀중

[서식 405] 보조인신고서

보 조 인 신 고 서

사　　건　　20○○고단○○호　사기

피 고 인　　○　○　○

위 사건에 관하여 신고인은 피고인 ○○○의 처로서 보조인이 되고자 하므로 신고합니다.

소　명　자　료

1. 가족관계증명서　　　　　1통

20○○. ○. ○.

위 신고인 피고인의 처 ○ ○ ○ (인)

○○지방법원 귀중

| 제5장 보호소년의 송치 |

제1절 사건의 송치

1. 의 의

소년보호사건의 송치란 경찰서장, 검사 및 법원 등 송치기관이 소년사건을 소년부에 보내어 보호사건으로 계속시키는 행위이다.

송치는 형식적 요건이 구비되어 있는 이상 이를 수리해야 하는 점에서 심리의 필요 여부를 조사하여 수리하는 통고와 다르다.

소년법의 규정(소년법 4조 2항, 49조 1항, 50조)상으로는 송치기관은 송치에 관한 요건이 인정되면 직접 소년부에 송치하여야 한다고 규정되어 있다(소위 송치강제주의).

2. 경찰서장의 송치

경찰서장이 송치할 수 있는 대상은 촉법소년 및 우범소년이며 범죄소년을 직접 소년부로 송치할 수 없다.

3. 검사의 송치

검사는 피의사건을 수사한 결과 보호처분에 해당하는 사유가 있다고 인정한 결정으로써 사건을 관할 소년부에 송치하여야 한다(소년법 50조).

보호처분에 해당하는 사유의 유무는 검사가 구체적 사안에 따라 합목적적으로 결정하여야 한다. 검사의 소년부송치에 대하여는 불복방법이 없고 다만, 송치 받은 소년부가 조사·심리한 결과 그 동기와 죄질이 형사처분을 할 사유가 있다고 인정할 때에는 이를 당해 검사에게 다시 송치할 수 있을 뿐이다(소년법 49조 2항).

4. 법원의 송치

법원은 소년에 대한 피고사건을 심리한 결과 보호처분에 해당하는 사유가 있다고 인정한 때에는 결정으로써 사건을 관할 소년부에 송치하여야 한다(소년법 50조).

보호처분에 해당한 사유가 있는지의 여부를 인정하는 것은 법관의 자유재량에 의하여 판정할 사항이다(대법원 1991. 1. 25.자 900도2693 판결).

항소심에서 소년부송치 결정을 하는 경우 원판결을 파기하고 결정할 필요가 있는가에 대하여 의문이 생길 수 있으나 소년부송치 결정전에 원판결을 파기할 것은 아니다.

형사피고사건에 대한 법원의 소년부송치 결정은 형사소송법 제403조가 규정하는 판결전의 소송절차에 관한 결정에 해당하지 아니한다고 할 것이므로 이 결정에 대하여 불복이 있으면 같은 법 제402조에 의한 보통항고는 할 수 있다(대법원 1986, 2. 12.자 86트1 결정).

5. 통 고

통고란 통고자인 보호자 또는 학교와 사회복리시설 · 보호관찰소의 장이 비행소년을 관할 소년부에 알려 그 권한 행사를 촉구하는 행위를 말하며, 통고할 수 있는 대상은 모든 종류의 비행소년, 즉 범죄소년, 촉법소년 및 우범소년이다(소년법 4조 1항).

제2절 소년보호사건의 접수

형사재판절차가 검사의 공소제기에 의하여 개시되는 것과 마찬가지로 소년보호절차도 송치기관의 송치 또는 통고자의 통고에 의하여 개시된다. 소년법원에서는 송치 또는 통고된 사건을 접수하여 소년보호사건으로 수리하게 된다. 송치의 경우에는 형식적 요건을 구비하면 바로 소년보호사건으로 수리되지만 통고의 경우에는 통고서를 접수하였다 하여 바로 소년보호사건으로 수리되는 것이 아니고 소년부 판사가 심리할 필요가 있다고 인정한 때에 비로소 소년보호사건으로 수리된다고 할 수 있다.

| 제6장 보호소년의 신병에 관한 절차 |

제1절 보호소년에 대한 구속영장의 효력

1. 의 의

구속된 소년에 대한 형사사건이 소년부 송치로 소년보호사건으로 계속되면 형사절차는 잠정적으로 소멸하게 되고 피고인이 명칭이 보호소년으로 바뀌게 되는 바, 소년보호사건의 조사·심리를 효율적으로 행하고 또한 소년을 주위의 나쁜 상황에서 분리·보호하기 위하여 소년의 신병조치를 취하고 종전의 형사절차는 잠정적으로 소멸하게 되므로 구속영장의 효력도 없어지게 되는데, 다만 이 경우 구속영장의 실효시점을 보면 아래와 같다.

2. 검사가 송치하는 사건

검사가 송치하는 사건에 있어서는 이론상으로는 법원이 현실적으로 그 사건을 송치받을 때까지 아직 형사절차가 계속되는 것으로 볼 수 있으므로 소년부의 사건접수시까지 영장의 효력이 유지된다고도 볼 수 있다.

그러나 검찰사무규칙에는 검사가 소년부 송치결정시 석방지휘서에 의하여 피의자를 석방하도록 규정하고, 다만 석방지휘서에 소년부 송치의 뜻을 기재하도록 함으로써 후에 소년부로 하여금 수용시설의 가위탁조치를 함에 있어 참고로 하도록 하고 있고, 이에 따라 검사는 소년부송치시 구속취소를 한 뒤 사실상 소년을 경찰관과 동행시켜 소년부에 보내고 있으므로 이러한 경우 구속영장의 효력은 검사의 구속취소시 이미 소멸하게 된다.

3. 법원이 송치하는 사건

법원이 송치한 사건에 있어서는 송치결정도 하나의 재판이므로 그 재판의 확정시기와 관련하여 구속영장의 효력소멸시기에 대하여 견해가 갈린다. 법원의 소년부 송치결정에 대하여는 항고가 인정되지 않는다는 입장에 서서 송치결정이 고지와 동시에 확정되는 것이므로 그 구속영장의 효력도 그때에 소멸한다고 하는 즉시실효성과 재판선고와 동시에 구속영장의 효력이 상실되는 경우를 규정한 형사소송법 제331조에 소년부 송치결정이 들어있지 않고, 구속영장의 실효 여부는 재판의 확정 여부보다는 재판의 성질, 내용 등을 고려하여 결정하여야 한다는 것 등을 이유로 하여 송치결정의 집행완료시까지 구속영장의 효력이 유지된다는 송치결정집행완료설이 있다. 후설은 다시 소년법 제18조 제2항에 규정된 24시간 내의 신병조치와 관련하여 구속영장의 효력은 소년부가 사건을 수리하였을 때에 소멸하고 위의 신병조치는 위 조항에 의하여 특별히 인정된 것이라는 견해와 위 신병조치도 구속영장의 효력에 의한 것이므로 구속영장의 효력은 위 24시간의 경과시까지 또는 그 안에 감호조치가 이루어진 때에는 그 감호조치시까지 존속한다는 견해로 구분되고 있다.

제2절 감호에 관한 임시조치(가위탁)

1. 의 의

사건의 조사 · 심리에 필요하다고 인정하여 소년의 신병을 보호자, 소년을 보호할 수 있는 적당한 자 또는 일정한 시설 등에 위탁하여 감독 · 보호하는 조치를 '감호에 관한 임시조치'라고 한다.

감호에 관한 임시조치로는 ① 보호자, 소년을 보호할 수 있는 적당한 자 또는 시설에 위탁, ② 병원이나 그 밖의 요양소에 위탁, ③ 소년분류심사원에 위탁 등 세 가지 종류가 있다. 실무상 주로 소년분류심사원에 위탁하는 것이 행하여지고 있는데, 이것을 보호처분으로서의 위탁과 구별하여 통상 '가위탁'이라고도 부른다. 소년분류심사원에의 위탁은 강제력에 의하여 소년을 시설에 수용하는 것이므로 구속과 같은 성질을 갖는다.

2. 요 건

감호에 관한 임시조치는 소년부 판사가 사건의 조사 또는 심리하는 데에 필요하다고 인정하면 할 수 있다(소년법 18조 1항). 그러나 조사 또는 심리에 필요하다고 하는 요건은 극히 추상적이고 특히 소년분류심사원에 위탁하는 것은 형사소송에서의 구속과 거의 유사한 성질을 갖는 것이므로 인권보장의 측면에서 임시조치를 신중하게 하기 위하여 일응의 기준을 두는 것이 필요한바, 소년법 전체의 정신과 임시조치의 목적에 비추어 살펴보면 다음의 기준을 들 수 있다.

① 심리조건이 있을 것, ② 소년이 범행을 범하였다고 의심할 만한 상당한 이유가 있을 것, ③ 심리개시의 개연성이 있을 것, ④ 소년의 신병을 확보할 필요가 있을 것, ⑤ 소년이 긴급한 보호를 필요로 할 것, ⑥ 소년을 수용하여 그 자질을 분류심사 필요가 있을 것이 있는데, 위의 여섯 가지 요건 중 ④ 내지 ⑥의 요건은 그 중 하나만 구비하면 족하다.

3. 임시조치의 시기 · 내용

임시조치는 사건이 계속되어 있는 이상 언제든지 할 수 있다. 다만, 동행된 소년 또는 사건의 송치와 동시에 인도된 소년에 대하여는 도착한 때로부터 24시간 이내에 임시조치를 하여야 한다(소년법 18조 2항). 인도된 소년에 대한 구속영장의 효력은 소년부 판사가 소년의 감호에 관한 결정을 한 때에 상실하며, 위 인도의 결정은 구속영장의 효력기간 내에 이루어져야 한다(소년법 32조 1항 후단 · 2항).

따라서 동행된 소년 또는 송치와 동시에 인도된 소년에 대하여 감호에 관한 임시조치를 할 것인가를 검토하는 동안 적어도 24시간은 소년의 신병을 확보할 수 있으므로 별도로 이에 관한 결정을 할 필요는 없다. 그러나 동행 또는 인도 당시의 소년에 대한 신병확보는 적법한 것이어야 하며(예컨대 종전의 구속영장의 효력에 의하거나, 동행영장에 의하여 동행한 경우) 임의로 출석한 소년을 24시간 동안 구금할 수는 없을 것이다. 동행 또는 인도된 소년에 대하여 도착한 때로부터 24시간 이내에 임시조치를 하지 않는 경우에는 소년을 석방하여야 한다.

임시조치의 내용으로는 앞에서 본 바와 같이 소년을 보호자, 소년을 보호할 수 있는 적당한 자 또는 시설에 위탁하는 것, 병원이나 그 밖의 요양소에 위탁하는 것, 소년분류심사원에 위탁하는 것이 있다(소년법 18조 1항).

4. 임시조치 결정의 집행

소년부 판사는 임시조치의 결정을 하였을 때에는 소년부의 법원사무관 등, 소년분류심사원 소속 공무원, 교도소 또는 구치소 소속 공무원, 보호관찰관 또는 사법경찰관리에게 그 결정을 집행하게 할 수 있지만(소년법 18조 5항), 보호자 또는 학교장에게 위탁하는 임시조치는 소년부 판사의 지휘에 의하여 법원사무관 등이 소년을 위탁받은 자에게 인계하고 신병인수서를 받음으로써 집행되는 것이 보통이다.

5. 임시조치의 취소, 변경, 불복

소년부는 언제든지 결정으로써 임시조치를 취소하거나 변경할 수 있다(소년법 18조 6항). 임시조치의 취소 · 변경은 소년부 판사가 직권에 기하여 행하는 것이고 소년 또는 보호자의 신청은 직권발동을 촉구하는 것에 불과하므로 그 신청을 들어주지 않았다 하여 이에 대하여 불복할 수는 없다.

취소 · 변경 사유는 경우에 따라 다른 것이지만 통상은 신병확보의 필요성이 없어져 소년분류심사원에의 위탁을 취소하거나 이를 보호자에의 위탁으로 변경하는 경우가 많으며, 그 밖에도 소년법 제12조의 규정에 의한 전문가의 진단을 받게 하기 위하여 소년을 병원에 위탁할 필요가 있는 경우에는 병원위탁을 새로이 하거나 종전의 임시조치를 병원위탁으로 변경할 수 있다. 실무상 담당재판부가 직권으로 위탁변경을 하기보다는 보조인 등의 위탁변경허가신청에 따라 위탁변경 등을 하고 있으며, 소년부 판사가 위탁변경허가신청서 표지의 허 · 부란에 날인을 하면 허가의 경우에만 결정문을 작성하고 불허가의 경우에는 이를 작성하지 않는다.

임시조치의 취소·변경은 소년 및 보호자 또는 보조인 중 적당하다고 인정되는 사람과 위탁받은 자에게 통지하여야 한다.

[서식 406] 위탁변경신청서(1)

위 탁 변 경 신 청

사 건 20○○푸 123호 절도

보호소년 김 ○ 수 (000000-0000000)
○○소년분류심사원 위탁 수용 중

보 호 자 김 ○ 호 (000000-0000000)
소년과의 관계 : 보호소년의 부
주 소 : ○○시 ○○구 ○○로 ○○(○○동)

위 소년에 대한 절도 보호사건에 관하여 20○○. ○. ○. 귀원의 결정에 의하여 현재 ○○소년분류심사원에 위탁 수용중인 바, 보호소년의 보조인(또는 보호자)은 다음과 같은 이유로 위탁변경을 신청하오니 신청취지와 같이 결정하여 주시기 바랍니다.

신 청 취 지

위 소년을 보호자 김○호의 감호에 위탁하는 것으로 변경한다.
라는 결정을 구합니다.

신 청 이 유

1. 본건 보호소년은 당 18세의 미성년자로서 보호인 집에 동거하면서, 대학입시학원에 재학중 20○○. ○. ○.경 종로 1가 학원부근 책방에서 책 1권을 절취하였다 하여 가위탁되었는바, 위 범행은 전혀 우발적이고 때마침 책값은 없는데 시험이 급하여 나중에 책값을 주려는 순진한 생각으로 이루어졌고,

2. 본건 사고발생 후 보호자 측에서 피해자의 재산상 손해금을 변상하고 원만히 합의까지 보았으며,

3. 본건 보호소년은 평소 착하고 성실한 소년으로서 동료학생들 사이에서나 학원 교사들에게서 칭찬의 대상으로서 보호자에게 위탁하여 주신다면 적절한 지도와 감독으로서 보호하여 또 다시 과오를 저지르지 않도록 선도하겠습니다.

첨 부 서 류

1. 보조인 선임신고서 1통
1. 합의서 1통
1. 주민등록등본 1통

20○○. ○. ○.

신청인 보호소년의 보조인
변호사 ○ ○ ○ (인)

○○가정법원 귀중

【주】

1. 가정법원의 소년부로 송치되어 온 보호소년에 대하여 가정법원판사는 임시조치로 대개 소년분류심사원에 위탁하게 된다.
2. 이 경우, 보호소년의 보조인인 변호사는 소년의 보호자(부모등)에게 위탁을 변경해 달라고 하는 위탁변경신청서를 제출한다. 그러면 심리기일이 지정되고 검사가 없는 편안한 분위기에서 보호자와 함께 심리를 하게 된다. 이때 보호소년 ○○○에 대한 신문사항을 미리 작성하여 가면 좋을 것이다.

[서식 407] 위탁변경신청서(2)

위 탁 변 경 신 청

사 건 20○○푸 ○○○호

보호소년 ○ ○ ○ (000000-0000000)
○○소년분류심사원 위탁 수용 중

보 호 자 ○ ○ ○ (000000-0000000)
소년과의 관계 : 보호소년의 모
주 소 : ○○시 ○○구 ○○로 ○○(○○동)

위 소년에 대한 강도상해 보호사건에 관하여 20○○. ○. ○. 귀원의 결정에 의하여 현재 ○○소년분류심사원에 위탁수용중인 바, 보호소년의 보호자는 다음과 같은 이유로 위탁변경을 신청하오니 신청취지와 같이 결정하여 주시기 바랍니다.

신 청 취 지

위 보호소년을 보호자 ○○○의 감호에 위탁하는 것으로 변경한다.
라는 결정을 구합니다.

신 청 이 유

1. 본건 보호소년은 당 17세의 미성년자로서 보호인 집에서 동거하면서, ○○고등학교 ○○과 ○학년에 재학중인 학생인 바, 이 건 범행은 친구들과 어울리다가 배가 고파서 순간적으로 휩쓸려 잘못을 저지르게 된 것이며, 보호소년은 이 건 이외에는 달리 처분이나 형벌을 받은 전력도 없습니다.
2. 피해자와도 원만히 합의를 하였으며, 보호소년도 2달여간의 구금생활 동안 깊이 반성하고 앞으로는 성실하게 생활을 할 것을 다짐하고 있습니다.
3. 보호소년은 현재 ○○고등학교 ○학년에 재학 중이며, 본 학교의 학칙에 따르면, 수업일수를 채우지 못하는 학생에 대하여는 퇴학조치를 하도록 되어 있는 바, 보호소년은 현재 수업일수를 채우지 못하여, 위와 같은 퇴학조치를 당할 처지에 놓여 있습니다.
4. 따라서 보호소년을 보호자에게 위탁하여, 보호소년이 학업을 계속할 수 있도록 하여 주시기를 바라며, 위탁변경신청을 하게 되었습니다.

첨 부 서 류

1. 주민등록등본 1통
1. 진정서 2통
1. 탄원서 1통

1. 재학증명서 1통

20○○. ○. ○.

위 신청인 보호자 ○ ○ ○ (인)

○○지방법원 소년부지원 귀중

[서식 408] 위탁변경신청서(3)

위 탁 변 경 신 청

사건번호 20○○푸 ○○○호 특수절도 등

보호소년 ○ ○ ○ (000000-0000000)

신 청 취 지

보호소년의 위탁처분을 변경한다.
라는 취지의 결정을 구합니다.

신 청 이 유

1. 보호소년 ○○○은 20○○. ○. ○. ○○지방법원 소년부지원에서 5호 처분을 받아 현재 ○○ ○구 ○○로 ○○(○○동)에 위치한 ○○병원에 위탁되어 있습니다.

2. 그러나 위 ○○병원은 사립인 관계로, 보호자의 형편으로는 엄청난 병원비를 감당하기가 힘이 드는 상황이며, 위탁장소도 보호소년과 그 보호자의 주소지인 ○○과는 멀리 떨어진 ○○여서 자주 만날 수도 없는 상황입니다.

3. 이에 ○○○의 위탁처분을 변경하여 주었으면 하여 직권발동을 촉구하는 의미에서 신청하게 되었습니다.

20○○. ○. ○.

신 청 인 ○ ○ ○ (인)

○○지방법원 소년부지원 귀중

[서식 409] 위탁변경신청서(4)

위 탁 변 경 신 청

사 건 20○○푸 ○○○호

보호소년 ○ ○ ○ (000000-0000000)
소년분류심사원 수용 중

보 호 자 ○ ○ ○ (000000-0000000)
소년과의 관계 : 보호소년의 모
주 소 : ○○시 ○○구 ○○로 ○○(○○동)

위 보호소년에 대한 귀원 20○○푸 ○○호 소년보호사건에 관하여 보호소년의 보호자(또는 보조인)는 다음과 같이 위탁변경결정을 신청합니다.

신 청 취 지

위 사건에 관하여 20○○. ○. ○.에 한 소년분류심사원(또는 ○○시설) 위탁을 보호자 ○○○의 감호에 위탁하는 것으로 변경한다.
라는 결정을 구합니다.

신 청 이 유

1. 비행소년에 대하여 귀원에서 소년법 제18조 1항에 따라서 20○○. ○. ○. 임시조치로서 소년분류심사원에 위탁결정을 한 바 있습니다.

2. 비행소년은 자신의 비행을 깊이 뉘우치고 있으며, 현재 ○○중학교 재학중이고 방학이 끝나서 개학예정이므로 등교를 하여야 할 사정이며, 비행소년의 보호자 부 ○○○이 노력하여 피해자들의 피해를 모두 변상하여 피해자들과 원만하게

합의가 되었고, 학교 담임교사 및 보호자가 보호소년을 철저히 관리 · 감독 · 교육할 것을 약속하는 바이므로, 비행소년에 대한 감호의 적정을 기하기 위하여 보호자 감호위탁으로 변경하여 주시기 바랍니다.

첨 부 서 류

1. 피해자 합의서 1통
1. 학교담임선생의 지도계획서 1통
1. 보호자 부 · 모의 서약서 1통
1. 가족관계증명서(보호자의 것) 1통

20○○. ○. ○.

보호소년 ○ ○ ○
위 보호자 ○ ○ ○ (인)
(또는 보조인 변호사 ○ ○ ○ (인))

○○지방법원 귀중

| 제7장 소년보호사건의 조사와 심리 |

제1절 조 사

1. 조사의 의의

소년사건에 있어 범죄사실에 대한 조사는 주로 소년의 비행 및 요보호성에 관한 사회적 자료를 수집 · 분석하는 것으로서 생활환경조사의 기능을 가지고 있음에 대하여, 심리는 조사된 자료를 기초로 하여 비행 및 요보호성의 존부를 판단하고 적절한 보호처분을 결정하는 것으로서 사법적 기능을 가진다. 넓은 의미에서 조사활동은 소년부 판사가 지배하는 것이지만 조사의 특성을 살리기 위하여 조사는 전문가인 조사관이 하는 것이 원칙이다. 그러므로 좁은 의미의 조사란 조사관이 판사의 명에 의하여 행하는 조사활동을 말한다. 조사관의 조사는 전문적 지식을 이용하여 소년의 성행을 중심으로 하는 사회적 자료를 조사하는 것으로서 임의적인 방법에 의한다는 점에서 심리 중에 판사가 행하는 강제조사와 다르다.

2. 조사명령

조사관의 조사는 소년부 판사의 조사명령에 의하여 개시된다(소년법 11조 1항). 조사는 소년 개인의 사적생활에 깊이 관여하는 것이므로 비행사실의 존부가 불명확한 상태에서 조사를 명하는 것은 적당하지 않다. 따라서 판사가 조사명령을 발함에 있어서는 적어도 비행사실의 존재에 대하여 개연적 심증을 갖는 것이 필요하다. 만일 비행사실에 대한 개연성이 없다면 조사절차를 거칠 필요 없이 바로 심리불개시결정을 하여야 한다.

소년부는 조사 · 심리를 함에 있어서 정신건강의학과 의사, 심리학자, 사회사업가, 교육자나 그 밖의 전문가의 진단 및 소년분류심사원의 분류심사결과와 의견 · 보호관찰소의 조사결과와 의견 등을 고려하여야 한다(소년법 12조).

특히 통고된 사건에서는 수집된 자료가 없기 때문에 조사를 명하는 것이 필요하다(동법 11조 2항). 또 송치시 기록이 함께 송부되어 오지 않은 경우에는 판사는 절차의 촉진을 위하여 송치서의 내용을 참작하여 미리 조사를 명하는 것이 보통이다.

3. 조사의 대상과 조사사항

소년보호의 대상은 비행 자체가 아니고 비행을 한 소년이므로 조사관의 조사할 대상도 비행행위뿐만 아니라 사건에서 나타난 소년의 반사회성, 그리고 그 반사회성을 교정하기 위한 요보호성 등이다.

반사회성이란 소년의 품행과 환경에 얽힌 반사회적인 속성으로서 그것이 행동으로 나타난 것이 곧 비행행위이다. 그러므로 조사관은 소년의 반사회성을 밝히기 위하여 소년이 반사회적 성격을 갖게 된 원인, 반사회성의 정도 등을 조사하여야 한다.

요보호성 조사란 소년의 품행과 환경에 비추어 재비행가능성 및 교정가능성의 존부, 그리고 이에 대한 적절한 보호처분의 내용 등을 밝히는 것이며 이러한 조사대상을 밝히기 위하여 소년의 비행사실, 그 동기와 비행 후의 정황 및 비행전력, 소년과 보호자의 교육정도, 직업, 소년과 보호자의 관계, 소년의 교우관계 및 소년의 가정환경, 소년비행화의 경위 및 보호자의 소년에 대한 관계 보호감독상황과 향후의 보호능력, 피해자에 대한 관계 및 재비행의 위험성과 정도, 소년의 심신상태 기타 심리와 처분을 함에 필요한 사항 등을 조사하여야 할 것이다.

또한 품행조사는 소년의 반사회적인 인격에 관한 조사로서 소년의 성별, 연령, 신체, 지능, 성격, 성장과정 등에 중점을 두어 이를 위하여 필요한 경우에는 각종 조회의 방법을 사용하거나 소년분류심사원의 분류심사결과통지서를 참조할 수 있으며, 환경조사에서는 소년의 가정환경, 사회환경(학교, 직장, 교우관계 등), 문화환경(문화시설의 접촉, 취미, 기초, 특기, 장래희망 등)을 조사하는 것이 바람직할 것이다.

제2절 심 리

1. 심리의 의의

심리란 심리기일에 소년부 판사가 소년과 보호자, 참고인 등을 직접 조사하는 절차로서 소년보호절차의 핵심을 이루고 있다. 심리절차에서 소년과 보호자는 판사에게 직접 진술할 기회를 갖게 되고, 판사는 정확한 심증을 얻음과 동시에 소년과 보호자에게 처우의 방침을 이해시키고 협력을 구하여 교육적, 치료적인 역할을 하는 데 그 존재의의가 있는 것이다.

2. 심리의 개시결정

소년부 판사는 송치서와 조사관의 조사보고에 따라 사건을 심리할 필요가 있다고 인정하면 심리개시의 결정을 하여야 한다(소년법 20조 1항). 그러나 실제로는 소년이 비행사실을 부인하여 그 존부를 분명히 할 필요가 있는 경우 또는 보호처분을 할 가능성이 적지만 소년을 훈계하여 교육적 효과를 바라는 경우에도 심리개시의 결정을 할 수 있다.

판사는 심리개시결정 후에도 소년법 제23조에 의한 심리가 개시되기 전까지 결정으로써 이를 취소할 수 있다.

그러나 일단 심리가 개시된 후에는 설사 보호처분이 필요 없다고 인정되는 경우라도 심리개시결정을 취소할 것이 아니고 불처분결정을 하여야 하는 것이 원칙이다. 다만, 심리 중에 소년의 연령이 10세 미만인 것이 판명된 때에는 심리개시결정을 취소하고 심리불개시결정을 하여야 한다.

소년부판사는 심리개시결정을 한 때에는 심리기일을 지정하여(소년법 21조 1항) 본인과 보호자를 소환하고 또 보조인이 선임되어 있는 경우에는 그 보조인에게 기일의 통지를 한다.

3. 심리의 관계인 소환통지

소년부 판사는 심리기일을 지정하고 소년 본인과 보호자를 소환하여야 한다.

다만 필요가 없다고 인정한 경우에는 보호자는 소환하지 아니할 수 있다(소년법 21조 1항). 사건의 심리에 필요하다고 인정하면 참고인을 소환할 수 있다(소년법 13조 1항). 위 소환에 정당한 이유 없이 불응한 자는 100만원 이하의 과태료에 처한다(소년법 71조).

보호자가 여러 명 있을 때는 반드시 전원을 소환할 필요가 없고 그 중 가장 적당하다고 인정되는 자 한 사람만 소환하면 족하다. 다만 법정대리인인 보호자와 그 외의 보호자가 있는 경우에는 법정대리인인 보호자에 대하여 소환을 하는 것이 타당하다.

소년, 보호자 또는 참고인의 소환은 소환장의 송달에 의하여야 하고 그 소환장에는 소년의 성명, 생년월일과 소환되는 사람의 성명, 소년보호사건에 관하여 소환하는 뜻, 출석할 일시와 장소, 소년이나 보호자가 정당한 이유 없이 소환에 응하지 아니할 때에는 동행영장을 발부할 수 있다는 뜻을 기재하고 소년부 판사가 기명날인하여야 한다. 소년분류심사원에 위탁된 소년에 대하여는 그 직원에게 통지하여 소환하며, 위탁된 소년이 직원으로부터 소환통지를 받은 때에는 소환장의 송달과 동일한 효력이 있다(형소법 76조 재5항 준용). 실무상 소년이 소년분류심사원에 위탁되어 있는 경우에는 위탁소년소환부에 의하여 소환이 행해지고 있다.

4. 심리의 개정

심리기일에는 판사와 서기가 참석하여야 하고(소년법 23조 1항), 소년은 반드시 출석하여야 한다. 소년법 제17조의 2 제1항에 해당하는 사건 및 같은 조 제2항에 따라 보조인이 선정된 사건에 관하여 보조인이 심리기일에 출석하지 아니한 때에는 심리를 할 수 없다.

조사관, 보호자 및 보조인은 통지에 관계없이 심리기일에 출석할 수 있으며(소년법 23조 2항), 심리에 관하여 의견을 진술할 수 있다(소년법 25조). 위 경우에 판사는 필요하다고 인정하는 때에는 소년의 퇴장을 명할 수 있다(동법 23조). 소년심판에서의 심리는 대립당사자를 전제로 하지 아니하고 오로지 판사가 직권으로 비행사실과 요보호성의 존부를 발견하고 어버이가 자식을 권고·

훈계하는 것과 같은 교육적, 치료적인 방법으로 보호처분을 행하는 절차이므로 형사소송에서와 같은 엄격성은 요구되지 않는다.

소년심판의 심리는 친절하고 온화하게 하여야 한다(동법 24조 1항). 또 심리를 공개하면 소년의 장래에 나쁜 영향을 미칠 것이므로 소년심판의 심리는 비공개로 원칙으로 하고, 다만 판사는 적당하다고 인정하는 자에게 참석을 허가할 수 있도록 하였다(동법 24조 2항).

5. 진술거부권의 고지

판사는 출석한 소년에 대하여 진술거부권을 고지하고 인정신문을 한 뒤 심리 개시의 뜻을 고지하여야 한다. 소년법 제10조는 소년부 또는 조사관이 범죄사실에 관하여 소년을 조사할 때에는 미리 소년에 대하여 불리한 진술을 거부할 수 있음을 알려야 한다고 규정하고 있다.

6. 비행사실의 고지 및 변명 청취

소년부 판사가 심리를 함에 있어서는 소년에게 비행사실의 내용을 고지하고 그 이익 되는 사실을 진술할 기회를 주어야 한다. 이것은 소년의 인권보장을 위한 적정절차의 기본적 요청이며 소년에게 방어와 변명의 기회를 줄 뿐만 아니라 진실발견과 치료교육을 위해서도 필요한 것으로서 심리의 중심적 부분에 해당한다.

비행사실의 고지는 보통 사건송치서 또는 조사관의 조사보고서에 기재된 비행행위의 개요를 읽어주는 방법에 의하여 행한다.

소년부 판사는 비행사실의 내용을 고지한 후 소년에게 비행사실을 인정하는지 여부를 묻고 소년의 변명을 들어야 한다. 소년이 만일 비행사실을 부인하는 경우에는 증거를 제시하고 그것에 대한 의견을 물을 필요가 있다. 또 요양보호에 관한 자료가 있을 때에는 그것의 내용을 고지하고, 이익되는 사실의 진술을 들어야 한다.

이익되는 사실의 진술은 소년을 물론 보호자도 할 수 있으며 보조인이 선임된 경우에는 보조인도 이를 할 수 있다.

7. 항 고 권

소년보호자와 그 법정대리인은 보호처분의 결정에 대하여 항고권, 재항고권이 있고, 보호자, 보조인 또는 법정대리인은 소년의 동의를 얻어 항고를 취하할 수 있다.

8. 증거의 조사

소년보호사건에 있어서도 명문의 규정은 없으나 판사가 비행사실 및 요보호성의 존재를 인정함에 있어서는 논리법칙과 경험법칙에 따라 자유로운 심증에 의하여야 할 것이며 소년의 자백이 중요한 증거자료가 된다.

소년부 판사는 증인을 신문하고 감정, 통역, 번역을 명할 수 있으며 검증, 압수 또는 수색을 할 수 있다(소년법 26조 1항, 27조 1항). 이 경우 형사소송법 및 형사소송규칙 중 법원의 증인신문, 감정, 통역 및 번역과 검증, 압수 또는 수색에 관한 규정은 보호사건의 성질에 위반하지 아니하는 한도에서 준용한다(동법 26조 2항, 27조 2항).

또 증인, 감정인, 통역인 및 번역인에게 지급하는 비용, 숙박료 그 밖의 비용에 대하여는 형사소송법 중 비용에 관한 규정을 준용하며 이것은 참고인에게 지급하는 비용에 관하여도 동일하다(동법 42조 1항 · 2항).

[서식 410] 보조인의견서

보 조 인 의 견 서

사　　건　　20○○푸 ○○○호　절도 등 보호사건

보호소년　　○　○　○

위 보호소년에 대한 절도 등 보호사건에 관하여 위 보호소년의 보조인은 다음과 같이 의견을 개진합니다.

다 음

1. **성장과정**

보호소년 ○○○(이하 “보호소년”이라고만 합니다)은 부 김○○, 모 이○○의 1남 2녀 중 막내로 태어났습니다. 넉넉하진 않지만 단란한 가정의 외아들로 태어난 보호소년은 초등학교와 중학교를 같은 나이 또래의 다른 청소년들처럼 별 탈 없이 무사히 마쳤습니다. 비록 학교 성적은 중간 이하였으나 성격이 온순하고 대인관계도 원만하여 부모님과 누나들의 사랑을 독차지하며 자랐습니다.

그런데 보호소년은 고등학교에 진학한 후부터 공부에 점점 흥미를 잃으며 학교생활에 적응하지 못하게 되고 말았습니다. 보호소년은 학교에 지각하거나 결석하는 날이 많아지더니 결국 고등학교 1학년을 채 마치지 못하고 출석일수 미달로 자퇴를 하게 되었습니다.

학교를 자퇴한 후 보호소년은 오토바이 운전면허증을 취득한 후 오토바이 배달 아르바이트 등을 하며 지내오던 중 이 건 절도 등 범행에 이르게 되었습니다.

2. **보조인 의견**

가. 보호소년의 성행

보호소년은 고등학교를 자퇴하기 전까지는 아무런 말썽도 일으키지 않던 착한 학생이었습니다. 그런데 학교를 그만둔 후 가정형편상 식당 등에서 아르바이트를 하며 비슷한 처지에 있는 선배, 후배들과 어울리면서 이 건에 이르게 된 것입니다.

보조인이 접견한 결과 보호소년은 철이 없기는 하나 아직 악성에 물들지는 않은 것 같아 보였습니다. 오히려 막내이자 외아들로 태어나 부모님과 두 누나들의 귀여움을 독차지하며 자란 가정환경 때문인지 같은 나이 또래의 다른 아이들보다 철이 없어 보였으며, 접견 내내 눈물을 흘리는 등 성격이 다소 연약해 보였습니다. 또한 이번 사건으로 체포되기에 이르자 자신의 행동에 대한 사회적 의미를 다소나마 깨닫고 반성하는 빛이 역력하였습니다.

나. 보호소년의 가정환경

보호소년은 부모님과 두 누나와 함께 생활하고 있습니다. 보호소년은 태어나서 지금까지 집을 가출하여 친구들과 어울리는 등의 행동은 한 번도 한 사실이 없으며, 학교의 보호범위에서 벗어난 고등학교 자퇴시부터 지금까지도 계속하여 부모님과 두 누나들의 보호 하에 함께 생활하여 왔습니다.

보호소년의 아버님은 타이루공으로 일하고 있고, 보호소년의 어머님은 빌딩 청소일을 하고 있습니다. 또, 보호소년의 큰 누나는 회사원으로 일하고 있으며,

작은 누나는 대입시험을 준비 중입니다. 비록 넉넉하지는 않지만 단란한 가족 환경 속에서 보호소년은 생활하고 있습니다.

보조인이 보호소년의 가족들을 면담한 결과, 보호소년의 가족들은 이번 보호소년의 행동에 대해 매우 놀라고 있으며 앞으로 보호소년의 보호, 양육에 최선을 다할 것임을 재차 다짐하고 있습니다.

다. 보호소년의 범행전력

보호소년은 이 건 범행 전에 자동차관리법위반으로 기소유예를 받은 사실이 있습니다. 이는 보호소년이 오토바이 면허취득 후 구입한 오토바이를 불법 개조한 것에 대해 담당 검사님으로부터 용서를 받은 것입니다. 보호소년의 이 건 범행도 평소 친하게 지내던 선배가 알려준 방법대로 별 생각 없이 저지른 행동이었습니다.

보호소년은 위와 같이 자신의 범행에 대한 뚜렷한 죄의식이 없는 상태에서 한 행동입니다. 이제 보호소년은 이 건으로 자신의 행위가 가져올 결과에 대해 그 의미를 충분히 이해한 듯 보입니다.

라. 의 견

위와 같은 사유로 보조인은 보호소년을 소년원에 송치하는 것보다는 하루빨리 가족의 품에서 새로운 마음으로 자신의 잘못을 반성하는 삶을 영위할 수 있도록 보호소년에 대하여 1호, 3호 처분과 함께 사회봉사명령을 내려주시는 것이 타당하다고 판단되어 의견서를 제출합니다.

20○○. ○. ○.

위 보호소년의 보조인 변호사 ○ ○ ○ (인)

○○가정법원 소년제○단독 귀중

[서식 411] 변론요지서

변 론 요 지 서

사 건 20○○푸 ○○○○호 특수절도

보호소년 김 ○ 수

귀원에 재판 계속중인 위 보호소년에 대한 특수절도사건에 관하여 위 보호소년의 보조인은 다음과 같인 변론을 진술하오니 선처하여 주시기 바랍니다.

다 음

1. 이 건 사안은 그다지 중요하지 아니합니다.
보호소년 김○수는 시내버스에서 핸드백을 열어 지갑을 절취하는 방법으로 절도를 하였다는 것이나, 그 피해액이 경미하고 피해품은 모두 피해자에게 돌아가 피해가 회복되었으며, 그 경위에 관하여 보면 방학을 맞아 같은 반의 친구 이○현과 안양에 갔다가 서울 방면으로 가는 버스를 타고 가게 되었는데 마침 차비조차 제대로 없자 이○현의 지시와 조력으로 본의 아니게 이 건 범행에 이른 것으로 그 동기 또한 우발적이었습니다.

2. 정상참작의 여지가 있습니다.
보호소년 김○수는 12살 되던 때에 어머님이 교통사고로 뇌를 심하게 다쳐 투병하다 20○○. ○. ○.에 사망하기에 이르렀고, 아버지는 어머니의 교통사고의 충격으로 간호를 하다가 이를 이기지 못하고, 어머니보다 먼저인 20○○. ○. ○.에 사망에 이르게 된바 있고, 이때부터 보호소년은 보일러공으로 어렵게 살아가는 형 집으로 가 그곳에서 부양받으며 학교를 다녔던 것입니다.
그런데 형님의 가정이 매우 어렵다보니 학용품은 물론 교통비조차 제대로 쓸 수 없는 매우 어려운 사정관계로 너무 궁핍한 나머지 버스를 타고 가다 차비가 없어 우발적으로 이 건 범행을 하기에 이른 것이나, 이 사건을 계기로 보호소년의 모든 형제, 누나들이 나서서 보호소년을 보살피기로 약속하였습니다.
그리고 보호소년 김○수는 18세의 미성년자로서 ○○공업고등학교 건축과 2학년에 재학중인 학생으로서 이번이 초범이며, 이 건 범행에 대하여 그간 50여일의 구금생활을 통하여 깊이 반성하고, 다시는 잘못을 하지 않기로 눈물로서 굳게 맹세하고 있습니다.
특히 보호소년은 20○○. ○. ○. 개학일자인 관계로 하루빨리 보호자에게 돌아가 정상적인 학교수업을 받으며, 선도되어져야 할 특별한 사정이 있습니다.
따라서 보호소년 김○수에게 한하여 선처를 베풀어 주시기를 간곡히 바라는 바입니다.

20○○. ○. ○.

위 보호소년의 보조인 변호사 ○ ○ ○ (인)

○○가정법원 귀중

[서식 412] 심리기일변경신청서

심 리 기 일 변 경 신 청

사 건 20○○푸 ○○○○호 절도

보호소년 김 ○ 수

위 사건에 대한 심리기일이 20○○. ○. ○. 00:00로 지정된바 있으나, 위 보호소년의 보조인은 지방출장 등 부득이한 사정으로 인하여 위 기일에 출석할 수 없사오니 위 심리기일을 변경하여 주시기 바랍니다.

20○○. ○. ○.

위 보호소년의 보조인 변호사 ○ ○ ○ (인)

○○가정법원 귀중

[서식 413] 주소변경신고서

주 소 변 경 신 고

사 건 20○○푸 ○○○○호 절도

보호소년 김 ○ 수

위 사건에 관하여 위 보호소년의 보호자 주소가 다음과 같이 변경되었기에 이에 신고합니다.

다 음

변경된 주소 : ○○시 ○○구 ○○로 ○○(○○동)
변 경 일 시 : 20○○. ○. ○.

첨 부 서 류

1. 주민등록표 등본 1통

20○○. ○. ○.

위 보호소년의 보호자 부 ○ ○ ○ (인)

○○가정법원 귀중

| 제8장 종국결정 |

제1절 총 설

1. 결정의 의의 및 종류

소년보호절차에서 중요한 판단은 결정에 의하여 행하여진다. 결정에서 소년보호절차를 종결시키는 종국결정과 사건의 조사 · 심리도중에 하는 중간결정 및 사건이 종결된 뒤에 하는 종국 후 결정이 있다.

중간결정으로는 사건의 관할의 이송결정(소년법 6조), 병합결정, 감호에 관한 임시조치결정(소년법 18조), 심리개시결정(소년법 20조) 등이 있으며, 종국 후 결정으로는 보호처분의 취소 · 변경(소년법 37조 내지 40조)이 있다. 종국결정으로는 심리불개시결정(소년법 19조 1항), 불처분결정(소년법 29조 1항), 검사에의 송치결정(소년법 7조, 49조 2항), 법원에의 이송결정(소년법 51조), 보호처분의 결정(소년법 32조 1항)의 다섯 가지가 있다.

2. 결정서의 작성 및 고지

소년부 판사가 결정을 함에는 원칙으로 결정서를 작성하고 서명날인하여야 한다. 다만 상당하다고 인정할 때에는 결정의 내용을 조서에 기재하여 결정서의 작성에 갈음할 수 있다. 결정은 원칙으로 고지되어야 한다. 고지는 심리기일에서 이루어지는 경우와 심리기일 외에 송달 기타 적당한 방법에 의하여 이루어지는 경우가 있다. 보호처분결정은 심리기일에서 결정서에 의하여 고지하여야 하며, 소년부 판사는 이 고지를 함에 있어서 소년 및 출석한 보호자에 대하여 보호처분의 취지를 이해할 수 있도록 친절이 설명하여야 하고 아울러 항고기간과 항고법원을 알려주어야 한다.

보호처분 외의 결정의 고지는 통지에 의한다.

제2절 심리불개시결정

1. 의의 및 요건

소년부 판사는 송치서와 조사관의 조사보고에 의하여 사건의 심리를 개시할 필요가 없다고 인정하면 심리를 개시하지 아니한다는 결정을 하여야 한다(소년법 19조 1항). 이러한 결정은 소위 심리불개시결정이라고 한다.

심리조건이 결여된 경우, 즉 심판권이 없을 때, 소년이 실재하지 않을 때, 송치 및 통고가 절차법규에 위반되어 무효인 때, 동일사건에 대하여 이미 보호처분의 결정이 확정되어 일사부재리의 효력이 있을 때, 동일사건에 대하여 이중계속이 존재할 때, 연령이 10세 이상 19세 미만이어야 되는데 이에 미달하거나 초과한 때에는 심리조건이 구비되지 않는다.

소년부 판사는 심리 중에 소년이 10세 미만인 것이 판명된 때에는 그 심리개시결정을 취소하고 심리불개시결정을 하여야 한다.

2. 결정방식 및 효력

심리불개시결정은 심리가 개시 전에 하는 것이지만 이미 심리개시결정이 있더라도 실제로 심리기일을 개시하기 전까지는 언제든지 그 심리개시결정을 취소할 수 있으므로 심리개시결정 이후 심리기일 이전에 심리조건의 부존재 등이 사유가 밝혀진 경우에는 심리개시결정을 취소하고 심리불개시결정을 한다.

심리불개시결정도 종국결정이므로 이것에 의하여 소년보호사건이 종결된다. 따라서 사건의 계속을 전제로 정지한 공소시효가 다시 진행되며, 감호에 대한 임시조치는 취소된 것으로 본다(소년법 19조 3항).

제3절 불처분결정

1. 의의 및 요건

소년부 판사는 심리의 결과 보호처분을 할 수 없거나 할 필요가 없다고 인정하면 그 취지의 결정을 하여야 하는바(소년법 29조 1항) 이것을 불처분결정이라고 한다.

불처분결정은 그 요건에 따라 보호처분을 할 수 없는 경우의 형식적 불처분과 보호처분을 할 필요가 없는 경우의 실질적 불처분으로 분류하고 있다. 불처분 결정의 요건은 심리불개시결정의 요건과 유사하다.

2. 형식적 불처분

일단 심리기일이 개시된 후 심리조건의 부존재가 밝혀진 경우에는 불처분결정을 할 것인지, 아니면 심리개시결정을 취소하고 심리불개시결정을 할 것인지가 문제가 된다. 심리불개시결정이나 불처분결정은 실질상으로 별 차이가 없으나, 규칙상으로는 심리개시결정의 취소는 심리가 개시되지 전까지 가능하다고 되어 있는 반면, 예외적으로 심리 중에 소년이 10세 미만임이 밝혀진 경우에는 심리개시결정을 취소하고 심리불개시결정을 하도록 되어 있으므로, 연령 미달 이외의 경우에는 일단 심리가 개시된 이후에는 불처분결정을 하는 것이 합당하다.

3. 실질적 불처분

실질적 불처분의 요건은 심리결과 비행사실이나 요보호성이 인정되지 않아 보호처분을 할 필요가 없다고 인정되는 경우이다.

보호처분을 하기 위한 비행사실에 대한 심증의 정도는 합리적인 의심의 여지가 없는 정도, 즉 확신의 정도이어야 하고 이에 미달인 때에는 불처분결정을 하여야 하고 불처분의 결정은 사건본인과 보호자에게 알려야 한다.

제4절 검사에의 송치결정

1. 의의 및 요건

소년보호사건이 법원으로부터 송치되어 온 경우를 제외한 나머지 경우, 즉 보호자 등의 통고, 경찰서장 또는 검사의 송치에 의한 소년보호사건을 조사·심리한 결과 그 동기와 죄질이 금고 이상의 형사처분을 할 필요가 있다고 인정되는 경우 또는 범죄소년의 연령이 19세 이상인 것이 판명된 경우에는 이를 보호절차에서 처리할 수 없으므로 사건을 검사에게 송치하여 형사절차에서 처리하게 할 필요가 있다. 이와 같이 사건을 검사에게 송치하는 것을 말하며 '송검'이라고 한다(소년법 7조).

검사에의 송치는 그 요건에 따라 범죄사실의 동기와 죄질이 금고 이상의 형사처분을 할 필요가 있는 경우의 실질적 검사송치와 본인이 19에 이상인 것으로 밝혀진 경우의 형식적 검사송치로 분류할 수 있다.

2. 결정방식 및 효력

통고 또는 경찰서장으로부터 송치된 사건에 대하여 실질적인 검찰송치를 함에 있어서는 결정서에 일반적 일반적인 기재사항 이외에 범죄사실과 적용법조를 명시하여야 한다. 이것은 통고 또는 송치만으로는 범죄사실과 그 법률적 평가가 불분명하므로 소년부가 조사·심리한 결과에 의하여 검사에게 송치되는 사건의 범죄사실과 그 법률적 평가를 명확히 함으로써 공소제기의 기초를 확실히 할 필요가 있기 때문이다.

사건을 검사에게 송치한 때에는 관계되는 서류와 증거물 전부를 검사에게 송부하여야 한다. 다만, 공범이 있거나 기타의 사유로 이를 송부할 수 없을 때에는 송치하는 사건과 관련되는 부분의 등본을 송부하여야 한다.

제5절 법원으로의 이송결정

1. 의의 및 요건

소년부 판사는 법원으로부터 송치받은 사건을 조사 · 심리한 결과 사건의 본인이 19세 이상인 것으로 밝혀지면 결정으로써 송치한 법원에 사건을 다시 이송하여야 한다(소년법 51조). 본인이 19세 이상이라면 이에 대한 심판을 할 수 없으므로 사건을 다시 형사절차에서 처리할 필요가 있기 때문이다. 이 경우 이송은 관할법원 간의 이송과 같은 중간결정이 아니고 보호절차를 종결시키는 종국결정이다.

본인이 19세 이상인지의 여부는 결정시를 기준으로 하여 판단할 것이며 보호처분의 계속 중일 때 처분 당시 사건본인이 19세 이상인 것으로 밝혀진 경우에는 결정으로써 그 보호처분을 취소하고 사건을 송치한 법원에 다시 이송하도록 규정되어 있다(소년법 38조 1항 2호).

2. 결정방식 및 고지

법원에의 이송결정의 방식 및 고지방법에 관하여는 특별한 규정이 없으나 일반적인 방식에 따라 결정서를 작성하고 결정서를 본인과 보호자에게 통지하여야 하도록 규정하고 있다.

3. 이송절차

사건을 송치한 법원에 다시 이송을 할 때에는 관계되는 서류와 증거물 전부를 송부하여야 한다. 이 경우에는 검찰청을 경유하지 않고 직접 이송받을 법원으로 송부하되, 이송받을 법원에 대응하는 검찰청 검사에게 이송결정등본을 송부하는 등의 방식에 의하여 그 결정을 통지하여야 한다.

제6절 보호처분의 결정

1. 의의 및 요건

보호처분은 비행소년에 대하여 그 환경을 조성하고 품행을 교정하기 위한 보호적 · 교육적인 조치로서 하는 사법적 처우 중 가장 중요한 처분이다. 보호처분을 하기 위해서는 반드시 심리를 거쳐야 한다. 보호처분의 필요성이란 형식적 요건인 심리조건을 충족하는 이외에 실체적 요건으로서 비행사실 및 요보호성의 존재가 인정되어야 한다. 비행사실에 관하여는 형사재판에 있어서와 같이 합리적인 의심의 여지가 없는 확신의 심증을 요하고, 요보호성은 범죄적 위험성, 교정가능성 및 보호의 상당성을 그 내용으로 하지만 그 심증의 정도는 "증거의 우월"로 긍정적으로 판단할 수 있을 정도의 심증을 요한다.

2. 결정의 고지 및 효력

보호처분의 결정은 심리기일에서 결정서에 의하여 이를 고지하여야 하며 이때에 소년부판사는 소년 및 출석한 보호자에 대하여 보호처분의 취지를 이해할 수 있도록 친절이 설명함과 아울러 항고기간과 항고법원을 알려주어야 한다.

보호처분의 결정은 이와 같이 심리기일에 구두로 고지하면 족하므로 사후에 본인과 보호자에게 결정서등본을 송달할 필요는 없다.

보호처분의 결정은 고지와 동시에 집행력이 생긴다. 즉, 이 결정의 집행은 결정의 확정 전에 이미 발생하며 항고가 있더라도 그 집행이 정지되지 아니한다(소년법 46조).

소년부는 보호처분에 따라 송치된 사건을 조사 또는 심리한 결과 그 동기와 죄질이 금고 이상의 형사처분할 필요가 있다고 인정할 때에는 결정으로써 해당 검찰청 검사에게 송치할 수 있고, 그 사건을 소년부에 송치하지 못한다(동법 49조 2 · 3항). 즉, 보호처분에는 일사부재리의 효력이 있다.

3. 보호처분의 내용

소년부 판사는 심리의 결과 보호처분의 필요가 있다고 인정한 때에는 결정으로써 다음 각 호의 어느 하나에 해당하는 처분을 하여야 한다.

가. 1호처분 : 보호자 또는 보호자를 대신하여 소년을 보호할 수 있는 자에게 감호 위탁

나. 2호처분 : 수강명령

다. 3호처분 : 사회봉사명령

라. 4호처분 : 보호관찰관의 단기 보호관찰

마. 5호처분 : 보호관찰관의 장기 보호관찰

바. 6호처분 : '아동복지법'상의 아동복지시설이나 그 밖의 소년보호시설에 감호 위탁

사. 7호처분 : 병원, 요양소 또는 '보호소년등의처우에관한법률'에 따른 소년의료보호시설에 위탁

아. 8호처분 : 1개월 이내의 소년원 송치

자. 9호처분 : 단기 소년원 송치

차. 10호처분 : 장기 소년원 송치

제3호의 처분은 14세 이상의 소년에게만 할 수 있다(동법 32조 3항).

제2호처분 및 제10호처분은 12세 이상의 소년에게만 할 수 있다(동법 32조 4항).

각 호의 어느 하나에 해당하는 처분을 한 경우에는 소년부는 소년을 인도하면서 소년의 교정에 필요한 참고자료를 위탁받은 자나 처분을 집행하는 자에게 넘겨야 한다(동법 32조 5항).

소년의 보호처분은 그 소년의 장래 신상에 어떠한 영향도 미치지 아니한다(동법 32조 6항).

4. 보호처분의 기간

보호처분 중 1호처분(보호자등 위탁), 6호처분(아동복지시설등 위탁), 7호처분(병원

등 위탁)의 위탁기간은 6개월이며, 소년부 판사는 결정으로써 6개월의 범위 안에서 한 번에 한하여 그 기간을 연장할 수 있다. 그리고 필요한 경우 언제든지 결정으로써 그 위탁을 종료시킬 수 있다(소년법 33조 1항).

4호처분, 즉 보호관찰관의 단기보호관찰의 기간은 1년으로 한다(동법 33조 2항).

5호처분, 즉 보호관찰관의 장기보호관찰의 기간은 2년으로 하되, 소년부판사는 보호관찰관의 신청에 따라 결정으로써 1년의 범위 안에서 한 번에 한하여 그 기간을 연장할 수 있다(동법 33조 3항). 그리고 위 기간연장의 신청은 서면으로 하여야 하며 그 서면에는 보호관찰을 계속할 상당한 이유를 기재하고, 이를 소명하여야 한다.

2호처분의 수강명령은 100시간을, 3호처분의 사회봉사명령은 200시간을 초과할 수 없으며, 보호관찰관이 그 명령을 집행할 때에는 사건 본인의 정상적인 생활을 방해하지 아니하도록 하여야 한다(동법 32조 4항). 제9호의 처분으로 단기로 소년원에 송치된 소년의 수용기간은 6개월을 초과하지 못하며(동법 33조 5항), 제10호 처분으로 장기 소년원에 송치된 소년의 보호기간은 2년을 초과할 수 없으며, 제6호부터 제10호 처분까지의 어느 하나에 해당하는 처분을 받은 소년이 시설위탁이나 수용 이후 그 시설을 이탈하였을 때에는 위 처분기간은 진행이 정지되고, 재위탁 또는 재수용된 때로부터 다시 진행한다(소년법 33조 7항).

5. 보호소년의 인도

보호소년에 대하여 종국결정(보호처분)으로 소년법 제32조 제1항 제1호 처분의 결정이 있게 되면 보호소년의 보호자는 소년부로부터 소년의 신병을 인도받는다.

이때에는 소년부에 보호소년의 인수서를 작성 교부하게 된다.

6. 보호처분의 취소 · 변경

일반적으로 재판은 기속력을 가지므로 선고 또는 고지에 의하여 외부적으로 성립된 이후에는 이를 재판부가 임의로 취소 · 변경할 수 없다. 그러나 소년심판은 대심적 구조를 가지지 아니 하며 소년부의 직권에 의하여 소년보호의 목적을 달성하려는 것이므로 소년의 실질적 이익을 제약하는 보호처분에 있어서는 소년의 건전한 육성을 위하여 사후적 조치가 필요하게 된다. 이와 같은 종국결정 후의 조치로서 인정된 것이 보호처분의 취소 · 변경이다.

취소 · 변경을 할 수 있는 경우는 조사관의 관찰보고 및 보호관찰보고에 의한 것, 소년원장의 청구에 의한 것, 유죄판결이 있는 경우, 보호처분이 경합된 경우, 연령초과 및 미달에 의한 것 등이 있다.

취소 · 변경은 그 보호처분이 계속 중이면 언제든지 가능하지만 이미 그 집행이 종료되었을 때에는 이를 취소 · 변경할 수 없다.

7. 취소 변경의 방법 및 고지

보호처분의 취소 · 변경은 결정으로서 하며 이를 지체 없이 사건 본인과 보호자에게 알리고 그 취지를 위탁받은 자나 보호처분을 집행하는 자에게 알려야 한다(소년법 37조 3항).

보호처분의 취소가 있었다 하여 반드시 새로이 종전 사건을 종결시키기 위한 결정은 소년심판규칙에 10세 미만을 이유로 보호처분을 취소하는 경우에는 다시 심리불개시결정을 하여야 한다고 규정하고 있다(소년심판규칙 42조).

8. 보호소년의 장래신상

소년의 보호처분은 그 소년의 신상에 어떠한 영향도 미치지 아니한다. 이것은 소년의 장래에 불이익을 주지 않음으로써 소년의 갱생을 도모하려는 취지이다.

그러므로 범죄소년에 대하여 보호처분이 있었다 하여도 자격제한을 받지 않으며 누범, 집행유예 및 그 실효, 취소에 있어서 보호처분을 받은 사실이 고려되어서는 아니 된다. 또한 소년법에 의한 보호처분을 받은 전력이 있다고 하더라도, 이는 유죄의 확정판결을 받은 경우에 해당하지 아니함이 명백하므로, 범죄의 습벽을 판단함에 있어 그 소년보호처분을 받은 전력을 고려할 것이 아니다(대법원 2012. 3. 22. 선고 2011도15057 전원합의체 판결).

[서식 414] 인우보증서

인 우 보 증 서

사 건 본 인　　○ ○ ○
주민등록번호　　000000-0000000
등 록 기 준 지　　○○시 ○○구 ○○로 ○○(○○동)
주　　소　　○○시 ○○구 ○○로 ○○(○○동)

보 증 사 항

-보증내용을 상세히 기재할 것-
보호소년에 대한 보호관찰 및 선도

위의 사실이 틀림이 없으며 만일 후일에 본건으로 인하여 문제가 있을 때에는 보증인들이 법적 책임을 지겠기에 이에 보증합니다.

첨 부 서 류

1. 보증인들의 인감증명(또는 주민등록초본)　　각 1통

20○○. ○. ○.

보증인 성　　명 : ○ ○ ○ (인)
주민등록번호 : 000000-0000000
등 록 기 준 지 : ○○시 ○○구 ○○로 ○○(○○동)
주　　소 : ○○시 ○○구 ○○로 ○○(○○동)

보증인 성　　명 : ○ ○ ○ (인)
주민등록번호 : 000000-0000000

등록기준지 : ○○시 ○○구 ○○로 ○○(○○동)
주　　　소 : ○○시 ○○구 ○○로 ○○(○○동)

[서식 415] 처분결정등본교부신청서

처분결정등본교부신청

사　　건　　20○○푸 ○○○○호 절도
성　　명　　김 ○ 수
주민등록번호　　000000-0000000
직　　업　　학생
주　　소　　○○시 ○○구 ○○로 ○○(○○동)

위 소년보호사건에 대하여 귀원에서 20○○. ○. ○. 소년법 제32조 제1항 제6호 처분으로 결정된 등본 2통을 신청하오니 교부하여 주시기 바랍니다.

20○○. ○. ○.

위 신청인 김○수의 보호자 부 김 ○ 호 (인)
주민등록번호 : 000000-0000000

○○가정법원 귀중

제9장 항 고

제1절 총 설

소년심판에 있어서의 결정은 소년의 교정을 목적으로 이루어지는 것이므로 그 성질상 모든 결정에 대하여 다 불복신청을 인정하는 것은 적절하다고 할 수 없겠으나 적어도 보호처분의 결정에 대하여는 그 사법적 기능에 비추어 불복신청을 인정할 필요성이 있다. 그리하여 법은 보호처분의 결정 및 부가처분 등의 결정 또는 보호처분 및 부가처분 변경의 결정에 한하여 그 결정에 영향을 미칠 법령위반이 있거나 중대한 사실오인이 있거나 또는 처분이 현저히 부당한 경우 중 어느 하나에 해당하면 항고할 수 있다(소년법 43조 1항).

제2절 항고대상

항고의 대상은 소년법 제32조에 따른 보호처분의 결정 및 같은 법 제32조의2에 따른 부가처분 등의 결정 또는 같은 법 제37조의 보호처분 · 부가처분 변경 결정이다(소년법 43조 1항). 따라서 검사에의 송치결정, 법원으로의 이송결정, 심리불개시의 결정, 불처분결정, 감호에 관한 임시조치의 결정 등에 대하여는 항고가 인정되지 않는다.

제3절 항고권자, 기간, 이유

항고할 수 있는 자는 사건 본인, 보호자, 보조인 및 그 법정대리인이다(소년법 43조 1항). 검사는 소년심판에 관여하지 않으므로 항고권이 없다.

항고의 제기기간은 7일이다(동법 43조 2항). 항고는 보호처분이 그 결정 및 부가

처분 등의 결정 또는 보호처분·부가처분 변경결정에 영향을 미칠 법령위반이 있거나 또는 중대한 사실오인이 있을 때 또는 보호처분이 현저히 부당한 경우 제기할 수 있다(동법 43조 1항).

제4절 항고절차

1. 항고의 제기

항고는 항고장을 항고제기기간 내에 보호처분의 결정을 한 원심 소년부에 제출하여야 한다(소년법 44조 1항). 항고제기기간은 7일이며(동법 43조 2항), 결정의 고지일을 기준으로 하되 고지일 당일은 산입하지 아니한다. 항고장을 제출받은 소년부는 3일 이내에 의견서를 첨부하여 항고법원에 송부하여야 한다(소년법 44조 2항).

항고이유는 항고장에 간결하게 명시하여야 하며 별도로 항고이유서 제출기간이 마련되어 있는 것은 아니다. 항고이유는 항고법원의 심판대상이므로 단순히 "결정에 영향을 미친 법령위반이 있다" "사실오인이 있다"는 식으로 추상적으로 기재하여서는 아니 되고 구체적으로 어떠한 법령위반, 사실오인이 있는지를 명백히 하여야 한다. 항고이유의 내용이 분명치 않은 항고는 부적법하지만 항고장에 항고이유의 기재를 누락하거나 분명치 않게 기재한 경우에는 후에 항고를 한 자 또는 다른 항고권자가 이를 보완할 수 있을 것이다.

2. 항고의 취하

항고는 이를 취하할 수 있으며 그 취하는 명백히 할 필요가 있으므로 원칙으로 서면에 의하여야 할 것이다.

보호자 또는 법정대리인이 있는 소년이 항고를 취하하는 경우에는 보호자 또는 법정대리인의 동의를 얻어야 하며, 보호자, 보조인 또는 법정대리인은 소년의 동의를 얻어 항고를 취하할 수 있다.

[서식 416] 항고장(소년원에 송치)

항 고 장

사 건 20○○푸 ○○○ 절도 보호사건
보호소년 ○ ○ ○
결정년월일 20○○. ○. ○.
결정취지 ○○소년원에 송치하는 보호처분

위 처분에 대하여 다음과 같은 이유로 불복하므로 이에 항고합니다.

항 고 이 유

1. 본건 보호처분의 결정은 중대한 사실오인에 기인한 것입니다. 원 심리법원 조사관 ○○○이 작성한 ○○○에 대한 진술조서 기재내용에 본 소년이 불량 학생이고 동 사건의 피해자가 처벌을 요구하고 있다는 내용의 기재는 전혀 사실과 다르고 피해자 중 일부는 소재불명으로 찾지 못하였으나 최근 연락이 되어 피해 전부를 회복해 주고 원만히 합의하였으며,

2. 본건 소년은 소년법 제4조 제1항 제3호에 저촉될 환경이나 형벌 법령에 저촉되는 행위를 할 우려 없는 선량한 아이로서 친구의 꼬임에서 우발적으로 저지른 분별없는 짓이었음을 충분히 뉘우치고 있을 뿐 아니라 보호자는 현재 은행에 재직중이고 보호자 가족들의 지적수준으로 보아 충분히 가정교육이 이루어질 수 있으므로 소년법 제32조 제1호 처분이 타당하다고 보여지므로 원결정은 마땅히 취소되어야 할 것입니다.

첨 부 서 류

1. 피해자의 진정서 1통
1. 학교장의 품행조사서 1통
1. 보호자 재직증명서 1통

20○○. ○. ○.

위 보조인 변호사 ○ ○ ○ (인)

○○지방법원 귀중

제5절 항고법원의 심판

1. 심리의 대상

항고법원은 항고이유에 기재된 사항에 관하여 조사하여야 하며, 결정에 영향을 미칠 법령위반이나 중대한 사실오인 또는 처분이 현저히 부당한 사유에 관하여는 항고이유에 기재되어 있지 않더라도 직권으로 조사할 수 있다.

2. 항고의 재판

항고의 절차가 법률의 규정에 위반하거나 항고가 이유 없다고 인정한 때에는 결정으로 항고를 기각하여야 한다(소년법 45조 1항). 반대로 항고가 이유 있다고 인정한 때에는 원래의 결정을 취소하고 사건을 원 소년부에 환송하거나 다른 소년부에 이송하여야 한다. 다만, 환송 또는 이송할 여유가 없이 급하거나 그 밖에 필요하다고 인정한 경우에는 원결정을 파기하고 불처분 또는 보호처분의 결정을 할 수 없다(동법 45조 1항, 2항).

결정문 통지의 방식은 재항고기일의 기산일을 명백히 하기 위하여 결정등본을 소년본인 및 항고인에게 송달하는 방법에 의하는데 만일 송달받을 자의 소재가 불명하여 송달불능이 되는 경우에는 달리 고지의 방법이 없으므로 실무상으로 부득이 공시송달에 의하고 있다.

제6절 재 항 고

항고를 기각하는 결정에 대하여는 그 결정이 법령에 위반한 때에 한하여 대법원에 재항고를 할 수 있으며 그 재항고기간은 7일이다(소년법 47조, 43조 2항).

대법원은 재항고절차가 소년법 및 소년심판규칙에 위반하거나 재항고 이유가 없다고 인정될 때에는 재항고를 기각하여야 한다. 반대로 재항고가 이유 있다고 인정할 때에는 원결정 및 보호처분을 취소하고 사건을 소년부에 환송하거나 다른 소년부에 이송하여야 한다(소년심판규칙 52조 2항).

| 제10장 소년형사사건의 절차 |

제1절 총 설

소년형사사건이란 범죄소년에 대하여 수사기관이 수사를 하여 공소가 제기되거나 소년법원에서 검사에게 송치 또는 법원에 이송되어 형사법원에서 재판을 받아 형벌 및 그 집행에 이르는 일련의 사건을 말하며 소년형사사건에 관하여는 이 법에 특별한 규정이 없으면 일반 형사사건의 예에 따른다(소년법 48조).

제2절 절차상의 특칙

1. 소년의 구속 및 수용

소년에 대한 구속영장은 부득한 경우가 아니면 발부하지 못한다(소년법 55조 1항). 부득이한 경우란 구체적 사안에 따라 판단되어야 할 것이지만 사건의 발전과정에 따라 수사단계에서는 수사상 필요성의 관점에서, 공소제기 후에는 공판심리를 위한 필요성의 관점에서 각각 판단하여야 한다.

부득이한 사정이 인정되지 않으면 판사는 다른 요건이 구비되어 있더라도 구속영장신청을 기각하여야 한다.

구속영장이 발부되어 소년을 구속하는 경우에는 특별한 사정이 없으면 다른 피의자나 피고인과 분리하여 수용하여야 한다(소년법 55조 2항). 이는 소년을 보호하고 처우의 개별화를 기하기 위한 것이다.

2. 공판의 심리방법, 조사의 위촉

소년에 대한 형사사건의 심리는 친절하고 온화하게 하여야 하며, 소년의 심신상태, 품행, 경력, 가정상황 기타 환경 등에 대하여 정확한 사실을 밝힐 수 있도록 특별한 유의를 하여야 한다(소년법 58조 1항 · 2항).

소년형사사건이나 소년보호사건은 모두 소년의 품행, 환경 등을 참고하여야 하는 점이 동일하므로 형사사건에서의 이러한 사회조사도 소년보호사건에서와 같이 의학 · 심리학 · 교육학 기타 전문적인 지식을 활용할 필요가 있다. 그리하여 소년형사사건에서도 법원은 그 필요한 사항을 조사하도록 조사관에게 위촉할 수 있도록 하였다(소년법 56조).

소년에 대한 형사사건의 심리는 다른 피의사건과 관련된 경우에도 심리에 지장이 없으면 그 절차를 분리하여야 한다(동법 57조). 이것은 소년에 대한 처우의 개별화의 원칙을 공판절차에도 적용하기 위한 것이다.

다른 피고사건과 관련된 경우란 수인이 공동으로 또는 동시에 동일 장소에서 범한 죄, 범인은닉죄, 증거인멸죄, 위증죄, 허위감정 · 통역죄 또는 장물죄와 그 본범의 죄의 관계가 있는 경우를 말하며, 1인이 수죄를 범한 경우는 이에 해당하지 않는다.

3. 처분상의 특칙

소년법은 죄를 범할 당시 18세 미만인 소년에 대하여 사형 또는 무기형으로 처할 경우에는 이를 15년의 유기징역으로 한다(소년법 59조). 이것은 절대적 책임능력에서 절대적 책임무능력과의 사이에 있는 중간책임능력자 또는 한정책임능력자는 그 형을 감경해야 한다는 원리와 인도적 견지에서 중형을 피하고 사회복귀의 기회를 주려는 것이다.

사형 또는 무기형으로 처할 것인 때란 법정형이 아니라 처단형이 사형 또는 무기형인 경우를 말하여 이때에는 15년의 유기징역으로 한다.

소년이 장기 2년 이상의 유기형에 해당하는 죄를 범한 때에는 그 형의 범위 내에서 장기와 단기를 정하여 선고한다. 다만 장기는 10년, 단기는 5년을 초과하지 못한다(소년법 60조 1항). 그러나 형의 집행유예나 형의 선고유예를 선고할 때에는 부정기형 선고에 관한 위 규정은 적용하지 아니한다(동법 60조 3항).

그리고 18세 미만인 소년에 대하여는 형법 제70조에 따른 유치선고를 하지 못한다(동법 62조 본문). 소년을 노역장에 유치한다는 것은 소년에게 악영향을 미칠 우려가 있기 때문이다. 18세 미만인가의 여부는 형선고시를 기준으로 한다(환형처분의 금지).

제3절 행형에 관한 특칙

1. 성인으로부터 분리

징역 또는 금고의 선고를 받은 소년에 대하여는 특별히 설치된 교도소 또는 일반교도소 안에 특별히 분리된 장소에서 그 형을 집행한다. 다만, 소년이 형의 집행 중에 23세가 되면 일반 교도소에서 집행할 수 있다(소년법 63조).

2. 보호처분과 형의 집행

보호처분의 계속 중일 때에 징역, 금고 또는 구류를 선고받은 소년에 대하여는 먼저 그 형을 집행한다(소년법 64조). 보호처분이 계속중일 때에 사건본인에 대하여 유죄판결이 확정된 경우에 보호처분을 한 소년부 판사는 그 처분을 존속할 필요가 없다고 인정하면 결정으로써 보호처분을 취소할 수 있지만(소년법 39조), 보호처분을 취소하지 않는 경우에는 징역, 금고 또는 구류의 형을 먼저 집행하여야 한다. 가석방이나 집행유예가 취소되어 형을 집행하는 경우도 마찬가지이다.

3. 가 석 방

징역 또는 금고의 선고를 받은 소년에 대하여 무기형에는 5년, 15년의 유기형에는 3년, 부정기형에는 단기의 3분의 1의 기간을 경과하면 가석방을 허가할 수 있다(소년법 65조).

징역 또는 금고를 선고받은 소년이 가석방된 후 그 처분이 취소되지 아니하고 가석방 전에 집행을 받은 기간과 같은 기간이 경과한 경우에는 형의 집행을 종료한 것으로 한다(소년법 66조).

4. 자격에 관한 법령의 적용

소년이었을 때 범한 죄에 의하여 형의 선고를 받은 자가 그 집행을 종료하거나 집행의 면제받은 경우 자격에 관한 법령을 적용할 때에는 장래에 향하여 형의 선고를 받지 아니한 것으로 본다(소년법 67조).

제4절 벌칙 절차

1. 보도금지

소년법에 따라 조사 또는 심리중에 있는 보호사건이나 형사사건에 대하여는 성명, 연령, 직업, 용모 등으로 비추어 볼 때 그 자가 당해 사건의 당사자라고 미루어 짐작할 수 있는 정도의 사실이나 사진을 신문이나 그 밖의 출판물에 싣거나 방송할 수 없으며, 이에 위반한 때에는 신문에 있어서는 편집인 및 발행인, 그 밖의 출판물에 있어서는 저작자 및 발행자, 방송에 있어서는 방송편집인 및 방송인을 1년 이하의 징역이나 금고 또는 1천만원 이하의 벌금에 처하도록 규정하고 있다(소년법 68조 1항, 2항).

2. 연령의 허위진술

성인이 고의로 나이를 거짓으로 진술하여 보호처분이나 소년 형사처분을 받은 경우에는 1년 이하의 징역에 처하도록 되어 있다(소년법 69조).

3. 조회응답

소년 보호사건과 관계있는 기관은 그 사건 내용에 관하여 재판, 수사 또는 군사상 필요한 경우 외의 어떠한 조회에도 응하여서는 아니 되며, 이에 위반한 자는 1년 이하의 징역 또는 1천만원 이하의 벌금에 처한다(소년법 70조).

4. 소환의 불응

소년부 판사는 사건의 조사, 심리에 필요하다고 인정할 때에는 기일을 지정하여 본인이나 보호자 또는 참고인을 소환할 수 있는바(소년법 14조 1항), 이러한 소환에 정당한 이유 없이 불응한 자는 100만원 이하의 과태료에 처한다(소년법 71조).

부 록

❶ 법원사건부호표 / 769

❷ 형법 죄명별 공소시효 일람표 / 773

❸ 탄원서 작성방법과 각종 사례 / 783

1 법원사건부호표

◆ 사건별 부호문자의 부여에 관한 예규(재일 2003-1) 일부개정 : 2015. 3. 23. 시행

사건	부호	사건	부호
민사1심합의사건	가합	파산합의사건	하합
민사1심단독사건	가단	파산단독사건	하단
민사소액사건	가소	파산채권 조사확정사건	하확
민사항소사건	나	면책사건	하면
민사상고사건	다	기타 파산·면책 관련 신청사건	하기
민사항고사건	라	개인회생사건	개회
민사재항고사건	마	개인회생채권 조사확정사건	개확
민사특별항고사건	그	기타 개인회생 관련 신청사건	개기
민사준항고사건	바	국제도산 승인사건	국승
민사조정사건	머	국제도산 지원사건	국지
화해사건	자	과태료사건	과
독촉사건	차	선박, 유류등책임제한사건	책
전자독촉사건	차전		
민사공조사건	러	증인감치사건	정가
민사가압류, 가처분등 합의사건	카합	채무자감치사건	정명
민사가압류, 가처분등 단독사건	카단	증인·채무자감치항고사건	정라
		증인·채무자감치재항고사건	정마
공시최고사건	카공		
담보취소등사건	카담	형사1심합의사건	고합
재산명시등사건	카명	형사1심단독사건	고단
채무불이행자명부등재사건	카불		
재산조회사건	카조	약식정재청구1심단독사건	고정
소송구조등사건	카구	약식사건	고약
전자독촉경정신청사건	카기전	전자약식사건	고약전
소송비용액확정결정신청사건	카확	형사항소사건	노
확정된 소송기록에 대한 열람신청사건	카열	형사상고사건	도
임차권등기명령등사건	카임		
강제집행정지사건	카정		
판결(결정)경정사건	카경		
제소명령사건	카소		
기타민사신청사건	카기	형사항고사건	로

부동산등경매사건	타경	형사재항고사건	모
채권등집행사건	타채	비상상고사건	오
채권배당사건	타배		
부동산인도명령사건	타인		
기타집행사건	타기	형사준항고사건	보
비송합의사건	비합	형사보상청구사건	코
비송단독사건	비단	즉결심판사건	조
회생합의사건	회합	형사공조사건	토
회생단독사건	회단	체포·구속적부심사건	초적
회생채권 · 회생담보권 조사확정사건	회확	보석사건	초보
기타 회생 관련 신청사건	회기	재정신청사건, 재정신청 비용지급신청사건	초재

사회봉사허가청구사건, 사회봉사허가취소청구사건	초사	가정보호사건	버
기타형사신청사건	초기	가정보호항고사건	서
		가정보호재항고사건	어
치료감호1심사건	감고	가정보호신청사건	저
치료감호항소사건	감노		
치료감호상고사건	감도	피해자보호명령사건	처
치료감호항고사건	감로	피해자보호명령항고사건	커
치료감호재항고사건	감모	피해자보호명령재항고사건	터
치료감호비상상고사건	감오		
치료감호공조사건	감토	아동보호사건	동버
치료감호신청사건	감초	아동보호항고사건	동서
		아동보호재항고사건	동어
부착명령1심사건	전고	아동보호신청사건	동저
부착명령항소사건	전노		
부착명령상고사건	전도	피해아동보호명령사건	동처
부착명령비상상고사건	전오	피해아동보호명령항고사건	동커
부착명령신청사건	전초	피해아동보호명령재항고사건	동터
부착명령항고사건	전로		
부착명령재항고사건	전모	성매매관련보호사건	성
		성매매관련보호항고사건	성로
치료명령1심사건	치고	성매매관련보호재항고사건	성모
치료명령항소사건	치노	성매매관련보호신청사건	성초

치료명령상고사건	치도		
치료명령비상상고사건	치오	인신보호사건	인
치료명령신청(치료기간연장, 준수사항 추가 · 변경 · 삭제청구)사건	치초	인신보호항고사건	인라
		인신보호재항고사건	인마
성폭력수형자치료명령1심사건	초치	인신보호신청사건	인카
치료명령항고사건	치로		
치료명령재항고사건	치모	법정질서위반감치등사건	정고
		기타감치신청사건	정기
아동 · 청소년보호1심사건	동고	법정질서위반감치등항고사건	정로
아동 · 청소년보호항소사건	동노	법정질서위반감치등특별항고사건	정모
아동 · 청소년보호상고사건	동도		
아동 · 청소년보호비상상고사건	동오	가사1심합의사건	드합
아동 · 청소년보호신청사건	동초	가사1심단독사건	드단
		가사항소사건	르
소년보호사건	푸	가사상고사건	므
소년보호항고사건	크	가사항고사건	브
소년보호재항고사건	트	가사재항고사건	스
소년보호신청사건	푸초	가사특별항고사건	으

가사조정사건	너		
가사공조사건	츠	과태료체납자감치사건	정과
가사가압류, 가처분등 합의사건	즈합	과태료체납자감치항고사건	정러
가사가압류, 가처분등 단독사건	즈단	과태료체납자감치재항고사건	정머
기타가사신청사건	즈기		
가사비송합의사건	느합		
가사비송단독사건	느단		
개명사건	호명		
가족관계등록(제적)비송사건	호기		
협의이혼의사확인 신청사건	호협		
행정1심사건	구합		
행정1심재정단독사건	구단		
행정항소사건	누		
행정상고사건	두		
행정항고사건	루		

행정재항고사건	무
행정특별항고사건	부
행정준항고사건	사
행정신청사건	아
특허1심사건	허
특허상고사건	후
특허재항고사건	흐
특허특별(준)항고사건	히
특허신청사건	카허
선거소송사건	수
선거상고사건	우
선거항고(재항고, 준항고, 특별항고)사건	수흐
선거신청사건	주
특수소송사건	추
특수신청사건	쿠
의무불이행자감치등사건	정드
의무불이행자감치등항고사건	정브
의무불이행자감치등재항고사건	정스

2 형법 죄명별 공소시효 일람표

1. 공소시효의 의의

공소시효란 확정판결 전에 일정한 사건의 경과에 의하여 형벌권이 소멸되는 것을 말한다. 공소시효도 형의 시효와 같이 형사시효의 하나이나, 확정판결 전에 발생한 실체법상의 형벌권을 소멸케 하는 점에서 확정판결 후의 형벌권을 소멸케 하는 형의 시효와 구별된다.

또한 공소시효는 미확정의 형벌권의 소멸이라는 실체법상의 사유가 소송법에 반영되어 소극적 공소조건으로 된다. 따라서 이 소송조건은 실체적 소송조건이고, 공소시효가 완성되어 있음에도 불구하고 공소의 제기가 있으면 면소의 판결이 선고된다.

2. 공소시효의 기간 [형사소송법(일부개정 2007.12.21 법률 제8730호) 제249조~제252조)]

가. 공소시효는 다음의 기간을 경과함으로서 완성한다(형사소송법 제249조 제1항).

(1) 사형에 해당하는 범죄에는 25년

(2) 무기징역 또는 무기금고에 해당하는 범죄에는 15년

(3) 장기 10년 이상의 징역 또는 금고에 해당하는 범죄에는 10년

(4) 장기 10년 미만의 징역 또는 금고에 해당하는 범죄에는 7년

(5) 장기 5년 미만의 징역 또는 금고, 장기 10년 이상의 자격정지 또는 벌금에 해당하는 범죄에는 5년

(6) 장기 5년 이상의 자격정지에 해당하는 범죄에는 3년

(7) 장기 5년 미만의 자격정지, 구류, 과료 또는 몰수에 해당하는 범죄에는 1년

나. 공소가 제기된 범죄는 판결의 확정이 없이 공소를 제기한 때로부터 25년을 경과하면 공소시효가 완성된 것으로 본다(형사소송법 제249조 제2항).

다. 개정 형사소송법(일부개정 2007.12.21 법률 제8730호)은 2007.12.21.에 시행되었는 바, 부칙 제3조에는 '이 법 시행 전에 범한 죄에 대하여는 종전의 규정을 적용한다.'를 불소급함을 명시하고 있다.

라. 공소시효기간의 기준이 되는 형은 처단형이 아니라 법정형이다. 2개 이상의 형을 병과하거나 2개 이상의 형에서 그 1개를 과(科)할 범죄에는 중한 형을 기준으로 하고, 형법에 의하여 형을 가중 또는 감경할 경우에는 가중 또는 감경하지 아니한 형을 기준으로 한다.

시효는 범죄행위가 종료한 때로부터 진행하며, 공범의 경우에는 최종행위가 종료한 때로부터 공범 전체에 대한 시효기간을 기산한다. 여기서 '범죄행위가 종료한 때'라 함은 구성요건에 해당하는 행위와 시(행위시설)가 아니라 구성요건에 해당하는 결과발생의 시를 의미한다(결과시설). 시효기간의 계산에 관하여는 초일은 시간을 계산함이 없이 1일로 산정하고, 기간의 말일이 공휴일이라도 기간에 산입한다(형사소송법 제66조).

3. 공소시효의 정지

현행법은 공소시효의 정지만을 인정하고 있고 공소시효의 중단은 인정하고 있지 않다. 시효의 중단의 경우에는 중단하면 중단한 때로부터 다시 새로이 시효의 전체기간이 진행된다. 이에 대하여 시효의 정지는 일시 시효기간의 진행을 정지한다. 즉, 정지의 기간이 종료되면 그때부터 남은 기간이 진행된다. 다만, 중단의 사유는 즉시적인 것이고 정지의 사유는 계속적인 것이어서 소송진행 중에는 시효의 진행이 정지된다.

따라서 법원이 사건을 심리하지 않고 몇 년간 방치하더라도 시효가 완성되지 아니할 것이다. 이는 시효의 취지에 반하므로 현행 형사소송법은 제249조 제2항에서 "공소가 제기된 범죄는 판결의 확정 없이 공소를 제기한 때로부터 25년을 경과하면 공소시효가 완성된 것으로 간주한다"라고 규정하고 있다.

시효는 공소의 제기로 진행이 정지되고 공소기각 또는 관할위반의 재판이 확정된 때로부터 진행한다(형사소송법 제253조 제1항).

공소시효정지의 효력은 공소제기된 피고인에 대하여만 미친다. 따라서 진범이 아닌 자에 대한 공소제기는 진범에 대한 공소시효의 진행을 정지하지 않는다. 그러나 공범의 1인에 대한 시효정지는 다른 공범자에게 대하여 효력이 미치고, 당해 사건의 재판이 확정된 때로부터 진행한다. 한편 범인이 형사처분을 면할 목적으로 국외에 있는 경우 그 기간 동안 공소시효가 정지된다(형사소송법 제253조 제3항). 또한 준기소절차에 의한 재정신청이 있을 때에는 고등법원의 재정결정이 있을 때까지 공소시효의 진행을 정지한다. 그리고 소년보호사건에 대하여 소년부 판사가 심리개시의 결정을 한 때에는 그 사건에 대한 보호처분의 결정이 확정될 때까지 공소시효의 진행이 정지된다.

4. 공소제기의 효과

공소제기의 효과로서는 공소계속, 사건범위의 한정 및 공소시효진행의 정지를 들 수 있다. 공소의 제기에 의하여 종래 검사의 지배 아래에 있던 사건은 법원의 지배 아래로 옮겨지게 되며 사건이 법원에서 실제로 심리될 수 있는 사실상태를 소송계속이라고 한다. 공소의 제기에 의하여 사건의 범위는 한정된다. 즉, 공소장에 기재된 피고인과 공소사실에 대하여 사건의 단일성 · 동일성이 있는 한 그 전부에 대하여 불가분적으로 미치고, 그 이외에 대하여는 미치지 아니한다. 이를 공소불가분의 원칙이라고 한다. 공소는 검사가 지정한 피고인 이외의 다른 사람에게는 그 효력이 미치지 아니한다. 이점에서 고소의 효력과는 다르다. 고소에 있어서는 원칙적으로 주관적 불가분을 인정하고 있기 때문이다. 공소에 있어서는 설령 지정된 피고인과 공범관계에 있는 자라도 이에 대하여는 효력이 미치지 아니한다. 따라서 공소사실 중에 공범자의 성명이 기재되어있더라도 그 자가 피고인으로서 적시되어 있지 아니하는 한 이를 재판할 수는 없고, 이러한 공범자를 처벌하기 위하여는 별도로 피고인으로서 기소함을 요한다. 다만, 공소시효정지의 효력은 공범자에게도 미친다.

공소의 효력은 공소장에 기재한 공소사실 및 이와 단일성 · 동일성 있는 사실의 전부에 대하여 불가분적으로 미치고 그 이외에는 미치지 아니한다. 따라서 1개의 범죄에 대하여 그 일부만의 공소는 인정되지 아니한다. 다만, 범죄사실의 일부에 대한 공소는 그 효력이 전부에 미친다. 이를 공소불가분의 원칙이라고 한다. 그러나 이 경우에는 법원의 현실적 심판대상은 공소장에 기재된 1죄의 일부에 한정되며 나머지 부분은 공소장변경 등에 의해서만 현실적 심판대상으로 되기 때문에 공소의 효력이 미치지 아니하는 사건에 대하여는 법원은 심판할 수 없다. 이 원칙을 불고불리의 원칙이라고 한다.

5. 형법 죄명별 공소시효 일람표

※ 공소시효의 기간(형사소송법 제249조~제252조)

죄 명	공소시효	조 문	죄 명	공소시효	조 문
◇ 내란의 죄 ◇			외교사절에 대한 폭행, 협박죄	7년	108조1항
내란수괴죄	25년	87조1호	외교사절에 대한 모욕, 명예훼손죄	5년	108조2항
내란(모의참여, 중요임무종사, 실행)	25년	87조2호	외국의 국기, 국장의 모독죄	5년	109조
내란부화수행죄	7년	87조3호	외국에 대한 사전죄	10년	111조1,2항
내란목적의 살인죄	25년	88조	동 예비음모죄	5년	111조3항
내란죄의 미수범	제87-8조 적용	89조	중립명령위반죄	5년	112조
내란죄의 예비, 음모, 선동, 선전죄	10년	90조	외교상기밀의 누설죄	7년	113조
◇ 외환의 죄 ◇			◇ 공안을 해하는 죄 ◇		
외환유치죄	25년	92조	범죄단체의 조직죄	목적한 죄의 공소시효	114조1항
여적죄	25년	93조	병역 또는 납세의무 거부목적의 범죄단체조직죄	10년	114조2항
모병이적죄	25년	94조1항	소요죄	10년	115조
모병이적에 응한 죄	15년	94조2항	다중불해산죄	5년	116조
시설제공이적죄	25년	95조	전시공수계약불이행죄	5년	117조
시설파괴이적죄	25년	96조	공무원자격의 사칭죄	5년	118조
물건제공이적죄	15년	97조	◇ 폭발물에 관한 죄 ◇		
간첩죄	25년	98조	폭발물사용죄	25년	119조
일반이적죄	15년	99조	폭발물사용죄의 예비, 음모, 선동죄	10년	120조
외환죄의 미수범	제92-99조	100조	전시폭발물제조 등 죄	10년	121조
외환죄의 예비, 음모, 선동, 선전죄	10년	101조	◇ 공무원의 직무에 관한 죄 ◇		
전시군수계약불이행죄	10년	103조	직무유기죄	5년	122조
◇ 국기에 관한죄 ◇			직권남용죄	7년	123조
국기, 국장의 모독죄	7년	105조	불법체포감금죄	7년	124조
국기, 국장의 비방죄	5년	106조	특수공무원의 폭행가혹행위죄	7년	125조

죄 명	공소시효	조 문	죄 명	공소시효	조 문
◇ 국교에 관한 죄 ◇			피의사실공표죄	5년	126조
외국원수에 대한 폭행등 죄	7년	107조	공무상비밀누설죄	5년	127조
선거방해죄	10년	128조	허위의 감정 · 통역 · 번역죄	7년	154조, 152조2항
단순수뢰죄	7년	129조1항	모해 허위의 감정 · 통역 · 번역죄	10년	154조, 152조1항
사전수뢰죄	5년	129조2항	협의의 증거인멸죄	7년	155조1항
제3자뇌물제공죄	7년	130조	증인은닉죄	7년	155조2항
수뢰후부정처사죄	10년	131조1,2항	모해증거인멸죄	10년	155조3항
사후수뢰죄	7년	131조3항	◇ 무고의 죄 ◇		
알선수뢰죄	5년	132조	무고죄	10년	156조
뇌물공여죄	7년	133조	◇ 신앙에 관한 죄 ◇		
◇ 공무방해에 관한 죄 ◇			장례식등의 방해죄	5년	158조
공무집행방해죄	7년	136조	사체등의 오욕죄	5년	159조
위계에 의한 공무집행방해죄	7년	137조	분묘의 발굴죄	7년	160조
법정 또는 국회의장 모욕죄	5년	138조	사체등의 영득죄	7년	161조1항
인권옹호직무방해죄	7년	139조	분묘발굴 사체등의 영득죄	10년	161조2항
공무상비밀표시무효죄	7년	140조	변사체검시방해죄	5년	163조
부동산강제집행효용침해죄	7년	140의2	◇ 방화와 실화의 죄 ◇		
공용서류등의 무효죄	7년	141조1항	현주건조물등에의 방화죄	15년	164조1항
공용물의 파괴죄	10년	141조2항	현주건조물방화치상죄	15년	164조2항
공무상보관물의 무효죄	7년	142조	현주건조물방화치사죄	25년	164조2항
특수공무방해치상죄	10년	144조2항	공용건조물등에의 방화죄	15년	165조
특수공무방해치사죄	15년	144조2항	일반건조물등에의 방화죄	10년	166조1항
◇ 도주와 범인은닉의 죄 ◇			자기소유일반건조물등에의 방화죄	7년	166조2항
도주, 집합명령위반죄	5년	145조	일반물건에의 방화죄	10년	167조1항
특수도주죄	7년	146조	자기소유일반물건에의 방화죄	5년	167조2항
도주원조죄	10년	147조	연소죄	10년	168조1항
간수자의 도주원조죄	10년	148조	연소죄	7년	168조2항
도주원조죄의 예비음모죄	5년	150조	진화방해죄	10년	169조
범인은닉죄	5년	151조	실화죄	5년	170조
◇ 위증과 증거인멸의 죄 ◇			업무상실화중실화죄	5년	171조
위증죄	7년	152조1항	폭발성물건파열죄	10년	172조1항
모해위증죄	10년	152조2항	폭발성물건파열치사상죄	15년	172조2항

죄 명	공소시효	조 문	죄 명	공소시효	조 문
가스 · 전기등 방류죄	10년	172조의2 1항	수도음용수의 사용방해죄	10년	193조
가스 · 전기등 방류치사상죄	15년	172조의2 2항	음용수혼독치사상죄	15년	194조
가스 · 전기등 공급방해죄	10년	173조1항, 2항	수도불통죄	10년	195조
가스 · 전기등 공급방해치상죄	10년	173조3항 전단	음용수에 관한 죄의 예비음모죄	5년	197조
가스 · 전기등 공급방해치사죄	15년	173조3항 후단	**◇ 아편에 관한 죄 ◇**		
과실폭발물폭발등 죄	7년	173조의2 1항	아편등의 제조등 죄	10년	198조
방화죄등의 예비음모죄	7년	175조	아편흡식기의제조등죄	7년	199조
◇ 일수와 수리에 관한 죄 ◇			세관공무원의 아편등의 수입죄	10년	200조
현주건조물등에의 일수죄	15년	177조1항	아편흡식등 동 장소제공죄	7년	201조
현주건조물등에의 일수치상죄	15년	177조2항	아편등의 소지죄	5년	205조
공용건조물등에의 일수죄	15년	178조	**◇ 통화에 관한 죄 ◇**		
일반건조물등에의 일수죄	10년	179조1항	내국통화위조등 및 동행사, 수입등 죄	15년	207조1항, 4항
자기소유일반건조물등에의 일수죄	5년	179조2항	외국통화위조등 및 동행사, 수입등 죄	10년	207조2항, 3항,4항
방수방해죄	10년	180조	위조통화의 취득죄	7년	208조
과실일수죄	5년	181조	위조통화취득후의 지정행사죄	5년	210조
일수죄의 예비음모죄	5년	183조	통화유사물의제조등죄	5년	211조
수리방해죄	7년	184조	통화에 관한 죄의 예비음모죄	7년	213조
◇ 교통방해의 죄 ◇			**◇ 유가증권, 우표와 인지에 관한 죄 ◇**		
일반교통방해의 죄	10년	185조	유가증권의 위조등 죄	10년	214조
기차 · 선박등의 교통방해죄	10년	186조	자격모용에 의한 유가증권의 작성죄	10년	215조
기차등의 전복등 죄	15년	187조	허위유가증권의 작성등죄	7년	216조
교통방해치사상죄	15년	188조	우표,인지의위조등 죄	10년	218조
과실, 업무상과실, 중과실에 의한 교통방해죄	5년	189조	위조우표, 인지등의 취득죄	5년	219조
교통방해죄의 예비음모죄	5년	191조	소인의 말소죄	5년	221조
◇ 음용수에 관한 죄 ◇			인지, 우표, 유사물의 제조등 죄	5년	222조
음용수의 사용방해죄	5년	192조1항	유가증권, 우표와 인지에 관한 죄의 예비음모죄	5년	224조

죄 명	공소시효	조 문	죄 명	공소시효	조 문
독물등 혼입에 의한 음용수 사용방해죄	10년	192조2항	◇ 문서에 관한 죄 ◇		
공문서등의 위조, 변조, 및 동행사죄	10년	225조, 229조	◇ 살인의 죄 ◇		
자격모용에 의한 공문서 등의 작성 및 동행사죄	10년	226조, 229조	살인, 존속살해죄	25년	250조
허위공문서등의 작성 및 동행사죄	7년	227조, 229조	영아살해죄	10년	251조
공전자기록위작 · 변작죄 및 동행사죄	10년	227조의2, 229조	촉탁 승낙에 의한 살인 등 죄	10년	252조
공정증서원본등의 불실기재 및 동행사죄	7년	228조1항, 229조	위계등에 의한 촉탁살인 등 죄	25년	253조
공정증서원본등의 불실기재 및 동행사죄	5년	228조2항, 229조	살인죄의 예비음모죄	10년	255조
공문서등의 부정행사죄	5년	230조	◇ 상해와 폭행의 죄 ◇		
허위진단서등의 작성 및 동행사죄	7년	231조, 234조	상해죄	7년	257조1항
자격모용에 의한 사문서의 작성 및 동행사죄	7년	232조, 234조	존속상해죄	10년	257조2항
사전자기록위작 · 변작죄 및 동행사죄	7년	232조의2, 234조	(존속)중상해죄	10년	258조
허위진단서등의작성 및 동행사죄	5년	233조, 234조	상해치사죄	10년	259조1항
사문서의 부정행사죄	5년	236조	존속상해치사죄	15년	259조2항
◇ 인장에 관한 죄 ◇			폭행죄	5년	260조1항
공인 등의 위조, 부정사용 및 동행사죄	7년	238조	존속폭행죄	7년	260조2항
사인 등의 위조, 부정사용 및 동행사죄	5년	239조	특수폭행죄	7년	261조
◇ 성풍속에 관한 죄 ◇			폭행치상죄	7년	262조 257조1항
간통죄	5년	241조	폭행중상해, 존속폭행중상해죄	10년	262조 258조
음행매개죄	5년	242조	폭행치사죄	10년	262조 259조1항
음화반포등 죄	5년	243조	존속폭행치사죄	15년	262조 259조2항
음화제조등 죄	5년	244조	◇ 과실치사상의 죄 ◇		
공연음란죄	5년	245조	과실치상죄	5년	266조
◇ 도박과 복표에 관한 죄 ◇			과실치사죄	5년	267조
도박, 상습도박죄	5년	246조	업무상과실, 중과실에 의한 치사상죄	7년	268조

죄 명	공소시효	조 문	죄 명	공소시효	조 문
도박개장죄	5년	247조	◇ 낙태의 죄 ◇		
복표의 발매등 죄	5년	248조	낙태죄	5년	269조1항, 2항
촉탁 · 승낙낙태치상죄	5년	269조3항, 전단	특수중체포감금죄	7년	278조, 277조1항
촉탁 · 승낙낙태치상죄	7년	269조3항, 후단	존속특수중체포감금죄	10년	278조, 277조2항
의사등의 낙태, 부동의 낙태죄	5년	270조1항, 2항	체포감금치상죄	10년	281조1항, 276조1항
의사등의 낙태, 부동의 낙태치상죄	7년	270조3항, 전단	존속체포감금치상죄	10년	281조2항, 276조 2항
의사등의 낙태, 부동의 낙태치사죄	10년	270조3항, 후단	체포감금치사죄	10년	281조1항, 276조1항
◇ 유기와 학대의 죄 ◇			존속체포감금치사죄	15년	281조2항, 276조2항
유기죄	5년	271조1항	◇ 협박의 죄 ◇		
존속유기죄 및 존속유기로 인한 생명에 위험을 초래한 죄	10년	271조2항, 4항	협박죄	5년	283조1항
단순유기로 인한 생명에 위험을 초래한 죄	7년	271조3항	존속협박죄	7년	283조2항
영아유기죄	5년	272조	특수협박죄	7년	284조
학대죄	5년	273조1항	◇ 약취와 유인의 죄 ◇		
존속학대죄	7년	273조2항	미성년자의 약취유인죄	10년	287조
영아혹사죄	7년	274조	영리등을 위한 약취, 유인, 매매등 죄	10년	288조
(제271조 내지 제273조) 유기등 치상죄	7년	275조1항, 전단	국외이송을 위한 약취, 유인, 매매등 죄	10년	289조
(제271조 내지 제273조) 유기등 치사죄	10년	275조1항, 후단	국외이송을 위한 약취, 유인, 매매등죄의 예비음모죄	5년	290조
존속(제271조 내지 제273조) 유기등 치상죄	10년	275조2항, 전단	결혼을 위한 약취, 유인죄	7년	291조
존속(제271조 내지 제273조) 유기등 치사죄	15년	275조2항, 후단	약취, 유인, 매매된 자의 수수 또는 은닉죄	7년	292조
◇ 체포와 감금의 죄 ◇			상습으로 약취, 유인, 매매된 자의 수수 또는 은닉 및 추행, 간음 또는 영리목적으로 약취, 유인, 매매된 자의 수수 또는 은닉죄	10년	293조1항, 2항
체포감금죄	7년	276조1항	◇ 강간과 추행의 죄 ◇		
존속체포감금죄	10년	276조2항	강간죄	10년	297조
중체포, 중감금죄	7년	277조1항	강제추행죄	10년	298조

죄 명	공소시효	조 문	죄 명	공소시효	조 문
존속중체포, 존속중감금죄	10년	277조2항	준강간, 준강제추행죄	10년	299조
특수체포, 감금죄	7년	278조, 276조1항	강간등에 의한 상해 · 치상죄	15년	301조
존속특수체포, 감금죄	10년	278조, 276조2항	강간등 살인죄	25년	301조의2전단
강간등 치사죄	15년	301조의2 후단	강요죄	7년	324조
미성년자에 대한 간음죄	7년	302조	인질강요죄	10년	324조의2
업무상위력등에 의한 간음죄	7년	303조	인질상해 · 치상죄	15년	324조의3
혼인빙자 등에 의한 간음죄	5년	304조	인질살해죄	25년	324조의4 전단
미성년자(13세 미만)에 대한 간음, 추행죄	10년	305조, 297조	인질치사죄	15년	324조의4 후단
미성년자(13세 미만)에 대한 간음, 추행상해, 치상죄	15년	305조, 301조	점유강취, 준점유강취	7년	325조
◇ 명예에 관한 죄 ◇			중권리행사방해죄	10년	326조
명예훼손죄	5년	307조 1항	강제집행면탈죄	5년	327조
허위사실적시명예훼손죄	7년	307조 2항	**◇ 절도와 강도의 죄 ◇**		
사자의 명예훼손죄	5년	308조	절도죄	7년	329조
출판물등에 의한 명예훼손죄	5년	309조 1항	야간주거침입절도죄	10년	330조
허위사실적시출판물등에 의한 명예훼손죄	7년	309조 2항	특수절도죄	10년	331조
모욕죄	5년	311조	자동차등 불법사용죄	5년	331조의2
◇ 신용, 업무와 경매에 관한 죄 ◇			강도죄	10년	333조
신용훼손죄	7년	313조	특수강도죄	15년	334조
업무방해죄	7년	314조	준강도죄	10년	335조, 333조
경매입찰방해죄	5년	315조	준특수강도죄	15년	335조, 334조
◇ 비밀침해의 죄 ◇			인질강도죄	10년	336조
비밀침해죄	5년	316조	강도상해, 치상죄	15년	337조
업무상비밀누설죄	5년	317조	강도살인죄	25년	338조 전단
◇ 주거침입의 죄 ◇			강도치사죄	15년	338조 후단
주거침입, 퇴거불응죄	5년	319조	강도강간죄	15년	339조
특수주거침입죄	7년	320조	해상강도, 해상강도상해 치상죄	15년	340조1항, 2항

죄 명	공소시효	조 문	죄 명	공소시효	조 문
주거 · 신체수색죄	5년	32 1조	해상강도살인, 치사죄	25년	340조3항
◇ 권리행사를 방해하는 죄 ◇			상습강도, 상습특수절도, 상습인질강도, 상습해상강도 등 죄	15년	341조
권리행사방해죄	7년	323조	강도죄의 예비음모죄	7년	343조
◇ 사기와 공갈의 죄 ◇			◇ 장물에 관한 죄 ◇		
사기죄	10년	347조	장물의 취득, 알선등 죄	7년	362조
컴퓨터등 사용사기죄	10년	347조의2	상습장물의 취득, 알선등 죄	10년	363조
준사기죄	10년	348조	업무상과실, 중과실로 인한 장물취득등 죄	5년	364조
편의시설부정이용죄	5년	348조의2	◇ 손괴의 죄 ◇		
부당이득죄	5년	349조	재물 또는 문서의 손괴죄	5년	336조
공갈죄	10년	350조	공익건조물 파괴죄	10년	367조
◇ 횡령과 배임의 죄 ◇			중손괴죄	10년	368조1항
횡령, 배임죄	7년	355조	재물손괴등 치상죄	10년	368조2항
업무상의 횡령과 배임 죄	10년	356조	재물손괴등 치사죄	10년	368조2항
배임수뢰죄	7년	357조 1항	특수손괴죄	7년	369조1항
배임증뢰죄	5년	357조 2항	특수손괴죄	10년	369조2항
점유이탈물횡령죄	5년	360조	경계침범죄	5년	370조

3 탄원서 작성방법과 각종 사례

1. 탄원서 작성방법

탄원서는 개인 또는 단체가 국가나 공공기관에 대하여 일정한 사정을 진술하여 선처를 바란다는 내용으로 구성하는 의사표시문서이다. 탄원서는 판사, 검사, 경찰청장, 행정심판위원장 등 개인의 사건에 따라 도움을 받을 사람에게 보낸다. 진정서는 불법행위에 대하여 불법행위자(기관) 또는 가해자에 대한 처벌을 요청하는 문서인 반면 탄원서는 개인이나 단체가 국가나 공공기관에 대하여 억울한 사건이나 선처를 내용을 진술하여 도움을 주는 문서이다. 작성양식은 특별히 존재하지 않으나 불이익하게 처분 받은 내용에 대해 이를 구제하기 위하여 그 필요성 등을 잘 정리해야 하며, 특히 형사사건에서 주로 활용되기 때문에 수사책임자와 판사에게 구형 등에 있어서 영향을 줄 수 있는 요소들을 도출해 내는 것이 핵심이다. 또한 적절한 행정처분을 유도하기 위해서는 권리의무관계, 사실관계를 객관적이며 명확하게 입증, 기술하여야 하기 때문에 법률전문가의 조언을 받아서 처리해야 적절한 행정처분을 유도할 수 있다.

• **기본적으로 아래 4가지 내용이 포함되어야 한다.**

형사사건으로 경우 검사가 구형에 고려하는 경우나, 판사가 양형을 함에 있어서 ① 범인의 연령, 지능, 환경 등, ② 피해자의 관계, ③ 범행의 동기, 수단과 결과, ④ 범행 후의 정황을 판단하므로 이 4가지 내용이 포함되어야 한다.

• **핵심사항을 전달해야 한다.**

탄원서는 권리의무관계, 사실관계를 객관적이며, 명확하게 입증해야 한다. 수사기관에서 확인하기 쉽도록 꼭 전달하고자 하는 내용의 핵심을 잘 정리하여 작성하는 것이 바람직하다. 탄원서의 항목은 탄원인과 피탄원인의 인적사항(성명, 주소, 연락처 등), 탄원취지, 탄원이유, 탄원인의 서명날인으로 구성되어 있다.

• **진실된 사연을 기재해야 한다.**

만일 자신의 억울함을 호소하기 위해 변명이나 허위의 사실로 탄원서를 작성하였다면, 오히려 당사자에게 불리하게 작용하게 된다. 문제 발생에 대한 사실관계나 사건의 진상을 명확하게 알리고 탄원서를 작성하게 된 이유를 일목요연하게 정리하여 문서화하여야 한다. 피해사실을 부풀리거나 없는 사실 확인할 수 없는 뜬소문 등을 마치 사실인양 탄원서에 기재하여서는 아니 된다.

- **객관성을 지켜 사실관계를 작성해야 한다.**

탄원인과 피탄원인의 인적사항(성명, 주소, 연락처 등), 탄원취지, 탄원인의 서명날인이 누락되지 않도록 하여야 한다. 탄원취지나 탄원이유 항목을 기재할 때에는 언제, 어디서, 누가, 어떻게 등 육하원칙에 의하여 작성하면 더욱 효과적이다. 자신이 억울하다는 내용을 장황하게 모두 쓰는 것보다는 구체적 부분을 일목요연하게 기재하는 것이 더욱 효과적이다.

또한 직장, 종료, 학계 등의 탄원서나 당사자를 잘 아는 지인, 지역주민 등의 탄원서나 연대서명을 많이 받아서 내는 것이 좋다.

- **증거가 될 수 있는 사항을 체크해야 한다.**

본인의 구제활동을 입증할 수 있는 증거자료를 함께 제시하면 좋다. 탄원서의 재용에 신뢰를 줄 수 있는 내용이면 된다. 예를 들어 돈을 빌린 사실에 대한 증거는 차용증서 등이 있을 수 있고 교통사고라면 지켜본 사람의 증언이 증거가 될 수 있다.

- **깔끔한 문서로 작성해야 한다.**

분량은 핵심적 내용으로 A4 용지 1~2장 정도로 쓰고, 폰트 사이즈는 11~12포인트 정도로 하는 것이 바람직하다. 전체적으로 정중하고 예의바른 문서가 되도록 작성하여야 할 것이다.

2. 각종 탄원서 사례

[사례 1] 업무상과실과 수뢰 및 배임혐의로 구속된 직장상사에 대한 선처 호소

탄 원 서

사 건 :

탄 원 인 : ○ ○ ○ (○○○○○○-○○○○○○○)
○○시 ○○동 ○○○
전화 :

피탄원인 : ○ ○ ○ (○○○○○○-○○○○○○○)
○○시 ○○동 ○○○

탄 원 내 용

오늘도 공정한 법 집행을 위해 애쓰시는 재판장님께 경의의 말씀을 드립니다.

저희들은 자랑스러운 충절의 고장 ○○에 살고 있으며, 또한 신용과 정직이 몸에 배어있는 ○○에 근무를 하고 있는 자들입니다. 우리가 오늘 탄원서를 올리게 된 연유는 저희들이 모시고 있던 ○○○과장께서 업무상 과실과 수뢰 및 배임혐의로 구속이 되어 피의자가 되었으나 평소 존경하던 상사 분 이었기에 직원들이 뜻을 모아 구명을 위하여 이 글을 작성하고 있습니다.

피의자 ○○○과장께서 받으신 ○○○만원은 저희들이 보기에는 대가성이 있는 것이 아닙니다. 그 돈을 받아서 무얼 해주겠다는 식으로 업무를 처리하는 분도 아니시고 그런 직접적인 실무자의 자리에 게신 분도 아니며

그 중에 ○○○만원은 아래 직원의 결혼식을 맞이하여 부조금으로 대신 받으셨는데 너무 과분한 금액을 받았기에 이래서는 안 된다고 생각을 하시고 그중에서 ○○만원을 그분의 명의로 접수를 하시고 나머지는 돌려주려고 보관을 한다고 우리에게 말씀이 있었습니다.

법이 정한대로라면 과장의 직위에 있으면서 1원 한 장이라도 받아서는 안 되지만 법과 현실간에는 어그러져서 존재해야하는 괴리가 분명 있습니다. 저 막강하고

어둡던 시대의 중앙정보부장께서 말씀하신 '떡고물'이 아니라 우리 농협의 대들보로서 단체를 이끌어 가려면 ○○○과장께서는 부득불 비자금이라는 것이 있어야 했습니다.

자신의 월급으로도 할 수가 없고 ○○의 공식적인 비용으로 사용할 수도 없는, 상급기관의 접대와 기관운영과 여러 가지 잡비용을 이분이 거의 책임을 지시고 관리를 해주셨습니다. 피의자인 이분은 우리 농협의 봉사단체인 '○○○'의 대표로서 무의탁노인들을 위하여 매달 선두에 서서 봉사를 하셨고 지역방범대원으로 자진해서 치안유지에도 남다른 봉사를 해오셨으며 평소의 우리 ○○내에서도 맏형으로서 업무에 모범을 보이시었고, 농협을 찾으시는 농민여러분을 맞아 모든 문제를 상의받는 그야말로 농협의 얼굴마담이었습니다. 사무실에서 늘 환하게 웃으시면서 어깨를 툭툭 쳐주시면서 우리들에게 격려도 해주시고 독려도 하였습니다. 이분이 그 돈으로 사리사욕을 채우는 그런 몰염치한 비인격자는 아니랍니다.

그래서 우리는 이분의 석방 또는 감형을 바라는 간절한 마음으로 연명으로 탄원서를 올리오니 부디 관대한 처분이 있으시기를 바랍니다.

20○○. ○. ○.

위 탄원인 ○ ○ ○ (인)

○○지방법원 형사○단독 재판장님 귀하

[사례 2] 업무상 횡령죄에 대한 부당성 주장

탄 원 서

사 건 :

탄 원 인 : ○ ○ ○ (○○○○○○-○○○○○○○)

○○시 ○○동 ○○○

전화 :

피탄원인 : ○　○　○ (○○○○○○-○○○○○○○)
　　　　○○시 ○○동 ○○○

탄 원 내 용

존경하는 재판장님!

정의 구현을 위해 불철주야 애쓰고 계시는 판사님의 노고에 깊은 감사의 뜻을 표합니다.

소생의 여식, ○○○는 회사 공금 ○○만원을 횡령한 혐의로 징역 ○년을 선고받았습니다. 횡령이라는 죄를 짓고 파면까지 된 여식의 아버지가 무슨 면목으로 탄원서를 쓸까 생각했지만 아비된 입장으로서 지푸라기라도 잡는 심정으로 이 글을 올립니다.

제 여식은 비록 횡령죄로 판결 받았지만 절대 공금을 빼돌리지 않았습니다. 환경단체에 빌려준 돈을 뒤늦게 되돌려 받아 정치인 후원금 명목으로 사용한 것입니다. 그러나 이 나라의 법은 제 딸에게 업무상 횡령죄라는 판결을 내려 다시는 돌아올 수 없는 먼 길로 보내버렸습니다.

이유가 어떻든 간에 제 딸이 구치소에 갔으니 잘잘못을 따지기 전에 재판장님께 백배사죄 드리며 제 딸의 구명을 돕기 위해 사력을 다하고 있습니다.

자식을 구치소에 보낸 아비의 마음이 어떨지 재판장께서도 잘 알고 있으리라 생각합니다. 밥 한 숟가락 입에 넣는 것도 이부자리 펴고 누워있는 것도 사치스럽게 느껴질 정도로 지금 저의 가족의 생활은 말로 표현할 수 없을 정도입니다.

존경하는 재판장님, 피눈물 나는 심정으로 탄원합니다. 제 여식이 개인적인 사욕을 채우기 위해 공금을 횡령한 것이 아니므로 부디 형량을 감면하여 주시기 바랍니다.

70을 바라보는 이 늙은이의 간절한 소원을 저버리지 마시고 부디 넓으신 아량으로 선처하여 주시옵길 천만번 엎드려 기원하옵니다.

20○○. ○. ○.

위 탄원인 ○　○　○ (인)

○○지방법원 형사○단독 재판장님 귀하

[사례 3] 운전 중 특수공무집행방해치사에 대한 선처 호소

탄 원 서

사 건 :

탄 원 인 : ○ ○ ○ (○○○○○○-○○○○○○○)
○○시 ○○동 ○○○
전화 :

피탄원인 : ○ ○ ○ (○○○○○○-○○○○○○○)
○○시 ○○동 ○○○

탄 원 내 용

존경하는 재판장님!

곳곳에 봄이 오는 소리가 들리고 있습니다. 날씨가 따뜻해지고, 점심시간에 햇살 아래 나서면 언제 겨울이 있었냐 싶을 만큼 성큼 봄이 다가와 있음을 느끼고 있습니다.

저는 피의자 ○○○과 같은 동네에서 오랫동안 기독교 목회 활동을 하며 지내온 사이로서 제가 알고 있는 ○○○에 대하여 가감 없이 진술하오니 존경하는 재판장님의 현명한 판단을 바라옵니다.

피의자 ○○○는 ○월 ○일 ○○구 ○○동 경부고속도로 하행선 경찰초소 앞길에서 검문중인 ○○경찰서 소속 ○○상경으로부터 신분증 제시를 요구받고 도주하는 과정에서 그를 차에 매달고 수십 미터를 질주해 숨지게 한 혐의로 기소되었습니다.

이유야 어떻게 되었든 현재 ○○○는 살인을 저지른 피의자 신분이지만 이 사건이 일어나기 전에는 하루하루 성실하게 살아가는 모범 가장이었습니다.

넓적하고 그을린 투박한 얼굴과는 달리 집에서는 아주 섬세하게 가족을 챙겼습니다. 길에서 아빠가 퇴근하고 돌아오는 것을 보면 맨발로 뛰쳐나와 소리를 지르며 아빠에게 안기는 모습을 여러 차례 목격하였습니다.

그는 주일날에도 빠짐없이 교회에 출석하여 차량 봉사를 하며 교인들에게 인간성 좋은 사람이라는 칭송을 받아온 사람입니다. 날씨가 궂은 날에도 지각 한 번 하는 일 없이 묵묵히 자신이 맡은 바 일을 해내는 그런 사람이었습니다.

가정에서 교회에서 심성 고운 사람으로 행복을 일구던 한 가장이 이렇게 극단적인 행동을 하게 된 것은 단순한 생각 때문이었습니다. ○○상경을 해하려는 목적이 있어서가 아니라 사업 실패로 채권자들을 피해 시골로 도피하는 과정에서 벌어진 일이었습니다. ○○상경으로부터 신분증 제시를 요구 받자 무조건 도망쳐야 한다는 생각에 앞뒤 생각할 거 없이 자동차의 엑셀을 밟아 버린 것입니다.

현재 그는 장기간 구금생활을 통해 잘못을 뼈저리게 뉘우치고 있고 숨진 의경을 대신해 유족을 가족처럼 보살피겠다고 다짐하고 있는 점 등을 감안하셔서 부디 ○○○의 형량을 줄여 주시기를 간절히 바라옵니다.

20○○. ○. ○.

위 탄원인 ○ ○ ○ (인)

○○지방법원 형사○단독 재판장님 귀하

[사례 4] 폭행 등 사건 피의자인 아들이 환자이므로 어머니가 보석허가요청

탄 원 서

사 건 :

탄 원 인 : ○ ○ ○ (○○○○○○-○○○○○○○)
○○시 ○○동 ○○○

전화 :

피탄원인 : ○ ○ ○ (○○○○○○-○○○○○○○)
○○시 ○○동 ○○○

탄 원 내 용

존경하는 재판장님!

바쁘신 업무 중에 탄원인의 어려운 사정을 탄원하게 되어 죄송한 마음 금할 길 없습니다.

탄원인은 이번에 피해자 폭행 및 상해 혐의로 구속된 ○○○의 엄마입니다. 현재 제 아들의 상태가 위중하여 구치소 생활을 할 수 없으니 보석 신청을 허락하여 주시기 바랍니다.

제 아들은 선천성 척추 분리기형이라는 병을 앓고 있는 환자입니다. 척추 기형 환자는 체중이 불으면 디스크 또는 또 다른 척추 기형이 나타날 수 있는 질환으로 항상 체중관리에 신경을 써야 하는 환자입니다.

그런데 제 아들은 이번 구속 과정에서 체중 관리를 하지 못해 몸무게가 무려 ○kg이 불었습니다. 이렇게 몸무게가 갑자기 불으니 허리디스크에 부담을 증가시켜 참기 힘든 심한 통증을 일으켰나 봅니다.

면회를 갈 때마다 제 아들은 통증을 호소하였는데 저는 대수롭지 않게 생각하고 건강관리 잘하라는 말만 남기고 떠났습니다. 그런데 이번 면회에서 아들이 제대로 걷지도 못하고 다른 사람의 부축을 받고 힘겹게 다리를 끄는 모습을 보고 탄원을 결심하게 되었습니다.

존경하는 재판장님,

제 아들은 젊은 혈기로 싸움판에 끼어들었다가 집단 폭행 및 상해의 주범으로 몰려 억울한 옥살이를 하고 있습니다. 그런데 여기에 척추 기형 병까지 발생하여 하루하루 이를 악물고 버틴다는 이야기를 들으니 부모의 마음은 갈기갈기 찢어집니다.

제 아들의 진단서를 첨부하오니 살펴보시고 부디 보석 결정을 내려주십시오. 적절한 운동 처방과 식이요법으로 정상적인 신체 상태를 유지할 수 있도록 할 것이니 제 아들을 믿어주시고 보석을 허가하여 주시기를 간절히 기원합니다.

20○○. ○. ○.

위 탄원인 ○ ○ ○ (인)

○○지방법원 형사○단독 재판장님 귀하

[사례 5] 남편을 상해 치상한 베트남 이주여성에 대한 구명 요청

탄 원 서

사 건 :

탄 원 인 : ○ ○ ○ (○○○○○○-○○○○○○○)
○○시 ○○동 ○○○
전화 :

피탄원인 : ○ ○ ○ (○○○○○○-○○○○○○○)
○○시 ○○동 ○○○

탄 원 내 용

존경하는 재판장님!

법치구현을 위해 불철주야 헌신 노력하시는 재판장님께 경의를 표합니다.

저희가 이렇게 탄원을 드리는 것은 다름이 아니오라 20○○년 ○월 ○일 남편을 칼로 찔러 사망에 이르게 하여 상해치상 혐의로 입건된 베트남 이주여성에 대한 구명을 요청 드리기 위해서입니다.

사건의 피의자인 베트남 이주 여성 ○○○씨는 현재 임신 ○개월로 아기를 보호하기 위한 본능으로 인해 상해치상을 하게 되었음을 알려드립니다.

피해자인 남편은 전형적인 알코올중독자로 술을 마시면 집에서 자고 있는 피의자를 깨워 상습적으로 구타를 하였다고 합니다.

사건이 일어난 날도 술을 많이 마시고 잠든 아내를 깨워 머리와 얼굴을 마구 때렸다고 합니다. 이대로 계속 맞다가는 뱃속의 아기가 잘못될 것 같다는 생각에 부엌으로 달려가 칼을 들고 방어를 하였는데 술에 취한 남편이 비틀거리며 쓰러지는 바람에 왼쪽 배에 찔러 쓰러지게 되었다고 합니다.

따라서 이번 사건은 남편의 지속적인 구타로 인해 충동적으로 발생한 사고였음을 분명히 밝힙니다. 남편에게 칼을 휘두를 수밖에 없었던 당시 상황을 되짚어 보신다면 피의자에게 어떤 관용을 베풀어야 할지 답이 나올 것이라 생각합니다.

존경하는 재판장님, 죽음이라는 극단적 상황에 이르러서야 폭력에서 벗어날 수 있는 이주 여성의 눈물겨운 상황을 살피시어 부디 선처를 베풀어주십시오. 생명의 위협을 느낄 정도로 가정폭력에 시달리고 있는 이주 여성의 인간적인 권리를 지켜주십시오.

힘없고 나약한 이주 여성의 사정을 널리 살피시어 부디 좋은 결과가 나타나길 기원합니다.

20○○. ○. ○.

위 탄원인 ○ ○ ○ (인)

○○지방법원 형사○단독 재판장님 귀하

[사례 6] 아파트 하자보수관계로 변호사법 위반에 대한 선처 호소

탄 원 서

사 건 :

탄 원 인 : ○ ○ ○ (○○○○○○-○○○○○○○)
○○시 ○○동 ○○○
전화 :

피탄원인 : ○ ○ ○ (○○○○○○-○○○○○○○)
○○시 ○○동 ○○○

탄 원 내 용

존경하는 판사님!

이 땅에 법치주의의 구현을 위해 노력하시는 판사님의 노고에 깊은 존경과 감사의 뜻을 표합니다.

피고인 ○○○은 주식회사 ○○엔지니어링을 운영하고 있는 사장입니다.

피고인이 ○○아파트 등 아파트 입주자대표회의와 협의하여 하자보수에 관하여 설명하고, 하자보수비 상당의 손해배상액을 아파트 시공사로부터 받을 수 있다는 사실을 고지하고, 그 소송에 필요한 비용을 피고인이 선 부담하되 소송에서 승소하면 그 소송비용은 반환을 받고 아파트 하자보수공사를 수주 받는 형식으로 하자보수공사계약을 하였습니다.

그런데 지난 해 ○월 변호사가 아닌 자가 금품 기타 이익을 받을 것을 약속 받고 소송사건 등 법률사건에 관하여 감정, 대리, 기타 법률사무를 취급하여 변호사법을 위반하였다고 하여 입건되었습니다.

변호사가 아닌 자가 법률사무 취급에 관여하는 것을 금하는 것이 변호사법 제109조 제1호의 규정 취지라고 알고 있습니다. 그러나 피고인은 실질적이던 형식적이던 변호사법에서 정한 대리행위를 수행한 사실이 없습니다.

다만 입주자대표에게 손해배상을 받을 수 있다는 사실만 고지하였을 뿐이고, 변호사를 수임한 것도 당사자들이 하였고, 소송을 수행한 것은 당연히 수임 받은 변호사가 수행하였습니다. 다만 변호사의 요구에 의하여 피고인이 운영하고 있던 회사가 하자감정업체이고 동 사건들에서 하자감정을 하였으므로 이에 대하여 변호사의 자문 요구에 응하여 조언 형식으로 설명한 사실밖에 없습니다.

또 법원의 명에 의하여 현장검증이 있을 경우 피고인 회사의 직원이 참석하여 판사의 필요한 질문에 답을 하여준 것 밖에 다른 행위를 한 사실이 없습니다.

따라서 피고인이 소송사건 등 법률사건에 관하여 감정, 대리 기타 법률사무를 취급하였다고 할 수 없어서 피고인에 대한 유죄판결은 부당하다고 생각되오니 부디 선처를 부탁드립니다.

20○○. ○. ○.

위 탄원인 ○ ○ ○ (인)

○○지방법원 형사○단독 판사님 귀하

[사례 7] 보험 사기로 구속된 남편에 대한 부인의 선처 호소

탄 원 서

사 건 :

탄 원 인 : ○ ○ ○ (○○○○○○-○○○○○○○)
○○시 ○○동 ○○○
전화 :

피탄원인 : ○ ○ ○ (○○○○○○-○○○○○○○)
○○시 ○○동 ○○○

탄 원 내 용

존경하는 재판장님!

다름 아니라 보험 사기죄로 현재 경찰서에 구속, 수감되어 있는 제 남편에 대한 선처를 부탁드리고자 이 글을 올립니다.

제 남편은 20○○년 ○월경 ○○시 ○○구 ○○동 사거리에서 교통사고를 당해 하반신이 마비되는 중상을 입고 1급 장애인 판정을 받은 뒤 ○○보험회사에서 ○억 원의 보험금을 지급받았습니다. 그러나 보험회사에서는 제 남편이 고의적으로 사고를 내 보험금을 탄 것이라 주장하면서 사기 혐의로 고소해 구속되었습니다.

경찰과 보험회사에서는 제 남편이 억대의 보험금을 노린 보험사기범으로 몰아가고 있는데 어느 누가 하반신이 마비되는 고통을 겪으면서까지 돈을 받으려 할까요.

또한 허위진단서를 발급 받았다고 하는데 제 남편은 ○○병원의 저명한 의사가 진단 후 하반신 마비를 의심한다는 판정을 내린 것입니다. 매스컴에도 몇 번 나오셨던 의사분인데 감히 있지도 않은 병을 만들어 허위로 진단서를 써주시겠습니까.

제 남편은 경찰에 연행되는 과정에 갈비뼈가 부러지고 손가락이 골절되는 등 중상을 입었습니다. 더구나 구속되어 있는 동안 운동이나 목욕, 의료 등의 기본적인 처우가 박탈된 상태로 지내서 온 몸이 욕창과 피부병으로 눈뜨고 볼 수 없을 정도입니다.

아무리 제 남편이 중죄를 저질렀다 한들 휠체어 없이는 움직일 수 없는 하반신 마비 1급 장애인을 그렇게 강압적으로 수사할 수 있는 건지 이해할 수 없습니다.

구체적 증거도 없이 무조건 제 남편을 사기범으로 모는 것은 법치국가에서 있을 수 없는 일입니다.

교도소 안에서 악몽 같은 시간을 보내고 있는 제 남편을 제발 살려주십시오. 하루라도 빨리 치료를 받지 않으면 제 남편은 하반신 마비 그 이상의 고통을 겪게 될 것이오니 부디 재판장님의 선처를 기다리겠습니다.

20○○. ○. ○.

위 탄원인 ○ ○ ○ (인)

○○지방법원 형사○단독 재판장님 귀하

[사례 8] 판사에게 구속된 자식을 선처 호소

탄 원 서

사 건 :

탄 원 인 : 1. 김 ○ ○ (○○○○○○-○○○○○○○)
○○시 ○○동 ○○○
전화 :

2. 이 ○ ○ (○○○○○○-○○○○○○○)
○○시 ○○동 ○○○
전화 :

피탄원인 : 김 ○ ○ (○○○○○○-○○○○○○○)
○○시 ○○동 ○○○

탄 원 내 용

탄원인들은 부부지간으로 피탄원인의 부모입니다. 자식의 교육을 잘못시킨 부모로서 감히 자식에 대해 선처를 바라는 탄원서를 드리는 것이 과연 부모로서 할 도리인지도 잘 모르겠습니다.

탄원인 김○○은 회사원으로 일하고 있고, 피탄원인 이○○은 법원주변건물청소원으로 일하면서 아들딸 두 남매를 두고 있습니다.

그런데 피탄원인은 친구들과 어울려 동료들로부터 돈 30,000원을 뺏은 것으로 하여 보호관찰 중에 또다시 이런 사건을 저질렀습니다. 그야말로 부끄럽고 몸 둘 바를 모르겠습니다. 그러나 자식이고 보니 어찌하겠습니까?

이번 사건은 정말 상상도 할 수 없는 사건이었습니다. 제자식이라고 해서 그런 것이 아니라 집에서도 말이 적고 부모에게 뿐만 아니라 할아버지한테도 효심이 지극한 손자입니다. 그리고 피탄원인 개인으로 보면 공업고등학교 3학년으로 대학수시합격통지를 받고 있고, 꼭 대학에 가서 인테리어를 전공하여 성공할 것이라고 입버릇처럼 말해오면서 부모에게 효도하겠다고 말해 왔습니다.

그러던 자식이 이 같은 범행을 저지르고 보니 저희 부모는 하늘이 무너지는 듯한 충격에서 헤어나지 못하고 있습니다. 이번 일은 용서받기 어려운 줄 알고 있으나 그나마 서로 합의를 하였고, 피해자는 처벌을 바라지 않고 있습니다.

존경하옵는 판사님!

부끄럽지만 이번 단 한 번의 기회를 주신다면 저희 부부는 자식의 교육에 배전의 노력을 다 할 것을 다짐 드리면서 피탄원인이 꿈을 이룰 수 있도록 꼭 한 번만 배려하여 주시기를 간절히 바라옵니다.

20○○. ○. ○.

위 탄원인 : 김 ○ ○ (인)
이 ○ ○ (인)

○○지방법원 소년부 제○단독 판사님 귀하

[사례 9] 어머니가 구속된 아들 선처 호소

탄 원 서

사 건 :

탄 원 인 : ○ ○ ○ (○○○○○○-○○○○○○○)
○○시 ○○동 ○○○
전화 :

피탄원인 : ○ ○ ○ (○○○○○○-○○○○○○○)
○○시 ○○동 ○○○

탄 원 내 용

피탄원인 ○○○(31세)은 귀원 항소○부에서 재판계류 중인 수감자(수형번호 1234번)이고, 탄원인 ○○○(여)는 위 피탄원인의 어머니로서 현재 외롭게 홀로 살아가고 있습니다.

존경하는 재판장님!

피탄원인을 범법자로 만든 것은 한마디로 이 못난 어미에게 있다고 하겠습니다.

피탄원인은 아무런 잘못이 없으니 대신 못난 어미를 벌하여 주십시오!

피탄원인은 다른 집 자식들과 마찬가지로 예절바르고 착한 아들이었는데 이 모든 것이 이 못난 어미의 가정파탄과 무지가 그렇게 만들어 버리고 말았습니다.

존경하는 판사님!

잠시 피탄원인이 범법자가 되기까지의 경위를 말씀드릴까 합니다.

그러니까 피탄원인이 중학교 2학년 때 탄원인은 남편과 성격차이로 끝내 이혼을 하게 되었습니다. 한창 감수성이 예민하던 피탄원인은 그만 실의에 찬 시선으로 점점 말이 없는 아이로 변해가고 있었습니다.

그러나 이 어미 말은 누구보다도 착실하게 말대꾸 한 번 없이 착하게 자라왔는데 어느 날 범죄인이 되어 교도소에 들어가 있다는 사실을 뒤늦게 알게 되어 하늘이 무너져 내리는 충격으로 혼절한 몇 달 뒤, 사랑하는 아들로부터 때늦은 후회와 회한이 담긴 내용으로 한통의 편지가 날아들었습니다.

숱한 세월이 흐른 이제야 철이 들고 보니 그동안 불효로 살아왔던 지난날들이 원망스럽다며 구절구절 눈물로 얼룩진 사연들로 탄원인에게 마지막 효도를 하겠다고 하는 내용들이었습니다.

존경하는 재판장님!

자식 키우는 어미의 심정, 그 무엇으로 다 표현하리까마는 이렇듯 어미의 가슴 갈기갈기 찢는 아픔, 저려 오네요.

지난 세월 되돌릴 수만 있다면 우리 장남 어엿한 대한남아로서 기세당당 추앙받는 인물 만들겠지만… 어이 하리! 이내신제 지금당장 옥중에서 풀려나기만을 헤아려야 하니…

존경하는 판사님

탄원인은 고칠 수 없는 가슴앓이로 숱한 날을 지새우며 피탄원인이 돌아오기만을 학수고대하다 이제 바람 앞에 들불이 되었습니다. 탄원인이 마지막 소원이오니 이제

이 못난 어미의 품으로 돌려보내주십시오!

피탄원인도 맹세하였습니다. 언젠가는 출소하게 되면 자신의 저지른 피해금액에 애데 피해자에게 찾아가 백배사죄하면서 그 변제금을 다달이 갚아나갈 것이라고 이 어미에게 굳게 약속을 하였습니다.

피탄원인은 못 배운 것이 한이 되는 지 새 출발을 결의하면서 영어회화 책자를 보내달라는 내용이 곁들였습니다. 부디 그 뜻을 져버리지 마시기 바랍니다.

피탄원인은 자신이 지은 죄 값으로 이미 긴 세월을 교도소에서 복역을 하였는데 사회봉사명령을 이행치 않았다는 이유로 또다시 교도소에서 장구한 세월동안 수감생활을 한다는 것은 자신의 지은 죄 값에 비해 너무도 무거운 형벌이라 사료됩니다.

비록 가난하고 배우지 못한 탄원인의 장남으로 태어나 일시 방황을 하다 이제 마지막으로 효도를 하겠다며 굳은 결의로서 맹서하는 피탄원인의 갸륵한 효심을 참작하시어 최대한의 관용과 선처를 구하고자 이렇게 실낱같은 모정의 정으로 이 탄원서를 올립니다.

20○○. ○. ○.

위 탄원인 : 이 ○ ○ (인)

○○지방법원 항소○재판부 재판장님 귀하

[사례 10] 교통사고를 낸 동생에 대한 석방촉구

탄 원 서

사 건 :

탄 원 인 : ○ ○ ○ (○○○○○○-○○○○○○○)
○○시 ○○동 ○○○

전화 :

피탄원인 : ○ ○ ○ (○○○○○○-○○○○○○○)
○○시 ○○동 ○○○
(현재 교도소 수감 중)

탄 원 내 용

피탄원인은 약 2개월 전 주거지인 ○○시 ○○동에서 오토바이를 무면허음주운전하다 단속되어 현재 ○○교도소에 수감 중인 자이고, 탄원인은 피탄원인의 누나로서 분가를 하여 현재 ○○에서 인쇄업을 하는 남편과 단란하게 살아가고 있습니다.

그런데 뜻하지 않게 남동생이 무면허음주운전을 하다 구속이 되었다는 소식을 듣고 지금까지 고향에 홀로 계시는 어머니의 뒷수발을 저희 여형제들이 어렵게 봉양을 해오고 있습니다.

존경하는 재판장님!

피탄원인은 어려서부터 다리를 다쳐 약 20년 년째 오른쪽다리를 의족을 끼워 생활하면서 보행을 불편을 느껴 '리드'라는 소형오토바이를 직접 운전해 들에 나가 농사를 짓고 있을 뿐만 아니라 74세 된 노모 한 분을 모시고 성실하게 살아가고 있습니다.

그렇게 농촌을 지켜가다 사고가 난 그날 이웃 동네 들판에서 품앗이 일을 마치고 막걸리 몇 잔을 마신 뒤 위 오토바이를 혼자 운전하여 귀가하다 그만 도로 옆에 박혀 있는 것을 지나가는 자동차 운전사가 발견하고 경찰에 신고를 하였는데 피탄원인은 그 전 무면허운전을 한 집행유예기간이 발각되어 그만 구속이 되었답니다.

피탄원인은 시골에서 효자소리를 듣는 성실한 노총각으로서 여태껏 고향을 지키며 동네에서는 친찬이 자자한 그야말로 순박한 남동생입니다.

존경하는 재판장님!

피탄원인의 무면허음주운전을 한 행위는 당연히 처벌을 받아야한다고 탄원인도 그렇게 생각하고 있습니다. 그러나 불행 중 다행스럽게도 피해자가 없는 사고였음을 감안해 주시옵고 할 말은 태산 같이 많으나 재판장님의 시간을 줄이는 차원에서 이만 줄이옵고 하루 속히 피탄원인이 석방되어 사랑하는 고향 어머니 품으로 돌려 보내주시면 더 바랄 것이 없겠습니다.

두 번 다시 이번과 같은 불행이 닥치지 않도록 저희 모든 가족들은 노력을 아끼지 않을 것을 굳게 약속드리겠습니다.

끝으로 피탄원인이 조기 석방되기를 간곡히 기도 드리며 귀 법원의 무궁한 발전을 기원하겠습니다.

20○○. ○. ○.

위 탄원인 : ○ ○ ○ (인)

○○지방법원 형사○단독 재판장님 귀하

[사례 11] 아버지가 아들의 석방촉구

탄 원 서

사 건 :

탄 원 인 : ○ ○ ○ (○○○○○○-○○○○○○○)
○○시 ○○동 ○○○
전화 :

피탄원인 : ○ ○ ○ (○○○○○○-○○○○○○○)
○○시 ○○동 ○○○
(현재 교도소 수감 중)

탄 원 내 용

무례함을 무릎 쓰고 감히 이 글을 올립니다.

이 글을 올리는 저는 귀 교도소에 20○○. ○. ○. 수감되어 있는 수형번호 1234호인 ○○○(○○세)의 아버지입니다.

저의 5남매의 막내아들인 ○○○은 약 2년 전 그의 직장 동료 2명과 같이 술을 마신 뒤 ○○시 ○○읍 ○○리 소재 "○○마트"에 들어가 컵라면을 시켜 먹으려다 그 곳 종업원과 언쟁 끝에 직장 동료들이 종업원의 멱살을 잡고 폭행을 하자 아들이신 ○○○이는 이를 만류하였고, 그런 위 슈퍼를 나오다가 술에 만취한 나머지 동료들이 양주를 들고 나올 때 저의 아들도 그만 담배를 들고 나온 실수를 범하게 되어 그로 인해 경찰에 구속이 되었는데, 그 날의 범죄행위를 주도한 직장 동료들은 당시 불구속이 되었고 아들은 그전 음주 건으로 2년의 집행유예가 있었는데 그 사유로 구속이 되고 말았습니다.

아들의 죄 값에 대한 처벌은 당연하다고 하겠으나 직장동료들이 주도한 범죄행위에 아들은 싸움을 만류하면서 따라하게 된 행위가 위 음주도주의 집행유예 사유로 구속이 된 것으로 판단되고 보니 부모 된 입장으로서 너무도 억울한 생각이 들지만 지나간 일들은 그저 잊고 싶을 뿐입니다.

그 당시 아들의 소식을 접한 저는 그만 뇌졸중으로 쓰러져 부산 ○○병원에서 그 동안 치료를 받아왔으나 아직도 심장병에서 헤어나지를 못하고 있습니다.

현재 수감이 되어 있는 아들 ○○○이 위로는 모두 출가를 하여 그러다보니 수감 전에는 ○○이가 부모를 공양하면서 효행을 다하였고 또한 직장에서도 칭송이 자자했던 착실한 막내아들이었습니다.

저는 생업을 잃고 그동안 어렵게 병석에 몸져누워 아들이 들어오기만을 학수고대하고 있습니다.

아들이 지가 벌써 2년이란 세월이 흘렀군요. 아들이 지은 죗값에 비해 형벌이 너무 가혹하게만 느껴집니다.

존경하는 재판장님!

이에 사랑하는 아들을 부모의 품으로 돌려보내 주시기를 간절히 원하옵니다.

20○○. ○. ○.

위 탄원인 : ○ ○ ○ (인)

○○지방법원 형사○단독 재판장님 귀하

[사례 12] 음주교통사고에 대하여 피해자가 선처 호소

탄 원 서

사 건 :

탄 원 인 : ○ ○ ○ (○○○○○○-○○○○○○○)
○○시 ○○동 ○○○
전화 :

피탄원인 : ○ ○ ○ (○○○○○○-○○○○○○○)
○○시 ○○동 ○○○

탄 원 취 지

현재 음주교통사고 건으로 재판계류 중인 피탄원인에 대하여 다음과 같이 탄원하오니 선처하여 주시기 바랍니다.

탄 원 내 용

탄원인은 ○○운수소속 ○○바 ○○○호 영업용택시 운전기사로 종사하고 있습니다.

피탄원인은 자신의 승용차를 운전하여 당시 신호대기 중인 탄원인이 영업용차량을 추돌하여 탄원인에게 경미한 인피, 물피를 입게 하였습니다.

탄원인은 사고당일 하루의 영업실적을 올리기 위해 열심히 운전에 임하고 있었는데 추돌사고를 당하고보니 화가 치밀어 항의하는 과정에서 술 냄새가 나 "술 마시고 운전을 하면 되느냐"고 소리치면서 피탄원인을 고발하게 되었던 것입니다.

그런데 나중에 자세히 알고 보니 피탄원인은 약 16년째 ○○시청 청경으로 근무를 해오면서 약 10년 전 오토바이를 운전하다 교통사고를 당해 그 때 머리를 다쳐 그로

인하여 부인과 이혼을 한 뒤 그때부터 현재 고2, 중1의 딸자식을 키워오면서 어렵게 살아가고 있다는 사실을 알게 되었습니다.

그리고 사고 후 피탄원인은 탄원인을 찾아와 백배사죄하면서 치료비일체와 합의금 300만원을 주어서 받고 합의를 해주어 그것으로 끝이 난줄 알았는데 피탄원인은 그 일이 아직도 끝이 나지 않고 법의 심판을 기다리고 있다는 소식을 듣게 되었습니다.

존경하는 재판장님!

피탄원인의 노모가 장애자로 노환에 시달리고 있다는 사실도 이번에 알았습니다. 그리고 합의금마저 피탄원인의 동생인 ○○시청 상수도사업소에 근무를 하고 있는 ○○○가 부담을 한 사실도 알게 되었습니다. 이러한 피탄원인의 가정사가 비단 그네들뿐만 아니라 탄원인 역시 어려운 여건 속에서 언제나 위험이 도사리고 있는 점을 감안하면 지금에 와서 생각을 하니 그때 왜 고발을 했을까? 라고 후회스러운 게 솔직한 탄원인의 심정입니다.

탄원인은 위 추돌사고로 인하여 당시 3일간 병원에 입원해 있다가 퇴원을 한 후 본래의 업무에 복귀하여 현재 정상적으로 운전기사로 종사하고 있습니다.

부디 탄원인은 피탄원인을 최대한 선처해 주실 것을 간곡히 원하옵니다.

20○○. ○. ○.

위 탄원인 : ○ ○ ○ (인)

○○지방법원 형사○단독 재판장님 귀하

[사례 13] 처가 구속된 남편을 석방해 달라고 호소

탄 원 서

사 건 :

탄 원 인 : ○ ○ ○ (○○○○○○-○○○○○○○)
○○시 ○○동 ○○○
전화 :

피탄원인 : ○ ○ ○ (○○○○○○-○○○○○○○)
○○시 ○○동 ○○○

탄 원 내 용

존경하는 재판장님!

탄원인은 ○○시 ○○동 ○○ 자택에서 생활하고 있는 피탄원인의 부인이며 피탄원인은 두 아이의 아버지이며 한 가정을 책임지고 있는 가장이기도 합니다.

피탄원인은 평소 가정에서 아이들과 잘 놀아주고 가장으로서의 책임을 다하는 따뜻한 아버지입니다.

피탄원인이 한가정의 가장으로서 현재 가정을 책임질 수 없게 되어 탄원인의 가정은 무척 힘이든 상황입니다. 그리고 또 모든 생활에 막대한 지장을 초래하고 있습니다.

경제적으로나 아이들의 정서적인 면에서 무척 큰 영향을 주고 있는 현실에서 두 아이의 아버지이자 한가정의 가장인 피탄원인은 많은 반성과 눈물로 호소한 바 있습니다. 죄를 뉘우치며 아이들을 걱정하고 있는 자세도 보였습니다.

하루라도 빠른 시일 내에 가정으로 돌아와 아이들이 아버지의 품에 안겼으면 합니다. 부인인 저도 가장인 ○○○씨가 돌아와 안정된 가정이 되었으면 하는 마음으로 간곡히 부탁드립니다.

20○○. ○. ○.

위 탄원인 ○ ○ ○ (인)

○○지방법원 형사○단독 재판장님 귀하

[사례 14] 강제추행 공갈 및 금품 갈취를 한 피의자가 용서를 구함

탄 원 서

사 건 :

탄 원 인 : ○ ○ ○ (○○○○○○-○○○○○○○)
○○시 ○○동 ○○○
전화 :

탄 원 내 용

존경하는 재판장님께!

재판장님의 노고에 깊은 감사의 뜻을 표합니다.

저는 이번에 공갈 및 금품 갈취 혐의로 구속된 ○○○입니다. 저는 사우나 수면실에서 만난 ○○○씨에게 저의 신체 부위를 만지도록 유인한 뒤 이를 약점 잡아 금품을 갈취했습니다. 또 ○○○씨를 강제추행 혐의로 경찰에 신고한 뒤 그의 부모로부터 합의금 명목으로 ○○만원을 뜯어내는 등 지난 ○개월 동안 합의금으로 ○○만원을 받은 혐의가 있습니다.

술에 취한 사람들의 약점을 이용하여 돈을 가로챈 파렴치한이 무슨 낯으로 재판장님께 탄원을 드릴 까 고민도 해보았지만 제가 이대로 구속되면 저의 가족은 당장 먹을 쌀이 없어 굶어 죽을 것 같아 용기를 내어 이 글을 씁니다.

저는 당뇨로 거동이 불편하신 어머니와 알코올 중독자인 아버지, 그리고 장애를 가지고 태어난 남동생과 함께 생활하고 있습니다. 가족 모두 무직 상태이기에 제가 근근이 아르바이트를 하며 생활비를 대고 있습니다. 계속되는 궁핍한 생활 탓에 저는 쉽게 돈을 벌 수 있는 일이라 생각하고 고의로 이러한 범죄를 저질렀습니다. 공갈 협박으로 받은 합의금은 어머님의 치료비와 아버지 병원비로 충당하였습니다.

존경하는 재판장님,

백번 천번 생각해도 마땅히 죄 값을 치러야 할 범죄자이지만 제가 없으면 병든 아버지와 어머니는 누가 모시겠습니까. 현재 손발이 오그라드는 1급 장애인 남동생이 라면을 끓여가며 부모님의 식사 준비를 한다는 말을 들으니 지금이라도 당장

달려가서 부모님 밥상을 차리고 싶은 심정입니다. 가족의 생계를 혼자 책임지고 있는 가장의 안타까움을 헤아려 주셔서 제발 마지막 선처를 부탁드립니다.

제가 비록 용서받지 못할 중죄를 저질렀지만 한번만 다시 기회를 주신다면 노동의 참된 가치를 경험하며 정직하게 살아가겠습니다. 더욱 정성을 다해 부모님을 봉양하며 제 남동생과 같은 장애인들에게 봉사하며 살아가겠습니다.

잘못된 판단으로 돌이킬 수 없는 죄를 지었음에 무릎 꿇고 사죄드리며 재판장님의 선처를 간절히 기다리겠습니다.

20○○. ○. ○.

위 탄원인 ○ ○ ○ (인)

○○지방법원 형사○단독 재판장님 귀하

[사례 15] 공금횡령 등으로 구속된 직장상사에 대하여 직원이 선처를 호소

탄 원 서

사 건 :

탄 원 인 : ○ ○ ○ (○○○○○○-○○○○○○○)
○○시 ○○동 ○○○
전화 :

피탄원인 : ○ ○ ○ (○○○○○○-○○○○○○○)
○○시 ○○동 ○○○

탄 원 내 용

오늘도 공정한 법 집행을 위해 애쓰시는 재판장님께 경의의 말씀을 드립니다.

저는 축산, 분뇨 폐수처리장에 근무하는 직원입니다.

제가 오늘 탄원서를 올리게 된 연유는 제가 모시고 있던 소장님께서 공금횡령 및 뇌물공여로 구속이 되어 피의자가 되었으나 평소 우리 직장 내에서 모든 업무에 항상 모범을 보이시었고, 사무실에서 늘 환하게 웃으시면서 어깨를 툭툭 쳐주시면서 우리들에게 격려도 해주시고 독려도 하시는 이분이 개인적인 사리사욕을 채우는 그런 몰염치한 비인격자는 아니며 평소 제가 무척이나 존경하던 상사분이자 가족 같은 분이었기에 구명을 위하여 이 글을 작성하고 있습니다.

피의자 ○○○ 소장님께서 받으신 돈은 저희들이 보기에는 대가성이 있는 것이 아닙니다. 그 돈을 받아서 무얼 해주겠다는 식으로 업무를 처리하는 분도 아니시고 그런 직접적인 실무자의 자리에 계신 분도 아니며 소장님께서는 거래업체에서 별 의미없이 받아서 2/3 이상을 저희들 추석, 구정 명절 또는 여름휴가비로 챙겨주셨고 그 중 일부로 공무원과 식사하거나 술 마시는데 사용된 것으로 알고 있습니다.

지역사회에서 소장님에 대한 평은 말할 수 없이 좋은 사람으로 평이나 있으며, 법 없이도 살 수 있다 할 정도로 마음이 푸근하신 분이십니다

특히 환경공무원으로 계시다 형님 보증을 섰다가 잘못되어 명퇴하신 후 개인회사에 입사하여 민간위탁사업 소장으로 다시 시에서 운영하던 축산분뇨 폐수처리장에 근무하게 되었고 아직도 공무원과 같은 사명감으로 일하시는 분이십니다.

공무원들과 식사하고 술 마신 것을 경찰은 뇌물공여로 보고 있으나 소장님과 마신 공무원들은 재직시절 옛 동료나 부하직원들이며 공무원으로 재직할 당시 오래 전부터 환경직 모임 회원으로 있었기에 그저 편한 친목으로 만나 대하였는데 경찰조서에서는 인정을 전혀 해주질 않으니 답답하기만 합니다.

다른 사람들이 더러워하는 축산폐수나 인분폐수를 깨끗이 처리하는 직업을 가진 저희들이 고생하는 것에 비해 임금이 너무 적고 사실 고도의 기술이 필요한 직업임에도 3D업종중의 하나가 되어 소장님께서는 평소 저희 동료직원들의 복지나 혜택이 미미한 것에 대해 늘 안타까워 하셨습니다.

평소 직장동료의 어려운 가정형편을 잘 알고 계시고 늘 안타까워하시던 소장님께서 모두가 꺼려하는 직업을 가진 저희 직원들의 아픈 마음을 부둥켜안으시고 헤아려주시는 업체 사장님과 소장님께 항상 감사하는 마음을 가지고 있습니다.

업체사장님도 자기의 이익금을 조금만 가진다 생각하고 저희에게 보탬을 주신 걸로 알고 있으며 그렇다고 어떤 혜택이나 부정한 사실은 없었습니다.

이제 와서 보니 그 자체가 부정하다며, 횡령이란 죄목을 씌우니 너무도 황당할 뿐입니다.

그리고 부정행위를 하여 업체에 이익을 남기는 것을 눈감아 주는 대가로 공무원에게 향응을 접대하며, 돈을 주었다는 것은 더더욱 억울하여 제가 이분의 석방 또는 감형을 바라는 간절한 마음으로 탄원서를 올리오니 부디 관대한 처분이 있으시기를 바랍니다.

20○○. ○. ○.

위 탄원인 ○ ○ ○ (인)

○○지방법원 형사○단독 재판장님 귀하

[사례 16] 노래연습장에서 주류판매로 인한 영업정지처분의 선처 호소

탄 원 서

사 건 :

탄 원 인 : ○ ○ ○ (○○○○○○-○○○○○○○)
○○시 ○○동 ○○○
전화 :

피탄원인 : ○ ○ ○ (○○○○○○-○○○○○○○)
○○시 ○○동 ○○○

탄 원 내 용

존경하는 재판장님!

안타까운 심정으로 탄원합니다. 공정한 판결을 위해 애쓰시는 재판장님의 노고에 깊은 감사의 뜻을 표합니다.

탄원인은 20○○년 ○월 ○○일 ○○시 ○○구 ○○동 ○○번지에서 ○○이라는 상호의 노래연습장 영업자 지위승계를 하고 운영하던 중, 20○월 ○○일 ○○시경 손님에게 주류판매를 하였다 하여 ○○경찰서 소속 경찰관에게 적발되어 주류판매를 이유로 영업정지 ○○일 처분을 받았습니다.

탄원인은 4자녀를 키우며 살던 중 남편이 실직하여 가계에 어려움을 겪고 있던 중 주변의 권유로 집을 담보로 하여 이 업소를 인수하게 되었습니다.

그러나 장사를 처음 하다 보니 법 개념이 희박하여 그저 남이 하는 대로 따라하면 되겠구나 하는 생각이 이 번 사건을 초래하게 되었습니다.

본인은 당장 눈앞의 돈벌이에 급급하여 주류를 판매한 점을 깊게 뉘우치고 있습니다. 이번 사건은 본인이 장사를 시작한지 얼마 되지 않아 일어난 점과 이 건 처분으로 ○○개월간 영업을 하지 못하면 생활비, 임대료, 관리비는 고사하고 그 동안 확보한 손님이 다시 찾아줄 것인가 등을 생각하면 살아갈 의욕마저 생기지 않습니다.

부디 선처하여 이 건 처분을 경감하여 주시기 바랍니다.

재판장님께서 이번에 넓으신 아량을 베풀어 주신다면 속개하는 마음으로 열심히 살겠습니다. 송구하고 죄송한 심정으로 존귀하신 재판장님께 백배사죄를 드리면서 집 나간 아들을 기다리는 절박한 심정으로 선처를 기다리겠습니다.

20○○. ○. ○.

위 탄원인 ○ ○ ○ (인)

○○행정법원 행정○부 재판장님 귀하

[사례 17] 단란주점에서 청소년고용으로 인한 영업허가취소의 선처 호소

탄 원 서

탄 원 인 : ○ ○ ○ (○○○○○○-○○○○○○○)
○○시 ○○동 ○○○
전화 :

피탄원인 : ○ ○ ○ (○○○○○○-○○○○○○○)
○○시 ○○동 ○○○

탄 원 내 용

존경하는 재판장님!

본인은 영업허가 취소 처분에 대한 선처를 호소하기 위하여 탄원서를 제출합니다.

탄원인은 ○○시 ○○구 ○○동 ○○번지에서 ○○라는 상호의 단란주점을 지위승계신고하고 운영하고 있었습니다.

20○○년 ○월 ○일 단란주점에서 청소년을 고용하여 유흥접객행위를 하였다는 이유로 영업허가 취소처분을 받았습니다.

사건 당일 아가씨가 부족하여 명함을 던지고 간 ○○라는 보도사무실에 처음 콜을 하게 되었으며, 그래서 온 아가씨가 어려 보여서 주민등록증을 확인하려 하였더니 가방을 사무실에 두고 왔다하여 몇 살이냐고 물으니까 21살이라고 하였고 외모를 보니 키가 크고 화장을 한 상태였으며 보도사무실을 통해서 들어온 아가씨라 별 의심 없이 손님접대를 하도록 하였습니다.

탄원인의 가게는 아가씨 고용이 안 되는 가게라는 것을 알고 있으나 손님들이 아가씨를 원하고 가게 매상에 큰 차이가 있어 먹고살기 위해서 어쩔 수 없이 접객을 하도록 하였습니다.

탄원인의 그릇된 생각으로 불법행위를 저지른 점 깊이 사죄하고 있으며 앞으로는 한 번 더 주위를 살피겠으니 선처하여 주시기 바랍니다.

탄원인의 남편은 현재 무직으로 알코올중독으로 2년 간 입원치료를 하였고 현재는 간경화에 허리 협착으로 다리가 아파 허리수술을 해야 할 상황이며 아들이 대학교 1학년 재학 중에 있는 실정이므로 가게 운영이 되지 않으면 남편 병원비, 아들 등록금, 생활비 등 눈앞에 닥친 생활이 너무 힘이 듭니다.

부디 저의 딱한 사정을 참작하시어 선처해 주시길 간절히 기원합니다.

20○○. ○. ○.

위 탄원인 ○ ○ ○ (인)

○○행정법원 행정○부 재판장님 귀하

[사례 18] 부득이한 사유로 음주운전을 하여 면허취소가 된데 대한 선처 호소

탄 원 서

사 건 :

탄 원 인 : ○ ○ ○ (○○○○○○-○○○○○○○)
○○시 ○○동 ○○○
전화 :

피탄원인 : ○ ○ ○ (○○○○○○-○○○○○○○)
○○시 ○○동 ○○○

탄 원 내 용

존경하는 검사님!

바쁜 업무 일정에도 국가와 국민의 근간과 기본권을 지킨다는 긍지와 명예로 사시는 검사님께 다시 한 번 존경의 마음을 담아서 감사의 인사를 드립니다.

저는 20○○년 ○월 ○일 ○○구 ○○동 ○○사거리에서 발생한 교통사고로 면허가 취소된 ○○○의 어머니입니다.

모친상을 당한 친구의 상갓집에서 술을 마시고 대리운전을 부르려고 기다리던 제 아들 ○○○은 ○시경 갑자기 골목 끝에서 ○○○씨가 울면서 달려오는 것을 보았습니다.

한 동네에 살고 있는 ○○○씨는 머리에 피가 뚝뚝 흐르고 있는 사내아이를 안고 맨발로 달려오고 있었습니다. 그 당시 골목에는 제 아들 혼자 밖에 없었고 워낙 다급한 상황이라 본인이 조금 전 술을 마신 사실도 잊고 승용차에 아이를 태우고 병원으로 향했습니다.

○○병원 응급실은 차로 ○분 거리 밖에 되지 않아 빨리 가면 아이를 살릴 수 있다고 생각한 제 아들은 급하게 차를 몰고 가던 중 음주단속 중이던 경찰관의 심문을 받게 되었고 결국 음주운전 혐의(도로교통법 위반)로 면허가 취소되었습니다.

존경하는 검사님, 비록 제 아들이 음주운전이라는 반사회적 행동을 했지만 피흘리고 죽어가는 아이의 생명을 구하기 위해 부득이하게 운전대를 잡은 것이니 면허취소처분을 재고하여 주시기 바랍니다.

세상이 각박해져 가고 있는 요즘, 남의 자식이 다쳤다고 해서 직접 병원으로 데리고 갈 수 있는 사람이 몇이나 되겠습니까. 평소 저의 아들은 어렵고 불쌍한 사람들을 보면 그냥 지나치지 못하는 심성이 고운 아이입니다. ○년 동안 장애인 복지시설에서 목욕봉사를 하며 선행을 베푸는 착한 아이입니다. 법 없이도 살 만큼 착한 아들이므로 제 아들의 면허가 유지될 수 있도록 넓은 아량으로 선처해 주시길 간절히 기원합니다.

20○○. ○. ○.

위 탄원인 ○ ○ ○ (인)

○○지방검찰청 ○○○ 검사님 귀하

[사례 19] 공무집행방해죄로 구속된 직장동료의 석방을 호소

탄 원 서

사 건 :

탄 원 인 : ○ ○ ○ (○○○○○○-○○○○○○○)
○○시 ○○동 ○○○
전화 :

피탄원인 : ○ ○ ○ (○○○○○○-○○○○○○○)
○○시 ○○동 ○○○

탄 원 내 용

존경하는 검사님!

저는 현재 공무집행 방해죄로 구속, 수감되어 있는 ○○○에 대한 선처를 부탁드리기 위해서입니다. 저와 그는 ○○에서 ○년째 함께 일을 하고 있는 동료 사이입니다.

피의자 ○○○는 사명감과 책임감이 투철하며 지역발전 및 주민의 복지증진에 솔선수범할 뿐 아니라 타의 모범이 되는 열심히 근무하는 공무원입니다. 그런데 회식 후 집에 돌아가는 길에 불미스러운 일로 경찰관과 시비가 붙어 경찰관에게 폭력을 행사하였고 그 후 공무집행방해죄로 구속되었습니다.

제가 지금까지 알고 있는 ○○○는 경찰 공무원에게 폭력을 휘두를 위인이 절대 아닙니다. 시골의 가난한 집에서 자란 그는 혈혈단신으로 상경하고 서울과 대전 등지를 떠돌며 20가지가 넘는 직업을 전전했습니다. 14살에 중국집 배달부로 일할 때는 남들이 먹다 남은 짜장면을 설거지하듯이 먹어치우며 허기를 채웠다고 합니다. 구두닦이, 제과점 사환, 일식집 주방 보조, 현장 잡부를 거쳐 공무원이 되기까지 험난한 삶을 꾸려나가면서도 그는 한 번의 탈선 없이 성장했습니다.

제가 그의 불우한 어린 시절이며 살아온 이야기를 한 것은 그가 비겁하게 도주하지 않을 것을 누구보다도 잘 알고 있기 때문입니다.

죄를 지었다 하더라도 불구속 수사와 재판으로도 얼마든지 죄를 물을 수 있습니다.

죄가 있다고 상당히 의심되지도 않거니와 증거인멸과 도주의 우려가 없는 공무원을 구속하는 것은 부당하고 억울하오니 부디 그가 행한 실체적 사실관계를 밝혀 하루빨리 ○○○을 풀어주실 것을 바라옵니다.

20○○. ○. ○.

위 탄원인 ○ ○ ○ (인)

○○지방검찰청 ○○○ 검사님 귀하

[사례 20] 특수절도를 한 소년에 대한 선처 호소

탄 원 서

사 건 :

탄 원 인 : ○ ○ ○ (○○○○○○-○○○○○○○)
○○시 ○○동 ○○○
전화 :

피탄원인 : ○ ○ ○ (○○○○○○-○○○○○○○)
○○시 ○○동 ○○○

탄 원 내 용

존경하는 검사님,

본인은 공무원으로 20여년 재직한 직장을 퇴직한 후, 상기 특수절도사건 피의자(성명: ○○○)를 20○○년 ○월 ○일 우연한 기회에 만나, 많은 시간을 함께 보내며 피의자를 선도하고자 노력하고 있는 한 사람의 독지가로서 먼저 피의자가 죄를 저질러 물의를 일으킨 점에 대하여 진심으로 사과를 드립니다.

현재 피의자 ○○○는 본인을 친부 이상으로 의지하고 있을 뿐만 아니라 이전의 불규칙한 생활습관에서 탈피하려고 애쓰고 있으며, 본인이 적절한 방안을 물색해 주면 그대로 이행할 것을 약속하는 등, 피의자 스스로가 절실히 반성하고 있는 이 시기에 또다시 과오를 저지른 점에 대하여 본인으로서는 정말 안타깝기 그지없게 생각하고 있습니다. 피의자 ○○○는 독자로 부모들이 초등학교 ○학년(만 ○○세) 때 이혼한 이후, 아버지는 ○번 재혼하였고 어머니 역시 재가한 환경에서, 아버지는 때로는 피의자인 아들을 어머니에게 맡기고, 어머니는 다시 아버지에게 보내는 등, 어린 시절을 계모 및 계부 밑에서 평범한 생활을 할 수 없는 불우한 가정환경 속에서 반복되는 가출과 불량한 행동으로 가족들에게 완전히 버림을 받고 살아왔습니다.

검사님의 이해를 돕고자 한 사례를 설명 드리고자 합니다.

지난달 ○월 ○일 오전 ○시경, 본인 아파트 입구에 피의자가 쓰러져 있는 것을 아파트 경비원이 발견하여 "누구냐?"고 묻자, "여기가 우리 집이다."라 하며 아버지 이름으로 본인 성명을 대답하는 피의자에게 경비원은 "이 집에는 너 같은 아들이 없다."고 하였지만, 옷에 피가 많이 묻어 있고 신체 여러 부위 상처에서 피가 흐르는 것을 불쌍히 여기고 이 사실을 본인에게 알려주어 본인이 밖에 있는 피의자 ○○○에게 사고 경위를 물으니 "친구 오토바이 뒷좌석에 타고 가다 전복 사고가 발생, 의식을 잃고 병원으로 가던 중 깨어나 몸이 무척 아파, 여기로 온 것이다."라고 대답하였습니다.

본인이 피의자의 몸 상태를 확인한 결과, 상처가 매우 심하여 이 사실을 피의자 가족에게 알려 줄 필요가 있을 것으로 판단하여 피의자를 집으로 데려가 피의자 부친과 할머니께 사고 경위를 대충 설명 드렸습니다만, 피의자 아버지는 "지금은 내 코가 석자이기 때문에 나는 저놈(피의자)을 돌 볼 수 없다."고 하면서 오히려 "나가서 죽었으면 좋겠다."고 하여, 「오늘이 마침 아들(피의자) 생일날입니다.」라고 거듭 말씀 드렸으나 "몸이 아프고 춥다."고 괴로워하는 아들은 거들떠보지도 않았습니다.

어쩔 수 없이 본인이 피의자를 데리고 와 상처를 치료한 후, 잠에서 깨어난 피의자를 당일 오후 ○시경 다시 집으로 데려갔으나, 피의자 고모(여동생) 역시 "얘(피의자)를 왜 여기에 데리고 왔느냐?"하면서 본인과 조카에게 핀잔만 주는 것이었습니다.

본인이 가출한 피의자를 처음 만난 며칠 후, 피의자를 설득하여 집으로 함께 갔을 때에도 조모께서는 "추후에 달라고 하지 않을 것이니 가져가라!"고 피의자가 어떤 쓸모없는 물건인 것처럼 말씀하였습니다.

그 동안 가출과 불량한 행위를 반복하여 부모 및 가족들에게 많은 실망을 안겨준 사실을 참작하더라도 큰 사고를 당한 아들(피의자)을 대하는 피의자 가족들의 태도는 너무 냉정하기 이루 말 할 수 없었습니다.

그러나 이처럼 냉대 받는 가정환경 속에서 자란 피의자는 가출 중에도 어버이날에는 문밖에 카네이션을 놓아두는 것을 잊지 않았고, 길에 쓰러져 갈증에 시달리는 노인에게 물을 사 드리고 파출소까지 모셔다 주는 선행으로 피의자가 재학 중이던 인천 선인 중학교에서 선행 상을 받을 수도 있었으나 불량 학생으로 분류되어 표창을 받지 못하였다.는 사실을 피의자 복학문제를 상의하기 위하여 학교를 방문하였을 때, 1학년 담임선생이었던 ○○○ 선생님으로부터 전해 들었습니다. 또한 피의자는 아직까지 부모나 가족 등 그 누구도 미워하거나 원망하지 않는 여린 마음을 가지고 있는 소년입니다.

존경하는 검사님!

본인은 이 소년을 평생 친아들처럼 생각하여 선도하며 교화시켜 보겠습니다. 또한 피의자도 제3자들이 오해할 정도로 친자식 이상으로 본인을 잘 따르고 있습니다. 이는 그 동안 본인과 피의자간에 서로 마음의 문을 열고 나눠 온 대화 속에서 맺어진 깊은 신뢰와 애정이 뿌리를 이루고 있기 때문이라고 확신하고 있습니다.

피의자를 만난 지 이제 ○○여일 정도 밖에 지나지 않았지만 피의자에게 심적으로 많은 변화가 오고 있음을 본인 주위에 있는 여러 사람들도 이를 인정하고 있습니다.

본인은 피의자에게 열과 성을 다하여 평범한 소년으로 성장할 수 있도록 최선의 노력을 다 할 것임을 약속드립니다.

또한 피의자 역시 지금까지의 잘못을 절실히 뉘우치고 크게 후회할 뿐만 아니라 머리를 삭발하고 절에 들어가라고 하면 절에라도 들어가겠다는 비장한 마음으로 새로운 생활을 다짐하고 있으며, 또한 본인과 절친한 친구인 ○○○(○○세, ○○패션회장 및 서울 서부 ○○부총재) 및 ○○○(○○세, 주식회사 ○○○○ 대표이사)는 본인을 협조하여 피의자를 자신의 회사에 지난 ○○월 ○○일 입사시킬 예정이었으나 인천 서부경찰서 소년계 ○○○ 형사가 피의자 계류 사건으로 인한 가정법원 심리를 ○월 ○일(○요일)이나 ○월 ○일(○요일)중에 받을 것을 통보하여 현재 입사를 보류 중에 있으며, ○○○(○○세, ○○유선방송 및 CATV방송) 회장도 피의자 선도를 위한 후원을 적극 약속하고 있습니다.

이런 현실에 비추어 피의자를 사회적으로 격리시키는 것보다는 본인과 주위 사람들이 애정을 가지고 선도하는 것이 피의자에게 더욱 효과적인 교화 방안이라고 생각하고 있습니다.

존경하는 검사님.

이번 사건이 이제 만○○세(20○○. ○. ○일생)가 불과 10여일 밖에 지나지 않은 어린 피의자에게 전화위복의 기회가 될 수 있도록 너그러우신 온정을 간곡히 당부드리고자 합니다.

이와 같은 반성의 기회를 주신다면 본인은 피의자를 가슴에 묻고 살면서 부끄러움 없는 소년으로 성장할 수 있도록 있는 힘껏 노력할 것을 거듭 약속드립니다. 부디 현명하신 ○○○ 검사님의 선처가 있기를 두 손 모아 기대합니다.

끝으로 검사님의 건강과 가정에 행운과 축복이 함께 하시기를 간절히 기원합니다.

20○○. ○. ○.

위 탄원인 ○ ○ ○ (인)

○○지방검찰청 ○○○ 검사님 귀하

[사례 21] 차용금 사기사건의 경우, 피해자가 선처 호소

탄 원 서

사 건 :

탄 원 인 : ○ ○ ○ (○○○○○○-○○○○○○○)
○○시 ○○동 ○○○
전화 :

피탄원인 : ○ ○ ○ (○○○○○○-○○○○○○○)

○○시 ○○동 ○○○

탄 원 내 용

존경하는 재판장님께,

탄원인은 ○○시 ○○구 ○○동에서 ○○제조업을 하고 있으며 피탄원인은 탄원인 처의 친구입니다.

20○○. ○. ○. 탄원인의 처가 피탄원인이 금 ○○○ 원을 빌려달라고 애원하면서 전화가 왔다 하여 얼굴도 한 번도 본 적 없는 피탄원인에게 제 처만 믿고 금 ○○○원을 내놓은 것입니다. 하지만 1주일만 쓰고 돌려주겠다는 당초 약속과는 달리 1년이 지난 기간까지 감감 무소식이고 피탄원인이 기거하는 ○○시 ○○구 ○○동에 탄원인의 처가 찾아갔는데 헛걸음만 하고 피탄원인을 만나지 못하였고, 탄원인이 몇 차례 전화를 했는데도 통화가 되지 않자 탄원인도 처의 친구인 관계로 참으려 하였으나 지금 경영하고 있는 사업의 부진으로 돈 한 푼이 아쉬운 실정이므로 피탄원인을 관할 경찰서에 고소하여, 현재 피탄원인은 ○○구치소에 수감 중입니다.

존경하는 재판장님

피탄원인은 지금 무일푼으로 남편과도 별거 중에 있으며, 두 자녀까지 책임지고 있는 실정이며 게다가 시누이의 집에서 얹혀살고 있는 참으로 딱한 사정입니다.

피탄원인이 울면서 사죄하고, 또 앞으로 자신이 일하여 번 돈의 일부를 다달이 갚는 식으로 빌려간 돈 ○○○원을 차차 갚겠다고 약속하였습니다.

존경하는 재판장님, 피탄원인을 선처하시어 어린 두 자녀에게 하루 속히 돌아가 안정을 찾을 수 있도록 해 주십시오.

20○○. ○. ○.

위 탄원인 ○ ○ ○ (인)

○○지방법원 형사○단독 재판장님 귀하

[사례 22] 토지분할경계측정의 방해로 인하여 업무방해죄로 구속

탄 원 서

사 건 :

탄 원 인 : ○ ○ ○ (○○○○○○-○○○○○○○)
○○시 ○○동 ○○○
전화 :

피탄원인 : ○ ○ ○ (○○○○○○-○○○○○○○)
○○시 ○○동 ○○○

탄 원 내 용

존경하는 검사님!

곳곳에 봄이 오는 소리가 들리고 있으나 아침저녁으로는 쌀쌀한 기운이 남아 일교차가 큽니다. 환절기에 검사님의 건강을 기원합니다.

저는 ○○협회 회장직을 맡고 있는 ○○○라고 합니다. 언제 얼굴을 뵌 적도 없고, 성함조차도 모르는 검사님을 향해 이렇게 글을 쓰게 된 것은 재판을 받고 있는 피의자가 하루라도 빨리 가족의 품으로, 그리고 회사의 품으로 돌아올 수 있기를 기원하면서 검사님의 관용과 선처를 바라는 마음에서입니다.

지난 ○일 토지분할 경계측정을 하는 과정에 불미스런 사건으로 업무 방해죄가 적용되어 피의자가 수사를 받고 있습니다. 피의자야말로 사회에서 '법 없이도 살 수 있는 사람'으로 인정받고 있는 사람입니다. 그가 무슨 죄를 지을 것이라고 우리는 상상도 할 수 없습니다. 그런 그의 성격과 소신이 자신들의 생존권을 위해 싸우는 노동자들을 외면하지 못하고, 함께 싸웠다는 것이 큰 죄가 되고 말았습니다.

저는 ○○협회를 대표하여 피의자가 ○○지역을 사랑하고 ○○회사의 노동자를 대변하는 충정에서 우발적인 행동을 한 것이라고 생각하고 있습니다.

피의자를 깊이 배려하시어 새로운 마음으로 노동자를 대변할 수 있는 기회를 가질 수 있도록 건의하오니 선처해 주시기를 간곡히 바랍니다.

한 가정의 가장으로서, 노부모를 극진히 모시는 효자로서 사랑하는 가족 품으로 돌아갈 수 있도록, 그리고 그가 사랑하는 노동자들의 품으로 돌아갈 수 있도록 검사님의 선처를 다시 한 번 호소합니다.

검사님의 건승을 기원하면서 이만 줄입니다.

20○○. ○. ○.

위 탄원인 ○ ○ ○ (인)

○○지방검찰청 ○○○ 검사님 귀하

[사례 23] 동생의 폭행사건에 대하여 형이 선처 호소

탄 원 서

사 건 :

탄 원 인 : ○ ○ ○ (○○○○○○-○○○○○○○)
○○시 ○○동 ○○○
전화 :

피탄원인 : ○ ○ ○ (○○○○○○-○○○○○○○)
○○시 ○○동 ○○○

탄 원 내 용

존경하는 검사님께

오늘도 공정한 법 집행을 위해 애쓰시는 검사님께 경의의 말씀을 드립니다.

다름이 아니라 사건번호 위 폭행사건(고소인 : ○○○, 피고소인 : ○○○)과 관련하여 피의자 ○○○에 대한 관대한 처분을 간곡히 부탁드리고자 이 글을 드리게

되었습니다.

간단히 제 소개를 드리자면, 저는 피의자의 형으로서 현재 ○○에서 근무를 하고 있습니다.

이번에 피의자가 이번 사건 때문에 무척 고통스러워하기에 이를 지켜보는 형으로서 마음이 편치 않습니다.

피의자는 평소 마음이 여리고 가족으로서 지금까지 지켜본 바로는 남을 악의적으로 해칠만한 사람이 아닙니다. 일시적인 흥분상태로 화를 낼지도 몰라도 누구한테 함부로 상처를 주거나 남을 다치게 할 사람도 아니며 제가 그동안 줄곧 피의자를 지켜 보아온 형으로서 그런 일도 없었습니다.

이번 사건이 터진 이후로 줄곧 피의자는 식사도 제대로 먹지 못하고 있으며 참회의 눈물로 반성을 하고 있습니다. 얼마 전에는 함께 식사를 하는데 1인분 분량의 식사를 반 이상을 남기고 그 날의 상처와 후회로 하루하루를 지내고 있었습니다. 식사도 제대로 하지 못하고 얼굴도 창백해지고 차츰 야위어 가고 있습니다. 이러다가 정말 큰 병이라도 얻지 않을까 걱정이 됩니다.

아직 피의자에 대한 처벌수위가 결정된 상태는 아니라고 들었습니다. 이미 피의자는 자신이 저지른 실수에 대한 지금까지의 잘못을 절실히 뉘우치고 크게 후회하고 있습니다.

이와 같은 반성의 기회를 주신다면 본인은 피의자를 가슴에 묻고 살면서 두 번 다시 이와 같은 사건이 일어나지 않도록 있는 힘껏 노력할 것을 거듭 약속드립니다. 부디 현명하신 ○○○ 검사님의 선처가 있기를 간절히 기원합니다.

20○○. ○. ○.

위 탄원인 ○ ○ ○ (인)

○○지방검찰청 ○○○ 검사님 귀하

[사례 24] 분위기에 이끌려 도박한 경우

탄 원 서

사 건 :

탄 원 인 : ○ ○ ○ (○○○○○○-○○○○○○○)
○○시 ○○동 ○○○
전화 :

피탄원인 : ○ ○ ○ (○○○○○○-○○○○○○○)
○○시 ○○동 ○○○

탄 원 내 용

존경하는 재판장님께

탄원인은 피탄원인의 처로서 현재 결혼 10년째에 접어들어 슬하에 자녀 ○과 ○을 두고 단란한 가정을 꾸려하고 있습니다.

그런데 얼마 전 남편이 도박사건에 연루되어 현재 ○○구치소에 수감 중입니다. 제 남편은 여태까지 도박이라곤 손에 대지 않는 성실할 가장입니다. 이번 일도 친구들로 어울려 혼자 사는 ○○○이라는 친구의 집에서 술 한 잔 마시고 그곳에서 판이 벌어져 어쩔 수 없이 어울려 화투를 치다가 세 들어 사는 피탄원인의 친구 ○○○이 상습적으로 사람들을 데리고 와 술을 마시고 도박을 일삼은데 분개하여 집주인이 그날 밤 경찰서에 도박판이 벌어졌다고 제보하여 도박 등 특별단속기간에 구속된 것입니다.

존경하는 재판장님

피탄원인은 평소 술도 잘 마시지 않고 도박 같은 것을 일절하지 않는 모범적인 가장입니다. 피탄원인의 성실성은 가정뿐만 아니라 주위 사람들도 다 알고 있습니다.

이런 피탄원인이 어쩌다 만난 친구들과 어울려 재미삼아 낀 도박에 연루되어 이러한 불미스러운 일이 일어난 것입니다.

피탄원인의 평소 생활상을 참작하시어 피탄원인을 법이 허용하는 범위 내에서 최대한의 관용을 베풀어 주시어 하루속히 사랑하는 가족들의 품으로 돌아올 수 있기를 부탁드립니다.

20○○. ○. ○.

위 탄원인 ○ ○ ○ (인)

○○지방법원 형사○단독 재판장님 귀하

[사례 25] 여자친구가 남자친구의 죄에 대하여 형기를 감면 호소

탄 원 서

사 건 :

탄 원 인 : ○ ○ ○ (○○○○○○-○○○○○○○)
○○시 ○○동 ○○○
전화 :

피탄원인 : ○ ○ ○ (○○○○○○-○○○○○○○)
○○시 ○○동 ○○○

탄 원 내 용

존경하는 검사님.

본인은 피의자 ○○○의 여자친구로서 많은 시간을 함께 보내며 피의자를 선도하고자 노력하고 있으며 먼저 피의자가 죄를 저질러 물의를 일으킨 점에 대하여 진심으로 사과를 드립니다.

현재 피의자 ○○○는 본인을 의지하고 있을 뿐만 아니라 이전의 불규칙한 생활습관에서 탈피하려고 애쓰고 있으며, 본인이 적절한 방안을 물색해 주면 그대로 이행할 것을 약속하는 등, 피의자 스스로가 절실히 반성하고 있습니다.

본인이 피의자의 몸 상태를 확인한 결과, 상처가 매우 심하여 몇 년 전에 교도소에 있다가 병으로 인해 가출소하였습니다. 그 후 큰 수술도 받고 아무 문제도 없이 열심히 생활했는데 남은 형을 살아야 한다고 다시 교도소로 들어갔습니다.

이번 사건이 피의자에게 전화위복의 기회가 될 수 있도록 남아있는 피의자 ○○○의 남아있는 형기가 감면될 수 있도록 담당 검사님의 너그러우신 온정을 간곡히 당부 드리고자 합니다.

이와 같은 피의자 ○○○의 남아있는 형기가 감면될 수 있도록 도와주신다면 본인은 피의자를 가슴에 묻고 살면서 부끄러움 없는 사회인으로 성장할 수 있도록 있는 힘껏 노력할 것을 거듭 약속드립니다. 부디 현명하신 검사님의 선처가 있기를 두 손 모아 기원합니다.

20○○. ○. ○.

위 탄원인 ○ ○ ○ (인)

○○지방검찰청 ○○○ 검사님 귀하

[사례 26] 교통사고를 낸 형에 대한 선처 호소

탄 원 서

사 건 :

탄 원 인 : ○ ○ ○ (○○○○○○-○○○○○○○)
○○시 ○○동 ○○○
전화 :

피탄원인 : ○ ○ ○ (○○○○○○-○○○○○○○)
○○시 ○○동 ○○○

탄 원 내 용

탄원인은 ○○시청 상하수도사업소 업무과에서 요금업무를 담당하는 공무원이

고, 피탄원인 ○○○은 ○○시청 청경으로 근무 중인자로 피탄원인과 탄원인은 형제기간이며 6남매 중 피탄원인은 장남입니다.

탄원인이 이 탄원서를 올림은 다름이 아니오라 피탄원인이 음주 교통사고를 내어 피해자와 원만히 합의를 하였으나 향후 처벌관계에 있어서 법의관용을 호소하기 위해 이 글을 올립니다.

피탄원인은 20○○. ○. ○. ○○:○○경 ○○사격장에서 ○○○, ○○○, ○○○ 고향지인들과 체육대회를 마치고 그곳에서 약간의 음주를 한 후 자가운전을 하여 귀가 중 신호대기 중인 영업용 차량을 후미에서 경미하게 접촉사고를 내었다는 사실을 탄원인은 뒤늦게 들어 알게 되었습니다.

그래서 민원인은 동생 된 입장에서 피해운전사를 만나 백배사죄하고 어려운 살림살이에 합의금을 지불한 뒤 서로 원만하게 해결을 보았습니다.

그런데 피탄원인의 위 교통사고는 이미 경찰서에 접수가 되어 처벌문제를 남겨놓고 있습니다.

피탄원인은 약 10년 전 오토바이를 운전하다 교통사고를 당하여 그 때 머리를 다쳐 그로 인하여 부인과 이혼을 한 뒤 그때부터 현재 고2, 중1의 여식을 키워오면서 용기를 잃지 않고 어렵게 살아가고 있습니다.

금번 이 사고 후 피탄원인이 정상적인 사람이었다면 사과 말 한마디만 하였더라면 아무 일 없이 끝났을 문제를 가지고 일이 확대되었다는 것을 피해운전사로부터 들었는바, 이를 미뤄보더라도 형인 피탄원인은 아직도 정상적인 정신상태가 아님을 짐작할 수 있을 것입니다.

이미 때 늦은 후회를 해본들 무슨 소용이 있겠으며 이후 이와 같은 일이 재발되지 않도록 마음을 고쳐먹는데 최선을 다하도록 탄원인과 아울러 노력하겠습니다.

피탄원인의 노모는 장애자로 노환에 시달리고 있으며 나름대로 숱한 세월이 흐르는 동한 딸자식을 위해 혼신의 노력을 다해 온 피탄원인의 정성을 저희 형제들은 물론 이웃들도 잘 알고 있습니다.

존경하는 서장님!

어미 없이 딸자식을 키우는 아버지의 심정 그 무엇으로 다 표현하리까마는 탄원인도 딸자식도 키우는 아버지로서 문득 눈물이 앞을 가리네요.

이제 피탄원인은 맹세를 하였습니다. 다시는 형제와 딸자식에게 걱정 끼치는 일이 두 번 다시 발생하지 않도록 하겠다고 굳게 약속을 하였습니다.

비록 가난한 농촌의 집안에서 장남으로 태어난 피탄원인은 한때나마 단란한 가정을 꾸려오다 불의의 오토바이 사고로 인해 처와 헤어진 뒤 일시 방황하다 이제 마지막으로 딸자식이라도 훌륭하게 키우려고 노력하는 모습들이 너무나 안쓰럽습니다.

이러한 피탄원인의 어려운 사정을 참작하시어 법의 최대한 관용과 선처를 구하고자 이렇게 실낱같은 형제간의 정의로 이 탄원서를 올리오니 한번만 용서해 주시기 바랍니다.

20○○. ○. ○.

위 탄원인 : ○ ○ ○ (인)

○ ○ 경 찰 서 장 님 귀하

[사례 27] 강제추행으로 인한 상해의 경우, 피해자가 선처 호소

탄 원 서

사 건 :

탄 원 인 : ○ ○ ○ (○○○○○○-○○○○○○○)
○○시 ○○동 ○○○
전화 :

피탄원인 : ○ ○ ○ (○○○○○○-○○○○○○○)
○○시 ○○동 ○○○

탄 원 내 용

탄원인과 피탄원인은 친구의 소개로 몇 번 만나 서로 사귀면서 가까워진 사이로서로 나이도 결혼할 만큼 되서 만나서인지 결혼까지 생각하게 되었습니다.

하지만 차츰 가까워지면서 피탄원인은 탄원인을 소유하려 하였고 그 강도가 점점 강해져 20○○. ○. ○. ○○:○○경에는 저녁식사 후 드라이브를 갔다가 탄원인의 의사와 무관하게 강제로 추행하려 하며 이를 저지하는 과정에서 탄원인에게 상해를 입게 하였습니다.

탄원인은 그 후론 남자 기피증이 생길 정도로 심한 정신적 충격을 받아 피탄원인을 경찰서에 고소하게 된 것입니다.

피탄원인은 재판 중 탄원인에게 진심으로 사과하였으며, 피탄원인의 노쇠하신 부모님까지도 탄원인에게 울면서 사죄하였습니다.

여자로서 힘든 일이지만 피탄원인의 부모님을 보면서 저는 피탄원인을 용서하기로 마음먹었습니다.

그동안 구금생활을 통하여 피탄원인은 자신의 잘못을 뉘우쳤으리라 생각되며, 피탄원인이 석방되어 노쇠하신 부모님 곁으로 돌아가 부모님을 편히 모실 수 있도록 존경하는 재판장님의 선처를 바랍니다.

20○○. ○. ○.

위 탄원인 : ○ ○ ○ (인)

○○ 지방법원 형사○단독 재판장님 귀하

[사례 28] 거주자 우선주차 구민 피해

탄 원 서

탄 원 인 : ○ ○ ○ (○○○○○○-○○○○○○○)
○○시 ○○동 ○○○

전화 :

탄 원 내 용

중구를 위해 불철주야 노고하심을 시장님께 충심으로 감사드립니다.

다름이 아니오라 거주자 우선주차구역에 주차를 하고 있는 구민으로서 거주자 우선주차구역에 주차하지 말아야 할 비거주자 차량주차들로 인한 피해가 막심하여 이렇게 탄원서를 아래와 같이 제출하오니 시정 될 수 있도록 선처하여 주시기 바랍니다.

아 래

1. 비거주자 차량단속의 소홀성 : 경고장 부착만으로는 단속이 곤란하다고 사료되온바, 바로 견인조치 할 수 있도록 개정하여 주시기 바라며, 주차위반 차량에 대한 신고전화를 하여도 연결이 되지 않는 상황이 빈번히 발생하고 있어 효율적인 단속이 곤란한 실정이라고 사료됩니다.

2. 또한 이로 인한 거주자 차량은 비거주자 주차로 인하여 부득이 다른 곳에 주차를 해야 하는 경우가 왕왕 있어 온데, 지역 내 특성상 구역이외에는 타 차량의 통행에 불편을 끼칠까봐 달리 주차 할 곳이 없어 인근(10M 이내) 도로 주변에 주차를 할 수밖에 없는 실정이나, 구에서 나온 주차단속에 걸려 주차위반 및 견인조치로 인한 금전적, 시간적 피해가 막심한 실정입니다.

3. 그런 반면에 현실적으론 비거주자 차량에는 경고장만이 부착되고 아무런 조치가 이루어지지 아니 한다는 것은 백번 천번 부당한 행정 조치라고 여겨지는 바 조속한 시일 내에 개선하여 주시기를 기원합니다.

20○○. ○. ○.

위 탄원인 ○ ○ ○ (인)

○ ○ 시 장 귀하

[사례 29] 무고사건의 경우

탄 원 서

사 건 :

탄 원 인 : ○ ○ ○ (○○○○○○-○○○○○○○)
○○시 ○○동 ○○○
전화 :

피탄원인 : ○ ○ ○ (○○○○○○-○○○○○○○)
○○시 ○○동 ○○○

탄 원 내 용

탄원인과 일간지 ○○신문의 편집국장이고, 피탄원인은 본 신문의 사회부 기자로 20○○. ○. ○. 상해치사사건 관련기가를 사건에 충실하여 진실 그대로 기재하였음에도 불구하고 기사와 관련된 사건의 ○○○이 그 기사는 사건외 ○○○을 형사처분을 받게 할 목적으로 허위로 기재하였다고 피탄원인을 무고 혐의로 고소하였습니다.

존경하는 재판장님

피탄원인은 항상 국민의 알권리를 충족시켜주기 위해 진실에 부합되는 사실만을 기사화 하는 모범적인 기자이며 기자상도 몇 번 받은 적이 있는 성실한 직업인입니다.

이런 피탄원인이 무고 혐의로 고소를 당하여 재판중이라니 참으로 믿어지지 않고 이해가 가지 않습니다.

부디 진실을 밝히시어 죄 없는 피탄원인을 하루속히 석방하여 주십시오.

20○○. ○. ○.

위 탄원인 : ○ ○ ○ (인)

○○ 지방법원 형사○단독 재판장님 귀하

[사례 30] 행인의 지갑을 훔친 경우

탄 원 서

사 건 :

탄 원 인 : ○ ○ ○ (○○○○○○-○○○○○○○)
○○시 ○○동 ○○○
전화 :

피탄원인 : ○ ○ ○ (○○○○○○-○○○○○○○)
○○시 ○○동 ○○○

탄 원 내 용

탄원인은 피해자 ○○○(9세)의 어머니입니다.

20○○. ○. ○. ○○:○○경 그날은 마침 어린이 날이라 피해자 ○○○이 가족들에게 받은 용돈으로 평소 사고 싶어 하던 책들을 사러 동네 서점으로 가는 길에 피탄원인 ○○○이 뒤에서 다가오더니 피해자를 밀쳐 넘어뜨리고 피해자의 지갑을 훔쳐 달아나는 것을 그곳을 지나던 대학생 사건외 ○○○이 붙잡았습니다.

탄원인의 딸인 피해자는 그때의 충격으로 지금도 깜짝깜짝 놀라고 잘 때는 식은땀을 흘리곤 합니다.

탄원인은 딸의 그런 모습을 보고 너무 안쓰럽고 화가나 피탄원인을 고소하여 현재 ○○경찰서에 수감 중입니다.

존경하는 재판장님

한참 티 없이 맑아야 할 나이에 위와 같은 일을 저지른 피탄원인의 죄가 가벼운 것은 아닙니다만. 그 후로 매일같이 저를 찾아와 사죄하며 눈물을 흘리는 피탄원인의 부모를 볼 때마다 탄원인도 자식을 키우는 입장에서 가슴 아프지 않을 수 없습니다. 그래서 피탄원인의 행동은 밉지만 피탄원인을 용서하기로 마음먹었습니다.

재판장님, 피탄원인을 선처하시어 피탄원인이 하루속이 가정과 학교에 돌아가 열심히 살아갈 수 있도록 석방의 은전을 베풀어 주시기 바랍니다.

20○○. ○. ○.

위 탄원인 : ○ ○ ○ (인)

○○ 지방법원 형사○단독 재판장님 귀하

서 식 색 인

[ㄱ]

가구조금지급신청서 ······ 414
감정신청서 ······ 212
강간죄(폭행협박 후 성교) ······ 240
강간치상죄(배달나온 다방종업원을 상대로) ······ 242
강제집행면탈죄(주식 허위양도) ······ 245
강제집행면탈죄(허위매매계약) ······ 243
강제추행 공갈 및 금품 갈취를 한 피의자가 용서를 구함 ······ 806
강제추행으로 인한 상해의 경우, 피해자가 선처 호소 ······ 827
강제추행죄(폭행 후 추행) ······ 246
거주자 우선주차 구민 피해 ······ 828
검증 및 감정신청서 ······ 211
고소(고발)장 접수증명서 ······ 391
고소위임장 ······ 384
고소인지정신청서 ······ 389
고소장 - 표준서식 ······ 236
고소취소장 ······ 385
공갈죄(접대부고용 기화로 금품갈취) ······ 251
공갈죄(정교사실을 미끼로 금품갈취) ······ 248
공금횡령 등으로 구속된 직장상사에 대하여 직원이 선처를 호소 ······ 807
공무상비밀표시무효죄(압류표시의 효용을 해함) ······ 252
공무집행방해죄로 구속된 직장동료의 석방을 호소 ······ 814
공소기각결정신청서 ······ 73, 611
공소장변경 허가신청에 대한 의견서 ······ 467
공판기일변경신청서 ······ 489, 490
공판시각변경신청서 ······ 491
공판절차정지신청서 ······ 543
공판조서낭독청구서 ······ 90
공판조서녹취허가청구서 ······ 91
공판조서등본교부신청서 ······ 91
공판조서열람청구서 ······ 92
관할이전신청서 ······ 22

관할지정서(검사가 신청하는 경우) ······ 24
교통사고를 낸 동생에 대한 석방촉구 ······ 799
교통사고를 낸 형에 대한 선처 호소 ······ 825
구속영장청구서 등본교부신청서 ······ 111
구속적부심사청구서 ······ 123
구속적부심사청구서(절도) ······ 119, 121
구속적부심사청구서(합의된 교통사고) ······ 116
구속적부심사청구취하서 ······ 127
구속집행정지신청서 ······ 174, 176, 177, 178, 180
구속집행정지연장신청에 대한 소명보충 ······ 181
구속취소청구서 ······ 184, 185, 186
구조금지급신청서 ······ 413
구조금지급청구서 ······ 398
국선변호인선임신고 ······ 65
국선변호인선정청구서 ······ 63, 64
권리행사방해죄(공장기계 등 은닉) ······ 253
금융거래자료 제출명령신청서 ······ 498
금전공탁서(변제 등) ······ 699
금전공탁통지서(형사사건용) ······ 702, 704
기록환부신청서(원본환부) ······ 699
기소(참고인)중지사건 공소시효 완성증명서 ······ 394
기소(참고인)중지사건 공소시효 완성증명원 ······ 470
기피신청서 ······ 29, 30

[ㄴ]

낙태죄(수감생활 등의 이유로 낙태) ······ 380
남편을 상해 치상한 베트남 이수여성에 내한 구명 요칭 ······ 791
노래연습장에서 주류판매로 인한 영업정지처분의 선처 호소 ······ 809

[ㄷ]

단란주점에서 청소년고용으로 인한 영업허가취소의 선처 호소 ······ 811
담당변호사지정신청서 ······ 47
답변서 ······ 606
대표변호인지정신청서 ······ 48
도박죄(모텔에서 수십 회에 걸쳐 고스톱) ······ 381

동생의 폭행사건에 대하여 형이 선처 호소 …… 821

[ㅁ]

명예훼손죄(차량 방화범이라고 적시) …… 256
명예훼손죄(회사의 공금 횡령) …… 258
모욕죄(물품대금 외상거절로 인함) …… 259
모욕죄(주점에 술을 마시던 중) …… 261
무고사건의 경우 …… 830
무고죄(사문서 위조 및 동행사) …… 263
무고죄(임대차계약서 다시 작성) …… 262
무인증명신청서 …… 46
문서송부촉탁신청서 …… 495, 496, 497
미성년자 등에 대한 간음죄(등록금을 이용 간음) …… 264
미성년자에 대한 추행죄 등(집안에 혼자 있음을 알고 추행) …… 266
미성년자의 항소(상고)취하서 …… 588

[ㅂ]

배임죄(계돈 미지급) …… 268
배임죄(부동산 이중매매) …… 270
벌과금납부증명서 …… 403
범죄신고자등구조금지급신청서 …… 398
법관제척신청서 …… 28
변론병합신청서 …… 543, 544
변론분리신청서 …… 545, 546
변론요지서 …… 532, 742
변론요지서(강도) …… 537
변론요지서(범죄사실인정, 불구속피고인) …… 534
변론요지서(업무방해) …… 538
변론요지서(통신비밀보호법위반) …… 536
변론재개신청서 …… 547, 548, 549
변호인사임신고서 …… 49
변호인선임신고서 …… 43, 44, 45
변호인의견서 …… 499
변호인해임신고서 …… 51
병상일지조회신청서 …… 171, 495

병상조회신청서 ··· 172, 173
병합심리신청서 ··· 20, 21
병합심리신청서(심급이 같으나 법원을 달리하는 경우) ··· 19
병합심리신청서(토지관할의 경우) ··· 18
보상금지급신청서 ··· 410
보석보증금납입방법변경신청 ··· 158
보석보증금몰수청구서 ··· 166
보석보증금환부청구서 ··· 124, 164
보석조건변경신청서 ··· 159, 160
보석증거자료제출 ··· 162
보석지정조건변경신청서 ··· 157
보석참고자료 ··· 163
보석허가결정에 대한 결정경정신청서 ··· 161
보석허가에 대한 신원보증서 ··· 157
보석허가청구서 ··· 133, 138, 140, 141, 144, 147, 149, 150
보조인선임신고서 ··· 39, 719, 720
보조인선임신고서(벌금형에서 대리출석한 경우) ··· 40
보조인신고서 ··· 720
보조인의견서 ··· 740
보증서(보석허가시) ··· 155
보증서(여행허가시) ··· 190
보충상고이유서 ··· 622
보험 사기로 구속된 남편에 대한 부인의 선처 호소 ··· 794
복권신청서 ··· 694
부당이득죄(매매가격 속임) ··· 272
부동산강제집행효용침해죄(폭행 등의 방법 동원) ··· 273
부동신중개업법위반(매매대금 착복) ··· 275
부득이한 사유로 음주운전을 하여 면허취소가 된데 대한 선처 호소 ··· 812
부정수표단속법위반죄(예금부족 및 무거래) ··· 276
분위기에 이끌려 도박한 경우 ··· 823
불출석사유신고서(교통사고) ··· 504
불출석사유신고서(질병) ··· 505
불출석심판청구서(즉결심판) ··· 678
비밀침해죄(편지 개봉) ··· 277
비상상고장 ··· 658

비약상고장 ········· 628, 629

[ㅅ]

사건기록 열람(등사)신청서 ········· 408
사건처분결과증명서 ········· 393
사기죄(공사대금 편취) ········· 286
사기죄(번호계 계주가 계금 편취) ········· 288
사기죄(식당에서 음식대금 편취) ········· 287
사기죄(신용카드사용 변제능력 등 없음) ········· 284
사기죄(유흥주점업자로부터 선불금 명목으로 편취) ········· 285
사기죄(임대보증금 편취) ········· 282
사기죄(차용금 편취) ········· 290
사기죄(취직시켜주겠다고 거짓말) ········· 278
사문서부정행사죄 등(카드습득 부정사용) ········· 292
사문서위조 등(남의 인장 불법조각하여 사용) ········· 294
사문서위조 및 동 행사죄(차용증서 위조, 행사) ········· 293
사실조회신청서 ········· 492, 494
사실증명원 ········· 395
상고이유서(강제추행) ········· 619
상고이유서(절도) ········· 617
상고이유서(특가법위반) ········· 621
상고장 ········· 616
상소권포기동의서 ········· 586
상소권회복청구서 ········· 580, 581
상해죄(컴퓨터 외상대금 관계로 상해) ········· 295
서약서(보석허가시) ········· 152, 153
소송계속증명원 ········· 549
손괴의 죄(월세금 독촉하자 무선전화기 파손) ········· 296
손괴의 죄(통행문제로 승용차 훼손) ········· 299
송달영수인선임신고서 ········· 93
송달영수인선정신고서 ········· 93
수뢰죄(자녀 채용미끼로 수뢰) ········· 383
수사기록 열람·등사 허용명령신청서 ········· 218, 220
수사재기신청서 ········· 433
수사제기신청서(기소중지에 대한) ········· 432

수색증명서 ········ 402
신병인수서 ········ 422
신용훼손죄(의류제조업에 많은 수익을 올리자) ········ 300
신원보증서 ········ 421
신체감정 및 검진신청서 ········ 209
심리기일변경신청서 ········ 744

[ㅇ]

아버지가 아들의 석방촉구 ········ 801
아파트 하자보수관계로 변호사법 위반에 대한 선처 호소 ········ 793
알선수뢰죄(토지거래허가계약 청탁) ········ 301
압수가환부신청서 ········ 400
압수물가환부신청서 ········ 193
압수물가환부청구서 ········ 194
압수물열람·등사신청서 ········ 401
압수물환부(가환부)수령증 ········ 423
압수증명서 ········ 399
야간주거침입절도(현금 및 약속어음 절취) ········ 302
약정서(보석허가시) ········ 154
어머니가 구속된 아들 선처 호소 ········ 797
업무방해죄(숙녀복매장 차임 연체하자 영업방해) ········ 306
업무방해죄(호프집에서 여종업원 동석요구에 불응하자 행패) ········ 304
업무상 배임죄(은행직원 부당대출) ········ 307
업무상 비밀누설죄(의사가 환자 병명 누설) ········ 309
업무상 위력 등에 의한 간음죄(공장장이 여공 간음) ········ 310
업무상 횡령죄(가전제품 할부금 횡령) ········ 312
업무상 횡령죄(불륜관계 위자료 명목으로 횡령) ········ 313
업무상 횡령죄에 대한 부당성 주장 ········ 786
업무상과실과 수뢰 및 배임혐의로 구속된 직장상사에 대한 선처 호소 ········ 785
여자친구가 남자친구의 죄에 대하여 형기를 감면 호소 ········ 824
여행허가신청서 ········ 189
운전 중 특수공무집행방해치사에 대한 선처 호소 ········ 788
위임장(가환부용) ········ 195
위임장(검찰민원서류신청, 교부위임) ········ 698
위임장(고소대리) ········ 390

위임장(구속적부심보증금·출급수령행위) ········ 126
위임장(금전 공탁서) ········ 701
위임장(금전공탁통지서) ········ 705
위임장(기록의 열람 복사권한 등) ········ 423
위임장(보석보증금·출급수령행위) ········ 165
위증죄(부품납품 관계 허위 진술) ········ 316
위증죄(소매치기 목격 허위진술) ········ 315
위탁변경신청서 ········ 729, 730, 732, 733
유가증권 변조 등(인장도용하여 당좌수표 변조) ········ 318
유족구조금지급신청서 ········ 415
음주교통사고에 대하여 피해자가 선처 호소 ········ 803
의견서 ········ 456
의견서(공소사실을 다투는 경우) ········ 459
의의신청서 ········ 670
이송신청서 ········ 22, 23, 711
인우보증서 ········ 755

[ㅈ]

자수서 ········ 418, 419
장물보관죄(절취한 금반지 보관) ········ 319
장물알선죄(절취한 손목시계 알선) ········ 320
장물운반죄(절취한 TV 운반) ········ 321
장물취득죄(절취한 금반지 취득) ········ 322
장해구조금지급신청서 ········ 412
재산관계진술서 ········ 137
재심청구서 ········ 648, 650
재심청구취하서 ········ 651, 652
재정신청서 ········ 476, 477, 478
재판기록 열람·등사 청구서 ········ 469
재판기록 열람·등사청구권 위임장 ········ 696
재판서경정신청서 ········ 627
재판서·조서 등(초)본 교부청구서 ········ 409
재판집행에 대한 이의신청서 ········ 671
재항고장 ········ 637
재항고장(항고기각결정에 대한 불복) ········ 430

재항소장(항고기각결정) ······ 636
절도 및 업무방해죄(무용복 등 절취, 도주) ······ 330
절도죄(건축자재 등 절취) ······ 328
절도죄(상가에서 신발절취) ······ 326
점유강취죄(무쏘승용차 강취) ······ 323
점유이탈물횡령죄(거스름돈 반환거절) ······ 325
접견금지해제청구서 ······ 183
접견신청서 ······ 51, 52, 112
접견허가원 ······ 184
접수증명원 ······ 49, 706
접수증명원(보석허가관련서류) ······ 162
정식재판청구권 회복청구서 ······ 664, 665, 667
정식재판청구서 ······ 663
정식재판청구서(즉결심판결정에 대한) ······ 679
정식재판청구취하서 ······ 668
정신감정신청서 ······ 213
제한주거변경허가신청서 ······ 188
주거신고서 ······ 94
주거침입죄(절도 목적) ······ 331
주소변경신고서 ······ 744
주소보정서 ······ 95
준강간죄(깊은 잠에 빠져 있는 상태에서 간음) ······ 334
준강간죄(술을 먹이고 항거불능 상태에서 간음) ······ 332
준강제추행죄(기 치료를 이용하여 추행) ······ 335
준강제추행죄(술에 취해 항거불능 상태에서 간음) ······ 337
준사기죄(식당종업원 취업시킨 후 급료 편취) ······ 340
준사기죄(의사능력 없는 미성년자에게 접근 부동산 착취) ······ 338
준항고장(즉결심판불복) ······ 679, 681
준항소장(가환부처분) ······ 638
즉시항고장(보석허가청구 기각) ······ 632
즉시항고장(상소권회복청구 기각) ······ 633, 634
증거목록 ······ 527
증거보전기록 열람·등사청구서 ······ 218
증거보전청구서 ······ 216, 217
증거설명서 ······ 519

증거신청서 ········· 516
증거에 대한 의견서 ········· 519, 522
증거에 대한 의견서(증거인부) ········· 521
증거인멸의 죄(조사 중인 것을 알고 메모수첩 소각) ········· 341
증거인부서 ········· 523, 524
증거제출서 ········· 525, 526
증거조사에 대한 이의신청서 ········· 518
증언거부사유서 ········· 528, 529
증인거부사유서 ········· 204
증인반대신문사항 ········· 203
증인소환 및 구인신청서 ········· 527
증인신문사항 ········· 202
증인신문조서 등본교부신청서 ········· 205, 206
증인신청서 ········· 201, 515
증인에 대한 심문사항 ········· 516, 517
증인주소보정서 ········· 530
증인진술서 ········· 513
직권남용죄(경찰관이 불법체포) ········· 344
직권남용죄(공무원이 마을사람들을 동원 청소 강요) ········· 343
직무상비밀사실신고서 ········· 531
직무상비밀의 사실신고서 ········· 204
직무유기죄(경찰관이 범죄현장 일탈) ········· 346
진정·내사사건 처분결과증명서 ········· 392
징수금 일부납부·납부연기신청서 ········· 404

[ㅊ]

차용금 사기사건의 경우, 피해자가 선처 호소 ········· 818
참고자료제출 ········· 550, 551
처가 구속된 남편을 석방해 달라고 호소 ········· 804
처분결정등본교부신청서 ········· 756
체포·구속영장등본교부신청서 ········· 405
추완항고장 ········· 431
출국가능사실 확인신청서 ········· 697
출국금지의뢰신청서 ········· 389
출석보증서(보석허가시) ········· 156

출판물 등에 의한 명예훼손죄(연구원들이 개발한 기술 비방) ········· 349
출판물 등에 의한 명예훼손죄(월간지에 교수채용비리 적시) ········· 347

[ㅋ]

컴퓨터 등 사용사기죄(인터넷뱅크를 이용 금원 편취) ········· 352
컴퓨터 등 사용사기죄(인터넷을 이용 타인의 카드로 물품 거래) ········· 350

[ㅌ]

토지분할경계측정의 방해로 인하여 업무방해죄로 구속 ········· 820
퇴거불응죄(교회출입금지 의결절차 불응) ········· 353
특별대리인선임청구서(이해관계인이 청구하는 경우) ········· 38
특별대리인선임허가신청서 ········· 55
특별변호인선임신고서 ········· 56
특별변호인선임허가신청서 ········· 54
특수절도를 한 소년에 대한 선처 호소 ········· 815
특수절도죄(드라이버를 이용하여 현금, 수표절취) ········· 355
특수주거침입죄(흉기를 보이며 퇴거불응) ········· 356
특수협박죄(흉기로 협박하며 채무 독촉) ········· 357

[ㅍ]

판결등본교부신청서 ········· 80
판결등본송달신청서 ········· 79
판결정정신청서 ········· 625, 626
판결확정증명원 ········· 570
판사에게 구속된 자식을 선처 호소 ········· 796
편의시설부정사용죄(고객이 커피자판기 훼손) ········· 359
폭행 등 사건 피의자인 아들이 환자이므로 어머니가 보석허가요청 ········· 789
폭행가혹행위죄(경찰관이 피의자를 폭행) ········· 362
폭행죄(애인이 폭행) ········· 360
폭행죄(음식점에서 손님이 종업원에게 행패) ········· 361
폭행치상죄(건물소유주가 임차인을 폭행) ········· 364
피고인에 대한 반대심문사항 ········· 511
피고인에 대한 추가 심문사항 ········· 512
피의사실공표죄(회사 기밀사실 언론에 발표) ········· 365

피의자보상청구서 ··· 416
피의자심문신청서 ··· 105
피의자에 대한 변소서 ··· 424
피의자에 대한 심문사항(보험사기) ··· 106
피해자 재판기록 열람·복사신청서 ··· 695
피해자의 법정진술신청서 ··· 531
필적등감정신청서 ··· 210

[ㅎ]

학대죄(봉제공장 사장이 근로자를 폭행) ··· 367
합의서(교통사고) ··· 386
합의서(상해) ··· 388
합의서(폭행) ··· 387
항고(상고)절차속행신청서 ··· 588
항고기각증명원 ··· 397
항고장 접수증명서 ··· 396
항고장(기피신청기각) ··· 31, 32
항고장(기피신청기각결정에 대한) ··· 635
항고장(보석허가청구기각) ··· 167, 168
항고장(불기소처분에 대한 불복) ··· 428, 429
항고장(소년원에 송치) ··· 759
항소(상고)권포기동의서 ··· 585
항소(상고)취하서 ··· 587
항소(상고)포기서 ··· 583, 584
항소권포기동의서 ··· 585
항소보충이유서 ··· 601
항소이유보충서 ··· 602
항소이유서 ··· 598, 600
항소이유서(사실오인 등) ··· 597
항소이유서(양형부당) ··· 595
항소장 ··· 591, 592
행인의 지갑을 훔친 경우 ··· 831
협박죄(무전취식협의로 체포되자 원한으로 협박) ··· 368
협박죄(임차기간 도래 전에 명도요구하며 협박) ··· 370
형사보상금지급청구서 ··· 411

형사재판확정증명원 ······ 407
형의 실효선고신청서 ······ 692
확약서(여행허가시) ······ 190
확인서(미란다원칙 고지사실의 확인) ······ 187
확인서(변호인 사임) ······ 50
횡령 및 배임죄(문중 종토보상금 반환 거절) ······ 377
횡령죄(다이아몬드 반환 거절) ······ 375
횡령죄(보관시킨 물품 제3자에게 매각하고 대금 반환하지 않음) ······ 376
횡령죄(약속어음을 할인하여 유흥비로 소비) ······ 371

저 자 약 력

■ **김 덕 원**(이메일 kdb9004@naver.com)

- 광주지방법원 완도등기소 근무
- 광주지방법원 해남지원 근무
- 법률사무소 율산 사무장
- 변호사 이철원 법률사무소 사무장
- 법무법인 빛고을 종합법률사무소(해남) 사무장

[주요논저]

- 금융기관 민사사건 실무(법률미디어)
- 유형별로 본 답변서·준비서면 총서(진원사)
- 소가·인지산정 사례집(진원사)
- 계약서·내용증명·고소(발)장(진원사)
- 청구·신청취지 작성방법(진원사)
- 가사소송 서식대전(진원사)
- 신 민사집행 서식대전 1, 2(진원사)
- 신 행정소송 서식대전(진원사)
- 주택·상가건물임대차보호법(진원사)
- 유형별 소장의 정리(진원사)
- 신 형사소송 서식총람(진원사)
- 종합법률실무핸드북(진원사)
- 행정소송과 행정심판(진원사)
- 법인등기실무총람(진원사)
- 신 종합법률 실무대전 Ⅰ·Ⅱ·Ⅲ(진원사)
- 알기 쉽게 풀이한 주택·상가건물임대차보호법(진원사)
- 법률실무가를 위한 공탁법 실무(진원사)
- 법률실무가를 위한 가압류·가처분 실무(진원사)
- 부동산등기실무총람(진원사)
- 민사소송 & 전자소송(진원사)
- 소장작성 매뉴얼 및 소송전략(진원사)
- 내용증명·고소(발)장·진정서·탄원서 서식(진원사)
- 나홀로 소송 도우미 형사소송절차실무(진원사)

[제2판] 나홀로 소송 도우미 **형사소송절차실무** －이론 · 사례 · 서식 · 해설－

저 자 김 덕 원
발행인 양 진 수
발행처 진 원 사

2013년 1월 7일 초 판 발행
2019년 1월 3일 제2판 인쇄
2019년 1월 11일 제2판 발행

서울시 송파구 법원로 9길 26, C동 1107호 (문정동, H비즈니스파크)
전화 : 02) 916-1850 / 팩스 : 02) 916-3442
신고번호 제 2018 - 000026호
http://www.jinwonsa.co.kr
http://www.lawbookstore.co.kr
e-mail : hhansin@hanmail.net

ISBN : 978-89-6346-539-5 93360

정가 45,000 원